Duygu
Işıl Parlakyıldız

Son Okuma: Selçin Çınar - Esra Baş
Kapak Tasarım: Şükrü Karakoç
Grafik Tasarım: Kübra Tekeli
4. Baskı, Mart 2015, İstanbul
ISBN: 978-605-9021-03-6
© Müptela Yayınları, 2014
© Işıl Parlakyıldız, 2014
Sertifika No: 11407
Yayınevi Logosu: Şükrü Karakoç

Müptela™ Penguen Kitap-Kaset Bas. Yay. Paz. Tic. Ltd. Şti.'nin yan kuruluşudur.
Bahariye Cad. Dr. İhsan Ünlüer Sok. Ersoy Apt. A Blok No: 16/15 Kadıköy - İstanbul
Tel: (0216) 348 36 97 Faks: (0216) 449 98 34 - www.ilknokta.com

Kapak, İç Baskı: Deniz Ofset Matbaacılık
Gümüşsuyu Cad. Topkapı Center, Odin İş Merkezi No: 403/2 Topkapı-İstanbul
Tel: (0212) 613 30 06 - Faks: (0212) 613 51 97
Sertifika No: 29652

Işıl Parlakyıldız

DUYGU

müptela

"Cano," dedin, Sedat'a ruh verdin ya... Seni seviyorum Tekin Par-lakyıldız!

Küçücük yüreğine sığdırdığın sabrın için teşekkürler parçam Nehir Parlakyıldız...

Hayallerimize az kaldı; farkındasın, değil mi? Beni sakın ama sakın bırakma! İyi ki varsın... Teşekkürler Arzu Tuzla...

Seninle, "Bizi bu saatten sonra kimse üzemez," deriz ya hep! Deste-ğinle hep yanımda ol. Teşekkürler Sultan Ayhan...

Yıllar önce, "Neden olmasın?" diye sordun ya! Sen hep yanımdasın... Teşekkürler Merve Deniz...

Ve...

Emeklerinden dolayı Elif Bektaş, Aslı Özden, Beyza Akkaya, Rabia Sekban ve Arzu Sarı'ya çok teşekkürler...

Ayrıca beni sarıp sarmalayıp hayal dünyalarında konuk eden bütün herkese teşekkür ederim.

Hayal ettiğin kadardır her şey!

Aşk bir kere girdi mi kanına, zehir gibi yayılır damarlarına... Bir kısırdöngüdür aşk... Döner durur, kalbinden kanın her bedenine yayıldığında...

Biri Külkedisi mi dedi?
Buyurun benim!

Gecenin dondurucu soğuğuna aldıracak ne gücüm vardı ne de moralim... İstanbul'un ayazında, elimde sigara, titriyordum. Aslında isyan etmeliydim. Ben ne zaman geceleri sigara içer olmuştum? Sormama gerek yok! Unutmam mümkün müydü? Çok pardon! Sedat'ın hayatında Senem oldukça ben daha çok sigara içerdim. Sinirliydim; hırsımı alamamış, yine söylemek istediklerimi içime atmıştım. Sedat bu gece yeterince gerilmişti ve ben onu daha fazla üzemezdim. Hoş, ne söylersem söyleyeyim, bir şey değişmiyordu ki! Susmak en iyisiydi. Balkon kapısından içeri geçen Sedat'ın arkasında kalakaldım. Aklım bomboştu, ama o ne olursa olsun Sedat'tı. Onu her şeyiyle kabullenmiştim. Kimdi, neydi, umurumda değildi. Yıllar önce beni kurtardığı o lanet gün, görünmez ipler onu bana, beni ona kopmamak üzere bağlamıştı. Onca fırtınaya rağmen ondan kopmamıştım. Fırtınalarda savrulurken Sedat, "Sana zarar veriyorum Cano," dediğinde acı acı gülmüştüm. Bu arada o hep bana *Cano* der ve benim içimin yağları erirdi ya, neyse! Sırıtırken Bekir'in ağzından konuşur gibi, "Demirden korksaydık trene binmezdik bebişim," diye sesimi kalınlaştırmış ve onun da keyfini yerine getirmiştim. Tekrar yaşayacak olsam, yine aynı cevabı vereceğimi biliyorum. Tabii ki bu gecenin, geçirdiğim en berbat doğum günü oluşunu ve balkonda sinirden soğukta it gibi titrediğim gerçeğini yok etmiyor.

Elimi saçlarıma götürdüm, ağzımdan çıkan küçük iniltiyi engelleyemedim. Sesimden güç alır gibi, "Allahım ne günah işledim! Etrafım manyak dolu!" diye söylenmekten geri de kalmıyordum. Ağlamayı istemek ve ağlayamamak gerçekten çok trajikti. Boğazınıza takılan, ama orada olmayan bir şeyi nasıl yok edebilirdiniz ki? Cevap gayet basit, avaz avaz ağlayarak! İşin garip yanı, bırakın ağlamayı, yedi yıldır bir damla gözyaşı dökmemiştim. Tamam, ara ara şımarık gözyaşlarım olmuştu ama üzüntüden ağladığım hiç olmamıştı. Derin bir nefes alarak hayatımda geçirdiğim en berbat doğum gününü unutmaya çalıştım. Aslında en berbat kısmı Senem'di. İyi bile başlamıştı. Şımarığım doğru, oldum olası doğum günlerimden nefret ederim ve edeceğim! Bu yaşıma kadar doğum günümün olduğu günü yas günü ilan etmiştim ki bu gelenek yine bozulmadı.

Bu ruh hâlimi sabahın köründe beni arayıp, "Akşam yemeğe geliyorum," diyen Sedat'a anlatabilseydim bir de. Keşke sabah dönüp ona, "İşim var," diyebilseydim. "Bu gece mi?" diye sordum memnuniyetsizce. Yüzüme yansıyan huzursuzluğumun telefonda belli olmaması bir yerde iyiydi çünkü bu hayatta kırmak isteyeceğim en son kişi Sedat'tı. Bazen onun üzerimdeki etkisini sorgulamaya çalışan insanlara gıcık oluyorum. Onların anlamasını beklemek ahmaklık! Sedat benim nefesimdi! İki iki daha dört yani!

"İşten izin almışsın, işin mi var?" dedi meraklı, bir o kadar sert bir tonda.

"Hayır..."

"Hasta mısın? Geleyim mi?"

"Hayır, hasta falan değilim."

"Ali yanımda, gelsin istersen."

"Sedat yine psikopata bağladın," dedim sinirle. O her zaman beni kırılabilecek camdan bir vazo olarak görüp, üzerime titremeyi görev edinmişti.

"O zaman akşama bana yemek hazırla Duygu!" diyerek resmen beni azarladı. *Yemek yapmayı çok biliyorum ya!* Hafif alayla, "Sedat Bey, istediğiniz özel bir yemek var mı?" diye sorarken onun sevdiği, ama benim yapmayı bilmediğim yemeklerin isimleri aklımda uçuşuyordu.

"İşim var Duygu, akşam görüşürüz," diyerek kapattı. "Şirin şey!" diye sırıttım. İlgili ama bir o kadar soğuk kalacak ve hiç değişmeyecekti. Böyle soğuk konuşmalar onunla aramızda olağandı. İlk seneler bu tavırlarına çok üzüldüğüm hâlde artık onun bu hallerine alışmıştım. Zamanla şirin bile gelmeye başlamıştı. Gülmez adam zor da olsa gülmeye, hatta benimle dalga geçmeye başlamıştı. Onunla tanışalı tam yedi sene olmuştu. Geçmişe baktığımda, onu gerçekten uzun zamandır tanıdığımı düşündüm. Zaman aktıkça mertliğini, vakit geçirdikçe merhametini öğrendim. O sert bakışlarının ardında saklayıp gösteremediği sevgisiyle taşlaşmış kalbinin içinde, sevilmek isteyen kocaman bir çocuk olduğunu öğrendim. Tıpkı benim gibi!

Ben onun neyiydim, hâlâ bilmiyorum, ama o benim evim, yurdum, yaşamaktan korkmadığım her şey olmuştu. Sıkıntıyla telefonu televizyon sehpasının üzerine bıraktım. "Telefon yok. Bakmayacağım," dedim kendi kendime. Bugün benim doğum günümdü ve kapsama alanı dışında kalmaya kararlıydım. Bu yemek işi nereden çıkmıştı, hiçbir fikrim yoktu. Sedat tam da yemek isteyecek günü bulmuştu. Ona, "Bugün benim doğum günüm ve kimseyi görmek istemiyorum," diyemedim, zaten fırsat da vermedi. Sedat doğum, ölüm, bayram gibi özel günleri takip eden biri değildi. Ben de buna sığınarak sessiz kaldım. Her zaman yediğimiz, bilinen akşam yemeklerinden biriydi işte. Ayrıca bütün günümü evde miskinlik yaparak geçirecektim. Bir şeyler yapmak eğlenceli bile olabilirdi. *Bir ara Ali ve Bekir'i de yemeğe çağırsam mı*, diye aklımdan geçen düşünceler, doğum günümü hatırladığımda saman alevi gibi söndü. Kazara doğum günümü öğrenirlerse, beni bara falan götürmeye kalkarlardı ki bu en son istediğim şeydi. Ali'm yine şebeklik yapar, Bekir duygusala bağlar, Sedat homur homur homurdanırdı. Sırıtarak mutfağa geçtim. Keyfim buzdolabında hiçbir şeyin olmadığını görene kadar yerindeydi. Yemek yemek çoğu insan için zevkti, ama benim için sadece yaşamam için gerekli olan kadarını almam demekti. Allah'tan birkaç parça kek, börek tarifi öğrenmeyi becerebilmiştim. Hazırlıklara başlamaya karar verip duş almayı sonraya bıraktım.

Eşofmanlarımla alakasız olan botlarımı giydikten sonra İstanbul'un kuru soğuğundan beni koruyan asker yeşili kapüşonlu montumu üzerime geçirdim. Kapının hemen yanındaki duvarda asılı duran boy aynasına baktığımda, kapüşonumdan sarkan, at kılına benzeyen saçlarımı toplamak bayağı zor oldu. O kadar komik görünüyordum ki! Yüksek sesle, "Umarım bir tanıdığa rastlamam," dedim ve sokak kapısını açtığımda, yan komşum her zamanki gibi meraklı gözlerle bana bakıyordu. Acaba Gül Abla tanıdıktan sayılır mıydı?

"Günaydın Duygu..." Allahım, bu kadın kapının önünde mi yatıyordu? "Duygu kapıya çıktı, koş Gül!" cümlesi kapı komşum Gül Abla'yı tam olarak tanımlıyordu.

"Günaydın Gül Abla," dedim sırıtmaya çalışarak.

"Erkencisin."

"Evet," dedim konuşmayı sonlandırmak için. Abuk sabuk botlarımla eşofmanımı süzdükten sonra, "Bugün iş yok galiba?" dedi merakla.

"İzin aldım," dedim soğukça. Kısa cevapların ona yeterli olmadığını biliyordum. Tabii, meraktan ölmesini ummak fazla iyimserce olacaktı.

"Hasta mısın? Akşam mercimek çorbası yapmıştım. Sana da bir kâse vereyim," diyerek hareketlendi.

"Yok, Gül Abla, teşekkür ederim. Hasta değilim."

"O zaman izin..." dediğinde kapımı kilitleyip asansörün düğmesine basmış, bekliyordum. Allahım bu asansör Fizan'dan mı geliyordu? Meraktan ölmese bile, kuduz olmuş köpek gibi kıvrandığını görebiliyordum.

"İşlerim var," iyi bir cevaptı. Yüzünden, verdiğim cevabın dişinin kovuğuna bile yetmediğini anlamamak için aptal olmak gerekirdi. Bana göre ben iyi bir dedikodu malzemesi değildim. Tabii Gül Abla için ben ve evim bir hazineydi. Aslında benim eve develerimden başka kimse girip çıkmazdı. Tabii son aylarda Senem gelip gidiyordu. Hakkını yemeyeyim; güzelliği, kıyafetleri ve umursamaz tavrıyla dikkat çekiyordu.

Bir akşam Gül Abla, Senem'e selam verdiğinde; manyak, dil çıkararak kadını şoka uğratmıştı. O gün bugündür Gül Abla daha bir meraklı, daha bir dedektif! Ben düşünce deryasında boğulurken nihayet asansör geldi. "Görüşürüz Gül Abla," deyip kendimi kurtararak asansörün içine attım. Neden asansörlerin üç bir tarafı ayna olurdu, hep merak ederim. Asansöre her bindiğimde yaptığım gibi kendimi incelemeye koyuldum. Sağdan baktım, beğenmedim. Soldan baktım, beğenmedim. Yana doğru döndüm, sonuç yine aynıydı. Çirkindim. Kendime gülümsedim. Yüzümü aynaya yaklaştırıp geçmekte olan sivilcemle uğraştım. "İğrencim ben ya!" dedim, sırıtıp kendime dil çıkararak. Aslında iğrenç değildim, insandım ve ne olursa olsun yüzümde sivilce istemiyordum. Asansörden inip apartman kapısına ilerlediğimde, rüzgârın uğultusu kulaklarımda çınladı. Soğuğu karşılamak için montumun fermuarını ağzıma kadar çekip kafama kapüşonumu geçirdim. Yüzüme çarpan bilmem eksi kaç derece soğuk, nefesimi kestiğinde, ben montumun içinde adeta büzüşmüştüm. Ellerimi nereye koyacağımı şaşırıp montumun cebine soktum. Evin önüne park etmiş olan arabanın içinde bizim çocukların ağızları açık, uyuduklarını gördüm. Ya var ya, ne diyeyim! Yüz kere söyledim, gerek yok beklemelerine diye, ama Sedat'a anlatamadım. Çocukları eve alsam, ev Kızılay gibi oluyor, her kapıdan bir adam çıkıyordu. Durumu kabullenmekten başka yapacak bir şey yoktu. İzinli olduğumu bildikleri için uyumuş olmalıydılar. Yoksa hepsi dipçik gibi çocuklardı. Arabanın yanından hızla iki sokak aşağıdaki büyük markete yürüdüm. Çok soğuktu ve ben sanırım İstanbul'da değil, kutuplardaydım.

Marketin önüne geldiğimde soğuktan donmuş bedenimle

açılmayan otomatik kapıya bakıyordum. Allahım, marketler öğlen açılıyordu da benim mi haberim yoktu! Saate baktığımda şok oldum, daha sekiz bile olmamıştı. Eh be Sedat! Sabahın köründe uyanmama o sebep olmuştu. Soğuktan takırdarken bin bir küfürü yedi tabii. Marketin açılış saatinin dokuz olduğunu gördüğümde sinirlerim iyice tepeme çıktı. Eve çıktığımda bir daha aşağı inmeyecek ve akşama pizza söyleyecektim. "Taş ye Sedat!"

Soğuktan hissetmediğim ellerimi cebimden çıkardım. Sıcak nefesimle ellerimi ısıttıktan sonra tekrar geri soktum. Bir daha eldivenlerimi almadan dışarı çıkmamayı yazdım aklımın bir kenarına. Tam evin olduğu sokağa sapacaktım ki iki kadın her gün gördüğüm *Nihal'in Ev Yemekleri* adlı dükkânın kepenklerini açmaya çalışıyordu. Başımın üzerinde ışık yandığına yemin edebilirim. Karşı caddeye uçarak geçip, "Günaydın," dememle iki kadın ürkerek sıçradı. Fazla heyecanlı bir *günaydın*dı sanırım. Beni tehlikenin olmadığını anlayacak kadar süzüp, "Gü... naydın," diyebildi daha genç görüneni. Ne soracağımı bilmiyordum. Ne söyleyeceğime karar verip, "Yemek, yemek alacaktım," dedim. Düşün düşün, bunu bulabilmişti benim yemek konusundaki kıt aklım.

Güzel olan kız, "Bu saatte mi?" diye sorarken dükkânı açmış, beni içeri davet etmişlerdi bile.

"Yani benim akşam misafirim var."

"O zaman tamam. Çünkü yemekler öğlene ancak hazır olur," dedi nezaketle gülümseyen diğeri.

"Seçme şansım var mı?"

"Mönümüz geniştir, istediğiniz özel bir şey var mı?"

"Siz ne tavsiye edersiniz?"

"Çeşitli mezelerimiz ve sulu yemeklerimiz var."

"O zaman birkaç meze ve içinde et olan her şey olabilir," dedim. Sedat zaten masada et olmadığı zaman, "Yemek nerede?" diye sorardı.

"Sarmada arkadaşım ustadır."

"O zaman sarma da olsun. Akşam yemekleri almaya gelirim," dedim memnuniyetimi belli ederek.

8

"Taşımanız zor olur. Adresinizi vermeniz yeterli."

"Ben iki sokak aşağıda Kılıç Apartmanı, dokuzuncu kattayım. Yirmi bir numara."

"Yemek kaç kişilik?"

"İki ama siz üç kişilik gönderirseniz sevinirim," dedim, aklımda Sedat'ın iri görüntüsü ve hiç tükenmeyen iştahı belirmişti. Dükkândan çıktığımda kendimle gurur duyuyordum. Ellerimi tekrar ceplerime sokup eve doğru yürümeye başladım. Evin karşısındaki tekel bayisinden kendim için kola, sigara, Sedat için de rakı aldım. Sonra evde ıvır zıvır kalmadığı aklıma geldi. Hemen yanındaki küçük bakkala girip ne bulduysam aldım.

"Yirmi dört saat açık olan küçük esnaf sana şükürler olsun," dedim keyifle. Eve çıkıp anahtarımı kilide sokup Gül Abla'ya yakalanmamak için hızla içeri girdim. Botlarımı çıkarıp tavşan terliklerimi giydim ve mutfağa içecekleri yerleştirip sigaramı açtım. Sabahları aç karnına sigara içmeye Bekir'den alışmıştım. Gün doğmadan kalkar, kendi kederinde boğulur, geçtiği pencerenin karşısında dalıp gider, sigarasını üflerdi. Bir, iki derken ben de alıştım. Bana çok kızıyordu, ama kimin umurundaydı ki! Ciğerlerimi sigaranın dumanıyla doldurduktan sonra biraz evi toplamaya niyetlenmiştim ki telefon çaldı. Kararlıydım, kapsama alanı dışında kalacaktım. Merak beni üç kere ısrarla çalan telefonun ardından ele geçirmişti ama inat ettim. Bakmadım. Evi toparlayıp banyoya girmem iki saatimi aldı. Pis biri sayılmazdım ama dağınık biri olduğum bir gerçekti. Duşun altında sıcak su tepemden aşağı süzülürken, aklım bomboştu. Duştan çıktığımda evin ısısını biraz daha arttırdım ve yatak odasına geçip eşofmanlarımı giydim. Bütün günü, salondaki köşe koltuğumun üzerinde miskinlik yaparak geçirmek gerçekten güzeldi. İtiraf etmeliyim, yalnız kalmayı pek sevmiyordum. Kalabalıklar içinde geçen bir çocukluktan, geniş bir aileden sonra İstanbul benim için tam bir yalnızlıktı. Yalnızlığı sevmiyordum, ama çok dost canlısı biri değildim. Doğru dürüst ne bir dostum ne de dertleştiğim bir kız arkadaşım vardı. Zaten üç deveyle gezip tozarken ister istemez insanlardan kopmak zorunda kalmıştım. Bir ara telefonumu elime aldım. Kapanmış! Şarja takıp telefonu açtım. Büyük ihtimalle kuzenim ve birkaç eski dost doğum günüm için aramıştı. Telefonu kapatıp konsolun üzerine bıraktım.

Küçüklüğümün mutlu zamanlarında doğum günlerim, süs köpeği gibi giydirilip yığınla insanın önüne çıkarılarak "agucuk gugucuk"larını dinlemekle geçmişti. Oysa çoğu insan böyle kutlamalar için ölürdü. Bense anneme hep surat asardım. Keşke o günlerin kıymetini bilseydim. Şimdi içim sızlayarak özlemle o günleri anıyorum. O zamanlar niye mutsuzdum? Halen bir cevabım yoktu. Çocukluk işte! Oysa o yıllarda mutsuz olmam için hiçbir neden yoktu. Saat üç gibi kapının tanıdık tınıda çalınmasıyla yerimden kalktım. Tam da zamanıydı. Oysa izlemek istediğim ve aylardır ertelediğim dizinin bölümlerini arka arkaya seyretmek gerçekten güzeldi. Fantastik olan her şeyi izleyebilirdim. Kapıda darbuka ritmi tutturanın kim olduğunu biliyordum ve direkt kapıyı açtım.

"Selam Çirkin," dedi Bekir.

"Ya bir gün bu kapıyı insan gibi çalabilecek misin?" dedim sinirle.

"Aşk olsun Duygu."

"Hayırdır bu saatte?"

"Telefonun nerede senin? Abi delirdi meraktan!"

"Kapalı... Niye aradı ki?"

"Ne bileyim? Sesini duymak istemiş olabilir."

"Off, yine bir sürü bağırır artık."

"Biliyorsun, sen onun zaafısın," dedi Bekir ve salonun koltuğuna yayıldı. Bekir'e alıngan ama hak vererek baktım. Haklıydı, tamam ama Sedat değişmişti. Senem sayesinde daha da asabi, astığı astık, kestiği kestik bir adam olmuştu. Ondan çıkaramadığı hıncını etrafından çıkarır olmuştu. Tabii, en yakınları Bekir ve Ali'm bundan nasibini alıyordu. Sonra da ben...

"İyice sinire bağladı. Herkesi yanından köşe bucak kaçırıyor," dedim kederle.

"Senem'e rağmen sen kaçmıyorsun."

"Bekir, bu konuyu konuşmak istemediğimi biliyorsun," dedim.

"Biliyorum ve ben de konuşmak istemiyorum. Senem hayatımızda olduğu sürece konuşulacak bir mevzu olmayacak."

"Alışmalısın," dedim mahzunca.

"Neye Duygu?" dedi. Alışmak istememekte haklıydı.

"Senem'e!"

"Sen alıştın mı?"

"Başka çarem var mı?"

"Eğer..." dedi ve sustu. Susmakta kahretsin ki haklıydı. Aslında konuşmaya, içimizi dökmeye hepimizin ihtiyacı vardı. Bezmiştik ama Sedat bizim hayatımızda öyle bir yerdeydi ki kimse onun üzülmemesi için konuşmuyordu.

"Eğer ne?" dedim yine de. Bekir sıkıntıya düşmüş gibi gür kahverengi saçlarının arasında parmaklarını gezdirdi. Saç kestirme vaktinin geldiği belli oluyordu.

"Boş ver! Sen bizim kıymetlimizsin. Seninle neler atlattık ama artık gerçekten taşmak üzereyim," dediğinde unutmak istediğim her şey yeniden canlandı. Ben artık büyümüş ve korku filmi tadında yaşadıklarımı kalbimin en ücra köşelerine gömmüştüm.

"Bu söylediklerinden hiç hoşlanmadım. Ne demek taşmak?" deyip derin bir nefes alarak koltuğa oturdum.

"Memlekete dönmeyi düşünüyorum."

"Sedat'ı ve beni bırakamazsın," diye adeta ciyakladım.

"O uçuşta ve nasıl yere inecek, bir fikrim yok. Senem onu iyice dengesizleştirdi. Oysa..." dedi ve sustu. Gerçekten Senem konusu dördümüz arasında bir tabu olmuştu. Ne Ali'm, ne ben, ne Bekir, Sedat'la artık Senem konusunu konuşuyorduk, çünkü hepimiz ağzımızın payını almıştık. Bir fasıl sofrasında Bekir'in, Senem hakkında konuşması üzerine Sedat'tan yediği yumruk son nokta

11

olmuştu. Zamanla birbirimizi gaza getirdiğimizi anlayıp kendi aramızda da konuşmaz olduk.

"O bizi bırakmaz! Sadece âşık," dedim, ama söylediğimden kendim bile memnun kalmadım. İçimde bir yerlerde kırılan vazoların parçalarını toplamaya bile tenezzül etmedim.

"Ne aşkı ya? Güldürme beni, o sadece..." dedi ve yine sustu. Sonra sırıtıp, "Kızım, ben buraya sana bakmaya geldim, yine derinlere girdik. Ara şu deliyi!" dedi ve iri cüssesiyle koltuktan kalktı. Bekir gerçekten iriydi ve koltuk gerçekten çökmüştü. Ben bu üç deveyi nereden bulmuştum ya! Gülümsedim ve telefonuma uzandım. Allahım! Gerçekten kızmış olmalıydı. Tuşlara aceleyle bastım. Bir çalışta açıldı ve Sedat'ın gürleyen sesi duyuldu.

"Duygu eve gelince o telefonu ne yapacağım, biliyor musun?"

"Bilmek istemiyorum," dedim demesine ama içimden, *telefonu bir yerlerime sokacak,* diye düşünmekten geri kalmadım. Karşımda *Sado* lakabının hakkını vermiş Sedat vardı. Yapardı.

"Ben sana benim telefonum açılacak demedim mi? Beni meraktan öldürmeye mi çalışıyorsun?! Ya sana bir şey olsaydı? Ben ne yapardım?" dediğinde ben havası inmiş balon gibi koltuğa çöktüm. Sedat asla duygularını belli etmez, asla göstermezdi. Betonarme yüzünden tek anlaşılan kızgınlığı olurdu. Bir an duyduklarıma inanamadım. Sesimin nasıl çıktığına aldırmadım. Zaten aldıracak ne aklım ne de sesim kalmıştı.

"Ne yapardın?" dedim istediklerimi duymak için. Hoş, ne duymak istediğimi bilmiyordum.

"Kaderin önüne geçilmez, üç Kulhuvallah bir Elham," dediğinde sırıttığını biliyordum. Sanki kaderin önüne geçip beni ölümün ellerinden kurtaran o değilmiş gibiydi.

Normale dönüp, "Zevzek sen de!" dedim, duyduğum hüsranı gizleyerek. Hissettiğim hayal kırıklığı neydi? Ben hangi boyutta yaşıyordum? *Ne duymak istiyordum ki?*

"Bekir burada."

"Versene bana onu."

"Veremem, kafası buzdolabının içine girmiştir, duymaz şimdi."

"Daha yeni yemekten kalktık. Ne yiyor o hayvan? Neyse akşam görüşürüz," dedi ve kapattı. O sırada Bekir ağzı dolu mutfaktan çıktı. Ne yediyse artık zorla yuttu ve, "Çirkinsin falan, ama bu ıvır zıvır alma işinde ustasın," dedi alayla.

"Teşekkür ederim. Sedat'ı aradım. Seninle konuşmak istedi, ara istersen," dediğimde çoktan tuşlara basmıştı bile.

"Söyle abi," dedi elindeki sodayı kafasına dikerek. Biraz dinleyip "Ben gerekeni yaparım. Yarın para elimizde, sen kafanı yorma," diyerek kapattı. Biliyorum ki yanında ben olmasaydım, daha farklı konuşurdu. Her zaman beni işlerinden uzak tutma çabası içindeydiler.

"Bekir," dedim.

"Söyle babam!"

"Elini vicdanına koy, olur mu? Uyma sen o Sado'ya," dedim haddim olmadan. *Uyma* demiştim, çünkü ben onun nasıl bir zevkle adam öldürdüğüne ya da acı çektirdiğine şahit olmuştum. Bekir'in gitme vakti gelmişti.

Fazla konuşmuştum ve o da fazlasıyla dinlemişti. Gelip bana sarıldı ve, "Babam, sen bunları düşünme, olur mu? O telefonun sesi açık olsun... Ama yok gel, Bekir buraya yerleş diyorsan, kapalı tut," dedi ve saçlarımı eliyle karıştırıp kapıya yöneldi.

"Yarın Ali'mi al gel," dedim sırıtarak.

"Niye, ne oldu yine?"

"Sürpriz!"

"Senin sürprizlerini hiç sevmiyorum, bilesin," dedi ve kapıyı çekerek çıkıp gitti. Sevmezdi tabii, onlara sürpriz yemek yapacağım diye Sedat'ın mutfağını yakmıştım. Yetmezmiş gibi bir de dumandan zehirlenmiştim. Üçü de üç gün boyunca başımdan ayrılmamıştı. Onları seviyordum. Benimki bir kabullenişti. Bazen sevdiklerinizin kusurlarını görmezden gelmeniz gerekirdi ve ben bu iriyarı üç adamı bütün kusurlarına rağmen seviyordum. Onlar benim ailemdi.

Kirli işlerini, olmadık aşklarını, bellerinde silahla dolaşmalarını ve can yakmalarını görmezden geliyordum. Ali'm bana bir keresinde Sezar'ın hakkını Sezar'a verdiklerini, haklı olan kimseye dokunmadıklarını söylemişti. Ben de kendi kafamda onları günümüze uyarlamıştım. Onlar benim Robin Hood develerimdi. Tabii, bu onların gözlerini kırpmadan adam öldürdüğü gerçeğini değiştirmiyordu. Zaman bana kabullenmeyi öğretirken, ben yine de onların işlerinden olabildiğince uzak duruyordum. Zaten onların da beni işlerine sokma gibi bir niyeti yoktu.

Geçmişin karanlık izlerinden kurtulup izlediğim diziye döndüm. Konsantre olmakta pek zorluk çekmedim. Kendimi öyle kaptırmışım ki saatin ilerlediğini ve havanın karardığını bile fark etmemişim. Kapı çaldığında, televizyondan gözlerimi zor ayırmıştım. Kapıyı açtığımda Nihal'in Ev Yemekleri'nin güzel kokuları burnuma dolmuştu. Bir eleman eli kolu dolu, bana gülümsedi.

"Siparişleriniz," dedi ve ben hemen elinden paketleri aldım. Benim yaşlarımdaki çocuk açıklamaya başladı. "Tencereleri yarın gelip alırım. İçecek istemediğiniz söylendi."

"Çok teşekkür ederim," dedim ve tencereleri içeri alıp çocuğu uğurlayana kadar yemekleri kenara koydum. Çocuk son olarak, "Yemeği yemeden önce mikrodalgada ısıtmanız yeterli," dedi. Teşekkür edip Sedat'ın kaçta geleceğini öğrenmek için telefonuma ulaştım. Tuşlara bastığımda sırıtıyordum. Onu kandırmak eğlenceli olacaktı. Her zamanki gibi telefonum tek çalışta açıldı ve, "Duygu?" dedi konuşmamı bekler halde. O hep tetikteydi ve bu beni geriyordu.

"Sedat ne zaman geliyorsun?"

"Bir saate orada olurum."

"Gecikme ve gelirken ekmek al."

"Yemeği dışarıda yeriz diye düşünmüştüm."

"Bir sürü yemek yaptım."

"Sen mi?"

"Evet, niye şaşırdın?" dediğimde sırıtıyor ama belli etmiyordu.

"Zehirlenmesek bari!"

"Çok komik, istersen gelmeyebilirsin."

"Bunu kaçırmam!"

"İyi o zaman, bekliyorum," dedim ve kapattığımda ben de sırıtıyordum. Duştan çıktığımdan beri kafamda olan havluyu çıkardığımda, saçlarım neredeyse kurumuştu. Odama geçip saçlarımı taradım. Belki de kendimde en sevdiğim şey uzun, kahverengi, gür saçlarımdı. Belime kadar geliyordu, ben onları kestirmeyi hiç düşünmüyordum. Sedat bana ne zaman kızsa *Kezban* diyerek saçlarıma yapışır, canımı yakmadan çekiştirip dururdu. Tarayarak şekil verdiğim saçlarım yine pırasa gibi omuzlarıma döküldü. Üzerime oturan uzun kollu, kayık yaka dekoltesi fazla, siyah tişörtümü giydim ve altına dar paça bir kot geçirdim. Saçlarımı atkuyruğu yaptığımda kendimi liseli kızlar gibi hissettim. Azıcık kilo alabilsem iyi olurdu. Yirmi beş yaşına gelmiştim; hâlâ yaşıtlarım kadar alımlı, seksi değildim ve olamayacaktım. Tamam, bizim develer bana, "Çirkin," deyip dursalar da, çok eciş bücüş değildim, ama işte güzel de değildim.

Özel hayatım, olmayan sosyal hayatıma göre tam bir fiyaskoydu. Olmadık kızlar şirkette kariyer sahibi, boylu poslu herifleri buluyor, ben ağzım açık onlara bakıyordum. Sanırım develerim haklıydı, ben çirkindim. Bu yaşıma kadar iki erkek arkadaşım olmuştu. Son erkek arkadaşım, *ya Sedat ya ben*, dediğinde, aptalca ona bakmıştım. Duyduklarımın şokunu atlatıp kahkahalarla gülmüştüm ve ofisin kapısını bulamazsa, ona yardım edeceğimi söylediğimde kalakalmıştı. Yüzündeki şaşkınlığı hatırladıkça hâlâ çok gülerim. *Aptal züppe!* Kendini Sedat'la nasıl aynı kefeye koyabilirdi? Onu kimseye değişmezdim ve son nefesime kadar bu böyle olacaktı.

Sedat benim için hayattı. Kardeşim, abim, ailem, arkadaşım, o benim her şeyimdi. Kim olduğunun, ne olduğunun, ne iş yaptığının bir önemi yoktu. Olmayacaktı. Tamam, onaylamadığım yüzlerce hareketi, uygunsuz ilişkileri ve özel hayatına soktuğu Senem vardı ama bana karşı her zaman anlayışlı ve merhametliydi. Onun bakışını hiçbir şeye değişemezdim. Hayat benim için neredeyse Sedat'tan önce, Sedat'tan sonra diye ikiye ayrılıyordu. Ben yedi yıl önce ölmeyi dilerken, onun gözlerini gördüğüm an yaşama tutunmuştum. Çıplak bedenimi ölümün soğuk karanlığından çıkardıktan sonra, olmazsa olmazlarım arasında yer almıştı. Sanki korku filminin ortasında, bir güneş gibi doğup beni kurtarmıştı. Hiç izin almadan hayatıma girmişti ve şükür ki izin almamıştı.

Geçmiş neden yakamı bırakmıyordu? Niye her an karşıma çıkacak gibi hissediyordum ve halen olanları çözümlemeye çalışıyordum? Bu soruların tabii ki bir cevabı yoktu. Ali'm birçok kez benimle konuşmaya çalışmıştı. Yufka yürekli, pamuk kalpli Ali'm! Tabii ki onu gülen yüzümle savuşturmuş ve konuyu her seferinde kapatacak bir şey bulmuştum. Yaşadıklarımı bedenimden göründüğü kadar biliyorlardı, bu kadarını anlamalarına izin vermiştim. Böylesi kolaydı.

İyiyim... İyiyiz... Biz hep iyi oluruz!
Oluruz, değil mi?

Anlatmak her şeyi baştan yaşamaktı. Bedenim iyileşebilirdi, ama ruhumun yaraları hiç iyileşmeyecekti. Poşetleri mutfağa götürüp tencereleri bir güzel yerleştirdim. Kabul etmeliyim, ağzım sulandı ve karnım guruldamaya başladı. Sokak kapısı açıldığında mutfaktan kafamı uzattım. Sedat gelmiş, siyah kaşe montunu çıkarıyordu. Yüzü yine beş karıştı. Hiç istifimi bozmadan, "Hoş geldin," diye bağırdım. Ses yok! Yine bir şey olmuştu, belli. Kafamda kötü anılardan bin bir senaryo yine dönüp dururken hepsini geri iteledim.

"İyiyim… iyiyiz… Biz hep iyi oluruz," kelimeleri bir dua gibi yine can buldu dudaklarımda.

Tencerenin kapağını kapatıp elime bir şeyler alarak bahaneyle salona geçtim ama Sedat'ı göremedim. Balkon tarafına baktığımda kulağında telefon, yine bağırıp duruyordu. Aklıma Gül Abla geldiğinde gülesim geldi ve kendimi kasmayıp gülmeye başladım. Apartmana yayacak bir dedikodusu daha olmuştu. Kim bilir Sedat kiminle ne konuşuyordu? Eminim Gül Abla duyduklarından sonra, evini satıp bilinmez diyarlara yolculuğa çıkacak kadar korkmuştu. Korkmasını ve bu kadar meraklı olmayı bir kenara bırakmasını umarak evrene mesaj göndermeyi ihmal etmedim. Mutfakla salon arasında masayı hazırlamak için gidip gelmeye başladım. İki kişilik tabak, çatal, bardak derken altı kişilik masayı ne zaman doldurduğumu fark etmemiştim. Sedat balkondan içeri girdiğinde, "Selam Sedat Bey!" dedim ve aynı anda birbirimize sarıldık. Her zamanki gibi başıma dudaklarını dayayıp kokumu içine çeke çeke kokladı.

"Saçların nemli," dediğinde sesinde hiçbir duygu yoktu. Ha duvar konuşuyordu ha Sedat! Onu tanıyordum. Ben onun içini göreli çok ama çok uzun yıllar olmuştu. O duvar öyle merhametli ve anlayışlıydı ki...

"Kuruttum," dedim. Küçük bir yalandan kim ölmüş!

"Duygu, neden işe gitmedin? Bir sorun yok, değil mi?" dedi gözlerimin içine içine baktı. Endişeliydi bakışları.

"Hayır, bunu da nereden çıkardın?" dedim, kollarından çıkmak için geri bir adım atmama fırsat kalmadan iri kolları omuzlarımdan tutup ona tekrar bakmam için beni zorladı. Ondan bir şeyler saklamak bu kadar zor olmamalıydı. Ona doğum günüm olduğunu ve bu yüzden işten izin aldığımı söylemek gerçekten kanıma dokunuyordu. Bir şey olduğunu anlamıştı! Ah Duygu, doğrucular kovalasın seni!

"İşyerine gelmemi ister misin?"

"Hayır!" diye adeta çemkirdim.

"O zaman söyle."

"Ben... yani... bugün benim doğum günüm ve evde kalmak istedim. Hepsi bu!" dedim ve kollarından uçarak kurtulup mutfağa geçtim. Başka biri olsa peşimden gelir, beni tekrar kollarına alır ve mutlu yıllar dilerdi. Tabii, peşimden kimse gelmedi. Banyonun kapanan kapısıyla kendime beceriksiz bir yalancı olduğum için küfürler savuruyordum. Ama o Sedat'tı ve ben ona hiç yalan söylememiştim. Yalan söylememiştim de ne olmuştu! "Öküzün tam tanımı!" diye söylendim huysuzca. Masaya en son tencerelerden servis tabaklarına koyduğum yemekleri getirdim. Bakalım Sado Bey ne diyecekti? Bir an gerçekten böyle marifetli bir kadın olmayı istedim valla! Gerçi böyle yemek yapıyor olsam, Bekir ve Ali'm beni mutfaktan çıkarmazlardı. Çıkmak istediğimde kafama silah dayayacakları kesindi. Yarın onlara da aynı güzellikte bir masa hazırlamalıydım. Tabii iş çıkışı!

Servis kaşıklarını almaya gittiğimde, Sedat siyah takımının ceketini ve belindeki silahı çıkardı. Benim silah gördüğümde histeri krizine girmemden sonra bizim develer silahlarını göz önünde bırakmıyorlardı. Silahı koltuk minderinin arasına sıkıştırdı ve masaya bir bakış attı, "Duygu, bunları sen yaptıysan inan bana, sana ev yemekleri yapan küçük bir dükkân açarım," dedi alayla.

"Otur hadi!" dedim sırıtarak. Oturup gömleğinin kollarını kıvırmaya başladığında, "Senem geliyor," dedi. Elimde kepçe, aptalca donakaldım. Onunla geçen hafta hiç hoş olmayan bir şekilde ayrılmıştık. Hatun, Sedat ona bağırdığında ancak susabilmişti.

Tepkimden olacak, "Rahatsız olacaksan..." dediğinde cümlesini bitirmesine izin vermedim. İzin vermedim, çünkü Senem'i burada istemediğimi söylesem, onun da fazla kalmayacağını biliyordum. İçten içe esen rüzgârlarda savrulmaya başlamıştım. Kendimi sırtımdan bıçaklanmış hissetmem doğaldı ya da değildi. Kaşını kaldırmış, yüzüme bakarken, "Yo... ben niye rahatsız olayım? Senin için sorun yoksa, benim için de yok," dedim. Elim ayağım birbirine dolanmıştı. "Ben bir tabak daha koyayım," dedim ve mutfağa geçtim. Esen rüzgârlar mutfağa girmemle fırtınaya dönüşmüştü ve içimdeki Duygu avaz avaz, "Lanet olasıca kadın!" diye bağırıyordu. Ellerim tezgâha dayalı, öylece sakinleşmeyi bekledim ve kapı çalmaya başladı. Ama ne çalmak! Çalan kişi zilden elini çekmiyordu. Hızla salona girdiğimde Sedat çoktan kapıya ulaşmıştı. Gelenin aşağı kapıdan zile bastığı kesindi. Sedat bir şey söylemeden hızla asansöre bindi ve ben boş boş ona baktım.

Sesli ve öfkeli, "Sado'nun acınası hâli sinemalarda!" dediğimde, kendi canım yanıyordu. Sakinleşmeliydim, bir iki nefes sigaraya ihtiyacım vardı. Konsolun üzerinden aldığım sigaramı balkona çıkmaya gerek duymadan yaktım. Evde sigara içmeme kuralımı çiğneyecek olan Senem yukarı çıkıyordu ve ben bu akşam onunla kavga etmemeye kararlıydım. Belki insafa gelirdi de zehirli diliyle beni sokmaz, sakin bir şekilde yemeğimizi yiyebilirdik.

Salondaki koltuğa oturup televizyonu açtım. Dikkatimi dağıtmalı ve Senem'e karşı gardımı düşürmemeliydim. Onun kadar pervasız olamasam bile, ondan daha soğukkanlı olmayı başarmalıydım. Hâlim "inşallah"a kaldıysa işim vardı. Televizyon kanallarında gezerken bir yarışma programında durdum. Sigaramı dudaklarıma götürüp bir nefesi daha ciğerlerime gönderdiğimde, daha iyiydim. Bırakmalıydım şu mereti! On dakika geçmiş, yemeklerin dumanı çıkmaz olmuştu. Ne gelen vardı ne giden... Cinler düzine hâlinde tepemde dolanmaya başlamıştı. Oysa ben sakinleşmek için sigara içmiştim. Hırsla telefonumu elime aldım, tam tuşlayacaktım ki kapıdan tıkırtılar geldi. Hızla telefonu geri bıraktım ve masanın yanına koşup elime bir tabak alarak yemek koymaya başladım. Umursamaz görün Duygu! Sedat bir boğa gibi burnundan soluyarak içeri girdiğinde, arkasında Senem belirdi. Perişan haldeydi. Rimelleri akmış, ağlamış, gözünün yaşı kurumamıştı. İtiraf etmeliyim, ona acıyordum, tabii sessiz ve sakin kalabildiği zamanlarda. Ali'm bir ara kafasına sıkıp bizi ondan kurtarmaya heveslenmişti. Sık desem, gider, gözünü kırpmadan kafasına sıkar gelirdi. Gram üzülmezdi ama bunu Sedat yüzünden yapamazdı.

"Hoş geldin Senem," dedim gülümsemeye çalışarak. Senem kusar gibi bana baktı ve cevap vermedi. "Duygu, Senem'e eşofman ve tişört ver," dedi Sedat ve masaya oturdu. *Ben niye eşofman vereceğim,* diye düşünürken, Senem'in üzerindeki kusmuk izlerini gördüğümde, elimde tabak, ona ve üzerindeki siyah şifon gömleğe bakıyordum. Bu kız hiç üşümez miydi?

"İstersen duş alabilirsin," diyerek elimdeki tabağı masaya bıraktım. Senem benden iğrendiğini saklamadan yüzüme, "İtaatkâr köpek yavrusu," dediğinde derin bir nefes alarak içimden sabır çekmeye başladım.

"Senem, kapat çeneni, git temizlen! Kaldırma beni ayağa!" diye kükredi Sedat ve Senem kahkahalarla içeri geçti. Senem buydu işte! Onunla kavga etmek demiyorum, dalaşmaktan yorulmuştum. Hoş, beni çok kışkırtmadığı sürece sessiz kalıyordum. Cevap verdiğimde, Sedat'ın üzüldüğünü fark etmiş ve kendimi frenlemeyi öğrenmiştim. Zamanla ondan gelen her şeye kulak tıkamaya başladım. Geçen hafta onunla girdiğim ağız dalaşı, kavgaya dönünce bizi Sedat susturmuştu. Hadi hayırlısı! Bir yerde sabrım taşacaktı. Benim de bir dolum noktam vardı, ama ne zaman dolacaktım bilmiyorum.

Yatak odasından eşofmanları alıp banyoya girdim. Senem çoktan üzerindekileri çıkarmış, duşun suyunu ayarlıyordu. Gerçekten güzel bir kadındı. Uzun bacaklarıyla bembeyaz bir teni vardı. Bedeninde kendi açtığı yara izlerini saymazsak pürüzsüz cildi ay parçası gibiydi. İster istemez ona bakmaktan kendimi alamadım. Kumral kısacık saçları ona ayrı bir hava veriyordu. Burnuyla karnındaki piercing, gerçekten hakkını vermeliyim, onu daha seksi bir kadın haline dönüştürüyordu.

Yüzündeki o küçücük burun, onu tanımasam usta bir estetikçinin elinden çıkmış diyebilirdim. Estetik kim, Senem kim? Gerçi estetiğe ihtiyaç duymayacak kadar güzeldi. Ne düşünüyordum ben! Kafayı yemiştim sanırım. Sana ne Duygu Senem'in burnundan, estetiğinden? Tam çıkacaktım ki, "Bakmadığın bir tek burası kaldı," diyerek poposunu bana döndüğünde, kendimi dışarı attım. Haklıydı, ama böyle edepsiz olmak zorunda da değildi. Neden başına gelenlerin hırsını başkalarından çıkarmaya çalışıyordu? Neyin intikamını alıyordu? Bu soruların cevabını kendi bile bilmiyordu, eminim...

Salona geçtiğimde Sedat kulağındaki telefonu yeni masaya bırakıyordu. Gülümsedim ve telefonu alıp tamamen kapattım.

"Duygu!" dedi sinirle.

"Ne!" dedim aynı tonda.

"Ver!" dediğinde gidip konsolun üzerine bıraktım. Madem benim doğum günüm olduğunu öğrenmişti, yüzsüzlüğü elime almanın tam sırasıydı.

"Bugün benim doğum günüm ve ben ne istersem o olur."

"Hadi ya!" dedi gülmeden. "Evet," dedim, tabağına uzanıp yemeklerden koymaya başladım. İnsan yemezdi onun yediğini, koca deve! Ben tabakları doldururken Sedat salondan banyoya uzanan koridora doğru baktı. Aklının Senem'de olduğu o kadar belliydi ki sinir oldum.

"Nesi var demeye korkuyorum," dedim. Ağzımdan kelimeler kerpetenle çıkmış gibiydi. Senem'den konuşmak istemediğim o kadar belliydi ki adeta tıslamıştım.

"Fazlaca hap içmiş, ben de onu kusturdum," dediğinde yine elimde tabak, aptalca Sedat'a bakıyordum. Dayanamadım. Ağzımdan çıkanları kulağımın duymadığı kesindi, çünkü ben Sedat'a Senem hakkında kötü bir şey söylemeyeli aylar olmuştu.

"Harbi aptal bu kız yaa! Kaşınıyor diyeceğim, ama sen zaten o işi her şekilde yapıyorsun," dedim ve Sedat'ın buz gibi bakışlarıyla göz göze geldiğimde sustum. Susmasam kesin yine azarlayacaktı. Bu azarla kalbim kırılacak ve ben kalbime batan cam kırıklarını temizlemekle uğraşacaktım.

Nefesimi tutup bekledim. Belki söylediklerimden sonra Senem'i alıp çeker giderdi. "Duygu, onun durumunu biliyorsun. Düzelecek, iyiye gidiyor," dediğinde bu bir açıklama mıydı, savunma mıydı; bilmiyorum ama Sedat bana kızmamıştı. Hoş, o bana hiç kızmazdı ki... Öküzlük yaptığını bilmeden beni kırar ve sonra yine bilmeden gönlümü alırdı. Madem o konuşmaya başlamıştı, bir iki cümleyi daha kaldırabilirdi.

"Sen onun doktoru değilsin. Ayrıca onun iyiye falan gittiği yok! Görmüyor musun? Onun tedaviye ihtiyacı var."

"Psikiyatra gidiyor."

"Oraya gitmesinin tek sebebi rahatça hapları alabiliyor olması!" dedim sinirle.

"Yeter Duygu!" dediğinde konuşma bitmişti. Lanet olası koca aptal! Niye gerçekleri görmüyordu? Aşk onu bu kadar kör hâle getirebilir miydi? Bunu bana altı ay önce söyleseler neremle gülerdim, bilmiyorum. Şu an ne gülecek ne şaşıracak haldeydim.

Koca İstanbul fatihi dedikleri, korku salan Sado bir sermayeye abayı yakmıştı. Hoş, sermaye olması ilk zamanlar ne benim ne de Bekir ve Ali'm için bir kıstastı. Biz zaten normal insanlar değildik ki! Bu anlayışlı halimiz Senem'in bizi bezdirmesiyle yerini öfke ve onu öldürme içgüdüsüne bıraktı. Sedat'ın hatırına Senem'e yaklaşmaya çalıştık, ama ona her yaklaştığımızda zehirli diliyle bizi sokacak bir şeyler buldu. Oysa biz onu aramıza almaya öyle heveslenmiştik ki! "Sedat nihayet omzunu dayayacağı, koynunda sabahlayacağı bir hatun buldu," demiştik. Hay demez olaydık!

Senem'i tanıdıkça Sedat'ın böyle bir kadınla birlikte olmasını hazmedemez hâle gelmiştim.

Bekir ve Ali'me daha kızgındım. Onlar ilk zamanlar bana hak vermişti, ama sonradan Senem'i görmezden gelmeye başlamışlardı. Nasıl bunu normal karşılar ve sessiz kalırlardı, aklım almıyordu. Sinirimi onlara kusmaya başladığımda Ali'm, "Sedat'ın bana göre mantıksız, ona göre mantıklı bir açıklaması var. Kurcalama!" demişti. Ben de vardır bir bildiği dedim, ama Sedat tam bir sürtük bulmuştu. Sürtüklük Senem'in beynindeydi. Ona hain, bir o kadar zehirli dili yüzünden kızgındım, Senem'in çektikleri beni ilgilendirmiyordu. İnsan kaderine kızıp başka insanlara öfkesini yok yere kusmamalıydı. Zehrini akıtıp rahatlamak için etrafındakileri kullanmamalıydı. Ne ben ne Bekir ne de Ali'm bunu hak ediyorduk. Senem yüzde yüz su katılmamış manyaktı. İki iki daha nasıl dört ediyorsa, onun da bir yerlere kapatılmaya ihtiyacı olduğu kesindi.

Sessizliğe bürünmüştüm, olmayan keyfim iyice kaçmış, bana bilinmez diyarlardan el sallıyordu. Sedat tabağındaki dolmaları didikliyordu, pek yediği söylenemezdi. Onu avutmak için bir şeyler düşünüyordum, ama aklıma hiçbir şey gelmiyordu. Aslında beynimde beliren cümleler, "Beter ol! Hak ettin sen!" ya da "Senem düzelsin, bileklerimi keserim," gibi ardı arkası gelmeyen öfke patlamalarıydı ya, bunu benim kara deveme söylemeye kıyamazdım.

Senem tuvalette yarım saattir ne yapıyordu, hiç merak etmiyordum. İsterse bütün gece orada kalabilirdi. Sedat yerinden kalktı ve koltuğa bıraktığı ceketinin cebinden bir şey alıp masaya döndü. İri bedeninin altında kaybolan sandalyeye oturdu ve hafif canı sıkkın bir şekilde kaykıldı.

"Hazır sırası gelmişken," diyerek küçük, sade bir kutu uzattı. Demirden bakışlarına ve dudaklarındaki kalın sesine, gülümsemeye çalışan yumuşamış yüzü hiç yakışmıyordu. Aptalca uzattığı eline ve aynı zamanda kutuya bakıyordum. Doğum günüm olduğunu biliyor muydu yani? O yüzden mi bu akşam buraya gelmek istemişti? Bir de bana hediye almıştı, öyle mi? Yok artık! Sanırım ben amansız bir hastalığa yakalanmıştım ve bu son günlerimdi.

"Sedat?" diyebildim, çünkü ağzımdan başka bir kelime çıkmamıştı. Mutluluk deryasında kulaç atıp yüzmeye başlamış, bu anın keyfini çıkarıyordum. Haleleluya! Haleluya!

"Senin, mutlu yıllar," dedi gülümsemeyi beceremeyerek.

"Ne yani, sen doğum günümü biliyor muydun?" dedim; sesim gür, bir o kadar cadı gibi çıkmıştı.

"Ben senin doğum gününü on beş yıldır biliyorum."

"On beş mi? Senin matematiğin de şaştı valla. Yedi sene oldu beni bulalı ve sen bir kere bile kutlamadın."

"Sevmediğini söylemiştin," dedi sadece. Onca kurduğum cümle için cevaba bak! Kurcalamayacak kadar şoktaydım. Sedat bana hediye almıştı. Tamam, bana bir sürü şey alıyordu, ama onlar Sedat'ın dayatmalarıydı. "Doğru dürüst giyinmeyi öğrenmen lazım Duygu!", "Bu araba çok rahat Duygu!", "Evin ihtiyacı Duygu!", "Sana bu çok yakışır Duygu!" Elimdeki kutuysa hediyeydi.

"İnsan yaşlandığı için mutlu olmamalı," dedim mırıltıyla. İçimdeki duygu patlamasına başka bir açıklamam yoktu.

"Abartmayı hep seversin. Sanki elli yaşına giriyorsun," dediğinde yüzü, sanki ağzında acı bir şeker varmış gibi memnuniyetsizdi. Gülümsemeye çalışmaktan devreleri yanmazsa iyiydi. Onun karakterine göre bu gece fazladan cümleler bile kurmuştu.

"İyi de…" dediğimde Sedat konuşmama fırsat vermeden, "Aç hadi!" diye kükredi.

"Teşekkür etmemi bekliyorsan, çok beklersin," dedim ve kutuya uzandım. Allahım! İlk hediyesini alan çocuklar gibiydim, niye mutluydum? Ne almış olursa olsun, Sedat almıştı, önemli olan buydu. Duygularımı saklamalı ve boğazıma dizilen olmayan yumruları yok etmeliydim. Konuyu değiştirmek en iyi taktikti.

"Sarmayı beğendin mi?"

"Sen yapsaydın daha güzel olurdu."

"Ben yaptım," dedim. Yalan söylediğim sırıtmamdan belli oluyordu.

"Sen istersen yaparsın," dedi. Yine yüzüne yakıştıramadığım gamzeleri ortaya çıktığında, ben yine hayran hayran ona bakıyordum.

Kendimi toparlayıp doğruldum ve, "Tabii, hiç işim kalmadı, dolma saracağım. Hem ben beceremem, ne o öyle yaprağı haşla, içini hazırla, tabağa yay, sar, bir dünya iş!" dedim. Vay be, dolma yapmayı biliyor olabilir miydim? Çenem açılmıştı, elimdeki kutuyu açmadan duruyordum. Banyodan gelen sesler kesilmiş, Sedat huzursuzlaşmıştı. En azından bir saat kadar Sedat'la huzurlu bir şekilde oturmuştuk.

"Senem sanırım tuvalette uyuyakaldı," dediğimde sesimdeki ima anlaşılıyordu. Kesin sızmıştı, çünkü evin kapısından girdiğinde kafasının güzel olduğu belliydi.

Sedat, "Aynada kendini seyrediyordur," dedi. Sesi sevgi dolu mu çıkmıştı? Yok, canım, bana öyle gelmişti. Bu anlayışlı hâli midemin bulanmasına neden olmuştu ve ben öfkemi kontrol edemiyordum. İtiraf ediyorum, uyuz oluyordum! Sanki Senem onun için Rahibe Teresa kadar temiz, saf ve korunmaya muhtaç biri gibiydi.

"Hediyene bakmayacak mısın?" dediğinde elimde evirip çevirip açmadığım kare, kadife, siyah kutuya baktım. Siyah kömür karası gözlerin bana baktığını görünce, "Parasız kalırsam, satarım, haberin olsun," dedim.

Neden bu kadar kabaydım? Nedeni belliydi. Senem'e olan öfkemi ona yansıtıp duruyordum. Sedat düşüncelerimi açığa çıkarır gibi, "Sen dilsiz olsan gerçekten bütün erkekler senin için sıraya girer," dedi alayla.

"Senin algılarından sonra bozuldu sanırım. Beni kim ne yapsın? Komik olma!" dedim. Allahım, laf sokmak benim göbek adımdı, tamam, ama ben Sedat'a ne zaman laf sokar olmuştum? Buna bir son vermeliydim. Senem'den nefret ederken ona benzemeye başlıyordum. Sedat her zamanki gibi sessizliğini korudu.

Hızla elimdeki kutuyu açtım ve hayatımda gördüğüm en güzel kolyeyle karşılaştım. Uzun, beyaz, metal zincirin ucunda pırlantalarla süslenmiş, kapağı olan bir madalyon sallanıyordu. Pırlantaların süslediği kapağın alt tarafında küçük, renkli, adını bile bilmediğim taşlar sıralıydı.

Madalyonun zincirini kutudan çıkarıp elime aldım. Küçük kilidine basıp kapaklı madalyonu açtım. İçimde bin bir duygu, öksüz ruhumu gözlerime yansıtıp Sedat'ın gözleriyle köprü kurdu. Gülmüyordu, ama meraklı bir şekilde tepkimi ölçtüğünü bilecek kadar onu tanıyordum.

Sol kapağında benim otuz iki dişimle sırıttığım bir fotoğrafım duruyordu.

"Bu fotoğrafı nereden buldun?" dedim boğazıma takılan ağlamamı yok sayarak. Biraz daha susarsam salya sümük ağlamaya başlayacaktım. O ağlamamı sevmezdi. Biz yedi sene önce, ağlamayı zarfa koyup dünyanın en ücra köşesine alıcısız olarak göndermiştik.

"Bu çok..." dedim ve sesimi ayarlamak için sustum.

"Hoşuna gitmedi mi?" derken yüz ifadesi hemen sertleşmişti, bozulduğu belli oluyordu.

"Tabii ki beğendim, sadece bu çok pahalı," dedim.

"Senin kadar değil," dedi, rahatlamış, tekrar yemeğiyle uğraşmaya başlamıştı.

"Teşekkür ederim Sedat Bey," dedim ve kalkıp masanın etrafından dolaştım. Arkasından ince kollarımla sarılabildiğim kadar boynuna sarıldım. Kendine has kokusunu huzuru koklar gibi boynuna küçük bir öpücük kondurdum. Atkuyruğu yaptığım saçlarım sakallarına takılmış, minik minik elektriklenmişti. Doğrulup şımarık çocuklar gibi tekrar sarıldım. Kirli sakallarının üzerinde kalan elmacıkkemiğine sıcak, samimi bir öpücük kondurdum. Bu onun için fazla vıcık vıcık bir sevgi gösterisiydi. Dudakları sert ifadesine tezat, yukarı doğru kıvrılmış, gamzeleri ortaya çıkmaya başlamıştı. Ben ona sarıldığımda dudaklarını boynuma değdirip ateşe dokunmuş gibi kaçırdı kendini ve "Hadi, gevşeme de yemeğini ye! Yakında zayıflıktan uçacaksın," dedi ve duygusallaşmamız bu cümleyle son buldu.

Ben yerime oturduğumda Sedat, "Ben Senem'e bir bakayım," dedi ve yerinden kalktı. Uzun koridorda kaybolana kadar beyaz gömleğinin iri bedenindeki görüntüsünü seyrettim. Sedat gerçekten boylu poslu bir adamdı. Her sabah evinin koruluğunda bir saate yakın koşar, salonda her fırsat bulduğunda adına dilimin dönmediği dövüş sporlarıyla uğraşırdı. Boksu zaten spordan saymıyordum. Onun iri bedeni koridora yayıldığında evimin gerçekten onun için küçük olduğuna ikna olmak üzereydim. Sedat'ın, "Küçük bu ev!" demesine kulak asmıyordum. Ona göre küçük olan evim bana göre gerçekten büyüktü. Dört odası ve bir salonu vardı. Sedat evi almak için ısrar etmişti, ama aldığı takdirde burada oturmayacağımı söylediğimde kiralamak zorunda kalmıştı. Masaya gözüm kaydığında midemin gurultuları sessizliği doldurdu. Sabahtan beri bir şey yememiştim. Yemek yemeği unutmak benim için bir o kadar kolaydı da, Sedat hangi ara yemekleri yarıya indirmişti, bilmiyorum. Onu seyretmekten anlamamıştım. Bu adam gerçekten beş beygirli sil süpür makine gibiydi. Bu kadar yemek yemesine rağmen nasıl bu kadar formda kalıyordu, orası da ayrı bir merak konusuydu. Ben onun gibi yesem filgillerden hallice olurdum.

Masanın ortasındaki et yığınını es geçip tabağıma biraz dolma aldım. Et her zaman benim yemek listemde son sırayı alırdı. Sırıtarak sesli bir şekilde, "Sanki sebze ilk sırada," dedim ve ağzıma bir dolma attım. Doğum günüm iyi mi geçiyordu ne? Sedat'la olduğum her vakit iyi geçerdi ya, neyse!

Sedat salonun kapısında belirdiğinde ağzımdaki dolmayı yutamadım. Elleri yumruk olmuş, bedeni titriyordu. Aklıma Senem'in kendisine bir şey yapmış olabileceği geldi. *Allahım ne olur, benim evimde ölmesin!* diye aklımdan geçirdim, yalan değil! Bencilliğime vicdanlı tarafım, *ay tamam, hiçbir yerde ölmesin,* diye cevap verdi.

Sedat ölüm gibi soğuk bir sesle, "Senem yok," diyerek konsola koyduğum telefonuna uzandı.

"Nasıl yok?" dedim. Yine hayal dünyam fazla mesai yapıyordu. Pisliklerinden arınmak isterken, suyun etkisiyle kirli ruhu kirli bedeniyle giderden akıp gitmiş olabilir miydi? Kendimden utanmalıydım. Bir insan hakkında nasıl böyle şeyler düşünebilirdim?

Sedat salonun içinde deli danalar gibi dönüp duruyordu. Senem'i aradığı kesindi ve ben onun ürkütücü halinden gerilmeye başlamıştım. Her halini gören biri olarak beni incitmeyeceğini bilmeme rağmen, ondan halen ürküyordum. Ürküyordum, çünkü bana zarar verenlere neler yaptığını biliyordum. Bunun yanında birkaç kere adam öldürüşüne tanıklık etmişliğim var yani! Devamının aklımda belirmesine izin vermedim. Lanet olası geçmiş, lanet olası aklım, hani zaman her şeyin ilacıydı!

Bekir ve Ali'm, Sedat'ın en yakınları olmasına karşılık Senem konusunda Sedat onları aramıyordu. O telefonda konuşurken ben tenis maçı izler gibi sağdan sola yürüyüşünü seyrediyordum.

"Kemal koçum, neredesin?" dedi sertçe ve bir iki saniye dinledi.

"Senem'in gidebileceği yerlere bakmaya başla. Bulursan dokunma, bana haber ver, ben gelir alırım," dedi ve kapattı. Sonra üç beş adamını daha aradı. Kuduz bir köpek gibi saatine bakıp duruyordu.

"Duygu, ben çıkıyorum. Gelirse bana telefon aç." Hangi ara

silahını beline alıp kapıdan çıktı, bilmiyorum. Yerimden bile kalkamadım.

Tebrikler Senem! Güzel bir gecemin daha içine ettin, dedi öfkeli yanım.

Mantıklı yanım, *gecenin içine eden Senem değil, Sedat,* diyordu. Elim kolum bağlanmış, kanım çekilmiş bir şekilde bir süre masada oturdum. İçimden Bekir'i aramak geçti, ama aramadım. Onu da Senem için huzursuz etmenin bir manası yoktu. Sedat onu bulur, yine hiçbir şey olmamış gibi evine götürür, olay kapanırdı. Saat ne zaman on bir olmuştu? Yarın işe gidecek ve olmadık evraklarla uğraşacaktım. Masanın üzerine bıraktığım kolyeyi aldım ve salondaki aynalı vitrine ilerledim. Kolye takmayı oldum olası sevmezdim. Boynumda sanki bir yular varmış gibi gelirdi. Hoş, ben hiç takı takmayı sevmezdim ki! Bunu bile bile niye almıştı? Kolyeyi boynuma taktım ve uzun bir süre göğsümün arasında duruşunu seyrettim. Boynuma bu kolyeyi takmaya alışmak zorundaydım, çünkü ben onu ölene dek çıkarmak istemiyordum.

Gülümseyip masayı toplamaya başladım. İlk önce her şeyi mutfağa taşıdım, sonra kalan yemekleri saklama kaplarına koyup soğuyanları buzdolabına attım. Ekmekler yerli yerine kondu ve kirliler bulaşık makinesindeki yerini aldı. Sedat ve Senem kaosunu düşünmeyecek, güzel bir uyku çekecektim. Yarın kalkıp güzel bir şekilde hazırlanıp makyaj yapmak için kendime söz verdim. Hoş, kendi sözüme inanmadım, orası ayrı. Bir sürü makyaj malzemesi aldığım hâlde öylece bozulmayı bekledikleri bir gerçekti. Bir kere daha kendimi inandırmayı seçerek, "Söz," dedim ve yatak odasına girip pijamalarımı giydim. Telefonumun saatine baktığımda mutfakta fazla oyalandığımı anladım. Sedat gideli neredeyse iki saat olmuştu.

Elimde telefon, onu aramakla aramamak arasında tereddütte kaldım. Arasam ne olacaktı? Sinirle, "Kapat Duygu! Ya da biz iyiyiz. Senem iyi!" diyecek ve ben bütün gece uyuyamayacaktım. Niye sinirleniyordum ki?

Kahrol Senem! Ya da olma!
Ne halin varsa gör!

Anneannemin dediği gibi, "Herkes hak ettiği hayatı yaşar," deyip geçmem gerekmiyor muydu? Peki, Sedat, Senem'i hak etmek için ne günah işlemişti? O ceviz kabuğu kadar kırılmaz görüntüsünün ardındaki iyilik dolu ruhu bu kadar mı çamura bulanmıştı da bu kadını hak etmişti! Hiç sanmam! Yoksa ölümü göze alıp hiç tanımadığı bir kızı, yani beni kurtarmaya çalışmazdı. Yatağıma girmeden önce her gece olduğu gibi bütün odaların, mutfağın, banyonun ışıklarını teker teker yaktım. Yatmaya hazırdım, artık rahat rahat uyuyabilirdim, kâbusların karanlığı dost bilip beni ele geçirmesini engellemiştim.

Karanlığın açıklamasını biliminsanları fiziki olarak yaparken, benim içimdeki karanlığın adı yoktu! Günler boyu kaldığım tuvalette, etlerimi kemirmeye çalışan farelerle boğuşurken, artık benim korkumun adı karanlık olmuştu. Kurtulduktan sonra hava kararmaya başladığında, neresi olursa olsun, bir gazino misali bütün ışıkları sabah gün doğana kadar açar, gün ışıdığında kapatırdım.

Yatağıma uzandım ve son günlerde okumaktan zevk aldığım Işıl Parlakyıldız'ın aşk romanı *Köle* adlı kitabı elime aldım. Bana kalsa kitabı bir günde bitirirdim, ama kitabın detaylarını hatırlamak adına sindire sindire okumalı ve kitabın erkek karakterine olan hayranlığımı beynime kazımalıydım. Böyle bir erkek var mıydı ki? Deli gibi sevecek, sevdiği kadın için dünyayı karşısına alacak! Nerde! Hey! Hey!

Satırlar akıp giderken artık benim adım Duygu değil, Edward'ın karşısında titreyen kölesi Jaymie'di. Kızın yerinde ben olacaktım ve biri bana böyle âşık olacaktı, dünyayı yıkardım ya neyse! Bekâra karı boşamak her zaman kolay! Bir ara şu yazarı araştırmayı aklıma not ettim.

Üç dört sayfayı bitirmiştim. Uykunun gözkapaklarıma çökmesine rağmen kitabın heyecanına kendimi kaptırmıştım. Kapının tıkırtılarını duyunca yüreğim ağzıma geldi. Hızla yataktan kalkıp öylece durdum. Bekir bana ne demişti? Ne demişti? Tehlike anında ne yapmalıydım? Deli gibi sağa sola bakınıyor, ama kıpırdayamıyordum.

Allahım ben ne salağım, ne yapacaktım? Düşünürken huzuru bulduğum sesle kendime geldim. "Duygu!" diye seslenen Sedat çoktan yatak odamdaydı. "Yüzün bembeyaz, neyin var?" demesi gayet doğaldı, çünkü ben korkuyla yerime çivilenmiş gibiydim. Kocaman avuçları yanaklarımı buldu ve, "İyi misin?" dedi.

Evet anlamında başımı salladım. Küçük mü, yoksa büyük dilimi mi yuttum, bilmiyorum. Sesimin titreyeceğini bile bile, "Senem'i bulabildin mi?" dedim, çünkü konuşmaya ihtiyacım vardı.

"Yine evi gazinoya çevirmişsin, bütün ışıklar yanıyor," dedi soruma cevap vermeden. O sırada telefonu titredi. Pantolonunun cebine hızlı bir şekilde daldırdığı eliyle telefonunu dışarı çıkardı. O cevap verirken ben salona geçmiş, sigaramı yakıyordum.

"Ne demek yok! Biraz evvel bana Cümbüş Bar'da olduğunu söylemedin mi?" diye kükredi ve telefonu bin bir küfürle kapattı. Böylelikle onun eve girdiğinde, neden sakin olduğunu anlamıştım. Senem'i bulduğunu sanıyordu. Böylelikle sinir harbi tekrar başlamış oldu.

Sigaranın dumanı ciğerlerimi ele geçirdiğinde, bir iki saat öncesinin dejavu hissi beni sarmıştı. Sedat yine salonda dönüp duruyordu. İzlerken onu avutacak tek bir kelime aklıma gelmiyordu. Zaten avutmak istemiyordum. Kendi içimde Sedat'la savaş halindeyken onu nasıl avutabilirdim? Tabii ki avutamazdım! Tamam, üzüldüğüm bir gerçekti, ama o çocuk değildi ki işaretparmağımı ona sallayıp, "Bak, bu kaka," diyeyim. Keşke öyle bir şansım olsaydı! Onu dizime yatırıp poposunu morartana kadar döverdim. O manzara aklıma geldiğinde, elimle ağzımı kapatıp sırıttığıma inanamıyordum. Dev cüssesiyle benim dizlerime sığmazdı ki...

Sedat salonun içinde deli danalar gibi dönüp duruyordu. Ben sinirden ikinci sigaramı yakmıştım. Tabii, sinirinden payıma düşeni aldım. "Duygu söndür şunu! Yoksa onu alnının ortasında söndüreceğim!"

Sinirle ayağa kalktım. Niyetim gidip yatmaktı tabii, ama çok çalışan çenem yine iş başındaydı. "Niye gidip onu evinde beklemiyorsun? Buraya geleceğini sana düşündüren ne?" dememle, iki adım atıp yanıma gelmesi bir oldu. Burnumun ucuna kadar gelmiş, yine kızgın bir boğa gibi soluyordu. "Senin çenen çok çalışır oldu," dediğinde küçük Duygu geri gelmişti.

"Sinirini benden çıkarma," dedim mırıltıyla.

"Bunu asla yapmam," dedi ve beni kollarına alıp acısını gidermek ister gibi sarıldı. Cılız kollarımın iri bedenini sarması saniyeler sürdü.

"Senem, senin gibi olmak istiyor," dediğinde kaşlarım çatılmıştı, midemde yumruk yemiş gibiydim. Kim benim gibi olmak isterdi ki?

Kafamı göğsünden yukarı doğru kaldırdığımda, yeni çıkmış kirli sakallı çenesi burnuma sürttü. Bir jilet gibiydi diyebilirim. "An... la... madım?"

"Senin masumluğunu kıskanıyor."

"Ne! Hapları içkiyle kullanmaktan beyin ölümü çoktan gerçekleşmiş; ne yani, şimdi ortadan kaybolması benim suçum mu?" dedim ve kendimi huysuzca kollarından kurtardım.

"Duygu, bir de seninle uğraşmayayım. Beni söylediğime pişman etme!"

"Pişman ol!" dedim, bu kadarı da fazlaydı. Yüzüme sinirle baktığında, "Ben yatıyorum," dedim ve sinirle yatak odasına girdim, ama kapıyı kapatmadım. Tıpkı karanlık gibi kapalı alanda kalmak da geçmişten kalan kâbuslarımın arasındaydı. O kadar ki yalnızken asansöre binmek bile, benim için korkutucuydu. Sedat peşimden gelmedi. Yorganımın altına girdim ve Senem'e iyice diş bilemiş hâlde düşünmeye başladım. Tabii masumluğumu kıskanır, başka neyim var ki? Hem masumluk tanımı neydi ona göre, çok merak ettim. Bu gece beni gerçekten yormuştu. Gözlerimi kapatıp uyumaya odaklanmaya çalıştım ve tam başarıyordum ki zil çalmaya, aynı anda kapı yumruklanmaya başladı. Yataktan nasıl fırladığımı bilemedim. Çıkan gürültü yüzünden apartman sakinleri, yarın ellerine yanan meşalelerle beni evden çıkarmak için yakmaya çalışacaklardı. İçimden gülmek istiyordum, çünkü Gül Abla'nın sokak kapısının arkasına yapışmış, izlemeye çalıştığından emindim. Ben harbi normal değildim ya! Sedat balkondan içeri girip kapıya ulaşana kadar ben adeta kapıya uçmuştum. Hızlıca delikten baktım, Senem'di. Hayret, benim evin yolunu bulabilmişti. Kapıyı açtım ve, "Senem!" dedim. Sedat'ın gözlerinde gördüğüm rahatlama mıydı? *Oha artık!* diyesim geldi. Ben şaşkınlığımı atmaya çalışırken, Sedat'ın rahatlayan yüzü, Senem'in halini gördüğünde öfke kusmaya başladı. Senem eteği, sutyeni ve askılı parlak bluzuyla karşımızda duruyordu. Onun böyle ucuz kıyafetlere büründüğüne ilk zamanlar şahit olmuştum, ama bu sefer kendini aşmıştı. Benim bildiğim Sedat ona giyinmeyi öğretmiş, pahalı butiklerden para bile vermeden alışveriş yapması için olanaklar sağlamıştı. O zaman bu neydi? Hakkını yememem lazım, harbi alımlı ve seksi bir kızdı. Görünüş olarak Sedat'ın âşık olacağı kadar vardı. Tabii, içi çamurdu, orası ayrı!

Senem tam anlamıyla dağılmış gibiydi. Her şey tamam da kısacık saçlarını nasıl dağıtabilmişti, merak etmekten kendimi alamadım. Çakır gözlerinden akan siyah rimeller yanaklarında yol yol olmuş, aşağı doğru süzülüyordu. Dudağındaki cırtlak kırmızı ruj bozulmuş, yanağına kaymıştı. Onu sokakta görsem tecavüze uğradığını sanıp yardım etmek adına elimden ne gelirse yapardım. Benim şaşkın, Sedat'ın öfkeli haline, Senem kahkahalarla gülmeye başladığında, onu nasıl içeri alıp kapıyı kapattım, bilmiyorum. Saliselikti yani! Sedat, "Senem! Bu halin ne?" diye sordu. Soğuk, bir o kadar da korkutucu ses tonunu tanıyordum. "Ben onun ciğerini bilirim," sözü tam bu âna uygundu. Sedat'ın niyetinin konuşmak olduğunu düşünmek gerçekten iyimserlik mi olurdu?

Senem birinci soruyu algılayamaz hâlde bize bakarken, Sedat, "Neredeydin?" derken ben titriyordum. Bu kız Sedat'la dalga geçilmeyeceğini en azından birlikte oldukları aylar içinde öğrenmiş olmalıydı. Hoş, öğrense bile, bırak Sedat'a cevap vermeyi, ayakta duracak hâli yoktu. Sanırım kullandığı hapları kutu kutu yutmaya başlamıştı. İçtiği haplar yüzünden gözlerinin mavisi morarmış, beyazı kan çanağıydı. Elini kaldırıp kafasını kaşıdığında göğsünün biri sutyeninden taşarak açığa çıktı. Bu manzaranın gerçekten iğrenç olduğu kanısındayım. Ne kadar güzel bir kadın olursa olsun fazla teşhir güzelliği iğrenç hâle getiriyordu. Hoş, Senem teşhir etmez, direkt gösterirdi ya, orası ayrı.

"Hadi, uyku vakti," dedim aptalca. Oturup akıllı uslu konuşalım demek gerçekten saçma geldi. Sedat bu sinirle ikimizi masaya yatırıp kıtır kıtır kesebilirdi. Tabii, bu durumda suçsuz olan ben, kim vurduya gitmiş olurdum. Zaten Sedat sakin bile konuşsa, karşısında onu anlayacak Senem yoktu. Hoş, bedeniyle beyni bu kadar uyuşmamış olduğu zamanlarda bile anlamayacağını biliyordum. Sedat yumruklarını sıkmış, o koca cüssesi, sanki iki kat büyümüş gibi Senem'in karşısındaydı. Sabaha kadar böyle dikilemeyeceğimize göre, arayı bulmaya karar verdim. "Ben Senem'i banyoya sokarım," dedim. Tam yanına geçmiştim ki Senem, "Dokunma bana!" diye cırladı. Sedat bana iyi misin der gibi baktığında, sesimi çıkarmadım.

"Neredeydin Senem?" dedi Sedat bir kere daha. Senem'in yüzünde pis bir gülümseme belirdi. Sedat'ın sabrını taşıracak cümleyi kurduğunda her şey saniyeler içinde hızlandı.

"Kendimi becertip geldim!" Allahım bu manyak ne demişti? Yok, ben yanlış duymuştum. Şakaydı bu ve ben tam ortasında duruyordum. Sedat'ın tokat atmasıyla Senem'in kapıya çarpması bir oldu. Allahım, sen aklımı koru! Bütün uzuvlarım, sanki uçurumdan aşağı atlamış gibi uyuşmuştu. Ayakta nasıl durmuştum, bilemiyorum. Ben onca işkenceye katlanmış, sağ kurtulmuştum, ama şu anki kadar kendimi bırakmamıştım.

Sedat'ın kendini kaybettiğine çok az şahit olmuştum. Suratında canı yanmış bir ifade vardı ve canı yandığında onu kimse durduramazdı. İpini koparmış bir köpek gibiydi. Senem'in şahadet getirip kaderine razı olması gerekiyordu ama oralı olduğu söylenemezdi. Beklenen an gecikmedi. Senem, Sedat'ın tokadıyla kapıya yapışmasının ardından, bir sinek gibi kapıdan süzülerek yere çöktü. Sedat, "Kim?" diye kükrediğinde kim sorusuyla afallamıştım. Çoktandır beynimin engelli bu kısmından yoksundum ve kim sorusu beni yine hiçliğe sürükledi. Ben geçmişte bir hiç olmayı sevmiştim. Bu acılardan kaçış yoluydu ve, "Kim?" sorusu beynimdeki o duymaz, o görmez halleri tetiklemişti. Yine o hâle gelmek istedim. Ne demek kim? Kim olduğunun ne önemi vardı? Sedat'ın yerine ben acı çekmek istemedim ve anlık da olsa hiçliğe sığındım...

Şu an yaşadığım boşluğu, bana acıları ötelemeyi hiçlikte bulduğum zamanlar öğretmişti. Düşünce selinden Senem'in ciyaklamasıyla sıyrıldım. Bir insan öyle ciyaklarken nasıl kahkaha atabilirdi?

"Kim mi? Yanlış soru... Kimler, diye soracaktın," dediğinde Senem'in önüne nasıl kendimi attım, bilmiyorum. Ben sanırım gerçekten salaktım.

O anlayışlı, merhamet abidesi adam gitmiş, yerine bir canavar gelmişti. Tamam, kızdığında neler olacağını biliyordum, ama bir kadına vurması kabul edilebilir bir şey değildi. Kollarım onun iri bedenini tutamayacak kadar çelimsizdi. Güçlü olsam ne olurdu ki! Yüz on kilo, bir doksandan fazla boyu olan adamı elli kiloluk bedenimle tutabilir miydim? İmkânsız! Senem'e öldüresiye vurmaya başladı.

Ağzından, *Düzeleceksin!*'den başka bir kelime çıkmıyordu. Senem'in yerine ben, "Tamam, söz, düzelecek," diye haykırıyordum ya, niye diye sakın sormayın!

Sedat geri çekildiğinde gözlerime bakıyor olması beni gördüğü anlamına gelmiyordu, çünkü öfke onu kör etmişti. Senem kahkaha atmaya başladığında Sedat, yerde iki büklüm olmuş Senem'in üzerine yürümek istedi, ama önüne geçtim ve, "Yeter!" diye bağırdım. Titriyordum, ellerim terliyordu, ama yüzümün yanmasına rağmen bedenim buz gibiydi. Hayır! Hayır! Bu benim tanıdığım Sedat olamazdı.

Senem'e vurmasını engellemek o kadar zordu ki! Ah Senem! İnatçı Senem! Sana acımakla nefret arasında sıkışsam bile, Sedat yüzde yüz haklı olsa bile, bir kadının bunları yaşamasına izin veremezdim.

Onu korumaya nasıl gücümüm yeteceği merak konusuydu. Cesaretimin son kırıntılarını toplayıp son Mohikan gibi tekrar önüne dikildim. Gözlerim korkuyla, onun öfkeden gecenin siyahına dönmüş gözlerine kenetlenmişti. Oysa deli gibi korkmaya başlamıştım. Bu öfkeyle bana vurursa, ruhumda açacağı yaraların iyileşebileceğini sanmıyordum.

"Çekil Duygu!"

"Hayır! Yeter, gerçekten yeter! Kendinde değil, görmüyor musun? Belki yalan söylüyordur!"

"Doğru söylediğini ikimiz de biliyoruz." Dişlerinin arasından tıslıyordu ve ben ruhunun çektiği azabı kendi benliğimde hissediyordum. Ey aşk, kahrol!

"Sedat lütfen!" dedim acınası bir şekilde çıkan, yalvaran sesimle. Normal bir zamanda Sedat bu ses tonumla bana bütün kapıları açmakla kalmaz, dünyayı ayaklarımın önüne sererdi, ama bu gece değil. Beni kâğıttan bir bebek gibi kenara ittiğinde, kahkahalar atan Senem'i yerden kaldırması zor olmadı. Ne Sedat'ın ona vurmasına ne Senem'in dayak yerken attığı kahkahalara engel olabildim. Gücümü toparlayıp aralarına girmem saniyeler sürmüş olsa bile, Senem'in ağzı burnu patlamıştı. Bu, evimin her köşesine sıçrayan kandan belliydi. Bir kere daha, "Sedat, lütfen yeter! Vurma artık, anladığına eminim!" diye haykırarak aralarına girdim. Sesim kısılmış, yarım saattir bağırıyor, onu engellemeye çalışıyordum. Allahım! Ben bu adama nasıl hayranlık beslerdim! Haklı bile olsa Senem'e bu şekilde davranması kabul edilemezdi.

Baktım, Sedat'ı engelleyemiyorum, Sedat'ın tokadıyla duvara yapışan Senem'e, "Sus Senem! Yalvarırım sus!" dedim haykırarak. Küçük bedenim Sedat karşısında Senem'e siper olsa ne yazar! Senem susacak gibi değildi. Onun bağırmasıyla kulaklarım patlayacak kadar acımış, gözlerimi kapatmıştım. Kulaklarım acıyordu, ama ben gözlerimi kapatıyordum. Yok, yok, ben gerçekten normal değildim. Bazen gerçekten kendime inanamıyordum.

Kendimi bir yere ışınlamam mümkün müydü? Saniyelik düşünce karmaşasından Senem'in bağırdıkça güçlenen sesiyle çıktım. Çıkmasaydım keşke, çünkü susmaya niyeti yoktu. "Gebert istersen. Beni sevmediğini biliyorum! Öldür beni, bitsin bu işkence! Sen beni aptal mı zannediyorsun? Düş yakamdan! Ben buyum, neden anlamıyorsun? Ben bu hayatı seviyorum!" Sesi o kadar gür ve kuvvetliydi ki ağzının ortasına bir tane de ben patlatmak istedim. Tabii, ben bunu düşünürken, Sedat gerçekten Senem'in yüzünün ortasına tokadı geçirdi. Allahım, bu nasıl bir aşktı? Senem yere yuvarlanırken Sedat neredeyse kriz geçiriyordu.

"Seni öldürürüm. Şerefim üzerine yemin ederim cesedini parçalar, dolaba koyar, bitene kadar pişirir yerim," dediğinde kanım donmuştu. Bir şeyler yapmalıydım, yoksa bu gece Senem ölecekti. Senem, "Senin şerefin olsa delikanlı olur, bana ümit vermezdin! Delikanlı olsan benim gibi orospuyla ne işin olurdu?" diye haykırdığında Sedat'ta film koptu. Ne diyordu? Aralarında ne vardı? Hiçbir fikrim yok! Sedat beni ittiğinde neyse ki koltuğa düştüm. Koltuktan kalkıp aralarına girene kadar Sedat, Senem'e öldüresiye vurdu. Senem'in ağzından burnundan kan geliyordu. Ben o kaosta burnumdan sıcak sıcak bir şeyler aktığını hissettim. Harika! Bir bu eksikti. Sedat'la göz göze geldiğimde, midemden yukarı çıkanın ne olduğunu gayet iyi biliyordum. Banyoya koştum. Yine ağzımdan burnumdan kan boşalıyordu. Allahım! Sedat'ın, "Duygu!" diye bağıran çaresiz sesini duydum, ama kanın akması ve durması bir oldu. Ben daha yirmi dört yaşındaydım ve ölümün her halini biliyordum. Sedat'ın gözleriyle birleşen gözlerimi kaçırdım. Ani gelen bu patlama yüzünden bedenim pelte gibi olmuş, yürüyecek halim kalmamıştı. Tam yere yığılacakken, Sedat beni kucakladı. "İyiyim, korkma," dedim. Sanki biraz evvel bir kadını öldüresiye döven cani kabuk değiştirmiş, yerine endişeli melek peyda olmuştu. "Duygu, iyisin, değil mi? Bana iyi olduğunu söyle!"

"Geçti, korkma!" dediğimde kucağından inmeye çalışıyordum. Sedat, "Hastaneye gidiyoruz," dediğinde halen kucağındaydım.

"Sedat dur! Bunun normal olduğunu ikimiz de biliyoruz," dediğimde duraksadı.

"Duygu! Hastaneye gidelim," dediğinde sesi yalvarır gibiydi, biliyordum. "Biraz bekleyelim, geçmezse gideriz," dedim ve kucağından yere indim. Sırıtarak, "Niye beni kucağına aldın yine?" dedim alayla.

"Düşüyordun geri zekâlı!" dedi sinirle, ama ben zaten cevabı biliyordum. O beni karanlıklardan kucağında çıkarmıştı. Ben onun kollarında ölümden bile kurtulurdum. İndiğimde gözlerimin içine bakıyor, halen ellerimi tutuyordu ve ben utanç içindeydim. Her halimi, çıplaklığımı görmüş birinden niye utanıyordum ki? Gözlerimi kaçırdım ve, "Senem'e bir bak hadi, ben de duş almak istiyorum. İlaç ve pamuk buzdolabının yanındaki dolapta," dedim ve üzerimdekilerden kurtulmaya başladım. Sedat iyi olduğumdan emin olduktan sonra çıktı. Sedat çıkmadan, üzerimden çıkardığım pijamalarımdan, sonra da iç çamaşırlarımdan kurtulup duşa girdim. Saçlarımı suya sokmak istemedim ve ılık ılık burnumdan sızan kana aldırmadan her yanımı yıkadım. Çıktığımda dolaptan bir havlu alıp burnuma bastırdım. Kanama azalmıştı. Sanırım on beş dakikadır buradaydım ve içeriden herhangi bir ses gelmemişti. Bu beni rahatlatmıştı. Banyo aynasına baktığımda sırıtmaya başladım. Niye mi? Ölümle dalga geçer olmuştum ve bu rahatsız edici şekilde hoşuma gidiyordu. Ne olurdu? Ölürdüm! Bu az pişmiş hayatımda fazla bir iz bırakmadan çeker giderdim. Yani böyle kanın bedenimden çıkmak için can atması ilk değildi. Çok üzüldüğüm zamanlarda başıma geliyordu. Sedat, Senem hayatına ilk girdiği sıralarda onu bize kabullendirmek istemişti. Bir yemek ayarladı. Ali'm, Bekir, ben ve Senem, kadroya bak!

O yemeğe kadar Senem'i birkaç kere uzaktan görmüştüm. Bu onunla samimiyet kuracağımız ilk ortamdı ve ben gerçekten onunla iyi geçinmek istiyordum. Lokantaya girdiğimizde gülümseyip bütün şirinliğimle, "Merhaba," dedim. Senem'in baştan aşağı beni süzmesi neyse de yüzüme patlayan çiklet halen kulaklarımı çınlatır. Ah, devem Ali'm, ben üzerimdeki şoku atlatmaya çalışırken kendini tutamayıp "Oha!" dediğinde Allah'tan Sedat arabayı park etmesi için valeye veriyordu. Dakika bir, gol bir, Senem kendini bize tanıtmıştı. Tabii gerilen ortam Senem'in laçka hareketleriyle iyice kopma noktasına geldi. Biz üçümüz göz göze geliyorduk, sessizliğe bürünmüştük. Bir nevi şoktaydık. Enteresan tarafı Sedat'ın davranışlarıydı. Onun yaptıklarını başka biri yapsa şimdiye çoktan kafasına sıkmıştı. Bırak onu, ben yapsam çoktan kendimi Sedat'ın dizlerinin üzerinde bulur, popoma popoma dayak yemeye başlardım. Kayıtsız kalması hepimizde buz gibi bir şok etkisi yaratmıştı. Ali'm ortamı yumuşatmak için en iyi bildiği konudan girdi. Tabii ki benimle dalga geçmek! "Söyle bakalım Çirkin, seni almaya geldiğimde yanında duran o yakışıklı tıfıl kimdi?" dediğinde yüzüm mora yakındı.

"Mithat," deyiverdim. Sedat buz gibi bir sesle, "Hangi Mithat?" dedi. Gözüm Senem'e kaydığında, rahatsız oldum. Sorun bizi dinlemesi değildi, sorun bizi meraklı, bir o kadar da kıskanç bir şekilde dinliyor olmasıydı.

"İşe yeni başladı. Satış bölümüne," dedim. Bildiğin hesap veriyordum. Hoş, hesap vermeye alışıktım, ama Senem'in bakışları beni yoruyordu.

"Ne istiyormuş?" dedi Sedat.

"Hiç, işe başlama evraklarıyla ilgili bir şey sordu."

"Sen insan kaynaklarında çalışıyorsun da benim mi haberim yok?" dedi Sedat sertçe. Sessiz kaldım ve Senem alakasız biçimde, "Şimdi neden ezik olduğunu daha iyi anlıyorum," dediğinde, Bekir'in elindeki rakı bardağı havada kalmıştı. Ali'm duyduğu cümlenin şokuyla çatalını ete batırmış hâlde öylece dondu. Sedat... İşte onun tavrı benim içimdeki bütün her şeyin mideme toplanmasına yol açtı. Senem her şeyi biliyor muydu yani? Bekir benim yüzümün renginin değiştiğini anlamıştı ve "Anlamadık?" dedi sertçe.

"Şu sizin kol kanat gerdiğiniz acınası kız yani?" dedi Senem. Sedat'ın gözlerine baktığımda, "Senem kendine gel. Duygu aileden! Laflarını tart ve konuş. Birine acınacaksa, bu senden başkası olamaz!"

Bu kadar mıydı? Aileden!

Bekir, "Haydi Duygu, yarın iş var, seni eve bırakalım," dediğinde biz yemeğe oturalı yarım saat bile olmamıştı. "Tamam," anlamında başımı sallayabildim. Ali'min kaçmak için bahanesi hazırdı. "Benim hatunlara akma zamanım gelmiş de geçiyor," dediğinde üçümüz de bu aptal geceyi bitirmeye kararlıydık.

Ayağa kalktığımda her zamanki şirinlik yerine Sedat'a, "Görüşürüz," diyebildim. Zehirli diliyle beni sokan şu ne olduğu belli olmayan kadına değil, ona kırgındım. Midemden yukarı yayılan acı tadı geri itmeye çalışmak ölüm gibi gelmişti. Ama gözüm kararmaya ve nefes alamamaya başladığımda, "Bekir!" diyebildim ve elimi ağzıma götürmemle her yer kırmızıya boyandı. Bedenimde dolaşan bütün kanın ağzımdan çıktığına emindim. Burnumdan ağzımdan kan geliyordu. Sedat çoktan, "Arabayı getir!" diye haykırmış, beni kucaklamıştı. Bir hafta kadar onların zoruyla hastanede kaldım. Tetkikler sonucu her şeyin normal olduğu ortaya çıktı. Sonradan sonraya birkaç kere olmadık duygusallıkta, heyecanda, üzüntüde aynı şey oldu. Bedenim duygu yoğunluğunu kaldıramıyor, tepki veriyordu.

Bekir, "Heves onunki, bir iki güne kafasına sıkar. Üzülme!" dedi, ama Senem, Sedat'ın kanına bir zehir gibi yayılmaya devam etti. Sedat'ın kendisine gelmesini umdum, ama umduğumu bulamadım ve bugünlere geldik. Aradan, fazlası var eksiği yok, altı ay geçti.

Nerede benim düğmem?

Banyo kapısını açıp dışarı çıktığımda, duvara dayanmış Sedat'la karşılaştım.

"İyi misin?" dedi ve beni kaybetmiş, sonra bulmuş gibi kollarına aldı.

"Biz hep iyi oluruz," dedim alayla. Maskeler, maskeler, maskeler! Biz ne zaman birbirimize karşı maske takar olmuştuk? Salona geçtiğimde Senem'i göremedim. Gitmiş olamazdı. Büyük ihtimal sızmış ya da bayılmıştı.

"İyi mi?" dedim. *Evet*, anlamında başını salladı. Gözlerime bakıyordu, benden bir şeyler söylememi beklediği kesindi.

Sigarama uzandım ve yaktığımda bağırmasını bekledim, ama karışmadı.

"Senin bu hallerini hiç sevmiyorum," dedi, yüzündeki kederi görmek bana acı veriyordu ve onun da gözlerimden ruhumu görebildiğine emindim.

"Hangi hallerimi?"

"Sessiz hallerini…"

"Ben fazla konuşmam ki zaten!"

"Duy da inanma!"

"Sedat, etrafına bak! Benden daha büyük problemlerin var. Yemin ediyorum, bir daha ben de sana vuracağım," dediğimde sırıtıyor muydu? Evet, bildiğin sırıtıyordu. Nasıl sırıtmasın ki? Ona vursam bile sinek ısırığı gibi gelirdi.

"Yetemiyorum," dediğinde Sedat'a inanmaz şekilde bakıyordum. Sessiz kaldım ve içimden yüzüne haykırmak istediğim bütün sözcükleri yuttum. Söylenebilecek en iyi şey, "Bütün Türkiye

42

Senem'in üstünden geçse yetemezsin," demekti ya neyse! Zavallı Sado! Yetip yetmeme konusunu bir yere bırakıp onunla konuşabileceğim daha makul bir yol buldum.

"Onu döverek anlatamazsın. Zaten akıl sağlığının iyi olmadığını biliyoruz," dediğimde Senem hangi ara salona girmiş, hangi ara bizi dinlemişti, pes! Bir yılan kadar sessizdi de zamansız öten bir horoz gibi sesi vardı. Yine avaz avaz bağırarak, "Seni şıllık, bana deli mi diyorsun sen?" dediğinde hiç istifimi bozmadım. Ben onu korumaya çalışırken ne saçmalıyordu bu deli! Sedat ayağa kalkmış, yumruklarını sıkıyordu. Tabii, ben yine önüne dikildim.

"Off! Kapat çeneni Senem! Bazen gerçekten dayağı hak ettiğini düşünüyorum," dedim sinirle, ama saçlarıma yapışması saniyeler aldı. Sedat ona uzanıp beni kurtaramadı bile. Kahverengi saçlarım belime kadar iniyordu. İlk defa bu kadar uzun olduğu için kendime lanet okudum. Can acısıyla gözlerimi kapattığımda içimde bir şeyler canlanmaya başlamıştı. Geçmişten bana öyle kötü izler kalmıştı ki Senem beni hiç tanımıyordu. Acı bedenimde varolmaya başladıkça, hissizleştim. Acı nedir diye sormak benim için bir o kadar kolaydı, çünkü ben acıyı iki ay boyunca her türlü işkenceye maruz kalarak öğrenmiştim. O lanet günlerde hissizleşip kendimi eğitmek ve olmayan düğmemi kapatıp hiçlikte yaşamayı başarmıştım.

Geçmişin ölmeyen anıları tazeliğini koruyordu, ama itiraf etmeliyim, yedi senedir hissizliğe gömülecek bir tek olay bile olmadı. Ben o hayali düğmeyi kullanmadım. Hoş o düğmeye bastığımda bir hiçten ibarettim, onu biliyorum.

Şimdi ensemde hissettiğim acı neden ruhumu rahatlatmıştı? Bazen televizyonda ibadet adı altında kendine zarar veren insanları görüp şok oluruz ya! Ensemdeki acıyla neden kendimi temizlenmiş hissediyordum, bu bir cevap olabilir miydi? Allahım sana geliyorum! Diğer bir seçenek mazoşist olabileceğimdi ki bence değildim. Yani çoğu zaman değildim. Sinirlendiğim zaman tırnaklarım bilinçsizce etime batabiliyordu. Ve şimdi olduğu gibi

43

birisi canımı yaktığında rahatlayabiliyordum.

Rahatlamak aklımı korkuyla doldurdu. Hoş, doldursa da Kasımpaşa! Doldurmasa da! Ben normal bir insan olabilme şansını on sekiz yaşımda kaybetmiştim. Senem'in suratına baktım ve sanırım manyakça sırıttım. Sedat halen Senem'den beni kurtarmaya çalışıyordu ve bu benim canımı daha çok yakıyordu. Kendimi kurt ve aslan tarafından paylaşılamayan bir av gibi hissettim. Acı garip bir şekilde ruhumu temizliyordu. Korkutucu olan boşluktu, ruhumu kaplamaya başlamıştı. Normal olmak için yıllarını veren yanım düğmenin yerini bulmuş, kapatmak için tetikte bekliyordu. Sedat'ı nasıl ittiğimi hatırlıyorum. *Bas şu düğmeye*, dedim içimdeki Duygu'ya! Ve hoş geldin boşluk! Boşluğun ardı hiçlik!

Senem'e Hanniball bakışıyla, "Canımı mı yakmak istiyorsun?" dediğimde gülüyordum. Senem güldüğüm için aptallaşmıştı. Kollarımı havaya kaldırıp iki elimle ilk bileğini kavradım ve sonra ensemde yumruk olmuş parmaklarını hissettim. Saçlarım iyice parmaklarına dolanmıştı. Yumruk olmuş elini kendi avucuma aldığımda açmaması için iyice sıktım. Ne yaptığımı anlamaya çalıştığına emindim. Elini iki elimle iyice kavradığımdan emin oldum ve, "Sen beni hiç tanımıyorsun," dedikten sonra zaten bilinçli değildim. Boşluk yine beni kollarına almış, acımı unutturuyordu. Hiçlik kanımın daha deli akmasını sağlarken kafamla ellerimi ters yönde hızlıca ittim. Senem kopan saçlarımla birlikte benden ayrıldı.

Aptal kız, sanırım hayatının şokunu yaşıyordu. Bir bana, bir elindeki saç demetine bakıyordu. Olay saniyeler içinde gerçekleşti. Tabii ben psikopata bağlamış, ilerliyordum. Sedat'a hiç bakmadım.

"Sedat, ben yarın işe gideceğim, uyusak iyi olacak," dedim hiçbir şey yokmuş gibi.

"Duygu!" dediğinde elimle onun yanıma gelmesini engelledim.

Senem, "Sen nasıl bir manyaksın?" dedi ve yüzündeki şaşkınlıkla koridorda kayboldu. Dinime küfreden Müslüman olsa gam yemem. Komik kız!

"Ben evi toplarım," diyerek evi toplamaya başladım. Sedat elleri yumruk olmuş hâlde birkaç saniye beni seyretti ve hiçbir şey demeden koridorda kayboldu. Sedat salondan çıkar çıkmaz bedenimdeki hissizlik yerini acıya bırakıyordu. Ense köküm cayır cayır sızlamaya, saç diplerime yüzlerce iğne batmaya başlamıştı. Elim enseme gittiğinde kaçınılmaz kan pıhtılarıyla karşılaştım. *Lanet olsun sana! Manyak Duygu*, dedim içimdeki kıza.

Sedat on dakika sonra geri geldi. Üzerini değiştirmişti. Gri bir tişört ve siyah eşofman altı giymişti, yine benim aksime harikaydı. Benimle evi toplamaya başladı, hiç sesimi çıkarmadım. Sanırım bunu yıllardır yapmıyorduk. Sedat'ın yanına ilk geldiğim zamanlar geldi aklıma. Ben uçan sinekten bile korkar bir haldeydim. Yabancı yüzleri görmeye katlanamıyordum. Bütün evin işlerini Sedat yapıyordu. Yemek yapıyor, bulaşıkları yerleştiriyor, hatta çamaşır bile asıyordu. Ali'm ve Bekir haricinde kimseyi görmek istemiyordum. Beni evden çıkmaya ikna edebilirlerse, o gün eve temizlikçi girebiliyordu. Sedat adeta benimle eve kapanmıştı. Kendime geldikçe ev işlerinde ona yardım eder olmuştum. Sessizdim ve onun da pek konuştuğu söylenemezdi. Bir gün domates doğrarken elini kesti. Tabii küfürün bini bir para. Hadi, küfür ediyordu da niye zıplıyordu, bilmiyordum. O zıplıyordu, ben gülüyordum. Güldüğümün farkına beni kollarına aldığında vardım. "İyisin," demişti. Onayladım tabii. Onun üzülmesini o zaman bile istemiyordum. Elinden bıçağı alıp domatesi doğramaya başladım. Doğramaz olaydım. O gün bugün bu üç devenin bütün işi bana kaldı. Kendi başıma eve çıktım, yine kurtulamadım. Hoş, şikâyetçi değilim de, işte!

Sedat'a aldırmadan mutfağa gidip üç ağrı kesici hapı mideme indirdim. Nefes almaya ihtiyacım vardı. Gecenin ayazına aldırmadan balkona çıktım. Tabii, Sedat'ın peşimden gelmesi gecikmedi.

Balkondaki ikili sandalyeye soğukla birlikte adeta büzüşmüştüm. Başağrım üç ağrı kesiciye rağmen geçecek gibi değildi. Yetmezmiş gibi ensemde kopmuş olan saç köklerim cayır cayır yanıyordu. Elim istemsizce saçlarımın koptuğu yere gitti ve Sedat'ın beni seyrettiğini o an fark ettim. Sinirle kalkıp elinde içinde buz olan poşetle geri döndü. Ben aptalca suratına bakarken, "Eğil," dedi. Gözlerinden ne istediğini anlayabiliyordum. Aramızda yedi yıldır tuhaf, ama uyumlu bir ilişki vardı. O benim ne istediğimi gözlerimden anlarken, ben mimikleriyle ne söylemek istediğini biliyordum. Ona karşı her zaman itaatkâr ve uysaldım. Hayatta kimseye göstermediğim anlayış ve değeri ona veriyordum. Nasıl vermeyeyim, adam beni şeytanların kucağından çekip almıştı.

Küçük bir kedi yavrusu gibi oturduğumuz ikili koltukta yüzüm dizlerine gelecek şekilde eğildim. Saçlarımı kaldırdım ve ensemi açıkta bıraktım. Buzu saçlarımın kopan kısmına yapıştırdığında minik bir çığlık attım ve arkasından bir küfür savurdum. "Duygu bir daha bunu yapma!" dediğinde neyi bile dememe gerek yoktu.

"Sürtük!" dedim acıyla. Yüzünü göremiyordum, ama kahkahasını duyunca şaşırarak kafamı kaldırdım.

"Senin gibi bir kutsal bakirenin böyle küfürlü konuşmasını istemediğimi söylemiştim. Sana hiç yakışmıyor," dediğinde ikimiz de gülüyorduk. Kolumdan tutup beni tekrar dizlerine yatmam için zorladı. Karşı çıkmadım. Kafam buzun soğuk etkisiyle neredeyse uyuşmuştu. Kalkmak istediğimde, çelik ellerin beni dizinde tutmasına itiraz edecek gücü bulamadım. Yorgundum, sabahın yedisinden beri ayaktaydım, ama aklım hâlâ direniyordu. Niye bizim de normal insanlar gibi normal hayatlarımız yoktu ki?

Uzanmaya ve uykuda kaybolmaya ihtiyacım vardı, ama Sedat çok üzgündü ve onu böyle bırakıp uyumak ihanetti. Kime, neye ihanet? O Senem'i hayatına soktuğunda, bize ihanet etmemiş miydi? Ne saçmalıyordum? Nihayetinde beni bıraktı. Kelimeler hem havanın hem buzun etkisiyle ağzımdan çıktığında, sanırım beynim uyuşmuştu.

"Onu bırakmalısın! Yemin ediyorum, onu bırakmazsan kendimi keseceğim. Tıpkı onun gibi kendime jilet atabilirim. Git kendine adam gibi birini bul ya! Hem bana arkadaş, sana yoldaş olsun! Ben Senem'le ancak manyak olabilirim, al işte, halimize bak!" dedim ve sonra söylediklerime inanamadım. Dondum sanırım. Sedat'ın tepkisi zaten bombaydı. Sedat gamzelerini belli ederek gülümsedi ve, "Dalga geçme, sen beni kimseyle paylaşamazsın," dedi alayla.

"Hadi oradan sen de! Mutlu olacağını bilsem çekip gidebilirim bile," dedim sırıtarak, ama Sedat'ın suratı şeytan çarpmışa döndü.

"Nereye gidersen git, seni bulurum ve yine geri getiririm. Bunu aklından çıkarma," dediğinde ciddi olduğunu biliyordum. Doğruldum ve buzu elinden bırakmasını sağlayıp kollarımı ona doladım. Geniş göğsüne hiç zorlanmadan kafamı yerleştirdim. İri cüssesi bunun için öyle müsaitti ki!

"Seni gerçekten tanıyamıyorum. Sen bu değilsin. Sen insanlara zarar vermezsin," dedim mırıltıyla.

"Duygu, benden bahsediyorsun, değil mi?"

"Tabii ki senden bahsediyorum. Bana yaptığın şu işlerden bahsetme, o iş, ama Senem sana zarar veriyor. Neden anlamak istemiyorsun? Düşünsene, başka erkekler..." dedim ve Sedat konuşmama izin vermeyerek hışımla kalktı ve, "Yeter! Zamanla düzelecek, sen de göreceksin. Hadi, artık uyuyalım," dedi ve saçlarımı koklayıp kalktı. Beni sıcağından koparıp balkonda tam bir göt gibi bırakıp içeri girdi. Üşüyordum. Soğuktan değil, onsuzluktan! Kendimi bok gibi hissettim. Çok değil, bir saat öncesinde Senem'i öldürecekken, şimdi onun kollarında şefkati arayacak olması çok trajikomikti. Bunun ikilemini yaşıyordu yüreğim. Sedat gerçek miydi? Gerçekliğin ortasında bir hiç miydi? Geceler boyu bunu sorgulamış, ama gönlüm ondan vazgeçmemişti. Benim için her şeye rağmen değerli olandı. Onun gülüşü, gamzeleri ve kömür karası gözleri, korumacı ruhu, adam gibi adamlığıyla bağdaştıramadığım aşkıyla çatışan Sedat'tı. Bir o kadar gözü kara, hayattan bir beklentisi olmayan Sado'ydu.

Balkonda öylece kalakalmıştım. Nasıl bir kabullenişti benimki? Sorgula sorgula, kuyruğunu titret, yollar yine Sedat'a çıksın! Komik! Hiçbir duygum olmadığı hâlde aklım almıyordu. Yoksa Sedat'ı yanlış mı tanımıştım? Senem'in yaptıklarını daha ne kadar görmezden gelebilirdi? İyice uykum açılmıştı ve ciğerlerim sigaraya doymuyordu.

Yoksa insanlar huy değiştirebilir miydi? Zaman tabularını mı yıkıyordu? Belki de Sedat zamanla değişmişti. Değişirken benim iki devemin de değişmesine sebep olmuştu? Bu üç silahşör Senem'in ne olduğunu görmüyor muydu? Delirmemek için düşünmeyecektim, evet, evet, en iyisi buydu.

Gel de düşünme! Senem bir virüs gibi savunduğu değerleri alıp götürüyordu ve benim bunu kabullenmekten başka bir seçeneğim yoktu.

Asıl mantıklı olan onları hayatımdan çıkarmak, huzura kavuşmaktı. Senem yüzünden hayatıma Sedat olmadan devam etmeliydim. Hem Senem'den hem de içimdeki anlamsız düşüncelerden kurtulabilirdim.

Sedat'sız bir hayat...

Beynimde yankılanan kelimeleri düşünmek bile ürkütücüydü. Hem ona ne diyecektim? Ya Senem ya ben mi? Bu dayatmayı ona bir tehdit unsuru haline getirecek bırak cesareti, kelimelere dökecek bile gücüm yoktu! Hem buna yüzüm yoktu. O bana karşı bu kadar iyi, anlayışlı, her şeye rağmen yanımda olmuşken bu ihaneti kaldıramazdı. Neyi sorguluyordum ki? Onu görmemek benim için ölümdü. Onun varlığına öyle alışmıştım ki ben onunla hayata tutunmuştum. Beynim düşünmekten patlarken, ben soğuktan it gibi titriyordum. Hafif hafif kar yağmaya başlamıştı. Balkondan içeri girdim ve ışıkları kapatmadan yatak odama geçtim. Başımı yastığa koyduğumda ense kökümün acısını birkaç gün çekeceğim belli olmuştu. Ağrı kesiciyi bulanlara şükretmeliydim. Telefonumun alarmını kurdum ve gözlerimi kapattım. Uykuya dalmadan önce son düşündüğüm, doğum günüme imzasını atan Senem'di. Ben kesin lanetliydim. Senem gibi yorgunluktan sızdığım bir gerçekti, çünkü ne ara gözlerim kapandı hiçbir fikrim yoktu.

Telefonum çalmaya başladığında gözlerimi aralayıp telefonu konsolun üzerinden hırsla aldım. Alarmı çalıyordu da ben yeni uykuya dalmamış mıydım? Saat ne zaman yedi olmuştu? Bedenim yataktan kalkmamak için direniyordu, ama kalkmalı ve işe gitmeliydim. Tamam, emir almayı, ast üst ilişkilerini içime sindiremiyordum, ama işe gitmek kendimi normal hissettiriyordu. Kısacası iş bana iyi geliyordu. Hızla kalkıp elimi yüzümü yıkadım. Ense kökümden kopan saç tutamını unutup uzun düz saçlarımı fırçalamaya başladığımda, acıyla inlemem bir oldu. Acı bana dün geceyi ve beraberinde gerçekleri getirdi. Yaşadıklarımla yüzleşmeye başlamış, gecenin analizini yapıyordum. Hangi akla uyup Senem'le aşık atmaya kalkmıştım ki? Deliyle deli olmak bu olsa gerekti. Saçlarımı taramaktan ve tabii toplamaktan vazgeçtim. Hızla ince Penti çorabı giyip siyah kısa eteğimi üzerime geçirdim. Beyaz gömleğimi eteğimin içine tıkıştırdığımda, sanırım hazırdım. Ay bir siyah çerçeveli gözlüğüm eksikti. Ben eski tabirle sekreter, kendi tabirimle Çirkin Berty, yeni tabirle yönetici asistanıydım. Güya bugün erken kalkıp makyaj yapacaktım. Nerde! Yüzümü bile yıkadım ya, şanslıydım! Pasaklıydım desem, değildim. Sanırım sarsak ve üşengeç, o bendim!

Çantamın içine telefonumu attım ve dizlerimin altına gelen fıstık yeşili kaşe kabanımı giydim. Atkı ve eldivenle uğraşacak zamanım yoktu. Hızla yatak odasından çıktım. Tam kapıdan çıkacaktım ki Sedat, "Duygu!" deyince, hızla ona döndüm. Beni baştan aşağı süzürken şirkette giymek için ayakkabılarımı çantama sıkıştırıyordum. Bakışları donuktu. Ona aldırmadan uzun topuklu deri çizmelerimin fermuarlarını kapatırken, "Günaydın! Geç kaldım," dedim. Yüzünde memnuniyetsiz, sert bakışlar, "Akşam salona gel," dediğinde, "Sedat, bak, bana yine o aptal yakın koruma derslerine başla diye nutuk atacaksan…" derken Sedat sözümü kesti.

"Duygu benimle düzgün konuş!" diye bağırdığında, gözlerimi devirdim ve hızla önünde bittim. Kollarımı iri gövdesine dolayıp başımı göğsüne dayadım. Sedat sevgi gösterilerinden nefret ederdi. Dün gecenin aksine bana sarılmadı. Tabii bu benim hiçbir zaman umurumda olmadı, ister sarılsın ister sarılmasın, ben ona sarılırdım. "Gelirim, ama çok kalamam. Bekir ve Ali'm akşam bana gelecekler," dedim.

"Bensiz?"

"İstersen sen de gel, ama Senem'i getirme. Develerim rahat edemiyor biliyorsun ve ben de artık onu evimde istemiyorum," dedim gözlerimi kaçırarak. Sedat'ın sinirini dişlerini sıkarken çıkardığı gıcır gıcır seslerden anlayabiliyordum, ama artık bir şeylere dur demenin zamanı gelmişti. Senem sınırlarını koruyamıyorsa, ben sınırlarımı çizmeliydim.

"Bunun seninle bir ilgisi yok, anlaşamıyoruz, hepsi bu. Elimde kalacak," dedim sırıtmaya çalışarak ve hızla kapıdan çıkarak merdivenlere yöneldim.

"Arabayla mı gidiyorsun?"

"Hayır, taksiyle gideceğim, arabayla uğraşamam şimdi," dedim.

"Levent aşağıda, seni bırakır," dediğinde isyanla, "Kendim gideceğim," dedim.

"Tamam, akşam seni alırım. Şirkete geçince beni ara," dedi. İtiraz etmek gibi bir şansım yoktu. Sanki gittiğimden haberi olmayacak! Laf etti balkabağı! Adım gibi biliyordum ki Levent beni takip edecek ve sağ salim şirkete ulaşıp ulaşmadığımı Sedat'a haber verecekti. Sonra bir araba şirketin önünde beni bekleyecek ve sinek uçsa yine Sedat'a haber verilecekti.

"Tamam," dedim ve hızla merdivenlerden inmeye başladım. Apartmanın sokak kapısına vardığımda, "Lanet olsun!" dedim mırıltıyla. Gül Abla yüzü bembeyaz, kahverengi eşek gözleriyle bana bakıyordu. Hızla yanıma geldi. "Duygu, yavrum, iyi misin?" dedi hararetle.

"İyiyim Gül Abla, hayırdır?" dedim, ama gülmemek için kendimi zor tuttum.

"Dün gece olanlardan sonra..."

"Ne oldu ki?"

"Bütün apartman ayağa kalktı Duygu!"

"Ay ben o kadar Sedat'a şu televizyonun sesini kıs dedim. Tüh! Ne diyeyim! Gül Abla, adam duymuyor."

"Niye ki?" dedi merakla.

"Geçenlerde biri kulağının dibinde silahı ateşlemiş, ondan, rahatsız mı ettik, tüh ya!"

"Silah mı? Ateş mi?" dediğinde beti benzi atmıştı. Ben gülmemek adına dudaklarımı ısırırken o sırtını dikleştirebildiği kadar doğrulup panik yapmamaya çalışıyordu.

"Çok üzüldüm, şimdi uyuyor herhalde."

"Evet, Gül Abla, bütün gece film seyretmeye çalıştı garibim. Ben de gürültüden uyuyamadım. Sesimi de çıkaramadım. Sedat'ı bilirsin. Sen benim adıma apartman sakinlerine özür dilediğimi ilet, utandım valla, kim bilir, akıllarına neler gelmiştir!"

"Ay ne demek, rahatsız olacak ne var? Söylemeye bile gerek yok. İnsanlık hali," dediğinde ben kapıdan çıkmıştım. Hızla taksi durağına yürüdüğümde, o kadar keyiflenmiştim ki yüzüme çarpan soğuğu bile hissetmedim. Hayret, Levent öküzü Susam Sokağı'ndaki Kermit gibi karşıma çıkmadı.

Holding binasının önüne varmam tam anlamıyla kırk beş dakika sürmüştü. Yürüseydim daha kısa bir zamanda buraya varabileceğim kesindi. Sinir harbiyle taksinin parasını ödedim ve kaymamak adına ıslak zeminde yürümeye başladım. O sırada Mithat arabasıyla otoparka girdi. Beni gördüğü için aceleyle arabasını park ederek indi. Onu gördüm, ama yürümeye devam ettim. Mithat işe girdiğinden beri bana ilgiliydi, ama ben kendime olan güvensizliğimden halen onun davranışlarının ne anlama geldiğini çözemiyordum. Bana çok sokulmuyor, sanki ürkekçe yaklaşıyordu. Zaten aklım böyle birinin benimle ilgilenmesini kabullenmiyordu. O nere, ben nere! Haddini bil Çirkin! Adam yakışıklı, kariyer sahibi ve bekârdı. Kumral atkuyruğu saçlarını jilet gibi taranmış ensesinde toplamıştı. Siyah kabanının yeni ütüden çıktığı o kadar belliydi ki kendimden utandım. Ben neden bu kadar pasaklıydım ya! Gece uyuma, manyak Senem'le uğraş, sonra ben niye bu kadar pasaklıyım diye isyan et! *Sana her şey hak!*

Mithat ben yürürken yanıma neredeyse uçarak geldiğinde, "Günaydın Duygu!" dedi, sesindeki mutluluğu hissetmemek gerçekten ahmaklık olurdu.

"Günaydın, erkencisin."

"Yeni reklam kampanyası için çalışmaları hızlandırdık."

"Kolay gelsin," dediğimde holdingin kapısına varmıştık. Tam içeri girecekken, "Duygu!" diyen tanıdık sese kafamı çevirdiğimde Ali'mi gördüm. Mithat'la göz göze gelip, "Görüşürüz," diyerek hızla Ali'min yanına geçtim.

"Günaydın Çirkin," dedi ve aniden kafamı öne eğmemi sağlayarak enseme baktı. Tabii arkasından gelecek olan fırtına gecikmedi. "O orospuyu parçalamazsam bana da Ali demesinler," diye dişlerinin arasından söylenirken elleri titriyordu.

"Ali'm!" diyerek doğruldum ve saçlarımı düzelttim.

"Senin nereden haberin oldu? Daha…" dediğimde Ali'm sinirle uzaklaşıyordu. Hem de yürüyüş yolunu kullanmadan, kar yağmış çimlerin üzerinden hızla yürüyordu. Ona yetişemeden kesin burnumun üzerine düşecektim.

"Ali'm nereye? Bekle lütfen! Bak ağlarım," dediğimde durdu, ama bana dönmedi.

"Artık yeter! Hayatımızdan siktir olup gidecek ya da ben onun kafasına sıkacağım," dediğinde manyağa bağlamıştı. Sesindeki her zamanki yumuşaklık ve alaydan eser yoktu.

"Hayır!" diye haykırdım, önüne geçip, "Bunu yapamazsın! Yapmazsın…" dedim, gözlerim dolmuştu ve bu benim ona karşı en etkili silahımdı. "Lütfen!" dedim dudaklarımı büzerek.

"Duygu, şu haline bak! Sen bunları hak etmiyorsun! Zaten bizim aramızda işi yok!"

"Ne demek aramızda işi yok! Sedat onu seviyor..." dediğimde Sedat'a içimden bir sürü küfür ediyordum. Ne vardı anlatacak! Aslında anlatmasına şaşırmıştım. Kesin iyi olup olmadığımı kontrol etmek için Ali'me söylemişti.

"Seni aptal Çirkin! Bu kadar mı körsün! Bekir öğrenince ne olacak bakalım?"

"Öğrenmesin," dedim yalvararak.

"Biz bizden ne zamandan beri bir şeyler saklar olduk?"

"Saklamak değil, en azından akşam konuşuruz, olmaz mı? Hem size dolma sardım," dediğimde Ali'm, "Sen?" dedi hayretle, yumuşak sesi geri gelmişti.

"Evet, ben, ama sen Senem'i öldürürsen ya da Bekir'e ben olmadan bir şey anlatırsan yemin ederim bir tane bile vermem."

"Tamam, ama artık o orospu ya hayatımızdan çıkacak ya da..." dedi ve sustu.

"Lütfen Ali! Sedat..."

"Sado kafayı yedi! Zaten nasıl izin verdi? Şaşkınım!"

"Ali'm yeter!" diye bağırdığımda ciddiydim. Ali'm bağırmama gücenmişti. Ne olursa olsun Sedat'a olan saygılarını kaybetmelerini istemiyordum. Hoş, Sedat artık bunu hak ediyordu ya, işte...

"Özür dilerim! Bağırmak istemedim. Biz bir aileyiz ve bunu atlatabileceğimizi biliyorum"

"Nasıl?"

"Bilmiyorum! Develerimi bir kadına yem edecek göz var mı bende?" dedim gülerek.

"Sana bir daha dokunursa..." İşte, itiraf geliyordu. Buna mecburdum.

"O yapmadı."

"Neyi o yapmadı?"

"Ensemi..."

"Sedat mı?" dedi dişlerini sıkarak.

"Saçmalama Ali ya! İyice mala bağladın!"

"Ulan, bir gün gelmiyorum sana, bir gün, şu haline bak! Ne o zaman?"

"Ben yaptım," dediğimde gözlerimi kaçırmıştım. Ali'm benim sırdaşımdı. Tamam, kendimle bile yüzleşemediğim şeyleri anlatmıyordum, ama bana onca acıya nasıl katlandığımı sorduğunda düğme meselesini anlatmıştım. Zaten Sedat biliyordu. Hoş, Bekir biliyor muydu, bilmiyorum. Öf, her neyse! Sonuçta bilmiyorsa da bugün öğrenecekti.

"Hayır!"

"Evet!" dedim utançla. Sanırım hiçlikten utanıyordum.

"Duygu..."

"Anlıktı gerçekten. İşe geç kaldım. Hadi, git artık!"

"Bu mevzu burada kapanmadı. Akşam konuşacağız," dedi ve bana sarıldı. Tam saçlarımı karıştıracaktı ki parmağımı kaldırdım.

"Sakın," dedim. Sırıtarak uzaklaştı.

Sabri Esat sesinle gel bana!

Holdingin kapısına doğru döndüğümde Mithat'la göz göze geldik. Bizi izliyordu ve kim bilir ne düşünüyordu? Hoş, ne düşündüğü zerre kadar umurumda değildi. Sorularla baş etmeyi öğreneli çok uzun zaman olmuştu. Yüzündeki şaşkınlık gerçekten belliydi. Kesin sevgilim zannetmişti ve Mithat'la hayal edemediğim pembe panjurlu ev yanıp küle dönmüştü bile. Döner kapıya girdim ve hiçbir şey söylemeden yanından geçerken, "Bir sorun mu var?" dedi Mithat.

"Anlayamadım," derken asansörün kapısında bekliyorduk.

"Senin o adamla ne işin olur?" dediğinde kaşımı kaldırıp ona gülümsedim.

"O adam dediğin şahsın adı Ali..." dedim ve konuşmama fırsat vermeden, "Soyadı Aral. Sado lakaplı, İstanbul'un en belalı adamlarından Sedat Kara'nın en yakın adamlarından biri," dediğinde ağzım beş karış açık, ona bakıyordum.

"Sen... sen nereden tanıyorsun?" dediğimde asansör durmuş, içeri biri binince de susmak zorunda kalmıştım. Ellerim terlemişti. Delirmemek işten bile değildi. Bunları nereden bilebilirdi ki? Camianın içinden olmadığı bariz belliydi. Ona baktığımda o memnun görüntüsünün bir şeyleri yakalamanın verdiği hisle iyice şiştiğini hissettim. Sinir katsayım anında yirmilerden yüz yirmiye fırladı. Bu salak kendini ne sanıyordu? Bir de ben bu adamla pembe panjurlu ev mi düşünmüştüm? Yuh sana Duygu! Biraz evvel boş bulunmuş ve şaşkınlığımla adamın egosunu resmen tavan yaptırmıştım. Kabahat benim! Rahat bir pozisyona geçip yanımızdaki adamın inmesi için dua ettim ve sanırım dua kapısı bugün benim için açıktı. Tüh, bu salak için hakkımı kullandım ya, yanarım yanarım ona yanarım! Adam dördüncü katta inince kapı kapandı. Mithat ipi birinci göğüsleyen koşucular gibi yüzünde zafer dolu bir bakışla sessizliğini korudu. Güya ben meraktan ölecek ve onun peşinde dolanacaktım. *Mithat Bey bedenimde onca puro söndürdüler de ölmedim, meraktan mı öleceğim? Merak bana vız gelir tırs gider, hee heyytt,* diyen iç sesimden güç aldım. İneceğim katta durduğumda asansörden çıkarken ona gülümsedim ve kapının kapanmasına izin verdim. Yok öyle kuru sıkı bana hava basmak! Üç buçuk atarak öğlene kadar yanıma gelmezsen, ben de sana helal olsun diyeceğim!

Kapıyı açıp ofise girdiğimde patronun halen gelmediğini anladım. Bu iyiydi, rahatlamıştım. Geç kaldığımda bana bir şey demiyor, ama öfleyip püflüyordu ya, o sinirle onu Hawai'ye kargo poşetinin içinde göndermeyi hayal ediyordum. Çok sadistim!

Tamam, çok güleryüzlü bir adam değildi, ama gayet seviyeli ve işten başka bir şey istemeyen bir adamdı. Belki de Sedat'ın işe başladığım gün yaptığı ziyaret etkili olmuştu. Hoş, Metin Bey'in beni işe aldığı için pişman olduğu her halinden belliydi de zamanla gerek çalışmam, gerek iş disiplinimle kendimi kanıtladıkça patronumun suratsızlığı bir nebze azaldı. Halen Sedat'ın ismi geçince adamın tansiyonu yükseliyordu, orası ayrı! Hızla kahve makinesinin suyunu kontrol ettim ve patronumla benim aramdaki kapıyı açıp masasındaki kahve bardağını alıp geri çıktım. Masam bir sürü evrakla dolmuştu. Allahım bir günde bu kâğıt yığını bu kadar çoğalabilir miydi? Patron dakik bir adamdı, niye gecikmişti, hayret! Masama oturup bilgisayarımın açma düğmesine bastım ve çizmelerimin fermuarlarını indirerek bir çırpıda ayaklarımdan çıkardım. Etrafıma bakındım, ama ayakkabı torbamı göremedim. "Allahım yoksa patronun odasına mı götürdüm?" diye seslice söylenirken parmak ucuma basarak patronun ofisine girdim. Kahretsin yoktu! "Aptal Duygu!" dedim ve arkamı döndüğümde siyah takım elbisesinin içinde otuzlu yaşlarının baharında bir adamla karşılaştım. Adam sırıtıyor ve ayaklarıma bakıyordu. Fetişist falan olmalıydı. İnsan bakardı, ama o kadar da dikmezdi gözlerini canım!

"Kaç numara?" diye sordu alayla.

"Ne kaç numara?" dedim aptalca. Adamın sesi ünlü tiyatro ve seslendirme sanatçısı Sabri Esat gibi etkileyici bir tondaydı ve ben neredeyse Sabri Esat'ın fanlarından biri olacak kadar ona hayrandım. Cyrano De Bergerac'ı yüzlerce kere onun çevirisiyle izlemiştim ve yüzlerce kere gözlerimin yaşına engel olamamış, salya sümük ağlamıştım. Şimdi karşımdaki adam bana Sabri Esat sesiyle bir şey soruyordu. Bu bir rüya olmalıydı. *Sen hep konuş be adam* diye bağırasım geldi.

"Ayak numaran?" Sesinin büyüsüne kapılıp, "Otuz yedi," dedim ve kendime gelip silkelendim. Bir numara küçüktü, yalan söyledim ve bundan keyif aldım. Ben hiç tanımadığım bir adama ayakkabı numaramı mı söylemiştim? Yalan da olsa söylemiştim.

"Güzel, o zaman yönetici asistanıma ayakkabı almam gerekecek, çünkü çıplak ayak dolaşıp üşütmesini istemem."

"Yönetici asistanınız mı?" dediğimde kafamda kocaman bir ampul yandı. Bu, benim patronum Metin Bey'in İngiltere'de yaşayan oğlu Deniz Bey olmalıydı da, niye bana sanki artık onunla çalışacakmışım gibi konuşmuştu, onu anlamamıştım.

"Evet," dedi ve Metin Bey'in kapısından içeri girdi. Ben ayakkabısız olduğumu unutup peşinden gittim.

"Deniz Bey?" dediğimde koltuğa oturmuştu ve elindeki dizüstü bilgisayarın çantasını masaya koymuş, fermuarını açıyordu.

"Efendim Duygu," dediğinde her şeyi unuttum. Ah, o sesi! Valla, her saniye bana ismimle hitap edebilirdi. Adımı biliyor olması zaten ayrı bir konuydu ya, ben ben değildim artık!

"Babanız bana..."

"Babam artık yaşlandı. Alışana kadar ve senin bana çok yardımcı olacağını söyledi. Sana güveniyor."

"Gerçekten mi?" demekten kendimi alamadım, çünkü bana böyle bir şey hissettirmemişti.

"Niye şaşırdın? Yoksa kendine güvenmiyor musun?"

"Elimden geleni yaparım, ama size yardım edebilecek daha bilgili müdürleriniz var."

"Hangisine tam olarak güvenebilirim?"

"Bana nasıl tam olarak güvenebileceksiniz?"

"Babam sana güveniyor ve ben de ona güvenirim. Bırak bunları düşünmeyi, hadi, ikimize kahve yap getir. Bol şekerli ve sütlü," dediğinde aptalca suratına bakıyordum. Ne zaman sonra, "Pe... ki!" diye aynı aptallıkla kapıya ilerledim. "Duygu!" diye seslendiğinde yeni patronuma döndüm ve, "Buyurun," dedim.

"Gerçekten ayakkabın var, değil mi?"

"Var efendim."

Bu adamın sesinin güzel olmasının yanı sıra insanlarla eğlenmeyi bildiği de bir gerçekti. Ayrıca bol şekerli sütlü kahve de neyin nesiydi? Benim bildiğim holding patronları zifiri karanlık kahve içerdi. Aynı Sedat gibi! Kapıyı usulca çektim ve masama gidip ayakkabı torbama bakındım, çaresiz çizmelerimi geri giyecektim ki telefonum çalmaya başladı. Hızla çantama uzandım. Açtığımda, "Ah!" diye inledim. Ayakkabılarım çantamdaydı. Benim aptal kafam! Telefonuma baktığımda Sedat yazıyordu. Hızla açtım, çünkü buraya gelmesi şu an için en son istediğim şeydi. Beni niye arıyordu şimdi? Daha ayrılalı bir saat bile olmamıştı ki!

"Alo!" dedim ayakkabılarımı ayağıma geçirirken.

"Metin Bey beni aradı," dedi soğukça.

"Hangi Metin?" dedim ayakkabılarımla uğraşırken.

"Patronun!"

"Niye ki?"

"Emekli olmuş ve işleri oğluna devretmiş, niye bana söylemedin?"

"Benim de bugün haberim oldu. Ayrıca bana eskisi gibi vakit ayırmıyorsun ki!"

"İyi, oraya geliyorum."

"Hayır! Sakın..." demeye çalışırken telefon çoktan yüzüme kapanmıştı bile. "Al sana vakit ayırmak," işte dedim huysuzca. Telefonu masaya fırlatıp patronun istediği kahveyi hazırlamaya koyuldum. Kahveyi hazırlarken, Deniz Bey'e Sedat'tan söz edip etmemek arasında gidip geliyordum. Sedat onunla konuştuktan sonra kesin işsiz kalacaktım. O sırada satış bölümünden biri gelip imzalanmış kâğıtları verdi. Tabii eksik evrak! Satış gerçekleşmişti ve eksik imza büyük olay demekti. Harika! Kahveyi bırakıp gitsem olmaz, evrakları acil imzalatmak lazım! Son karar, Deniz Bey'in kahvesi bekleyebilirdi. Önce iş dedim ve hızla satış bölümüne indim. Kapıyı çalıp müdürün odasına girdiğimde, Mithat karşımda duruyordu.

"Semih Bey yok mu?" dedim soğukça.

Mithat, "Aşağı indi," dedi, ama yüzünde sanki karnı ağrıyan bir çocuğun ifadesi vardı.

"İyi," dedim, tam çıkacaktım ki beklenen av tuzağa düştü.

"Duygu, bir dakika," dedi Mithat, durup yüzüne baktım. Cesareti kırılmıştı. *Öt bakalım Mithat! Konuşup ne diyeceksin, merak ettim!*

"Konuşabilir miyiz?"

"Tabii, ama şimdi biraz işim var," dediğimde Mithat, "Sadece şunu bil, senden onların yüzünden uzak durdum," dediğinde aptallaşmıştım.

"Anlamadım?"

"Ali denilen şahıs bir gün yanıma geldi ve senden uzak durmamı söyledi. Ben durabildiğim kadar durdum," dedi Mithat.

"Ali mi? Onu öldürmeliyim," diye tısladım. Mithat'ın yüzü bembeyaz oldu. Neden sorusu kafamda dönmeye başladı. "Teşekkür ederim," dedim. Yüzüm kıpkırmızıydı. Bu develer ne yapmaya çalışıyorlardı? Hepsinin tek tek tüylerini yolacak, güneşin altında bırakacak ve yanana kadar gölge ihsanından nasiplerini almalarına izin vermeyecektim.

Karşımda duran yakışıklıyla bir ilişkim olabilirdi. Belki onu sevebilir, mutlu bir yuva kurabilirdim. Hoş, bunu isteyip istemediğimi bilmiyordum, ama en azından deneyebilirdim. Bir şansım olabilirdi ve bu develer neyini beğenmemişti, bilmiyorum! *Bittiniz! Akşam sizin üçünüzü kafa kafaya vurmazsam!* Domates gibi bir suratla yukarı ofise çıktığımda, aklımda ne imzalanacak kâğıt ne de Deniz Bey vardı. Tabii, ona tekrar kahve yapmam gerekti. Kendime zifiri karanlık bir kahve yapıp odasının kapısına vurdum.

"Gir Duygu," diye ses geldi ve ben kahveler elimde masasına ilerlerken, "Kapıyı devamlı vurmana gerek yok. Bu kural sadece sana özel," dedi. Al sana aykırı bir şey daha, önce sütlü ve şekerli kahve, sonra kapıyı vurma Duygu! Sana özel...

Kahveyi masanın hemen sağına koydum. Masanın önüne dolanıp deri koltuğa oturdum.

İş hakkında soracaklarını az çok tahmin edebiliyordum. Aklımda işle ilgili bilmesi gerekenler belirdi, ama Deniz Bey, "Kaç yaşındasın?" diye sorduğunda afallamıştım. Bugün ne çok dumura uğruyordum! *İşle ilgili sorulara ne oldu?*

"Yirmi dört."

"Daha küçük duruyorsun." Niye bunu hep duymak zorundaydım ki! Sessiz kaldım.

"Evin nerede?" *Oha yani,* dedi iç sesim.

"Kadıköy."

"Neresinde?"

"Bahariye," dedim. Dalga geçer gibi adres vermemek için yutkunmak zorunda kaldım. Bu adamın derdi neydi?

"Güzel." Kadıköy'de oturmamın nesi güzeldi?

"Ailen?"

"İzmir'de yaşıyorlar."

"Bu koca şehirde tek başınasın o halde."

"Bunlar sizi niye ilgilendiriyor?" dediğimde gerilmiştim.

"Yirmi dört saatimi geçireceğim ve sırtımı güvenle dayayacağım kişinin kim olduğunu bilmek isterim." Yirmi dört saat mi?

"Ben sadece asistanım," dedim.

"Asistandın."

"Anlamadım?"

"Benim için asistan demek sağ kolla eş anlama gelir."

"İyi de..."

"İş disiplinini severim. Sabah sekiz gibi burada olma niyetindeyim. Sen her zamanki gibi dokuzda gelebilirsin. Öncelikle bütün işlerin senin onayından geçmesini istiyorum. Gerekli görmediklerini bana getirmene gerek yok. Çözemediklerine beraber bakarız," dediğinde gerçekten şok olmuştum.

"Ama bu müdürleriniz için büyük sorun olacak. Benim imza yetkim yok ki! Hem..."

"Benim kurallarımı beğenmeyen için kapı açık. Her departman hakkında yeterli donanıma sahip olduğunu biliyorum. İşletme mezunuydun, değil mi?"

"E... vet."

"Senin sormak istediğin bir şey var mı?"

"Yok."

"Var," dedi, gözlerime bakıp sırıttı.

"Siz iyisiniz, değil mi?" dedim. Bir asistana bu kadar sorumluluk verilmezdi. Kendimi birden genel müdür gibi hissettim.

"Evet, iyiyim, kendimdeyim, ateşim yok," dediğinde kapı tıngırdadı. Allahım, Bekir! Yerimden nasıl fırladım bilmiyorum, çünkü Deniz Bey de şaşırmıştı. Ben kapıya ulaşmadan kapı açıldı ve Sedat öfkeli bakışlarıyla arkasında Bekir ve Ali'mle birlikte içeri girdi. Matrix filminin sahnesi ancak bu kadar gözümde canlanabilirdi. Biri bana kırmızı ya da mavi hap mı diye sorsa, cevabım ikisini birden getir olurdu.

Ali'm, "Naber Çirkin?" dediğinde Deniz Bey'le göz göze geldik.

Bekir, "Güzellik, Ali akşam için bize dolma sardığını söyledi," dedi. Kesin kovulacaktım ya da korkudan beni kovmayacak, işi bırakmamı sağlayacaktı. Sedat, "Eşyalarını topla Duygu!" dediğinde sınırı zorluyordu. "Sedat!" diye inlediğimde Deniz Bey masadan kalktı. "Buyurun, size nasıl yardımcı olabilirim?" dedi ve elini uzattı. Sedat da Allah'tan tokalaştı. En azından kibar davranıyordu.

"Duygu'yu almaya geldik. Artık burada çalışmıyor."

"Neden? Pek anlamış değilim? Siz kimsiniz?" dedi Deniz Bey.

Kıpkırmızı olmuştum, başımdan dumanlar çıkıyordu. "Duygu hadi!" diye kükredi Sedat. "Tamam," dedim sinirle, ama o bana aldırmadan Deniz Bey'e döndü ve, "Metin Bey'i tanır ve hürmet ederdik, ama sizi tanımıyoruz."

"Anladığım kadarıyla tanımak da istemiyorsunuz."

"Aynen öyle," dedi Sedat ve sertçe bana baktı. Sen hâlâ niye duruyorsun bakışıydı bu.

"O zaman bir kahve içelim. Duygu, lütfen bize kahve yapar mısın?"

Ali'm, "Duygu Hanım!" dediğinde, "Ali'm!" dedim sinirle. Of, onları akşam eve gidince fare zehriyle zehirleyebilirdim. Sinirle odadan çıktım. Haksızlıktı bu yaptıkları!

Liseyi zor da olsa açıktan bitirmiş, evde televizyon manyağı olduğum dönemde Ali'm elinde yığınla kitap ve bir kadınla eve gelmişti. O zamanlar Sedat'ın evinde kalıyordum. Hoş, zaten şunun şurasında iki senedir ayrı oturuyordum ya! Ayrı mı? Günün her saati birisi yanımda, ne ayrısı! Kendi evim var diye kendimi kandırıyordum. Neyse, o zor günlerde yaşadıklarımdan sonra ne bir amacım ne istediğim bir şey kalmıştı. Bütün gün kös kös oturuyor, hiçbir şey yapmadan koltuğun şeklini alıyordum. On dokuz yaşındaydım ve karşımda annem yaşında kadını görünce merakla Ali'me baktım. "Duygu, bizi abi gönderdi. Bu hanım Nur Hoca, sana ders verecek."

"Ne dersi?"

"Üniversiteye hazırlanman için."

"İyi de ben…" demiştim ve Ali'm, "Abiyi ara, ona söyle ne söyleyeceksen," demişti. Tabii, Sedat telefonda bana, "Embesil gibi oturacağına kalk da ders çalış," diye bağırdığında hiçbir şey söyleyemedim. İlk senede İstanbul işletmeyi kazandım. İyi güzel de canım kardeşim, madem çalıştırmayacaktın, niye okuttun? Hem ben bu şirketi seviyordum ve işi iyice kavramıştım. Şimdi ne olacaktı? Belliydi. Sedat kesin beni ya spor salonuna ya da oto galerisine götürecek ve orada sıkıntıdan ölmemi sağlayacaktı. *Adamın bütün işleri illegal, ben napayım orada! Onu karıştırma Duygu! Sen o ihaleyi es geç! Bırak o şirketi batsın, önemi yok! Bu ne be! Böyle iş mi olur?* Müjde kafayı yiyordu, ben bilmez miyim! Kızı ne zaman görsem haplanmış gibiydi. Sanki ruhunu emmişler! Kolay mı benim develerimle çalışmak! Kahveleri yapıp vakit kaybetmeden içeri girdim. İçeri girdiğimde sustular.

Ali'm, "Kahve verenlerin çok olsun Çirkin," dedi alayla. Gözlerimi kıstığımı umarım Deniz Bey görmemişti. Bekir kahvesini alırken sırıttı. Sedat yüzüme bile bakmadan kahvesini aldı ve, "Dışarı!" dedi sertçe. *Öküz yaa!* Sinirle dışarı çıktığımda hiç umudum yoktu. Yarım saat kadar içeride kaldılar. Kapı açıldığında ben bütün eşyalarımı bir karton kutuya doldurmuş, uzun çizmelerimi giymiş, kabanım elimde, bekliyordum.

İlk Ali'min sırıtan yüzü göründü.

"Bu Çirkin hazırlanmış abi, bak bu fırsatı kaçırmayalım derim ben," dediğinde Bekir kahkahalarla gülüyordu. Sedat karşımda durdu ve, "Dünden heveslisin bakıyorum, toplanmışsın," dedi.

"Deniz Bey bu olanlardan sonra beni burada çalıştırırsa aklından şüphe ederim," dediğimde arkadan o güzel sesiyle, "Etmeye başlasan iyi olur, Duygu Hanım," diye seslendi. Sedat sanki yalnızmışız gibi gelip başımın üzerine dudaklarını dayayıp kokumu içine çekti ve, "Akşam seni alırım," dedi. Sesimi çıkarmadım. Her zamanki gibi boynuma yüzünü gömdü ve dudaklarını değdirip çekip gitti. Kumbarasına para atılan çocuk gibiydim. Ben bu develeri her şeye rağmen seviyordum ya neyse! Bekir ve Ali'm kapıdan çıkarken Deniz Bey halen kendi oda kapısında dikiliyordu.

Deniz Bey ellerini cebine soktu ve ciddi bir şekilde, "Nerede kalmıştık?" dedi.

"Deniz Bey, ben..."

"Duygu içeri gel ve işimize bakalım," dediğinde biraz bozulmuş, biraz rahatlamıştım. Ne konuşmuşlardı bilmiyorum, ama Deniz Bey etkilenmiş gibi durmuyordu. Ya da bana öyle gelmişti. Sonrası Deniz Bey'in ilginç, bir o kadar boş sorularıyla geçti. En iğneleyici cümlesi, "Sanırım bu koca şehirde hiç de yalnız değilsin," olmuştu.

"Ben size yalnız olduğumu söylemedim ki," iyi bir cevaptı.

"Haklısın. Zor olmalı?"

"Anlayamadım?"

"Devamlı cam fanusun içinde yaşamak yani, ben katlanamazdım." Ne saçmalıyordu ya da ne anlatmaya çalışıyordu, bilmiyorum, ama onu cevapsız bıraktım. Fanus mu? Zor mu? Katlanmak mı? Onlar benim hayatımın ödülleriydi. Ama içime bir yerlere sanki biri küçük bir tohum ekmişti. Öğlene kadar şirketin müdürlerini, kimin ne iş yaptığını anlatıp durdum. Beni dikkatle dinliyor, aldığı notlar sadece isimlerle ve unvanlarıyla sınırlı kalıyordu. Öğle yemeği vaktinde, "Sanırım daha kimsenin haberi yok," dedim.

"Evet, bir aya kalmaz küçük bir partiyle basına ve holdinge açıklama yapılacak."

"Şimdiden hayırlı olsun," dedim gülümseyerek.

"Teşekkür ederim Duygu."

"Devam edecek miyiz?" diye sorduğumda merakla bana bakıyordu.

"Öğle yemeği için sordum."

"Pardon, vaktin nasıl geçtiğini anlayamamışım."

"Sizin istediğiniz özel bir şey var mı? Babanız genelde dışarıda yemek yerdi. Burada kaldığı zamanlarda dışarıdan söylememi isterdi."

"Personel ne yapıyor?"

"Yemekhane var. Yemeklerimiz güzeldir."

"O zaman bana eşlik edersin."

"Tabii ki," deyip gülerek ofis kapısını açtığımda karşımda Sedat duruyordu. Gülümsemem boğazıma düğümlendi. Deniz Bey, "Sedat Bey," dediğinde, o sanki onu duymamış gibi bana bakıp, "Paltonu al, yemek yiyelim," dedi. Allahım, ne günah işlemiştim. "Ben..." dedim, ama arkamdan Deniz Bey, "Size afiyet olsun," dedi ve yanımdan çekip gitti. Yerin dibine girmiştim. Deniz Bey'in gözden kaybolmasıyla, "Ya kasten mi yapıyorsun ya!" dedim.

"Duygu!"

"Ne ya, ne?" dedim isyanla. Kolumu sıkıp beni kendine çektiğinde canım yanmıştı. "Bana kızgınsın, biliyorum, ama açık oyna! Başka şeylerden hırsını çıkarmaya çalışma!" diye kükrediğinde, gözlerim kapanmış, ağlamak üzereydim.

"Sana kızgın değilim," dediğimde kolumu bırakmış, beni kollarına almıştı.

"Ne yiyeceksin?"

"Aç değilim."

"Duygu!"

"Etli pide," dediğimde gamzelerini gördüğüme yemin edebilirdim. Asansöre bindiğimizde Mithat'la göz göze geldik. Şok olmuş bir hâlde Sedat'a bakıyordu. Güleceğim geldi, ama gülmedim. Ah, bir de o konu vardı, değil mi? Kısmetime mani olmuşlardı.

Sedat, "Mithat Bey nasılsınız?" dedi soğuk, bir o kadar donuk bir sesle. Şok olma sırası bendeydi. *Haydi, bil bakalım Duygu Hanım; Sedat, Mithat'ı nereden tanıyor?*

Mithat kekeme miydi?

"Beni hatırladınız," dedi ürkekçe. Sedat öldürücü bir şekilde gülümsedi ve bir şey söylemedi. Biz indiğimizde Mithat sanırım ya altına kaçırmıştı ya da inmeyi unutmuştu. Merakla, "Onu nereden tanıyorsun?" diye sordum. Dışarı çıktığımızda soğuk birden yüzüme vurmuştu. Üzerimde yeşil kaşe kabanım, ayağımda beş karış topuklu ayakkabılarım vardı. Çizmelerimi giysem iyiydi ya, neyse! Sedat bir çırpı bacaklarıma, bir ayakkabılarıma baktı. "Gel," dedi ve elimi tuttu. Küçük ellerim onun dev parmaklarının arasında kayboldu.

"Söylesene," dedim merakla.

"Fazla merak o senin küçük, ama çok çalışan beynine iyi gelmez Çirkin," dediğinde yine gülümsüyordu. Galiba gülmüştü, çünkü soğuktan yine titriyordum ve kar yağışı görüşümü engelliyordu. Arabanın yanına geldiğimizde, "Sedat, bak Bekir ve Ali'm, tamam da sen deme," dedim. O bana Çirkin dememeliydi. Ben ona nasıl Sado demiyorsam, o da bana Çirkin dememeliydi. Arabanın kapısını açtı. Binene kadar bekledi ve kapımı kapattı. Sonra gelip şoför koltuğuna geçti.

"Neden?"

"İşte!"

"Tamam, demem," dedi ve gaza bastı. Mithat konusunu akşama saklamaya karar verdim. Sinirimi göstermeyip akşama kadar dişlerimi bileyecek ve üçünün yanında belki de Senem konusunu dağıtmak için onlara saldıracaktım. Ne diyeceklerini gerçekten çok merak ediyordum! Kafamı dağıtmak için, "Bu yeni mi?" dedim arabayı kastederek. Araba markalarından bırak anlamayı, Mercedes markasının sembolünü bile zor öğrenmiştim. Bu soruyu sormam bile büyük cesaretti. Ehliyet kursuna gitmeye başladığımda Bekir ve Ali'm bana katıla katıla gülmüşlerdi. Tabii, sonra bana araba kullanmayı öğretirken geçirdikleri sinir krizlerinde de ben gülüyordum. Sedat bana ağlayana kadar lastik değiştirmeyi öğretmişti ve şimdi benim diyen erkekten daha iyi lastik değiştirebiliyordum. Ona kalsa beni komando olarak eğitebilirdi. Hırs yapıp onlara usta bir şoför olduğumu kanıtladıktan sonra sesleri kesilmişti.

Yine de araba markalarını öğrenmeye niyetim yoktu. Bana zorla hediye ettikleri arabanın markasını bile Metin Bey'le adım çıktığında öğrenmiştim. Audi iyi bir markaydı, çünkü şirkettekiler arabayla işe gidip gelmeye başladıktan sonra bana tavır almışlardı. Necla Abla bana arabayı nereden bulduğumu ve onu Metin Bey'in alıp almadığını sorduğunda, başımdan aşağı kaynar sular dökülmüştü. Sonra araba normal bir arabayla değişti ve herkese onun bir arkadaşıma ait olduğunu ve bir süre ödünç aldığımı söylediğimde, ancak susabilmişlerdi. Renault arabamla gayet mutluyum. Tabii Sedat mutlu değil, orası ayrı!

"Evet, satıldı."

"O zaman niye kullanıyorsun?"

"Yemekten sonra Ali teslimata gidecek," dedi ve sustu.

Kevaşe Masalı

Altıyol'da ayakyoluna çevirdikleri bir kebapçı vardı. Pide yiyeceğimi söylediğimde beni oraya götüreceğini biliyordum. Sahibi altmışlarını aşmış Tufan Amca'ydı ve bizimkiler onu kanatlarının altına alalı bir seneyi geçmişti. Tufan Amca'nın bir kızı, bir oğlu, bir de şeker hastalığından gözlerini kaybetmiş karısı Hatun Teyze vardı. Ocağın kenarında oturup yaz kış demeden yünden patik örüyordu. Bana da örmüş ve utana sıkıla hediye ettiğinde ellerini öpmüştüm. O patikleri giymeye kıyamadım ya, orasını söyleyemedim. Onlarla samimi olmamız ailecek işlettikleri kebapçıya dadanan şehir eşkıyalarından kurtulmak için bizimkileri bulmalarıyla olmuştu. Tabii bunları bana Tufan Amca'nın oğlu Sinan anlatmıştı. Sinan bizim develeri gözünde o kadar büyütmüştü ki bir ara onlar gibi giyiniyor, onların yanına girebilmek için her yolu deniyordu. Bir gece biz yemek yerken yirmili yaşlarına yeni girmiş Sinan hevesle yanımıza geldi. Yine yalvar yakar haldeydi. Tufan Amca utanıyor, ne yaparsa yapsın Sinan'ı masadan uzaklaştıramıyordu.

Sedat'ın belinden silahı çıkarmasıyla yan masalardaki insanların kaçması bir oldu. Ben elimde rakı bardağı, donup kalmıştım.

"Sinan, al bu silahı, kapının önüne çık," dedi sertçe. Sinan hevesle, "Sonra abi!" dedi, ama gözlerindeki ışıltı takdire şayandı.

"Hoşuna gitmeyen ilk adamın kafasına sık. Sıkmazsan ben senin kafana sıkacağım. Hadi, al silahı! Sık birinin kafasına! Yanımda işe başla!" dedi Sedat. Bekir ve Ali'm gayet rahat bir haldeyken, ben donmuş Sinan'a bakıyordum. Silahı alırsa elinden kapabilir miydim acaba? Tufan Amca'nın benden bir farkı yoktu.

Rengi atmış, elinde tabak, ocak başında öylece duruyordu.

"Ben insan öldüremem abi!" dediğinde kalkıp Sinan'a sarılmamak için zor durdum.

"O zaman ne konuşup duruyorsun? Bir huzurla oturduğumuz burası var, burayı da mundar etme! Otur, babana yardım et!" dediğinde Sinan tam anlamıyla toz olmuştu.

Biz yine buradaydık. Midem guruldamaya başlamıştı, çünkü ben yine kahvaltı etmeyi unutmuştum. Araba dükkânın önünde durduğunda, Sinan hızla gelip bize selam verdi. İçeri girdik, Tufan Amca gelip bana sarıldığında, "Hatun, senin kız geldi," diye neşeyle ocağın başında oturan karısına seslendi. Sedat'la göz göze geldiğimizde, "Git hadi!" dedi ve o masaya otururken ben kabanımı çıkarıp elime aldım. Hatun Teyze'nin yanına gittim.

"Teyzem, nasılsın?" dedim ve yanaklarını sıktım.

"İyiyim gül kokulu kızım, sen nasılsın?"

"Şükür teyzem. Bir ihtiyacın var mı?"

"Sen iyi ol yeter. Yaptıklarından sonra iyi olmamak mümkün mü?" dediğinde sessiz kalmıştım.

"Sedat burada, ellerinden öpüyor," dedim.

"Sağ olsun, Allah işlerini rast getirsin," derken içeri giren Sinan, "Yenge, hoş geldin," dedi sırıtarak. "Ne yengesi Sinan! Bir öğrenemedin, adım Duygu!"

"Biliyorum yenge," dediğinde pes ettim. Sedat'a doğru yürürken onun beni izlediğini ancak fark etmiştim. Masaya oturduğumda, "Ört o bacaklarını," dedi buz gibi sesiyle. Aptalca ona bakıyordum.

"Beni buraya azarlamak için mi getirdin?" dedim, yüzüm asılmış bütün iştahım kaçmıştı. Sandalyenin koluna koyduğum kabanı bacaklarıma aldım.

"Seni buraya yemek yemek için getirdim. Milletin gözlerine meze ol diye değil. O eteğin boyu ne öyle! Alışverişe beraber çıkalım mı?" dediğinde etrafa baktım. Birkaç masa doluydu. Hepsi kendi halinde görünüyordu. Olmasalar ne yazar, Sedat'ı gören kim yanındaki kadına bakmaya cesaret ederdi ki?

"Niye kızıyorsun ki? Kimse çırpı dediğin bacaklarıma bakmak istemez."

"Her topalın bir kör alıcısı vardır," dediğinde masanın üzerindeki bıçakla onun gözünü oyup kör etme fantezileri kuruyordum.

"Sen dalganı geç, bir gün bir kör bulursam o zaman konuşuruz," dedim ve Mithat konusunu açmamak için kendimi zor tuttum. Yok, yok, akşam zevkle üçünün birden dişlerini sökmeliydim.

"Şu seni terk eden bebe gibi olmasın da bir tarafını kırmak zorunda kalmayayım."

"O beni terk etmedi," dedim sinirle.

"Bana öyle söylemiştin," dediğinde gözümün içine bakıyordu. Yine yakalanmıştım.

"Etti... etti," dedim ve gözlerimi kaçırdım. Sedat'a onun söylediklerini söylememiştim. Onun için ondan ayrıldığımı söyleyemezdim. Beni yanlış anlayabilirdi.

"Duygu!"

"Off, niye kurcalıyorsun, bitti işte!"

"Sana bir şey mi yaptı?"

"Buna cesaret edebilir miydi?"

"Akıllı çocukmuş. Ne yiyeceksin?"

"Her zamankinden," dedim, zaten sipariş falan vermemiştik. Sedat'ın telefonu çaldığında ben masaya gelen Tufan Amca'nın kızı Canan'la konuşuyordum. Canan on dördüne yeni girmişti. Okuyordu ve eminim ki bütün masraflarını Sedat karşılıyordu.

Mezeleri diziyor, Sedat'ın rakısını dolduruyordu.

"Duygu Abla, haftaya kermes var. Gelmek ister misin?"

"Tabii gelirim. Telefonumu biliyorsun, bana haber ver," dediğimde Sedat'ın konuşması bitmiş, telefonunu kapatmıştı. Canan yanımızdan ayrıldığında, "Kızı bize fazla bulaştırma Duygu," dediğinde ellerim buz kesti. Ne diyeceğimi bilemedim.

"Ben bulaştırmıyorum."

"Bana bir tane Çirkin yetip de artıyor bile," dediğinde gücüme gitmişti. Çirkin olmak bana zaten yetip artıyordu, bir de bunu Sedat'ın söylemesi gerçekten kötüydü. Duygularım yine oradan oraya savruluyor, beynimde kelimeleri toparlayıp bir araya getiremiyordum. Niye eskiden olduğu gibi yüzüne her şeyi haykıramıyordum? Niye artık yanında sulugöz değildim? Niye artık beni kollarına alıp uyuyana kadar sarıp sarmalamıyordu? Niye bende kalmıyordu? Niye, niye diye düşünürken belki de ilk defa cesaretli olmaya karar verdim. "O Çirkin'den kurtulmak için tek kelimen yeterli, bunu biliyorsun," dedim, ama bunu dememle pişman olmam bir oldu. Alınmıştım ve alınganlık yapmak istiyordum, hepsi bu!

"Ben bir tane yeter dedim. Kurtulmak istediğimi söylemedim."

"O zaman şikâyet etme! Benden ölünceye kadar kurtulamazsın. Ayrıca bana Çirkin deme!" derken yemeklerimiz gelmişti. Tufan Amca önüme iki kişilik pide doldurmuştu. "Tufan Amca bunu kim yiyecek?" dedim hayretle.

"Ye kızım, kan olur, bak süzülmüşsün. Sedat oğlum bu kıza biraz pekmez içirelim."

"Alalım baba! Çocuklara söylerim, alırlar."

"Ben alırım oğlum! İyi yapan akrabalar var."

"Ben pekmez falan içmem."

"Kızım rengin solmuş."

"Sedat'ın yanında böyle konuşma Tufan Amca, beni besiye çeker valla," dedim sırıtarak. Tufan Amca gülerek yanımızdan uzaklaştığında, Sedat yemeğini yemeği bırakmış, bana bakıyordu.

"Ne?"

"İyisin," dedi burun kanamamdan bahsediyordu.

"Evet, anlıktı biliyorsun."

"Doğruyu söyle!"

"İyiyim."

"Duygu, gerçekten solgun görünüyorsun. Doktor kontrolüne daha var, ama erken gidelim diyorum."

"İştahımı kaçırıp sonra solgun görünüyorsun demek sence ne kadar doğru?"

"Sana çene yetişmez," derken sırıtıyordum.

"Sedat sırası gelmişken işyerime habersiz gelip durma. Bugün adama personel yemeğinde eşlik edecektim, sayende edemedim."

"Sen asistan mıydın? Yoksa personel müdürü mü?" sorusu bir yerde doğruydu. Onu gezdirmek benim işim değildi, ama rica etmişti. Duymazlığa geldim.

"Sedat! Dikkat çekiyorum. Mithat zaten şimdi herkese yaymıştır."

"Yayamaz!" Gayet kendinden emin konuşmuş ve ağzına patlıcan kebabını atıp çiğnemeye başlamıştı.

"Yayamaz tabii nasıl korkuttuysanız," dedim ağzımın içinde. Sedat, "Duygu! Delirtme beni!" dedi sinirle. "Anlaştık mı?" dedim gözlerine bakarak.

"Hayır!"

"Niye ama?"

"Deniz denilen hıyarı tanımıyorum. Ondaki rahatlık sinirimi bozdu."

"Ne yani, adam senden korkmadı diye mi sinirin bozuldu?"

"Hayır, sana olan tavırlarını sevmedim."

"Belki benden hoşlanmıştır," dediğimde gözlerinden lazerler fışkırmış, beni yakmaya çalışıyordu.

"Duygu, sen gerçekten kaşınıyorsun."

"Yok, ben almayayım, alan Senem'e bir daha mani olmak gibi bir niyetim de yok zaten."

"Ye hadi!"

"Bu akşam beni almakta kararlı mısın?"

"Ne o, yeni patronunla mı eve döneceksin?"

"Neden olmasın?"

"İşe dönmüyorsun," dedi. Kaşlarını havaya kaldırmış, yüzüme zaferle bakıyordu.

"Sedat şaka yaptım. Adamın arabasında ne işim var? Sen beni bilmiyor musun?" diye taramalı tüfek gibi sıralamaya başlamışken, o rakısını kafasına dikti ve, "Bitti mi?" dedi yemeği kastederek. Yemek için hâl mi kalmıştı!

"Evet," dedim, ama ağlamak üzereydim. Beni şimdi doğru eve götürecekti. *Çenen tutulsun Duygu!* Sandalyesinden kalktı ve cebinden çıkardığı bir tomar parayı tabağın altına soktu. Yüzüm asık bir hâlde kapıdan çıktığımızda yine elimi tutuyordu. Ayakkabılarım hakkında homurdanması son nokta oldu. Benim de bir sabrım var, değil mi ama!

"Merak ediyorum, Senem'e bu kadar söyleniyor musun? Tutma elimi o zaman," diye isyan ettiğimde arabaya binmiştik.

"Derdin belli," dedi Sedat ve artık herkes eteğindeki taşları dökmeliydi.

"Neymiş derdim?"

"Senem'i kabullenmek istemiyorsun."

"Onun neyini kabullenmeliyim?" Sesim hırsla yüksek çıkmıştı, ama ben vitesi boşalmış bir araba gibi rampadan aşağı tam gaz saydırıyordum. "Dur, sen söyleme, çünkü artık birinin seni bu pamuk prenses görünümlü kevaşe rüyasından uyandırması gerekiyor. Onu kabullenmiyorum, çünkü onun içinde iyilik adına hiçbir şey yok. Onu kabullenmiyorum, çünkü onun içinde temiz olmayı istemek adına hiçbir şey yok. Onu kabullenmiyorum, çünkü seni boka sokmaktan başka yaptığı bir şey yok. Onu kabullenmiyorum, çünkü seni bizden koparıyor."

"Onun geçmişini sana anlatmıştım," derken sesinin tonu beni şaşırtmıştı. Durgun, bir o kadar hüzün dolu. Ben söylediklerime çoktan pişmandım, ama geri dönüş yoktu.

"Bunun ardına sığınma artık!" diye haykırdım ve belki de kopma noktasına getirecek kelimeler dudaklarımdan dökülürken, Sedat'ı üzdüğümü biliyordum. Ama o iyi olacaksa buna değerdi.

"Kaç yaşında, kaç kişinin tecavüzüne uğradığı, kaç ameliyat geçirdiği beni zerre kadar ilgilendirmiyor, niye biliyor musun? Benim kendi hikâyem onunkine on basar da ondan! Onun bir gecede on bir kişi üzerinden geçerken benim iki ay..." derken sustum. Sustum, çünkü karşımda kahrolduğunu gördüm. Sakinleşebildiğim kadar sakinleştim ve, "Ben kendi bok çukuruma kimseyi çekmeye uğraşmıyorum. Çünkü kendi pisliğimde boğulmak daha güzel," dedim ve arabadan hırsla indim. Gözyaşlarım artık bir süre akmaya devam edecekti, çünkü yıllardır ağlamıyordum. İçimde Sedat'la oluşan yaz mevsimi bir süre sonbahar yağmurlarına teslim olacaktı. Rexx Sineması'ndan aşağı doğru o topuklu ayakkabılarla nasıl iniyordum, şaşkındım. Yağan kar gözyaşlarımın sıcağına değip tenimi dağlarken, Sedat'ın bana yetişmesi uzun sürmedi. Kolumdan tutup beni kokusuna hapsettiğinde hıçkırıyordum.

"Duygu!" dediğinde tek yapabildiğim hıçkırarak daha çok ağlamak oldu. Beni kucağına aldığında göğsüne başımı yaslayıp, "İyisin... iyiyiz... biz hep iyi oluruz," dedi. Saçlarıma dudaklarını dayadı ve beni arabaya doğru götürdü. Elindeki araba anahtarına bastığında kapı kilitleri açıldı. Tufan Amca'nın ön kapıyı açmasıyla Sedat beni koltuğa yerleştirdi. Tufan Amca cebindeki temiz, ütülü, eski tip bez mendili bana uzattığında, "Teşekkür ederim Tufan Amca, yıkar getiririm," diyebildim. Ben buydum işte! Ezik... "Sorun yok kızım, sen iyi ol, gerisi boş," dedi ve Sedat kapıyı kapattı. Arabayı çalıştırıp eski salı pazarının yoluna girdiğinde, "Beni şirkete bırak," dedim.

"Hayır."

"Lütfen Sedat!" dediğimde sesini çıkarmadı. Hıçkırıklarım geçmiş, aynada yüzümü gözümü silmiştim. Buğday tenli olmama şükrediyordum, çünkü geberene kadar ağlasam ne gözüm şişer ne bir yerim kızarırdı. Bildiğin salya sümük olur, sonra hiçbir şey yokmuş gibi ortaya çıkıverirdim. Şirkete geldiğimizi durduğumuzda fark ettim.

"Teşekkür ederim."

"Konuşacağız, bu konu kapanmadı."

"Kapandı! Kapanmak zorunda, ben Senem hakkında söylediklerim için pişman değilim. Senin tercihin, ama lütfen artık onunla bizi ayır. Onu bu şekilde kabullenmemizi bekleme. Onunlasın ve bırakmayacaksın, bunu kabullenebiliriz, ama göz göre göre sana olanlara şahitlik etmemize gerek yok." Bizi derken Bekir ve Ali'mi kastettiğimi gayet iyi anlamıştı.

"Senin için ne anlama geldiğimizi bilmiyorum Sedat, bunu bize hiç belli etmedin. Biz hep süper güçlerimiz varmışçasına senin beynini okuduk ve ona göre hareket ettik. Biz üç kişiyiz ve Senem seni bu üç kişiden koparmak için elinden geleni yapıyor. Başarıyor da!"

"Beni senden kimse koparamaz," dedi. Ses tonu o kadar içten ve gerçekti ki! Bir şey söylemeden arabadan indim. Gözyaşlarım yine akmaya başlamıştı.

El develere, ben akıllıya!

Hızla güvenlikten kartımı okutup asansöre ilerledim. Allah'tan asansör boştu. Saate baktığımda derin bir nefes aldım. Onca olaya rağmen on dakika gecikmiştim. Hızla masama geçtim ve sabahtan beri elleyemediğim evraklarla uğraşmaya başladım. Kâğıtların içinde kaybolmak bana iyi gelmişti. Bu özelliğimi seviyordum. Acılarımı başka bir uğraşla kamufle etmek benim için gerçekten çok kolaydı. Deniz Bey'e telefon açıp bir şey isteyip istemediğini sordum. Sakince, "Hayır," diyerek kapattı. Onun yemek olayına bozulup bozulmadığını düşünecek hâlde değildim. Saatler sonra kafamı kaldırdığımda Necla Abla karşımda duruyordu. Kapıdan ne zaman girmiş, ne zaman karşıma dikilmişti, hissetmemiştim.

"Necla Abla, valla pes, hangi ara kapıdan girdin?" dedim alayla.

"Duygu bir davul çalmadığım kaldı. Çabuk anlat, haberler sende."

"Hangi haberler?" dediğimde yeni patronun kapısını işaret ediyordu.

"Ne bileyim, sabah geldiğimde buradaydı. Siz ne biliyorsanız, ben de onu biliyorum."

"Çok yakışıklı, değil mi? Kızların hepsinin dibi düştü."

"Bilmem, bana o kadar yakışıklı gelmedi."

"Tabii, Sedat'la boy ölçüşemez," dedi Necla Abla.

"Yok artık! Konuyu nereden alıp nereye vurdun ya, gerçekten sana şapka çıkarıyorum. Senaryo yazmalısın."

"Sana bakışını görüyorum kızım ben! O Sedat sana âşık."

"Necla Abla, başlama yine, benim neyime âşık olacak?"

"Duygu, sen manyak mısın? Şirkette kimlerin peşinde olduğunun farkında değil misin?"

"Necla Abla, sen bana piyangodan mı çıktın? Ben Sedat'ı neredeyse on senedir tanıyorum. İmkânsız!"

"Beni lafa tuttun, unuttum niye geldiğimi, kameralardan gördüm, seninki aşağıda."

"Benimki deyip durma abla ya! Bildiğimiz Sedat!" dediğimde alaylı bir şekilde başını sallıyordu. Necla Abla güvenlik kameralarını takip eden büro şefiydi. Hiç evlenmemişti, bildiğin kız kurusuydu. Evlenmeye de pek niyetli görünmüyordu. Ne zaman onunla samimi olmuştum, bilmiyorum. Tabii ki geçmişim ve Sedat hakkında çok şey bilmiyordu, ama adam belinde çift tabanca dolaşınca ister istemez kim olduğunu az çok anlatmıştım. *Uzaktan tanıdık, babam ölürken beni ona emanet etti.* Yalanın daniskası...

Oysa yalan söylememek adına ilk zamanlar suskun kalmıştım. Necla Abla bir gün heyecanla bana magazin dergisi getirdi. Sedat yanında Senem, bir bardan çıkıyordu. Gerçekten güzel çıkmışlardı. O zaman bana, "Yahu bu senin sevgilin değil mi?" dediğinde ben de ona dostluğumuzu belirli çerçevelerde anlattım. Dostluk mu? Biz neydik, halen çözememiştim, ama inceltilmiş şekli dostluktu. Gerisi teferruat. İşten çıkmadan önce Deniz Bey'in yanına uğradım. Kafası evraklarda, çalışmaya daldığı belliydi.

"Deniz Bey, ben çıkıyorum, istediğiniz bir şey var mı?"

"İyi akşamlar, çıkabilirsin," dedi soğukça. Benim hayatımdaki erkeklerin nesi vardı? Ya da soruyu şöyle değiştirmem gerekiyordu: Erkeklerin nesi vardı? Bir anları bir anlarını tutmuyordu. Adam sabah melekken akşam ruhu çekilmiş bir zombiye dönüşmüş gibiydi. *Kalkıp bir parça ısırsaydın bari!* Allahım ne günah işledim?

Paltomu giyip ayakkabılarımı çıkardım ve çizmelerimi giyerken kapıda birini hissettim. Kafamı kaldırdığımda Sedat bana bakıyordu.

"Geciktin." Onunla uğraşamayacak kadar yorgundum. Dün gecenin etkisi yavaş yavaş kendini göstermeye başlamıştı. Ben daha Ali'm ve Bekir'le uğraşmak zorundaydım. Sedat burada olduğuna göre o da bana geliyordu. Gelmesi benim işime gelirdi, dün gece olanlar konuşulmazdı.

"Geldim," dedim, diz üstüne gelen çizmelerimin fermuarlarını çektim. Kapıda, karşısında durduğumda kabanımın düğmelerini iliklemeye başladı. Kendimi bir çocuk gibi hissettim.

"Geliyor musun?" dediğimde beni montumun yakasından tutup kendine çekti ve dudaklarını boynuma dayadı. Bir süre ılık dudaklarının tenimde beklemesiyle durdum. Sonra koklayarak bıraktı.

"Karşıya geçmem gerek. Geç gelirim."

"Beni niye aldın o zaman?"

"Bir süre böyle, şu adamın derdini bir anlayalım."

"Kafanda senaryolar kurmaya başladın Sedat! Sen ve Necla Abla'yla yeminle dizi çekersiniz."

"Ne alaka?"

"Ne alaka olacak, seni benim sevgilim sanıyor! Olacak şey değil!" dedim sırıtarak. Sedat sessiz kaldı. Ne desin!

Beraber şirketten çıktığımızda, "Yaz gelsin artık," diye esen rüzgârda büzüşmüş, adeta arkasından yürüyordum. İlk kez gördüğüm arabanın önünde durduğumuzda, şaşkınlıkla neredeyse yere yapışmış gibi duran metalik gri spor arabaya bakıyordum.

"Yok artık, senin hiç ayarın yok mu?" dedim kıkırdayarak.

"Hadi bin," dediğinde hız yapacağını adım gibi biliyordum.

"Korkmalıyım," dedim ve hevesle arabaya bindim. Bindim, ama dizlerim neredeyse çeneme yapışacaktı. Araba yere öyle yakındı ki asfaltı hissedecektim neredeyse. Zorlukla kabanımı çıkardım, çünkü arabanın içi hamam gibiydi. Eteğim baldırlarıma çıkmıştı, ama ben hiç rahatsız değildim, çünkü yanımdaki Sedat'tı. Beklediğimden daha geniş ve konforlu olan araba gerçekte uzay mekiğini andırıyordu. Sedat'ın iri cüssesi arabaya rahatça uyum sağlamış gibi görünüyordu.

"Kemerini tak," dedi ve kendi kemerini taktı. Şehiriçinde fazla bir şey anlamadım, hatta rahatsız bir yolculuk geçirdim bile diyebilirim. Tabii şirketin önünden gaza basıp hareket ettiğimizde herkesin cama yapıştığına eminim. Rezillik diz boyu! Arabanın motoru tam tabirle uzay mekiği gibi ötmüştü.

"Sedat nereye gidiyoruz?"

"Kullanmayacak mısın?" dediğinde çocuk gibi, "Şaka yapıyorsun," diye sevindim, ama ne zaman boynuna sarılmıştım, bilmiyorum. Tuzla sahil yoluna geldiğimizde Sedat arabayı durdurup indi. Ben çoktan oturduğum koltuktan şoför koltuğuna geçmiş, çizmelerimden kurtuluyordum. "Hayırdır," dedi yanıma oturduğunda.

"Bu topuklarla araba kullanamam ki!"

Sırıttı, ama bir şey söylemedi. Koltuğu kendime göre ayarladım ve, "Ankara yolcusu kalmasın," diye bağırdım.

"İzmir'e gidelim, anneanneni görmüş olursun." Tabii dalga geçiyordu, çünkü ben kuzenim Nisa dışında hiçbir akrabamla görüşmüyordum. Niye içim sızladı ki? Onları görmek istemeyen bendim.

Vitesi bire takıp hafif gaza bastığımda araba şaha kalkar gibiydi, çıkardığı ses beni ürküttü. Ayağımı gazdan çekip, "Canlı gibi!" diye çığlık attım. Sedat, "Biraz daha böyle korkmaya devam edersen, seni ısırabilir," dedi. Dudakları yukarı kıvrılmış bir şekilde gamzeleri ha göründü ha görünecekti. Allahım bu an, yıllar, yüzyıllar boyu sürebilirdi. Ben ve o bu karede hapsedilmeliydik. Canlı canlı bizi bu şekilde bir duvara asmalıydılar. Debriyajdan ayağımı hafifçe kaldırdım ve gaza bastığımda artık özgürdüm. Gebze yoluna girdiğimde Sedat'ın sesi çıkmıyordu. Yollar iş çıkışı olmadığı için kalabalık değildi ve ibre iki yüz kırkı gösteriyordu. Tabii önünden geçtiğimiz polis arabasından sonra dönüş yolunda Sabiha Gökçen Havalimanı'nın önünde durduruldu. Sedat, "Otur sen," dedi ve aşağı indi. Beş dakika sonra ceza kâğıdıyla geri geldi.

"Ödersin," deyip makbuzu çoktan elime tutuşturmuştu. Makbuzu alıp baktığımda şok oldum. "Bu ne? Bize otobanı mı sattılar?" diye ciyakladım.

"İbreyi görmedin mi?" Tabii her şeyden bihaber ben hız limitine göre ceza verildiğini öğrenmiş oldum.

"Madem kuzu kuzu ceza yiyecektin, niye indin? Ben de gider, paşalar gibi yerdim," dedim ve sinirle motoru öttürerek arabayı çalıştırdım. Sedat polislerin yanından sinirle kaldırdığım arabanın içinde yüzünde biraz memnun, biraz şaşkın bir ifade, bana bakıyordu.

"Ne bakıyorsun, tanıyamadın mı?"

"Yanımızda kala kala ayarın kaçtı."

"Bu daha hiçbir şey güzelim," dedim ve gaza yüklendim. Elimde hâlâ ceza makbuzu duruyordu.

"Gitti maaşımın yarısı ya!" dedim gülerek. Trafik artmış, altımdaki Arap atı kıvamındaki arabanın sıkışık yollarda eşekten farkı kalmamıştı. Sedat, "Salona gidelim. Sonra Bekir'le sana geçersiniz," dedi. Yarım saatlik eğlence bir saatlik eziyetli trafikle bitmişti. Spor salonun önünde durduğumuzda Sedat, "Ofise geç, Bekir yolda," dedi ve spor salonunu işleten Can'ın yanına geçti. Etrafa göz gezdirip yukarı çıktım.

Ofisin kapısını açıp pat diye içeri girdiğimde, Kaan'ın kucağında hatun, valla diş çekiyordu. Kaan beni görünce, "Duygu!" diye irkildiğinde neredeyse kızı kucağından düşürecekti.

"Kolay gelsin," dedim sırıtarak.

Kız hiç istifini bozmadan baştan aşağı beni süzdü ve Kaan'a, "Görüşürüz," diyerek kapıdan çıktığında, "Elime düştün Kaan, Sedat kapıda," Kabanımı ve çantamı koltuğa koydum.

"Vallahi kız zor durumdaydı, konuşuyorduk," dedi Kaan sıkıntıyla. Kaslarını zor tutan siyah tişörtüyle karşımda bir savaşçı gibi değil, süt dökmüş kedi gibi bir hâli vardı. Bu hâli beni iyice keyiflendirmişti.

"Kucağında gerçekten zor durumda görünüyordu, haklısın. Ben anlamam, bana borçlandın, yoksa Sedat'a söylerim."

"Bana ne söyleyeceksin?" diyerek kapıda dikilen Sedat'tı.

Biraz geç gelse ne olurdu sanki, ne güzel kafa buluyordum. "Hiç, Kaan bana ağır bir çalışma programı hazırlamış, canımı okuyacakmış," dediğimde Kaan ağzı beş karış, bana bakıyordu. Kaan onu süzen Sedat'ın karşısında süklüm püklüm oldu ve, "Benim müşterilerim gelmiştir," diyerek adeta sıvıştı.

"Seni ben çalıştırırım. Kaan'a gerek yok."

"Hangi ara yapacaksın, çok merak ettim? Hem sen canıma okuyorsun," dedim. Sedat masaya geçip bilgisayarı açtığında, "Gel yanıma, burada anlayamadığım bir şey var," dedi. Oturduğu koltuğun koluna oturdum ve gösterdiği evrakları incelemeye başladım. Anlatıyordu, ama gelen evraklarla bizim evraklar arasında gerçekten bir saçmalık vardı.

"Sence hangisini dikkate almalıyım?" diye sordu.

"Tabii ki kendi evraklarını, Müjde iyi bir müşavir, bu firma seni düdüklemeye çalışıyor bilesin. Ayrıca şuna bak, eğer sen bunlara yirmi araba verdiysen, ki Müjde vermedim diyor, neden sonraki arabaların değerini bu kadar yüksek gösteriyor? Önceki açığını buradan kapatmaya çalışıyor. Vergi kâğıtlarında neden fiyat düşük? Hile hurdanın da bir mantığı olmak zorunda."

Sedat bir süre beni seyretti ve oturduğum koldan beni kucağına çekti. "Duygu, bizim sana ihtiyacımız var, gel bizimle çalış."

"Olmaz," dedim göğsüne yaslanıp.

"Neden?"

"Seninle uğraşamam."

"Kafam her yönden rahat edecek," dediğinde onu duymazlığa geldim. Tabii rahat ederdi, ama benim özgürlüğüm iyice kısıtlanırdı. En azından şimdi işyerinin içinde kendi sınırlarım vardı.

"Sedat, ben böyle iyiyim," dediğimde boynuma yüzünü gömdü ve kokumu içine çekti. Tabii ben kıkırdadım. Her zaman çok gıdıklanan biriydim. "Kes şunu, çişim var zaten," dedim ve hızla kucağından kalktım. Çantamdan sigaramı çıkarıp, "Bekir çok gecikecekse ben eve geçeyim. En azından yemekleri hazırlarım," dedim.

"Yemesin develer," dediğinde Bekir ve Ali'm kapıdan girmişti. Ali'm beni kucaklayıp kaldırdı ve kendi hizasına getirip, "Ne haber Çirkin?" dedi ve yanağımdan kocaman bir öpücük alıp yere bıraktığında az daha düşüyordum. Beni son anda yakaladı. Bekir, "Uslu durun, her yanınız oynuyor da!" dedi bizi azarlayarak, ama gülüyordu.

Sedat kaşını kaldırmış, ters ters Ali'mi süzüyordu. Ali'm ona tavır mı yapıyordu ne?

"Hep şu Çirkin'in topuklu ayakkabıları yüzünden," dedi ve koltuğa yayılıp beni yanına çekti. "Taktınız ayakkabılarıma ama ya!" dedim sırıtarak.

Bekir, "Duygu iyi misin? Yüzün yine sapsarı," dediğinde Sedat ve Ali'm gerilmişti. "Acıktım, hepsi bu! Hadi gidelim, bak aç kalacaksınız," dedim gülerek. "Abi, sen geliyor musun?" dedi Bekir. Ali'm, Sedat'ın yüzüne bakmıyordu. Sedat'la aralarında bir şey geçtiği belliydi ve ben bundan oldukça rahatsız olmuştum.

"Geç gelirim koçum, siz keyfinize bakın."

Ali'm, "Hadi, Çirkin, bu gece bize bütün marifetlerini göster, sana puan vereceğim," dediğinde sırıtıyordum. Kabanımı Bekir tuttu, ben giydim. Ali'm düğmelerimi ilikledi, sırıttım. Onların yanında kendimi prensesler gibi değerli hissediyordum. Allahım hayatımdan hiç gitmesinler ya! Sedat bizi seyrediyor, gözlerindeki pırıltıdan aslında içten içe güldüğünü biliyordum.

Tam kapıyı açtığımızda Senem'le burun buruna geldik. Ali'min yumruklarını sıktığını görebiliyordum. Ne kadar istemesem de, "Merhaba Senem," dedim.

"Bu kadar mı yüzsüzsün?" dedi pat diye. Bekir, "Hadi, Duygu, çıkalım," dediğinde Ali'm, "Bir daha ona dokunursan, yemin ediyorum Allah yarattı demem," diye tısladığında Bekir, "Kim kime dokundu?" dedi sertçe. Ellerim titremeye başlamıştı. Sedat, "Ali!" diye kükrediğinde Ali'm çoktan gardını almış, her şeye hazır olduğunu belli ediyordu. Bekir, "Abi neler oluyor?" dedi gergince. Etraf buz kesmiş kan, can karşı karşıya gelmişti. Senem kale duvarlarını aşar gibi aramızdan geçti ve Sedat'ın koltuğuna kurulup kaykılmaya başladı. Ali'm, "Duygu'dan uzak duracak, yoksa feriştahını tanımam," dedi ve çekip gitti. Bekir ve ben böyle bir sahneye ilk defa şahit oluyorduk. Bu zamana kadar Ali'm bir kez olsun Sedat'ın bir dediğini iki etmemiş, hiçbir saygısızlık yapmamıştı. Ağlamak üzereydim. Sanki inşa ettiğim bina üzerime yıkılıyor gibiydi. "Sedat ona kızma sakın, söylememeliydin. Akşam bekliyorum, konuşuruz olur mu?" dediğimde ona sarılmıştım, çünkü kızmasını, Ali'mle aralarının bozulmasını hiç istemiyordum.

"Hoşuma gitti," dediğinde sarıldığım iri bedenden ayrılmadan kafamı kaldırdım ve, "Ne?" dedim aptalca.

"En azından seni korumayı öğrenmiş hayvan," dedi. Gamzesi mi görünüyordu? Yok canım! Ali'm ona meydan okumuştu ve Sedat kızmamıştı, öyle mi? O sırada Senem koltukta kaykılırken, "Hadi be kızım, vantuz gibisin," dediğinde kollarımı Sedat'tan nasıl çektim, bilemedim. Bekir, "Ya sabır!" dedi ve kapıdan çıktık.

Bekir, "Allahım bu karıyı sabah akşam döv, yine akıllanmaz," dedi burnundan soluyarak. Sessiz kalmıştım. Beyaz bir cipin önünde durduğumuzda Ali'm şoför koltuğunda oturmuş, sigara içiyordu. Bekir arkaya binmemi sağladı ve öne geçti. Kapı kapanırken, "Anlatın," dedi Bekir.

"Ben dolmaların hatırına şimdiye kadar sustum. Sen anlat Çirkin," dedi Ali'm sırıtarak.

"Ya bir eve geçelim. Bekir ne merak varmış sende? Babaannemi aratmıyorsun he!" dedim, ortamı yumuşatmak için sonra devam ettim. "Ali'm bizim evin iki sokak aşağısında bir dükkân var, oraya gidelim ilk."

"Ne o, tahsilat mı var?" dedi Ali'm sırıtarak.

Bekir durgunlaşmıştı. Ali'min Sedat'a tavrından dolayı rahatsızlık duyduğu kesindi. Nedense eve girmek bile istemiyordum, ama evle salon arası arabayla beş dakika bile yoktu.

Ben işe kabul edilip Kadıköy'den ev tutacağım diye tutturunca Sedat spor salonunu devralmıştı. Aklı sıra bir şekilde bana yakın olacaktı. Oldu da! Kaç kere sokakta turlayan Kaan'ı gördüm.

Sonraları zaten Levent bizim sokağa kamp kurdu. Ne zaman evden çıksam karşımdaydı. Akılları sıra beni koruyorlardı. Beni kim ne yapacaksa?

Ali'm spor salonunun küçüklüğünden şikâyet edince Sedat salonun üst iki dairesini satın aldı ve spor salonu genişletildi. Tadilattan geçip aletleri yenilenerek profesyonel hocalar işe alındı. Salon zamanla Kadıköylülerin aranılan spor merkezi haline geldi. Sedat neye elini atsa altın olurdu ya! Hoş, spor salonunu paravan olarak kullandığı alenen belliydi, ama bize eğlence çıkmıştı. Bekir ve Ali'm için de iyi olmuştu. Bu zamana kadar başka spor salonlarında kavga çıkarıp içeri girmekten bıkmamıştılar.

Şimdi burada ister kırıp döküyorlar, ister beğenmediklerini tekme tokat dışarı atıyorlardı. Muzır Ali'm, daha çok bayan kayıt alıyordu. Nedense spor salonuna kaydettiği kızların hepsi manken gibiydi. Aksine fazla yakışıklı erkeklerin kayıtlarını almıyor, bir bahane bulup adamları gönderiyordu.

Araba sokağa girdiğinde, "İşte burası," dedim. "Seni üçkâğıtçı, yalancı, Çirkin, hani dolmaları sen yapmıştın?" dedi Ali'm! Hemen de anlamıştı.

"Bende nerede o marifet, siz bekleyin, ben alır gelirim," dedim ve topuklu ayakkabılarıma dikkat ederek arabadan inip dükkâna yürüdüm. İçeri girdiğimde kızlar beni tanımadı. Nasıl tanısınlar? Dün Eskimo gibi giyinmiştim. Şimdiyse zarif çıtı pıtı bir hatun, kendimi biraz şımartmakta bir sakınca yoktu sanırım. Ye kürküm ye! Çirkin'dim falan, ama bazen kendimi beğeniyordum işte!

"Merhaba, dün ben yemek almıştım," dediğimde iki kız birbirine baktı.

"Kılıç Apartmanı," dedim hatırlamaları için. O sırada kapının açıldığını belli eden çıngırtılı zil sesi duyuldu. Bekir içeri girdi. Tabii arkasından da Ali'm belirdi.

"Kudurdunuz, değil mi?" dedim, ama Bekir'in tepesinden dumanlar çıkıyordu. Ali'm anlatmıştı belli. Eli bana doğru uzandı, ah hayır, ensemi görmek isteyecekti.

"Bekir!" dedim uyararak, çünkü kızlar şok olmuş iki deveme

bakıyorlardı. Her zamanki gibi saçmaladım.

"Kızlar, bunlar benim kuzenlerim," dedim. Niye elalemin kızlarıyla bizimkileri tanıştırdım diye sorun, çünkü yüzlerindeki korku dolu bakışlar en iyi cevaptı.

"Hadi, madem geldiniz, yemekleri siz seçin," dedim sırıtarak. "Benim iştahım kalmadı Duygu! Biz seni yaşatacağız diye gözümüzden sakınıyoruz, senin şu yaptığına bak! Burnun da kanamış," dedi Bekir sertçe.

"Bekir!" dedim kızları işaret ederek, ama onun susmasını beklemek fazla iyimserlikti.

"Ali az bile yaptı o orospuya!" diye bağırdığında, "Aferin Ali'm! Ağzında duran bir bok var mı? Sabredemedin eve kadar," derken kızlar artık felç olmuştu. Sanki ben Ali'mi azarlamamışım gibi, "Hanımefendi şurada duran tatlının adı nedir? Ben ondan yarım kilo rica etsem," dediğinde kızlar halen donuktu, ama Bekir ve ben göz göze gelip gülmeye başladığımızda, onun yine aşk moduna girdiğini anlamıştık. Ali'm âşıksa önce kibarlaşır, kızı tavlar, sonra öküz yanını gösterirdi. Kız titrek bir sesle, "Ta... ta... bii," dedi ve Bekir, "Oğlum yarım kilo kime yetecek? Sado gelecek," dedi.

Ali'm hırsla, "Bok yesin!" dedi ama kendini toparlayıp, "Pardon, özür dilerim. Normalde asla küfür etmem, ama küfür, hak eden kişinin üzerinde inanılmaz güzel duruyor da," dediğinde, ben yerlerde sürünerek gülmek istiyordum. Neredeyse bütün dükkânı boşaltıp arabaya bindiğimizde içimde ne gam kalmıştı ne tasa.

Arabada Ali'mi taklit etmekten geri kalmadım. "Pardon hanginizin ismi Nihal?"

Kızın verdiği cevap tam bir bombaydı. "Annemin!" Bizim yüzsüz durur mu? "Senin adının daha güzel olduğuna eminim." Kız neredeyse Ali'min karşısında erimişti. Tabii Bekir'in, "Oğlum istersen biz gidelim, sen burada işe başla, hazır Sedat'ı tehdit etmişken, işsiz kalmazsın," derken Ali'min yeni adresi belli olmuştu.

Mağdur Nurten Abla!

Apartmana girdiğimizde hâlâ gülüyorduk. Soğuk bütün bacaklarımı esir almış, titretiyordu. O kadar üşümüştüm ki etek giymeye tövbe edecek durumdaydım. Ali paketleri yüklenmiş, Bekir'in suratı yine asılmıştı. Asansör düğmesine bastık ve beklemeye başladık. Asansör üçüncü katta sanırım takılı kalmıştı.

"Koş Ali!" dedi Bekir. Ali'm isyanla, "Abi yeter ama ya! Koş Ali! Vur Ali! Topu at Ali! Günahım ne benim ya!" dediğinde kahkahalarla merdivenlere yöneldim. "Ben alır gelirim şimdi asansörü," dedim. Soluk soluğa merdivenleri çıktım. "Sigarayı bırakmalıyım," dedim kendi kendime. Tam asansör kapısını ittirecektim ki kapının kapanmamasının sebebini görüp bir adım geri kaçtım. O bir kadın ayağı mıydı? Hangi cesaretle kapıyı açtım, hiçbir fikrim yok. Tabii şok oldum. Kadın asansörün içine yığılmış, yüzü gözü kan içindeydi. Kadını tanıyordum galiba, sanırım komşulardan biriydi ve feci dayak yemişti. Kadının yanına çöktüm ve ayağını içeri alıp düğmeye tam uzanacaktım ki gerek kalmadı. Asansör aşağı çekildi. Benim yaşanılan onca şeyden sonra soğukkanlı olmam gerekirdi aslında. Kadın inliyordu ve ben titriyordum. Asansör kapısı açıldığında iki deve aptalca bir bana, bir kadına baktı.

"Duygu, sen iyice psikopata bağladın kızım," dedi Ali'm.

"Ali'm ben yapmadım."

Bekir gelip kadının yanaklarını sarstığında kadın acıyla inledi. "Ne yapıyorsun? Yeterince dayak yemiş! Hadi onu bize çıkaralım."

"Kızım sen manyak mısın? Ne işi var sende? Ölür kalır, al

85

başına belayı!" Onların soğukkanlı oluşlarına hayrandım, ama insanlık bu değildi. Tamam insandılar, ama onlar için önce can, yani ben geliyordum.

"Ya kadınının durumuna bak! Bekir pes valla!"

"Görmemiş gibi yapsak. Benim karnım çok aç," dedi Ali'm. Öküz ya!

"Duygu bizim hastaneye gidelim," dedi Bekir.

"Karşıya mı geçeceğiz? Bu trafikte? Burada bir hastaneye gidelim o zaman."

"Olmaz," dedi Ali'm.

"O zaman bize çıkıyoruz." Kadın kendine geliyordu. "Hadi, bin Ali," dedi Bekir bezgince.

"Beni duyuyor musun abla?" dedim saçlarını yüzünden çekmeye çalışarak. Kadın bir kez daha acıyla inledi. Kırklı yaşlarını bitirmek üzere bir kadındı. Hafif etli butluydu. Altında dizaltı bol bir etek, üzerinde hırkası vardı.

"Bence bu kadın çok çene yaptı. Kocası dayağı attı, koydu kapıya," dedi Ali'm.

"Ali bir sus ya!" dedi Bekir, sinir katsayısı iyice yükselmişti. Bizim kata geldiğimizde Gül Abla'nın ziline bastım. Bekir ve Ali'm aptalca bana bakıyordu.

"Ben sizi hiç tehlikeye atar mıyım? Develerim!"

Gül Abla zaten kapının arkasındaydı. Hızla kapıyı açmasıyla çığlığı basması bir oldu. "Nurten! Komşum ne oldu sana?" Bekir ve Ali'm kadını kollarından tutup benim salona geçirdi. Nurten denilen mağdur gözünü açtı. Demek ki Gül Abla'nın cırlak sesini duymayı bekliyormuş. "Gül sen misin? Neredeyim?" dedi acıyla.

"Bizim Duygu'dasın. Hani şu…" dedi ve sustu.

Bekir, "Eee… ne şu?" dediğinde Gül Abla'nın beti benzi atmıştı. Araya girdim ve, "Gül Abla, abla burada mı oturuyor?" diye sordum.

"Kız, üçüncü katta oturan Nurten bu! Kafası kopsun, sarhoş kocası dövüp kadını atmıştır yine kapıya."

"Duymadın mı gürültüleri? Polisi arasaydın ya?"

"Karışmam ben! Sonra kötü olurum. Karıkoca arasına girilmez," dedi Gül Abla.

"Tövbe tövbe!" dedi Bekir.

Ali'm çoktan poşetleri içeri almış, masaya çıkarıyordu. *Gerçekten yuh yani*, dedim ama içimden. İçeri geçip pamuk, oksijenli su falan getirdim. Ev ev değil, Kızılay'a dönmüştü. Her gün bir aksiyon! Neyse, kadının yüzünü gözünü temizledik ve su içirdik. Kadın ne doluymuş arkadaş! Bir ağlamaya başladı ki durduramadık, acıdık hep beraber. Ali'm neredeyse sofraya oturacaktı ki sabrı taşmış olacak, "Abla kocan evde mi?" diye sordu. Onun yerine, "Evdedir boyu devrilsin," diye cevap verdi Gül Abla.

"Yürü abla, enişteyle bir de biz konuşalım. Belki ona fıçı bira alırsak rahatlar," dediğinde Bekir yine, "Ya sabır!" demeye başlamıştı. Ali'm önde, Bekir arkada, saz takımı, yani biz, peşlerine düşüp üçüncü kata indik.

Ali'm, "Ver ablam anahtarını," dediğinde hepimiz mala bağlamıştık. "Oğlum bu sefer de haneye tecavüzden gireceğiz içeri," dedi Bekir sinirle.

"Zili çalıp açmasını bekleyemem, çok açım valla!" dedi ve içeri girdi. Bekir arkasından girdi. Biz durur muyuz? Bunu hiç kaçırmam! Gül Abla öleceğini bilse yine girer! Eh, hadi madem, şenlik başlasın!

"Nurten az mı geldi?" diye bir ses duyuldu. Merakla salona girdiğimde adama baktım. Hey yavrum hey! Kendi halinde biri gibi duruyordu. Evde aslan kesiliyormuş mübarek! Bütün erkekler bir an gözüme hamamböceği gibi göründü. Bu ne ya! Dün Sedat, şimdi bu kendini erkek sanan böcek kılıklı herif!

Adam kalabalığı görünce birden, "Bismillah!" diye ayaklandı. Sonra kükremeye çalıştı. "Nurten kim bunlar?"

"Ben Ali, soyadım Aral," dedi ve gerindi gerindi, adamın ağzının ortasına yumruğu geçirdi. Adam tekli koltukla birlikte ters takla atıp yere yapıştığında Bekir, "Aferin Ali, tam oldu. Haneye tecavüz ve darp!" dedi istifini bozmadan.

"Abi sen de başımıza avukat kesildin! Bir dur ya!" dedi Ali'm Nurten Abla'ya dönüp, "Abla kusura bakma, evi dağıttık," deyip koltuğu yerden kaldırdı. Sonra Nurten'in kocasını yerden alıp bir çuval gibi koltuğa oturttu.

"Duygu, yaz benim numaramı Nurten Abla'ya," diye gürledi Ali'm. Ben de sekreteri gibi çantamdan kâğıt kalem çıkardım ve yazdım. "Abla, muhterem abim, sana parmak dahi kaldırsa ara beni, bak ben iki sokak aşağıdayım. Direkt gelir, biraz stres atarım," dedi manyak gibi.

"Eline sağlık," diyen Gül Abla'ydı ve sabır çeken Bekir! Kadın bizden mi güç almıştı, yoksa kocasının yediği yumruğa mı sevinmişti, bilmiyordum, ama biz kapıdan çıkarken gülümsediğine yemin edebilirim. Gül Abla asansör bizim kata gelene kadar, "Aslan oğlum, ellerin dert görmesin, tuttuğun altın olsun," diye nefes almadan saydırdı. Davet etsek bize girecekti ya Bekir, "Hadi Duygu, eve gir," dediğinde Gül Abla kendi evine girdi. Ali'm içeri girer girmez masaya oturdu. Ben aceleyle ellerimi yıkadım ve masanın eksiklerini tamamladım.

Rakılarını koydum ve, "Ben giyinip geliyorum, siz başlayın," dedim. Taytımı ve bol tişörtümü giydim ve saçlarımı hafifçe ensemin acısını hiçe sayarak topladım. Çok sızlamıyordu, ama bütün gün ben buradayım demişti. Nasıl banyo yapacaktım, merak konusuydu. Salona geçtiğimde Ali'm ceketinin cebinden bir kutu çıkardı ve, "Al bunu saç diplerine sür. İstersen ben sürebilirim," dedi, ama suratı hiç gülmüyordu. Yanındaki sandalyeye oturdum ve, "Acımıyor," dedim. Yalandan kim ölmüş!

"Kızım sen niye o deliyle deli oluyorsun? Bir daha bu eve Senem girmeyecek," dedi Ali'm ve o sırada Bekir salona girdi.

"Sedat gelsin konuşalım. Bizi tercih yapmak zorunda bırakmasın," dediğinde iş büyüyordu. Rengim atmıştı. Ali'm omzuma elini koydu ve, "Duygu!" dediğinde Bekir ayaklandı. "Otur, bir şeyim yok," dedim ve bardağımı kafama diktim. Bekir ve Ali'm korkuyla bana bakıyorlardı. "Yedi sene önce beni hayata döndüren üç kişi vardı," dediğimde elimi havaya kaldırıp üç parmağımı gösterdim. Sonra masada duran ekmek bıçağına uzandım.

"Sizce bu üç parmağımdan hangisini kessem canım yanmaz?" dediğimde Bekir, "Yapma Duygu!" dedi.

"Cevap verin?"

"Hepsi acır tabii Çirkin! Konuyla ne alakası var?" dedi Ali'm sıkıntıyla.

"Siz benim parçamsınız ve sizin bırak küsmenizi, kavga etmenizi dahi görmek istemiyorum. Sedat'la benim yüzümden kötü olsanız bile, onunla görüşmeye devam edeceğimi bilmiyor musunuz? Kaldı ki o bana kimsenin zarar vermesine izin vermez."

Ali'm derin bir nefes aldı, ama konuşan Bekir'di.

"Duygu, birincisi biz Sedat'la asla kopmayız. İkincisi senin yüzünden niye kötü olalım? Kötü olacaksak bu o Senem karısı yüzünden olacak! Zaten..." dedi ve sustu. Ali'mle göz göze geldiler.

"Ona ara açılması denemez, çünkü ben eninde sonunda o karının kafasına sıkacağım. Kadının ağzı Ümraniye çöplüğü," dedi Ali'm.

"Utanmalısınız! Sedat onu seviyor ve düzelecek diyor. Hem... o Sedat'ın âşık olduğu kadar güzel bir hatun." Gerçekten güzeldi. Yiğidi öldür hakkını yeme.

"Sedat onu sevmiyor! Sedat..." dedi Ali'm ve Bekir, "Ali!" diye kükredi.

"Siz benden ne saklıyorsunuz?" dedim ikisinin üzerinde gözlerimi gezdirerek.

"Bu patavatsızın ne söyleyeceği belli olmaz Duygu," dedi Bekir gözlerini Ali'me dikerek.

"Abi! Şey... diyecektim... onu yatağı için tutuyordur. Karının yatağı kuvvetlidir."

"Terbiyesiz deve!" dedim kızararak.

Bekir yine, "Ya Sabır," çekiyordu. Ali'm sonra homur homur ağzında bir şeyler söylerken Bekir, "Duygu sen de şuna güzel deme Allah aşkına. Sedat istese, bütün İstanbul'un en klas kadınları ayaklarına serilir," dedi.

"Senem aptalı benim iştahımı kapatıyor. Karar verildi. Duygu, Senem'den, Senem, Duygu'dan uzak duracak," dedi Ali'm.

"Bu iştahının kapanmış hâli mi?" dedi Bekir, ama kendi tabağını doldurmayı ihmal etmedi. Saat on gibi kapı çaldığında ikisi de bana bakıyordu.

"Bakmayın öyle, kimseyi beklemiyordum." Ali'm silahını beline soktu ve kapıya bakmaya gitti.

"Aha! Valla Nurten Abla kocayı öldürüp helvasını bize getirmiş," dedi ve hızla kapıyı açtı. Gerçekten Nurten Abla'nın elinde helva vardı. Kadıncağız utana sıkılı tabaktaki helvayı Ali'me uzattı ve, "Teşekkür ederim," dedi. "Sorun yok ablam, sen yeter ki dayak yeme," dedi Ali'm. Öküz işte, ama şirin öküz! Kadın gülsün mü, ağlasın mı, bilemedi. Ben devreye girip, "Girsene Nurten Abla," dedim.

"Yok, ben rahatsız etmeyeyim. Benim adam bekler, iyi geceler size," dedi ve merdivenlerden indi.

Ali'm kapıyı kapattığında Bekir ve ben yine gülüyorduk.

Ali'm, "Ne?" dedi ve biten rakısını yeniledi. Onlarla vakit geçirmeyi seviyordum. Bazen Ali'min teklif ettiği gibi hepimizin bir evde yaşaması gerektiğine inanıyordum, ama hiçbirimizin bunu kaldıramayacağını biliyordum. Ben dahil! Zaten onda bu rahatlık, bu güleryüzlülük olduğu müddetçe Ali'm herkesle yaşardı da onu Sedat'tan koruyacağım diye ben ölür giderdim valla!

Ümit Besen'den Nikah Masası

Benim kahverengi Müslüm Gürses saçlı Bekirim! Kemerli Laz burnu bir adama bu kadar mı yakışırdı! Beyaz teni, ince dudakları ve sivri çenesiyle tam bir laz uşağıydı. İstanbul'da büyümüş, liseyi zar zor bitirmiş ve aşkla tanışınca, bir de kızın babası vermeyince Trabzon ona dar gelmiş, burada kalmıştı. Zaten öksüz! Ne anası kalmış, ne babası, yitip gitmişler bir trafik kazasında.

Bekir, Ali'm kadar yakışıklı olmasa bile, kadınlar etrafında pervane olurdu ki ben buna birçok kere şahit olmuştum. Ama onu tanıdığım yedi sene boyunca hiç hovardalık yaparken görmedim. Şarkılara yazılmış bir aşktı kendi kendine yaşadığı. Platonik desem değildi. Sevdiği kızın da gönlü vardı onda, kara sevda desem değildi, kara sevda olsa gider söker alırdı, onda o yürek vardı. Onun o içindeki sevdası bambaşkaydı. Sevdiğinin yüzü yere eğilmesin diye babasının onayını bekler dururdu. Bunca sene hiçbir kadına bırak yan gözle bakmayı, kaşını kaldırmadı bizim sevdalı! O memleketinde üç beş kere görüp aşka tutulduğu teyze kızının sevdasıyla kavrulup durdu senelerce. Halen gözlerindeki o hüzünlü aşkı görüp çareler aramaktayım, ama nafile!

Kızın babasında ne inat varmış arkadaş! Nuh dedi, peygamber demedi. Sedat bile kızı istemeye gitti, ama adam, "Benim Bekir'e verecek kızım yok," dedi. O zamanlar ben İstanbul'a geleli altı ay kadar olmuştu. Sedat'sız bir hafta bana işkence gibi gelmişti. Ne doğru dürüst uyuyabilmiş ne de ağlayabilmiştim. Ali'm etrafımda pervane olmuş, ama çare olamamıştı.

Sedat Trabzon'dan döndüğüne öyle öfkeliydi ki! Onu gördüğümde sevincimi bile belli edemedim. Kapıdan girdi, gelip yü-

91

zünü boynuma gömdü, birkaç dakika kokumla beslendi, o kadar. Nereden sordum, sormaz olaydım! "Verdiler mi?" dedim usulca. O ara Bekir belirdi gözümün önünde, bir o kadar bedbaht. "Duygu, boş ver babam!" dedi ceset misali. Sedat bunun üzerine delirdi. "Ne boş vereceksin Bekir! Sıkacaksın adamın dizine, bak o zaman veriyor mu, vermiyor mu? Valla kaçır lan kızı! Benden sana söylemesi koçum! Vermez bu it bu kızı sana, adam ne emmeye geldi ne gömmeye, güzelce söyledim, olmadı. Tehdit ettim, dolmadı. Başlık dedim, dinlemedi gavat!" diye büyük salonda volta atmaya başladı. Bekir kederle kafasını önüne eğmiş, hiç sesi çıkmıyordu. Oturduğum koltukta dizlerimi çenemin altına alıp bacaklarımı kollarımla sardım. Korkmuyordum, ama bu halleri beni ürkütüyordu. O zamanlar onu çok tanımıyordum.

Ali'm o gün, "Abi Duygu korktu!" derken Sedat bana döndü. Yüzüm gözüm bembeyazdı sanırım. Yanıma geldi ve beni kollarına aldı. "Korkma!" dediğinde titriyordum.

"Korkma Cano! Benden sana zarar gelmez, bunu biliyorsun değil mi?" dedi, öyle güzel bakıyordu ki aklımdan her şey siliniyordu. Ona sıkıca sarıldım. "Korkmam," diyebildim. Konuşamıyordum... O zaman sessizlik bana dosttu. O günler zor günlerdi. Geceler boyu gördüğüm kâbusları Sedat'ın koynunda atlatmıştım. Bekir o zamandan bu zamana bir daha teyze kızı Selma aşkını hiç açmadı. Ara ara arabasında dinlediği aşk şarkılarından biliyoruz yandığını. Bir Karadeniz ezgisine gömüyordu sabırla beklediği Leylasını, tam bir Mecnun gibi dalıp gidiyordu uzaklara.

Kendime güvenim geldiği zamanlarda Bekir'e bir de ben isteyeyim şu kızı diye teklif götürdüm, ama konu açılınca Bekir tam anlamıyla efkara batıyor ve ağzını bıçak açmıyordu. Onun kederli yüzünü bir daha görmemek adına konuyu açmadım. Teyze kızı Selma o gün bugündür bekâr kaldı. Babası ne kızı Bekir'e verdi ne de başka biriyle evlendirebildi. Evlendiremedi çünkü her gelen görücüyü Bekir bir bidon benzinle karşıladı. Sonradan sonraya kızın adı Trabzon'da ateşli Selma olarak tarihe geçti. Selma şimdi ben yaşlarında sabırla babasının izin verip onu Bekir'le evlendirmesini bekliyor.

Ali'm halen ara ara densiz densiz planlar yapar ve kafasına yediği şamarla kendine gelir. Yok gidip ben kendime isteyeyim, sonra seninle evlensin, yok gidip babasının kafasına sıkayım, yok gidip kaçıralım, olmadı mal varlıklarını ellerinden alalım. Parasız kalırlar vermeye mecbur kalırlar. Kardeşini kaçırıp berdel yapalım. Bekir, "Ali bizde berdel diye bir şey yoktur, ayrıca benim kız kardeşim yok," dediğinde, "Ben varım razı gelirim berdele, siz mutlu olun," dediğimde Sedat, "Höst," demişti bağırarak. Höst ne ya? Biz kendi içimizde kavga ederken Bekir'in odada olmadığını anladığımızda Sedat bütün sinirini Ali'mden çıkarmıştı. Ona bağırıp durmuştu. Ali'm artık bu aşk hikâyesiyle ilgili tek kelime edemiyor...

Birimizin de anası babası olaymış iyiymiş, şans işte! Dört öksüz ruh bulmuşuz birbirimizi, yeri gelmiş herkes birbirine hem ana olmuş hem baba! Bekir bana karşı mesafesini ilk günden bu yana hiç bozmadı. Ne Ali'm gibi cıvık ne Sedat gibi betonarmeydi. Onunla aramda hep baba kız saygısı gibi şekillenen, elle tutulur bir uyum vardı. Bekir masada rakısını yudumluyordu, uzaklara dalmıştı. Yine teyze kızı Selma'yı düşündüğü her halinden belliydi. Televizyonda Kral TV yine âşıklar için çalıyordu. Ne çok âşık insan vardı, âşık olmak güzel şeydi, ama aşk benim kapımı hiç çalmamıştı. Yedi sene boyunca kısa soluklu bir iki erkek arkadaş edinmeyi başarmıştım. Başarmıştım diyorum, çünkü çırpılığımı, Çirkin'liğimi geçtim, bu üç deve yanımdayken kimse bana yanaşmaya bile cesaret edemiyordu. Zaten öyle peşinden koşulacak, alımlı, dolgun kalçalı bir kız da değildim ki adamın gözü hiçbir şey görmesin, aşkıyla bunlara savaş açsın, hey heyy! Nerede... Ey aşk, bul beni!

İşin şakası, çıktığım iki çocukla kahve içmeden öteye geçemedim. Ya kafam uymadı ya da bizim develeri sevemediler. En uzunu, yani ikincisi bir ay sürdü. Ya ben ya Sedat dediğinde de bitti. Zaten erkek demek kafanda bir sürü tilkinin kuyruğunun birbirine değmemesi için uğraşmak demekti. Kim âşık olup mutlu olmuş ki? Bakınız Bekir, aşk ateşinde yanıyor! Televizyona dalmış, aşk dolu klibi seyrederken saat on biri bulmuştu. "Beyler, ben yatıyorum," dedim çünkü yarın onlar horul horul uyurken ben işe gidecektim. "Şuna bak, ev sahibi olacak güya!"

"Ali'm, yarın iş var," dediğimde kapının kilidi tıkırdamış ve içeri Sedat girmişti. Ben bu saatten sonra gelmez diye düşünmüştüm. Hadi bakalım gel de uyu, cin olmuştum cin! Bekir'le Ali'm biraz gerilmişti. Senem Hanım nasıl bırakmıştı onu bizim yanımıza? Gerçekten gün geçtikçe fesat bir hâl içine giriyordum. *Silkelen Duygu!*

Sedat kabanını çıkardığında yanına gittim. Kabanını aldım ve, "Hoş geldin," dedim. Suratıma bile bakmadı. Aman ne güzel! Ali'me öküz mü demiştim, ama asıl öküz geldi. Sedat, Ali'min tepesine dikildiğinde nefes alamıyordum. Bekir'le göz göze geldik. Bekir'in tarafı belliydi. Ya benim?

"Koçum yarın salonda bir ringe çıkalım," dedi Sedat.

"Çıkalım abi," dedi Ali'm.

Bekir sırıtıp "Duygu da gelsin," dedi.

"Hayır," dedim isyanla. Sedat sırıtarak sandalye çekerken, Ali'm yerinden kalkıp yanıma geldi ve iki yanağımı birden başparmağıyla işaret parmağının ortasına sıkıştırıp sallarken, "Ay sen, ben Sado'nu döverken seyretmeye kıyamazsın mı?" dedi cıvık cıvık. Yanaklarımı ellerinden kurtardım ve gözlerimi kıstım. "Belki Ali'mi dayak yerken görmeye kıyamıyorumdur," dediğimde Bekir kahkaha atıyordu. Sedat rakı doldurmuş, tabağına peynir koyuyordu.

"Geliyorsun," dedi Sedat.

"Ben çalışıyorum."

"Bizim de yarın bütün gün işlerimiz var, akşam seni alır, salona geçeriz."

"Off, belki benim planım var," dedim sinirle.

"Ne planı?"

"Özel," dedim.

Sedat, "Senin özelin olamaz Duygu," dediğinde Ali'm, "Katılıyorum," dedi. Bekir de kafasıyla onayladı. Tabii üçüne karşı isyan etmek pek akıllıca değildi, ama edecektim.

"Ben size bir şey soruyor muyum? Senin Senem'le ne yaptığını sormuyorum mesela! Senin her gece hangi güzelin koynunda olduğunu sormuyorum! Senin efkârının kaynağını biliyorum, ama hâlâ ne karar verdin diye sormuyorum. Ama yok, siz her şeyi bana sorabilirsiniz. Bir de karşıma geçip senin özelin olamaz diyebilirsiniz. Ne âlâ memleket! Ayrıca bana açıklayın, şirkette niye bana yaklaşan adamları tehdit edip bir de üstüne üstlük niye benden uzak durmalarını söylüyorsunuz? Rahibe Teresa'ya benzer bir halim var mı benim?" diye elim belimde, karşılarına dikildiğimde hangi ara ayağa kalktığımı düşünüyordum. Bekir ve Ali'm bembeyaz olmuştu. Sedat ikisine bakıyor, onları, kafalarını kuma gömmüş devekuşlarını seyrediyordu.

Sedat, "Açıklayın hadi!" diye kükrediğinde böyle bir tepki beklemiyordum. Daha ben ne olduğunu anlamadan Sedat kapıyı vurup çekti gitti. Paltosunu bile almadı.

Ali'm, "Aferin Duygu!" dediğinde neler oluyor der gibi aptalca bakıyordum. Niye kendimi suçlu hissediyordum?

"Sedat'ın haberi yok, biz sadece seni korumaya çalışıyorduk," dedi Bekir.

Ali'm telefona sarıldı. "Abi neredesin?" dediğinde iyice aptallaşmıştım.

Ali'm, "Tamam abi!" dedi ve kapattı.

"Neredeymiş?" dedi Bekir.

"Levent'le spor salonuna yürüyorlar. Kum torbalarını yumruklayıp geliyorum dedi." Ali'm rakısını kafasına dikti. Moralleri bozulmuş, Bekir ve Ali'm ölüm sessizliğine bürünmüşlerdi.

"İyi de niye bu kadar kızdı?"

"Ondan gizli bir şey yapınca kızıyor, bilmiyor musun?" dedi Bekir.

"Beni korumanızın nesine kızdı?" dediğimde Bekir sinirle, "Sen bana sabır ver Allahım!" diye yerinden kalktı. Sustum, ne diyeyim! Uykum kaçmıştı. Bir iki saatin sonunda ben mutfaktayken Sedat geldi. Kafamı uzattığımda Bekir ve Ali'm süt dökmüş kedi gibi oturuyor, ona bakmıyorlardı. Bir şey vardı da ben mi anlamıyordum. Çıkardı kokusu yakında. Olmazsa, Ali'm bana yumurtlardı zaten.

İçeri girdiğimde gözlerimi kıstım ve üçünün üzerinde gözlerimi gezdirdim. Artık yorgunluktan sürünüyordum. Senem konusunu bir şekilde kapatmış gibiydik. Ali'min yanındaki sandalyeye oturdum ve ona dönüp, "Yarın salona geliyorum! İnşallah Sedat'ın biraz canını yakarsın da belki aklı başına gelir," dedim.

Bekir gülüyor, Ali'm kahkaha atıyordu ve Sedat her zamanki gibi gözlerini dikmiş, bana bakıyordu. Niye o bakınca içim eriyordu ki! Gözlerim ağırlaşmış, artık uyku beni ele geçirmeye başlamıştı. Ayağa kalktım, "Ben yatıyorum," dedim. Rakımı kafama dikip bardağı masaya bıraktım. Allahım sabah erken kalkıp bu masayı toplamam gerekecekti. Ali'min yanağına öpücük kondurdum. Bekir'in kafasını öptüm ve Sedat'ın arkasından boynuna sarıldım. Beni koklamasına izin verdim. Acaba Senem'i de kokluyor muydu sorusu beynimde gezinirken kendimden utanmalıydım. Koklamakla kalmadığını düşünmek canımı sıkmıştı.

"Buradasınız değil mi?" dedim içimden lütfen kalsınlar diye geçiriyordum.

"Ben buradayım," dedi Ali'm. "Ben de" dedi Bekir, ama Sedat hiçbir şey söylemedi. "İyi geceler," dedim ve yatak odasına geçtim. Ali'min verdiği kremi açtım ve sızlayan ense köküme doğru sürdüm. Sabah duş almalıydım. Yatağıma girdim ve sağıma dönüp gözlerimi kapattım. Kapıdan biri kafasını uzattı, ama kim olduğunu anlayamadım. Aklım onlardaydı, ama uyumalıydım.

Sonra Ali'min sesini duydum. "Uyumuş bizim Çirkin," dedi ve ardından Bekir'in mırıltı halinde sesi geldi. İçime bir kurt düşmüştü, niye onları dinlemek istiyordum, bilmiyorum. Gel de uyu! Allahım merak ne kötü bir şeydi. Kendimi Gül Abla gibi hissettim. Yataktan kalktım ve usulca kapımın önünde dikildim. Bekir, "Abi, sana karşı boynumuz kıldan ince biliyorsun. Ama Duygu…" dediğinde Sedat, "Laflarınızı tartıp konuşun! Duygu'yu ne zamandır bensiz anar oldunuz?" dedi.

"Abi!" dedi Ali'm sinirle.

"Duygu'nun benim için ne anlama geldiğini biliyor olmalısınız. Ona kimse zarar veremez. Dün gece ben olaya dahil olmadan manyağa bağladı. Sizin kadar ben de şok oldum."

"Abi, şu Senem'i bıraksan on numara olur," dedi Ali'm, ama eminim Sedat'ın öldürücü bakışları susmasını sağlamıştı.

"O zaman abi Senem'i, Duygu'dan uzak tut. Kız üzülüyor, haline bak. Yüzünde kan yok," dedi Bekir.

"Farkındayım," dedi Sedat.

"O zaman sen Senem'le takılacaksın, biz Duygu'yu kollayacağız. Başka türlü ikiye bölünecek halin yok. Bizim de Senem'le takılacak halimiz yok," dediğinde Bekir, "Duygu sensiz yapamaz," dedi sakince. Doğru söyledi, yapamazdım, ama ölürdüm de ona belli etmezdim! İçim üşümeye başlamıştı ve gözlerim ağlamak için direnişe geçmişti.

Sedat, "Ben de onsuz yapamam," dedi ya, içimdeki üşüme nasıl bahar rüzgârlarına dönüşmüştü bilemedim. Yüzümdeki sırıtma gerçekti. İçim mutluluktan kıpır kıpır, bahar şenlikleri düzenleniyordu. Şimdi ona gidip sarılmamak için zor duruyordum.

"Peki ya Senem?"

"Lan siz beni burada tedavi etmeye mi çalışıyorsunuz? Senem'in konumu belli, oturun oturduğunuz yerde," dediğinde sesi yükselmişti.

"Abi ne alakası var? Konuşuyoruz şunun şurasında. Zor durumdasın."

"Sizin sayenizde!"

"Senin hatunun dili zehirli yılan gibi, susmayı bir öğretemedin gitti," dedi Ali'm.

Bekir, "Bize yapmıyor, Duygu'yla onun zoru, onu rakip olarak görüyor ve kimin suçu hepimiz biliyoruz!" dediğinde buz gibi olmuştum. Benim suçum muydu? Hayır! Hayır! Beni kastetmemişti. Bu olamazdı!

"Haklı!" dedi Ali'm. Haklı mı? Ali'm Seneme hak mı vermişti? Nesi haklı olabilirdi ki? Gerçekten onlara ilk zamanlarda olduğu gibi hırçın davranmıyordu. Aslında ben ona onlardan daha iyi davranmış ve kabullenmiştim. Buna rağmen Senem her beni gördüğü yerde canımı yakacak bir cümle kurmayı başarmıştı. İyi de niye canım yanıyordu ki? Bundan sonra canımı yaktırmamaya kararlıydım. İyi de beni niye rakip olarak görüyordu ki? Sedat suskundu.

"Abi bizim Çirkin'in rakiplik bir yanı yok ki, kuş kadar canı var zaten. Kendi halinde, garibin dünyadan haberi yok! Olsa güzel olurdu, ama onun gözleri açılana kadar, hey hey!"

"Dünya derken Ali! Onu rahat bırakacaksınız. Duygu'nun normal bir hayat yaşamasını istediğimi söylemiştim. İzleyin, ama hayatına karışmayın."

"Abi yanlış yoldasın!" dedi Bekir.

"Yanlış manlış! Ne zamandır lafım dinlenmiyor?" Bekir sustu, ama Ali'm iyice sinirlenmişti.

"Abi eninde sonunda bu kızı biri tavlayacak ve bizim Duygumuz gönlünü kaptıracak. O artık büyüdü, tam kıvamında alımlı bir kadın oldu. Hoş, bana halen Çirkin ördek, ama ben de Bekir'e katılıyorum. Yanlış yoldasın."

"Duygu halen aynı Duygu," dedi Sedat, ama elinden oyuncağı alınmış çocuk gibi konuşmuştu ya da yüzünü göremediğim için sesi bana öyle gelmişti.

"Sen kabullenmek istemiyorsun. Duygu nerede olursa olsun kendini belli eden bir kadın! Spor salonunun kapısından içeri girdiğinde bir etrafa bak istersen, kurtlarla kuzu filminden sahne izlersin. Şirkette kaç kişiyi tehdit ettim sorma! Liste yapsan üç sayfayı bulur."

"Benim niye haberim yok bu olanlardan! Boyunlarını kırıverirdim olur biterdi," dedi Sedat. Bekir devam etti. "Duygu karşımıza birini getirip, *ben âşığım*, deyince ne yapacaksın? Ben onu çok merak ediyorum," dedi.

"Tek kurşun," dedi Ali'm sırıtarak.

Sedat, "Onu rahat bırakın," dedi, ama sesi buz gibiydi. Zaten benim hakkımda konuştuklarına pek emin değildim. Sedat niye ısrarla beni rahat bırakmalarını söylüyordu? Bu iyi bir şeydi aslında, ama Bekir ve Ali'm neyin baskısını yapıyorlardı? Hem ne zaman ben alımlı ve güzel bir kadın olmuştum? Ben aynı Duygu'ydum. Tamam, makyaj yapmayı, giyinmeyi ve topuklu ayakkabıyı seviyordum, ama hiçbir zaman güzel tabiri benimle aynı lügatte yer alamazdı. Tamam, bedenim yedi sene içinde gelişmişti. Boyum uzamıştı, ama güzellik, buna gülerdim, işte. Hadi üniversiteyi geçtim, lisede bile bırak birinin bana çıkma teklif etmesini, beni karafatma diye çağırırlardı. Şimdi İstanbul'un en ünlü, en gözde bekâr çapkınları benim güzel olduğumu mu düşünüyorlardı? Tabii Sedat hariç, çünkü ondan ses çıkmıyordu.

Sedat, "Derinlere daldınız yine, bırakın şimdi bu saçma salak varsayımları. Senem uslu duracak ve bir daha Duygu'ya laf sokmayacak. Birlikte yaşamayı öğrenecekler," dedi.

"İyi abi, sana kolay gelsin! İlerde Sana Ümit Besen'den Nikâh Masası adlı şarkının CD'sini alır geçeriz," dedi Ali memnuniyetsizce. Yapılan espriyi anlamadım. Ne alaka deyip usulca yatağıma geçtim. Konuşma sanırım bitmişti ya da benim için bitmişti. Sedat en azından Senem'i bir şekilde benden uzak tutacaktı. Zaten ben de onunla aynı ortamlara gelmemek için elimden gelen her şeyi yapacaktım. Gözlerimi kapattım, ama aklım güzel ve alımlı kadın kısmına takılmıştı. Beğenilmek güzel şeydi ya! Telefonumun saatini uyanma saatimden yarım saat önceye kurdum. Madem güzeldim, bunu ön plana çıkarmalıydım, ama niye bilmiyorum. Mutlu bir şekilde ne zaman gözlerim kapandı, hiçbir fikrim yok.

Hastanelerden nefret ettiğimi söylemiş miydim?

Burnumu kaşıyarak sağa sola döndüm. Uyanmamalıydım, daha yeni yatmıştım ama ya! Burnumu kaşıdım, ama yok, kaşıntı gidecek gibi değildi. Alerji hapşırıkları yolda mıydı? Bilmiyorum. Hızla yatağımda doğrulduğumda kafam sert bir şeye çarptı. Acıyla inledim ve Ali'min gür sesiyle gözlerimi açtım. "Ah çenem!" diye inledi. Gözlerimi araladım ve elindeki kuş tüyünü gördüm. Başım çenesine çarpmıştı ve çok iyi olmuştu, kırılsaydı keşke! Hiç üşenmemiş, burnuma o pis şeyi sokup durmuştu. "Ya öküz! Ne yapıyorsun sabah sabah!" diyerek haykırdım kafamı tutarak. Ali'm çenesini tuta tuta bir çocuk gibi gelip yatağımda zıplamaya başladı. Tabii uyku sersemi tepişip dururken, içeri Sedat girdi. O burada mı kalmıştı? Hayret! Altında gri eşofman, üzerinde bir şey yoktu. Yüzünde tıraş köpüğü, elinde bıçağı vardı ve sinirli hâli hiç mi hiç çekilmiyordu. Benim iyi olduğumu görünce rahatladı. "Lan Ali, bir gün senin boğazını sıkacağım, ama ne zaman? Susun lan sabahın köründe!" dedi ve sinirle gitti. Ali, "Kıskandı Sado," derken ben Ali'mi savunmasız yakalamış, kolunu ısırmayı başarmıştım. Ali'm can acısıyla öküz gibi böğürmeye başladı. Tabii kendini kurtarmak için saçıma yapıştı. Acıyla inledim. Ali duraksadı, "Ne?" dedim aptalca yüzüne bakarak. Boynuma eli gitti. Elindeki kırmızılığı gördüğümde, onun kadar şaşırmıştım. Saç diplerim kanıyordu. Ah Senem Ah!

100

Ali'm buz gibi bir sesle, "Hazırlan, doktora gidiyoruz," dedi ve yataktan kalktı. İtiraz etme gibi bir lüksüm yoktu. Yatağın içinde oflayarak bir süre oturdum. Yine işe geç kalacaktım. En iyisi Necla Abla'ya haber vermekti. Telefonumu elime aldım ve Necla Abla'ya mesaj çektim. O, Deniz Bey'e haber verebilirdi. Üzerime fıstık yeşili, boğazlı, üzerime yapışan bir merserize geçirdim. Altıma kotumu giydim. Kot giydiğimde bile belimin inceliğinden arka bel kısmım hep boş kalırdı. Ne olurdu sanki şöyle etli butlu bir hatun olsaydım! Yeminle göbeğe bile razıydım. Aynada kendimi incelerken içeri Ali'm girdi. "Hazır mısın Çirkin?" dedi.

"Hazırım da şuna bak ya," dedim belimi göstererek. Başka zaman olsa benimle dalga geçecek bir sürü şey bulurdu, ama sabahki kan olayından sonra cinler tepesindeydi.

"Kızım ben terzi miyim?" dedi ve sinirle çıkıp gitti. Üzerime kısa pofuduk montumu aldım ve salona geçtiğimde üç deve hazır bir şekilde bana bakıyordu.

"Ne?" dedim sinirle.

"Gidelim," dedi Sedat.

"Kız, sen yüzünü bile yıkamadın ama," dedi Ali'm.

"Gelince duş alacağım," dedim dudağımı uzatarak.

"Pis kız!" dedi Bekir gülerek. Ali'm ve Bekir kendi arabalarına binerken, ben her zamanki gibi Sedat'ın arabasına bindim.

"Sabah sabah yüzünde güller açıyor," dedim huysuzca. Demez olaydım. Beni bekliyormuş patlamak için.

"Bende kabahat, seni dinledim!"

"Ne oldu yine?" dedim suçlu gibi.

"Doktor bize şimdi ne olduğunu söyler, sonra vay haline," dedi Sedat.

"Ya burada bir doktora gitseydim, öğleni bulur gidip gelmemiz. İşe çok geç kalacağım."

"Şirketi başkaları kurtarsın!" dedi bağırarak.

"Bağırmasana," dedim mırıltıyla. Montumu çıkardım, o sırada göbeğim açılmış, olmayan karnım meydana çıkmıştı. Sedat ters

ters bir bana, bir karnıma baktı ve ben kapatmaya fırsat bulamadan ne ara uzanıp karnımı sıkıp, "Bu ne? Çıplak gez istersen!" diye kükredi. Elini ittiğimde, "Canımı yaktın!" diye bağırdım. "Umarım yakmışımdır," dedi ve ben kazağımı düzelttim. Kollarımı göğsümde birleştirip suratımı asarak oturdum.

Mecidiyeköy trafiği tam bir kâbustu, saat dokuz buçuk olmuş, biz halen hastaneye varamamıştık. Ne zaman gözlerim kapandı ve uyudum, hiçbir fikrim yoktu. Birinin beni tüy gibi kaldırdığını hatırlıyorum. Ben yorgundum, itiraf ediyorum, ama bu uyku sersemliği de neydi? Tabii gözlerimi açmam gecikmedi, çünkü hastane girişinde danışmada duran kız, Ali'me kıkırdıyordu.

Ali'm, "Ne haber güzellik?" derken Sedat'ın kucağından ona uzanıp omzunu çimdiklediğimde acıyla bağırdı. "Sen uyumuyor musun Çirkin?" dedi can acısıyla.

"Demek başkalarına da güzellik diyorsun ha! Seni domuz!"

"Ama asla Çirkin demiyorum."

Sedat, "Artık in istersen," dediğinde, "Rahatım ben," dedim huysuzca. Güldüğüne yemin edebilirim, çünkü Ali'm gülmüyor, böğürüyordu. "Abi gelmişken dilini kestirsek ya! Çok rahat ederiz!" dediğinde Sedat, "İyi fikir," diye onayladı. Sinirle ona bakıyordum, ama inatla kucağında kaldım. Üç takım elbiseli yakışıklıyla gezmek her zaman havalıydı. Sedat'ın kucağında minicik kalıyordum. Karşıdan gelen birkaç güzel kız bizimkileri süzdüğünde, "Bakalım çocuk hanginizden?" diye seslice söylenince bizimkiler şok olmuş bir hâlde bana bakıyordu. Bekir aptala bağlamıştı. Ali'm, "Duygu, yemin olsun dilini harbiden kestiririm ha," dedi. Sedat'sa kulağıma eğilip, "Benden," deyince mal gibi ona bakakaldım. Doktorun ofisine girdiğimde, halen Sedat'ın niye böyle bir espri yaptığını algılamaya çalışıyordum. Ali'm ve Bekir ofiste kaldı ve her zamanki gibi Sedat ve ben muayeneye girdik.

"Hoş geldin kızım," dedi babacan Doktor Serdar Amca. Ben ona yedi yıldır "babacan Doktor Serdar Amca" derdim. Ben tam bir külkedisiydim.

"Kontrollerine daha vardı," dedi Babacan Serdar Amca.

Sedat, "Çıkar şunu!" dedi merserize kazağımı işaret ederek. Gözlerimi kısıp esneterek çıkardım. Sedat'ın yüzünde yine o pişmanlık ve hüzün dolu bakışlar belirdi. Dişlerini sıkmış, ellerini yumruk yapmıştı. Geçmişin izleri yine karşımızdaydı. Bedenimin her yanı elli kuruş büyüklüğünde kahverengi beneklerle doluydu. "Serdar Amca, bunlar için gelmedim. Ensem için," dedim ve Sedat saçlarımı yukarı kaldırdı. Biraz baktı ve, "Hımm, mikrop kapmış, temizlemeliyiz. Biraz canın yanacak, ama zaten canın çok yanıyor olmalı," dedi. Can yanması mı? Kedi ısırığı gibiydi. Serdar Amca perdenin diğer tarafına geçtiğinde kafamı kaldırdım. Saçlarım omuzlarımdan göğüslerime yayıldı. Sedat'ın yüzünde hiçbir ifade yoktu. Yine beton gibi bir suratla, yine üzgün bir ifadeyle, "Artık şu izlerden kurtulma vaktin gelmedi mi?" dedi, bana doğru uzanıp omzumdaki kahverengi lekeyi okşadı.

"Eskisi kadar beni rahatsız etmiyorlar."

"İstersen..."

"Canımın yanmasını şimdilik istemiyorum. Birini bulur da..." deyince Sedat, "Duygu, alırım seni ayağımın altına," derken Serdar Amca içeri girdi.

"Uzan kızım," deyince yüzüstü uzanıp saçlarımı öne doğru attım. Ne yapıyorsa canımdan can kopuyordu, gözlerim yaşarmıştı. Sesim çıkmadı. Allah'tan bu sefer bu acıdan zevk almadım. Şükür ki mazoşist değildim. Doktor Serdar Amca, "Umarım bir daha burada saç çıkar," dedi sadece. Ne nasıl olduğunu sordu ne başka bir şey, zaten yıllardır ne sormuştu ki bunu sorsun? Bedenimdeki onca puro izini bile sorgulamamıştı. Kollarımdakileri silme işlemi gerçekleştiğinde on dokuz yaşındaydım. Askılı bluzlar giymek istiyordum. Bir ay hastanede kalmıştım. Tabii benim develer benimle birlikte ölüp ölüp dirilmişlerdi. Bacaklarımdaki izleri sildirmem yirmi bir yaşımda etek giymeye heves ettiğim zamana denk geliyordu. Diğer taraflarımdaki izleri çıkarmak için daha sebep bulamamıştım. Acılıydı çünkü... Sanki dövme silme işlemi gibi zorlu bir evreden geçmem gerekiyordu. Doktor, hemşiresini çağırmıştı. Saçlarım güzel bir şekilde onun yardımıyla toplandıktan sonra, enseme bandaj takılmıştı. Bandaj mikrop kapmaması içindi.

Yerimden kalktığımda sulanan gözlerimle Sedat'ın diş gıcırtılarını duydum, ama duymazlığa gelmek en iyisiydi.

"İyi de ben duş alacaktım."

"Bir hafta duş yok, her gün pansumana gelmelisin."

"Harika, evin orada bir hastaneye gitme şansım var mı?" diye sorduğumda direkt Sedat cevap verdi. "Yok!"

Serdar Amca gözlüklerini taktı ve bedenimdeki izlere bakmaya başladı.

"Duygu, inat etme kızım, gel şunları yok edelim."

"Serdar Amca çalışıyorum. Hem kimse görmüyor ki!"

"İyi de sen görüyorsun. Hem bunlar teninde kaldıkça kalıcı olacak."

"Tamam, bir dahaki kışa."

"Bak hem sere serpe denize girersin, fena mı olur?" Kıyamam ben sana ya! Sedat şimdi kafasını koparacak, haberi yok.

"Ben zaten giriyorum denize Serdar Amca, Sedat beni kuytulara götürüyor," dedim kıkırdayarak. Serdar Amca artık pes etmişti. "Tamam, bekliyorum yarın," dedi. Sedat giyinmeme yardım ederken suratının asıklığı her zamanki gibiydi. Dışarı çıktığımızda Ali'm ve Bekir sanki doğum yapmışım gibi ayağa kalktı.

"Ne oldu?" dediler merakla.

"Bir kız bir oğlan, ikizmiş," dediğimde Ali'm, "Zevzek sen de," dedi ve sinirle dışarı çıktı. Bekir gülüyordu. "Tebrik ederim, sonunda onu sinirlendirdin," dedi.

"Taktın bu bebek işine," dedi Sedat montumu giydirirken.

"Ne alaka! Size şaka da yapılmıyor," dedim.

Koridorda yürürken, "İşe gitme bugün," dedi Sedat.

"Gitmek zorundayım."

"Değilsin," dedi ve telefonunu çıkardı.

"Tamam, ben ararım," dedim. Önüne geçip telefonu tutan elini tutmuştum.

"Ara, konuş şu zibidiyle."

"O zibidi değil," dedim, niye koruduysam. Telefonumu çıkarıp numarasını tuşladım, ama açan olmadı.

"Açmadı. Ofiste yok sanırım."

"Mesaj çek o zaman Duygu ya!" dedi ve sinirle önden önden yürümeye başladı. "Of ya! Cebi yok bende," dedim sinirle.

Arabaya bindiğimizde telefonum çalıyordu. Deniz Bey'in ofis telefonuydu.

"Evet, Duygu Hanım, size nasıl yardımcı olabilirim?" Al işte, adam imalı imalı konuşuyor. Haklı! Patron gibi daha ikinci gün işe gitmiyordum. Deniz Bey'in rahatlığının yanında sesindeki başka bir şey beni rahatsız ediyordu, ama neydi çözemiyordum.

"Deniz Bey sizi aradım, çünkü bugün işe gelemiyorum."

"Birincisi Duygu Hanım gecikecek olduğunuzda şimdi olduğu gibi beni arayın. İkincisi, 'Bugün gelemiyorum,' gibi bir mazeret olamaz. Bir dahaki sefere detaya girerseniz memnun olurum. Yarın görüşmek üzere," dedi ve telefonu yüzüme kapattı. Sedat'a çaktırmadan, "Size iyi çalışmalar Deniz Bey," dedim ve telefonu çantama soktum. Aptala dönmüştüm. Kovsaydı ya!

Tabii Sedat iki dakika sessizce ne dinlediğimi merak etti. "Ne dedi?"

"Fırçaladı," dedim, ama yüzüme telefonu kapattığını söylemedim. Çünkü bu Sedat için samimiyet şekliydi ki o telefonu onun ağzına sokardı. Yüzünde memnun bir ifade vardı. Sanırım adamın beni fırçalamasına sevinmişti. Eve gidip iki gündür uyuyamadığım kadar uyumaktı hayalim. Sinirle kafamı kaşıdım ve "Ben nasıl bir hafta kafamı yıkamam! Bitlenirim," dedim sinirle.

"Yıkarız," dedi Sedat.

"Nasıl?"

"Evde ben hallederim," dediğinde aptal aptal ona bakıyordum.

"İyi, hallet, çünkü bu halim senin suçun," dedim huysuzca. Sessiz kaldı. Eve girdiğimizde Bekir bendeydi.

"Abi iş?" dedi Bekir.

"Kaldı bugün, yarın," dedi Sedat.

"Ben uyuyacağım," dedim huysuzca. O ara şaşkınlıkla eve baktım. Bu eve temizlik perileri mi uğramıştı? Her taraf tertemizdi. "Burası?" Bekir sırıttı. "Bizim salondaki Hasret Abla'dan rica ettim, kırmadı beni, sağ olsun."

"Ya sen var ya, bir tanesin!" O sırada Sedat beni elimden tutup koridora soktu.

"Gel, saçını halledelim, öyle uyursun."

"Sonra!" dedim, ama banyoya gelmiştik.

"Soyun!" dediğinde suyu ayarlıyordu. Kendi tişörtünü çıkarıp pantolonundan kurtuldu. Sadece şortuyla karşımda Zeus gibi dikiliyordu. *İnsan azmanı, ne olacak* dedim içimden tabii. "Eziyetsin ya! Uyusam olmaz mıydı?"

Duşakabinin içine girip ben soyunana kadar bekledi. İç çamaşırlarımla kalmış olmama rağmen yanında zerre kadar utanmıyordum. Başka biri olsa şimdi kaçacak delik arardım, ama o Sedat'tı. Görmediği yerim kalmış mıydı? Hayır...

Utansam utansam, vazgeçemediğim pazen iç çamaşırlarımdan utanmam lazım. Zaten Sedat'ın yanında kendimi hep çocuk gibi hissediyordum.

"Duygu, bandaj ensende, eğilip kıpırdamadan durursan su değmeden saçlarını yıkarız."

"Tamam," deyip küçük tabureye oturdum. Kafamı eğerek hareketsiz kaldım. Sedat suyu biraz daha kıstı ve usul usul saçlarımı önce ıslattı. "Böyle zor olacak, saçlarımı kestireyim bari," dedim.

"Olmaz," dedi Sedat ve şampuanımın çiçek kokusu banyoya yayıldı. Saçlarımı iyice köpürtüp güzelce yıkadı, ama usul usul...

"Sen kuaför olmalıymışsın," dedim kıkırdayarak.

"Küçükken babam beni erkek kuaförünün yanına çırak vermişti," dediğinde şaşırmıştım. Sedat'ın geçmişini neredeyse hiç bilmiyordum. Sormalı mıydım? Sessiz kaldım. Beş dakika geçti geçmedi, "Boynum ağrıdı," dedim huysuzca. İkinci şampuandan sonra, "Bekle," dedi ve dolaptan havlu alıp usulca bandajın önünden saçlarıma sardı.

"Çık hadi," dediğinde, "Bedenim," dedim, maksadım ona bedenimi yıkayacağımı söylemek istememdi, ama beni yanlış anlayıp sinirle, "Az ye de bir uşak tut," deyip sinirle çıktı. Arkasından aptal aptal bakakaldım. Öküz! Sanki yıkamana izin verecektim de! Bir iki saniye geçmedi ki sinirle kapı tekrar açıldı ve yüzüme bile bakmadan kıyafetlerini alıp aynı sinirle geri çıktı. Hangimiz normaldik ki ondan normallik bekliyordum. Havluyu iyice saçlarıma sarıp güzelce vücudumu sabunladım ve çıktığımda kendimi kuş gibi hafif hissediyordum. Bugün işe gitmediğim için gerçekten memnundum. Salona girdiğimde üzerimde Miki'li polar eşofmanlarım vardı. Sedat eşofman giyerek koltuğa oturmuştu. Bu adamların işi yok muydu? O ara kapı çaldı ve Bekir, "Ali olmalı," deyip açtı. Ali'min elinden poşetleri almış, mutfağa girerken, "Tebrikler Ali, kızları zengin edip gelmişsin," dedi. Ali'm, Nihal'in Ev Yemekleri'ne uğramıştı, daha doğrusu oradan bir tsunami gibi geçmişti.

"Bugün kapatmışlardır," dedim sırıtarak.

"Aç değilseniz yemeyin, Allah Allah! Hele sen Duygu, hiç konuşma! Yemek yaptın da yemedik mi? Kıskanma kızları," dedi Ali'm.

"Onları kıskanan senin gibi olsun!" dedim ve elindeki kalan poşetleri alıp mutfağa götürdüm. Ali'm gelip bana yardım etmeye başladı. Beraber güzelce sofrayı kurduk. Ali'm, "Kız, beyazlamışsın Çirkin! Gel bakayım, güzel kokuyor musun?" dediğinde kıkırdıyordum.

"Kürt böreği, sen bir harikasın," dedim sırıtarak, yanağına kocaman bir öpücük kondurdum.

"Ali'm, valla bak o kızı kafala, kendine âşık et, hatta onunla evlen. Onu bu mutfağa hapseder, yemek derdinden kurtuluruz," dedim bilmiş bilmiş.

"Oldu, ben karımın elini sıcak sudan soğuk suya sokturmam."

"Tabii, tabii, hep soğuk suda kalır, değil mi?" dedim. Bana laf yetişmezdi, o da uğraşmadı zaten.

"Kol böreği ve su böreği de var," dedi ve paketleri servis tabaklarına yerleştirdi. Bekir çay suyunu koyduğunda biz aç kurtlar gibi masanın başındaydık. Tabii Sedat hariç! "Abi gelsene," dedi Ali'm.

"Ye sen, ye! Akşam midene yumrukları yerken göreceğim seni Ali Aral! Beni tehdit etmek nasıl olur, ben sana sorarım," dedi. Yutkunamadım.

"Abi, kız hasta, gitmeyelim, burada keyfimiz yerinde. Ne gerek var şimdi terle, hopla, zıpla, canın yansın!" dediğinde ağzımda pudra şekerli börek olduğundan gülemedim.

"Kaçamazsın, ağzına sıçmazsam rahatlayamam," dedi Sedat, Ali'm de "iyi," dedi memnuniyetsizce.

Sedat sabahları kahvaltı yapmazdı. Bırak kahvaltıyı, ağzına su bile girmezdi. Biliyordum. Öğlen iki gibi açım diye bağıracaktı. Bir saat sonra, "Doyduk valla!" dedim çayımı yudumlarken. Sedat'a bir tabak hazırlayıp dolaba koydum. Saat on bir olmuştu ve keyif zamanıydı. Sedat'ın önünde dikildim ve, "Hadi, beni uyut," dedim.

"Yok, artık daha neler!" derken yüzünde çok görmediğim bir şaşkınlık ifadesi vardı. Çoktandır ne beni uyutuyor ne yanımda yatıyordu. Kahrol Senem!

"Ne?" dedim

"Duygu git yat, beni sinir etme! Küçük çocuklar gibi!"

"Ama…" dediğimde Ali'm, "Dandini dandini dastana danalar girmiş bostana," diye ninni söylüyordu. "Öküzgiller!" diye çemkirip yatak odama girdim. Sinirime dokunmuştu. Ne vardı yani sarılıp uyusak? Yatağıma girip sinirle gözlerimi yumdum. Fazla hareket etmemeye özen gösterdim. Hareket ettiğimde sanki bandaj çıkacakmış gibi geliyordu. Ayrıca uyandığımda Sedat'a kötü davranmayı aklımın bir köşesine yazdım. Mırıltılara gözümü açtığımda Sedat ve Bekir başımdaydı. "Neler oluyor?" dedim doğrulurken. "Duygu, saat yedi," dedi Bekir. İşte, bu geceyi tersten göreceğimin resmiydi. Bütün gece oturacak ve yarın yine sersem gibi olacaktım.

"Niye uyandırmadınız?"

Bekir, "Denedik, ama uyanmadın," dedi.

"Hadi, hazırlan, salona geçiyoruz," dedi Sedat.

"Gelmesem?"

"Gel, açılırsın," dedi Bekir ve plan belli oldu. Üzerime siyah eşofmanlarımla siyah yağmurluğumu geçirdim ve spor ayakkabılarımı giydim. Kapıya çıktığımda evde Sedat vardı ve ben yüzüne bakmıyordum.

"Ne oldu yine?" deyip beni kollarına aldı ve dudaklarını alnıma dayadı.

"Benimle uyamadın."

"Telefonla görüşmem gerekiyordu."

"İyi," dedim, çünkü hiç inandırıcı gelmemişti. Hep Senem yüzündendi. Ağlamak istedim, ama ağlayamadım. Oysa ben onun sevgisini paylaşmaya hazırdım. Sedat mutlu olacaktı. O mutlu oldukça ben de mutlu olacaktım, ama Senem bencildi ve hepsini kendine isteyen tiplerdendi. Niye Senem ya?

Mehter Marşı'yla gelir, İzmir Marşı'yla geri dönersin!

Asansörden inerken aynaya baktığımda, saçları elektriklenmiş, yüzünün rengi solmuş, pejmürde bir kız gördüm. Dün gece konuştukları alımlı kızın yerinde acınası bir kızın yansımasıydı aynadaki. Ne zaman yine kendime acır olmuştum? Yok, ben kendime acımıyordum. Çirkin'liğime üzülüyordum. Kendi kendime, *Saçlarımın rengini değiştirsem mi?* diye sordum.

Sedat, "Mor yap," dediğinde sesli düşündüğümü fark ettim.

"Sana sormadım," dedim sinirle.

"Niye sinirlisin?"

"Değilim."

"Duygu!" dedi her zamanki uyaran tonda.

"Sedat!" dedim aynı tonda.

"Büyü artık!"

"Benden sıkıldıysan, beni rahat bırakmayı dene," dedim ve susup sinirle asansörden hızla çıktım ve onun arabasını es geçip bizi bekleyen Bekir ve Ali'min arabasına bindim. Ali'm, "Ne oldu kız?" dedi alayla.

"İnşallah biraz sonra şunun beynini burnundan boşaltırsın."

"Uğraşmayın abiyle," dedi Bekir.

"Senem'den uzak kaldı, ondan error veriyordur," dedim onu duymazlığa gelip.

"Bu hikâyenin aptalı sensin," dedi Ali'm.

"Sen niye benimle uğraşıyorsun? Bana kötü davranıyor ve ben onu çekecek hâlde değilim," dediğimde Ali'm arabadan iniyordu.

Bizim çocuklardan biri kapımı açtığında onun yakın dövüş ustası Can olduğunu gördüm. Öyle böyle değil, çocuğun altın madalyası falan vardı yani. Niye böyle küçük bir yerde takılıyordu, bir fikrim yoktu. Tam biz içeri girerken Sedat arkamızda durdu. Tabii asıl bomba o arabadan indiğinde Senem'in başka bir kırmızı spor arabadan iniyor olmasıydı. Gözucuyla Senem'in ona sarılmasını izledim. Ali'm, "Gidelim," dediğinde ben salona girmiştim. Bekir üzerini değiştirmek için soyunma odasına geçti. Ali'm eşofmanla gelmişti. Eşofmanını çıkarıp şortuyla kaldı. Ringe geçip ısınmaya başladı. Bense en sevdiğim ve en rahat şeyi yaptım. Bisikletin tepesine oturup çevirmeye başladım. Yanıma Kaan geldiğinde, "N'aber çapkın şey?" dedim alayla.

"Duygu, deme öyle lütfen!"

"Niye? Burayı aşk yuvasına döndürdüğünüzü Sedat duyarsa, hepinizi kıtır kıtır keser valla!"

"Söylemezsin sen!"

"Biraz sonra Sedat ve Ali ringe çıkacak..." dedim, ama Kaan, "Şaka yapıyorsun," dedi hayretle.

"Valla!"

"Bunu haber vermeliyim," deyip telefonuna sarıldı. Üç yeri aradı ve kısa kesip, "Oğlum Sado ve Ali ringe çıkıyor, kaçırmayın," dedi ve beni unutup uzaklaştı. Aklı gitti, Sedat ve Ali'm dövüşecek dediğimde. O sırada Senem ve Sedat içeri girmişti. Senem aşağılayıcı bir şekilde bana baktı. Sedat ringe çıkarken Senem benden en uzak köşeye geçti. İnat değil miydi işte, içimden, *Alın size Duygu,* dedim ve yerimden kalkıp salına salına ringe çıktım. İplerin dışından, *Ali'm!* diye bağırdığımda eldivenlerini giyiyordu. "Söyle Çirkin," deyip yanıma geldi, ama ben bağıra bağıra, "Onu yenersen, söz sana kendi ellerimle mantı açacağım," dedim. Sedat, "Ben yenersem!" derken omuz silktim ve Ali'min köşesinde kaldım. Tarafım belli olmuştu. Sinirden yanak kasları mı oynamıştı ne? Hışımla ringin iplerinden içeri girdi ve bana doğru öyle bir geldi ki rüzgârından saçlarım havalandı. Ne zaman eşofmanımın yakasına yapışıp sıcak dudaklarını alnıma dayadı, göremedim. Uzun bir öpücük kondurup boynuma indi. Kokladıktan sonra sinirden kızarmış gözleri gözlerimle buluştu. "Ben şansımı aldım. Uslu dur, canımı sıkma!" dedi ve beni hafifçe ittirip yerine geçti. Bekir'le aptalca birbirimize baktık. Ali'm pistin ortasında bana bakıp sırıtıyor, "Korktu! Korktu!" deyip duruyordu. Hadi, şimdi bu tehditten sonra gel de Ali'min tarafını tut. Ben, "Ali'm" diye bağırdıkça, o daha çok vururdu. Ali'me kıyamıyordum, yoksa ben Sedat'a pabuç bırakmazdım ya, neyse! Dengesiz işte, ne olacak!

O yerine geçtiğinde uzakta kalan Senem'le göz göze geldim. Beni öldüren bakışlarından gözlerimi kaçırdım. Kız haklıydı valla! Onca insanın içinde sevgilim bana bunu yapsa, valla çeker vururdum. Gerçi o bizim birbirimiz için ne anlam ifade ettiğimizi biliyordu ya, işte, insan nefsi kaldırmaz, kaldıramaz. Ali'm, "Duygu!" diye bağırdığında tam ringe girecekken Bekir, "Duygu!" diye sertçe kolumu tuttu ve, "Otur!" dedi.

"Sizin derdiniz ne bu akşam?" dedim sinirle. "Kızım, adam burnundan soluyor, olan Ali'ye olacak. Otur oturduğun yerde!" Bu gece Sedat'ın derdi neydi benimle? Sinir olmuştum.

"Tamam!" diyerek yerime oturdum, ama Ali'me sırıtmayı ihmal etmedim.

Daha ısınıyorlardı, Ali'm şebeklik yapıp duruyordu. Bekir, "Ali ısın istersen, Sedat çok sinirli," dediğinde Ali'm, "Abi bana kıyamaz," dedi.

Bekir benim duyacağım şekilde, "Onu çiğ çiğ yiyecek, haberi yok şapşalın," derken Sedat'a bakıyordu. Benim bakışımın nedeni belliydi de o niye bana bakıyordu, hiçbir fikrim yoktu. Spor salonu bir saatin içinde hıncahınç dolmuş, bahisler açılmıştı. Biz ne zaman sokak dövüşü organize eder olmuştuk? Sanırım Kaan bütün İstanbul'a haber vermişti. Levent onları ringin ortasına çağırdığında ikisi de yüce Odin'in oğulları gibiydi. Sedat'ın üzerinde bisiklet yaka yarım kollu siyah bir tişört vardı. Altında gri eşofmanı, Ali'm tam bir maymun, üzerinde siyah atlet, kaslarını

112

göz önüne sermişti. Şişirip duruyor, hayran topluyordu. Arada bir, "Duygu, bak, bak!" diyerek kaslarını oynatıyor, beni güldürüp duruyordu. Gülmekten çenem şimdiden ağrımıştı ya, Bekir sıkıntılıydı. Kalkıp Sedat'ın olduğu alana geçti ve kulağına bir şeyler söyledi. Yanıma geldiğinde sanki biraz rahatlamış gibiydi.

"Neler oluyor?"

"Dikkatli olmasını söyledim. Bizim bebeyi benzetmesin fazla."

"Yanında Senem varken normal değil mi?" dediğimde Bekir, "Duygu, artık silkelen istersen. Senem'le uğraşıp durma. Adamın hayatındaki kadın o! Senem... Sen neredesin bir düşün?" dedi ve sinirle yanımdan uzaklaştı. Aptal gibi kalmıştım. Dün gece duyduklarım beynimde hayat bulmaya başladı. Ali'min Senem'e hak vermesi, Bekir'in benim suçlu olduğumu düşünmesi! Bir rüyadan ayılmış gibiydim. Sedat benimle Senem arasında kalmıyordu ki! O Senem'leydi! Zaten beni seçmesi gibi bir şey imkânsızdı! Kendimi toparladığımda belki de gerçeğe bu kadar yakındım. Ben kendi iç dünyamda gerçekleri hazmederken, Sedat'la Ali'm dövüşmeye başlamıştı. Ali'm yumruk tekme, Allah ne verdiyse girişiyordu. Sedat ustaca onun darbelerini savuşturuyor, ama arada birkaç tekme de yemiyor değildi. Salonun ağırlaşan havası nefes almamı engellediğinde kafamı ofise doğru kaldırdım. Bekir orada durmuş, öylece bize bakıyordu. Ringe baktığımda Sedat'la göz göze geldim ve yavaşça oradan ayrıldım. Her şey birden anlamını yitirmişti. Usulca ofisin kapısını açtım ve masanın karşısına oturup hiçbir şey söylemedim.

Bu kırılma noktasıydı. Bir sigara yaktım ve öylece oturduk. Dışarıda kızılca kıyamet kopuyor, benim umurumda değildi. Herkes, "Sado! Sado!" diye bağırıyor, kızların isterik çığlıkları kulak tırmalıyordu.

"Bekir, ben eve geçiyorum," dedim.

"Ben seni bırakırım," dedi. İtiraz etmedim. Arka kapıdan çıktık ve hiç konuşmadık. Evin önüne geldiğimde, "Görüşürüz," dedi. Durdum ve ona sıkı sıkı sarıldım.

"Ben artık yerimi biliyorum," dedim.

Bekir, "Git, uyu Duygu!" dedi sertçe. Apartman kapısından içeri girdim ve asansörü kullanmadan merdivenlerden tırmanmaya başladım. Sanırım cam ayakkabım birinci basamakta çoktan ayağımdan çıkmıştı. Kanım çekilmiş gibiydi. Bekir aslında tek cümlenin içine birçok şey sığdırmıştı ve haklıydı. Aramızdaki fazlalığı ben hep Senem olarak görmüştüm, ama asıl fazlalık olan bendim. Sedat onunla bir ömür paylaşmak istiyordu ve ben aralarında yer alıyordum. İster isteyerek, ister istemeyerek! Kimdim? Sıfatım neydi? Kardeş? Anne? Sevgili? Değildim. Hiçtim. Onların hayatına bir sokak kedisi gibi girmiştim. Korunmaya ve yuvaya muhtaçtım. Geçmişi yaralı, babasının ölümüne sebep olan ve annesinin intiharıyla süslenmiş hayatıyla acınası, kahrolası bir varlıktım. Girdiğim her ortamı lanetimle yıkıp geçiyordum. Buna son vermem gerekiyordu. İçim öyle boşalmıştı ki! Dün bana böyle bir karar vereceğimi söyleseler korkudan yatağın altına saklanırdım. Sanırım her şey zamanı geldiğinde yaşanıyordu. İçim katılmaya başlamıştı ve kendimle yüzleştikçe vazgeçmeye başlıyordum. Ben korkak bir zavallıydım. Hızla yatak odasına girdim ve Ali'min bana aldığı spor çantasını yatağın üzerine koydum. İçine ne koyduğumu hatırlıyorum desem, yalan olur. Makyaj masamda duran dördümüzün resmini alıp yatağın üzerine oturdum. Sedat'ın tek gamzesi görünüyordu. Güldüğü nadir anlardan biriydi. On dokuz yaşındaydım, beni lunaparka götürmüşlerdi ve en çok onlar eğlenmişti. Güya ben korkuyorum diye benimle birlikte her şeye binmişlerdi. Mutlu anılar bana yeterdi de artardı. Burada kalıp her şeyin berbat oluşunu izleyemezdim.

İzmir bana iyi gelecek miydi? Hayır, ama başka gidecek bir yerim yoktu. Çantamı hazırladıktan sonra bilgisayarın başına geçtim. Çalıştığım firmanın insan kaynaklarına istifa maili attım. Deniz Bey mutlu olacaktı eminim. Yarın yaptığımdan çok pişman olacaktım, biliyorum ve geberene kadar ağlayacaktım. Şimdi tek düşündüğüm yapmak zorunda olduğumdu. Kendim için kılımı bile kıpırdatmaz, burada kalır ve yaşama tutunduğum sevdiklerimle olurdum, ama bu sefer onlar için gidiyordum. Sanki uzaktan yaptıklarımı seyrediyor gibiydim.

"Büyü Duygu ve gerçeklerle yüzleş, asalaklıktan kurtul, insanlar bir nefes alsın," diye kendime gaz verdim. Telefonumu, evin anahtarını ve arabanın anahtarını masaya koydum. Bilgisayarı kapattım ve, *Her şey için teşekkür ederim, İzmir'e gidiyorum, sizi ararım*, diye not bıraktım.

Asansörü çağırıp beklemeye başladım. Asansör ağır ağır yukarı çıkarken sanki benim için geri sayım başlamış gibiydi. Her şeyin başladığı yere dönüyordum. Saat on iki olmuş ve ben balkabağına dönüşmüştüm. Asansör geldiğinde kabine girmeden, medet umar gibi evimin kapısına baktım. Gitmemem için bana yalvarır mıydı? Hiç sanmam.

Dışarı çıktığımda ağır adımlarla caddenin aşağısındaki taksi durağına yürüdüm. Büyük ihtimal korumalar dövüşü seyretmek için evin önünden ayrılmışlardı. Gecenin soğuğu yüzüme vurdukça gözlerim sulanmaya başlamıştı. Ruhum üşüyor, yalnızlık içimi kemiriyordu. Ağlamamalıydım! Doğru bir karar vermiştim.

"Buyur Duygu kızım," dedi tanıdık taksici Cemal Amca.

"Harem'e gitmem gerekiyor," dedim ve arka koltuğa geçtim. Taksiye sadece bedenim binmişti. Ruhum, gözlerim gibi apartmana ve yola bakıyordu. Şimdi onların yanında, spor salonunda Ali'min Sedat'tan dayak yiyor oluşunu seyretmem gerekiyordu. Belki ringe havlu atar, onların daha fazla birbirlerine vurmalarını engellerdim. Sedat yine bana çok kızar, ama sonra kollarına alıp koklardı. Ali'm kızmış gibi yapar, ama göz kırpardı. Bunları düşünürken gözlerimden süzülen yaşlar yüzümde soğuk yollar çizmeye başlayarak boynuma inmişti. Gözyaşlarımı silerken elim boynumdaki kolyeye takıldı. Kazağımın içinden çıkardığım madalyonu elimle sıktım ve yüreğime bastırdım. Elveda İstanbul...

İzmir

Gecenin ayazı sabahın aydınlığına yenilmişti. Soğuk biraz olsun kırılmış, titremem azalmıştı. Ay halen gökyüzünün son padişahı gibi gökyüzünde hüküm sürerken, ben annemin evinin bahçe kapısında içeri girmek için cesaret topluyordum. Bahçe kapısından içeri girmekte bu kadar zorlanıyorsam, eve nasıl girecektim, hiçbir fikrim yoktu. Elim demirden kolu kavramış, bırakmamak için direniyordu, parmaklarımda kan kalmamıştı. Demirin soğuğu parmaklarımdan sonra kolumu ve oradan kalbimin sıcağını buza çevirdi. Cesaretim iyice kırılmaya başlamıştı. Kuzenim Nisa'nın yanına gitmenin daha doğru olacağını düşündüm. Sonra vazgeçtim. Ne zamana kadar birilerinin ardına saklanabilirdim? Babam ve annemden bana kalan tek şey bu evdi. Yüzleşme ve geçmişin acılarında kaybolma vaktiydi. Ben artık bu evden Sedat'ın kollarında çıkan, delirmenin kıyısında dolaşan on sekiz yaşındaki Duygu değildim. Neydim? Artık öğrenmenin vakti gelmişti. Korkularım nefes alır gibi somut bir hâle gelip ciğerlerime dolmaya başladığında, eve giremeyeceğim gerçeğiyle yüzleşmeye başlamıştım. Ali'm olsaydı şimdi beni, "Azıcık cesaret be kızım!" diye cesaretlendirirdi, ama yoktu işte. Aklıma onlar geldiğinde içim eziliyordu. Sırtımı dikleştirdim ve sıktığım demir parmaklıkları usulca açtım. Demir kapı açılmasın diye içimden dua etmem çok saçmaydı, ama ediyordum. *Büyü Duygu,* diye kendime cesaret verdim ve kısa bahçe yolunu geçip altı basamaklı merdivenden çıktım. Kalbim sıkışmaya başlamış, yüzlerce insanın ayakları altında eziliyor gibiydi. Çantamdan anahtarı çıkarıp ve düşünmemeye çalışarak anahtarı deliğe soktum.

Gözümde beliren sahneler o kadar canlıydı ki! "Defne! Biz geldik! Duygu'nun karnesini görmelisin." On altı yaşında lise ikiyi bitirmiştim o yaz, babam bana karne hediyesi olarak güzel bir bikini almıştı. Biz ayakkabılarımızı çıkarırken annem babamın elindeki karnemi çoktan kapmıştı. İncelemiş ve, "Aferin benim canım, kocamın tatlı kızına," diyerek bana sarılmıştı. Lanet olası kadın! Aşkının bencilliğiyle intihar edip beni bırakıp gitmişti. Oysa benim anneme o kadar ihtiyacım vardı ki! Sıcaklığına, şefkatine duyduğum özlem hiç bitmedi.

Kapıyı açtığımda sanki hiç ayrılmamış gibiydim. Ayakkabılarımı dışarıda çıkardım. Annem içeri ayakkabıyla asla sokmazdı. İçeri adım attığımda geçmiş bir kara delik gibi beni içine çekmeye başladı.

Annemin, "Nejat ayıp valla! Koca kızın var, kıyıda köşede beni sıkıştırıp öpmeye utanmıyorsun!" deyip kıkırdamaları, neşesi halen bu evin içinde hayat bulur gibiydi.

"Duygu, hadi kızım uyan, sana omlet yaptım!" diyerek başımı okşayan babamın hasreti içimi doldurup boşaltıyordu. Antreden salona doğru yürüdüm. Neyle karşılaşacağımı biliyordum. Annemin son aylarını geçirdiği mabedi...

Salonun bütün duvarlarında annemle babamın fotoğrafları asılıydı. Acı dolu günler beynimde can bulmaya başladığında her bir hücremi ele geçirmesi zor olmadı. Mutlu günler benden uzaklaşırken, karanlık çoktan beni kollarına alıp ezmeye başlamıştı. Ruhumun her zerresi bedenime ayak uydururcasına karanlığa gömüldü. Ağır ağır bir zehir gibi içime doldu karanlık!

Hastanede geçirdiğim üç ay boyunca annemin kapıdan girerek beni kollarına alıp içimde açılan yaraları sarmasını bekledim, ama gelmedi. Sedat, annemle ilgili sorularımı yanıtsız bıraktı. "O iyi," dedi sadece. Dayım bir gün Sedat'ın yokluğundan yararlanıp bana bütün öfkesini kustu. Annemin benim yüzümden sinir krizlerini atlatamayıp hastaneye yattığını ve babamın benim yüzümden öldüğünü yüzüme haykırdığında ölmek istemiştim.

Sedat, dayımı hastanelik edip odamdan dışarı atmadan önce, ben ilk sinir krizimi geçirmiştim. Zor günlerdi deyip anılarımda kalmasını isterdim, ama o günler zor değildi. Benim ölmeyi dilediğim günlerdi. Hastaneden çıkıp Sedat beni eve getirdiğinde, annem kapıda buz gibi bir bakışla karşıladı beni. "Anne!" diyerek kollarına atılmak istediğimde, "Benim senin gibi bir kızım yok!" dedi ve içeri girdi. Sedat'ın elleri yumruk olmuş, gözlerime bakıyordu. Çökmüştüm, ruhumda parçalanacak tek bir yer kalmadığına emindim. Gözyaşlarım çoktan tükenmişti. Tam kapıdan eve giriyordum ki Sedat, "Duygu, benimle bir süre İstanbul'a gel! En azından ellerin iyileşene kadar," dedi. "Annemi bırakamam. Her şey için teşekkür ederim," dedim ve içeri girdim.

O gün yeni doğmuş bir kedi gibi annemin yanına, salona girdiğimde şok oldum. Salonun bütün duvarları babamın ve annemin fotoğraflarıyla doluydu. Tanışmaları, üniversite yılları, evlilikleri, denizde, piknikte, tüm hayatları duvarlara yapışmış gibiydi. Annem bir ölü gibi koltuğa oturmuş, duvarları seyrediyordu.

Dizlerimin üzerine, annemin yanına diz çöktüm ve, "Anne!" diye haykırdım. Dizlerine kapandım. "Anne, sana ihtiyacım var!"

"Keşke sen ölseydin!" dediğinde içim kurudu. Evin duvarları üzerime gelmeye başlamıştı. Savrulan ruhum adamların elinden kurtulmak istediğim anlarda bile bu kadar acı çekmemişti.

"Anne!" dedim acıyla.

"Bu odaya bir daha girme!" dedi ve ayağa kalktı. O günden sonra annem evin içinde beni yok saydı. Tek bir kelime etmedi, benimle aynı masaya bile oturmadı. Beni görmek hayatının aşkını kaybettiği gerçeğini yüzüne vuruyordu. Bir şey söylemesine gerek yoktu. Gözyaşları akarken suskunluğu, bana bakışı her şeyi anlatıyordu.

Artık ne ben onun küçük kızıydım ne de o benim mis kokulu annem! Hayatımızdan sadece babam gitmemişti. Duygu adında bir de genç kız gitmişti, yani ben! Yüzlerini hiç unutmayacağım adamların elinde gördüğüm işkencelere rağmen hayatta kalmış, ama annesinin iki kelimesiyle bitmişti. Annemi hiç suçlamadım. Suçluydum ve bedelini ödüyordum.

Evden pek çıkmıyorduk. İhtiyaçlarımızı dayım sağlıyordu. O geldiğinde annemin bağırışları dayımın evden çekip gitmesiyle son buluyordu. Evin içinde bir hayalet gibiydim. Anneme fazla görünmüyor, odamdan dışarı ihtiyacım olmadan çıkmıyordum. Bir sabah uyanıp aşağı indim. Salondan annemle babamın şarkısı yükseliyordu. Louis Armstrong kadife sesiyle "A Kiss to Build a Dream on" adlı şarkıyı söylüyordu. Ayaklarım beni istemsizce salona sürükledi. Televizyona takıldı gözlerim, annem beyazlar içinde babamın kollarında aşkla dans ediyordu. Ağlayamadım bile... Anneme haykırarak sarılmak istedim. Özür dilemek, beni affetmesi için yalvarmak istedim. Koltuğun kenarına çöktüğümde fark ettim elindeki ilaç şişesini, sonra... sonra... babamın doğum gününde ona aldığı kırmızı elbiseyi giymiş olduğunu gördüm. Yüzünde tıpkı düğünde babamın kollarında dans ederken takındığı tebessüm...

Üzerinden tam yedi yıl geçti.

Artık kim olduğumu biliyordum. Daha ezik, daha güçsüz ve daha bitik! Hiç iyileşemeyecek, geçmişin acılarından hiç kurtulamayacaktım. Dıştan daha güçlü görünsem de, içimde hâlâ suçlu, annesinin intihar etmesine sebep olan küçük bir kız vardı.

Oysa annem beni ne çok severdi! Sevgi dolu bir çocuktum. Mutlu bir ailem, bir dediğimi iki etmeyen babam vardı. Babam, "Kızım babası gibi savcı olacak," deyip dururdu. Liseye kadar seyyar bir öğrenci gibiydim. Türkiye'nin gezmediğimiz şehri kalmamıştı. Babamın o kadar çok tayini çıkardı ki neredeyse evimiz sırtımızda, kaplumbağalar gibiydik.

Babam kederle eve gelip, "Defne, yine beni sürdüler," dediğinde, annemin güleryüzü hiç solmazdı. "Nejat cehenneme tayinin çıksın, biz geliriz, sen canını sıkma kocam," diyerek ona sarılır ve hafif sitemkâr bir sesle, "Yine kimin kuyruğuna bastın!" der ve toplanmaya başlardı. Babam beni dizine oturtur ve, "Haksızlığın karşısında susan dilsiz şeytandır," derdi. O güzel yıllardan geriye sadece bölük pörçük anılar kaldı.

Bütün uzuvlarımın gücü tükenmiş, ben salonun ortasında çökmüş, duvardan beni suçlayan annem ve babamın fotoğraflarına bakıyordum. Burada ölecek ve acıma son verecek cesaretim bile yoktu. Nefesimi düzenleyip dizlerimde kalan son kuvvetle kalktım. Buraya gelmek hataydı. Burada ne işim vardı? Hangi akla uyup gelmiştim? Çıkıp gidecektim! Deli gibi kapıya koşup ayakkabılarımı giydim. Titriyordum, yine midem bulanmaya başlamıştı. Panik dalga dalga bedenime yayılırken kapı koluna uzandığımı hayal meyal hatırlıyorum. Sonrası boşluk...

Bir kez daha déjàvu!

Uykunun kollarında öyle dertsiz, tasasızdım ki bence uyku Allah'ın insanlara verdiği en güzel hediyeydi. Ölmenin huzuruna inansam çoktan kendimi öldürür ve huzur bulurdum, ama ben neye inanıyordum ki? Allah beni karanlığın içinde, farelerin etlerimi kemirmeye başladığı zamanlarda unutmuştu. Allah beni üzerimde puro söndüren adamların kahkahalarında bırakmıştı. Allah beni morarmayan yerim kalmayana kadar sıkıştıran parmaklarda hissizleştirmişti. Ben kimdim ki ölümün huzuruna inanayım!

Ama uyku hiçlik denizinde yüzmek gibiydi. Yarı ölü gibiydiniz ve ne hissettiğinizin, ne çektiğinizin bir önemi yoktu. Gözleriniz kapandı mı, hayatla bütün bağlantınız kopar, her şey arkada kalırdı. Artakalan boşluk! Uyanmış, gözlerimi açmak istemiyordum. Terlemiştim, ne uyanmak ne gerçeklerle yüzleşmek istiyordum. Ne gidecek bir yerim ne sığınacak bir evim vardı. En kötüsü Sedat'ın huzur dolu kokusunu duymaktı. Gözlerim kapalı, hıçkırmaya başladım. Kendime, "Uyu Duygu! Uyanma!" dedim seslice. Gözyaşlarımı silen eli ilk önce algılayamadım. Rüya görüyor olmalıydım. Şefkatin beni sarmasına sığındım. Beni saran kolların merhametine sarıldığımda uyanmam gerektiğini anladım, çünkü bu şefkat elle tutulur cinstendi. Gözlerimi açtım. Annemin evindeki odamda Sedat'ın kollarındaydım.

"Sedat," diyebildim hasretle. Elleriyle gözyaşlarımı silmeye devam etti. Usul usul gözlerini gözlerimden ayırmadan sildi. Gözyaşlarım aktıkça bıkmadan sildi. Çenesinde hafif bir morluk vardı. Elmacıkkemiğinde de belirgin bir şişlik. "Neden geldin?" dedim sesimin titremesine aldırmadan.

"Seni almaya geldim," dediğinde *hayır*, anlamında başımı sağa sola sallamaya başladım.

"Seni almaya geldim Cano," dedi ve bir kere daha, "Seni eve götürmeye geldim," diyerek ruhunu yanımda bırakır gibi kollarını benden çekip ayağa kalktı.

Üzerinde siyah boğazlı bir kazak ve mavi kotu vardı. Yorganı üzerimden çekerek beni kucağına aldı. "Yapma lütfen! Bırak burada kalayım," dedim. Göğsüne gömülmüş, hıçkırıyordum.

"Neden?"

"Bir nedeni yok."

"Var," dedi sinirle.

"Evet, var. Ben... ben artık sizi istemiyorum," dedim, hiç inandırıcı olmadığım öyle belliydi ki...

"O zaman bunu dışarıdaki iki deveye kendin söyle. Ben söyleyemem."

"Hayır!" dedim isyanla. Onlar da mı gelmişti? Onları görürsem bütün yelkenlerim suya iner, hatta batardı.

"Niye?"

"Sedat, lütfen git! Bak bu bir gün olacaktı zaten."

"Ne olacaktı Duygu?"

"Er ya da geç ben buraya dönecektim."

"İyi, bunu onlara söyle o zaman. Benim için fark etmez," dedi ve beni hızla yere bırakıp kapıyı vurarak çıktı. Gözyaşlarım hiç durmamıştı ki akmaya başlasın. Onlar gidene kadar burada kalacak ve dışarı çıkmayacaktım. Ne mümkün! Bekir'in sesi avaz avaz duyulmaya başladı. "Ali bütün yol beynimi siktin! Nefes al ya!" dediğinde kapıyı açıp merdivenlerin başında dikildim. Ali'm ikişer ikişer merdivenleri çıkıp karşıma dikildi. "Ya kızım, insan Antalya'ya falan gider! Burası İstanbul gibi buz, buz!" dedi ve bana öyle bir sarıldı ki kemiklerim kırılacak sandım. Kaşında minik bir bant ve dudağında sıkı bir morluk vardı. Yüzünde yer yer gölge halinde morluklar belirmişti.

"Sor hadi!" dedi. Gözyaşlarım akarken gülmeye başladım.

"Ne sorayım?"

"Kim yendi diye sor?"

"Kim yendi?" dedim gözyaşlarımı silerek.

"Tabii ki ben! Dikkati sıfırdı. Bizim yenilmez Sado'nun canına okudum. Hadi, gidiyoruz, bana mantı açacaksın. Bu sefer başında bekliyor olacağım, sen yapacaksın anlamam," deyip elimden tuttu. Ayaklarım, ruhumun aksine yere yapıştı. "Ali... ben gelmiyorum."

"Seni sırtıma atar, yine götürürüm. Salak mısın kızım sen? Ne demek gelmiyorum. Burada ne işin var?"

"Ali lütfen! Ben burada iyi olacağım."

"Duygu bana hikâye anlatma. Burada sen bırak iyi olmayı, nefes bile alamazsın."

"Öğrenirim," dedim gözyaşlarıyla. Onların yanında nasıl tekrar yaşamaya ve nefes almaya başlamışsam pekâlâ burada tekrar nefes almayı öğrenebilirdim. Ali'm hiç olmadığı kadar duru ve ciddi bir ses tonuyla, "Sen olmazsan dağılır gideriz. Hayatımızdaki yerinin farkında değilsin. Neden buradasın, halen anlamış değilim. Bekir'i benim kadar sen de tanırsın. Seni benden, hatta kendinden çok sever. Ne söylediyse yanlış anladığın kesin," dedi.

"Bekir'in suçu yok, kimsenin suçu yok."

"Sedat zaten onun ağzının payını verdi," dediğinde buz gibi olmuştum. Ali'm nefes almadan konuşmaya devam etti. "Duygu eve dönüp bizi minik kanatlarının altına almazsan, inan bana sonra sen de çok pişman olursun," dediğinde yine bana sarıldı. İri cüssesinin altında kaybolduğumda Bekir'in sesiyle Ali'mden koptum.

"Ali, Sedat çağırıyor," dedi Bekir.

Ali'm, "Bekliyorum Çirkin. Mantını yemezsem gözüm açık gider," dediğinde benim gözüm Bekir'deydi.

Allahım, burnuyla ağzı yer değiştirmişti. Gözlerinin altı simsiyahtı ve ben koşarak boynuna sarıldım.

"Senin yüzünden değil, yemin ederim değil. Ben... ben... size yük olmak istemiyorum. Benim yüzümden birbirinize düşmenizi, benimle uğraşmanızı istemiyorum. Ben yerimi biliyorum gerçekten! Burada kalırım. Yine gelirsiniz, ama yemin ederim senin yüzünden dönmedim. Haklıydın, büyümeliyim, ama bunu sizin yanınızda yapamam," dedim bir solukta.

Bekir, "Bitti mi?" dedi. Aptal aptal ona baktım.

"Bana bunu kanıtla o zaman."

"Neyi?"

"Benim yüzümden dönmediğini, çünkü biraz evvel Sedat, Duygu eve dönmezse, kafana sıkarım dedi. Arabada bizi bekliyor."

"O senin kılına zarar vermez."

"Verir Duygu, çünkü canı yanıyor. Sen onun canısın."

"Sen de onun kafasına sık o zaman."

"Sıkamam, çünkü benim de canım yanıyor. Sen benim de canımsın. Tek yapabileceğim namlunun ucunda diz çökmek olur. Karar senin, ya şimdi bizimle eve dönersin, oturup konuşuruz ya da yarın gazetelerden okursun."

"Buna inanmamı bekleme," dedim, ama tereddütle gözlerine bakıyordum.

"Selma'yla kavuşamadım. Bir hasreti daha kaldıracak ne gücüm ne kuvvetim var," dediğinde gözlerimden yaşlar süzülüyordu.

"Ben..."

"Sen ne sevildiğini anlamışsın ne de kendi yerini..." dedi ve bana elini uzattı.

"Ben korkuyorum. Size de zarar vermekten, sizi kaybetmekten korkuyorum. Gelemem," dedim ve hangi ara kollarından süzülüp duvar dibine çöktüm, farkına varamadım. Hıçkırmaya başlamıştım, bedenim istemsizce titriyordu. Bekir yanıma yere çöktü ve "Duygu hadi gidelim," derken, gözlerim kapalı, ileri geri sallanmaya başladım. Ruhum bedenime dar gelmeye başlamış, acı beni parçalara ayırıyordu. "Bekir, babam benim yüzümden öldü."

"Hayır!" dediğinde ben halen geçmişimi geride bırakamamış oluşumla yüzleşiyordum. "Benim suçum! Benim suçum! O benim babamdı. Annemi dinlemedim! Dinlemedim. Babamı ben öldürdüm," derken Sedat'ın sesi duyuldu. Ne zaman yanımıza gelmişti, bilmiyorum. "Bekir arabayı öne çek, gidiyoruz," dedi. Bekir hızla kalkıp aşağı indi. Sedat bana elini uzattı, ama beni bu evden çıkarmak için öyle sabırsızdı ki tutmamı beklemeden hızla eğilip kucağına aldı. Ona hayır diyecek gücüm yoktu. Demek istemiyordum zaten.

"Sedat..." dedim kucağında kıvrılmışken. "Söyle Güzellik..."

"Eve gidince benimle uyur musun?"

"Uyurum, senin için her şeyi yaparım be Duygum," dediğinde içimde yine güneş doğuyordu. Sokak kapısından çıkarken Ali'm, "Bana mantı açacaksın, unutma Çirkin," dedi sırıtarak.

"Bekir benim arabayı sen kullan. Senin Çirkin yine kucağımdan inmeyecekmiş," dediğinde arabanın arkasına Sedat'la birlikte oturmuştuk. Ben yine onun kollarında hayat bulmaya, evime dönüyordum. Bir kez daha déjàvu...

On gün sonra

On gündür benim develer neredeyse benim evi istila etmişlerdi. Sedat'ın kollarında derin derin uyuyor, Ali'min espirileriyle kahkaha atıyordum. Sanırım Bekir'le terapi görüyordum. Sedat birkaç gece ortadan kaybolduğunda hiç sesim çıkmadı. İzmir'den geldiğimizden bu yana daha çok üstüme titrer olmuştu. Geceleri gözümü açtığımda onu beni seyreder, saçlarımı okşar buluyordum. Kendimi Van kedisinden hallice hissetmek gerçekten hoşuma gidiyordu, ama artık herkes yerini ve haddini biliyordu. Ona hiçbir şekilde kötü davranıp Senem yüzünden bıdı bıdı etmiyordum. Ruh halimin pek iyi olduğu söylenemezdi. Yedi yıldır geçmeyen, ama durulan kâbuslarım son on günde yine hortlamış gibiydi. Geceleri çığlıklarla uyanıyor, yine bedenimde gezen ellerin örümceklere dönüşünü izliyordum. Dışarıda olmak beni yoruyordu. Evden pansumana gitmek haricinde çıkmadım. Yine içime dönmüş, develerimle evin içinde mutluydum. Hayat yine bana çok ama çok uzaktı. Ali'm birkaç kere beni zorla spor salonuna kadar yürütmüştü. Levent ve Kaan'la çay içip Ali'min birkaç kişiyi yere serişini izledikten sonra birlikte eve dönmüştük.

Ali'm ve Bekir işlerin çoğunu üstlenmiş, Sedat bütün gün benimle aylaklık eder olmuştu. Ensemdeki bandajla bugün son günümdü. Sedat, "Kahvaltı için uğraşma, dışarıda yeriz," dedi. Ben onu Senem'e gider diye düşünmüştüm. Sonuçta Senem'le sorun yaşasın istemiyordum.

"Sedat," dedim en duru sesimle.

"Hımm…" Yine aynı tonda aynı cevap.

"Bugün pansumana Levent'le giderim, senin gelmene gerek yok. Senem yalnız kaldı kaç gündür!"

"Sen her şeye burnunu sokma. Hadi, giyin çıkalım." Sedat gerçekten tuhaftı. Onu çözmek için meteoroloji uzmanı olmak gerekti. Sabahları neşeli kalkıyor, gün içinde güneşli, öğleden sonra yağmurlu, geceyse fırtınaya dönüyordu. Gerçi uzman olsan ne yazar! Onu gözlemlemek hiçbir işe yaramıyordu. O her zamanki gibi ünlü sihirbaz Huduni'nin kutusu gibiydi. Boş olsa da içinden tavşan çıkan bir kutu… Sedat beni kahvaltı için Kanlıca'da küçük bir büfeye götürdü. Sürprizmiş! Ha gayret, öküzlük madalyasını sana verecekler. Dükkâna iki kişi zor sığar. Benim şok olmuş halimi ve gözlerimi devirmemi gördüğünde, "Buranın tostları muhteşemdir. Tam ev usulü," dedi.

"Pes yani! Bir tost için nereye geldik! Bir de ev usulü demez mi? Ben sana evde yapardım."

"Hastanede hatırlat, dilini kestirelim. Yine çok uzadı," dedi; gamzeleri yine ortada ve ben yine hayran… Tostlar geldiğinde ev usulü dedikleri tostun bildiğin ekmek arasına yapıldığını görünce iyice sazı aldım elime. "Bu tosta ev usulü demek haksızlık olur."

"Ne demeli?"

"Bildiğin amele tostu bu ya!" derken Sedat gerçekten gülüyordu. Tostun hakkını vermeli, gerçekten güzeldi. Karnım öyle şişmişti ki bütün gün hiçbir şey yiyemeyecektim. Saat neredeyse on'a geliyordu, ama biz halen Kanlıca'da oturuyorduk. "Yoğurt yeseydik bari," dediğimde beni kucaklayarak arabaya götürmesi gerçekten utanç vericiydi, ama kıkırdıyordum.

"Sedat," dedim arabaya bindiğimizde. Ses tonumun rengi değiştiğinde Sedat'ın cevap tarzı hep aynı olurdu. "Hımm..."

"Bak, ben artık iyiyim. Bana kalsa yirmi dört saat yanımda kal, ama işlerin var."

"Ne dedin?" dedi.

"İşlerin dedim."

"Öteki?"

"İyiyim, dedim."

"Of!" dedi isyanla. Hızla arabayı çalıştırıp gaza bastı. Hastaneye geldiğimizde ben tanıdık hemşirelerle sohbete daldım, Sedat önden Serdar Amca'nın yanına girdi. Hiç yapmadığı şey...

Arkasından girdiğimde Serdar Amca beni görünce gülümseyip ayağa kalktı.

"Hoş geldin Duygu," dedi.

"Hoş bulduk. Hadi çıkaralım," dedim gülerek. Serdar Amca ben öyle deyince, Sedat'ın yüzüne baktı ve, "İlk bir bakalım, belki birkaç gün daha kalır," dedi. Biz diğer tarafa geçerken ben söyleniyordum.

"Yapma Serdar Amca! Bak, valla Sedat saçlarımı yıkamaktan bezdi."

Ağzının içinde, "Sana öyle geliyor," "Efendim?" dedim, çünkü ne dediğini anlamamıştım.

"Yaralar kabuk bağlamış, ama birkaç gün daha kapalı kalmasında fayda var," dediğinde suratım asılmıştı. Hazır Sedat içerideyken, "Serdar Amca," dedim sakince.

"Evet!"

"Kalan izleri silmek kaç ay sürer ve burada yatmak zorunda mıyım?"

"Demek karar verdin."

"Silinmelerini istiyorum, ama..."

"'Ama'lar çok biliyorum. Senin rahatlayacağın bir cümle kuramam, üzgünüm. Burada kalmak zorundasın. Mikrop kapmaman gerek. En az bir ay, en çok iki ay..."

"İki ay mı?"

"Duygu sırtında çok iz var," derken susmuştum.

"Bak, yaz gelmeden istersen yatışını ayarlarım. Güneşe çıkmak yok."

"Ben bilmiyorum," dedim ve Sedat'ın olduğu tarafa geçtim.

"Ne oldu, çıkmadı mı?" dedi sırıtarak.

"Mutlu oldun bakıyorum."

"Ne mutlu olacağım! Baş belası..." dediğinde kaşlarımı çatmıştım, ama o gülüyordu. Hastaneden çıkmamız yarım saati buldu. "Bugün sanırım benimle takılıyorsun," dedim sırıtarak. "Evet" demesini deli gibi istiyordum.

"Ne o, işin mi var?"

"Hayır, hemen eve gitmesek," dediğimde yüzü gülüyordu, çünkü eve girmek istemiyor olmam dünyaya dönüyorum demekti.

"Nereye gidelim?"

"Ortaköy sahili..."

"Bu soğukta!"

"Hadi ama, çok soğuk yok," dedim, fakat dışarıda uğuldayan rüzgâr ve başlayan kar yağışı tam tersini söylüyordu. Soğuğa rağmen sahilde boğaza karşı çay içmek çok keyifliydi, hele ki Sedat'la. Titriyordum, ama bu anın bitmesini hiç istemiyordum. O, sanki güneşin altında bir yaz havasında sıcaklamış gibi rahat rahat oturuyordu. O zaman beni ısıtmalıydı. Usulca ona sokuldum ve kaşe kabanının bir kanadını açıp kollarımı içerisine sokarak sarıldım. Evim, yurdum, her şeyimdi bu adam ya! Hiç sesini çıkarmadı, öksüz kuşunu kollarıyla sarıp saçlarımı koklayarak öptü.

"Özür dilerim," dedim sakince.

"Yine ne yaptın?"

"Gittiğim için..."

"Bir daha gitme!"

"Gitmem," dedim ve biz sessizce oturduk. Dişlerim birbirine vurmaya başladığında Sedat, "Hadi gidelim, hasta olacaksın," dedi ve elimden tutup arabaya doğru sürükledi. Eve girdiğimde halen titriyordum. Biz iki manyak boğazın ayazında oturmuştuk, ama çok güzeldi. Onunla cehennemin ateşine, kutupların buzuna katlanırdım. Ona karşı öyle savunmasızdım ki onsuz kalmak benim için ölümdü. Son İzmir seyahatimden sonra bunu daha iyi anlamıştım. Ayrı hayatlarımız olabilir, hatta Senem gibi bir manyakla evlenmesine bile katlanabilirdim, yeter ki yakınımda olsun!

Ben yatak odasında giyinirken bir yandan söyleniyordum. "Bugün çıkacaktı güya," dedim. Sedat gelip, "Ne söyleniyorsun yine? Hadi, söylenme de gel saçlarını yıkayalım," deyip beni banyoya soktu. Bu sanki onda alışkanlık olmuştu. "İyi de daha dün saçlarımı yıkadık," dedim, ama keyifle beni banyoya götürmesine izin verdim. Suyla oynamayı seven deliler gibiydik. Soyunurken, "Valla sana tecrübe kazandırdım. Salonu kapatıp kuaför mü açsak?" dedim muzipçe.

"Ali çok sevinir," dedi ve o sırıtmaya çalışırken, ben de taytımdan kurtuluyordum. "Sevinmez olur mu, havalara uçar. Orada ne hatun ayarlar valla! Sana da bırakır," dedim kıkırdayarak. Cümlem bittiğinde gözlerindeki ışık mı sönmüştü ne?

"Tamam, tamam, asma suratını, şaka yaptım, senin Senem'in var," dedim ve iç çamaşırlarıma aldırmadan ona sokuldum. Sempatik görünmeye ihtiyacım vardı, çünkü ne tepki verecek, bilmiyordum. Söylemeye mecburdum. Düşüncelerim Bekir'e de mantıklı gelmişti.

"Sedat," dedim ve yine bir şey isteyecekken kullandığım ses tonumla gözleriyle buluştu gözlerim. Hangi ara bana sarıldıysa bu bana güç verdi. Elleri sırtımı okşuyor, tüylerim ürperiyordu.

"Hımm," dedi. Yüz ifadesi yumuşamıştı, bana sevgiyle sarıldığını iliklerimde hissedebiliyordum.

"Kızma ama!"

"Bu ses tonunu kullandığın sürece kızmam ne mümkün!"

"Bu gece balık yapacağız. Senem'i al gel," dedim gözlerine bakarak. O da ciddi olup olmadığımı anlamaya çalışıyordu sanırım. "Valla bak, yeminle uslu duracağım. Üzülmeyeceğim. Böyle daha çok üzülüyorum. Bekir de aynı fikirde," dedim.

"Siz arkamdan ne işler çeviriyorsunuz?"

"Onlara sormak zorundaydım. Ali'mi biliyorsun zaten. Bekir de çok sevindi. Kızı dışlamayalım."

Sedat'ın yüzündeki yumuşak ifade kaybolmuştu, ama yerini ne almıştı, anlayamadım. Bana sarıldı ve, "Fazlasın Duygu! Fazla..." diye mırıldandı, ama benim öküzlüğüm işte! "Homurdanma! Kızı al gel," dedim. Sedat evet demedi, ama hayır da demedi. Birlikte saçlarımı yıkadıktan sonra, "İstersen yardım edebilirim," derken saçlarımı kuruluyordum.

"Neye?" dedim.

"Yıkanmana."

"O şansını kaybettin Sedat Bey," dediğimde şaşkınlıkla bana bakıyordu. Ne ara gelip aynanın önünden kucağına alıp beni duşa sokmuştu, sormayın! Kucağında kıkırdıyordum. "Bak, çığlık atarım ve Gül Abla gelir, ona göre," dedim. Bu aralar çok mu güler olmuştu bu adam? Ama çok güzel gülüyordu. Hele o gamzeleri tam ısırmalık!

"Sedat, şaka yaptım, koca kız oldum," dedim, çünkü beni duşun içinde yere indirmiş, suyu ayarlıyordu.

"Benden utandığını söyleme!" dedi sertçe.

"Oha! Bırak biraz utanayım," dedim. Duş başlığını yerine taktı ve yüzümü ellerinin arasına alıp, "Benden utanma lüksünü yıllar önce kaybettin. Utanma," dedi ve parmağını yanağımın üzerinde gezdirip usul usul öptü. Kaç buse koydu yanaklarıma bilmiyorum, ama sevilmek, hele ki Sedat tarafından sevilmek gerçekten güzeldi. Sevginin adı yoktu, bir isme ihtiyacı yoktu. Bizimkisi bir kardeş, bir anne, bir abi, bir baba sevgisi olarak adlandırılamazdı. Aşksa bizim bağımızın yanında çok hafif kalıyordu. Belki de ben öyle hissediyordum, ama sevgi hissedilirdi ve Sedat'ın beni gerçekten sevdiğini biliyordum.

O sırada kapı çaldı. Göz göze geldik. "Git sen, Ali'mdir, anahtarını unutmuştur," dedim. Sedat eşofmanının altını giydi ve Ali'me küfür savurarak çıktı.

Ali'm mantılık malzeme alıp gelecek, internetten tarifle mantı yapacaktık. Olacak iş değildi ya, tamam dedim elim mahkûm. Hızla duş alıp giyinerek banyodan çıktım. Salona geldiğimde şok oldum. Bizim Nihal'in Ev Yemekleri'ndeki kızlar salondaki masada mantı açmaya hazırlanıyorlardı.

"Hoş geldiniz," dediğimde Sedat'la göz göze geldik. Kaşlarımı yukarı kaldırıp, "Ali'm işte," demek istedim, ama demedim. Kızın yanında ayıp olurdu.

"Ali'm, sadece malzeme alacaktın," dedim alaycı bir sesle.

"Kızım, sana da yaranılmıyor ha!" dedi hayran hayran kıza bakarak. Onlar bakışırken Sedat içeri geçti. Ben meraklı, bir o kadar da hayretle masaya, yanlarına geçtim. Kızlar gerçekten bir makine gibi küçük küçük mantıcıklar yapıyorlardı. Bana nasıl yapılacağını gösterdiklerinde hevesle uygulamaya koyuldum. Ali'm, sanki kırk yıllık âşık gibi yanımda oturan kıza kur yapıyordu. Zeynep adındaki kızın yanakları pembeleşiyor, gözlerini gözlerinden kaçırıyordu. Çok şirindiler ve kıkırdıyordum. Hatta Ali'me kızı ayarlamasında yardım bile etmeye başlamıştım.

"Ali'm de çok iyi kebap yapar," dedim. Doğruydu. Tufan Amca'nın yerinde ocak başına geçer, olmadık ustalara taş çıkarırdı.

Ali'm bu fırsatı kaçırmadı. "Cumartesi akşamı sizi Tufan Amca'nın yerine götürebilirim," dedi. Ha gayret Ali'm! Zeynep cevap vermeden yanındaki yanıt verdi.

"Gelemeyiz." Bu ne ya! Tam bir şey söyleyecektim, gözlerim

131

salonun kapısında dikilmiş, bizi seyreden Sedat'la buluştu. Giyinmişti, çıkacağı belli oldu. Zeynep'in yanındaki kızın meraklı, bir o kadar hayranlık dolu bakışları Sedat'ın üzerindeydi. Sedat ya görmezliğe geliyordu ya da farkında değildi. Böyle hanım hanım kızlar varken bizimki gidip en çürüğünü bulmuştu ya, neyse... Sedat kapıdan, "Duygu," diye seslendi. O ayakkabılarını giyerken ben de kafamda havlu, ellerimi silip kızların yanından kalkarak yanına gittim. "Akşam belki gelemem," dedi ve boynuma yüzünü gömüp öyle bir kokladı ki, "Oha, bir gün içine kaçacağım," dedim kıkırdayarak. Sonra ortamda kendini gösteren sessizlikten dolayı arkama döndüğümde, kızların donmuş, bize bakıyor olduğunu gördüm. Yanlış anlamışlardı kesin! Ne bilsinler onun benim koruyucu meleğim olduğunu...

Ali'm, "Zeynep yarın sinemaya gidelim mi?" dediğinde kızların dikkati bizim üzerimizden dağılmıştı. İşin garip tarafı Zeynep yerine yanındaki balina kılıklı kızın cevap vermesiydi. "Yarın ürünler gelecek." Ay ben bu kızı parçalarım! Şu devemi yolcu edeyim de! "Sedat, gel lütfen, Senem'i de getir. O sana iyi geliyor. Benim yüzümden onsuz kaldın. Hem benim iki devem daha var. Korkarsam, girerim yanlarına, olur biter. Sen getir kızı," dedim sırıtarak. Oysa onun kollarıydı huzur veren. Tamam, Ali'm ve Bekir candı, ama Sedat canımın ötesiydi. Zaten onlardan utanırdım. Yanlarına girip uyurum demekse Sedat'ı avutmaktı.

"Gelirim ben," dedi ve sinirle çıktı. "Yine ne oldu?" diye bağırdım, ama cevap alamadım. Kızların yanına geçmeden gidip saçlarımı kuruttum. İçeri girdiğimde mantı bitmek üzereydi. Zeynep güleryüzlü, kumral, balık etli bir kızdı. Ay parçası gibi yüzü vardı. Yanındaki kızın adı Hatice'ydi. O da siyah saçlı, kemerli burunlu, güzel gözlü bir kızdı. Meraklı bir tipe benziyordu ve her hareketimizi gözlemliyordu. Ona çoktan saldırırdım da sustum. Şimdi kızları kaçırmanın bir âlemi yoktu. Onlara kahve yapıp geldiğimde Ali'min suratı düşmüştü. "Duygu, ben çıkıyorum, acil!" dedi, sesi ciddileşmişti, bir şey olduğu belliydi.

İçim ürperdi. "Dikkatli ol!" dedim. Kızlarla vedalaştığında Zeynep'in bozulduğu yüzünden anlaşılıyordu.

Ali'm çaktırmadan silahını beline takıp çıktı. Kahvemi elime alıp koltuğa geçtim ve, "İş işte," dedim sırıtarak. Hatice, "Ne iş yapıyor Ali?" dediğinde, hadi bakalım Duygu, yalan söylemeden kıvır.

"Sedat, Ali'm ve Bekir ortaklar," dedim. Bu üstü kapalı, güzel bir cevaptı.

"Ne iş yapıyorlar?" dedi Hatice. Hayda! Tam sopalık!

"Şişli'de bir oto galerisi var. Hemen şu iki sokak aşağıda SD spor salonu var ya, onlara ait," dedim.

"Ya," dedi. Tutmayın beni, kafa göz dalacağım da işte! Zeynep çok tatlı.

Zeynep, Hatice'nin sorularıyla rahatsız olmuştu, belliydi, ama Hatice başlamıştı bir kere, susacak gibi de değildi.

"Bize kuzenlerin olduğunu söylemiştin. Peki Sedat?" dedi ama cinler tepeme teker teker toplanıyordu. Zeynep, "Hatice!" dedi.

"Kim oldukları önemli mi? Evimdeler, bu demek oluyor ki onlara güveniyorum," dedim. Kaşlarımı yukarı kaldırmıştım, buna bir cevabı olacak mıydı?

"Biz de evindeyiz?" derken kızın aklını takdir ettim, ama benimle baş edilemezdi. Ben üç deveyle senelerimi geçirmiştim ve laf ebeliğinin doktorasını yapmıştım.

"Evet, evimdesiniz. Bana güveniyor musunuz?" dedim sırıtarak. Sonuçta bir erkeğin peşine takılıp buraya gelen onlardı. Bir de kalkmış, güya beni sorguya çekecekti. Zeynep sanırım sinirlendiğimi anlamıştı. "Biz artık kalkalım," dedi ve o anda kapı çaldı. Kapıyı açtığımda karşımda mağdur Nurten Abla ve Gül Abla, ellerinde bir tepsi börek, bana gülüyorlardı.

Gül Abla, "Duygucuğum, nasılsın? Ay meraktan ölmeden söyle, ensendeki bandaj ne güzelim, geçmiş olsun. Kaza mı? Hayırdır? Nurten'i gördüm. Ben de bir uğrayayım dedim." Kapı deliğinden gördüğünü itiraf edecek değildi ya!

"Girsenize," dedim sırıtarak. Bugün kabul günüydü anlaşılan.

"Rahatsız etmeyelim," dedi mağdur Nurten Abla. Aklımda kadının ismi "mağdur" kaldı ya, neyse...

Gül Abla, "Valla rahatsız ettik. Arkadaşların varmış," dedi.

"Yabancı değiller, geç sen Gül Abla! Onlar da komşu sayılır," dedim.

Gül Abla, "Merhabalar," derken, Zeynep ve Hatice'ye öyle meraklı bakıyordu ki...

"Hani şu aşağıda Nihal'in Ev Yemekleri adında bir dükkân var ya, oranın sahipleri."

Kızlar da onlara "Merhaba" derken ben, Nurten Abla'nın elindeki böreği alıyordum.

"Ali oğluma," dedi Nurten Abla.

"Aşk olsun, biz yemeyelim yani, öyle mi?" dedim sırıtarak. Gül Abla çoktan kızlarla samimi bir şekilde konuşmaya başlamıştı. Tabii konu Süpermen Ali'mdi.

"Ali oğlumun ellerine sağlık, Nurten'in kocası süt dökmüş kedi gibi oldu," dediğinde benim gözüm Hatice'deydi. Kaşlarını kaldırmış, merakla Gül Abla'yı dinliyordu.

"Gül Abla, gel biz çayları koyalım," dedim, ama nerede, susacak gibi değil.

"Siz tanıyor musunuz Ali'yi, pehlivan pehlivan!" dediğinde yine kapı çaldı. Allahım ev ev değil, yol geçen hanı! Çayları vermeden kapıyı açtığımda şok oldum. Bekir'in yüzü gözü dağılmış, Ali'm koluna girmiş, diğer kolunda Sedat vardı. Yürüyecek hâli yoktu. Sedat'ın yüzü her zamanki gibi beş karıştı.

Ali'm, "Kızlar gitti mi?" dedi sertçe.

"Ha... yır!" dedim.

Sedat'ın, "Harika!" demesiyle arkasındaki Senem'i fark etmem bir oldu. Ne oldu demem çok yersiz olacaktı, bu kalabalıkta zaten anlatmazlardı.

"Salon dolu. Benim odama geçelim," dedim Bekir'e.

"Üç yaşımdan beri hastayım sana Duygu," dedi Bekir.

"Ne?" dedim sırıtarak.

"İçmiş, buraya getirmesek durulacağı yoktu. Duygu diye tutturdu," dedi Ali'm mırıltıyla.

"Gündüz gündüz ne içmesi? Bekir hem de! Ali'm sen içeriyi hallet," deyip Bekir'in koluna girdim. "Gel, devem, biz içeri gidelim."

"Duygu ben Selma'yı çok özledim," dediğinde içim ezildi. Sedat'la göz göze geldik. O sırada Senem, sanki *benim burada ne işim var,* gibi bize bakıyordu, halinden hiç memnun değildi. "Hoş geldin," dedim. Ağzının içinde, "Hoş bulduk," dedi. Sedat tarafından tembihlendiği o kadar belliydi ki! Bekir'i bunca yıl hiç sarhoş görmemiştim desem yeridir. Senem benim odadaki tekli koltuğa oturduğunda, Sedat'la Bekir'i benim yatağıma yatırmakla meşguldük.

"Duygu!" diye adeta böğürdü Bekir. Hâli gerçekten kötüydü. Yüzünü ellerimin arasına aldım, "Efendim?" dedim. Gözlerime baktığında sakinleşmeye başlamıştı, ama gözleri mi dolmuştu? İşte, buna katlanamazdım. Boğazımın düğüm düğüm olduğunu hissedebiliyordum. Ellerimi çekmeden, "Sen biraz dinlen, ben sana akşam bir rakı masası kurarım. Yanına da balık! Hiçbir şeyin kalmaz. Oturur Selma konusunu halledene kadar konuşuruz," dedim.

"Evleniyormuş," dedi acıyla.

"Evlenemez!"

"Evlenir."

"Evlenemez!"

"Kendi söyledi, evlenecekmiş," dedi Bekir kederle.

"İyi, gider düğünü basar, alır getiririz," dediğimde Sedat, "Al Ali'yi, vur sana!" dedi isyanla.

"O zaman evlenmeden gider alır geliriz."

Bekir ilk defa, "Tamam," dedi. Sedat bir o kadar şaşkın, bir o kadar cinleri tepesindeydi. "Ulan sana senelerdir gidip alalım demiyor muyum? Şimdi ben senin..." dedi bağırarak.

"Sedat, bağırma, içeride bir sürü hatun var ya!" deyince sustu.

135

"Duygu, sen dediysen gideriz," dedi Bekir, Sedat'a nispet yapar gibi.

"Tövbe tövbe," dedi Sedat ve sinirle dışarı çıktı.

"Bekir, ben masayı hazırlayayım, sen biraz dinlen. Uyumak sana iyi gelecek. Sabah yola çıkarız, olur mu?" dedim. Çocuk gibi kafasını salladığında, ellerimin arasındaki yüzünü o zaman bıraktım. Senem koltukta dikkatli dikkatli beni seyrediyordu. Bekir'i onunla yalnız bırakmak ne kadar akıllıcaydı, bilemedim. Benim deveme bir şey yapmazdı herhalde ruh hastası! Ben kapıdan çıkarken sırıtıyordu hatun. Gülecek ne vardı? Tam dayaklık! Sedat'ın ona neden vurduğunu anlayabiliyordum, valla, çünkü ben de ağzının ortasına vurmak istiyordum. Ya sabır çekerek salona girdiğimde, Ali'm herkesi postalamış, ama sinirleri tepesinde, salonun içinde dört dönüyordu. Sedat koltuğa oturmuş, gayet rahattı.

Ali'm, "Duygu, acıktım ben!" dedi. *Oldu, anasını satayım! Yemekhane işletiyorum.*

"Öğlen şu mantıyı yapalım, akşam balık var," dedim ve mutfağa geçtim. Mantıyı haşlayıp yoğurdu kâselere koydum. Salondaki masayı kurmaya başladım. Senem televizyonun karşısında, sanki ayrı bir boyutta gibiydi. O sırada Ali'min sinirli sesi duyuluyordu. "Abi, bunu yanlarına mı bırakacağız?"

"Levent mekâna yola çıktı üç araba. Bir otur oğlum ya!" dedi Sedat.

"İyi, ben de gideyim o zaman, orada buluşurum bizimkilerle."

Sedat, "Otur oturduğun yerde!" diye kükrediğinde Ali'mden ses çıkmadı. O sırada kapı çaldı. Yahu ne kapıymış arkadaş! Mutfaktan kafamı uzatmakla kaldım. Gelen Kaan'dı. Kapıdan içeri girmedi. Sedat kapıda dikilmiş, onunla konuşuyordu.

"Abi, evin önüne iki araç diktim. Ne olur ne olmaz," dediğini duydum sadece.

"Tamam koçum, ararım ben," dedi Sedat. Sonra ne söylediyse Kaan gitti. Sedat balkona çıkıp birkaç telefon konuşması yaparken biz masaya geçiyorduk.

"Senem gel hadi!" dedim.

Sesini çıkarmadı ve sofraya geçti. Ali'm daha biz bir kaşık alırken o ikinci tabağını dolduruyordu. Sedat balkondan çıktığında, "Sedat soğudu, hadi!" dedim.

"Aç değilim," dedi. Gözünün içine baktım, ama kendimi tuttum. Herifin yanında hatunu varken ısrar etmenin bir anlamı yoktu.

Bütün gün Bekir'le uğraştık. Allahım Bekir'in bu hâli hiç çekilmiyordu. Allah'tan her zaman içen biri değildi. Yoksa ağzının ortasına kürekle vur, dağılsın. Sedat'la Ali'm en son onu duşa soktu. Akşam saat yedi olduğunda Ali'm yine açım diye tutturdu. Kurt var bunun içinde, yediklerini sömürüyor valla! Çaresiz söz verdiğim balıkları yapmak için mutfağa geçtim tabii! *Aşçı çıkacağım yeminle!* Dolaptan ayıklanmış hamsileri çıkarıp yıkamaya başladım.

Balıkları kızartmaya başladığımda mutfağın kapısını kapattım. Az buz değil, üç deve balık yiyecekti. Sanırım üç dört kilo hamsi onlara ancak yeterdi. Sonra kapı açıldı, içeri Sedat geldi. "Kapıyı kapat, ev kokacak." Ocağın önünde balıklar yanmasın diye çevirip duruyordum. Bekir'e olanları merak ediyordum.

"Anladığım kadarıyla Bekir, Talat'ın yerine tek tabanca dalmış ve dayak yemiş," dedim.

"Mekânın altını üstüne getirmiş." Kollarını göğsünde birleştirmiş, beni seyrediyordu.

"Talat bunu yanınıza bırakmaz."

"Bekir'in halini benim yanıma bırakmayacağım gibi," dediğinde sesi ölümcüldü. Yıllardır onların bu hallerine alışmıştım. İlk zamanlar sabahlara kadar korkuyla kapılarda bekleyip onlara bir şey olup olmadığını düşünür dururdum. Zamanla her şeye alışıyor insan.

"Selma'yı gerçekten gidip almalıyız."

"Almalıyız?"

"Ben de geleceğim. Tekrar isteriz," dediğimde gelip arkamdan

137

sardı. Elleri göğüslerimin altında, sıcaklığı bedenimdeydi. "Sen kız mı istemeye gideceksin?" dedi saçlarımı koklarken.

"Verecekler, bak gör. Siz istemesini bilmiyorsunuz."

"Duygu, sakın bir daha beni bırakma, olur mu?" derken beni kendine döndürmüştü. Niye içimi hüzün kaplamıştı, bilmiyorum. Ben onu hiç bırakmak istememiştim ki!

"O bir aptallıktı!"

O sırada balıklar yandı tabii! Sedat'ı itmemle tavayı ocaktan almam bir oldu.

"Ya ben kim, balık kim ya! Off!" diye haykırırken Sedat çoktan mutfaktan sıvışmıştı. Tam sofrayı kurmuş, Bekir'i uyandıracaktım ki Sedat'ın telefonu çaldı. Ayağa kalktığında, "Sen iyi misin? Yaralıları bizim hastaneye götürün," dediğinde Ali'm ayaklandı. O sırada Bekir salon kapısından içeri girdi. O kadar içmek ters etki yapmıştı sanırım. Adam dipçik gibiydi valla!

"Ali gidiyoruz," dedi Sedat. Ali'm kafasını *tamam*, anlamında salladı. Bekir, "Abi beni de bekleyin," dediğinde, "Bu gece sen dinlen Bekir," dedi Sedat. Onun sözünün üzerine söz söylenmezdi. Bekir sesini çıkarmadan masaya oturdu. Ali'm masadan kılçığına aldırmadan balığı alıp ağzına attı.

"Yedikten sonra gitseniz," derken Ali'm kahkaha atıyordu.

"Valla senin gibi bir hatun bulayım, anında nikâhı basacağım ha! Sanki fabrikaya işçi gönderiyor."

"Zor be Ali'm, benim gibi manyağı kim ne yapsın?" dedim sırıtarak. Ali'm gelip beni başımdan öptü ve ben her zamanki çaresizlikle, "Dikkatli ol!" diyebildim. Sedat televizyonun karşısındaki Senem'in başında dikilmiş, bir şeyler söylüyordu. Ne söylediğini duymak bile istemedim.

Bekir'le göz göze geldik. Senem, Sedat olmadan burada kalmazdı. Kalmadı da! Montunu giyerken, "Kalabilirdin, daha yemek yemedik," dedim.

"Gerek yok," dedi Senem ve yüzüme bakmadan merdivenlerden inip gitti. Sedat gelip eğilerek boynuma yüzünü sokuşturup,

"Balık kokmuşsun," dediğinde, "Hadi ya!" dedim alayla.

"Dikkatli ol! Sakın ölme, olur mu?" dediğimde asansöre binmişti. Kapıyı kapattığımda Bekir çoktan bir kilo balığı mideye indirmişti.

"Yavaş ye, boğulacaksın," dedim ve karşısına oturup tabağımı tepeleme balıkla doldurdum.

"Ciddi miydin?" diye sordum sakince, konuşmanın vakti gelmişti.

"Evet," dedi. *Oha*, böyle bir kabulleniş beklemiyordum ve hatırlıyordu!

"O zaman bir tarih belirlememiz lazım," dedim, ağzıma bir balık attım.

"Yarın," derken elimde balık, Bekir'e bakıyordum. "Bence şu yüzün gözün geçsin ve onlara haber ver."

"Ne haberi?"

"Bir kere daha Selma'yı istemeye geliyorum diye haber ver."

"Duygu vermezler, kaçırmak en iyisi..."

"Selma gelecek mi?"

"Beni seviyor."

"Seni hiç affetmeyecek."

"İyi, kaçırmayalım o zaman, o orada, ben burada..." diye kükredi.

"Bak, istemeye gidelim, eğer vermezlerse o gece alır geliriz."

"Sedat gelmene izin vermez."

"Verir," dedim sırıtarak. Bekir sustu, çünkü biliyordu ki ben onu ikna ederdim. Yiyebildiğimiz kadar balığı midemize indirip sofrayı topladık. Sonra onun yüzüne pansuman yaptık. Plan belliydi. Yüzü gözü iyileşir iyileşmez Trabzon yolu bizi bekliyordu. Gece saat bir gibi iyice huzursuzlanmaya başlamıştım. Sedat'lardan haber yoktu. Bekir aramamak için zor duruyordu. Televizyon seyrediyor gibi yapıyordu, ama durup durup telefonuna bakıyor, tuşlarıyla oynuyordu. Ben kalkıp bilgisayarımı açtım. İzmir'e gidip geldiğimden beri ne telefonumu ne bilgisayarımı kullanıyordum.

İnternette dolandım bir süre, sonra Facebook'a girdim. Orada biraz oyalandıktan sonra mailleri açtım ve şok! Deniz Bey istifa mektubuma cevap yazmıştı.

Sayın Duygu Hocalar,

Size daha önce belirttiğim kurallar dahilinde böyle bir istifayı kabul etme gibi bir lüksüm yok. Size on beş günlük ek bir izin veriyorum.

Not: Davet ile ilgili yardımlarınıza ihtiyacım olacak. Umarım sorunlarınızı bir an önce halleder ve bir zahmet işinizin başına dönersiniz.

Deniz Atılgan

Maili tekrar tekrar okudum. İzmir'e giderken işten ayrılmak umurumda olmamıştı, ama döndüğümde işimi kaybettiğim için gerçekten üzülmüştüm. O kadar sevinmiştim ki heyecanla, "Bekir, beni işten çıkarmamışlar, istifamı kabul etmemiş Deniz Bey," derken bilgisayarı ne ara onun kucağına koydum, bilemedim. Bekir maili okurken ben heyecanla, "Yarın bir ararım. Ertesi gün de işe başlarım," dedim heyecanla. Bekir'den hiç ses gelmiyordu. Dağılmış yüzünü bana çevirip anlamlı anlamlı bana baktı.

"Ne?" dedim.

"Allah Allah!"

"Ne ya? Bu güzel bir haber değil mi?"

"Duygu senin çalışmaya ihtiyacın mı var? Altın bulmuş gibi heyecan yaptın!"

"Bekir öyle deme, daha önce konuşmuştuk."

"Tamam, biliyorum, şu normal olma zımbırtısı."

"Sedat hiç hoşlanmayacak," dediğinde oralı olmadım. Bekir halen kucağında bilgisayar, maile bakıyordu.

"Bu adamda beni rahatsız eden bir şey var."

"Of, sen de mi? Ne peki?"

"Fazla samimi ve seni hemen nasıl bu kadar benimseyebiliyor, anlamış değilim."

"Tarzı öyledir."

"İnan bana, Sedat'ın söylediklerinden sonra seni işte tutması bile bu adamın gerçekten bir sorunu olduğunu gösterir." Sedat'ın söylediklerini az çok tahmin edebiliyordum. Benim merak ettiğim Deniz Bey'in Sedat'a ne söylediğiydi.

"Deniz Bey ne dedi?"

"Sorun da burada, Sedat da buna uyuz oldu ya! Bundan sonra senin mutlu olman için elinden geleni yapacakmış."

"Yok artık!"

"Sedat da boğazına yapıştı, ama adam oralı olmadı. Sen bu adamı ne zamandır tanıyorsun?"

"O gün gördüm."

"Ben işe başlama derim, ama dinlemeyeceksin belli. Dikkatli ol o zaman, her zaman telefonun yanında olsun. Bizi üzme."

"Üzmem, merak etme," dedim sırıtarak. O sırada telefon çaldı. Bekir hızla telefonu açıp dinleyip kapattı. "Bizimkiler bir saate geliyorlarmış." Yüzünde rahatladığını gösteren bir ifade, kanal değiştirmeye başlamıştı. Ali'm o gece geldiğinde neşesi gayet yerindeydi. Yine beraber kahkahalarla sabahlamış, Trabzon işini konuşup durmuştuk. Selma'nın resmini görmüştüm, ama onu deli gibi merak ediyordum. Tabii bir yandan iyi birisi olması için ölüp ölüp diriliyordum. Acaba o da beni rakip olarak görür müydü? Ruhum sıkıştı. *Keşke erkek olsaydım da şu develerin yanında dolaşabilseydim,* diye düşündüm.

Ula Trabzon nediysun!

Bir hafta sonra

Deniz Bey'in tanıtım balosu için hazırlanmak için manikür yaptırmak şarttı. Hatta takma tırnak bile taktıracaktım. Kuaföre gitmek için evden çıkmak üzereydim. Kendi kendime gülerken telefonum çaldı. Sedat arıyordu. Ben İzmir'den geldiğimden beri bir tuhaftı. Bana bakışlarını yakalıyordum. Öfkeli desem değil, sevgi desem değil... Kafası kalabalık diyordum. Bazen bana gülümsüyor, bazen de olmadık yere azarlıyordu. Bekir'e, "Onun neyi var?" diye sorduğumda, "Âşık," diyordu. Ben zaten âşık olduğunu biliyordum. Senem gibi birine nasıl âşıktı, onu anlayamıyordum. Hatun son zamanlarda iyice kafayı yemişti. Bir barmenin kafasını yardığı akşam Sedat onu karakoldan çıkarıp eve götürmüştü ve o gece yine bileklerini kesmişti. Tabii bunu bana anlatan Ali'mdi.

"Efendim Sedat?"

"Neredesin?"

"Evden çıkmak üzereyim, sen neredesin?" dedim ve kapıyı açtığımda Sedat karşımdaydı.

"Sedat!" dedim gözlerindeki bakış neydi, yine çözemedim.

"Nereye?"

"Kuaföre, yarın için..."

"Gitmesen olmaz mı?" Kedi gibi mi bakıyordu? Bana mı öyle geldi? Bilemedim.

"Niye, bir şey mi oldu?"

"Hayır," dedi.

"Bir saatlik işim var."

"İyi, seni bırakır, beklerim, sonra birlikte takılırız." Bana birlikte takılırız mı demişti? Oysa onunla vakit geçirmek için her zaman ben ısrar ederdim.

"Sen... beni bekleyeceksin, öyle mi?" diye sırıttığımda, beni elimden tutup evden çıkarmıştı bile. Gülüyordum ve o kapıyı kilitliyordu.

"Ne var? Sanki hiç seni beklemedim," dedi homurdanarak.

"Kuaför için beklememiştin," dedim gülerek. Asansöre bindiğimizde aynada kaşlarımı inceliyordum ve Sedat da beni seyrediyordu.

"Ne?"

"Napıyorsun?"

"Kaşlarıma bakıyorum. Uzamışlar."

"Bıyıkların da uzamıştır, jilet alalım," deyince, gözlerimi kısıp ona baktım. Benim bedenimde tek bir tüy bile kalmamıştı. Sağ olsun Serdar Bey Amca izlerimi silerken hepsini lazerden geçirmişti.

"Ben tütsülendim, bilmiyor musun?" dedim sırıtarak. Tabii, Sedat'ın yüzü asılmıştı. Kollarında yerimi alıp ona sarıldım. "Lazer, asrın buluşu!"

"Terbiyesiz!" dedi sırıtarak. Kafamı kaldırıp yüzüne baktığımda, gülmenin ona çok yakıştığını düşündüm. Parmak uçlarımda yükselip gamzesini öptüm. "Gamzelerini seviyorum," dediğimde, kalbim niye hızla çarpıyordu? Yine fazla kapalı bir alanda kalmıştım. Sedat durgunlaşmıştı ve kömür karası gözleri gözlerimden bir an bile ayrılmıyordu. "Ben senin her şeyini seviyorum," derken asansörün kapısı açıldı ve biz Gül Abla'ya resmen yakalandık. *Of, niye ben ya!*

"Duygu!" dediğinde, Sedat sırıtıyor, eli burnunda gamzelerini saklamaya çalışıyordu. Allahım neydi günahım!

"Günaydın Gül Abla."

"Size de... size de," dedi, ama ses tonu vallahi hiç iyi değildi. Sedat ona aldırmadan beni apartman çıkışına sürükledi.

"Vallahi adımızı çıkaracaklar."

"Kimin umurunda?" dedi. Düşündüm. Benim de umurumda değildi. Arabaya bindiğimizde, "Davete benimle gelmeye kararlı mısın?" diye sordum.

"Davetliyim zaten. Sen olmasan da gitmek zorundayım."

"Şaka yapıyorsun?"

"Hayır! İş... ayrıca Bekir ve Ali de geliyor," dedi. Daha fazlasını bana söylemeyeceğini biliyordum.

"Şaka yapıyorsun," dedim tekrardan, ama yapmadığı her halinden belliydi.

Kuaföre geldiğimizde, "Bir saat," dedi yüzüme bakmadan. Sessizce arabadan indim. Kuaföre girdiğimde Canan Abla hemen beni aldı. Takma tırnak iki saatten önce takılamayacağı için hayal oldu. Manikürüm yapılırken, kaşlarımı aldırıp bir saat gibi rekor bir sürede kuaförden çıktım. Sedat arabaya bindiğimde, "Beş dakika geciktin ve ben bunu sana soracağım," dedi.

"O zaman yarın sakın beni sen kuaföre getirme, çünkü üç saat kadar burada olacağım," dedim sırıtarak.

"Yüz nakli falan mı?" dedi Sedat alayla.

"Çok komik," dediğimde telefonu çalıyordu. Sedat telefonu açtı ve dinleyip kapattı. Yüzü bembeyaz olmuştu, arabayı deli gibi kullanmaya başlamıştı. Paniklemiştim. "Neler oluyor?"

"Bekir... Trabzon'daymış," dediğinde donmuştum.

"Seni eve bıraktıktan sonra yola çıkacağız. Levent evin önüne adam koyacak."

"Ben de geliyorum," dediğimde afallayarak bana baktı.

"Bakma öyle, geliyorum."

"Duygu, saçmalama!"

"Asıl sen saçmalama. Kötü bir şey olursa sen beni korursun, ama bir düşün, Bekir kızı zorla getirirse, ömrü billah vicdan azabı çeker. Selma o kadar ailesinin rızasını almak için beklemiş, ailesiyle bir kere daha konuşalım." Sedat bir iki saniye sessiz kaldı. Düşünüyordu. Hoş, düşünse de, düşünmese de onlarla gidecek-

144

tim. Gidecektim, ama aklım davette kalmıştı. Manikür yaptırdığım kırmızılı ojeli ellerime baktım, "Of ya!" dedim elim havada. Ama tabii bunu Sedat'a söyleyemezdim.

"Ne?" dedi.

"Bu renk hiç güzel değilmiş," diyerek kıkırdadım.

"Partiye gidemiyorsun sanırım," derken çok büyük zevk aldığı belliydi.

"Parti yarın saat sekizde. Biz işimizi bitirir, saat altı gibi burada olursak, yetişebiliriz sanırım."

"Dalga geçiyorsun," derken hayretle bana bakıyordu.

"Ciddiyim, o partiye gitmek ve o dantel elbiseyi salına salına giymek istiyorum," dediğimde Sedat, Müjde'yi arıyordu.

"Müjde, Trabzon için Duygu'ya da bilet ayarla. Dönüş bileti yarın altıdan önce olsun," dediğinde boynuna sarılmamak için zor durdum.

"Harika!" dedim sırıtarak.

"Bak yetişemezsek..." derken onu konuşturmadan, "Söz, dırdır etmek yok. Sonuçta Bekir için bir partinin lafı olmaz," dedim.

İçim rahattı, çünkü Deniz Bey'e parti konusunda gereğinden fazla yardım etmiştim. Sanırım bu beni işten atmadığı için minnetimi gösterme şeklimdi. Deniz Bey gerçekten nazik, bir o kadar da samimi bir adamdı. Sedat işe partiden sonra başlarsın dediğinde bu bana da mantıklı gelmişti. Şirkete iki kere gitmiş, onda da Deniz Bey'le davetli listesini hazırlamıştık. Hoş, niye onunla hazırlamıştık, hiçbir fikrim yoktu. Deniz Bey'le masasının başında, davetli listesini bitirmiştik ve ben çıkmak üzereyken merakıma yenilip, "Sanırım Sedat'ı siz özel olarak çağırıyorsunuz?" dedim, evraklarla ilgileniyormuş gibi yaparak, çünkü bizim davetli listemizde yoktu.

"Hayır, ben çağırmıyorum," dedi sertçe.

"Peki," dedim usulca ve evrakları alıp çıkacakken, "Bekliyorum," dedi.

"Neyi efendim?"

"Benimle ne zaman Sedat mevzusunu konuşacaksın?"

"Sedat konusunun nesini konuşmalıyım? Anlayamadım Deniz Bey!"

"Garip..." dedi sıkıntıyla.

"Garip olan ne?"

"Onları bu kadar doğal karşılaman..."

"Size özel hayatım için açıklama yapmak istemiyorum." Bu adam beni bir an nezaketle sarmalayıp hiç ummadığım anda sinir edebiliyordu. Aslında Sedat'la bu yönü çok benziyordu.

"Demek Sedat özel."

"Evet, Ali'm ve Bekir de!"

"Onlar Sedat gibi seni içlerine çekerek koklamıyor, ama," dediğinde ağzım bir karış açık kalmıştı. "Bu... bunu size açıklamak zorunda değilim. İşimiz bittiyse..."

"Bitmedi otur!" dedi sertçe.

Allah'tan elimde sert bir dosya vardı. Çünkü biraz daha beni sinir ederse, kafasına geçirip buradan çıkacaktım. Oturmadım tabii ki!

"Sadece Sedat senin sevgilin mi, bilmek istiyorum," dediğinde şoka girmiştim.

"Bu..."

"Bunun beni ilgilendirmediğini biliyorum. Sadece bilmeye ihtiyacım var," dediğinde neden cevap verdim, bilmiyorum.

"Hayır, değil! O benim meleğim, koruyucum, karanlığımın bekçisi, ama sevgilim değil!" deyiverdim. Deniz Bey'in suratında hiçbir ifade belirmedi. "Cevabın için teşekkür ederim. Şimdi gidebilirsin," dediğinde ben mala bağlamış gibi odadan çıkmıştım. Öğrenmişti de ne olmuştu? İnsanlar niye başka hayatları merak ederlerdi ki? Acaba Deniz Bey'i arayıp partiye gelemiyorum demeli miydim? Yetişmemiz imkânsızdı, biliyordum. Yarın arayıp söylemek daha iyiydi. Belki işe başlamadan kovulurdum. Anında ne diyeceğimi bile hazırladım. Adam detaylara takmıştı çünkü.

"Trabzon'dayım, kız istiyorum." Nokta!

Sabiha Gökçen Havaalanı'nda arabadan indiğimizde bizi

Kaan ve Levent karşıladı. Sedat, "Ali nerede?" dedi.

"Abi içeride," dedi Kaan.

Levent, "Naber Duygu? Bakıyorum kız istemeye falan gider oldun," dediğinde Sedat'ın öldürücü bakışları bizi delip geçti. "Sana da isteriz, canını sıkma," dedim Sedat'a aldırmadan. Niye kızıyordu ki? İçeri girmeden önce Sedat silahını Levent'e verdi.

Levent, "Abi orada Durmuş Abi'nin adamları sizi karşılayacak. Bekir de onlarlaymış," dedi.

Sedat, "Ulan, niye önceden söylemiyorsunuz?" diye bağırıp hızla telefonu çıkardı ve sanırım Durmuş denen şahsı aradı. "Trabzon kafalı! Niye arayıp yüreğime su serpmiyorsun ha!" dedi açar açmaz. Bir iki saniye dinledi ve, "Tamam, tut o deveyi, bir yere salma, akşama oradayım," dedi gülerek ve kapattı. Rahatlamış olduğu her halinden belliydi. "Sanırım tatile gidiyoruz," dedim sırıtarak. "Eh bakalım," dedi ve gelip omzuma elini attı. Birlikte iç hatlara doğru yürüdük.

"Durmuş kim?" dedim merakla.

"Lazın önde gideni," dedi gülümseyerek. Kontrol yerine geldiğimizde Sedat'la göz göze geldik. Ali'm kontrolden geçmiş, deri ceketi elinde, bana sırıtıyordu. Kontrolden geçmeden önce, "Omzumda platin var," dedim bekleyen polise. Beni üzerimi aramak için içeriye aldılar. Buna alışkındım. Bir ara o platini çıkarttırmalıydım, ama hangi ara, bilemiyorum. Sedat'la göz göze geldim ve "Bekliyorum," dedi en güven dolu sesiyle.

Don, sutyen, kadın polis beni aradıktan sonra giyinmem tabii ki beş dakika sürdü. Yanıma ne bir kazak ne başka bir şey alabilmiştim. Sedat *gerekirse oradan alırız,* dediğinde sesimi çıkarmadım, çünkü götürmemek için bahaneye ihtiyacı vardı. Sırıtarak yanlarına çıktım.

Ali'm, "Ne gülüyorsun Çirkin?" dedi sırıtarak.

Beni arayan kadın polisi işaret ettim ve, "Ona," dedim. Bedenimdeki izleri gördüğünde kadın beni bırak aramayı, dokunamamıştı bile. Sedat, "Yürü hadi!" dedi sinirle. Ensemden tutup beni hafifçe kendine çekti. Ali'm, "Açsın kıçına gülsün!" dedi önden önden yürümeden önce. Uçakta kulağımda kulaklık, son moda ne kadar gürültülü şarkı varsa, hepsini dinleyip durdum. Cam kenarındaydım ve bulutları seyretmek gerçekten güzeldi. *Keşke insanoğlu uçabilseydi,* diye düşünmeden edemedim. Uçabilmek özgürlükle eşdeğerdi sanırım. Sedat yanımda oturuyordu. Ali'm benim bir ön koltuğumdaydı ve şanslıydı, çünkü yanında sarışın bir hatun vardı. Ali'min onunla konuştuğunu anlayınca kulaklığımı çıkarıp hafif öne kaykıldım. Sedat'ın kapalı gözleri kıpırdanmamla açıldı ve, "Duygu!" dedi yaptığımı anlayınca.

"Şişt, sessiz ol! Bakalım bu kıza neler uyduracak?" dedim kıkırdayarak. Allahım, sanki Ali'm, benim Ali'm değildi. Neler söylüyordu öyle! Yüzüm kızarmış bir şekilde yerime yaslandığımda Sedat sırıtıyordu. "Seni uyarmıştım!"

"Oha, yeni tanıştığı kıza…" dedim ve sustum.

"Adamına göre," dedi Sedat keyifle.

"Ali'mi eve gidince ıslak havluyla sabah akşam döverek kendine getirmeli," derken halen yüzüm kırmızıydı, biliyorum.

Sedat, "Sen harbi manyağa bağladın. Islak havluyu nereden biliyorsun sen ya!" dedi şokla.

"Film seyrediyoruz herhalde," dedim sırıtarak. O sırada Ali'm dev cüssesiyle koltukta bir çocuk gibi doğruldu ve, "Abi, Durmuş'un oraya bir iki saat geç gelsem olur mu?" dediğinde Sedat, "Olur!" derken ben, "Olmaz!" diye çemkirdim. Sedat'la birbirimize baktığımızda Ali'm aptal aptal bize bakıyordu. Sinirle, "Eee, yuh! Sen de bu deveye çanak tut! Utanmazlar!" dedim Sedat'a. Ali'me dönüp, "Bekir için Trabzon'a geldik Ali Bey, senin uçkurun için değil!" diye azarı yediğinde Ali'm kuzu kuzu önüne döndü. Sedat eğildi ve, "Seni çok bilmiş, gerçekten dilin fazla uzadı," dedi derin ama sıcak bir sesle.

"Ama haksız mıyım?" diyerek ona döndüğümde dudakları yanağımdaydı. Şirinlik ederek yanağımı ona daha da yaklaştırdım ve sıkıca sarıldım. "Bu devenin başını bağlamalı," dedim dudaklarının durduğu yanağımı şişirerek. Sıkıca sarıldı. "Sen onu da yaparsın yakında," dedi ve öpüp uzaklaştı.

Trabzon Havalimanı'na indiğimizde Ali'm yanında oturan sarışın hatunun elinden telefonunu almış, numarasını yazıyordu. Levent'in dediği gibi bizi siyah üç tane cip karşıladı. Sedat biriyle sarıldı ve, "Ula! Dursun, süzilmişsun," dediğinde onun bu haline gülüyordum. Laz şivesini kullanması gerçekten komikti.

Sarıldığı adam, "Allah'un Diyarbakırlisi! Senun neyune Lazca konuşmak! Şükür kavuşturana! Bekir ha buraya gelmeseyidi senun da geleceğun yokti!" dedi ve Sedat onu benim yanıma getirdi. "Dursun, bu Duygu," dedi.

"Hoş geldun yenge, Bekir'un söyleduği kadar gara guri bişesun da! Sedat sen bunun…" dedi ve Sedat, "Dursun!" dediğinde ancak sustu. Adamın Laz şivesini çözmek zaten zordu. Öyle hızlı ve seri şekilde konuşuyordu ki bir yenge, bir Sedat ve bir de Bekir dediğini anladım. Sonra, "Anlamadı sanırım," dedi ve Sedat'la birbirlerine bakıp kahkaha atmaya başladılar. "Ay aşk olsun," dedim somurtarak.

"Hoş geldin Duygu," dedi Dursun düzgün bir Türkçeyle. Birlikte arabaya bindiğimizde Dursun gayet iyi bir Türkçeyle konuşmaya başladı.

Sedat ve Ali'min arasında minicik kaldığım arabanın arkasında Sedat'a eğildim. "Sen onları nereden tanıyorsun?"

"Askerliği beraber yaptık, dördümüz," dedi Sedat. Şimdi bu yakınlığın sebebi anlaşılıyordu.

"Dört kişinin arasına benim Ali'm girmiyor sanırım," dedim Ali'min kolunu okşayarak. Bana onu sarışın hatunla göndermediğim için kızgındı ve kapris yapıyordu.

"Asma suratını, ben sana daha ne güzel kızlar bulurum," dedim sırıtarak.

"Vallaha mı?" dedi Ali'm.

"Tabii, ne renk istersin?" dediğimde Ali'm, "Tövbe tövbe," diyordu.

Merakla yolları ve şehri seyretmeye başladım, havalimanından çıktıkça Trabzon'un yeşili bizi kucakladı. İlk defa geliyordum ve büyülenmiştim. Yeşil gerçekten huzurdu. Yağmur yağmaya başladığında göz gözü görmez oldu. Yarım saat sonunda dağ eteklerinde bir çiftliğe vardığımızda, saat dörde geliyordu. Yağmur kesilmiş, neredeyse hiç yağmamışçasına güneş açmıştı. Arabadan indiğimizde Dursun'un benzeri bir adam ve yanında Bekir bizi karşıladı. Benim develerimden farklı bu insanların Karadeniz'i titreten bir aile olduğuna inanmak gerçekten zordu. Beyaz tenli, hafif kambur, klasik Temel burunlu, tıknazdılar. Durmuş, Sedat'a öyle bir sarıldı ki cüssesinde kayboldu.

"Ha ayi ha! Kır belumi da," dedi kahkahayla. Bekir yanıma geldi ve, "Geldin," dedi hayretle.

"Tabii geleceğim," dedim ve sarılıp, "Niye burada olduğunu çok merak ediyorum," dedim, ama aşkın bir cevaba ihtiyacı yoktu.

Durmuş, bana karşı Dursun'un aksine daha resmiydi. "Hoş geldin yenge," dediğinde bunu kabullendim. Hangi birine ne anlatacaksın Duygu! Sal gitsin. Eve girdiğimizde iki yaşlarında küçük bir çocuk etrafta dolanıp duruyordu. Yanında yemeniler içinde yaşlı bir teyze vardı. Ali'm, "Len Kartal kocaman olmuşun ya sen," dedi ve çocuğu alıp havaya atmaya başladı. Teyze, "Hoş geldin oğul," dedi tok sesiyle. Ali'm yaşlı kadının elini saygıyla öptü. Sedat da aynen tabii. Sıra bana geldiğinde, "Sedat oğlum, kızım Duygu mu?" dediğinde, "Evet Hacer Ana," dedi. Sedat beni sırtımdan kadına doğru ittirdiğinde aptal aptal Sedat'a baktım. Beni tanımayan yoktu, ama ben bırak kimseyi tanımayı, isimlerini bile yeni öğreniyordum.

"Hoş geldin gelin," dedi kadın. *Gelin mi?*

"Hoş bulduk," dedim ve eğilip elini öptüm. Onlardan kusur kalacak değildim ya!

"Geç kızım, şöyle otur," dedi Hacer Ana. Sedat ve Bekir masanın başına geçtiklerinde, Bekir ve diğerleri yanlarında yerini alıp konuşmaya başlamışlardı. Hacer Ana ve ben koltukta kalmıştık. Konuştukları duyuluyordu.

"İsmail Efendi'ye haber gönderdik. Bizim hatırımıza görüşmeyi kabul etti," dedi Durmuş.

"İsterse etmesin," dedi Sedat.

Durmuş, "Sado, bu iş silahla çözülmez! İş büyür, bir şekilde alacağız kızı, ama..."

"Ama ne?" dedi Bekir, yüzü hiç görmediğim kadar beyazdı. Durmuş'un lafını bitirmesini bile beklemedi. Durmuş sırıttı ve "Ula olum, ne celallendun heman. Ben alur, sağa teslum ederum diyecektum da!" diye yine Laz şivesini kullanıp konuştu. Bekir de gergin gergin sırıtmaya çalıştı, ama beceremedi. Ciddiyetle, "Olmaz sizin almanız, ben çıkarırım evden," dedi Bekir. Bu develer gerçekten öküzdü. İnsan bir adamı ikna etmeye uğraşırdı. Bu ne, hemen Rambo planları yapıyorlardı.

Mırıltıyla, "Önce bir güzellikle isteselerdi ya!" dedim ve, sesimin çıktığını Hacer Ana'yla göz göze geldiğimde fark ettim. Kadın bana gülümsedi ve Hacer Ana, "Oğul!" dediğinde Durmuş, "Buyur ana!" dedi.

"İsmail'e haber gönder, akşam ben de geliyorum," dediğinde Durmuş dondu.

"Ana?" dedi Durmuş, neye bu kadar şaşırmıştı, bilmiyorum, ama Hacer Ana boş bir kadın gibi durmuyordu. Ali'm kahkahayla, "Eh Duygu da var, bu iş oldu artık. Olan benim sarışın hatuna oldu," dediğinde Sedat, "Yuh be Ali!" demekten geri kalmadı.

Hacer Ana, "Duygu kızım da gelecek tabii. Eltisini görsün bakalım bir, belki beğenmez vazgeçer," dediğinde ben içimden, "Elti mi?" deyip duruyordum. Sedat niye bir şey demiyordu bu yakıştırmaya, ben onun derdindeydim. Bunca insana *Sedat'la aramda bir şey yok,* demek saçma olurdu. Bir daha onları nerede görecektim ki?

"Benim beğenmem önemli değil. Bekir mutlu olsun yeter," dedim. Bekir bana minnettarlıkla bakarken Ali'm, "Sarışına öyle demiyordun ama," dedi sinirle.

"Taktın lan Ali!" dedi Sedat.

"Yemek yer, çıkarız," dedi Hacer Ana. O sırada iki yaşlarındaki Kartal yanıma gelip "Anni," dedi. "Hö!" dedim, tabii içimden... Durmuş ve Dursun hangi ara tepemize dikildiler, anlamadım. Durmuş, çocuğu kucaklayıp gıdıklamaya başladığında Hacer Ana uzanıp elimi tuttu. "Anası doğumda öldü. O da senin gibi kara kuru nur yüzlü bir kızcağızımdı," dediğinde içim sızladı.

"Üzüldüm," dedim, ama onun kadar üzülemeyeceğimi biliyordum. Durmuş ve Dursun'un onun dayıları olduğunu öğrendiğimde, daha bir mahzunlaşmıştım. Kartal'ın babasına ne olduğunu ne onlar söyledi ne de ben sordum. Erkekler nereye kayboldular, bilmiyorum. Yemek vakti geldiğinde çekirge sürüsü gibi yine çiftlik evinin koca salonuna doluştular. Kahkahalar, rakılar havada uçuşuyordu. Başı bağlı dört kadın hangi ara hizmet etmeye başlamıştı, bilmiyorum, ama ben de mutfaktan elime ne tutuşturdularsa masaya koymaya başladım. Ara ara Sedat'la göz göze gelip gülümsüyordum. Sanki o da mutlu gibiydi. Hacer Ana'nın öyle bir duruşu vardı ki devrilmez çınar ağaçları gibiydi.

Kartal bebek yemekte kucaktan kucağa dolaştı durdu. Benim yanımda Sedat oturuyor, tabağıma bir şeyler koyup duruyordu. Kartal bebek en son onun kucağına geldi. Elinde hamsi, kılçıklı mılçıklı demeden ağzına atıp çiğnemeye başladı.

"Ali'mden bir tane daha yetişiyor," dediğimde herkes kahkaha atmaya başladı. Oysa ben fısıltıyla söylemiştim.

Ali'm, "Abi, valla bak, ben dedim dilini kestirelim!" diye gürledi.

Hacer Ana, "Elleme kızı!" dediğinde olay bitmişti. Saat sekiz gibi herkes hazırdı. Ben tuvalette saçlarımı toplayıp elimi yüzümü yıkadım. Çıktığımda Hacer Ana, "Kızım, al bunları," dedi ve elindeki siyah elbiseyi bana uzattı. Aptal aptal bakarak, "Kız istemeye kotla gidilmez," dedi. Kadında öyle bir otorite vardı ki gel de itiraz et. Bana gösterdiği odaya girdiğimde dikkatimi duvardaki siyah beyaz karakalem tablo çekti. Bir kadın Lazlara has bir kıyafetin içinde, bir adamın yanında duruyordu. Öyle güzeldi ki! Kapı çaldığında halen giyinmemiştim. Usulca kapıyı araladım. Gelen Sedat'tı. Merakla onu içeri çektim ve, "Bu kim?" dedim.

"Hacer Ana'nın gençliği sanırım," dedi sırıtarak.

"Çok güzelmiş."

"Şimdi Çirkin mi?" dedi alayla.

"Uyuzluk etme!"

"Giyinmemişsin."

"Kapının kilidi yok," dedim ve hızla soyunmaya başladım. Sedat yanımdayken huzurla giyinebilirdim.

"Bak ya! Sen iyice gelin havalarına girdin. Utanmaz kız!" dedi bana alayla.

"Gerçekten o ne öyle ya! Bir ara ben de inanacaktım. Kesin o Temel kafalı Dursun'un aklından çıkmıştır. *Yence yence*, deyip duruyor," derken Sedat'ın suratı asıldı, ama bir şey demedi. Tam elbiseyi giymiş, Sedat da fermuarını çekmişti ki kapı açıldı ve aha da yakalandık! Hacer Ana afallamış, bize bakıyordu. Tabii hızla dışarı çıktı.

"Ya, inanmıyorum ya!" dedim isyanla.

"Kim dedi beni odaya at diye!" dedi Sedat sırıtarak, adeta kaçtı. Bugün ne çok gamzelerini göstermişti benim devem. Aynada saçlarımı açıp poşetteki ince çorabı hızla giydim. En son Hacer Ana'nın verdiği topuklu ayakkabıları giydiğimde hazırdım. Kadın benim ayakkabı numaramı nereden biliyordu, ben hâlâ onu merak ediyordum. Üzerime kendi kabanımı giydim. Allah'tan üzerimdeki elbiseye uymuştu. Salona çıktığımda benim bir sürü devem olmuştu sanırım, çünkü hepsi, "Vayyy" diyerek hep bir ağızdan benimle dalga geçtiler. Bir tek Sedat hariç! Hacer Ana bütün erkekler dışarı çıkmaya başladığında, yanıma geldi ve, "Uzat bakalım kollarını," dedi. O sırada Sedat kapıdan çıkıyordu, yavaşladı. Aptalca kolumu uzattım. Sehpadaki kutunun ağzını açtığında şok oldum. Allahım, onların hepsi altın mıydı? Teker teker bütün bilezikleri kollarıma takmaya başladı.

"Hacer Ana bunlar?"

"Kızım, kız istemeye gidiyoruz. Gelin dediğin belli olmalı," dediğinde, "Allahım, Bekir bittin sen!" diye bağırasım geldi. Çanlı inekler gibi olmuştum. Kollarım ağırlıktan kalkmıyordu. Ama yiğidi öldür hakkını yeme, gerçekten güzellerdi. İnce işçilikli bir sürü kelepçe, bileklik ve burma bilezik. En son boynuma kalın tasma şeklinde Trabzon'a özel hasır kolyesini taktığında, ben olaydan kopmuştum. Ali'm benimle bir dalga geçecekti ki sorma! Dışarı çıktığımda Hacer Ana öndeki arabaya geçti. Sedat sırıtıyordu ve ben onu ilk kez böyle mutlu görüyordum.

"Sakın bir şey söyleme," dedim gülerek.

"Çok güzelsin," dedi ve beni elimden tutup arabaya doğru götürdü.

Allah'ın emri peygamberin kavli, belimizdeki silahla kızınızı isteriz...

Kendimi güzel değil, komik olarak tanımlıyordum ya neyse! Sedat'la ikimiz arabada yalnızdık.

"Sence babası verecek mi?" dedim.

"Evet," dedi Sedat.

"Gerçekten mi?"

"Bu sefer işin rengi değişti. Hacer Ana Trabzon'un anası gibidir. Ona kimse hayır diyemez."

"Niye önceden istemedi o zaman?"

"Bekir hiç bu kadar çaresiz kalmamıştı da ondan," dedi Sedat. Haklıydı, Bekir o kadar çaresiz bir aşka düşmüştü ki artık nefes alamıyordu. Yarım saatlik bir yolculuktan sonra yine yeşiller içinde, ama daha mütevazı bir bağ evinin önünde beş araba durmuştuk. Kapıda bizi suratsız, orta yaşlı iki adam karşıladı. Adamlar bizimkileri görünce hayrete düşmüş olsalar bile yüz vermediler. Hacer Ana arabadan indi ve bana sertçe, "Gelin!" dediğinde ben hızla yanına gittim. *Gelin dedi ya...* Adamlar bir ona, bir bana baktılar. Sonra hürmetle elini öptüler. Bu Hacer Ana İtalyan mafyasını bile yönetirdi ya, neyse. Sedat, Hacer Ana'nın yanında yer alırken, diğerleri arkamızda kaldı. Bağ merdivenlerinde, elleri arkada birleşmiş altmış yaşlarında beyaz sakallı bir adam bekliyordu. İki adım arkasında tombul denilebilecek elli yaşlarında bir kadın vardı.

"Hoş geldin Hacer Ana," dedi adam.

"Hoş bulduk İsmail Efendi," dedi Hacer Ana. Sonra adam beni süzdü.

"Benim gelin, Sedat'ın hanımı İstanbul'dan ziyarete gelmişler, sağ olsunlar," dedi Hacer Ana. Adam elini uzattığında ne ara elini öptüm, gel bana sor. "Berhudar ol evladım," dedi adam. Bu kesin Selma'nın babasıydı. Sedat gelip aynı şekilde adamın elini öptü. Adam gözucuyla Bekir'i süzdü, ama bir şey demedi ve öteki develere, "İçeri buyurun, hoş geldiniz," dedi. Adamın arkasındaki kadın gelip Hacer Ana'nın elini öpüp, "Anam, hoş geldin," dedi. Gözleri yaşlıydı.

"Hoş bulduk Elif Kadın," dedi Hacer Ana. Oysa aralarında fazla bir yaş yoktu. Ben kadının eline uzanırken, "Gelinin Trabzon'a layık bir güzel," dedi Elif Kadın. Bunlar ne dilde konuşuyordu bir anlasam, rahatlayacaktım.

"Sedat oğlum yüzümü yere eğmez. Bekir oğlum gibi," dedi Hacer Ana ve laf gediğine girdi. Bir günde Sedat'ın karısı olmuştum ya, neyse! Hadi hayırlısı! Elif Ana'nın elini öpenler sırayla içeri geçti. En sona Bekir kaldı. Tabii ben ve Hacer Ana, Elif Kadın'ın yanındaydık. Bekir uzandığında kadın önce elini vermedi. Sonra Hacer Ana, "Elif Kadın, Bekir'i iyi belle... Öyle ya da böyle kızının eri olacak," dediğinde Elif Kadın elini uzattı. Bu açık bir tehditti, yuh yani! Bu gecenin sonu dört ölü ki onlar kızın ağabeyleri ve babasıydı. Bir yaralı, o kesin bendim. İki gözü yaşlı kadın, biri Elif Kadın, biri Bekir'in sevdalısı olabilirdi.

İçeri girdiğimizde ben ve Sedat, Hacer Ana'nın yanına oturduk. Sanırım Sedat evli olduğu için büyük sayılıyordu. *Biri bana odunla vursun, ne evlisi ya!* Havaya girmiştim. Bekir ve diğerleri daha bir geride duran oturma grubuna geçtiler. Bekir'in dizi, sanki motor takmış gibi sallanıp duruyordu. Yapma dememek için kendimi ne kadar kastım, bilmiyorum. Sedat kulağıma eğilip, "Dudaklarını ısırma karıcığım," dediğinde, "Sende mi ya!" dedim fısıltıyla. "Sus, valla Hacer Ana'ya söylerim," derken sırıtmamak için eli ağzındaydı. Sedat hep böyle mutlu olsun, ben onunla evlenirdim valla. Ne diyordum ben ya! Burada sanki bambaşka bir kişiliğe bürünmüştü. Yeşilin oksijeni fazla gelmiş ve onu sert havasından kurtarmıştı sanırım.

En son İsmail Bey gelip Hacer Ana'nın karşısına oturdu. Yanına Elif Kadın geçti. Onun yanına kızın ağabeyleri gelip oturdu. Beni de istemeye geldiklerinde böyle olacaktı, ama anne baba yerine kimi koyacaktık? Olsun, Hacer Ana'ya söyler, gelir ondan isterlerdi. Ben gerçekten uçmuştum, neler düşünüyordum. En kötüsü Sedat'tan isteyebilirlerdi, değil mi? Ortam sessizleşmiş, kimseden çıt çıkmıyordu. O sırada İsmail Bey, "Sedat oğlum, sen ne iş yaparsın?" dedi. Hadi bakalım, başlıyoruz.

"Bekir'le ortağım. Araba alıp satıyoruz," dedi. Mütevazı deve holdingden bahsetmedi bile. Sedat bir kere gelip Selma'yı istemişti. Bu adam bilmiyor muydu ne iş yaptıklarını?

"Bizim bildiğimiz bu değildir," dedi İsmail Efendi.

"İsmail Efendi, sen ne bilirsin?" dedi Hacer Ana.

"İstanbul'da astığı astık, kestiği kestik oldukları söyleniyor."

Hacer Ana, "Benim oğullarımdan ben mesulüm, İsmail Efendi. Sen bana kız veriyorsun. Bekir'e değil. Kızının karnı tok, üstü pek olduktan sonra oğlumun yaptığı iş kimseyi ilgilendirmez."

"Hacer Ana…" dedi İsmail Efendi, ama, "Bekir senin yabancın mıdır ki? Sen Bekir'i bilmez misin? Eşeklik etmiş, teyze kızına sevdalanmış, bunda bir sorun yoktur. Senin avradın halanın kızı değil midir?" Bu ne ya! Kim kiminle belli değil! Adam öyle bozulmuştu ki sanırım konuyu değiştirmek istedi.

"Sedat oğlum ne zaman evlendi?" dediğinde gözleri üzerimdeki altınlara kaydı. Şimdi sadede geliyorlardı. Hacer Ana boşuna beni kuyumcu dükkânına döndürmemişti. Hadi bakalım Sedat, at yalanları.

"Yeni… yeni daha," dedi Sedat. Garibim ne diyecekti? Ali'mden küçük bir kıkırdama duyduğuma yemin edebilirim. Hacer Ana ters ters Sedat'a bakınca toparladı ve, "Dört ay oldu," dedi. İsmail Efendi, "Allah bir yastıkta kocatsın," dedi. Bizim develer koro eşliğinde, "Aminnn!" diyerek gürlediklerinde Hacer Ana bile gülmüştü. Bense mal mal onlara bakıyordum da Sedat niye sırıtıyordu, hiçbir fikrim yoktu. Ağlanacak halimize gülüyordu. "Nerelisin kızım?" dedi Elif Kadın. Hacer Ana'yla göz göze geldik de niye bana soru soruyorlardı, onu bir anlasam. Beni oğluna isteyecek desem değil, ne o zaman?

"İzmir..."

"Annen baban nasıllar?"

"İyi..."

"Rahatın yerinde mi?" dedi kadın gözümün içine bakarak. Sonra bende jeton düştü. Güya kızının ne gibi bir ortamda kalacağını, nerede yaşayacağını öğrenmeye çalışıyordu.

"Çok şükür teyzeciğim, sağlık, huzur, mutluluk üzerinize afiyet, maşallahım var," dediğimde Ali'm artık kopmuştu. Yüzü mora yakın, gülmemek için elleriyle yüzünü kapatacaktı da yapamıyordu.

"Sedat oğlum seni üzmüyordur inşallah," derken gözüm Sedat'a kaydı. İşte, o an içimden geçip dudaklarımdan dökülenler doğruydu.

"O benim gözümün içine bakar, bir dediğimi iki etmez." dedim ki o sırada salon kapısından içeri elinde kahve tepsisi bir huri girdi. Allahım, bu kız nasıl bir güzellik diyeceğim, diyemedim. Bir altmış beş boylarında narin, naif, kumral desem değil, sarışın desem değil, onun ortası bir kız. Saçları ensesinde toplanmış, yüzünde gram boya yok, kendinden allıklı bir hatun. Ona kanım ısınmıştı. İlk Hacer Ana'ya kahveyi verdi. Bal rengi gözlerinin içi gülüyordu ya, bizim deveyi sevdiği her halinden belliydi. Sonra babasına uzattı kahveyi, ardından annesine ve Sedat'a verdikten sonra bana sırıtarak kahveyi uzattı. Yüzünde güller mi açıyordu ne? Allahım Sedatıma, Ali'me de bunun gibi kız nasip eyle! Sedat da merakla kızı süzüyordu da bu normal karşılanmazdı. "Sedat," dedim kızdan gözünü çekmesi için. "Efendim?"

"Kahve güzel olmuş," dedim kahveyi göstererek. Hacer Ana

gülümsedi ve, "Kızım bırak kocanı rahat, kız bakmaya geldik, bakacak tabii! Beğenmezse almadan çıkar gideriz," dediğinde İsmail Efendi morarmıştı. Dağ gibi Bekir küçücük kaldı. "Hacer Ana büyüksün!" diye bağırasım geldi. Bağıramadım.

Selma, *Rüzgâr Gibi Geçti* filminden bir sahne gibi tam salon kapısından çıkıp kaybolacaktı ki Hacer Ana, "Selma kızım, gel hele," dedi. Selma, "Buyur Hacer Ana," diyerek uçarcasına yanımıza geldi. "Otur karşıma," dedi Hacer Ana. Selma titriyordu, buna emindim, çünkü elindeki gümüş tepsi sallanıyordu.

"Bak kızım. Bu âdetli örflü bir istemeden çıktı. Senin Bekir'de gönlün var mıdır? Eğer yok dersen, artık Bekir'in adını bile duymayacaksın. Söz benim sözümdür. Seni senin istediğin biriyle evlendirir, yuvanı yaparım. Ama gönlüm var diyorsan, baban bu gece seni bana gelin verecek." "*Oha*" diyorum, başka bir şey demiyorum. Kızın yerinde olmak istemezdim. Onu biliyorum.

"Hacer Ana, büyükler ne..."

"Sen ne diyorsun? Bırak büyükleri!"

"Ben Bekir'den başkasına helal olmam anam," dediğinde abileri ve babası biz gidince kızı kesin kömürlüğe kapatacaktı. Helal kız sana!

"Tamam, kızım," dediğinde Selma'nın gözünden bir damla yaş aktı ve hızla salonu terk etti. Ne güzel laf etmişti. Başkasına helal olmam! Tüylerim diken diken olmuştu. Allahım sana geliyorum!

"İsmail Efendi! Allah'ın emri peygamberin kavliyle kızın Selma'yı oğlum Bekir'e isterim. Düğün bir hafta içinde burada olacak. Kız İstanbul'da yaşayacak. İsterse anası gitsin, yerini yurdunu görsün. Herhangi bir şeyde ben zaten buradayım." Bu nasıl bir istemekti? Kızını oğluma derken, düğün bir hafta içinde burada yapılacak diyordu. Bu kadın başbakan olmalıydı valla.

"Hacer Ana bir hafta süre az değil mi? Yangından mal kaçırır gibi!"

"İsmail Efendi, kızın tohuma kaçtı, bundan sonra ne malı? Ne yangını?" diye kükredi ve devam etti. "Adı çıkmış ateşli Selma'ya, sen hâlâ konuşuyorsun," diye azarladı aba altından.

Ben artık söyleyecek laf bulamıyordum. Hacer Ana, İsmail Efendi'yi harbi ezdi geçti. Sonra, sanki o adamı yerin dibine sokmamış gibi, "Söyle bakalım, kızın evden çıkması için neler lazımdır?" dedi. *O ne be!*

"Burada bir ev isteriz. Kız gelince rahat etsin. Sonra ağırlığının yarısı altın onun hesabına."

"Burada benim evim var. Geldiklerinde bir yere bırakmam. Cılız kızına karşı sana yarısını değil, ağırlığınca altın vereceğim. Ama ilk evlat erkek olmazsa altının hepsini geri alırım," dedi Hacer Ana. Yok, yok, bunlar Trabzonlu değiller. Ben böyle bir isteme görmemiştim. Tamam, hiç görmemiştim, ama yok artık diyorum yani! İsmail Efendi gerim gerim gerildi.

"Hacer Ana..." dedi sitemle.

"Tamam, tamam, uzatma. Bizim çiftlikte ya da başka bir yerde bir hafta sonra çocukların düğününü yaparız. Yarın benim gelinle gelir, Selma kızımı alır, alışverişe götürürüz. Elif Kadın sen de hazır ol... Yanımızda Sedat oğlum olacak, ötekiler senin oğullarla düğün için hazırlıklara başlasınlar," derken ben içimden "gitti Deniz Bey'in partisi" diye sızlanıp duruyordum. Hadi, onu bırak, bir hafta daha nasıl izin verecekti, merak konusuydu. Hacer Ana'nın kulağına eğildim ve, "Ana nişan?" dedim.

"Ah doğru be kızım. Yarın gece bizim çiftlikte nişanı takarız," dedi Hacer Ana ve o hızla ayağa kalkınca herkes ayaklandı. Elif Kadın gitti, Selma'yı alıp geldi.

"Öp kızım annenin elini," dedi Elif Kadın.

Hacer Ana, "Bekir, gel oğlum," dedi.

El öpmeler bitince Hacer Ana, "Allah utandırmasın," dedi. Ben Selma'ya ne ara sarılmıştım, o bana ne ara sarılmıştı, bilmiyorum, ama bu kızı sevmiştim.

"Yarın görüşürüz," dedim fısıldayarak. Gülümsedi, ama bir şey söylemedi. Evden çıkarken Sedat elimi tutmuştu ve ben halen gözüm arkada, Selma'ya el sallıyordum. Hacer Ana'dan azarı ye-dim tabii. "Kızım yürü! Sallanma, Sedat, götür oğlum şu kızı," de-diğinde arabanın kapısı açılmıştı bile. Tabii sırıtıyordum ve Bekir için mutluydum. Arabaya bindiğimizde içim içime sığmıyordu. Hangi ara kollarımdaki ağırlıklara aldırmadan Sedat'ın boynu-na sarılmıştım, bilmiyorum. "Verdiler! Verdiler!" Sedat hangi ara boynuma yüzünü gömmüştü, o da belli değildi. Kokumu içine çekti ve, "Verdiler valla! Hacer Ana olmasa bu gece kan gövdeyi götürürdü," dedi.

"Ay, o abilerinin suratı ne öyle? Beş karış!" dedim ve ondan ay-rılıp heyecanla konuşmaya başladım. "Parti işi yattı," dedim, ama hiç üzgün değildim.

"Çok üzüldüm," dedi Sedat sertçe.

"Gidip gelebiliriz," dediğimde Sedat sinirle bana bakıyordu. "Tamam ya! Şaka yaptım. Zaten yarın nişan var, gidemeyiz," dedim sırıtarak. Eve geldiğimizde saat on biri bulmuştu. Hacer Ana, "Kızım, odanıza sana gecelik bıraktım. Sedat'a eşofman," dediğinde, "Anlamadım?" dedim. Hacer Ana gerçekten bizi evli biliyordu. Hacer Ana ters ters bana bakarken dikkatini dağıtmak için kollarımda şıngırdayan altınları geri vermek için, "Hacer Ana, şunları çıkarayım da sana..." dedim, ama öyle bir bağırdı ki Sedat yanımızda bitti. "Gelin, haddini bil! Ne zamandan beri hediye kabul edilmez olmuş!"

"Şey ben..." dedim, öylece kaldım. Kollarımda ve boynumda servet yatıyordu, kadın bana haddini bil diyordu. "Peki!" dedim kırgınca. *Ye azarı Duygu!* Sedat'la göz göze geldik ve ben hızla salona yürüdüm. Develerin hepsi ellerinde bira, rakı Allah ne ver-diyse kutlama pozisyonundaydılar.

Arkama hışımla dönüp, "Niye hep azarı ben yiyorum ya!" diye hırladım.

"Kaşınıyorsun," dedi Sedat gamzeleri ortada.

"Ne yaptım ya!" dedim isyanla.

"Hiç susmuyorsun ondan."

"Sedat!" dedim sinirle. Durmuş, "Hayde, evli evune köyli köyine, gidup yatun kumrılar," dediğinde gözlerimi kısıp ona baktım, ama bir şey demedim, susacak gibi değildi, kıkırdıyorlardı resmen ya!

Hepsine hışımla, "Hacer Ana gerçekten bizi evli biliyor," diye dişlerimin arasından tısladım.

"Evet," dedi Sedat alayla.

"Sedat'la senin odan dedi ya!" diye tam gaz konuşuyordum. O evet mi demişti?

"Sen ne dedin? Evet mi dedin?" Aval aval suratına bakıyordum.

"Durmuş öyle söylemiş, biz de bozmadık. Hacer Ana anlamaz öyle kardeşi gibi falan," dedi Bekir.

"Ya, size inanamıyorum ya! Kadını kandırdınız, bu çok ayıp!"

"Rahatsız mısın?" dedi Sedat. Sesinin rengi değişmişti.

"Hayır, ama herkes öyle biliyor. Selma, onun ailesi, yalancı konumuna düştük."

Sedat, "Yarın nişanda söyleriz," dedi sinirle.

"Delirdin mi? Hacer Ana valla bizi keser. Onu bırak, kızı vermekten vazgeçebilirler. Gerek yok," Koltuğa yayılmış Durmuş, "Bekir ve Selma için iyi oldu. İstanbul'da rahat edeceğini anladılar," dedi ciddi bir tavırla. Ciddi olduğunu Lazca konuşmamasından anladım. Alay edeceği zaman Lazca konuşuyordu Allah'ın Laz'ı!

"Çok bilmiş sen de! Ne alaka ya!" diye bağıracaktım ya, neyse. Develer o sırada kalkmış, hepsi odasına dağılıyordu. Sedat, "Hadi, biz de yatalım," dedi ve biz karıkoca gibi odamıza girdik.

Sinirle üzerimdekileri çıkarıp Hacer Ana'nın verdiği pazen geceliği giydim. Sedat içindeki tişört ve şortuyla kaldı. O hiçbir zaman pijama, eşofman adamı olamayacaktı zaten. Yatağın içine girdiğimizde bir kedi gibi kollarının arasında yerimi aldım. "Üşüdüm, sarıl hadi!" dedim sinirle. Aklım Selma'daydı. Sedat sarıldı ve saçlarımı okşamaya başladı. Ben kedi gibi, üşümüş ayaklarımı ayaklarında ısıtmaya çalışıyordum. Isındıkça sinirim geçmeye başladı. "Selma'yı sevdim," dedim.

"Hayret!" dedi Sedat.

"Aşk olsun! Ben geçimsiz biri miyim?"

"Seninle kim olsa geçinir. Hacer Ana'ya baksana, yıllardır onu tanırım, kimseyi böyle sahiplendiğini görmedim."

"Ben de onu sevdim. Bir hafta buradayız sanırım."

"Evet," dedi ve kayıp boynuma yüzünü gömdüğünde çoktan derin derin solumaya başlamıştı. Gözlerimi kapatıp huzuru yakaladığımda bir hafta daha kâbuslarımın beni rahat bırakacağını biliyordum. Sedat sanki burada bambaşka biri olup çıkmıştı. Daha yumuşak, olmadığı kadar sevgi dolu... Devamlı ortaya çıkan gamzelerini hiç söylemiyorum zaten.

Sabah gözlerimi açtığımda arkamdan bana sarılan koca gövdesiyle Sedat derin derin uyuyordu. Kıpırdanıp kollarından kurtuldum ve aceleyle üzerimi giyinmeye başladım. Saat sekize geliyordu ve ben Hacer Ana'ya ayıp etmek istemiyordum. Banyoya uğrayıp elimi yüzümü yıkadım. Salona geçtiğimde Bekir'i gördüm. İntikam vaktiydi. Gelip mutlulukla bana sarıldı ve beni havaya kaldırıp kendi etrafında döndürdü.

"Seni maymun!" dedim sırıtarak.

"Duygu hâlâ inanamıyorum," dedi çocuk gibi.

"İnanmalısın, artık evli barklı, ileride çocuklu bir adam olacaksın," dediğimde ağlayasım gelmişti. Nerede benim intikam planlarım?

"Sen olmasan, olmazdı," dedi minnetle.

"Ben bir şey yapmadım ki, hepsini Hacer Ana yaptı." O sırada Hacer Ana'nın sesi duyuldu. "Günaydın gelin kızım," dediğinde Bekir'e gözlerimi kısıp baktım. Hacer Ana'nın gülen yüzüyle içimden geldiği gibi ona doğru iki adım atıp hızla sarıldım ve, "Günaydın annem," dedim. Kadın şaşırmıştı ve ben de utanmıştım. Ben anne kokusunu çok özlemiştim. Gözleri doldu kadıncağızın, o da kızını özlemişti belli!

"Sedat oğlumu uyandır, gecikmeyelim," dediğinde ben utançla, "Olur," dedim ve odadan aynı hızla sıvıştım. Odaya girdiğimde Sedat halen uyuyordu. Zıplayarak yatağa tırmandım ve yanağına sıcacık bir öpücük kondurdum. "Sabah şerifleriniz hayır olsun kocacığım," dedim şakayla. Sedat'ın Terminatör gibi aniden gözlerini açmasıyla beni kollarına alıp sarılması bir oldu. Sesi çatallaşmış, uykusuz kalmış gibi bir hâli vardı. "Günaydın, sen ne dedin?" dedi hayretle.

"Kocacığım dedim," dediğimde beni daha bir sardı.

"Hadi, kalk gecikmeyelim. Selma'yı almaya gideceğiz."

"Sana da giyecek bir şeyler alalım."

"Evet, iç çamaşırı istiyorum."

"Edepsiz!"

"Kokacağım valla!"

"Mis mis," dedi beni koklarken.

"Bizim develere de almak lazım, apar topar geldik," dediğimde Sedat'ın yüzündeki bakışlara bir anlam veremedim. Durgun, bir o kadar varla yok arası bir bakıştı. "Hadi," dediğimde hızla kalkıp üzerini giyindi. Kahvaltı şen şakrak geçti. Hacer Ana, Sedat ve ben çıkmak üzereydik. Tabii Bekir kıvranıyordu. Gülmemeye çalışmaktan yanaklarım ağrıdı valla. Kıyamadım Bekirime, "Ana," dedim. Ne güzel üç harfti ki bunu her söylediğimde içim eriyordu.

"Söyle kızım."

"Bekir de bizimle gelse ya!" diye cümle kurdum, Bekir'in yüzünde güller açtı.

"Olmaz!" dedi Hacer Ana.

"Niye ki anam? Bu deli bugün karın ağrısıyla yerinde duramaz, biraz görsünler birbirlerini..."

"O zaman öğlen buluşuruz. Şimdi kızı alırken yanımızda olmasın," dediğinde Bekir, "Anam! Canım anam!" dedi ve kadına ne ara sarıldı sorma! Çocuklar gibi mutluyduk. Arabaya bindiğimizde Hacer Ana zorla arkaya oturacağım diye tutturdu. "Geç erinin yanına," diye kükredi valla. Arabaya binerek yola çıktık. Sedat, "Duygu, Selma'ya takacak sen de bir şeyler bak; hem bize, hem Ali'ye..." dedi.

"Tamam, alırım da Senem gelecek mi?" dedim fısıltıyla. Sedat öyle bir baktı ki *hayır* demesine gerek yoktu. Onu kırmıştım sanırım. Hacer Ana, "Kızım sen nereden buldun bu Sedat'ı?" diye sorduğunda, Sedat'la göz göze geldik. Benden ses yok. Uydur bakalım Sedat Efendi!

"Duygu'yu ilk on beş yıl önce görmüştüm. O zamanlar babasını tanıyordum anam... Sonra kısmet işte," dedi. Oha yani, adam destekli atıyor! Sinirle ona baktım. Bu kadar rahat yalan da konuşulmaz ki canım! Sedat devam etti.

"On sekiz yaşında Diyarbakır'da ıslahevinde bir olaya karışmıştım. Nejat Savcım beni kurtarmış, bir gece evinde yatırmıştı. Duygu o zamanlar dokuz yaşındaydı," derken şok yaşıyordum. Bütün uzuvlarım işlevini yitirmişti, gözümü kırpmadan Sedat'a bakıyordum. Beynimde şimşekler çaktı ve, "Doğum günümdü," dedim. Elim ayağım buz kesmişti. Sedat sevgiyle, "Üzerinde dantelli kırmızı bir elbise vardı. Bana beceriksiz ellerinle kendi tabağını getirmiştin," dedi. Gözlerimden ne zaman yaşlar süzüldü, bilmiyorum. Sedat uzandı ve gözyaşlarımı sildi.

"Ağlama Cano! Gözyaşını bana harcama!" Dünya silinmiş, sadece Sedat ve ben kalmıştık sanki. Gözlerime bakarak, "İşte, Hacer Ana o zamandan bu zamana ben bu kara kızı çekiyorum," dedi Sedat havayı dağıtmak için. Demek Sedat, kolyeyi verdiği akşam doğruyu söylüyordu. On beş yıldır doğum günümü biliyordu. O hep biliyordu.

Hacer Ana'nın sesiyle kendime gelebildim desem, yalan olur. "Ağlama kızım, Allah herkese böyle seven adam nasip etmez," dedi mutlulukla.

"Bana ağlamıyor anam. Günahı kadar sevmez beni, zorunluluk bizimkisi," dedi alayla.

Öyle şaşkın ve duygularıma anlam yükleyemez bir haldeydim

ki sinirlendirdi beni herhalde bu durum. "Sen benim her şeyim-
sin, ama farkında değilsin," dedim burnumdan soluyarak. Hacer
Ana gülüyordu arkada. Tabii isyan ettim. "Hacer Ana, görüyor-
sun değil mi, bir de bana söylettiriyor."

"Söyle kızım söyle! Biz söylemedik de ne oldu?" dedi kederle.
"Söyle, hadi itiraf et," dedi Sedat. Gerçekten bu adamın bu-
rada içine bir şey kaçmıştı da neydi? Orası muamma. İnşallah
İstanbul'da içinde kalmaya devam ederdi. Ya da biz burada kala-
bilirdik. Bütün yol boyunca Sedat'ın bana yaşattığı şoku düşün-
düm. Selma'ların evine geldiğimizde Elif Kadın ve Selma kapıda
hazır, bizi bekliyordu. Annesinin beş karış suratının aksine Sel-
ma sırıtıyordu. Bu kız hep gülüyordu sanırım. Araba durmadan
kendimi arabadan attım. Hacer Ana inmedi. Sedat inip ilk beni
azarladı tabii. "Yavaş yavaş!" Atını eğitiyor sanki öküz! Sedat'ın
ağır adımlarına ayak uydurdum. Elif Kadın'ın yanına gittiğimiz-
de Sedat eğildi ve elini öptü. "Sağ ol evladım," dedi Elif Kadın.
Ben eline uzandım ve öperken, "Hoş geldin gelin kızım," dedi
Elif Kadın.

"Hoş bulduk Elif Anne," dedim sırıtarak. Herkese anne der
olmuştum, olsun! Kadın böyle bir sıcaklık beklemiyordu ki sura-
tıma baktı şaşkınlıkla. Biz kadınlar arabaya binerken Sedat, İsma-
il Efendi'ye bir şeyler söyledi ve arabaya geldi. Ben önde, üç kadın
arkada Trabzon'a alışverişe gidiyorduk. Gelin alışverişi yapılacak,
düğüne hazırlanılacaktı.

"Elif Kadın alışveriş yapmak için gönlünden geçen bir yer var
mı?" diye sordu Hacer Ana.

"Yok, siz nereyi uygun görürseniz," dedi. Sedat aynadan nere-
ye der gibi Hacer Ana'ya bakıyordu.

"Oğul, eski dükkânlar kapanalı yıllar oldu. Ben çarşıya çık-
mayalı da öyle," dediğinde, *atla Duygu*, dedim içimden. "Ana, o
zaman büyük alışveriş merkezi olan bir yere gidelim. Hem üşü-
meyiz. Hem her aradığımızı bir yerde bulmuş oluruz," dedim.
Yine azarı yedim tabii. "Oğula sordum gelin!" Yüzüm yanmaya

başlamıştı. Sedat sırıtıyordu. Eh, ben bunların acısını fitil fitil burnunuzdan getirmez miyim?

"Ana, Duygu haklı, rahat edersiniz," dedi Sedat.

"İyi madem," derken Sedat navigasyonu açtı ve biz en yakın alışveriş merkezinin önünde durduk. Bende yediğim azar yüzünden moral yerlerde tabii. Sedat'ta keyif tavan! Hacer Ana alışveriş merkezinin önünde, "Burada ne satıyorlar?" dediğinde Sedat bir güzel açıkladı. Hacer Ana gözüme bakıyordu. Ben havaya, yere, nereye denk gelirse. "Akıllı gelinin de hâli bir başka oluyormuş," dediğinde Sedat zaten kahkaha atmamak için uzaklaşmıştı. Dört kadın, bir adam içeri girdik. Sedat arkamızdan gelirken önde anneler, biz Selma'yla arkada. Başlasın sohbet! Yakınlaşmak lazım! *Göster kendini Duygu!* Ben nereden başlayacağımı düşünürken Selma atak yaptı. "Bekir senden çok bahsetti," dedi bana gülerek. Şaşırmıştım.

"Benden mi?"

"Evet, ağzından düşürmüyor."

"Ben de aynısını senin için söyleyebilirim," demek zorunda kaldım. Çünkü bir Senem vakasını daha kaldıramazdım.

"Kaç yaşındasın?" dedim gülerek. *Konuyu değiştir Duygu.*

"Yirmi altı."

"Ben de yirmi dört."

"Sedat'la bayağı yaş farkı var," dediğinde *hayda*, dedim içimden.

"Dokuz yaş, pek yok," dedim. Ne diyeyim!

O sırada Hacer Ana, "Gelin şu dükkâna girelim, size uygun bir şeyler var burada," dedi. Allahım, gelin demesine alıştım da bana mı alışveriş yapacağız anlamadım ki! Sedat onlar içeri girerken, "Duygu" dedi ve bana kartını uzattı. "Hacer Ana'ya de ki Sedat kızar."

"Tamam, ama benim de kartım yanımdaydı."

"Olmaz, al sen ve söylediğimi söyle."

"Arada beni harcayın bakalım."

"Duygu!" dedi sertçe.

"Efendim kocacığım!" dedim alayla ve mağazaya girdim. Ben "kocacığım" dediğimde gamzeleri ortaya mı çıkmıştı? Yok canım! Selma çekingen duruyor. Tavır yapmaya çalışan annesinin elleri önünde bağlı, Allahım, tam bir kâbustu! Hacer Ana her fırsatta beni azarlayıp durdu. Hem de yok yere! Sigarasızlıktan ölüyordum. Bin kere ya sabır çekip günlük tespihlerimi tamamlamıştım.

"Ana, ben bir tuvalete gidip geleyim," dedim ve mağazadan kendimi nasıl dışarı attım, bilemedim. Sedat'ı falan görecek gözüm yoktu. Zaten etrafta görünmüyordu. İşaretleri takip edip sigara içme alanına tam varmıştım ki Sedat arkamda bitti. "Duygu." dediğinde sigara paketini gösterdim.

"İyi misin?"

"Bu gelin alışverişi değil, Çin işkencesi! Hacer Ana beni azarlayıp duruyor."

"Âdettendir, gelinim sana söylüyorum, kızım sen anla. Üzerine alınma," dedi Sedat ve bende jeton düştü.

"Allahım, vurun abalıya! Ama bunun acısını sizden çıkarmazsam bana da Duygu demesinler," derken Sedat çoktan bana sarılmıştı. Ben de sırıtıyordum tabii.

"Sen harikalar yaratıyorsun, farkında değilsin."

"Dur, şunu içeyim, sonra bana sakız al. Kokar falan, Hacer Ana gebertir beni valla!"

"Aç mısın?"

"Yok, düğün takımıyla beraber yeriz. Beklerler şimdi, gitsem iyi olur. Sen de bu arada bizim develere bir şeyler baksana," dedim ve sigaradan hızla iki nefes çekince başım döndü. "Allahım nikotin! Hadi, ben gidiyorum," dedim ve Sedat'ın cevabını beklemeden koşarak içeri girdim. Arkamda öylece kaldı. Uçarak mağazaya girdiğimde en nihayetinde kasaya gelebilmişlerdi ve biz daha iki mağaza bile gezmemiştik.

Kasanın önünde, "Ana," dedim elini tutarak.

"Çekil gelin!" diye kükredi Hacer Ana, ama, "Sedat kızar ana, akşam huzursuzluk çıkarır," deyince durdu. İlk Elif Kadın'ın gözüne, sonra Selma'ya baktı.

"Tamam, o halde, erin demişse," dedi. Kartı uzattım ve paketleri alıp çıktık. Sırayla iç çamaşırcı, ayakkabıcı, çantacı gezdik durduk. En son kuyumcuya girdik. O ara Selma'yla ikimiz yüzükleri deneyip duruyorduk. Sanırım kadınlığın hamurunun içine bu mücevherlerden katmışlardı. O kadar güzellerdi ki! Kuyumcuya Sedat da bizimle girdi.

Hacer Ana durdu durdu, bombayı patlattı. "Oğul, bu kızın niye nikâh yüzüğü yok? Senin de yok? Gören bekâr sanıp gönlünü kaydırmaz mı?"

Hayda! Sedat bana bakar, ben Sedat'a!

"Kızım sen niye kocanı yüzüksüz dolaştırıyorsun?" Kaçıncı azar bu ya!

"Benim yüzüğüm evde kalmış," deyiverdim.

"Benimki neredeydi acaba?" diye Sedat üzerini başını aramaya başladı. Bu yalan bir yerde patlayacaktı ya, neyse...

"Bak anne ya, cebine koymuş, al işte, oğlunu gör. Elâlemden evli olduğunu saklıyor bu oğlun," dedim. Biraz da azarı sen ye Sedat Bey!

Hacer Ana'nın bir, "Sedat!" deyişi vardı ki yemin ediyorum kuyumcunun camları sallandı.

"Anam, valla bu kızının içi fesat!" dedi ve yanında bitti. *Sırıt Duygu!*

"Gel oğul, seç şuradan yüzük, benim size hediyem olsun," dediğinde aptal aptal birbirimize bakıyorduk. *Yok artık!* Bende yüzük olayından sonrası harbiden yok. Kuyumcudan sonra ne aldık? Kim ne seçti? Kim ne verdi? Bende film kopmuştu, çünkü sürekli sol elimdeki yüzüğe bakıyordum. Çok güzeldi. Altın olmasına altındı, ama sahteydi. Sanki o yüzük parmağıma girmiş, benim dünyayla bağlantım kesilmişti. Merakla arkamda yürüyen Sedat'a bakıyordum. Eli hep cebindeydi. Yüzüğünü görmek istiyordum, ama niye bilmiyorum.

Sedat, "Ana, acıkmadınız mı?" dediğinde, "Yorulduk valla...
Duygu kızım yemek için nereye oturalım?" dedi Hacer Ana.
"Ben karışmam," dedim burnum havada. İlk alışveriş mağaza-
sına gidelim dediğimde azarı yemişim, karışır mıyım? Karışmam!
Sedat yine kıkırdıyor.
"Kör olmayasıca, insan anasına tafra yapar mı?" dedi Hacer
Ana. *Her şartta azarı ye Duygu!* Tabii hep beraber gülmeye baş-
ladık.
"Ne yiyeceksiniz ona göre," dedi Sedat.
"Selma, Elif Kadın, canınız ne çeker?" dedi Hacer Ana.
"Fark etmez," dedi Elif Kadın, Selma'dan ses yoktu. Bana kal-
sa McDonald's'a girer, Big Mac yer, mideme yayılmasına izin ve-
rirdim de tabii Hacer Ana'dan asıl azarı o zaman yerdim.
Bir lokantaya oturduğumuzda ben sarma beyti söyledim. Se-
dat yanıma oturmuş, her zamanki gibi patlıcan kebabı söylemişti.
Hacer Ana burun kıvırıp çorba istedi. Selma benden yana beyti
söylerken, annesi iskender istedi. O sırada cebim çaldı. Hay aksi,
ben Deniz Bey'i unutmuştum. Masadan kalksam olmaz, konuş-
sam olmaz. Sedat, "Kim arıyor?" diye bir de sormaz mı? *Al sana
uğraş Duygu!*
"Deniz Bey," dememle telefonu elimden alması bir oldu. Hiç-
bir şey diyemedim. Bir iki saniye dinledi ve suratı resmen morar-
dı. Sonra, "Ben Sedat, babanıza geçmiş olsun. Duygu gelemiyor,"
dedi. Kapatması uzun sürmedi. Dişlerimi sıkıp önümdeki yemek-
le oynuyordum. Yaptığı tam bir öküzlüktü, ama o niye sinirlen-
mişti? Yanaklarında ne kadar kas varsa oynuyordu. Dayanamadı
tabii! Beni ne ara kolumdan tutup dışarı sürükledi, anlamadım.
Bir tek Selma'yla göz göze gelebilmiştim.
"O adamın gidince ağzını burnunu dağıtmazsam bana da Se-
dat demesinler," dediğinde duvara yapışmış sümük gibiydim.
"İyi!" dedim.
"İyi mi?" dedi. Şaşkındı çünkü bu tepkimi beklemiyordu.
"Ne söylediysen seni kızdırdığı belli, birincisi o benim telefo-

num, madem sinirlenecektin, elimden almasaydın, ikincisi benden niye hıncını çıkarıyorsun?" dediğimde kendine geldi.

"Seni akşam yemeğe çıkarayım diyecek kadar yakın demek! Eve ne zaman geldi?" diye bağırdığında bütün herkes bize bakıyordu.

"Bağırma! Eve gelmedi. Ne zaman gelecekti? Her zaman siz varsınız! Sen olmasan da adamların var. İşten beni sen alıp götürüyorsun. Gece de koynunda uyuduğuma göre!" dediğimde Sedat sakinleşeceğine iyice köpürdü. "Yemeğe çıkalım ne demek lan!" diye kükreyerek deli danalar gibi dolaşmaya başladı. Ben yerime sinmiş, kıpırdamıyordum. Lokantanın kapısından, "Oğul!" diye Hacer Ana'nın sesi duyulduğunda Sedat parmağını bana uzatıp, "O iş bitti!" diye bağırdı ve beni beklemeden lokantaya girdi. Ben de arkasından, başka çare yok! Gülmeye çalışarak yerime oturdum, ama etraf buz kesmişti. Sedat sanki hiçbir şey olmamış gibi yemeğini yemeğe devam etti. Benim tabağımla oynadığımı gören Hacer Ana, "Duygu, ye kızım yemeğini," dedi, ama yutamıyordum. Yemekler bittiğinde ben hâlâ tabağımdaki beytiyi kovalıyordum. Yemek sessiz sedasız geçti. Hacer Ana, "Siz hesabı halledin, biz şu karşı dükkâna girelim," dedi ve Elif Kadın ve Selma'yı alıp lokantadan çıktı. Sedat sessizce oturuyordu. Tabii ben de. Sakinleşmişti sanırım. "Kalkalım mı?" dedim. Bir an önce yanından uzaklaşmak iyi fikirdi.

"Duygu! Konuş benimle!"

"Ne dememi bekliyorsun?"

"Bilmiyorum, haklı olduğumu söylemen hoşuma giderdi"

"Ama haksızsın!"

"Haksız mıyım?"

"Evet, haksızsın... Adamın bana ilgisinin olduğunu düşünmüyorum. Diyelim var, bunda ne sakınca var, anlamış değilim. Sinirlenince gözün hiçbir şey görmüyor. Ben seni biliyorum, ama insanları korkuttun. Selma'nın yüzü bembeyaz oldu. Hacer Ana

171

bile..." dediğimde, sanki o kadar yaygarayı o koparmamış gibi yüzünü ne ara boynuma gömdü, onu da göremedim.

"Çekil Sedat ya!" dedim sinirle, ama kolumu tutup beni bırakmadı. Bekir ne zaman gelmişti de bizim başımıza dikilmişti...

"Bekir," dedim şaşırarak.

"Selma nerede?" demez mi?

"Cebimde diyeceğim, olmayacak," dedi Sedat. O ara Sedat sol eliyle kafasını kaşıdı. Tabii olay koptu. "Abi, o ne!"

"Ne?" dedi Sedat anlamadan, ama Duygu'dan kaçmaz. Sırıtarak, "Biz evlenmeye karar verdik. Onca yalan boşa gitmesin," dediğimde Sedat hiç gülmüyordu. Gülmeyen yüzü neden moralimi bozmuştu? Bekir, "Vallaha mı?" dediğinde Sedat, "Lan bir yalan uyduruyorsunuz, sonra kendiniz inanıyorsunuz ya, pes!" dedi ve sinirle kalktı. Ben bozulmuştum, ama niye?

Gülmeye çalışarak, "Hacer Ana aldı. Kadına gerçekten ayıp oldu. Ne vardı kuzenim, kardeşim, falan deseydiniz," dedim.

"Eski kafa o, anlamaz. Bizim Laz kafalar ancak bu kadar bastı," dedi.

"Boş ver sen şimdi bizi. Selma'yı sevdim," dedim kıkırdayarak.

"Sevdin mi gerçekten?" dedi Bekir, gözlerinin içi gülüyordu.

"Vallahi sevdim. Hanım kız, ben onunla daha sıkı fıkı olurdum da Hacer Ana beni azarladı durdu bütün gün."

"Duygu, ben evi düzene kadar seninle kalacak," dedi Bekir.

"İstersenuz temelli pende kalun, pana uyar," dedim Lazları taklit eder gibi, ama olmamıştı. Bekir, "Seviyorum kız seni," dedi bana. "Söylediğimiz yalanlar ortaya çıkmadan şu düğünü halledip kızı alıp gidelim," dedim kıkırdayarak. O sırada Sedat, "Hadi, nerede kaldınız?" diye bağırdı.

Sonrası *James Bond* filmlerini aratmadı. Hacer Ana, Elif Kadın'ı oyalarken ben Selma'yla güya ikinci kattaki mağazaya bakmaya gittim. İki sevdalıyı bir kafede yalnız kalabilmeleri için bıraktık ve Sedat'la aylak aylak dolaşmaya başladık. Hâlâ burnundan soluyordu.

"Bana kızgınsan İstanbul'a dönebilirim," dedim, kapris yapmak en iyisiydi.

"Duygu! Sana kızgın falan değilim. Ancak o senin eski patronunun iki üç kemiğini kırınca rahatlarım."

"Niye? Sadece benimle yemek yemek istedi diye mi kemiklerini kıracaksın?"

"Evet!"

"Ben de istiyorumdur belki," dedim ve sinirle hızlı hızlı yürümeye başladım. Bana yetişip kolumdan tutarak kendine çevirdi ve, "İstiyor musun?" diye sordu.

"Sedat saçmalama!"

"Sana bir soru sordum Duygu!"

"Konumuz yemek değil, biliyorsun!"

"Sana bir soru sordum."

"Neden olmasın?" dediğimde kolumu ateşe değmiş gibi bıraktı.

"Tamam..." dedi, ellerini yukarı kaldırdı ve geri iki adım attı. Alınmış bir hâli vardı. Aptalca suratına baktım. "Parti iptal olmuş, Metin Bey rahatsızlanmış, işine devam edebilirsin, karışmıyorum. İstersen her gece yemeğe çık," dedi ve arkasını dönüp çekip gitti. Yemin ediyorum ruh hastası! Onu bilmesem, beni kendine karı yapacak derdim, ama nerede! Sado Sedat nere! Çırpı, öksüz Duygu'yu kadın olarak görmek nere!

Sinirle Selma ve Bekir'in yanına gittiğimde sevdalılar başlarına dikildiğim hâlde beni görmediler.

"Selma, annen anlamadan gidelim mi?" dedim, onların şirin hallerini bile çekecek halim yoktu.

"Sedat nerede?" dedi Bekir.

"Delirdi yine!"

"Kızım bir delirtme şu adamı ya!" dedi ve telefona sarıldı. Biz Selma'yla koştura koştura yukarı çıkarken Hacer Ana elinde poşetler, Elif Kadın'la bekliyordu. Son olarak ben bizim develere bir şeyler alırken, Elif Kadın ve Hacer Ana bir yere oturmuşlar, çay içiyorlardı. Selma da benimle gelince bizim develer kokumuzu aldılar tabii. Sedat yanıma yanaştığında ikimiz de sessizdik. Benim koca çenem susar mı? Susmaz!

"Kavga etmek ve bu mutlu günleri bozmak gibi bir niyetin varsa benden uzak dur!" Sanki kimseler yokmuş gibi gelip beni arkamdan sardı ve yüzünü saçlarıma gömdü.

"Senden uzak duramam," dedi. O an fark ettim ki İstanbul'daki Sedat gerçekten burada çok farklıydı. Daha anlayışlı, daha sevecen, tam anlamıyla içine melek kaçmış gibiydi. Doyasıya bana sarılıyor, gece beni yine sevgiyle koynunda uyutuyordu. Sanırım İstanbul'da Senem'in varlığı ile hareketlerini kısıtlıyordu. Ben gidince o Senem'i öldürsem, ne güzel olurdu ya!

Elimde tuttuğum gömleği havaya kaldırdım. "Bu nasıl? Bedeni ancak olur sana," dediğimde barışmıştık. Ben ona küs kalamazdım ki! Keyfim gamzelerini gördüğümde yerine geldi. Bekir'le Selma öyle şirindi ki göz göze bakışmaları, birbirlerine gülüşmeleri, tıpkı Ferhat ile Şirin'in günümüz versiyonuydu. Ali'm nerelerdeydi benim ya! O da Bekir'in bu hallerini görmeliydi.

"Çok tatlılar."

Sedat, "Bizim kadar değil," dedi alayla.

"Tabii canım, biz seninle Tom ve Jerry kadar tatlıyız," dediğimde kahkaha atıyordum. En nihayetinde gecenin dokuzunda yorgunluktan bitik bir şekilde eve dönüyorduk. Tam Selma'lar inecekti ki Hacer Ana, "Elif Kadın, gelin hamamını bizim merkezdeki hamamda yapalım, ne dersin?" dedi. Benim renk attı tabii. Sedat'la göz göze geldiğimizde tırnaklarım etime batıyordu.

"Olur," dedi Elif Kadın.

Selma, "İyi geceler," dedi ve Hacer Ana'nın elini öptü. Bende ses soluk hak getire.

Sedat, "Tamam... üzülme sen," dedi mırıltıyla. Panik halim bu kadar belli oluyordu demek.

Eve geldiğimizde nasıl indim, nasıl içeri girdim, bilmiyorum. Kapıdan girdiğimde yüzümü gören Ali'm ve Bekir adeta yanıma ışınlandılar.

"Duygu! Hayırdır?"

"Yok bir şey, yorgunum."

Ali'm, "Abi, ne oldu yine ya!" dediğinde Hacer Ana, "Size ne oğul! Karıkoca onlar," dediğinde sabır çeken bu sefer Ali'mdi. Bu geceden bu konuyu halletmezsek ben uyuyamazdım. "Hacer Ana," dedim. Sedat gözümün içine bakıyordu. "He kızım," dedi. Kıyamadım kadına ya! Yalan dolan, gel de açıkla! Koltuğa oturmasını sağladım. "Ben her yere gelirim de..." dedim sustum.

"Söylesene kızım."

"Gelin hamamına gelemem," dediğimde Bekir ve Ali'm, "Ne!" diye böğürdüler. Ali'm parmaklarını ısırırken, Bekir kahroluyordu, biliyorum. Onlar benim en acılı günlerimde yanımdaydılar. Benimle her şeyi birebir yaşamışlardı ve bedenimdeki izlerin her santimini biliyorlardı. Ya ben bu develeri çok seviyordum ya!

Sedat, "Duygu!" dedi. Üzülmemem için yeminle hamamı bombalardı, biliyordum.

"Kızım niye ki?"

"Gelemem anne, ısrar etme, sakın gönül koyma, olur mu?"

"Kızım elalem ne der? Kusurun var sanırlar? Hele o Elif Kadın bizi topa koyar, kocası dövmüş der, valla."

"Anne doktor yasakladı."

"Niye gül kızım? Hasta mısın?" dedi. Hacer Ana'nın gözleri dolmuştu, kesin kızı aklına gelmişti. Allahım, ben kimseyi üzmek istemiyordum.

"Aksine güzel annem, ben... ben hamileyim," dediğimde Sedat, Ali'm, Bekir koro üçlüsü, "Oha! Yok artık!" dediler.

"Doktor sıcak iyi gelmez dedi," deyiverdim. Yalandan kim ölmüş! Battı balık yan gider yani! Kadını mutsuz etmektense, mutlu bir yalanla gömülmeyi tercih ederdim. Hacer Ana rahatladı, tabii Sedat'a döndü. "Yahu pes sana! Gebe kadını bugün bu kadar dolaştırdık. Niye söylemiyorsun Sedat oğlum?"

"Ana!" dedi Sedat, ama gerisi yok. Ellerini "pes" dercesine yukarı kaldırdı. Hacer Ana bana sarıldı ve, "Senin etin ne, budun ne kızım! Oğlum daha erken değil mi? Yeni evlisiniz, bu ne acele?

Kız zaten yavru kadar! Tövbe tövbe!" dedi azarlayarak. Sedat'ta çıt yok! Morardı resmen! *Beter ol Sedat!*

Ne zaman sonra Sedat, "Hadi bakalım Duygu Hanım, yatmaya," dediğinde Hacer Ana sırıtıyordu. Odaya girdiğimde gerçekten uyumak bana iyi gelecekti, bütün gün koştur koştur, yorulmuştum. En azından gelin hamamını bir şekilde atlatmıştık da İstanbul'da durumu Selma'ya nasıl açıklayacaktım, hiçbir fikrim yoktu. Sedat odaya girdiğinde ben geceliğimi giymiş, yatağın içine girmiştim bile. Sedat usulca soyundu, tişörtü üzerinde, şortu altında yatağa girdi. Kedi gibi sokuldum. Soğuk ayaklarımı bacaklarına dayadığımda irkildi, ama sesini çıkarmadı.

Sessizce durduk. Ben yorgunluktan bayılmak üzereydim. Uyumamak, Sedat'ın kollarında olmanın keyfini sürmek için direniyordum da gözlerim ne zaman kapandı? Ne zaman uykuya daldım? Uyandığımda Sedat yanımda yoktu. Duvardaki saat ona geliyordu. Yataktan uçarak fırladım ve üzerimi giydim. Çok ayıp olmuştu. Elimi yüzümü yıkadım, salona geçtim, kimsecikler yoktu. Şaka gibi! Merakla evi gezdim. Kimse yoktu! Bahçeden sesler geliyordu ki arka arkaya silah sesiyle irkildim. Hızla verandaya koştuğumda bizim develer sıralanmış, şişeleri vuruyorlardı. Allahım neydi günahım! Kulaklarımı kapatıp bir süre onları seyrettim. Sedat beni görüp yanıma geldiğinde üşümeye başlamıştım.

"Hacer Anne yok sanırım. Niye beni uyandırmadınız?"

"Hacer Ana gebe kadına ilişmeyin, uyusun dedi."

"Oh iyiymiş," dedim keyifle.

"Yüzsüz ya! İyice yalancı oldun," dedi Sedat.

"Üzüm üzüme baka baka kararır," dedim burnum havada. Akşam nişan vardı ve Hacer Ana bugün Elif Kadın ve Selma'yla Bekir'i alıp nişan alışverişine gitmişti. Ben hamile olduğum için yırtmıştım sanırım. Allahım yalanlar denizinde boğuldum resmen! Saat on ikiye kadar evin içinde aylaklık ettim. Erkekler şehre indiklerinde ben biraz daha uyudum. Bu çiftlik havası sanırım beni çarpmıştı. Saat iki gibi Hacer Ana, Bekir ve Sedat'ın elleri kolları dolu geri geldiler. Sonra arkalarından Durmuş ve Dursun geldi. O ara Hacer Ana neye bağırıyorsa, "Durmuş, bak seni elime alırım, kimse kurtaramaz. Bul gelinlerim gibi bir tane gidip isteyeyim. O neymiş öyle Rus nataşası! Tövbe! tövbe!" diyordu.

"Ya ana, o nataşa değil! İsmi Verda, hem babası da Türk!" dedi Durmuş, ama Hacer Ana anlayacak gibi durmuyordu.

"Türk kızlarına kıran mı geldi oğul! Son sözüm budur," dedi ve bana dönüp, "Gelin! Vardır senin gibi hanım hanımcık kızlar çevrende. Durmuş gelsin sizinle İstanbul'a bir baksın," dediğinde tamam anlamında başımı salladım, ama Durmuş'tan azarı yedim. "Yahu yenge, ne başını sallıyorsun da! Yok desene!" *Her durumda azar ye Duygu!* Hacer Ana, "Gebe kıza çıkışma!" dediğinde Durmuş, "Kim gebe?" dedi aptal aptal bana bakarak. Kendi uydurduğu yalanın ucunu bucağını kaçırmıştı. Sedat, Durmuş'un yanına geldi ve mırıltıyla, "Senin balatalar yanmadan gel sana bir bardak rakı koyalım tertip," dedi ve onu alıp bahçeye çıkardı.

Nişan hazırlıkları başladı. Evin içinde öyle bir curcuna vardı ki gören düğün olacak sanırdı. Bir sürü kadın ne zaman gelmişti? Hangisi ne zaman baklava açmaya girişmişti? Örgüt gibiydiler. Yok, yok, çalışkan karıncalar gibiydiler. Kadınlar nokta atışı yapar gibi çalışırken, on tane erkek her zamanki gibi bir masayı koyacak yere iki saatte karar verdi. Ben bu kadar hazırlığın beş kişi için aşırı olduğunu düşünüyordum da misafirlerin akın akın gelmeye başlamasıyla aptala döndüm. Havanın soğuk ve yağışlı olmasına rağmen çardakların altına kurulan mangallar ve masalar görülmeye değerdi. Masaları hazırlarken ben deli gibi mutfakla bahçe arasında gidip geliyordum. Hacer Ana bağırıp duruyordu. "Sen dur kızım! Dur! Bırak! Ay koşmasana kızım! Tansiyonum çıktı valla," diye, ama suçluydum ve bir şekilde kendimi affettirmeliydim. Saat dört gibi, "Sedat oğul, al şu kızı! Götür odaya, yoksa elimden bir kaza çıkacak," dedi Hacer Ana. Sedat kuzu kuzu yanıma geldi, "Yürü kadın!" dedi zevkle. Tabii yürüdüm ben de. Sedat burada çok tatlıydı ya! Odaya geldiğimizde ayakkabılarından kurtulup yatağa uzandı. Ben de yanına zıpladım tabii.

"Umarım o uyuz abileri bir terslik çıkarmaz," dedim tedirginlikle.

"Çıkaramazlar, biri Bekir'den iş istemiş bile."

"İstanbul'da mı?" dedim merakla.

"Evet."

"Verecek misiniz?"

"Bekir ona burada reddedemeyeceği bir iş buldu," dedi sırıtarak. "Sizden korkulur," dediğimde gözlerim kapanıyordu.

"Şaka maka yoruluyorsun Duygu," dedi. Sedat beni kollarına aldığında ona iyice sokuldum.

"Havadan sanırım, hep uyumak istiyorum. Burası cennet gibi, hep burada kalalım sen ve ben," diye mırıldandığımı hatırlıyorum. Sonra tek bildiğim üzerine birkaç tane adam oturmuş gibi gözlerimin kapanmasıydı.

Sen benim dünyamsın

İçimdeki huzurla gözlerimi açtım. Açılmadı. Tekrar kapayıp açtım, yine açılmadı. Huzur toz bulutu halinde yok olurken, yerine eski dost beni karşıladı. Gözlerim açılmıştı ve ben karanlıktaydım! Yıllar sonra beni ziyarete gelen dost, yine beni koynuna almış, sarıp sarmalıyordu. Karanlığın paniğiyle yerimden kalkamıyor, çığlık atamıyordum. Tek yapabildiğim doğrulup dizlerimi çenemin altına alıp titremekti. Fareler! Sinsi sinsi hareket eden, kedi büyüklüğünde fareler, onlardan ayak parmaklarımı korumaya çalışıyordum. Dişlerim birbirine vuruyor, kemiklerim kırılırcasına titriyordu. Bu sefer farklıydı. Bu kâbus değil, gerçekti. Aklım farelerle adamlar arasında tercih yapmaya başlamıştı bile! Etlerim sızım sızım sızlıyordu. Yer yer yanmış tenimin acısından konuşamaz haldeydim. Biraz sonra iri olan adam gelecek ve beni saçlarımdan sürükleyerek diğerlerinin yanına götürecekti. Kâğıt oyununu kazanan çıplak bedenimde puro söndürmeye başlayacaktı. Tenime işleyen yanık kokusu ciğerlerime dolacak, çığlıklarımı kimse duymayacaktı. İçimden kopan, ama benim bile duyamadığım sesimle haykırdım: Sedat!

Kapı ve ışık aynı anda açıldı. Onun kömür karası gözlerini gördüğümde bütün o kâbus toz bulutu gibi yok oldu. Tabii bedenimin tepkileri hariç… Konuşamıyordum, çenem kitlenmişti. Ayrıca berbat göründüğüme eminim. Beni kollarına alıp bir sürü sakinleştirici şey söylemeye başladı. Tek yapabildiğim ona yapışıp kıyafetlerini kendime doğru çekmekti. Bir iki dakika sonra söylediklerini algılamaya başladım.

"Duygu, ışığı açmayı unutmuşum… Buradayım…" Ne kadar

zaman geçti, bilmiyorum, ama onun kokusunu alıp sıcaklığını duymaya başladığımda bedenim yavaş yavaş çözülmeye başladı. Ağzımdan çıkanlar ruhumun yansımasıydı. "Beni bırakma, beni bırakma!" Parmaklarım gömleğini sıkmaktan acıyordu, ama umurumda değildi. Beni bırakmaması için her şeyi yapardım, çünkü sakinleşemiyordum. Beynim kâbus olduğunu algılıyor, bedenim anlamıyor gibiydi. Sedat yüzümü ellerinin arasına aldı. "Hadi, seni duşa sokalım," dedi. *Hayır*, anlamında başımı sallayabildim. Kucağına daha bir sokuldum. Beni kucağından bırakacağını sandığımda nasıl bir çığlık attıysam, kapı açıldı ve Bekir göründü. Sedat, "Çık dışarı!" diye bağırdığında yine gözleri gözlerimle köprü kurdu. "Duygu, bak benim Sedat! Seni hiç bırakmam. Sen benim hayatımsın. Biliyorsun, değil mi? Hadi güzelim, cevap ver bana..."

Başımı sallamak zorundaydım. Yapamıyordum, ama sallamak zorundaydım. Sedat üzülüyordu. Sallayıp sallamadığımı bilmiyorum, ama Sedat rahatlamış gibiydi.

"Ter içindesin ve titriyorsun, duş alalım ikimiz, olur mu? Sen ve ben," dediğinde kucağında inledim. Ağlamak istiyordum, ama ağlayamıyordum. Konuşamıyordum ki sesim çıksın! Yıllar sonra işkenceden yeni çıkan Duygu geri gelmişti. Onun kucağında havaya kalktığımı hissettiğimde iyice göğsüne sokuldum, gözlerimi kapattım. Birilerini hissediyordum, ama gözlerimi açmak istemedim. Banyoya girdiğimizde Ali'mi gördüm, öyle üzgün bakıyordu ki...

"Çık Ali!" dedi Sedat ve kıyafetlerimize aldırmadan ikimizi birden suyun altına soktu. Kucağından indirmeden yere oturup sırtını duvara dayadı. Göğsüne doğru büzüşmüş, içine girmek ister gibi bir halim vardı. Hâlâ bedenim seğiriyor, dişlerim birbirine vuruyordu. Sedat, "İyisin... iyiyiz... biz hep iyi oluruz," diye kulağıma mırıldanırken suyun sesini ve akışını dinledim. Saçlarımı okşuyor, sıcak suyun bedenimin her köşesine ulaşmasını sağlıyordu. Bedenim yavaş yavaş normale dönmeye başladığında, çenemin ağrısı bana merhaba diyordu. Birkaç gün bu kasılmalarımın ağrısını çekecektim, belli olmuştu. Bilincim iyice berraklaştığında kıpırdanmaya başladım. Sırılsıklamdık ve halen sıcak su üzerimize akıyordu. Sedat yüzümü yüzüne kaldırdı. "Daha iyisin?" dedi. "Evet," dedim, ama sesim öyle berbat çıkmıştı ki...

"Özür dilerim, benim hatam," dediğinde ona sıkıca sarıldım. "Değil..." Gücüm buna yetmişti. Gülümsedi ve gözlerime küçük bir öpücük kondurdu. Sonra yanaklarıma sıcacık öpücükler... Her öpücükte içim erimeye ve karanlık yerini aydınlığa bırakmaya başladı. Titrek sesimle, "Sedat saçlarımı yıkasana," dedim titrerken. Bir çocuktan farkım yoktu. Sırıttı ve bir şey demedi. Kâbusun karanlığından kurtulmalı ve gerçek hayata dönmeliydim. Kucağından inmek istemediğimi biliyordum, ama inmeliydim. Ömür boyu suyun altında Sedat'ın kucağında oturamazdım ya! Onun yardımıyla ayağa kalktım.

Gözlerimde iyi olduğumu bilmek için kıvılcımlar arıyordu, biliyorum. "İyiyiz," dediğimde hiç iyi görünmüyordum. O kıyafetlerimi çıkarırken iyi olduğumu göstermeliydim. Ben de gömlek düğmelerini açmaya başladım, ama beceremiyordum, çünkü ben düğüm bile açamazdım.

"Dön bakalım," dedi ve beni yavaşça döndürdü. Başıma şampuanı döktü ve usul usul yıkamaya başladı. Parmakları kafa derime öyle bir masaj yapıyordu ki bütün her şey uçup gitti. Bacaklarım ne ara büküldü ve hissizleşti, bilmiyorum. Sanırım kasılmaların etkisiydi. Yine Sedat yerde, ben onun kucağındaydım.

"Duygu, doktora gidelim," dedi. Her zamanki aynı cümle!

"Gözüm yandı," dediğimde ilkin aptal aptal baktı, sonra gülmeye başladı.

"Duygu, bir kontrol olup geliriz..."

"Gerek yok," dedim gülümseyerek. Saçlarımı duruladık. Ellerim hâlâ istemsizce titriyordu, elinden duş başlığını aldım ve köpük olan ellerini yıkadım. Taş gibi bana bakıyordu. Sırıttım ve kafasına su tutup, "Rahatla," dedim. Gözleri kapanmış, elleri belime dolanmıştı ve ben bir çocuk gibi parmaklarımı saçlarında gezdiriyordum. Biz ne yapıyorduk ya! Saçlarını dikleştirip, "Bu model sana çok yakıştı," dediğimde gözlerini açtı ve bana sıkıca sarıldı. Ben de sarıldım. O gerçekten benim meleğimdi. Hem de koruyucu meleğim!

On dakika daha benim sakinleşmemi bekledik sanırım. Sessizce, teni tenimden ayrılmadan...

"Çıkalım," dediğimde Sedat önce kendi çıktı. Suyu son kez başıma tuttum ve Sedat'ın açıp beklediği havlunun içine girdim.

"Hâlâ titriyorsun," dedi üzgünce.

"Geçti," Parmakları havlunun üzerinde kaslarımı sıkarken, ben gözlerimi kapatmış, o beynime kazınan lanet günleri içimden atmaya çalışıyordum. "Senden masör olmalıymış," dedim. İyi olduğumu bilmeliydi. Gözlerime baktı ve sanki tekrar korkacakmışım gibi, "Sana kıyafet getireceğim," dedi. Açıklaması, itiraf ediyorum beni rahatlatmıştı, çünkü bir adım bile yanımdan ayrılsın istemiyordum ve o da bunu biliyordu. "Tamam," dedim ürkek gözlerle. O çıktığında iç çamaşırlarımı çıkarıp tekrar havluya sarıldım. Saç kurutma makinesini aradım, ama bulamadım. Bulduğum tarakla saçlarımı taramaya başladım. Ensemdeki kabuk bağlayan yerler yavaş yavaş elime geliyordu. Sanırım saçlarıma tekrar kavuşuyordum. Sedat içeri girdiğinde kuru kıyafetler giymişti. *Supermen'im benim!*

Giyinirken yanımda kaldı. Umurumda mı? Nasıl olsun? Tırsıyorum. Hem görmediği yerim mi var? Adam neredeyse altı ay beni yıkadı, yedirdi, giydirdi.

"Nişan için sanırım," dedim boğuk bir sesle bana verdiği elbiseyi gösterip.

"İstersen çıkmayız. İyi değilsen?"

"İyiyim, ama utanıyorum."

"Kimse bir şey sormayacak," dedi sertçe.

"Biliyorum."

"Hacer Ana bir hocaya gidelim dedi," sırıtarak.

"Bir o eksikti," dedim gülümseyerek. Leylak rengi önden düğmeli elbise bedenime oturuyordu. Düğmelerini kapattım ve kolyemi elbisemin üzerine çıkardım. Islak saçlarımı havluyla iyice kurutup topuz yaptım. Ölü gibi rengi kaçmış yüzüme aldırmamak en iyisiydi...

"Sevdin," dedi Sedat kolyemi tutup gözlerime bakarken.

"Evet, bak sana ne göstereceğim?" dedim, sırıtarak kolyeyi açtım ve resmimin yanındaki resmini gösterdim. Nedense şok oldu. "Ben oraya âşık olduğun adamın resmini koyarsın diye düşünmüştüm."

"Aşk da neymiş, sen benim her şeyimsin," dedim sarılarak. Saat sekiz olmuştu ve biz dışarı çıktığımızda herkes masanın başındaydı. Sedat elimi bırakmamıştı ve ben bıraksın istemiyordum. Tabii Bekir ve Ali'm uçarak yanımıza geldiler. Ali'm, benim güzel Ali'm, kimseye aldırmadan beni sarıp "İyisin... iyiyiz... biz hep iyi oluruz," dedi. Bekir saçlarımı okşarken, "Durun artık, herkes bize bakıyor," dedim. Utanıyordum. Hacer Ana'nın sesi duyuldu. "Bırakın kızı bir lokma bir şey yesin, yüklü o! Hep bu zayıflıktan bu ufunetler," dedi. *Ufunet ne ya?* Teşhis konmuş, ama anlaşılamamıştı. Hacer Ana gururla beni herkesle tanıştırdı. "Benim gelin!" *He, sevişmeden hamile kalan, bakire gelin!*

Tam ağzıma bir lokma bir şey attım ki müzik başladı. Şaka olmalı, ne zaman o kadar müzik çalar ve on kişilik çalgı çengi ekibi gelmişti! Sedat bana bakıp sırıttı. "Hadi gel," dedi. Yok, yok, Sedat burada gerçekten bambaşka bir kişilik olmuştu. Pist olarak ayrılan yerde üzerimde kaşe siyah kabanım ve topuklu ayakkabılarımla kollarındaydım. Müzik Orhan Baba'nın en ünlü bestelerinden... *Sen Benim Dünyamsın...* Şarkı söyleyen adamın yanık sesinden ve şarkının sözlerinden uzaklaşmalıydım. Sanki Sedat'ın benim için değerini anlatıyordu. O benim gerçekten dünyam olmuştu ve bu şarkı gerçekten de cuk diye oturmuştu...

"Sen ne güzel dans ediyorsun öyle?" dedim hayretle.

"Seninle ancak," dedi gözlerime bakarak, ama gerçekten iyi dans ediyordu. Benim develerde iş vardı valla. Ne zaman şarkı bitti de ben Ali'min kollarında yerimi aldım, bilmiyorum. Sedat yerine oturmuş, kollarından çıktığım için huzursuzdu. Yine korkularım geri gelecek sanıyordu kesin. Ali'min kollarında yarım saat önce geçmişe dönüp karanlıkta kaybolmuş gibi değildim. Kıkır kıkır gülüyordum ve mutluydum. Sonra sırayı Bekir aldı ve sonra yine Sedat'ın kollarında kendimi buldum. Yemek faslı bitene kadar Selma ortalarda görünmedi. Sonra Hacer Ana oranın yaşlılarından Gazi Dede ile ortaya çıktı. Onun yönlendirmesiyle Bekir ve Selma göründü. Selma peri kızı gibi olmuştu. Bu kız güzelliğin tanımını baştan belirlemişti. Güzellik çoğu insana göre o televizyonlarda gördüğümüz Victoria bebekleri olarak tanımlanabilirdi, ama bizim gibi insanlar, bir gülüşte bulurdu güzelliği, bir bakışta bulabilirdi sevgiyi! Uzatılan sıcak bir ele âşık olabilirdik. Selma buydu işte, sıcak bakan gözleri, hep gülen yüzüydü Bekir'in onu sevişi. Hakkını yememek lazım, güzeldi de bütün yurdum kızları gibi...

"Kemal Ağam, takalım gençlerin yüzüklerini," dedi Hacer Ana. Elimde nişan tepsisi, içinde yüzükler Kemal Ağa'nın oturduğu sandalyenin yanındaydım. Kemal Ağam Kurtuluş Savaşı'nı görenlerden, asırlık çınar, normal oturması yani! Kemal Ağa yüzükleri titrek elleriyle takarken, "Allah zeval vermesin, bir yastıkta kocatsın," derken alkış tufanı koptu. Sedat gülümsüyor, Ali'm ıslık çalıyordu. Çocuk ya! Sonra pist boşaldı. Bekir ve Selma dans etmeye başladı. Bekir'in ağzı kulaklarında, Selma'nın yüzü sırayla pembenin her rengi! Kırmızı nişanlık da pek yakışmış eltime! Elti mi dedim? Allahım, sen aklımı koru!

Hacer Ana mutlu mesut, bizim sevdalıları seyrediyordu. Yavaş yavaş davetlilerden çiftler pisti doldurdu. Tabii genç kızlar kıkır kıkır, aralarında Ali'mi süzüyorlar. Aslan gibi paşam, boylu poslu! Sonra kızların Ali'm dışında Sedat'a baktıklarını gördüm. Kıskanmıştım. Hepsinin gözlerini oymak vardı ya! Kendime geldim. "Duygu ne diyorsun kızım sen? Havaya girdin ha!" dedim içimden. Sedat'a eğildim. "Valla şuradan iki Laz kızı bulup dönseniz de ben de rahatlasam," dedim kızları gösterip.

"Ali bulsun, ben böyle iyiyim," dedi sesi sertleşmiş, yüzü kararmıştı.

"Tabii Senem var, ben onu unutmuştum," dedim memnuniyetsizce. O sırada nihayetinde Trabzon düğünü olduğu anlaşılır hâle gelmişti. Dans müziği bitti ve horon tepilmeye başlandı. Durmuş ile Dursun bir naralar atıyorlardı ki sorma! Hayatımda en sevdiğim şey bu horondu diyebilirim. Gerçi oynayamazdım ya, seyretmesi harikaydı. Bütün gençler dediğim, işte, horon bilenler sahnede yerini aldığında Dursun başta, Bekir onun yanında tam oyun başlayacaktı ki durdular. Birbirlerine bakıp gülmeleri ve sahneden hızla Sedat'ın yanına gelmeleri bir oldu.

"Hadi uşağum sensiz olmaz," dedi Dursun. Sedat itiraz bile edemedi. Ah, hayır, o biliyor olamaz!

O ara Ali'm yanıma geldi ve, "İyi seyret, bunu ömrümüz boyunca göremeyiz," dedi.

"Sedat nereden biliyor?"

"Askerde üç Lazın arasında öğrenmiştir, Allah'ın Diyarbakırlısı," dediğinde kemençe çalmaya başlamıştı. Sedat gülüyordu ya! Birden, "Haydeeee!" diye gök gürlemesi gibi bir haykırışla horon tepenlerin elleri yukarıya doğru havalandı. Benim gözüm Sedat'ta. O da "Haydeee!" diye kükrüyor ya, içim titredi. Sonra sağa sola minik adımlarla sallanmaya başladılar. Allahım, sana geliyorum! Omuzlar, kollar, ayaklar, arada bir de "Haydee!" Bitmiştim...

Nasıl oynuyordu benim devem ya! Onu yıllar boyu seyredebilirdim. Kemençe hızlandıkça hızlandılar, kalbim duracak gibi oldu. Ne zaman bitti? Ne oldu? Beyin felci geçiriyordum. Büyülenmiş, soluk almadan izlemiştim. Artık ölebilirdim! Kuzeyin çocuklarının dansı buydu işte... Sedat yanımıza geldiğinde yüzünden gözünden ter akıyordu. "Abi, sende iş var valla!" dedi Ali'm. Elimdeki peçeteyle uzanıp alnını silerken gözlerinin içi gülüyordu.

"Sedat..." dedim. Aynı ses tonu, aynı cevap, "Hımm," dedi ama nefes nefese.

"Evde bana hep oynarsın artık."

"Sana da öğretirim," dediğinde şoktaydım. Avucumu dudaklarına bastırıp öptüğünde, *"Ayna, ayna, söyle bana, benden mutlu-su var mı bu dünyada?"* diye sorasım geldi kendime. Uzun gelen saniyeler gözlerini çekmedi gözlerimden. O mutlu oldukça içim ısınıyordu ya, Sedat hep mutlu olsun istiyordum. Hacer Ana'nın ikimize mutlulukla baktığını görünce hem utandım hem vicdan yaptım. Umarım Trabzon'a bir daha gelmek zorunda kalmazdım. Onları göremeyecek olmam üzücüydü, ama yalan söylemek ger-çekten kötüydü. Nişan gece saat bire kadar sürdü. Ben Selma'nın peşinde, Ali'm Bekir'in... Sedat kükrüyor, "Otur yerine!" diye... Kim takar? Kimse!

Ali'mle dans ederken birden çiftetelli çalmaz mı? Şimdi yan-dık! Sedat oynatmaz beni kıvırıyorum diye! Ali'm kaldırdı kol-larını göklerin padişahı kartal gibi. "Ali'm ben kaçar! Kuzum!" dedim, ama nerede, bırakmaz şimdi oynamadan. Sonra baktım Selma ve Bekir tutmuş, yanımıza Sedat'ı getirmiş, kıvır Duygu! Bütün kızların gözü benim develerimde. Hayran ve de mest du-rumda, ağızlarının suyu aka aka seyrettiler. Sedat güldükçe ben güldüm. O oynadıkça ben oynadım. Hele bir de sırtımı göğsüne yaslayıp omuz kırışım vardı ki Allah deyin siz bana! Gaza gel-miştim sanırım. Dans müziği başladığında bir elim Ali'mde bir elim Sedat'ta kaldı. "Elini sikerim, Ali çek elini," dedi Sedat ve olay çözüldü. "Düzgün davran şu çocuğa ya!" dediğimde kolla-rındaydım. Ali'm suratsız, ama iki saniye içinde sırıtan bir şekilde yerine oturdu.

"Çok güzelsin bugün," dedi Sedat.

"Her zamanki halim," dedim sırıtarak. Pistin ortasında yü-zümü ellerinin arasına aldı ve dudaklarını alnıma dayadı. Sedat hiçbir zaman etrafı takan biri olmamıştı. Onun kendine göre de-ğer yargıları ve kuralları vardı. O ne yapmak isterse yapar; yere, mekâna aldırmazdı. Ben onun bu hallerine alışalı çok olmuştu da Allah'tan etraf bizi evli biliyordu.

"İyi ki varsın," dediğinde ceketinin içinden beline çoktan sa-rılmıştım. Kaç şarkı dans ettik, bilmiyorum, ama yıllar boyu onun kollarında kalabilirdim. Boynuma yüzünü gömeceğini anladığımda, "Olmaz bak, ayıp valla," dedim. Ayıp lafı Sedat'ın hep canını sıkardı. "Senin benden ayıbın olmaz," dedi sertçe. "Biliyorum, ama etraf bilmiyor," dedim. Müzik değiştiğinde elimden tutup masamıza oturduk. Rakı bardaklarını tokuştura tokuştura Sedat iyice çakır keyif olmuştu. Saat bir gibi nişanın bitmesine yakın Sedat, "Hadi!" dedi bana. "Ne oldu?" dedim.

"Gidip yatalım," dediğinde uçarak ayağa kalktım. Gözleri mi kayıyordu ne? "Sedat yavaş!" dedim. Hacer Ana'yla göz göze geldik ve, "Götür," diye işaret ettiğinde Sedat koca kolunu omzuma atmıştı zaten. Ağırlığını vermiyor, ama kaykılıyordu. "Çok mu içtin?" dedim.

"Yok," dedi sesi iyiydi. Odaya geldiğimizde bir çocuk gibi yatağa oturdu. Ağzından adımdan başka bir şey çıkmıyordu.

"Duygu..."

"Efendim?" dedim ceketini çıkarırken.

"Duygu..."

"Evet?" dedim gömleğini çıkarırken.

Bedeni çıplaklığa kavuştuğunda ağzından yine, "Duygu..." çıktı.

"Adımı mı ezberliyorsun?" dedim sırıtarak, tişört elimde kaldı. Aniden ayağa kalkıp beni kollarına aldı. Çıplak göğsüne değen burnum kokusuyla buldu huzuru. Kollarım sardı sıcak tenini, yüzümü kaldırıp aralanmış gözlerine baktığımda gamzeleri yine beni mutluluğa sürükledi. Alnıma dayadı dudaklarını, içine çekercesine öptü, sıkı sıkı sarıldı.

"Üşüyeceksin, hadi giy şunu," dedim. Uslu bir çocuk gibi yatağa oturup kollarını uzattı. Kıkırdadım haline ve tişörtünü giydirdim. "Aferin," aldı benden.

Yatağa uzandığında yorganı açmış, beni bekliyordu. Beni soyunurken seyretti. Gözleri normal bakıyor, biraz uyuşuk gibiydi. Tam yatağa uzanmıştık ki beni kolyemden tutup kendine çekti.

"Mutlu musun?" diye sordu.

"Senin yanında mutsuz olamam," dedim ve ona sarıldım. Beni kokladı ve kollarının arasına aldı. Uykumun arasında, kâbusların kıyısında rahatsız oldukça, kollarına sokuldum. Derin nefesi, sıcaklığı, o, yıllardır aşina olduğum kokusu huzuru bulmama yardım etti.

Nişandan sonraki iki gün evdeydim. Sedat işlerim var diyerek develerimle ortadan kaybolduğunda iki günlüğüne İstanbul'a gidip geldiğini döndüğü akşam öğrendim. Sanırım yine bir şeyler olmuştu, ama sormadım. Geldikleri akşam Sedat kedi gibi peşimde dolanıyordu, çünkü suratım asıktı. Yalnız kalamıyorduk, o da gönlümü alamıyordu. En sonunda beni mutfakta kıstırdı.

"Konuş benimle."

"Ne dememi bekliyorsun?"

"Kızdın?"

"Kızdım tabii! Niye İstanbul'a gideceğini söylemedin? Başkalarından duyuyorum," dedim çayları koyarken.

"Gidip döneceğimizi düşünmüştüm. Uzun sürdü."

"Sorun var mı?"

"Yok."

"İyi," dedim sertçe.

"Duygu!" dedi aynı sertlikte. Yüzüne baktığımda sırıtıyor, gamzelerini gösteriyordu.

"Gösterme o gamzelerini," dedim, aklımdaki bütün her şey silinmişti.

"Tamam," dedi, tam mutfaktan çıkacaktı ki beline sarıldım.

"Nereye gidersen git sadece haber ver, umudum olsun," dedim. Onsuzluk içimi eziyordu.

"Tamam, bir daha söylerim."

"Uyuyamadım, sensiz uyuyamıyorum."

"İyi alıştın."

"Alıştırdın," dedim sinirle. Salondan, "Çaylarrrr!" diye kükreyen Ali'me Sedat, "Ulan ben senin!" dediğinde ben tepsiyi almış, çoktan salona varmıştım. Sonraki gün benim develer kendilerini affettirmek için Selma'yla ikimize Trabzon'u gezdirme planı yaptılar. Sabahın köründe beni ayağa diktiler. Onlar bahçede oyalanırken Hacer Ana beni kenara çekti.

"Kızım, dikkat et, bak hiç gebe gibi davranmıyorsun. Günah o karnındaki bebeye!"

"Anam, iyiyim ben, sen rahat ol," dediğimde gözleri dolmuştu.

"Kızım, aklıma geliyor seni gördükçe, o da senin gibi serinkanlıydı."

"Annem," dedim, sarıldım. Vicdan azabı çok kötü bir şey ya!

"Bu ara adamını yanaştırma yanına. Zararlı," dediğinde yüzüm kıpkırmızıydı. Ne diyeyim ben şimdi! İmdat!

"Peki!" dedim, ama yüzümün düşmesinden kadın yanlış anladı. "İri seninki, Allah göstermesin," dediğinde bende iyice film koptu.

"Anne, utandırma beni artık, Sedat nazik her konuda."

"Aferin benim oğula o zaman," dedi kıkırdayarak. Oha ya! Tabii Hacer Ana yanımdan ayrılırken ben Sedat'ın seks hayatını düşünüyordum. Acaba göründüğü kadar katı kurallı mıydı? Yoksa bana karşı olduğu kadar nazik miydi? Harbi iriydi ha! Tövbe tövbe! Neler düşünüyordum ben ya! Hızla bahçeye çıktım. Sedat'ın surat beş karış. Acaba Hacer Ana ona da bir şeyler söylemiş olabilir miydi? Gülesim geldi.

"Bak Duygu, ben çok sıkıldım burada. Bugün sarışın kızı da alalım," dedi Ali'm. Aklım Sedat'ta, "Alalım," dediğimde üç devem hayretle bana bakıyordu.

"Alalım mı?" dedi Bekir.

"Evet, yazık değil mi benim Ali'me?"

"Sedat'a da yazık," dedi Bekir sırıtarak.

"O beni çekmek zorunda, o kadar yalanı uydurmasaydınız. Ben kendime boynuzlu dedirtmem," dediğimde Sedat hariç ikisi böğüre böğüre gülüyordu.

Hacer Ana, İsmail Efendi'ye telefon açıp, "Selma'yı Sedat gelip alacak," dediğinde İsmail Efendi sorgusuz sualsiz izin vermişti. Tabii yolun başında başka arabanın içinde bekleyen Bekir'den haberleri yoktu. Zaten ayıp olsun istemedik. Selma'yla hemen kaynaştık. Ben onunla oturmak için Sedat ve Ali'min olduğu arabadan Bekir'in arabasına geçtim. Bekir arabayı kullanıyor, ben arkada, Selma önde gidiyorduk.

"Selma sen hangi bölümü bitirdin?"

"Hemşirelik okudum."

"Ben işletmeyi geçen sene bitirdim."

"Niye o kadar uzun sürdü?"

"Anlatırım," dedim sırıtarak. Bekir hayretle dikiz aynasından bana bakıyordu.

"Çalışıyor musun?"

"Bilmiyorum."

"Nasıl yani?"

"Bekir'in düğününe kaçınca sanırım işsiz kaldım," dedim Bekir'in boynuna sarılırken. Selma bizim aramızdaki ilişkiyi çözemiyordu. Haklıydı.

"Dur kız Çirkin, şimdi kaza yapacağız," dediğinde Selma onun gülüşüne mi yoksa bana Çirkin deyişine mi şaşırsın, bilemedi.

"Üzüldüm."

"Bir tek sen ve ben üzüldüm galiba. Bu develer işten çıkmam için baskı yapıp duruyorlardı. Bu senin nişanlın olacak devem gidip bütün şirketteki erkekleri benden uzak durması için tehdit etmiş." *Oh olsun, ayıkla pirincin taşını Bekir efendi!*

"Sebeplerim var," dedi Bekir sertçe.

"Neymiş? Beni bekâr olarak kurutmak mı?" dediğimde pot kırılmıştı. Selma aptal aptal yüzüme bakıyordu.

"Sen Sedat'la..." dediğinde ben morarmıştım. Yalancının mumu yatsıya kadar yanar.

"Selma..." dedi Bekir

"Elleme kızı, o artık aileden, nasıl olsa öğrenecek. Sedat'la ben evli değiliz. Detayları sana inince yalnız olarak anlatmak istiyorum."

"Duygu anlatmak zorunda değilsin. Selma anlayacaktır."

"Sen girme kızların arasına," dedim kıkırdayarak, ama ne anlatacağımın tasasına düşmüştüm bile. Bekir'in yüzü düşmüş, Selma merak içindeydi.

Yediğin hurmalar gelir tırmalar

Sedat beni ilk İstanbul'a getirdiğinde bitmeyen kâbuslarım yüzünden psikiyatra gidiyordum. Bir faydası oldu mu? Hayır! Doktorun dediği bir şey bunca zaman kafamda yer etti, o kadar. Etkili olur muydu? Bilmiyorum. Yabancı birine anlatmak size iyi gelebilir demişti ve Selma yabancıydı. Anlatmalı mıydım? Kaldırabilir miydi? Kafamda sorular dönmeye başladı. Sonunda anlatmam ve anlamasını sağlamam gerektiği kararını verdim, çünkü beni sevmesini ve kabullenmesini istiyordum. Bekir'in de, Sedat'la aynı duruma düşmesini kaldıramazdım. Sedat'ların olduğu arabayı takipteydik. Şehir merkezinde durduk ve Ali'm indi. On dakika sonra sarışın hatunla Sedat'ların arabasına bindi.

"O kim?" dedi Selma.

"Ali'minki, her limanda bir tane bulur," dedim sırıtarak. Selma ağzı bir karış açık kaldı. Kızın devreler yanmasa bari! Bekir morarmıştı, acıdım haline. Araya girme ihtiyacı hissettim, çünkü Selma'nın suratı asıldı. Haklı!

"Bak Bekir diye söylemiyorum. Yıllardır benim yanımdan ayrılmaz. İsmin ağzından düşmedi hiç, bayılttı beni! Selma da Selma diye," dediğimde Bekir dikiz aynasından şok olmuş, bana bakıyordu.

"Bakma öyle bön bön! Yalan mı?" dedim sırıtarak. Bekir sinirle, "Sağ ol Duygu!" dedi dişlerinin arasından tıslayarak. Selma gülmeye başladı ve ne zaman dizlerinin üzerinde arkaya uzanıp bana sarıldı, anlamadım. Sanırım poposuyla Bekir'i ezmişti. Kız bana sarılıyor ben ne düşünüyorum? Allah beni kahretsin! Vicdanımda boğulup kendime beddualar okurken, "Sen çok tatlısın ya!"

demez mi? Bekir rahatlamış, gülüyordu ve bu rahatlama sesine yansıdı. "Allahım, birdi, iki oldular. Selma otur! Kaza yapacağız şimdi!"

Selma, "Dur Bekir ya, şurada bir sarılıyoruz," diye çemkirdi kolları boynumda.

"Sizi bana milli piyangodan mı çekip verdiler?" diye isyan eden Bekir'e bile aldırmadı. İçim umut dolmuştu. Anlatmalı ve Selma'nın içindeki iyiliğe güvenmeliydim.

Benim cennet dediğim Sera Gölü, Akçaabat'ın güzelliğinin incisi gibiydi. Arabadan indiğimizde Ali'm kızı elinden tutup yanımıza getirdi. Ben hanımağa gibi kasım kasım kasılıp, "Merhaba," dedim. Selma yine sıcakkanlı, güleç yüzlüydü. Bir ara onu uyarmalı ve Ali'min kızlarına çok yüz vermemesini söylemeliydim. Çünkü yüz elli tane kızın evini ağlama duvarına çevirmesini eminim istemezdi. Kız iyi bir kızcağıza benziyordu. O ciyak sarı saçlarına karşı hanım hanımdı. İçimden onu kolundan tutup kuaföre götürmek geldi. Niyeyse?

Sera Gölü öyle güzeldi ki dört kilometre gölü boydan boya koşasım geldi. Bekir arabadan indiğinden beri suskundu, tabii Sedat anladı. Onu kenara çektiğinde hüzünle yüzüme bakıyordu. Selma'nın kabullenemeyeceğinden endişeli olduğunu anlayabiliyordum. Bugün bu iş bitmeliydi.

"Bekir, hadi siz bir şeyler için, Ali'm sen de arkadaşına gölü gezdir. Bizim Selma'yla konuşacaklarımız var," dedim.

Sedat, "Duygu!" dedi çaresizce.

"Sorun yok!" dedim. Selma öyle bir baskı hissetmiş olmalı ki, "Anlatmak zorunda değilsin! Ben aranızda yeniyim, sizi yargılamak gibi bir lüksüm yok," dedi.

"Yargılayamazsın ki, sadece Bekir korkuyor ve ben onun mutlu olmasını istiyorum. Sen istersen aranızdan çekilirim."

"Hayır! Hayır, öyle değil! Benim bir şey demeye hakkım yok! Hem aramızdan çıkmanı istemiyorum. Dağdan gelip bağcıyı kovmak niyetinde değilim."

192

"Ben bağda değilim ki Selma! Sen onun bağı, dağı, evi, yurdu, cennetisin. Ben... ben... kimim, biliyor musun," dedim, nereden başlayacağımı bilmiyordum.

Bekir homur homur, "Sen bizim hayatımızın en önemli varlığı olduğunu halen mi anlayamadın!" dedi ve sinirle uzaklaştı. Ağır olmuştu, ama ben Selma'ya odaklanmıştım. Sedat gözlerime yine o acınası hüzünle bakıp arkasını dönerek Bekir'le gitti.

Acı çeker gibi sırıttım ve, "Ben aslen İzmirliyim. On yedi yaşıma kadar normal bir hayatım, üniversite hayallerim, annemle babam vardı. Babam ilkelerine inanan, doğru bildiği değerler için gözünü kırpmayan korkusuz bir savcıydı. Onun dürüstlüğü üstlerini hep rahatsız eder, biz Türkiye'nin bütün vilayetlerini dolaşıp dururduk." Gözümden bir damla yaş dökülmesine anlam veremedim. Halen ağlayabiliyordum demek! Neyi nasıl söyleyeceğimi düşünürken, ellerim çoktan titremeye başlamıştı. O günleri anlatmak demek tekrar yaşamak demekti, ama mecburdum.

"Duygu, yeter içim katıldı," dedi Selma. *Daha ne duydun be canım*, dedim, ama içimden.

Boğuk sesime aldırmadan, "Oturalım," dedim.

"Duyacaklarını kaldıramayacaksın, belki uykun kaçacak, ama anlatmazsam bu develerle ilişkimi hiçbir zaman anlayamayacaksın. Ben kafanda soru işaretleri olsun istemiyorum."

"Ben..."

"Sen anlattığım ilk kişi olacaksın, belki de son. Hikâyemi gördüğün üç deveden başka bilen yok," dediğimde sustu.

"Lise ikinci sınıfı bitirdiğim yaz... Babam yine haksızlıkların peşine düşmüştü. Az çok tehdit telefonları aldığını biliyordum. Annem o yaz beni devamlı evde tutmaya çalışıyordu. "Kızım baban çıkmasın," dedi. "Duygu otur oturduğun yerde! Bak başına bir şey gelirse baban mahvolur!" Evet, babam mahvoldu! Öldü! Şimdi olsa dizinin dibinden bir santim bile ayrılmazdım, ama çocuktum, cahildim. Bir sabah arkadaşlarım aradığında annemin bağırıp çağırmasına aldırmadan çantamı alarak vurup kapıyı çıktım. Babamın aldığı karne hediyesi bikiniyle arkadaşlarımla denize gidecektim. Evi iki sokak geçmiştim ki eski bir minibüsün önümde durması ve içinden yüzlerini görsen yolunu değiştireceğin adamların beni içeri çekmesi bir oldu. İki ay boyunca o adamlarla takıldım." Kafam ne ara yukarı kalkmıştı; ağlamamak için kendimi ne zamandan beri tutuyordum, bilmiyorum. Bedenim zangır zangır titremeye başlamıştı. Selma bana uzandığında, sanki adamlardan biri tekrar bedenime dokunacakmış gibi çığlık attığımda, kız korktu. O ara Sedat ve Bekir yanımızda bitti. Selma şokta!

"Duygu!" dedi Sedat dişlerini sıkmış, beni kollarına almak için bekliyordu.

"Gidin! Konuşuyoruz," dedim sinirle.

Selma, "Dinlemek istemiyorum," dedi çaresizce. "Dinleyeceksin," diye haykırdım. Hepsi şok! Sedat, "Duygu sonra!" dedi bana uzanarak.

"Lütfen, bir daha anlatamam!" dedim gözyaşlarıyla.

Selma bana sarıldı ve, "Tamam, dinliyorum. Ben sen üzülme diye..." dedi.

"Üzülmüyorum, sadece zor, hepsi bu!"

Sedat ve Bekir şaşkındı. Yıllardır ağzımdan bir kelime çıkmazken, iki günlük hatuna tıkır tıkır anlatıyordum. Sedat ve Bekir çaresizce uzaklaştılar.

"O iki ay, göz gözü görmeyen karanlık bir tuvalette, koca koca farelerle çıplak kaldım. Fareler uyuduğumda aldıkları kan ve bedenimden yükselen yanık et kokusuyla beni kemiriyorlardı. O yüzden karanlıkta kalamıyorum. Diğer saatlerde adamların eğlencesiydim. Adamların elinde oyuncak olmak mı? Fareler mi? Hangisi daha kötüydü, halen bilmiyorum, bir cevabım yok! Ara ara gelen takım elbiseli, yüzünü göremediğim adamın sesi halen kulaklarımda. 'Kıza tecavüz etmeyin, ne yaparsanız yapın. Onu savcının gözleri önünde becermek istiyorum,' dedi," ve yine nefes almak için sustum. Bu sefer yalnız değildim. Selma da nefes alamıyordu. "Bu anlattıkların…" dedi ve susup derin bir nefes aldı. Yüzü bembeyaz olmuş, inanası gelmiyordu. Omzumu açıp puro izlerinden bir tanesini gösterdiğimde Selma bitmişti. *Anlatmaya başladın, bitir Duygu, yüreğine kuvvet*, dedim içimden ve derin bir nefes alıp, "Babam iki ay sonra çaresiz onlara teslim oldu. Gözümün önünde babama işkence etmeye başladılar. Babam dayanamadı ve adamların ellerinde öldü. Zamansız ölümü yüzünden takım elbiseli adam emeline ulaşamadı." Selma'nın ağlaması sessiz, ama derindendi. Daha fazlası vardı, ama anlatamadım. Zaten kaldıramayacağı belli olmuştu. Kısa kestim.

"Her gün ölmeyi diledim, ama ölmedim. Babamın öldüğü gün o karanlık tuvaletin kapısı açıldı ve içeri Sedat girdi. O ânı ölsem unutmam! Halimi görüp elini ısırdığında korkudan sadece titreyebiliyordum. Çaresizce bir süre bedenimde dokunacak yer bulmaya çalıştı. Dokunamadı. Fısıltı halindeki titreyen sesini duyduğumda bir anlam verecek hâlde değildim. 'Yetişemedim Duygum! Özür dilerim…' İlk defa gördüğüm bu adam kimdi? Deli gibi korkmaya başlamıştım. Ta ki onun sicim gibi akan gözyaşlarını görene kadar. Onun ölüm anında gönderilen bir melek olduğunu düşündüm. Yanımda dizlerinin üzerine çökmüştü, gözyaşları bana huzuru sunuyordu. Ezilmiş ellerimi gördüğünde ağlaması sele döndü. 'Duygum!' dedi hıçkırarak. O ağlarken ona uzanmak istedim. Ağlamasın, üzülmesin istedim, uzanamadım, çünkü soğuk taşın üzerinde yatan çıplak bedenimde güç yoktu. Elimde derman yoktu. Ellerim kaçmaya çalıştığım gün adamların ayakkabıları altında ezilmişti. O beni kucaklamak için neremden tutacağını düşünüp çıldırırken, onu izledim. Benim için çırpınışını izledim. Onu ilk ve son kez ağlarken gördüm. Sedat çaresizce benimle orada saniyeler geçirdi.

Çırılçıplak ölmek üzereydim ve son anlarımda huzuru bulmuştum. Gözyaşları ip gibi süzülürken sanırım o gözyaşları beni ona bağladı. Sonra içeri Ali'm ve Bekir girdi. Ali'm o zamanlar yirmi bir yaşında tıfıl! O hâlde beni görünce esmer yüzü bembeyaz olmuştu. Ali'm, Bekir ve Sedat'a göre duygularını daha iyi saklar. Onun üzgün olduğunu anlayamazsın bile. Beni gördüğünde güldü ve, Kız sen ne Çirkin şeysin öyle,' dedi. Beynimin bir yanında yaşam kaynağı bulmuş gibi oldum. Ölmek üzereydim ve biri karşıma geçmiş, bana Çirkin diyordu. Halen bir yerde bir umut vardı. Beni o hâlde gören Bekir benden gözyaşlarını hiç saklamadı. Beni öksüz bir kuş gibi bağrına bastı. Benim hep başımı okşadı ve babam diye sevdi. Üç ay hastanede kaldım. Hastanede gözlerimi açtığım ilk saatlerde neredeyse mumyalanmıştım. Kimsem yoktu diyemem, ama gelmediler ve ailemin geri kalanı o günlerde benim için tarih oldu. Ellerimi kullanamıyordum. Böbreklerim ve ciğerlerim mikrop kapmıştı. Sedat'ın betonarme yüzünü gördüğümde onu hatırlamam uzun sürmedi. Ali'm, Bekir ve Sedat benimle dönüşümlü olarak kaldılar. O günlerde Sedat'tan utanmamayı öğrendim. Tuvaletim, yemek yemem, yıkanmam onunlaydı, bedenimdeki yaraların pansumanını hep o yaptı. Çaresiz kaldığımızda Bekir ve Ali'm vardı. Mesela Sedat on gün ortadan kaybolduğunda Ali'm gözlerini kapatıp beni tuvalete taşıyordu. Bugünlere geldik. Beni anlamalısın Selma, onlar benim için bir erkekten daha öteler," dedim ve sustum.

Selma elimdeki sigaraya uzanmıştı. Seslenmedim. "Gerisini sonra anlatırım."

"İyi olacaksan anlat Duygu, ama benim seni kabul etmem için anlatacaksan buna gerek yok. Bana de ki sen benim kumamsın, yeminle kabul ederim," dediğinde kahkaha atıyordum.

"Ay yok, istemem, senin olsun tepe tepe kullan! O develere hiç o gözle bakmadım."

"Ama Sedat?" dedi ve sustu. Söylemekle söylememek arasında kalmış gibi, "Yanlış anlamazsan bir şey söylemek istiyorum," dedi çekinerek.

"Selma, sen canımın canısın, inan bana bu saatten sonra seni hiç yanlış anlamam."

"Sedat..." dedi.

"Ne olmuş benim deveme?" dedim gülerek.

"Bence o gerçekten seni seviyor, yanlış anlamış olabilirim, ama sana bakışları çok farklı," dedi. O sırada endişeyle bize bakan üç deveme baktım. Ali'm kızı kim bilir nerede bırakmıştı? Dişlerini sıkmış, beni izliyorlardı.

"O her zaman bana öyle bakar, ben onun ancak zaafı olabilirim," dedim sakince. Gözlerini gördüğüm ilk günkü bakışlarındaki hüzün neyse hâlâ o hüznü koruyordu. Bu aşk olamayacak kadar acınası bir bakıştı. İçimi ezen, beni hükümsüz kılan bir bakıştı onun bakışı.

"Yanılıyorsun Selma, Sedat'ın İstanbul'da çok sevdiği bir yari var zaten," dedim soğukça. Selma şaşırdı, ama bir şey demedi. İstanbul'u düşündükçe içim üşüdü. Develerin yanına ulaştığımızda yüzüm gülüyordu. Bekir'in suratta renk atmıştı. Selma'dan bir tepki beklediği kesindi. Selma sessizce Bekir'in elini tuttu ve uzaklaştılar. Ali'm, "Hiç kimseye kendini kabullendirmek zorunda değilsin!" diye kızgınca söylene söylene yanımızdan uzaklaştı. Sedat'ta görüntü var, ses yok.

Usulca önünde durdum. "İyiyim... iyiyiz... biz hep iyi oluruz," dedim sırıtarak. Elimi tuttu ve yürümeye başladık. Gölü gezerken bir an olsun elimi bırakmadı. Sonra Ali'm ve sarışın hatun bize katıldı. Ali'm beni omzuna alıp koştururken Sedat bağırıp durdu.

Yeşillikler arasında doğal bir çekiciliğe sahip olan göl, doğanın bütün renklerini içinde barındırıyordu. Doyumsuz manzarayı yirmi dört saat seyredebilirdim. Cıvıl cıvıl kuş sesleriyle insan burada hiç sıkılmazdı. Sedat ölünce beni buraya gömebilirdi. İki saat kadar gölde oyalanıp dönüş yolunda bir tandırcıda durduk. Saç kavurması bir harikaydı. Selma daha bizim develerin yanında çekingen duruyordu. Tabii iş başa düştü. Sarışın kız büyülenmiş gibi Ali'mi ve bizi dinliyordu, kendini beğendirme heveslisi olduğu bariz belliydi.

"Selma, diyorum ki sana uyarsa beşimiz bir evde kalalım. Hatta Sedat'ın evi büyük, hepimize yeter," dedim. Bekir'e göz kırptım, ama kızı kandırmaya bile fırsat vermediler. Develer dünden razıymış, haberim yok.

"Duygu, aferin kız! Bak benim lafıma geldiniz. Ben sen olmadan çok sıkılıyorum," dedi Ali'm.

"Benden çıktığınız yok ki!" Biz aramızda konuşurken Selma, Bekir'in gözüne bakıyordu. Sedat, "Ellemeyin kızı, onlar yalnız kalmak istiyorlar," dediğinde lokma boğazıma takıldı.

"Ha devem ha! Bir şaka yapamayacağım yani!" dedim, ama bomba etkisi yaratan Selma oldu.

"Benim hoşuma gider," dediğinde hepimiz bön bön ona bakıyorduk.

"Ne hoşuna gider?" dedi Bekir.

"Hep beraber yaşamak. Orada kimsem olmayacak," dediğinde kızla kafa bulmaya çalışmak bir yana bırakılmıştı.

"Ben seni hiç yalnız bırakmam. Bekir benim eve yakın ev tutacak zaten. Hatta Gül Abla'nın kafasına sıkar..." dedim, sustum. Ne demiştim ya ben! Sedat bana inanamıyormuşçasına bakıyordu.

"Şaka yaptım," dedim, ama aklıma boş duran ikinci kat geldi.

"Sedat ikinci kat," dedim ve Sedat telefona sarıldı. Bekir ve Selma aptal aptal bizi izliyorlardı.

"Levent koçum, Duygu'nun apartmanına gidiyorsun, ikinci katı satın alıyorsun, bir haftan var. Kasayı aç," deyip telefonu kapattı. Yemeğinden koca bir et parçasını ağzına attı.

Ben sırıtarak, "Ev işi tamam," dedim mutluca.

"Mobilya işini yengeyle ben hallederim. Ev hediyem olsun," dedi Ali'm. Selma afallamış, bize bakıyordu.

"Güzel, ben de beyaz eşyaları hallederim," dedim keyifle.

Bekir, "Ben ne yapayım?" dedi sinirle.

"Sen de otur balayına nereye gideceksiniz, onun planını yap," dedim sırıtarak. Hepsi bana baktı.

"Ne?" dedim ve arkasını, "Yuh!" süsledi.

"Kıza sormamışsın bile," dedi Ali'm kahkaha atarak.

Bekir, "Lan fırsat mı oldu?" dedi, Selma'ya özür dileyerek baktı.

"Ben balayına çıkmak istemiyorum," dedi Selma. *Ya ben bu kıza ölürüm!* dedim, içimden tabii.

"Niye ki?" dedim merakla, çenem açılmıştı. "Ben olsam Maldivler'e gidelim derdim," kıkırdarayak.

"Ben sizlerle vakit geçirmek istiyorum," deyince kahkahalarla gülmeye başladık. "Duygu, Selma senden de kırık çıktı," dedi Ali'm. Bekir bozulmuş muydu ne? Ali'me değil, Selma'ya!

Selma açıklama gereksinimi duydu. "Ben sizin bir parçanız olmak istiyorum ve sizi tanımadan bu olmaz," dedi. Haklıydı.

"İstanbul'a bir varalım da gerisine bakarız," dedi Bekir memnuniyetsizce. Biz kahkahalarla gülerken Selma bana göz kırptı, ayağa kalkıp elini beline koydu ve, "O evi kiralar mısın? Tutar mısın? Satın mı alırsın, bilemem, ama ben Duygu'yla ya aynı evde ya da aynı binada oturmazsam, bu iş olmaz," dediğinde ben bile afallamıştım.

Biz şoku atlatmaya çalışıyorduk ki ilk Ali'm ayıldı. "Abi on dakikada Selma'yı kendine benzetti ya bizim Çirkin," dediğinde Sedat dahil hepimiz kahkaha atıyorduk. Bekir, Selma'ya ömrü gibi sarıldı. Ali'm ve Sedat beni çekiştirirken, "Durun ya! Sırayla sarılın. Ay kopacak kolum Ali'm," dedim gülerek.

Akşam trafiğe takılınca hava kararmış, Selma gerilmişti. Sedat, "Ben seni teslim ederim. Sıkma canını," dedi. Tabii bu kadar büyük bir sorun olacağını bilsek Hacer Ana'yı alır, kızı evine öyle bırakırdık.

Evin önünde durduğumuzda Selma benimle arkada oturuyordu. Sedat arabayı kullanıyor, Ali'm yanında oturuyordu. Selma korkudan araba durmadan kapıyı açıp atladı resmen. Belli ki rezil olmak istemiyordu. Abisi ona bağırıp Sedat arabadan inene kadar kızı bir tokatla yere indirdiğinde, Sedat dur bile dememe fırsat bırakmadı. Arabadan inip adama girişmesi bir oldu. Ben şoku atlatmadan Ali'm hangi ara arabadan indi, öteki ağabeylerini yere indirdi, takip edemedim. *Of ya!*

Yarım saatin içinde Durmuş, Dursun ve Hacer Ana kapıdaydı. Sedat bu sefer kimseye lafı bırakmadı. Hacer Ana bile onu sakinleştiremedi. Kızın abilerinin ağzı burnu dağılmış, bir kenarda duruyorlardı ve Sedat hâlâ bağırıyordu. "Lan bana bak! Efendilik ettik, sustuk! Bir daha ona parmak bile kaldırırsan seni Trabzon'a gömerim. Kime vuruyorsun lan sen! O artık sizden çıktı, sen kardeşine değil, Bekir'in karısına vurmuş oluyorsun ki buna izin vermem!" derken Durmuş ve Ali'm onu zor tutuyordu. Sedat bağırıyor, Ali'm yine sırıtıyordu. *Psikopat ya!*

Elif Kadın bir yere sinmişti, gözü yaşlıydı. Bekir'in de zor durduğu kesindi, ama o susmalıydı. Hacer Ana araya girdi. "Oğul, kurban olayım, yeter!" dediğinde Sedat biraz olsun durur gibi oldu ve, "Bırak Ali!" dedi ve sinirle arabanın yanına gitti. Sakinleşmesi için zaman lazımdı. Ben Selma'nın yanındayken Hacer Ana, İsmail Efendi'ye, "Kız bizim namusumuz artık. Düğün günü getirir, evinden çıkarırız," dediğinde ağabeyleri bağırmaya başladı. Tabii Sedat'ta atan şalterler şimdi kısa devre yapıyordu. Bir ejderha gibi gelip bu sefer silahını çıkardı. Durmuş ve Ali'm onu tutana kadar o çoktan abisinin birinin ağzına yumruğu geçirip bağıran abisini diz çöktürmüştü. Herkes dondu.

"Konuş lan! Şimdi konuş," diyerek ağzına namluyu verdi. Kimse karışamadı. İsmail Efendi iyice tırsmıştı.

"Tamam, Hacer Ana, al kızı git," dedi, ama Sedat susmaz. "Bir adabınla yaptırmadınız şu işi lan! Bekir olmasa ben size bilirdim yapacağımı, ama siz şu kıza dua edin. Geç arabaya Selma!" dedi ve bana baktı. Bu "arabaya bin" demekti. Selma'yla ikimiz arabaya oturduk. Selma ağlıyor tabii. Böyle durumlarda nasıl teselli edilir, ne bileyim. "Ağlama, her şey düzelecek," dedim.

"Abim onun zengin arkadaşıyla evlenmedim diye yapıyor," dedi Selma.

"Eh, o zaman korkutulmayı hak ediyor," dedim sırıtarak. Benim sırıtmama Selma da sırıttı. Hacer Ana öne bindi. Kadının beti benzi uçmuş, "Kızım bu deliyle işin var senin?" dedi sinirle.

"Ana, sen de bizim yüzümüzden..." dedim, ama ye azarı Duygu.

"Sus gelin!" dedi sinirle ve arabaya binen Sedat'ın omzuna kuvvetsiz bir şekilde vurmaya başladı. "Oğul, sen hiç mi karını, doğmamış bebeni düşünmezsin? Yüreğime indirdin!" dediğinde Selma aptal aptal bana bakıyordu. Ben kaşlarımı kaldırmakla yetindim.

"Ana, Selma'yı düşünmeyeyim mi?"

"Ne var, ağasından bir tokat yediyse!" diye çıkıştı Hacer Ana.

"Yapma ana ya! Adam gözümün içine baka baka vurdu. Güya diş biliyor. Lan, ben onun!" dediğinde, "Sedat! Yeter ama ya!" dedim artık. Sustu.

"Lütfen, bizi güzel bir tatlıcıya götür," dedim bağırtımı bastırmak için. Hacer Ana gülmeye başladı. "Kendin gibi deli bir kız bulmuşsun oğul," dedi. Selma hâlâ suratıma bakıyordu. *Normalim demedim ki!* Sedat, "Tamam," dedi sinirle. Biz beş araba, yani bütün ekip bir tatlıcının önünde durduğumuzda bütün develer indi merakla.

"Ne oluyor abi, niye durduk?" dedi Ali'm.

"Geri mi gidiyoruz?" dedi Bekir.

"Bura ne da?" diye sordu Dursun.

"Benzinun mi bitti uşağum?" diye atıldı Durmuş. Allahım, bu ne ya! Bir de kadınlara meraklı derler. Hacer Ana ancak arabadan indi tabii. Biz üç kadın bir sürü devenin içinden geçerken, "Gelinimin canı tatlı çekmiş," dedi suratı beş karış. Ben şebek gibi sırıtıyordum. Selma'nın yüzü bembeyaz. Tatlıcıya girdiğimizde yirmi kişilik bir grup masaları birleştirmiş, oturuyordu. Aralarında ucuz kahkahalar atan iki üç hatun vardı.

Hacer Ana bize dönen bakışlardan rahatsız oldu. "Geçin kızım şöyle," dedi. Biz otururken bizim beş deve arkamızdan girdi. Onların arkasından içeri giren Dursun'un adamları bizim ön masaya oturdu.

Sedat benim yanıma otururken Bekir, Selma'nın yanına geçti. "Bak, Sedat oğlum, İstanbul'da da böyle deliysen, valla bu kızları çeker alırım elinden," dedi Hacer Ana. Kadının bir tarafına inecekti valla. Devam etti konuşmaya. "Benimkilere deli derdim, sen onlardan daha beter çıktın!"

"Ana vallahi..." dedi Sedat, ama Hacer Ana formundaydı. "Duygu, konuşsana kızım," dediğinde ben çikolatalı bir şeyler bakıyordum. Sedat sırıtır tabii, biliyor benim çikolata manyaklığımı. Sırıtır mısın? Sen bilirsin Sedat Bey! Gözlerimi mahzunlaştırıp, "Anne beni konuşturmuyor ki! Bırakıp gidecek oldum. İzmirlere gelip geri getirdi. Canıma tak etti valla! Sevmesem hiç çekilecek kahrı yok!" dediğimde Sedat'ın ağzı bir karış açıktı yeminle.

"Yazıklar olsun oğul sana!" dedi Hacer Ana. Bütün azarları ben yiyecek değilim ya! *Oh olsun Sedat!*

"Kal kızım burada. Vay ben ne işlere girdim böyle! Yok, ben sizin gibi delilere bu kızları vermem! Bekir sen buraya taşın oğul, ancak öyle ben bu kızı sana veririm," dediğinde Bekir, "An... la... madım?" diyebildi. Sedat beni öldürecek, Bekir üzerime toprak atacaktı. Ali'min artık gülmekten gözünden yaş geliyordu. O sırada arka taraftaki kalabalığın sesi rahatsızlık verecek kadar çoğalmıştı. Dursun garsona ikaz etmesi için bir şeyler söyledi. Normali buydu zaten. Tabii nerde! Adamlar sözlü olarak saldırmaya başladılar. Allahım, bir bilseler kime çattıklarını! Kadınların gözleri bizim masaya kayıyor, yanlarındaki zibidiler rahatsız oluyordu. İnşallah kavga çıkmaz diye dua ettim. Ne yapayım!

Sedat ben bunları düşünürken, "Duygu bensiz yapamaz," dedi mırıltıyla. Hacer Ana gözlerime bakıyordu.

"Konuşsana gelin!" dedi Hacer Ana sırıtarak.

"Yapamam," dedim otuz iki diş meydanda. Sedat'ın gamzeler yine ısırmalık. Selma beni niye çimdikledi, anlamadım, ama o sırada yan masadaki adam yanındaki kadına bağırdı, ama ne bağırmak!

"Dön önüne lan! Kırdırma bana şu heriflerin ağzını!" Allahım, ben alışıktım da Selma'ya üzüldüm. Bu kadar aksiyon bünyesini altüst edecekti.

Durmuş, "Uşağum ben ağir işiteyirum. Sen ne dedun?" deyip ayağa kalktı. Sedat, "Ali otur yerine!" dedi sırıtarak. Hacer Ana, "Allahım ben niye dışarı çıkmıyorum, anladın di mi kızım?" dedi Selma ve bana dert yanarak.

"Ula Durmuş da! Birak gece gece! Adamlar yemek diye dayak yiyecek," diyen Dursun'du. Keyifleri yerindeydi çünkü Lazca konuşuyorlardı. Aferin çok iyi söyledin. Masadaki yirmi kişi ayaklandı tabii! Onların ayaklanmasıyla biz de ayaklandık. Sedat hemen bizi kapıya yönlendirdi. Ben yüzümü asıp, "Ama tatlı?" dedim. Selma uzaylı gibi bana bakıyordu.

Sedat, "Tatlıyı evde yersiniz artık. Arabaya geçin," dediğinde "Çikolatalı al ama," dedim ve Hacer Ana'nın koluna girip Bekir'le birlikte kapıdan çıktım. En son arabanın içinden pastaneye baktığımda buzlu camın patladığını gördüm. Sonra telefonum çaldı. "Efendim Sedat?"

"Cano, sen eve geç, ben bir rahatlayıp geleceğim. Yolu bulabilecek misin?"

"Ben yolu biliyorum. Hacer Ana var zaten yanımda." Sedat telefonu kapatırken duyduğum son şey, "Ulan ben seni..." oldu. Sakin bir sesle, "Anne polis geliyormuş," dedim. Bu kadar gürültüye polis kesin gelirdi. Arkadan inip şoför koltuğuna geçtim.

"İnşallah iki gün içeride kalırlar da akılları başlarına gelir," dedi Hacer Ana.

"Gelmez anam, gelmez," dedim ve arabayı eve doğru sürmeye başladım. Selma'dan ses yok. Hacer Ana da meraklandı tabii. "Kızım ne oldu?" dedi arkasına dönüp. Bizim hatunun gözler yaşlı, "Ana ya, bir şey olmaz di mi?" dediğinde Hacer Ana'yla ben gözümüzden yaş gelene kadar güldük. Aslında halimiz sinir boşalması olarak tasvir edilebilirdi.

Evli Mutlu...
İnşallah çocuklu Bekir

Sabah gözlerimi açtığımda Sedat'ın kollarındaydım. Geniş göğsüne iyice sokuldum. Yüzüm göğsünün sıcağına değdi. "Niye çıplaksın?" dedim gözlerimi açmadan.

"Gece tişört bulamadım," dedi. Gözlerini açamadığı ve yorgun olduğu her halinden belliydi. "Kim kaldı içerde?" dedim, bir kurban lazımdı çünkü.

"Durmuş."

"Düğüne çıkar inşallah," dediğimde, "Bir sus Duygu!" dedi ve aşağı doğru inip boynuma yüzünü gömdü ve uyuyakaldı. Öğlene kadar beni esir etti. Ne zaman kalkacak olsam mızmızlandı, sarılıp durdu. Öğlen gözlerini açtığında benim uzanmaktan her yanım ağrımıştı. Artık sanırım uyuşmaktan uyuyordum. Kapı aralandığında Sedat'ın yüzü boynumdaydı. Hacer Ana, "Kızım, bırak şu kocanı, alışverişe gidilecek," dedi, ama kadının gözleri yere bakıyordu. Utançla kalkarken Sedat'ın ahtapot kolu yine beni sardı. "Anne, bırakmıyor ki!" dedim. Kadın sabır çeke çeke çıktı odadan.

"Sedat, bırak artık beni ama, kadına rezil olduk ya," dedim. Oralı değil.

Öyle şirindi ki! Saçlarını okşamaya başladım. Gür siyah saçlarını sevmek gibisi yoktu.

"Aman da aman, adam dövmekten yorulmuş mu benim koca devim," dedim alayla.

"Hımm," dedi. *Hımm, ne ya!* "Sedat bak, kalk, şimdi ısıracağım

204

bir yerini! Ya da beni bırak," dedim sinirle. Gülüyordu öküz ya! Güler misin, omzu geldi ağzıma, kuvvetlice ısırdım. Ne zaman acıyla beni altına aldı, anlamadım, saniyelikti. "Kız ben seni!" dediğinde gözleri gözlerimle buluştu. "Beni?" dedim kıkırdayarak. Üzerimden hızla kalktı ve, "Hadi kalk, sabahtan beri uyutmadın zaten," demez mi? "Pes yani!" dedim ve hızla giyindim. Öğleden sonra düğün alışverişi bildiğin kâbustu. Bekir gidip Elif Kadın'ı alıp getirdi. Anne tabii gözü yaşlı zırlayıp durdu. Haklı kadın, diyecek bir şey yok. Bizim develere takım bulmak zaten bir eziyet, hepsiyle ilgilenmekten kendime elbise almaya zor zaman buldum, ama Trabzon'un en güzel elbisesini aldığıma eminim. Selma gelin hamamının yanımda lafını bile etmedi. Elli kişilik kadın ordusu dört beş saat sıcak suda kalıp geldi. Çalgı çengi havası, bense evde yatış! Orada olmak istemedim değil, ama bedenimdeki izlerle ne mümkün! Artık şu izlerden kurtulmanın zamanı gelmişti de geçiyordu.

Kına gecesi yapıldığında "Yüksek yüksek tepelere ev kurmasınlar" ezgisinde ağlamayan kalmadı. Ben dahil herkes "annesinin bir tanesini hor görmesinler" diye ağıt yakılırken elde peçete salya sümük olduk! Komik tarafı erkeklere kına yakılmasıydı. Sedat'ın serçe parmağına ellerimle kına yaktım. Ali'min avucunun içine kalp yaptım. Bekir'in sağ eline Selma'nın baş harfini işledim. Biraz yamuk oldu, ama devemin ağzı kulaklarına vardı. Ertesi gün hepsini kınalı kuzularım diye sevdim ya, ölsem gam yemem!

Gelinliği hallettik, evlilik işlemlerini yaptırdık ve düğün günü geldi çattı. Bekir diğer develerle damat tıraşı olmak için evden ayrılırken, biz de Selma ve Hacer Ana'yla kuaföre geçtik. Orada giyinip hazırlanacaktık. Sedat evde hazırlanıp tıraş oldu. Onu genellikle takım elbisenin içinde görmeye alışıktım ve her seferinde hayranlıkla bakardım. Kapıda siyahların içinde onu gördüğümde yanına gidip, "Ne güzel olmuşsun sen yakışıklım," dediğimde, "Yılışma!" demesin mi? Ödetirim ben sana bunu! Kuaförde

Hacer Ana pek bir şeye karışmadı. Selma'nın kız arkadaşlarıyla kaynaşmamız uzun sürmedi. Hepsi sıcakkanlıydı doğrusu, biraz da meraklı. Bebek beklediğim hemen yayılmış, tabii gerçeği bilen yok. Biz kuaförde saç, baş, makyaj derken erkeklerin hepsi kuaförün kapısına barikat kurmuştu bile. Davul zurnayla kuaförden çıkılmasına ilk defa şahit oluyordum. Selma tam bir peri kızı olmuştu. Straplez gelinliği onu gerçekten güzel göstermişti. Benim kıyafet on numara, alırken ne dolaplar çevirdik. Kimse izlerimi görmesin diye Sedat'la ikimiz çıktık alışverişe. Kolları uzun, göğsü ve sırtı dantel, kiremit rengi üzerime yapışan tafta elbise bana kendimi gerçekten güzel hissettirmişti. Sedat çok beğendiysen al, ama her yanın meydanda demekten geri kalmadı.

Saçlarımı elti topuzu yaptırdım. *O ne ya!* İşte, abartmadan kıvır kıvır tepeden toplattım. Elbiseye uygun on numara bir makyajla işlem tamamdı. Kuaförden çıktığımızda Bekir ve Ali'mi gözlerim aradı. Ali'm beni görünce dondu. Yanıma gelerek, "Kız Çirkin, ne güzel olmuşsun sen böyle!" dedi sırıtarak.

"Teşekkürler," dedim şımarıkça. Bekir ve Sedat, Selma'yı o kabarık gelinlikle koca arabaya sığdıramadılar ya! Onlara yardım etmek için yanlarına resmen uçtum. Selma'nın kulağına eğilip, "Kızım ilk poponu oturt, sonra topla şunları," dediğimde işlem tamamdı. Selma heyecandan düşünemiyordu kesin. Bekir bana minnettarlıkla bakarken onun yanına gidip, "Harika görünüyorsun," dediğimde papyonunu çekiştiriyordu. O ara beni kolumdan biri kendine çekti. Sedat, "Ne güzel olmuşsun sen!" dedi. Sesinde başka bir şey vardı. "Yılışma!" dedim ve önden önden yürüdüm. Nereye yürüyorsam, "Araba burada Duygu!" dedi kahkahalarla. Hiç istifimi bozmadım ve arabanın ön koltuğuna geçtim. Sedat hâlâ gülüyor tabii. O hep böyle gülsün ya, ben şebeklik yaparım. Geldiğimiz yere düğün salonu demek yanlış olurdu. Burası sanırım bir tesisti.

"Bütün Trabzon gelecek sanırım," dedim salonu görünce. Yemekli bir de oha! Selma ve Bekir gelin odasına alındı. Tabii ben yanlarında eltiyim sonuçta, ama aklım içerideydi, çünkü içeriden horon sesleri geliyordu. Sedat'ı horon teperken görmek için can atıyordum. Selma ve Bekir tam seyirlikti. Elleri ellerinden, gözleri gözlerinden ayrılmıyordu. *Allahım, ne olur, sen onların mutlu olmalarını sağla,* diye içimden evrene mesaj göndermeyi unutmadım. Sedat gelip ara ara bizi kontrol etti. Yemek başlamış, horonlar sürüyordu. Sedat'ın üzerinden horon çekmediği belliydi. Ara ara gözüm parmağındaki yüzüğe kayıyordu. Sıkılır çıkarır diye düşünmüştüm, ama çıkarmamıştı. Nikâh memuru geldiğinde Ali'm göründü kapıda. "Hadi bakalım nikâh memuru geldi," dedi. Selma ağlayacak gibi oldu. Ağlar tabii, kız dile kolay, senelerce bugünü beklemişti. Eteklerini düzeltirken önlerinde durdum ve "Stres yok, gidin ve evlenin. Sonra bebek isterim," dediğimde Ali'm, "Ne içti yine bizim Çirkin?" dedi sırıtarak.

"Ali, git şu garsonlara bir bak!" dedi Sedat kapıda görünüp. Nikâh masasında yerimizi almıştık. Ben ve Sedat, Bekir'in şahidiydik. Selmanın şahitleri Hacer Ana ve Durmuş'tu. Nihayet Bekir, Selması'na kavuşmuştu. Darısı benim ve diğer develerimin gönüllerine! Dans ederken gözüm hep Bekir ve Selma'daydı. Sedat, "Benimle ilgilen artık!" dediğinde, "Kızgınım sana," dedim sinirle.

"Niye?"

"Bana yılışma dedin."

"Sen de dedin."

"Sen benden önce söyledin."

"İyi, ödeştik o zaman," dediğinde kolyemi düzeltiyordu.

"Sedat gece dönmeyelim istersen."

"Dönelim, çok bile kaldık," dedi. Buradan ayrılmak istememekte haklıydım. Trabzon hepimize çok iyi gelmişti. Ali'm gününü gün etti. Sedat'ın gamzelerini doyasıya gördüm. Bekir zaten yılların hasreti aşkına kavuştu. Ben... sanki bir annem varmış gibi Hacer Ana'ya sığındım. Sedat'ın kollarında doyasıya uyudum. Karnımda olmayan bir bebeğim, elimde sahte de olsa nikâh yüzüğüm oldu. Dolayısıyla Trabzon mutlu anılarım arasında yer almaya başlamıştı.

Ali'm ve Bekir'den ve tabii Sedat'tan başkasıyla dans etmedim. Selma'nın ailesi bütün gece beş karış surat, yerlerinde oturup durdu. Hacer Ana tek tek herkesle ilgilendi. Düğünün asıl bombası gelen iki bin kişinin taktıklarıydı. Sanırım İstanbul'a bagajı doldursak gidemezdik, o derece yani. Takı merasiminde Selma üç dört kere gelin odasına gidip gelmek zorunda kaldı. Durmuş gelin odasının kapısına iki adam dikip orasını kasa odası haline getirdi. Hacer Ana düğün sonunda kalmamız için ısrar etse de Sedat kabul etmedi. Zaten gündüzden toplanmıştık. Gözlerimiz yaşlı, Hacer Ana'yla ayrılmamız tam bir dramdı.

"Kızım, burada bir anan olduğunu sakın unutma! Ne zaman dara düşersen ben buradayım."

"Sen de gel ama!" dedim gözlerimdeki yaşı silerken.

"Gelirim desem yalan olur, gelinim. Sen gel! Torunu getirmeyi unutma. Bakarsın bir kızın olur, benim öksüze gelin ederiz," dediğinde Sedat, "Ana daha doğmamış çocuğu baş göz ettin ya pes!" dedi gülerek. Oy benim kızım olsa kimselere veremezdim ben ya! Ne diyorum, biri beni çimdiklesin! Selma bir tek anasıyla ayrılamadı. Gerisinin bir elini öptü, o kadar. Ayrılmaları uzayınca iş başa düştü. Yanlarına gidip, "Elif Anne, sen de gelirsin yakında, şu evi bir yerleştirelim, gelip rahat rahat kalırsın, olmaz mı?" dedim. Kadın İsmail Efendi'nin gözünün içine baktı. "Olur," dedi, ama hiç umut yok. "Hem Selma da gelir," dedim ben de.

"Gelir mi?"

"Gelir tabii!" dedi Bekir. Elif Kadın, Bekir'in öz teyzesi olmasına rağmen Bekir bir o kadar yabancı gibiydi. Kadın umutlandı ve gülümsemeye başladı. Ezilmiş kadınlara çok kızıyordum ya, yurdum gerçeği işte! Türkiye'de ezilmeyen kadın mı vardı? Batılısından Doğulusuna hepsi kendi bünyesinde eziliyordu. *Ben bu çarkın ta içine*, dedim ve sessiz başkaldırımı sonraya bıraktım. Neyse, yola çıkmadan düğün yerinde hepimiz üstümüzü değiştirdik. Bekir bütün takılanları Durmuş'a emanet etti. Ne yapacak? Bizi uçağa almazlardı ki! Havalimanına geldiğimizde benim pilim bitmişti. Uçakta hangi ara gözlerim kapandı, yine bilmiyorum.

"Duygu iniyoruz," diye kulağıma dolan sesle gözlerimi açtım. Sedat dudaklarını yanağıma değdirip konuşurken, ağzımın suyu akmış, uyuyordum. Çatlak sesimle, "Bir tur daha atsa olmaz mı?" dediğimde Ali'm, "Oldu canım! Olmadı bir Amerika yapalım," dediğini duydum.

"Ya sen bir karışma ya!" diye uyku sersemi çemkiriyordum. Tabii Peter Pan kılıklı durur mu? Saçlarımı karıştırmaya başladığında cinler tepemdeydi. Gecenin ikisi, ben kolunu ısırmaya çalışıyordum. Tabii Selma şokla bizi seyrediyordu. Alışacak ne diyeyim!

Bizi Levent karşıladı on araba! Hadi on araba karşılamaya geldin, eyvallah, ama sen kalk koca Sabiha Gökçen Havalimanı'na gecenin üçüne davul zurna getir. Öküz ya! Sanki asker uğurluyor! Tabii haliyle çevre polis ekipleri çıkageldi. Sedat bastı küfürü! Avaz avaz! "Ulan biriniz de akıllı çıksın! Lan hadi davul zurna getirdin! Niye tehdit ediyorsun elin gariplerini?"

"Abi gelmek istemediler."

"Gecenin dördünde tabii istemezler, kıt oğlu kıt!"

Neyse, yine polisleri sanırım rica minnet ya da çorba parasıyla olay çıkmadan sabahın beşinde gönderdiler. Benim eve bir artıyla girmiştik. Artı kişimiz Selma'ydı. Bekir ve Selma'nın haline hepimiz gülmemeye çalışıyorduk. Harbi öküz benim develer! Hem de su katılmamış! Gerdek gecesini ben düşünememiştim de bunlar hiç mi akıl edememişti? Gerçi ne gerdeği, sabah olmuştu. *Gerdek sabahını hiç mi düşünmediniz,* diyesim geldi de zor yuttum. En konforlu oda benim odaydı.

"Siz ikiniz benim odaya geçin Bekir! Ben Sedat'la uyurum," dedim. Zaten canıma minnet, Sedat, "Biz geçeriz benim eve," dediyse bile, Selma panikle, "Abi, kahvaltı edelim beraber," dediğinde hepimiz şok. Gözümün içine bakıyorlar, karar vereyim diye patladım tabii...

"Bir şeyi düşünemedim, valla sıçtınız yani. Ya evlendi bu ikisi! Bizim ne işimiz var burada? Hadi, biz gidiyoruz," dedim. Ali'm ve Sedat'ın kapıdan bir çıkışları var görülmeye değer! Ali'm kıkırdıyor, Sedat burnundan soluyor.

Bekir, "Lan manyak mısınız? Oturun oturduğunuz yerde! Ya sabır! Sabah oldu zaten!" dedi.

"Yok, gidelim, siz rahat edin," dedim de ben nereye gideceğim merak konusu. Ali'me gidecektim, nereye olacak? Selma koluma yapıştığında gözlerinde başka bir korku vardı. Ah Allahım, gidemeyecektim!

"Gitme Duygu!" dedi, elleri mi titriyordu bu kızın? Bekir şaşırdı tabii. Sedat ve Ali'm aval aval bana bakıyordu.

"Selma..." dedim, ama "Gitmeyin, ben üzülürüm," dediğinde, "İyi madem, ama sabah gideceğiz," dedim, çünkü anlamıştım korkusunu! Kibar olamayacağım, kusura bakmayın, tam anlamıyla göt korkusuydu yaşadığı. Bekir ve Selma bavullarla benim odaya geçerken Ali'm, "Ne oldu öyle ya?" dedi merakla.

"Sana ne!" dedim sırıtarak.

"Söyle bak, yoksa seni şu balkondan sarkıtırım."

"O biraz sıkar Ali Bey, Hacer Ana'ya bir telefon açarım, görürsün," dediğimde ellerini havaya kaldırmıştı. Sedat koltuğa yayılmış, ne ara kendine rakı koymuştu, görmedim.

"Yarın ben..." dedim

Sedat, "Bana geliyorsun," dedi direkt. Ali'mle göz göze geldik.

"Abi bana da gelebilir."

"Ali senin ev belli," dediğinde Ali'm, "Öyle, giren çıkan belli değil." Sedat evine kimseyi sokmazdı da orada Senem vardı.

"Ben arkadaşıma giderim," dedim kime gidecksem. Aklımda Necla Abla belirdi.

"Olmaz!" dedi sertçe. *Hoş geldin eski öküz Sedat!*

"Sedat... Senem," dedim ama bir bağırma bağırdı ki Bekir ve Selma odadan fırladı.

"Duygu kapat çeneni, sabahın beşinde!" Hiçbir şey söylemeden sinirle uyuyacağım odaya girdim. Öküz işte! Üzerimi değiştim ve yatağa girdim. Yarım saat uyumaya çalıştım, ama uyuyamadım. Keşke Trabzon'da kalsaydık! Yarım saatin sonunda Sedat geldi. Duş aldığı yayılan şampuan kokusundan belliydi. Şortunu giydi ve havlusunu çıkardı. Tişörtünü giyip yanıma girdi. Tabii benim gözler kapalı! Beni usulca kollarına alıp sevgiyle sarıldı. Kokladı, öptü durdu. Allahım, ben bu adama nasıl kızarım ya! Ona dönüp, "Uyumuyorum," dediğimde yüzünün şekli görülmeye değerdi.

"Ya sen nasıl bir şey oldun başıma? Niye uyumuyorsun? Hiç mi yorulmadın?"

"Yoruldum."

"O zaman?"

"Ben Trabzon'daki Sedat'ı çok sevdim," dedim, usulca sokulup kokusunu içime çektim.

"Trabzon'daki Sedat'ı unut, o Sedat burada ölür gider," dedi boğuk bir sesle. Gözlerine baktım, ama kapalıydı. Sıcağına sokulup huzuru yakalamam zor olmadı. Ne kadar bağırırsa bağırsın, ben onun her haline katlanırdım.

Sabah burnuma öyle güzel kokular geliyordu ki! Allahım! Sucuk, yumurta, pastırma! Yok, canım, pastırma kokuyor olamazdı, değil mi? Karnım bir aslanın midesi gibi guruldadı. Gözlerimi açtığımda yatakta yalnızdım. Tuvalete bile uğramadan salona geçtiğimde hayatımda gördüğüm en güzel kahvaltı sofrasıyla karşılaştım.

"Allahım, biri beni çimdiklesin," derken koluma biri çimdik attı.

"Canım yandı!" diye arkamı döndüğümde Selma sırıtıyordu.

"Gelin! Ne işin var sabahın körü ayakta?"

"Ne körü? Saat bir," dediğinde ben şok! Niye şok oluyorsam?

211

Az bile uyumuştum aslında, beş altı saat uyumak çok sayılmaz.

"Sedat ve Ali çıktı," dedi Selma ve o ara çantamdan telefon ötmeye başladı. Hızla kalabalık çantamın içinden telefonumu buldum.

"Sedat arıyor," dedim ve hızla açtım.

"Bir saate hazırlan, seni alırım."

"Sedat..." dedim, ama "Kapat Duygu, işim var!" dedi ve kapattı. O sırada Bekir banyodan çıktı. Sırıtıyordu da Selma ondan niye gözünü kaçırmıştı, onu anlamadım. Gelip benim saçlarımı karıştırıp, "Çirkin! Senin yatak da pek rahatmış," dediğinde Selma elinden tabağı düşürüyordu.

"Bence Selma yanında uyudu diyedir o," dedim ben de bilerek.

"Pes!" dedi, çünkü benimle laf yarışına girmeyeceğini bilirdi. Hele şimdi Selma varken savaşa girmesi hata olurdu.

"Ben bir saate çıkıyorum. Sedat alacak," dedim ve hızla kahvaltı etmeye başladım. Yüzümü yıkasaydım iyiydi de işte çok açtım. Bekir, "Niye?" dedi.

"Niye olacak, yalnız kalın diye!" Ay bunları utandırmak çok güzeldi de utanan sadece Selma oluyordu.

"Kızım manyak mısınız siz?" dedi ve telefona sarılıp Sedat'ı aradı.

"Abi ne gerek var, Duygu kalsın burada," demesiyle kapatması bir oldu.

"Hoş geldin İstanbul Sedat," dedim. Bekir, "Duygu..." deyip sustu, ama parmağıma bakıyordu. Sahte nikâh yüzüğü halen parmağımdaydı.

"Çıkarma," diyen Selma oldu.

"Niye?" dedim gözüm yüzükte.

"Hatıra... hem... hem... evli olmayanlar da böyle yüzükler takıyor ki," dedi masumca.

"Mantıklı," dedi Bekir. Benim aklım Sedat'ın parmağındaydı. Gece takılıydı biliyorum. Bakalım bir saate merakım giderdi de niye çıkarmasını istemiyordum, bilmiyorum. İstemiyordum işte.

Karnımı tıka basa doldurup iki sevdalıyı yalnız bırakmak adına, "Ben giyinebilir miyim?" dedim, ağzıma o koca sucuğu atıp kalktım.

"Aşk olsun!" dedi Selma. Sırıttım ve odaya girerken benimle geldi. Sanki hatun zorla evlenmişti de kaçacak delik arıyordu. Bekir'le yalnız kalmamak için elinden geleni yapıyordu. Hadi bakalım, soyun Duygu da nasıl soyunacaksın! Ona anlatmıştım da işte!

"Duygu gitmesen," dediğinde karın ağrısı belli oldu. Ellerinden tutup onu yatağa oturttum. Sanki çok şey biliyorum da! "Selma, sen yıllarca bu adamı özlemle beklemedin mi? Korkacak bir şey yok."

"Ama..."

"Lütfen, ona ve kendine mutlu olmak için bir şans ver. İnan bana, benim de ödüm her yerime karışırdı, ama onu seviyorsun ve o da seni seviyor. Seni incitmeyeceğini biliyorum. O sen üzülme diye sabırla seni bekledi. Eğer benim sevebileceğim ve beni deliler gibi seven birini bulsam, ondan önce ben onun üzerine atlardım." *Oha, bunu ben mi demiştim?* Selma boynuma sarıldı. O sırada telefonum çaldı. "Sedat arıyor, giyinmeliyim," dedim. *Kız çıksana,* diye içimden bağırıyorum, ama yok çıkmadı. Çaresizce kıyafetlerimi çıkardım. Sutyenle kalınca arkamda bir hıçkırık sesi duyuldu. Döndüğümde Selma'nın yüzü bembeyaz, ağzını eliyle kapatmıştı. Ben bu kadar tepki vereceğini düşünmemiştim. Usulca yanıma yanaştı, elleri titreyerek izlere dokundu ve, "Bu kadar çok olduğunu düşünmemiştim," dedi gözyaşlarıyla. Onun için üzüldüm. "Acımıyor," dedim.

"Bunlar..." dedi hıçkırarak.

"Puro izleri..." dedim. Buz gibiydim. Özelime bu kadar kimseyi sokmamıştım, ama artık Selma benim sırdaşım olacaktı. Tıpkı develerim gibi...

"Allahım, elleri kırılsın!"

"Yaşamıyorlar..." dedim, yüzümün şekli sanırım değişmişti.

Ben hastaneden çıkana kadar Sedat onları canlı tutmuştu. Sonra benim gözlerimin önünde hepsini teker teker öldürmüştü. Bir daha rüyalarıma girmesin diye...

"Cehennemin en dibinde yansınlar," dedi. Ben hızlıca giyindim. "Ağlama, sizlerle iyiyim. Geçmiş artık çok uzak," dedim ve ağlamamak için hızlıca çıktım. Selma kapıda bana sarıldı, halen ağlıyordu. Bekir yine şok! "Ne oluyor yine ya?" dedi, adamın ilk günden içi karardı valla. Bu kadar duygusallık benim bünyeme zarar.

"Görüşürüz," dedim ve Bekir'e el sallayıp çıktım. Arabaya bindiğimde Sedat yüzüme baktı. "Ağladın mı sen?" dedi çenemi kaldırıp gözlerime baktı. Benim için kötü ruh halimden sıyrılmak Sedat'ın yanında bir o kadar kolaydı.

"Hayır, günaydın!" dedim gülerek. Ters ters baktı. Eli solda kalıyor, direksiyonu sıktığı için yüzüğü göremiyordum. Allahım deli olacaktım. Aklımda ne Senem vardı ne nereye gittiğimiz.

Sonra sağa dönüş yolunda yüzüğün parmağında olmadığını gördüm. İçim bir sürü yağmur bulutuyla kaplanmıştı. Saçmaydı, ama içim öyleydi işte! Utandım. Sağ elim, sol elimin üzerine gidip yüzüğü kapattı.

Sedat'ın Beykoz'daki evine geldiğimizde arabanın içinde bahçe kapısının ağır ağır açılmasını bekledik. Burada yıllarca Sedat, Bekir ve Ali'mle beraber yaşamıştım. Her evin kendi bahçesi vardı.

"Senem evde mi?" dedim.

"Hayır, o Şişli'deki eve geçti."

"Ben oraya geçebilirdim."

"Ben nerede, sen orada," dedi Sedat. Derin bir nefes aldım ve sustum. Arabadan iner inmez parmağımdaki yüzüğü sinirle çıkardım. Elimde döndürüp dururken aklıma kolyem geldi. Güzel anılarımla birlikte onun içinde kalabilirdi ve böylelikle yüzüğümden kopmamış olurdum. İçim ısındı. Sedat evin şifresini girdi ve kapılar açıldığında içeri girdik. Ev yeni temizlenmişti. Mis gibi kokuyordu.

"Kahvaltı ettin mi?" diye sordu Sedat.

"Evet, Selma güzel bir kahvaltı hazırlamış," dedim gülerek.

"Ne sırıtıyorsun?"

"Hiç, Selma'ya gülüyorum."

"Niye?"

"Hiç işte!"

"Benden bir şey saklamazdın," dedi, mutfağa geçmiş, arabadan çıkardığı alışveriş torbalarını yerleştiriyordu.

"İyi de saklamıyorum. Bu ayıp, kızlar arasında."

"Dün gece onun için mi bizi salmadı?"

"Pes yani, gözünden bir şey kaçmıyor. Evet, ama bugün konuştuk biraz, umarım bir yararı olmuştur," dedim. *Hay dilimi eşek arısı soksun emi!*

"Sen ne biliyorsun da anlattın?" dediğinde tepemde dikiliyordu.

"Sedat, ayıp bu senin yaptığın!"

"Söyle!" dedi.

"Ona sevdiğim biriyle evlenirsem, gözümü kırpmam, üzerine atlarım dedim." Sedat elinde yoğurt, şok olmuş, bana bakıyordu. "Cesaret vermek için söyledim. Bakma öyle! Ne deseydim başka?"

"Yuh!" dedi ve başka yorum yapmadan arkasını döndü. Sırıtıyor muydu ne? Mutfakta işimiz bittiğinde, "Ben yorgunum," dedi Sedat.

Gece geç yatmış, sabah erken kalkmıştı. Uyumak istiyordu. "Ben de uyurum o zaman," dedim dünden razı bir şekilde. Tam merdivenleri çıkıyordu ki, "Bu evde yalnız uyuyamam, biliyorsun," dedim.

"Sanki başka yerde uyuyorsun da" dedi sinirle.

"Tamam ya! Uyurum," dedim ve sinirle yanından bir hışımla merdivenleri çıktım. Onun odasını es geçtim, zaten orada Senem'in eşyaları vardı. Başka bir odaya girip yorganı kaldırıp içine girdim. Ne olur ne olmaz diye başucumdaki lambayı açık bıraktım. Bir iki saniye sonra Sedat yatağın içine girdi ve geniş sırtını yatağa bıraktı. Bana sarılmadı ve bir süre öylece durduk. Hangi ara o sinirle uyumuştum, hayret! Kalktığımda odanın ışığı ve başucumdaki ışık yanıyordu. Koridorun ışığının yandığını da görebiliyordum. Sedat yanımda deliksiz uyuyordu. Devem çok yorulmuştu, belliydi. Yatağa nasıl yattıysa öylece uyuyup kalmıştı. Aklıma elindeki yüzük geldi. Kim bilir, nereye atmıştı? Onu alıp eşinin yanına koymak istiyordum, ama ona asla bunu alenen söyleyemezdim. Hızla yataktan kalkıp aşağı indim. Kesin bir yerlere atmıştı. Mutfağa, salona, hatta çıkardığı elbiselerin ceplerine bile baktım. Yok! Yok! Yok!

Araba aklıma geldi, hızla anahtarı alıp arabaya uçarcasına gittim. Her yerine baktım, tam eğilmiş yerlere bakıyordum ki "Ne arıyorsun?" diyen sesle kafamı arabanın tavanına vurmam bir oldu. Kafamı tutup, "Beni korkuttun!" diye dışarı çıktım.

"Ne arıyorsun?"

"Hiç!"

"Duygu!"

"Yüzük!" diye bağırdım.

"Hangi yüzük?" dediğinde iyice sinirlenmiştim. Hangi yüzük olduğunu bile hatırlamıyordu yani, öyle mi? Bu kadardı işte!

"Şu elimize taktığımız var ya! Çıkarıp cebime koymuştum, şimdi yok," deyiverdim. Onunkini soramadım.

"Ne yapacaksın zaten onu! Boş ver, hadi eve gir, hava soğuk!" dediğinde benim içim üşüyordu, bedenim değil! İki gün Sedat'ın evinde zor durmuştum. Aramız yüzük mevzusundan sonra düzelmedi. Neydi aramızdaki, ben bile çözemiyordum ki o çözsün. Soğuk savaş desem değil, kavga desem, o bana kıyamaz, ben ona. Bir burukluktu bizimkisi, içim eziliyor, ama nedenini bulamıyordum. Tek bildiğim o bana uzak kaldıkça canım yanıyordu.

Selma ve Bekir bir haftalığına Sapanca'ya gittiklerinde ben eve dönmek istedim. Sedat sesini çıkarmadı. Beni eve bırakırken, "Bu ara yoğun olurum. İşler birikti. Ali senin yanında olacak," dedi. Trabzon'daki Sedat'ı göreyim diye öylece gözlerine baktım, ama yoktu. Bir o kadar soğuk, bir o kadar beton.

"Seni özlerim ama," dedim bir umut, hani sert bakışları bazen yumuşuyordu ya! Fakirin ekmeği umuttur.

"Duygu in!" dedi. Beni bazen öyle olmadık zamanlarda kırıyordu ki tuzla buz oluyordum.

"Öküz!" dedim ve sinirimi arabanın kapısından çıkardım. O gaza basıp uzaklaşırken ayaklarımı yere vurup arkasından ne kadar küfür biliyorsam salladım. Arkamı döndüğümde Gül Abla gözlerini belertmiş, bana bakıyordu. *Harika!*

"Duygu kızım, kavga mı ettiniz?" dedi direkt.

"Evet, Gül Abla! Öldürme diyorum şu adamları, beni dinlemiyor," diye sinirle apartmana girdim. Kapıyı anahtarımla açtığımda halen söyleniyordum. Ali'm koltuğa uzanmış, televizyon seyrediyordu. Gidip yanına oturdum.

"Ne oldu yine?" dedi sırıtarak.

"Ali'm, Sedat beni çok üzüyor ya!" dedim ağlamaklı.

"Derdi büyük onun…"

"Biliyorsun yani!"

"Biliyorum."

"Bana da anlat o zaman."

"Anlatamam."

"Niye, ben yabancı mıyım?"

"Senin anlattıklarını Sedat'a anlatmamı ister misin?" diye sordu Ali'm.

"Hayır."

"O zaman neyi olduğunu Sedat'a sorman gerek."

"Ne soracağımı bilmiyorum ki!"

"O zaman ona seninle ne derdi var, onu sor? Belki niye sana kötü davranıyor, o zaman söyler."

"Benimle ne derdi olacak onun?"

"Ya Allah aşkına Duygu, sen gelip Sedat beni üzüyor demedin mi? Kendimi keseceğim valla."

"Sen ciddi konuşma be Ali'm," dedim sıkıntıyla ve kalkıp odama geçtim. Odamı toparlayıp yanına geldiğimde Ali'm vurdulu kırdılı bir film seyrediyordu. Evde miskin miskin oturmaya başladık.

"Acaba Bekir ve Selma eğleniyorlar mıdır?" diye sordum sesli olarak. Soruya bak! Harbi salağım ben ya! Ali'm kahkaha atarak, "Sence?" dedi alayla.

"Of, tamam, aptalcaydı," dedim ve arkadan gelecek alayların önünü kestim.

"Bekir devesi burada kalır şu ev hallolana kadar," dedi Ali'm.

"Bana uyar da kız rahat eder mi?"

"Evi aldık, öyle duruyor. Yıllardır içine kimse girmemiş, harabe."

"Boş boş duracağımıza biz yaptıralım, onlara sürpriz olur," dedim heyecanla.

"Doğru kız!" dedi ve ayaklandık. Ali'mle birlikte onlar gelene kadar evi hazırlamaya giriştik.

Sabah devemle çıkıyor, gezmediğimiz mobilyacı, tadilatçı, sucu, boyacı kalmıyordu. Ali'm bezdi ve sabahın köründe karşıma alımlı bir kadını getirdi.

"Al Duygu, Meltem Hanım iç mimar. Sapından kapısına her şeyini ona anlat, benden bu kadar," dedi. Kadını ilkin sevmesem de sonra işini biliyor olması hoşuma gitmişti. Mucizeler yaratıp ikinci katı bir haftada küçük bir saray yavrusuna döndürdü. Parayı veren düdüğü çalar diye boşuna dememişler. Tabii apartman sakinleri gece geç saatlere kadar süren her türlü gürültüye Ali'min evi diye seslerini çıkaramadılar. Öküzüm benim! Mağdur Nurten Abla'nın kocasına attığı yumruk bayağı etkili olmuştu. Sedat bir hafta pek ortalarda görünmedi. Ben aradığımda kısa kısa cevaplar verip kapattı. O aradığında ise sesimi duymak istemişmiş, ham öküz!

Pazar akşamı sekiz gibi Bekir ve Selma ellerinde bavulları, yine bendeydiler. Ben bir mutlu bir mutlu, Ali'm kıs kıs gülüyor. Bizim kumruların canları sıkkın tabii.

"Neyiniz var sizin?"

"Hiç," dedi Selma, ama bir şey olmuş belli. Mutfağa işaret ettim.

"Ne oldu?" dememi bekliyormuş.

"Hiçbir şey olmadı, sorun da orada," dediğinde ben ağzım beş karış açık bakıyordum.

"An...la...ma...dım!"

"Ne anlatayım Duygu! Olmadı diyorum!" dedi utançla.

"Niye ki?" Ne sorayım ki?

"Benim yüzümden..."

"Anlamadım?"

"Duygu, sen benden de salak çıktın ha!" dediğinde ye azarı Duygu!

"Selma şimdi kafana tepsiyi yiyeceksin! Doğru dürüst anlat o zaman."

"Korktum, o da bana elini sürmedi. Bütün hafta sarılıp uyuduk."

"Kızım, siz manyak mısınız? Ben de Sedat'la sarılıp uyuyorum. Ne evlendiniz o zaman?" diye kahkaha atmaya başladım.

"Geç dalganı, seni de görürüz," dedi Selma, ama ağlayacak. *Ne akıl vereyim ya!*

"Of, dur bakalım, bir düşünelim. Hassas öküz bu Bekir!" dedim alayla.

"Düşün, ama çabuk bir şey bul. Yoksa beni geri gönderecek."

"Öyle mi dedi?" dedim ağzım ve gözlerim beş karış açık.

"Yok, ama..."

"Gönderemez! Seviyor seni o! Hem Sedat onu kıtır kıtır keser. Olmadı, ben keserim. Seni ölürüm de bırakmam. Acaba Ali'me mi çıtlatsak?" dedim, ama gülesim geldi.

Selma, "Ay!" diye korkuyla çığlık atınca Bekir mutfağa koştu.

"Ne oluyor yine? Geldiniz ikiniz bir araya!" dedi sinirle. Ne oluyor bu adama ya? Selma'sızlık başına vurmuş garibin bir haftada. *Ay ne iğrencim!*

"Yok, bebişim bir şey," deyişim var Bekir yine sabır çekerek içeri girdi. Gülmem geçince Selma, "Sakın Ali'ye söyleme, katliam olur," dedi.

"Şaka yaptım, söylemem," dedim ve içeri girdik.

"Sedat nerede kaldı?" dedi Bekir.

"Yoldadır," dedi Ali'm, ama ben heyecanla aradım. O kadar sabırsızdım ki hoparlörü açıp, "Sedat neredesin? Bekir ve Selma geldi, seni bekliyoruz," dedim, ama demez olaydım.

"Oyun mu oynuyorum ben burada, kapat Duygu!" diye bağırmasıyla Bekir, "Abi!" dedi. Sedat bir iki saniye sustu. "Geliyorum koçum, trafiğe takıldım," dedi ve kapattı.

Ali'm sinirle, "Yine delilendi!" dedi Bekir'e bakıp. Bekir sessiz kaldı.

Sedat geldiğinde kuru bir, "Hoş geldin" dedim. Beni Trabzon'dan geldiğimizden beri kırıp duruyordu. Hoş bir şey demiyordum, ama üzülüyordum. Yemekti, bulaşıktı, develer salondaki koltukta otururken Bekir, "Abi ben bir ev tuttum," dediğinde Ali'm ve ben, "Ne?" diye bağırdık. Sedat, "Yavaş!" dedi bize ters ters bakıp, sonra Bekir'e dönüp, "Eee?" dedi.

Sedat sanırım Bekir'e girişecekti, çünkü kollarını sıvıyordu. O bir adamı dövmeye karar verdiğinde kollarını sıvar, sonra girişirdi.

Selma, "Abi, ben istedim," dediğinde Sedat, "Sus sen!" diye bağırdı. Yani Selma da ağzının payını aldı. Bekir gerilmiş, ayağa kalkmıştı. Tabii Sedat da ayaklandı.

"Abi, olmuyor böyle, bu aşağıdaki ev..." demeye kalmadı. Sedat yumruğu yüzüne geçirdi. Başlıyoruz! Sedat bir, Bekir sıfır. Selma korkuyla ağzını kapattığında Bekir yerde gülüyordu. Sedat, "Selma'ya dua et sen. Bir de ev tutmuş! Kime sordun lan? Bizim evler ne güne duruyor! Güvenliğinizi hiç mi düşünmüyorsun?"

Bekir, "Abi be! Trabzon sana harbi iyi gelmişti. Sen Duygu'yu al, oraya yerleş," dediğinde, "Ben gitmem oraya! Sedat'a kırgınım. Hem bir sürü yalan söyledik," dedim.

"Devam ettirirsiniz fena mı olur?" diyen Selma'ya hepimiz aptalca bakıyorduk.

Ali'm, "Neyse, konumuza dönelim, ev işi…" dediğinde, "Evet," dedim ellerimi çırparak.

"Vurma, sen de artık, aldı o mesajı," dedim gülerek. Gözlerini kapatma merasiminden sonra asansörle aşağı indik. Sedat merdivenle indi. Kapıyı açıp ikisini salona soktuk, gerçekten güzel olmuştu. Zevkliydi bizim mimar hanım, ama ben de iyi yönlendirmiştim yani.

Gözlerini açtığımızda, "Ta taaa" diye bağırdım. Ali'm, "O ne kız ta taaa?" dedi sırıtarak. Sedat onların şaşkınlığına sırıtıyordu. Bekir ve Selma afallamış, eve bakıyordu. "Huzurla oturun. Mini mini bebeleriniz olsun bir sürü…" dedim. Beni takan olmadı tabii. Selma şaşkınlıkla evi incelerken bizim iki deve Bekir'le diğer odalara daldı. Selma bana sarıldı, tekrar kendimi bir şeyler söylemeye zorunlu hissettim.

"Selma, lütfen üzülme, evlendiğiniz gece malum düşünemedik. Sonra benim ev eğretiydi. Sapanca'yı bilmem, ama burası sana iyi gelebilir. Gir banyonu yap, bir kadeh bir şey iç, ne bileyim! Zaten gerisi gelir," dedim. Daha ne desem, Haydar Dümen miyim ben! Sonra evi gezmeleri bitince iki devemle kapıdan çıktık.

Sanırım artık bir yuvaları olmuştu. Mutlu, ama buruktum. Ali'm ve ben asansöre binerken, "Ben kaçıyorum," dedi Sedat. Ben gözünün içine bakarken Ali'm beni asansöre çekti. "Yine Senem mi?" dedim Ali'me.

"Boş ver Duygu!" dedi ve ben sessiz kaldım.

Her şey boş, Süper Fm'le coş!

Sabah kalktığımda ev bana bomboş geldi. Ali'm sabah ben uyanmadan çıkmıştı. Ben şimdi ne yapacaktım? Pazartesi günleri işe gitmemek için hep huysuzlanırdım. Dilim kurusun! Şimdi işimde olabilir ve günün yoğunluğuna kendimi kaptırabilirdim. Acaba Selma ve Bekir ne yapmıştı? Kendi kendime sırıttım. Sevmek güzel şeydi ama bulana! Necla Abla'yı arayıp öğlen onunla kahve içebilirdim. Telefonumu buldum ve numarasını tuşladım.

"Günaydın kraliçem," dedim alayla.

"Aşk olsun Duygu," diye siteme başladı, yarım saat konuştu. Kapattığımızda kahve için sözleşmiştik. Bahariye'de buluşup Altıyol'da bir yere oturduk. Tabii Sedat'a nerede ve kiminle olduğumu mesaj attım. Korumaların peşimde olduğunu söylemeye gerek yok.

"Deniz Bey'i görmelisin, o kadar işin üstesinden kendim geleceğim diye sabah akşam çalışıyor. İnatla senin yerine kimseyi almadı. Bir arasan," dedi Necla Abla.

"Aramam, artık ne o öyle çocuk gibi. Yok, gelemiyorum, yok yarın gelirim. Ayıp adama!"

"Bizim satıştaki kızları görmelisin. Deniz Bey için yeni kıyafetler aldılar. Ben böyle yoğunluk görmedim. Metin Bey varken sizin kata kimse çıkmazdı. Şimdi İstiklal Caddesi'ni geçti. Adam bekâr tabii.

"Allah var, karizma!" dedim sırıtarak.

"Seninki ne yapıyor?"

"Hangisi, üç tane var bende," dedim sırıtarak.

"Sedat güzelim, Sedat! On tane Deniz Bey eder o! Allahım,

onu ne zaman görsem ayak uçlarımdan saç diplerime kadar ürperiyorum. O başka bir şey be Duygu!"

"Abla, artık senin evlenmen gerek," dedim kahkahayla. Sedat benim devemdi, tamam yakışıklıydı, karizmaydı da, böyle bir etkisi var mıydı? Ben ona öyle bakamazdım ki! Bir saatlik yemek molası bittiğinde biz hâlâ konuşmaya doymamıştık. Trabzon'u, tabii Selma'yı anlata anlata bitiremedim.

Eve geldiğimde gün ne bitmezmiş arkadaş, sıkıntıyla deli danalar gibi dolanmaya başladım. Bir ara Selma ve Bekir'e gideyim dedim, sonra vazgeçtim. Ayıp yani! Yeni evliler, gidilmez! Sonra Ali'mi arayayım diye düşündüm, vazgeçtim. Trabzon'dan geldiğimizden beri koşturup duruyor zaten. Sedat zaten gelmez, azarlayıp duruyor. Oturdum, film seyretmeye başladım.

İyi de ettim, gece oluverdi. Gece Ali'm geldiğinde en azından yalnız kalmamıştım. Ertesi sabah yine ben uyanmadan gittiğinde, sinir ve sıkıntıdan tırnaklarımı yiyordum. Saat on gibi telefonum çalıyordu. Bilmediğim bir numara. Yatağın içinde dönüp duruyordum. Bezgin bir sesle, "Alo!" dedim.

"Duygu Hanım?"

"Benim, siz kimsiniz?" dedim karşımdaki adama.

"Telefonum çabuk silinmiş," dediğinde yatağımda doğrulmuştum.

"Deniz Bey?" dedim merakla.

"Evet, halen sizi çalıştırmak isteyen sersem patron!" dediğinde, "Gerçekten mi?" dedim, altın bulmuş gibi sevindim. "Yarım saatin var, geldin geldin, yoksa elimdeki iş başvurularını değerlendireceğim," dedi Deniz Bey.

"Yemin ederim uçarak geliyorum," dedim ve yataktan nasıl fırladım, bilmiyorum. Giyinirken Sedat'a mesaj çektim, ama cevap gelmedi. Hızla aradım, ama açan olmadı. Ben de Ali'mi aradım, ona söyledim. Yorum yapmadı.

Deniz Bey'in ofisinin önünde üzerimi düzelttim ve kapıyı çalmadan içeri girdim. Umarım kapıyı çalmama kuralı halen geçerlidir diye dua ettim. İçeri girdiğimde Deniz Bey bütün karizmasıyla evrakların arasında, boğulmuş çalışıyordu.

"Al şunları!" dedi bana. *Harika! Dengesiz adamlar benim kalemim!*

Elinden alıp göz attım.

"Konuş!" dedi.

"İhale rakamı çok yüksek, girmek bizi riske sokar," dedim.

"Yırt o zaman."

"Ama harç yatırılmış?"

"Burada olsaydın yatırılmazdı. Maaşından keserim artık."

"Bunu ben ömür boyu ödeyemem ki!" dediğimde kafasını kaldırmış, bana bakıyordu.

"Duygu!" dedi.

"Efendim, Deniz Bey!"

"Çalış!"

Bir ay sonra

İş bana iyi gelmişti. Bu arada bütün boş vakitlerimi Selma dolduruyordu. Ona bütün İstanbul'u zevkle gezdirdim. Sonra onu bir sürücü kursuna yazdırdık. "Ben sana öğretirim," dediğimde develerimden hiç ses çıkmadı. Benden ağızlarının paylarını almışlardı.

Pazartesi sabahı benim kapı usulca açıldı. Tam evden çıkıyordum, Selma girdi suratı ağlamaklı.

"Ne oldu kız? İlk kavganızı yapmış gibi duruyorsun," dedim alayla.

"Ben inmem bir daha aşağı!"

"Sen bilirsin," dedim.

"Kızmayacak mısın? İstemem evimde demeyecek misin?"

"Benim canıma minnet, yemek, temizlik, bulaşık ellerinden öper," dedim sırıtarak.

"Dalga geç sen! Hani şu başvurduğum özel hastane var ya, beni kabul etti. Ama Bekir kabul etmiyor," dediğinde işin rengi değişmişti.

"Eder eder," dedim sırıtarak.

"Nasıl?"

"Birkaç gün evden yok olursun, gittiğin yer belli olsun diye seni işe sokar," dedim alayla.

"Gerçekten mi?"

"Ben de tutmuştu," dedim sırıtarak. Planı eline verip Selma'yı aşağı postaladım. Arabamın kapısını açmış binerken, "Duygu…" diye Sedat seslendi. Onca suratsızlığına rağmen günüm güzel mi geçecekti ne?

"Günaydın," deyip ne zaman gövdesine sarıldım bilmiyorum. Şaşırmış, elleri havada kalmıştı. Onu özlüyordum, hepsi bu.

"Hadi, seni işe bırakayım," dedi.

"Olur! Nereden esti?" dedim mutlulukla.

"Geçiyordum," dedi Sedat.

"Artık böyle oldu yani, geçiyordum," dedim üzüntüyle.

"Seninle ilgisi yok. Trabzon'da fazla kaldık. İşleri bir türlü toparlayamadım. Bekir halen balayında."

"Artık çıkar," dedim kıkırdayarak.

"Niye?"

"Selma iş bulmuş."

"Yok artık!"

"Niye Sedat? Kız hemşire, gitsin gelsin işte," dediğimde, "Bekir seni masaya yatırıp kıtır kıtır kessin, dönüp bakmam," dedi.

"Benim ne suçum var?"

"Senden bilecek."

"Of, günah keçisi, hatta danasıyım ben ya!" dedim.

"Kahvaltı edelim beraber," dediğinde hayır diyemedim. İşe haber de veremedim tabii. Onun yanından Deniz Bey'i arayamazdım.

"Olur," dedim. Birlikte börekçide oturduk. Tabii ben Kürt böreği yedim. O kahvaltı etmedi.

"Artık bitir şu işlerini, özledim ben seni," dedim.

"Şımarma hemen. Ali yanında," dediğinde yine beni çok kırdığının farkında değildi.

"Hadi gidelim," dedim, saat on olmuştu.

"Geç kaldın!" dedi sinirle ve kalktık. Şirketin önüne geldiğimde moralim sıfıra inmişti. "Görüşürüz," dedim ve indim. Kapıdan inmemle Sedat önüme dikildi.

"Ne?" dedim. Kaşe montumdan tuttu ve boynuma yüzünü gömdü.

"Öyle gidemezsin," diye mırıldandı.

"Şımarma dedin, şımarmıyorum ben de," dedim. Kömür karası saçlarını okşadım özlemle. Yüzünü boynumdan çekerken yine saçlarım yeni çıkmaya yüz tutmuş sakallarına takıldı.

"Ne zamandır bana alınır oldun?"

"Beni kırıyorsun. Ben sensiz yapamıyorum, bunu biliyorsun. Lütfen, benden uzak durma," dediğimde ona sarıldım. O sırada Deniz Bey'i gördüm. Arabasının yanında, elleri yumruk olmuş, bizi izliyordu. Eyvah ki ne eyvah, *babanın yeri gibi istediğin saatte işe mi gelinir Duygu,* diyecek bana şimdi?

"Akşam salonda mısın?" dedim kedi gibi.

"Ne oldu?"

"Selma'yla geleceğiz."

"Bakarız, hadi gir, üşüdün," dedi ve alnımdan öptü. Arabasına binerken ben mecbur Deniz Bey'e doğru yürüyordum. Adım gibi biliyordum ki Sedat bizi izliyordu.

"Günaydın demek için geç oldu," dedim suçlu suçlu. Deniz Bey hiçbir şey demeden, önden önden şirkete girdi. O da yeni geliyordu. Asansöre bindiğimizde aynadan beni seyrettiğini fark ettim. Kafamı kaldırdığımda bakışlarını kaçırması gerekmiyor muydu?

"Konuşalım," dediğinde aptalca yüzüne bakıyordum. *Konuşalım,* ne demekti ki?

"Peki, Deniz Bey," dedim. Birlikte benim ofisten geçerken, "Hemen!" dedi sertçe. Kovuluyordum galiba. Oysa bu adamın tarzı, davranışları, bakışları hoşuma gidiyordu. Kibar adamdı Allah için! Tabii iş dışında. Kapıyı açıp içeri girdim.

"Otur Duygu!" dedi Deniz Bey. Oturdum.

"Açık konuşacağım," dedi ve derin bir nefes aldı. Başlıyorduk bakalım, kovulma bahanesi için ne yumurtlayacaktı?

"Senden hoşlanıyorum," dediğinde donmuştum.

"Ne dediniz?"

"Duydun!"

"İyiymiş," dedim mırıltıyla.

"İyi miymiş?" dedi ve gülmeye başladı. Ağzının ortasına yumruk atma hissiyle dolmuştum. Böyle mi söylenirdi ya! Bu sırtımdan bıçağı sokmakla aynı şeydi! Niye bütün öküzler benim yanıma toplanıyordu ki?

Boğazda yemeğe çıkarmaya, keman eşliğinde, güller verip elimi tutarak, *seni seviyorum*, demeye ne olmuştu?

"Duygu anladığına eminim, dalga geçmiyorum," dedi gülmesinin ardına saklanıp. Şaşkınlığımı sanki dışarı vururmuş gibi, "Bu kadar az zamanda!" diye ciyakladım. Evet, ciyakladım.

"Hayır, seni bir senedir ara ara görüyordum. Hakkında araştırma yaptırdım. Çözemediğim tek şey bu etrafındaki Sedat ve tayfası," dedi. Şaşkınlık yerini sinire bırakmıştı. Sedat bunu öğrenirse kesin onun kafasına sıkarak kesin çözüm getirirdi. Hem, hem tayfası ne ya! Gülümseyerek yerimden kalktım ve dosyayı masanın üzerine usulca koyup, "Size bundan sonraki hayatınızda başarılar," dedim ve tabii kapıdan çıkmadan Deniz Bey tarafından durduruldum. Eli koluma değdiğinde niye sıcaklık duymuştum, bilmiyorum. Bana dokunulmasından pek hoşlanmazdım. Sinirle kolumu çektim.

"Özür dilerim! Lütfen!"

"İki dakikanız var," dedim en ölümcül sesimle.

"Çok kabasın, ama bu halin daha da hoşuma gidiyor," dedi sırıtarak.

"Ciddi olun! Çünkü şaka yapılacak bir konu göremiyorum."

"Ciddi mi? Halime bak! Liseli âşıklar gibi fırsat kolluyorum. Aylardır sana açılmak için bekliyorum, bu da yetmezmiş gibi umutlanamıyorum bile! Seni bir başkasının kolları arasında görüyorum. Ne yapmamı bekliyorsun? Birine ilgi duyarken o kızın etrafında bir sürü karanlık, bir o kadar sahiplenici adam var ve âşık olduğum kız onlara körü körüne bağlı."

"Sizinkinin aşk olduğuna emin misiniz? Çünkü aşk bir insanı her şeyiyle kabullenmektir. Bağlıyım, çünkü onlar benim ailem," dedim. Niye açıklıyordum ki!

"Kendini kandırma, ailen öleli çok oldu," dediğinde gerçek yüzüme tokat gibi çarpmıştı, ama benim elimin havalanıp onun yüzüne çarpmasına ben bile şaşırmıştım. Yüzüne yediği tokadın ardından avazım çıktığı kadar, "Bu seni hiç ilgilendirmez," diye bağırdım.

"İlgilendirir."

"Sen kim oluyorsun?"

"Seni seviyorum, anlasana," dedi ve hangi ara beni kendine çekip dudaklarım dudaklarına değdi, anlayamadım. Kahretsin! Sinirli olduğunu anlayabiliyordum, ama olmazdı ya! İlk öpücüğüm böyle olmamalıydı! Dudaklarımdan çekilip dudaklarını alnıma dayadığında şoktan kıpırdayamıyordum. Neden yüzüne yumruğu geçiremiyordum? Neden Levent'in onca öğrettiği koruma tekniğini kullanamıyordum? Hoşuma mı gitmişti? Sevilmek miydi yoksa hoşuma giden? Yoksa küçük Duygu başka bir liman mı arıyordu? Dudaklarının sıcağı alnımı delmeye çalışırken, "Tam tahmin ettiğim gibi lezzetlisin," dediğinde kendimi yemek gibi hissettim. Sırıtıyordum.

"Ne?" dedim aptalca. Yüzüm kızarmış mıydı? Ben hiç kızarmam ki!

"Ben gitmeliyim," dedim. Yürüyebilecek miydim?

"Duygu, lütfen kaçma, konuşalım?" dediğinde tamam anlamında başımı sallayabildim.

"Dışarıda."

"Tamam, ama toplantı için kapıda bir sürü insan birikmiş olmalı," dedim. Çıkmamız akşamın altısını buldu. Bütün gün

Leyla gibiydim. Akşam mesai bitmiş, ben eve gitmek için hazırdım. Konuşmak istediğimden pek emin değildim. Ofise kafamı uzattım ve, "Deniz Bey, ben çıkıyorum," der demez ne ara yanıma geldi bu adam, anlayamadım ya! Gözlerime aşk dilencisi gibi bakıp elimi tuttu ve, "Çıkalım," dedi. Kapıdan çıkar çıkmaz elimi çektim. "Duygu!" dedi.

"Efendim Deniz Bey!" dedim salakça. Deniz Bey'in bir önemi kalmış mıydı?

Boğazda bir restorana gittik. Boğaz diyorum çünkü oraya varana kadar ben anlamadım. Onca trafik, onca yol boyunca ruhum çekilmişti sanırım. Deniz Bey de sessizce araba kullandı. Gittiğimiz restoran gayet şıktı. Bir iki masa haricinde boştu denebilir. Masaya karşılıklı oturduğumuzda huzursuz oldum. Ben ne yapıyordum? Ya Sedat beni bu hâlde görse? Kesin biri ölürdü. Çözemediğim Deniz'in beni nasıl etkilediğiydi. Deniz'de sanki tanıdık bir otorite vardı. "Önce yemek?" dedi gülümseyerek. Otorite nasıl olup da gülümsemesiyle bir arada oluyordu, onu çözmüş değildim. Ne sipariş verdim? Ne yemeğe başladım, farkında değildim. Sessizleşmiştim. Birinden hoşlanmak mı? Kim, ben mi? Yaralı yüreğim aşkla birine bağlanabilir miydi? Geçmişin üstesinden gelebilir miydik? Saçma! Geçmiş benim geçmişimdi. Neden bunları düşünür olmuştum? Sanırım Deniz Bey ciddiye alınacak bir adamdı. Her şeye rağmen burada, karşımda oturmuş, benimle birlikte olmak istediğini söylüyordu. Sedat ve onun deyimiyle tayfasına rağmen istiyordu.

"Duygu!" demesiyle düşünce selimden sıyrıldım.

Sadece gözlerine baktım. "Bana bir şans verecek misin?" dedi direkt. *Oha ya!*

"Ne için?"

"Sana kendimi tanıtıp aşkımı anlatmam için…" Allahım, eriyip gittiğim yerde mazgal falan yoktur inşallah.

"Kime karşı duygular beslediğinizden haberiniz yok," dedim duruca.

"Var..."

"Benim hakkımda hiçbir şey bilmiyorsunuz," dedim alaylı bir ses tonuyla.

"On yedi yaşında iki ay kadar..." diye başladı ve bütün olan biteni anlattı. Gözlerimden yaşlar süzülüyordu. "Bunları nereden öğrendin? Sedat mı?"

"Sence?"

"Asla anlatmaz."

"Yukarıdan birilerini sıkıştırdım diyelim."

"Daha fazlası var," dedim, çünkü çektiklerimi yukarıdakiler ona anlatamazdı.

"Anlatmak istersen dinlerim. Her derdine ortak olmaya hazırım Duygu."

"Ne istiyorsun?" dedim gözyaşlarımı silerken.

"Ne mi istiyorum? Sen benimle dalga mı geçiyorsun Duygu? Seni istediğimi söylüyorum, neyini anlamıyorsun?"

"Ben ne istediğini anlıyorum, ama senin anlayamadığın benim. Ben normal biri gibi seninle bir birliktelik kuramam. Sedat ve tayfası dediğin şahıslar benim aldığım nefes gibi. Bunu kaldıramazsın. Yaşadıklarım hiçbir zaman silinmeyecek. Ben korktuğumda yine Sedat'ın kollarına koşacağım. O benim bağımlılığım," dediğimde Deniz Bey'in suratı şimdiye kadar görmediğimden daha sertti.

"Ona âşık mısın?"

"Hayır!" dedim ateşe düşmüş gibi.

"O seni seviyor mu?"

"Hayır! Yani o anlamda değil."

"O zaman bir şansım var ve ben o şansı istiyorum. Belki zamanla korkularını beraber yenmeye başlarız, ne dersin?" dediğinde içim umut dolmuştu.

"Ben... ben bunu yapamam," dedim.

"Benden hoşlanmak için yüzüme bile bakmadın. Niye kendini kapatıyorsun?"

"Kapatmıyorum."

"O zaman ne?"

"Sizin gibi birisi bende ne buldu? Şirkette ve etrafınızda bir sürü normal kız olduğuna eminim. Benimle yapamazsınız."

"Gönül bu, gönlüm seni seçti ve ben memnunum." Gönül bu, aka da konar boka da demek istiyordu!

"Bu mümkün değil, kalkalım artık," dediğimde elimi tuttu.

"Seni götürmeyebilirim."

"Anlamadım?"

"Duygu, kafan karışık, lütfen en azından düşüneceğini söyle. Yoksa evet diyene kadar seni yanımdan ayırmam."

"Sedat seni sağ bırakmaz."

"Umurumda mı sence?"

"Sen gerçekten kaçıksın. Onları tanımıyorsun."

"Seni tanıyorum. Beni onlara bırakma lütfen," dediğinde gülüyordum.

"Düşünecek bir şey yok, bu imkânsız!"

"Bana karşı bir şey düşünemediğin için mi?"

"Hayır, ama…"

"O zaman söyle!" dedi sertçe.

"Ne söylememi istiyorsun?"

"Düşüneceğini söyle…"

"Tamam, hadi artık, geç kalıyorum. Gidelim," dedim. Telefonum zırıl zırıl çalıyordu ve saate baktığımda dokuzdu. Deniz'in gözlerine bakıp telefonumu açtım.

"Neredesin? Abi seni pişirip yiyecek," dedi Bekir.

"Geliyorum. Deniz Bey yanımda."

"Oh iyi, onu yer artık," dedi Bekir ve suratıma kapattı.

Deniz Bey beni eve bıraktığında saat ona geliyordu ve kapının önünde Ali'm, Sedat ve Bekir duruyordu. Tabii Deniz Bey arabadan indi ve karşılarına dikildi. "Git," dedim, ama beni dinlemedi bile.

"İyi akşamlar," dediğinde Sedat, "İyi akşamlar!" dedi.

"Duygu, size anlatır mı bilemem, konuşmamız lazımdı. Ondan olumlu bir yanıt alır almaz, sizinle de görüşmek isterim," dedi ve bana içten bir bakış atıp arabasına binip gitti. Ali'm, "Ne konuştunuz bu hıyarla?" derken Sedat, "Ali! Gecikme! Salondayım," diyip arkasını dönmüş, gidiyordu. "Sedat!" dedim, ama beni hiç tınlamadı. Onunla konuşmalıydım. Ali'm, "Çirkin'din, bir de salaklığın eklendi üstüne," dedi. Sedat arabaya bindiğinde hızla yanına bindim.

"Konuşmalıyız, niye gidiyorsun?" dedim kedi gibi.

"Ne konuşacağız?" dedi, sesi ölü gibi çıkıyordu.

"Ben... ben..."

"İn Duygu, bana zaman ver."

"Ne için?" dedim.

"Beni salak mı zannediyorsun? O zibidiye ilgilisin."

"Sedat ben..."

"Mutlu olmanı istiyorum Duygu, ama seni başkasının yanında görmeye alışmalıyım, hepsi bu."

"Kızmadın mı? Bak, ben ona bir cevap vermedim. Sen hayır dersen işi de bırakırım. Yemin ederim bir şey yok. Ben senden kopamam, ona da söyledim," dediğimde yüzümü ellerinin arasına aldı. Gözleri mi dolmuştu, yok canım, ben yanlış görmüşümdür.

"Duygum sen mutlu ol! Yüzün gülsün, benim bütün derdim bu! Sadece öksüzümün başka diyarlara sığınmasını hazmetmem lazım."

"Kızmadın yani?"

"Hayır..."

"O zaman hiçbir şey değişmeyecek, beni hep seveceksin, değil mi?"

"Seni son nefesimi verene kadar seveceğim."

"Bırakmayacaksın da?"

"Bırakmayacağım," dediğinde ona sıkıca sarıldım.

"İn artık, işim var," dediğinde yanağına sıcacık bir öpücük kondurup indim. Bekir elleri yumruk olmuş, beni izliyordu.

"Duygu..." dedi ve sustu.

"Efendim," dedim.

"Keşke bir bıçak alıp arkasından saplasaydın," dedi ve yukarı çıktı. Aptalca öylece kaldım. Sedat normal karşılamıştı da bu iki deve niye bu kadar yıkılmış gibiydi? Kafam kazan gibiydi, yukarı çıkıp duşa girdim. Düşünmek istemedikçe Deniz, Sedat, Bekir, Ali'm... kafamın içinde çift kale maç yapıyorlardı. Salonun koltuğunda ruhum çekilmiş gibi oturuyordum. Kapı açıldı, bir umut Sedat sandım. Bir baktım Selma kapıda, elinde bir tencere çorba.

"Bu da ne?"

"Bu gece bizde toplanacaktık, sayende olmadı," dedi sırıtarak.

"Benim ne suçum var Selma ya?"

"Ne bileyim kızım, anlamıyorum ki? Anlat," dedi gözlerime bakıp.

"Bekir'e anlatmak yok ama," dedim ve içeri girdik. Anlattığımda, "Kabul et!" dediğimde şaşırmıştım.

"Sedat'a söyledim," dediğinde ağzı açık kaldı.

"Ne dedi?"

"Mutlu olmanı istiyorum dedi, ama hazmetmeliymiş."

"Gargara yapsın aptal!" dediğinde, "Selma!" dedim.

"Neyse, Sedat bir şey demediyse bırak iki deveyi sen. Sedat tamam dediyse onlar karışamaz," dedi Selma.

"İyi de ben istiyor muyum bilmiyorum ki!"

"Denersin!"

"Sedat..." dedim, ama Selma sinirle, "Bak, bırak artık, tamam mı? Yoluna devam et!" dediğinde kolyemi tutuyordum. Tenimi yakıyor, içindeki yüzük tıkırdayıp duruyordu.

Artık bir sevgilim var

Deniz'e evet dedikten, onun Sedat'la konuşmasının ardından bir ay geçmişti. Şirkette Deniz'le çalışmak o kadar eğlenceli bir hâl almıştı ki sabah kahvaltı, öğlen yemek, ikindi çayı ve çoğu gece dışarıda yemek! Bir saniye bile yanımdan ayrılmak istemiyordu.

Deniz'le çıkmaya başladığımız ve onun Sedat'la konuştuğu gün, nefes almak için oksijen çadırına girmediysem, ben nefes almadan da yaşayabilirdim. Deniz, "Ben Duygu'yu seviyorum ve beni tanımasını istiyorum. İzninle," dediğinde ben Sedat'ın silahını çıkarıp onu vuracağını sanıyordum.

"Duygu..." dedi Sedat. Hiçbir ses yok benden. "Tanımak istiyor musun?" Sesinde ölüm, gözlerinde şimdiye kadar görmediğim bir karanlık vardı.

"Evet," dedim, ama hayır demek gelmişti içimden. Deniz'den gözlerini bir an bile çekmedi ve ona doğru eğilip, "Onun tek damla gözyaşında seni boğarım. Bunu bil!" diyip konuşmayı bitirmişti. O gün bugündür bir ay oldu. Ali'm benimle bir hafta konuşmadı. Bekir gelip gitmedi. Sedat zaten ortalarda hiç yoktu. Ne zaman arasam, "İşlerim var," diyordu. Ben bir haftanın sonunda tam Deniz'den vazgeçmiş, işi bırakacaktım ki bir akşam Selma geldi. Yanında Ali'm ve Bekir vardı. Kapıyı açtığımda benim develere, "Girin," dedi. Gözyaşlarım dolu doluydu. Onların böyle soğuk durmasına hiç alışık değildim. Gözlerinin içine bakıyordum. Selma, "Konuşun," dedi ve kapının önüne dikildi. Onlardan ses yok, ben de yelkenler çoktan suya indi. Hangisine sarılacağımı şaşırdım.

"Ben istemiyorum Deniz'i falan, yemin olsun, yarın işi bırakırım. Ben sizi geri istiyorum," dediğimde Selma manyağa bağladı. "Deniz'i niye bırakacakmışsın? Ali sen alacak mısın Duygu'yu eş olarak?" dedi sertçe.

"Oha! Tövbe de yenge!"

"Ne tafra yapıyorsun o zaman bir haftadır? Duygu, Meryem Ana mı? Tek başına evlensin, çocuk doğursun. Elbet hayatına biri girecek! Sen Bekir! Derdin ne? Ya anlat, ya da sus, kıza destek ol! Öksüz yaptınız kızı bir haftada! Deniz şimdi nerede senin çok güvendiğin insanlar dese? Ne cevap verecek bu kız?" derken Bekir çıtını çıkarmadı.

"O çok değerli abiniz nerede? Yok! Hadi onu anladık, diyelim. Size ne oluyor? Onun yaptığı salaklığı niye Duygu'ya yüklüyorsunuz, anlamış değilim. Bu her zaman böyledir. Yemeyenin malını yerler arkadaş!"

Ali'm, "Yenge atar yaptı abi," dediğinde Selma bana sarıldı. "Gel Duygu, biz çay koyalım. Siz de Sedat'la konuşun ya düzelsin ya da ben Hacer Ana'ya haber vereceğim. O zaten sorunu kökten çözer," dedi ve onları yalnız bıraktık.

Mutfağa girdiğimizde, "Hacer Ana'ya haber verirsen, seni de alır, beni de alır, Trabzon'a döner," dedim, valla sürükleye sürükleye bizi götürürdü.

"Yeter ya, içim şişti bir haftadır. Sanki biri öldü."

"Kızma," dedim ezik ezik. O günden sonra ne olduysa Sedat da gelmeye başladı, ama bana bir o kadar uzak. Hiçbir şey eskisi gibi değildi. Deniz bana sanki elinde tuttuğu ve soldurmamak için uğraştığı bir çiçek gibi davranıp mutlu etmeye çalışırken, Sedat hiçliğinde kayboldu. Ne alnımdan öpüyordu, ne ben sarıldığımda bana sarılıyordu. Yine ilgili, ama daha da gülmez... daha da taştan! Gözünün içine bakmam, onunla konuşmaya çalışmam hiçbir işe yaramadı. Yine geliyor, yine bende kalıyor, yine konuşuyordu, ama başkaydı.

Şirkette hiç kimse Deniz'le olan münasebetimi bilmiyordu.

Ali'm ve Bekir eskiye dönmüş olsalar bile saati saatine gittiğim yerlerin, aldığım nefesin çetelesini istiyorlardı. Deniz beni her sabah evden alıyor, her akşam eve bırakıyordu. Sabah evin önünde arabanın üzerinde elinde çiçekler, beni karşılaması yok mu? Sanırım baştan yaratılıyordum. İşte, gayet ciddi, dışarıda bir o kadar yılışık bir sevgilim vardı. Yılışık derken taşkınlık değildi onunki, o gözlerimin içine bakıp benim sınırlarımı zorlamayan bir sevgiliydi. Gün içinde yan odadan attığı mesajlara kahkahalarla gülüyordum. Bir ayın içinde iki kere öpüşebilmişti benimle. Öpüşebilmişti diyorum, sanırım bu benim duruşumla ilgiliydi. Halen kendi dünyamda geçmişimle yüzleşemiyordum. Onun da sanırım aradığı cinsellik değildi, çünkü bende cinsel çekicilikten eser yoktu, biliyorum. Birkaç kere beni bırakırken Sedat'la denk geldiler. Sedat el sıkıştı ve hatırını sordu. Keşke iyi dost olabilseydiler, ama bu mümkün değildi, çünkü Deniz bana hissettirmese bile Sedat'tan uzak durmak istiyordu. Hayatım öyle dolu dolu ve pembe bir dünyaya dönüşmüştü ki olumsuz hiçbir şeyi düşünemez haldeydim.

Bir cuma akşamı Deniz'le yemek yedikten sonra eve dönüşte Deniz yine mızmızlığa başladı.

"Asma suratını."

"Cumartesi pazarlara uyuz oluyorum," dedi.

"Biliyorsun, benim develerim var ve ben onlarla vakit geçirmeliyim."

"Yarın seni Kartepe'ye götürmeme ne dersin? İki gün, iki gece kalır, döneriz," dedi. Sanki beni hiç dinlemiyordu.

"Deniz olmaz."

"Niye ama?"

"Olmaz işte."

"İstiyorsun," dediğinde gülüyordum.

"Evet, ama her istediğimiz olmuyor," dedim. *Şirin şey!*

"Tamam, gidiyoruz o zaman."

"Ya Deniz, lütfen zorlama," dediğimde suratını asmıştı. İnerken yanağına sıcacık bir öpücük kondurdum ve hızla indim, çünkü inmeseydim arabayla birlikte onunla Kartepe'ye giderdim valla. Yukarı çıkarken Selma'nın ziline bastım. Yarın hep birlikte mangala gidecektik. Sedat ve Ali'mi bir haftadır görmüyordum.

"Selma ne haber? Yarın gidiyoruz değil mi?" dedim sırıtarak. "Ali ve Sedat Diyarbakır'a gitmiş," dediğinde aptal aptal ona bakıyordum. Artık bana haber bile vermiyorlardı.

"İyi..." dedim ve asansörün düğmesine bastım. Selma, "Kızım ne suratını asıyorsun? Biz gideriz mangala," dedi. O an aklıma, "Daha iyi bir fikrim var. Yarın sen, ben Bekir ve Deniz Kartepe'ye gidelim. Bir gün kalır, döneriz," dedim heyecanla. Selma daha bana evet demeden, "Bekir yarın Kartepe'ye gidiyoruz," diye içeri bağırdı. *Deli ya!*

"Tamam, sabah sizi alırız," dedim. Asansöre bindiğimde içim niye boştu, bilmiyorum. Bir yanım hep Sedat'sızdı ve ben o yanımı hiç dolduramıyordum. Asansöre bindiğimde telefonuma mesaj geldi Deniz'den. "Seni özledim." Sırıtıyordum. Sonra ikinci mesaj: "Seni seviyorum..."

Üçüncü mesaj: "Ne olur yarın beni sensiz bırakma..." *Deli ya!* Asansör kapısından çıktığımda, sırıtıyordum. "Tamam, yarın beni yedide alırsın," yazdığımda kahkaha atıyordum.

"İstersen şimdi alayım," diye mesaj geldiğinde, "Çok isterim, ama olmaz." Yazmak çok zordu. Bir yanım deli gibi isterken, bir yanım, *hızlı gitme Duygu*, diyerek beni uyarıyordu. Sanırım korkuyordum, çünkü her şey çok güzeldi. Gece attığı mesajların haddi hesabı yoktu. Kendimi liseli kızlar gibi hissediyordum. Elimde telefon, uyuyakalmışım. Saat altı gibi telefonun çalmasıyla uyandım, ama ne uyanmak, ödüm her yere karıştı. Bir alo deyişim vardı ki iğrenç.

"Günaydın," diyen cıvıltılı bir ses.

"Deniz?" dedim uyku sersemi.

"Kapıdayım," demez mi?

"Şaka yapıyorsun?"

"Hayır! Yukarı geliyorum," dediğinde, "Ol... maz, bekle, ben hazırlanır, gelirim! Deniz..."

"Efendim hayatım?"

"Bekir'leri de çağırdım," dediğimde sessizdi. "Sorun olacaksa..."

"Ne sorunu, hadi bekliyorum," dedi. Uçarak küçük bir bavul hazırlarken Selma'yı aradım. Hatun sanki telefon elinde bekliyormuş. Hazırız demez mi? Bu insanların uykusu yok hiç anlaşılan! Aşağı indiğimde saçlarımı topluyordum. *Allahım, ne manyaklık!* Bekir daha uyanamamış, gerim gerim geriliyordu. Saçlarıma yapışıp, "Yemin olsun senin o küçük kafanı karların içine sokmazsam. Kızım sabahın körü ne işimiz var kartalların tepesinde!" diye sızlandı.

"Of, ne bileyim, karına sor! O gaza getirdi," dediğimde Selma, "Pes!" dedi. Aşağı indiğimizde Bekir, "Bizim arabayı alalım dediğinde Deniz karşı çıkmadı, canına minnet, arkada benimle oturacak ya! Rüyanda görürsün bebe! Onu böyle istekli görmek çok hoşuma gidiyordu ya, bazen de üzülüyordum. Çünkü gözlerindeki o istek bazen beni korkutuyordu. Ben kendime yetemezken ona yetememek beni korkutuyordu.

"Selma, istersen sen benimle otur," dediğimde Deniz'in bana bir bakışı vardı ki evlere şenlik. Yola çıkalı yarım saat olmuşken Bekir'in telefonu çaldı. "Efendim abi?" Arayan Sedat'tı belli!

"Döndünüz mü?" Al başına belayı!

"Abi niye önceden haber vermiyorsun? Biz de Kartepe'ye gidiyorduk." Sessizlik...

"Abi Duygu bizimle, Deniz'le," dediğinde Bekir bir süre telefonu kulağında tutmaya çalıştı, ama Sedat'ın telefonu çoktan kapattığına emindim. Selma niye sırıtıyordu, onu anlamadım.

Selma, "Dönmüşler mi?" diye sordu.

"Evet."

"Dönelim," diyen bendim, ama Deniz yine bana ters ters bakıyordu.

"Gerek yok!" dedi Bekir. Selma, "Niye döneceğiz, onlar da gelsin," dediğinde boğazım düğüm düğümdü. Deniz'e bakmaya korkuyordum valla. Hiç beklemediğim bir şey oldu.

Deniz, "Gerçekten gelseler çok iyi olurdu," dedi.

Bekir, "Arayalım," dedi. Telefonu çevirdi.

"Abi siz gelsenize! Orada mangal yaparız. Söz verdik Duygu'ya," dediğinde Deniz kaşını kaldırmış, bana bakıyordu. Allahım, bu gezi bir korku filmine dönüyordu ve ben öldürülecek olan ilk kurban olmayı diliyordum. Sona kalıp o kadar eziyeti çekmeye gerek yoktu çünkü!

"Tamam, biz gidince odaları ayarlarız," dediğinde, saz ekibi hazırdı. Sedat'ın gelmesini istediğimden pek emin değildim. Benden hazmetmek için zaman istemişti. Pek neyi hazmedeceğini anlamamıştım ya! Selma, "Kızım erkekliğine yediremiyor," dediğinde de ona bön bön baktım. Acaba artık hazmetmiş miydi? Yaşayıp öğrenecektik. Otele vardığımızda Deniz ve Bekir görevliye bavullar için yardım ediyordu.

Bekir, "Selma, biz buraya taşındık da benim mi haberim yok," dedi bavulları görevliye verirken.

"Kazaklar yer tuttu kocişim," dediğinde boğazımı tutmuş, öğürüyordum. Deniz ise sırıtıp, "Kus, kus, halıya kus," dediğinde Bekir bize bakıyordu. Biz önden yürürken Selma, "Duygu kendi gibi deli buldu sanırım," dedi. Bekir homur homurdu, ne dediğini anlamadım.

Bekir'lerle ben aynı katta odalara geçtik. Deniz, Sedat ve Ali'mle aynı kattaydı, çünkü onların odaları tek kişilikti. Başka tek kişilik oda olmadığı için ben de çift kişilik odaya geçmiştim. Değmesinler keyfime, yayıl Duygu!

Yarım saat geçmedi ki kapım çaldı. Açtığımda karşımda kar takımları giymiş, Eskimo gibi Deniz duruyordu. "Hayırdır, kamp mı yapacağız?" dedim.

"Kayacağız," demez mi?

239

"Deniz, ben kayamam. O aletleri bırak kullanmayı, ellemedim bile."

"Ben sana öğretirim. Yürü hadi!"

"İyi de..."

"Duygu yürü!"

"Dur bari, Selma'ya haber vereyim," dedim, ama beni sürüklerken ancak telefon açabildim.

"Selma, ben kayak yapmaya gidiyorum. İki saate döneriz. Sedat'lara yetişirim," dedim ve kapattım.

"Saunaya gireceklermiş bizim kumrular," dedim kıkırdayarak.

"Biz donalım kızla vakit geçireceğiz diye! Şans... şans," dedi, ama ben alınmıştım.

"Deniz gitmeyelim o zaman."

"Ne o, gitmezsek benimle saunaya girecek misin?" dediğinde beni kollarına almıştı bile.

"Tabii ki hayır! Ruhum daralır benim öyle yerlerde."

"Ben olacağım ama yanında!"

"Deniz!" dediğimde kıkır kıkır gülüyordu. Birlikte bana o yastık gibi kıyafetlerden aldık. Sonra o kar ayakkabılarını giydiğimde astronot gibiydim.

"Bir yerimi kıracağım. İşe gelemeyeceğim. Sonra seni de göremeyeceğim. Gel vazgeçelim. Sana çikolatalı süt ısmarlayayım," dedim, ama yok, adam taktı bana, kayak öğretecek.

"Seveceksin, güven bana."

"Ben kendime güvenmiyorum, sana değil," dedim. Tabii benim ne kadar yeteneksiz olduğumu bilmiyordu. *Elveda Deniz!* Dışarı çıktığımızda teleferiğe bindik. Çıktık, ettik derken ne kadar zaman geçti, bilmiyorum. Deniz bana yirmi dakikada, ancak o uzun kayakları taktırdı. Ne sabır var, şu benim sevgilimde. Dağları deler valla!

Ettik, kayamadık, düştük derken benim gülmekten çenem ağrımıştı. Deniz tabii barut! Kayamadım ya! Otelin kapısından el ele içeri girdiğimizde Sedat ve Ali'm resepsiyondaydı. Elimi

Deniz'den niye çektim, bilmiyorum. Sedat bizi gördü mü, onu da bilmiyorum. Tek bildiğim onu çok özlediğimdi. Ne zaman uçarcasına yanlarına gittim onu da bilmiyorum. Ali'mden başlamak kolaydı. Sağ omzuna dokunup sol tarafına geçtim. Ali'm sola baktı tabii. *Çakal Carlos!* "Kız bu ne hal! Kardan adam gibi," dedi ve beni kucaklayıp kaldırdı.

"Bir dahaki sene olimpiyatlarda beni izlersiniz," dedim alayla.

Deniz yanımıza gelmiş, "Tabii, havlu getirir götürür," dediğinde, Sedat bize dönmüştü. Ali'mden sıyrılıp ona sarıldım. Dev cüssesinde kafam ancak göğsüne geliyordu.

"İyi ki geldiniz," dedim. Saçlarıma küçük bir öpücük kondurdu. "Geldik," dedi. Ali'm, "Benim Zeynep gelemedi tabii," dediğinde gözümü devirdim. "Ya bırak şu sümüklüyü! Hatice'nin dibinden ayrılmıyor. Hatice'nin kafasına sık, o zaman Zeynep işe yarar," dediğimde Deniz burnuma uzandı ve, "Sen kendi sümüğüne bak!" deyip eliyle sildi. Ne bileyim, soğuktan burnumun aktığını! Mutluydum, ama Sedat her zamanki betonarme Sedat! Mutluluğum onsuz yarımdı. Ali'm de biraz durgundu.

"Ben odama çıkıyorum. Siz de yerleşin. Selma'yla Bekir'i arar, buluşuruz. Ay burası mükemmel!" dedim ve el sallayarak onlardan uzaklaştım. Umarım Deniz'le bir sorun çıkmaz diye dua ederken Sedat'la Deniz bana bakıyorlardı. Ali'm, sabır mı çekiyordu ne? Cebimdeki telefonumu çıkardım ve odama girerken Selma'yı aradım. İlk çalışta açıldı. "Hadi, bana gel!" dedim kıkırdayarak. On dakika geçmedi, Selma bendeydi.

"Bekir, aşağı, Sedat'ların yanına indi," dedi.

"Umarım Deniz'le bir sorun çıkmaz."

"Bırak çıksın. Deniz onlara pabuç bırakacak bir adam değil."

"Ben iyi geçinsinler istiyorum."

"Ergen değil ya canım bunlar, koca koca adamlar…"

"Sence Sedat hazmetti mi?"

"Etmese buraya gelmezdi herhalde," dedi Selma.

"Bilmiyorum Selma. Bir yanım hep eksik."

"Sen mutluysan gerisi önemli değil," dedi Selma.

"Deniz... çok iyi, sürprizlerle dolu. Beni hiç kırmıyor, gayet nazik. Bu zamana kadar elimi bile korkarak tuttu."

"Ben de sana onu soracaktım. Sonuçta adam gelmiş otuz sekiz yaşına. Sedat'tan bile büyük, bir şey istemedi mi?"

"Sedat onun yanında valla daha oturaklı. Deniz tam bir çocuk! Ne istemedi mi?"

"Yani öpmek falan," sordu ya! İnanmıyorum, bana bunu sordu.

"Sen gerçekten utanmazsın, ama söyleyeyim canım. İki kere öptü," dedim kıkırdayarak.

"İlginç... daha bir aksiyon bekliyordum ben," dediğinde, "Ya sen valla kabak çiçeği gibi açıldın. Bu Bekir sana ne yediriyor?" dedim alayla.

"Tövbe tövbe!" dedi, ama kızardı.

"Hadi inelim," dedim. Bir kot, bir tişört, üstüne deri ceket, işlem tamam. Aşağı restorana indiğimizde Ali'm bar kısmında bir hatunla konuşuyordu. Kıza yazdığı duruşundan belliydi. Yine kibar Ali'm sahnedeydi. Selma'yı dürtükledim ve o bizimkilerin oturduğu masaya geçtiğinde benim ne yaptığıma bakıyordu. Ben doğal bir şekilde gittim ve Ali'min yanağına kocaman bir öpücük kondurup, "Aşkım, bebeği uyuttum. Şimdi kayak yapabiliriz," dediğimde, kız Ali'me bir bakış fırlattı ve yerinden kalkıp gitti. Ali'm, "Duygu!" dediğinde, elimi belime koymuştum. "Ben buraya seni kızlarla paylaşmaya gelmedim."

"Kızım ne paylaşması! Şurada iki lafın belini kırıyorduk."

"Hacer Ana'yı arayacağım, o senin kafanı kıracak."

"Ara bence de, Sedat'la boşandığınızı söylersiniz artık," dediğinde yüzüm bembeyazdı. Bozulduğumu anladığında, "Duygu, şaka yaptım," dedi.

"Biliyorum," dedim. Birlikte masaya geçtik. Selma, "Pes yani! Ne dedin kıza?" diye sordu.

Ali'm sinirle, "Ne diyecek! Yok, çocuğu uyutmuş, yok aşkım! Yok, kayak yapalım! Gitti ya kız!" dediğinde gülüyorduk. Sedat sessizce oturuyor, fazla söze girmiyordu. Üzerinde siyah boğazlı kazak ve mavi kotla gerçekten hoş duruyordu. Böyle yakışıklı pehlivanlarla oturup ilgi çekmemek olmazdı. Hoş, Deniz benim develerimin yanında biraz kısa kalıyordu, ama olsun. Minik deve de lazım! Yemek Selma ve Bekir sayesinde eğlenceli geçti. Bebek muhabbeti açılmıştı ve Selma postayı koydu. "Madem işe girip çalışamıyorum. Bebek istiyorum," dediğinde Bekir ağzındaki lokmayı yutamadı bile. "Valla ne severiz ya, yumuşacık teni, bebek kokusu," dedim bebeği hayal ederek.

"Bu ne ya Vernel reklamı gibi," dedi Ali'm ve gülmeye başladı. Deniz, "Bizim de olur inşallah," dediğinde ben dahil herkes mal gibi ona bakıyorduk.

"Deniz Bey, hayırdır?" dedi Ali'm. Ona karşı halen biraz tavırlıydı ki Sedat'ın yanında bu tavrı daha çok kendini gösteriyordu.

"Yani Allah isteyen herkesin gönlüne göre versin diyeceğim, ama umarım Duygu benimle evlenmeyi kabul eder ve arkası gelir, sonra sırasıyla düğün dernek ve bebek," dediğinde bu sefer gerçekten mal mal bakıyordum.

"Bu sanırım bir evlilik teklifiydi," dedi Selma. Tabii benim gibi onun da gözü Sedat'ta. Benim korkudan da onun neden? *İşi şakaya vur, Duygu, göreyim seni!*

"Valla inşallah evlilik teklifi değildir," dediğimde Deniz, "Niye!" dedi sertçe. Ali'm dikleşti. "Niye mi? Valla hiç romantik değil de ondan," dediğimde Deniz sırıtıyordu. Elimi tutup dudaklarına götürdü ve, "Sen yeter ki evet de ben gerisini hallederim," dedi. Sırıtıyordum!

Ali'm, "Bizden kız almak öyle kolay değil," dediğinde Selma, "Ne o, hendek mi atlayacak? Abi sen ne diyorsun?" dedi ya, pes! Bu kız tam dayaklık.

Sedat, "Duygu isterse neden olmasın? Siz bir karara varın da..." dedi. Bekir ve Ali'm şok olmuş şekilde ona bakıyordu.

"Ya bir dakika ya! Olmadı şuraya bir nikâh memuru getirin," dedim. Deniz, "Fena fikir değil," dediğinde ona aşkla bakıyordum herhalde. Selma, "Tamam Deniz, sen yarın çiçeğini çikolatanı al gel," dediğinde Ali'm, "Yok artık!" dedi.

"Gerçekten mi?" dedi Deniz.

"Tabii, Duygu mutlu olacak ya! Gerisi boş," dediğinde anlamlı anlamlı Sedat'a bakıyordu. Sedat'ın Selma'ya bakışlarında bir boşluk vardı. O sırada Deniz, "Akşam Bora Duran otelin barında sahne alacakmış," dediğinde Selma, "Gidelim," diye el çırptı ve böylelikle akşamın planı yapıldı. Deniz o sırada kulağıma, "Ciddiyim," dediğinde gözlerine bakıyordum. "Sen harbi sıyırdın," dedim sırıtarak. Onun bu halini seviyordum. Onun yanında develerimle olduğu kadar rahattım.

"Ben de bebek istiyorum. Bunun için evlenmek lazım," dediğinde bende film koptu. "Yani beni sevdiğin için değil, bebek için öyle mi? Tebrikler, sana hayatta başarılar," dediğimde, Sedat hariç hepsi kahkahayla gülüyordu. Tabii Deniz'in de gülmediği kesin, sinirle kalktım ve Deniz'in peşimden geldiğini ve açıklamaya çalıştığını hiç anlatmıyorum.

Akşam yemeğine indiğimde resepsiyona uğrayıp anahtarımı verirken adıma gelen kocaman çiçeği inceliyordum. Çiçeği sırıtarak koklarken yanımda Sedat'ı fark ettim. Sıkıca ona sarıldım. "Bu ne?" dediğinde "Deniz göndermiş," dedim sırıtarak. Sedat, "Ben yemeğe geçiyorum, geliyor musun?" dediğinde ben de onunla yürüdüm.

Gece otelin barında buğulu ses Bora Duran'ı dinleyerek geçti. Sedat hiç yerinden kalkmazken ben Bekir, Ali'm ve Deniz'le dans ettim. O ara aklıma Trabzon geldi. Sedat'ın mutlu anları canlandı gözümde. Oradaki Sedat gerçekten mutluydu. Hele o horon tepmesi beni bitirmişti ya! Ne ironi ama... Deniz'in kollarında Sedat'ın horonunu düşünüyordum. Komik!

Sedat yanımıza gelip Deniz'den izin isteyerek beni kollarına alıp dans etmeye başladığında içim ısınmıştı. Onun kolları başkaydı. Anlatamıyordum, ama onun kolları kimsede bulamadığım boşluğumu dolduran, beni tamamlayan bir sıcaklıktı. Ömür boyu bu eksik yanım hep Sedat'ta kalacaktı.

"Dinle!" dedi bana ve ben sahnede şarkı söyleyen buğulu sese kulak verdim.

Elinden bir şey gelmiyorsa,
Aşktan için yanıp da sönmüyorsa
Yüzün eskisi gibi gülmüyorsa
Azalıyor insan, tükeniyor insan
Artık içinde rüzgâr esmiyorsa
Gönül telinde kuşlar ötmüyorsa
*Yanılıyor, azalıyor, ölüyor aşktan**

Ellerimi tutup göğsünde birleştirdiğinde gözlerim gözlerinden ayrılmıyordu. Elinin içinde kaybolan elim olmak istediği yerdeydi. Elinin içinde, kalbinin üzerinde, gözlerim gözlerinde, "Bu şarkı çok güzel," dedim.

"Evet," dedi sakince. Sanki Trabzon'daki Sedat geri gelmişti ve ben o Sedat'ı bir dakika bile kaybetmemek için gözlerimi gözlerinden çektim. Bakışlarını hafızama kazımak için gözlerimi kapattım. Sedat öyle çok müzik dinleyen biri değildi, biliyordum, ama bu şarkı... Gözlerine baktığımda onsuz olamayacak dünyamı gördüm. Şarkı bittiğinde isteksizce masaya geldik. Deniz aklımdan uçup gitmişti.

"Deniz nerede?" dediğimde Ali'm pis pis sırıttı. "Gitti," dedi.

"Ali'm bir şey demedin, değil mi?" dediğinde Sedat, "Ali!" diye çıkıştı.

"Vallahi demedi," dedi Selma. Hayret, Ali'mi koruyordu.

"İyi gelir şimdi," dedim ve telefona sarıldım. "Deniz neredesin?"

"Biraz hava alayım dedim," dedi, ama sesi bozuk gibiydi.

"Deniz bir şey mi oldu?"

"Duygu, yok bir şey, gelirim birazdan," dedi. Selma'yla göz göze geldik, ama bir şey söylemedi. Deniz geldiğinde benim

---

* Bora Duran, İnsan.

245

hissedebileceğim kadar benden uzak duruyordu. Tabii ona bizimkilerin yanında bir şey soramazdım. Gece herkesin odasına dağılmasıyla son buldu. Ali'm sanırım aşağılarda kaldı. Deniz iyi geceler dilediğinde hâlâ biraz bozuk gibiydi. Şirinlik yapmak biraz da nabız yoklamak için, "Deniz!" dedim kapımı açıp girmeden önce. "Evet," dedi, sanki arkadaşıyım ya! Bizim develerle fazla takıldı benim kibar Feyzom!

"Yarın bana Big Mac ısmarlar mısın?"

"Seni seviyorum Duygu," dedi uzaktan.

"İyi geceler," dedim ve odaya girdiğimde sırıtıyordum. Yatağa uzandığımda aklımda çalan şarkının sözleri vardı. Tabii şarkıyı düşünmek Sedat'ı arkasından getirdi. Sedat öyle şarkı dinler miydi? Hayret! Acı mı çekiyordu? Aşk acısı mı? Yok, canım, benim devem aşkı ne bilsin! Hoş diyene bak! Deniz sevdasını dağlara yazdı. Ben hâlâ "acaba"larda yüzüyordum.

Senem için üzülüyor olabilirdi. Harbi bu kız hangi cehennemdeydi? Kız bize kendini öyle bir nefretle tanıtmıştı ki kimse onun yokluğunu sorgulamıyordu bile. Yarın Ali'me sorsam iyi olurdu. Yatakta uzanırken kıyafetlerimle uyuyakalmışım. *Rezalet!*

Sabah kalktığımda Selma'dan, Ali'm ve Sedat'ın gittiğini öğrendim. İçim burkuldu. Selma birkaç gün kalalım diye tutturunca Bekir olur dedi. Deniz ve Duygu yollarda! Dönüş yolunda Deniz, "Hadi, yine iyisin," dedi ve eliyle McDonald's'ı gösterdi.

"Yaşasın Big Mac," dedim el çırparak. Siparişleri beklemek bile ölüm geldi. Oturdum, kollarımı sıvadım. Nefes almadan bir patates, bir Big Mac'ten ısırdım durdum. Değmesinler keyfime!

Deniz beni seyrederken, "Evlenelim," dedi.

"Olur, başka?" dedim sırıtarak.

"Duygu ciddiyim."

"Ben de…"

"Duygu, bak kızıyorum."

"Niye? Evet dedim diye mi kızıyorsun?" dedim. Uzanıp elimi tuttu ve, "Evlen benimle," dedi. "Sen ciddisin," dedim. Big Mac boğazımda kalmıştı. "Hayret bir şey ya! Ciddiyim tabii! Bak, yanlış anlama, ama dün gece Sedat'la seni dans ederken gördüğümde kendimi kötü hissettim. Bana asla ona baktığın gibi bakamayacağını düşündüm. Saçmaydı biliyorum, ama evlenirsek içimdeki bu anlamsız kıskançlık bitecek."

"Ne yani, kıskançlığını bitirmek için mi evlenmek istiyorsun?"

"Hayır, ne alaka! Bu sahiplenmeyle ilgili, ben onları kabullendim zaten. Evlen benimle!"

"Aşk olsun Deniz, McDonald's'ta mı bana evlenme teklifi ediyorsun?" dedim sitemle.

"Telafi ederim," dedi sırıtarak. Gerçekten ederdi. Bir ay içinde ne kadar özel, tüzel, dini, milli ne varsa, hepsinde hediye almıştı.

"Kabul ediyor musun?" dedi sırıtarak.

"Evet, ama ilk nişan, altı ay sonra düğün," dedim, Big Mac'ten bir ısırık aldım. Allahım, neyim doğruydu ki aldığım evlenme teklifi düzgün olsun!

"Pazarlık ha!"

"Huyum kurusun," dedim. Deniz'le mutluydum. O sanki içimdeki kaybolmuşluğu tamamlamaya çalışıyordu. Tamamlayamıyordu, biliyordum, ama çabası beni ona bağlıyordu. Son zamanlarda bu kaybolmuşluk hissi içimi kemirmeye başlamıştı ya, neyse!

Bildiğin evlenme teklifini kabul etmiştim. Benim develere haber vermeliydim. Deniz'i kabullenmeleri biraz sancılı olmuştu, ama bu sefer gerçekten şok olacaklardı. Gerçi dün gece barda Deniz niyetini belli edince Sedat, "Duygu isterse olur," demişti ve ben bundan güç alarak kabul etmiştim. Deniz'i seviyor muydum? Halen bir cevabım yoktu. İçim kıpır kıpırdı, onu biliyorum. Gözlerime derin derin bakışları ve beni sevdiğini bilmek hoşuma gidiyordu. Onu sevmeyi öğreniyordum. Deniz bunu başarıyordu. Hem önceden âşık olup evlenmek mi varmış? Laf benimki de, Deniz'den iyisini mi bulacağım? Yakışıklı, kariyer sahibi, para sorunu da yok! Tamam, çok paracı bir kız olmadım, ama paranın gücünün de farkındaydım. Sedat hayatıma girdikten sonra hiç sıkıntı çekmedim. İstemeden her şeyi bana verdi. Onun için değerliydim, ama korunacak kadar! Onun zaafıydım, ama korunacak kadar! Bir baba, bir kardeş nasıl sevilebilirse, Sedat beni öyle sevmişti, ama korunacak kadar!

Akşam Deniz bin bir zahmetle beni eve bıraktı. Bırakmamak için elinden geleni yaptı. Yok, şu mağazaya bakalım, yok şurada şu var. Bir ara nişan hazırlığına bile girişmişti. Yok artık! Nişan için küçük bir yer tutalım dediğinde kahkahayı basmıştım. Tabii bozuldu. Bu adamda görüntü Amerika, iç dünya bildiğin Anadolu erkeğiydi. Bizim develeri de geçti! Hoşuma da gidiyordu, ama çaktırmıyordum.

"Develerimle konuşmadan bir şey diyemem. Gelip beni onlardan istemen lazım."

"Anlamadım?"

"Ne yani, acı kahve içmeyecek misin? Allah'ın emri falan," dediğimde Deniz bön bön bana bakıyordu.

"Olur..." dedi, ama sanırım evlenmekten vazgeçmişti. Ay, asansörde gülmekten gözümden yaş geldi. Evin kapısını açtığımda hızla ışığı açtım. Açmamla sıçramam bir oldu. Sedat Azrail gibi karanlıkta oturmuş, salonun koltuğunda öylece duruyordu.

"Sedat!" dedim, sanırım ödüm patlamıştı.

"Duygu!" dedi aynı tonda.

"Niye karanlıkta oturuyorsun?"

"Bilmem, karanlık bana iyi geliyor," dediğinde yüzünde yine hüzün vardı. Gidip yanına oturup başımı omzuna yasladım.

"Niye bana hep soğuksun? Niye Trabzon'da olduğun gibi değilsin? Oysa gülmek sana çok yakışıyor devem ya!"

"Duygu yine çok konuşuyorsun." Biraz sustum ve gözlerimi kapatıp, "Deniz bana evlenme teklif etti," dedim. Başımı yasladığım omzunun kasıldığını hissettim. Yüzüne bakmaya korkuyordum. Ondan korktuğumdan değil, aklımdaki o sıcak bakışları kaybolacak, yerini kömürleşmiş hüzün dolu bakışlar alacaktı, bunu biliyordum. Derin bir nefes aldığını hissettim. Sanki son nefesi gibiydi.

"İstiyor musun?" derken sesi hırıltılıydı.

"Ben mutluyum."

"Onu seviyor musun?"

"Öğreniyorum."

"Ne zaman?"

"Acele etmek istemiyorum. İlk küçük bir nişan yaparız. İsteme falan, altı ay sonra evleniriz."

"Olur! Yarın gelip istesin seni..." dediğinde ikimiz de durgun, bir o kadar da ruhsuzduk. Sanırım Sedat'ın ruhsuzluğu beni sarmıştı. Onu kendime döndürüp sarıldım. Saçlarım yine o kirli sakallarına takıldı, hiç kopmak istemiyormuşçasına! Kolyemden tutup beni kendine çekti ve boynunu yüzüme gömdü. Elini kolyemden çekmedi. Bir süre boynumda öylece kaldı.

"Duygum!" dedi boğuk sesiyle.

"Evet," dedim, niye ağlamak istiyordum ya!

"Çok mutlu ol, olur mu?"

"Seninle mutluyum," dediğimde hızla kalktı ve, "Gitmem gerek, geç kaldım. Ali bekliyor," dedi ve rüzgârla yarışır gibi çekip gitti. Bir süre öylece oturdum, ne kadar bilmiyorum... Tam kalkacaktım ki yüzünü gömdüğü boynumda soğuk ıslaklık geldi elime...

"Sedat!" sözcüğü çıktı ağzımdan. Neden ama? Hızla telefona sarıldım. O ağlamış mıydı? Yok canım! Niye ama? Ben... ben... delirebilirdim! Ruhum sıkışıyor, nefes alamıyordum. Telefon ne zaman çalmaya başladı, bilmiyorum. İlk çalışta açılmadı! İkinci, üçüncü, bu bir ilk! Telefon elimde, hıçkırıyordum, niye bilmiyorum, ağlayamıyordum, ama içimde bir şeyler beni sıkıştırıp duruyordu. Ruhum benliğimden çıkmak istiyordu ve bunun cevabı Sedat'taydı.

"Söyleyeceksin artık," dedim kendi kendime evin içinde, dolanıp duruyordum. Boğazımdan kopmak isteyen hıçkırıkları bastırmalı, onunla normal konuşabilmeliydim. Yedi yıldır ilk defa telefonu açılmıyordu. O, benim telefonumu saat kaç olursa olsun açardı oysa... Açmadı! Çıldırmak bu olsa gerekti. Açmalı, sorularıma, ruhumdaki çığlığa artık bir cevap vermeliydi. Yarım saat boyunca deli gibi devamlı çaldırdım. Açmadı! Ali'm aklıma geldi. Onunla olmalıydı! Hızla Ali'min telefonunu çaldırdım. Üç dört çaldı, açan yok, ısrarla bir Ali'mi, bir Sedat'ı arıyordum. Bekir'in onlarla olmadığını biliyordum. Yoksa o da benim tacizlerimden nasibini alırdı. İçim iyice daralmaya başlamıştı. Ali'min telefonu açıldığında, "Ölsem umurunuzda değil!" diye bağırdım, araba gürültüsünden başka ses yok, "Ali..." dedim.

"Duygu!" dedi nefes nefese! Onun sesini hiç böyle acılı duymamıştım. Canından can kopmuş gibiydi. "Ne oldu?" dediğimde bedenimde kan yoktu, biliyorum, midemden yükselen bir şeyler yine sinyal veriyordu.

"Duygu, abi vuruldu!" dediğinde sanırım çöktüm koltukta. Sonra ani bir fren sesi, "Çabuk, çok kan kaybetti!" diye haykırdığını hayal meyal hatırlıyorum. Telefon kapandı ve dıt dıt dıt dıt...

O yaşayacak, ben nefes alacaktım.

Ben ölmüştüm, beni Sedat'ın yanına gömmelerini isteyebilirdim. Her yer karanlığa gömülmüştü ve ben yine o karanlık tuvaletteydim. Bu sefer bana ne istiyorlarsa yapabilirlerdi. Ben Sedat'sız bir hiçtim. Sedat'sız bedenimin bütün enerjisi çekilmiş gibiydi. Kıpırdayamıyordum.

Kıpırdamalıydım! Parmaklarım ne ara telefona gitti, ne ara tuşlara bastım, bilinçli değildim. Burnumdan, ağzımdan kan sızmaya başlamıştı. Umurumda mıydı? Hayır! Tek istediğim Sedat'ı son bir kez görmekti. Sonra onun sıcağında onunla ölebilirdim. Deniz beni ona götürebilirdi.

"Söyle aşkım," saçmaz mı? Hep pozitif mi olur bir insan ya! Gözlerimde yaş var mıydı, bilmiyorum. "Sedat..." diyebildim ve her yer karardı. Gözlerimi açtığımda arabanın arka koltuğunda, üstüm başım kan içinde uzanıyordum. Kafamı kaldırmaya halim yoktu. Deniz deli gibi araba kullanıyordu. Sallantıdan midem yine ayağa kalkmak üzereydi ki hızla doğruldum. Aynadaki aksim yeni kana doymuş vampir gibiydi. Ağzımdan burnumdan akan kan kurumuştu çünkü! Deniz'in elinde telefon, "Acile gidiyoruz, Bekir! Duygu baygın," diyordu.

"Sedat, beni Sedat'a götür..." dedim haykırabildiğim kadar. Sesim nasıl çıkmıştı, bilmiyorum, ama Deniz aniden frene basınca ki bu onun şaşkınlığındandı, telefonu elinden kapmam bir oldu. Gözyaşlarım sanırım kurumuştu, çünkü akmıyordu.

"Bekir o iyi mi? Lütfen söyle!" diye haykırdım.

"Ameliyatta," derken sesi perişandı. İşte, o an gözyaşlarım burnumdan akan kanla arkadaş olup geri geldi.

"Geliyorum," dedim ve telefon kapandı.

"Karşıya gidiyoruz, Mecidiyeköy'e!"

"Duygu seni doktora..."

"Karşıya Deniz, yoksa indir, ben giderim," dedim yalvaran sesimle. Yüzümden her şey anlaşılıyordu. Taş kesilmiş, hiçbir uzvum çalışmıyordu, eminim, çünkü hiçbir yerimi hissetmiyordum. Elimde kan gölüne dönmüş bir bezle burnumdan akan kanları siliyordum, hepsi bu!

"Duygu..." dedi Deniz ve sustu.

"Daha hızlı!" dediğimde dörtlüleri yaktı ve hızlandı. Trafik çok yoktu Allah'tan, yoksa koşarak gidecektim sanırım. Araba hastanenin önünde durduğunda arabadan inmemle dizlerimin üzerine düşmem bir oldu. Biri beni kucakladığında kafamı zorla kaldırabildim. Beni kucağına alanın Sedat olmasını diledim, ama Ali'mdi.

"Ali'm geldim," diyebildim. Gözleri yaşlı mıydı? Gücüm, yaşam kaynağım, nefesim artık yoktu.

"Yaşıyor mu?"

"Yaşıyor, korkma, ölmez o deve," dediğinde gülümsediğimi hatırlıyorum, yine karanlık beni esir almaya başlamıştı.

"Ali'm ona bir şey olursa, beni yanına göm, olur mu?" diyebildim. Deniz'in korku dolu bakışlarını hatırlıyorum, gerisi karanlık. Gözlerimi tekrar açtığımda bu sefer daha iyiydim. Yine beyaz duvarlar, yine hastane elbisesi... Selma yanı başımda, elimi tutuyordu.

"Sedat!" diyerek hızla doğruldum. Gözlerimdeki yaşlar yıllar sonra yine dolup taşıyordu.

"Korkma! Ameliyat iyi geçti. Her şey yolunda. O iyi," diye taramalı tüfek gibi saydırdı.

"Selma, onu görmeliyim lütfen," diye yalvarmaya başladığımda, yine burnum kanıyordu. *Allahım, durmuyor ki lanet olası!*

"Duygu sana kan verip duruyorlar, sakin ol lütfen! Kanaman durmuyor ve nedeni yok, biliyorsun, sakinleş! Ona böyle bir yararın olmaz! Kendini biraz toparla, beraber gidelim görmeye."

"Ona bir şey olmadı, değil mi? Söyle Selma, lütfen, öldü de bana mı söylemiyorsunuz?" diye haykırırken içeri Deniz girdi, arkasında Bekir ve Ali'm, burnumdan yine kan sızıyor.

"Bu böyle olmayacak!" dedi Ali'm delirmiş gibi.

"Çıkar," dedi gözlerime bakıp. Anladım ne dediğini ve hızla kolumdaki serumu çıkardım. Beni kucaklarken, "Ali ne yapıyorsun?" dedi Deniz.

"Onu olması gereken yere götürüyorum. Yoksa kanamadan gidecek," dedi ve hızla kapıyı açtı, kucağının sıcağına sokuldum, çünkü bedenim zangır zangır titriyordu.

"Bana bak Çirkin, o iyi olacak ve sen onun yanından bir daha hiç, ama hiç ayrılmayacaksın, anladın mı? Sokarım Deniz'ine! Haline bak, onsuz bir boka yaramazsın. O da sensiz bir şeye benzemiyor."

Kendimi bayılmamak için zorluyordum. Yoğun bakımın önüne geldiğimizde ilk önce bana onu camdan gösterdi. Gözyaşlarım, burnumun kanıyla bir akmaya başlamıştı. Yoğun bakımın kapısı açıldı ve Doktor Serdar Bey Amca çıktı.

"Serdar Amca!" dedim yalvarır gibi.

"Kızım, senin ne işin var burada?"

Ali'm, "Serdar, Sedat'ın yanına bir yatak at! Duygu onunla kalacak," dediğinde adam hayır bile diyemedi. Sedat'ın yanına yatak atıldı ve bana galoş, bilumum steril elbiseler giydirildi. Ve ben ikili yatak kıvamına gelen yoğun bakımda Sedat'ın yanına yatırıldım. Koluma da serum takıldı. Hıçkırıklarım son bulmuştu, ama gözyaşlarım halen süzülüyordu. Kıyısına sokulup açıkta kalan koluna dudaklarımı dayadım. Hastane kokusunun arasında burnuma dolan kokusuyla huzur bile bulamadım. Onun kömür karası gözlerini görmek için neler vermezdim! Solunum cihazının "bip" sesi benim umudum oldu. Sokulabildiğim kadar sokuldum sıcağına. Evime, yurduma, her şeyime! Gözlerim ne ara kapandı, bilmiyorum, ara ara gözlerim açılıyor, elini daha bir

253

sıkı tutuyordum. Parmaklarımda kan kalmayana, canımdan ona can katana kadar sıkıyordum elini. "Dayan lütfen... Beni sensiz bırakma!" diye kulağına fısıldayıp durdum.

Üç gün o yatağın yanından bir santim bile ayrılmadım. Selma beni ara ara bir şeyler yemem için ayağa kaldırıyor, dışarı çıkarıyordu. Camdan bizi izleyen Bekir ve Ali'm bana gülümsüyor, umut veriyordu, ama gözlerinin feri sönmüştü. Deniz çaresiz!

Dördüncü gün doktor solunum cihazına gerek olmadığını söyledi. Cihaz çıkarılırken ben dışarıda, cama yapışmış bekliyordum. Hâlâ ayakta zor duruyordum. Bedenim ruhumla birlikte onun iyileşmesini bekliyordu. O iyileşirse ben de iyileşecek, o ölürse ben de onunla birlikte ölecektim. "O iyi olacak," dedi Deniz, arkamdan sokulup bana sarıldı.

"İyi... o iyi... biz hep iyi oluruz... o iyi olacak," dedim, bir dua gibi gözlerimden bir damla yaş döküldü.

Serdar Amca üç dört kişi dışarı çıktığında, "Şükür atlattı," dediğinde, ona sarılıp hıçkıra hıçkıra ağladım. Ağlayabildiğim kadar ağladım, çünkü artık ağlamayacaktım. Sevinç gözyaşlarımı ellerimin tersiyle silip usulca kapıyı araladım ve Sedat'ın yanına uzandım. Canını yakmamak için titrekti ellerim. Parmaklarını parmaklarımla kenetleyip, "Teşekkür ederim," diye kulağına fısıldadım. Yanaklarını, boynunu, kokusunu duya duya öptüm defalarca. Yüzümü onu incitmekten korkarak boynuna gömdüm. O yaşayacak, ben nefes alacaktım. Bu her zaman böyleydi. O benim diğer yarımdı.

"Yaşa ki yaşayabileyim," dedim fısıltıyla. Duyuyordu, biliyorum. "Nefes al ki yaşayabileyim, yaşa ki karanlık bir daha hiç olmasın," dedim, umuduma tutunup kokusunu içime çektim.

Yedinci gün Ali'm kaldı bizimle. Hepsi yorgun, hepsi perişan, sandalye tepelerinde, gözlerim kapalı, ama uyku yok. "Uyan artık," dedim duayla. Allahım, beni duydu sanırım! "Duygu!" diyen sesini duyduğumda bedenimde ne kadar ölmek üzere olan hücre varsa, hepsi tekrar canlandı. Rüya mıydı yoksa? Hızla doğruldum.

Gözleri açık, yorgun, bir o kadar bitik, ama nefes aldığını biliyorum ya, yetti bana!

"Sedat," dedim, dudaklarına dokundu dudaklarım, içimden geldiği gibi, hayat verir gibi. O Pamuk Prenses, ben Beyaz Atlı Prens, Sedat'ın gözleri aydınlandı dudaklarımla. Usulca çektim kendimi. "Efendim..." dedim gözlerim yaşlı.

"Duygu öldüm mü?"

"Hayır."

"Sen beni öptün mü?"

"Evet, her yerini öperim ben senin, bir sorun olur mu?" dedim gülerek, gözlerimden akan yaşları siliyordum bir yandan.

"Hayır," dedi gülmeye çalışarak. Canı yandı. İnledi.

"Sedat, beni bırakma, olur mu?"

"Bir bırakmadın huzurla öleyim, tepemde vır vır," dediğinde ağlıyordum, ama gülüyordum.

"Bırakmam. Seni hiç bırakmam."

Sonrasında Sedat on gün kadar hastanede kaldı. Ben de bir nefes gibi yanında, tam dibinde. Bütün bağırmalarına, mızmızlıklarına sesim çıkmıyor; kovuyor, gitmiyordum. Oturur vaziyete gelmişti artık.

"Duygu doydum."

"Olmaz, yemelisin, bu bitecek."

"Kendim yiyebilirim."

"Olmaz, ben yediririm."

"Duygu!"

"Sen hep adımı söyle, ben böyle devam ederim, yeter ki adımı söyle," dedim kıkırdayarak, ona sarıldım, burun burunaydık. O sırada kapı açıldı ve içeri Deniz'le Selma girdi. Ali'm peşlerinde. Heyecanla Sedat'tan kopup Deniz'e sarıldım. Deniz'in yüzü bir tuhaf...

"Deniz bak, Sedat artık oturabiliyor," dedim, sevincimi kimse bölemezdi.

"Çok sevindim," dedi yavaşça.

"Ali kucakla Duygu'yu," dedi Sedat ve ben ne olduğunu anlamadan Ali'min kollarındaydım.

"Sedat lütfen! Gitmek istemiyorum. Ben iyiyim. Seninle kalacağım."

"Git, eve dinlen." Eski Sedat sahalara geri döndü.

"Olmaz!" diye isyan ettim.

"Olur! Yarından önce gelme," dedi sinirle.

"Olmaz, akşam buradayım!"

"Senem gelecek!" dediğinde dondum. Ali'm "Ne!" diye isyan etti.

"İndir Ali'm," dediğimde Ali'm şokla beni yere bıraktı. Yutkundum, ama ne yutmak! Gülümsemek için Oscar alacak gibi rol yaptım ve gülümsedim.

"Tamam, yarın öğlen gelirim," dedim. Deniz o ara elimi tuttu ve beraber çıktık. Ali'm bağırıyor muydu?

"Abi, vallahi sen salaklıkta son nokta atışını demin yaptın!" Aklım, ruhum gibi Sedat'ın yanında kaldı, ama çaresizdim. Senem'i özlemişti sanırım. Arabada Deniz suskundu ve benim de pek konuşkan olduğum söylenemezdi. Aklım Sedat'ta, yarın olsun diye dua ediyordum.

"Doktor kanamalarının önceden beri olduğunu söyledi," dediğinde Deniz'e baktım.

"Evet," dedim sakince.

"Niye bana söylemedin?"

"Aklıma gelmedi."

"Söylemeliydin."

"Ne o, evlenmekten vazgeçtin galiba?"

"Ne alakası var?"

"Bilmem."

"Bedenindeki izler yüzünden mi benden uzak duruyorsun?" Harika, onları ne ara görmüştü?

"Hayır! Bunu da nereden çıkardın?"

"Sadece aramızdaki duvarları yıkmaya çalışıyorum."

"Biraz eski kafalıyım diyelim."

"Sedat'ın yanında soyunabiliyorsun ama," dediğinde bütün cinler tepemde tef çalıyorlardı.

"Evet, çıplak bile kalabiliyorum. Hatta bana banyo yaptırıyor. Onunla uyuyabiliyorum," dedim sinirle.

"Bunu anlamaya çalışıyorum."

"Çalışma! Ben sana baştan olacakları söyledim."

"Duygu konuşuyoruz!"

"Hayır, sen sorguluyorsun," dediğimde frene basınca cama yapışmaktan son anda kurtuldum.

"Ne bekliyorsun? Olanları kaldırmaya ve senin beni sevme ihtimaline tutunmaya çalışıyorum. Benden kısıtladığın her şeyi sen altın tepside Sedat'a sunarken bırak da biraz sorgulamaya gireyim ha!"

"İyi! Aklına sok Deniz, Sedat ne isterse, ben oyum! Neden, biliyor musun? O beni karanlığın ellerinden aldığı anda yaşama tutundum. Nefes aldım. Beni sadece üzerimde puro söndüren, farelere yem eden, günlerce bütün sapık duygularını tatmin eden adamların elinden almadı. Beni intihar etmiş annemin cesedinin üzerinden aldı. Hayata döndürdü. Sırf ben kâbuslarımdan arınayım diye adamları gözümün önünde teker teker öldürdü. Söyle bana Deniz, benim için birini öldürebilir misin?"

Deniz duraksamıştı. "Cevabın olmadığını biliyordum. Olsa da fark etmezdi."

Kimse Sedat gibi olamazdı. Evin önüne gelene kadar sessizce oturduk. Arabadan indiğimde, "Seni ararım," dedim. Ne demeliydim başka?

"Tamam," dedi. Eve çıktığımda aklımda Sedat'tan başka bir şey yoktu. Sesini duymaya ihtiyacım vardı. Telefonu elime aldım. İlk çalışta açacağını biliyordum. Öyle de oldu.

"Sedat," dedim yine aynı tonda. Aynı tonda, "Hımm" geldi.

"Seni özledim," dediğimde ses yok.

"Duyuyor musun?"

"Evet."

"Geleyim, izin ver."

"Hayır, dinlen biraz."

"Senem gidince haber ver, olur mu?" dedim. Her şeye razıydım.

"Tamam," dedi ve bir süre sessiz kaldık. "İyi, bekliyorum. Gece kaç olursa ara, olur mu?" dedim çaresizce.

"Olur," dedi ve kapattık. Duş almak iyi gelecekti. Günlerdir hastanenin küçük duşlarında rahat edemiyordum. Sıcak su bana ve kemiklerime iyi gelmişti. Bedenim hareketsizlikten ağrıyordu. Sedat için değerdi ne kelime, ölürdüm. Deniz'i kafama takmamaya çalışıyordum da bir tarafım niye vicdan yapıyordu? Bu vicdan gerçekten berbat bir şeydi. Adam benimle değil, sanki Sedat'la evleniyordu. Güldüm ve sesli olarak, "Her güzelin bir kusuru vardır," diye söylendim. Suyun altında derin nefeslerle aklımdaki bütün kötü düşüncelerin akması için kendime zaman tanıdım. Sedat yaşıyordu ve gerisi boştu. Duştan çıkıp bornozumu giydim ve bir sigara yaktım. Telefonumu alıp Deniz'in numarasını tuşladım. Açıldı. "Efendim Duygu!"

"Deniz özür dilerim."

"Dileme."

"Bak! Bana doktorlar bile dokunamazken Sedat dokunabiliyordu. O günler çok zordu. O... o... nu lütfen dert etme. Onunla ben bir bütünü tamamlıyoruz, hepsi bu."

"Benim de derdim bu zaten. Ben seninle bir bütün olmak isterken seni diğer yarından ayırıyormuşum gibi geliyor."

"Öyle düşünme lütfen. Seninle evleneceğim, değil mi?"

"Evlenecek misin?"

"Evet, istemiyor musun?"

"Deli gibi!"

"İyi o halde, Sedat iyileşir iyileşmez beni gelip istersin."

"Allahım, ben yırttım sanmıştım."

"O acı kahveyi içeceksin."

"Yapacak bir şey yok," dedi ve huzurla telefonu kapattım. Yatağıma uzanınca uykuya dalmak zor olmadı. Yorgundum ve çabucak sabah oldu. Hızla giyindim. Senem hastanede miydi, önce onu öğrenmeliydim. Ali'mi ararsam bana söylerdi. Telefonda Ali'm yazan numaraya bastım ve, "Ali'm!" dedim en cıvıltılı sesimle.

"Söyle Çirkin," dedi. Sesi nereden geliyor bu devenin?

"Neredesin?"

"Sendeyim," dediğinde telefon elimde, odaya geçtim.

"Ali'm senin burada ne işin var?"

"Ne demek ne işin var?"

"Sedat'ın yanında kim var?"

"Abi hastaneden çıktı."

"Ne! İyi, ben gidiyorum o zaman."

"Duygu, abi gitti."

"Nereye?"

"Biraz dinlenip tatil yapacakmış," dediğinde Sedat'ın telefonunu tuşlamıştım bile. Kapalıydı. Bütün kanım çekilmiş gibiydi. Sinir desem değil! Sanki hayatım elimden alınmış gibi hissediyordum.

"Nerede?" dedim kükreyerek. Delirmiş gibiydim.

"Onu rahat bırak Duygu!"

"Nerede?"

"İstemiyor seni!"

"Senem mi yanında?"

"Tabii ki hayır, o Almanya'da ve bir daha gelmeyecek."

"Ama Sedat dün…" derken Ali'm, "İki ay önce gitti," deyiverdi.

"Niye beni istemiyor?"

"Duygu senin düzenli bir hayatın var. Bizim gibi savrulmanı istemiyor, tamam mı?"

"Düzenli derken Deniz'i mi kastediyorsun sen? İyi, ben de gider, kendim onu bulurum."

"Duygu, saçmalama, nereye bakacaksın?"

"Talat'ın oradan başlayabilirim," dediğimde Ali'm karşıma dikilmişti bile. Sinirle telefonu çıkardı.

"Abi bu kız durmuyor?" dedi ve bir iki saniye dinledi sonra, "Ne demek bağla!" dediğinde telefonu elinden aldım.

"Bekir sen de mi?"

"Evet, ben de" dedi bağırarak. İlk tırstım, ama sonra deli Duygu geri geldi. "Ya bana yerini söylersin ya da bulabileceğim her yere ölsem de giderim," dediğimde birkaç saniye sessiz kaldı.

"Duygu iki gün! İki gün ver bana, sonra seni onun yanına götüreceğim."

"Neden ama..."

"Onun biraz kafasını dinlemesini istiyorum, hepsi bu!"

"Bekir, söz, hiç konuşmam, gık dahi çıkarmam. Sadece yanında kalırım. Onun yanında kalayım, yeter."

"O zaman bekle, söz veriyorum seni ona götüreceğim."

"Bir gün..."

"Hayır, Duygu! Ben gidiyoruz dediğimde. Daha fazla zorlama."

"Bekir..." dedim ağlamaklı.

"Yemezler..."

"Neyi var? Senem mi? Onun için mi ölü balık gibi?"

"Duygu uyan artık! Ne Senem'i ya! Bezdim! Vallahi bezdim," dedi ve kapattı. Elimde telefon, öylece kalakaldım. Gözyaşlarım akmaya başladığında, "Niye beni istemiyor ya?" diye isyan edip Ali'me sarıldım. Ali'm sessiz kaldı.

İki gün ne yedim ne içtim. Yataktan çıkmadım. Deniz arıyor, cevap veriyordum, ama sesim ruh gibiydi. İşe bile gitmedim. Telefonum elimde... Bekir ve Ali'm ortada yok. Selma bende kalıyordu ve kapıda üç araba koruma, bizi koruyordu. Bırak apartmanda oturanları, içeri elektrik faturası kesmeye memurlar bile giremedi. Anlıyordum, ortalık karışıktı. Sedat'ın vurulması bomba etkisi yaratmıştı. Benim tanıdığım Sedat peşine düşerdi de niye ortada yoktu? İkinci günün akşamı kapıda Durmuş ve Dursun'u gördüğümde şok oldum.

"Ula çirkun iyice siskalaşmişsun," dedi Dursun. Allahım, Hacer Ana gelmiş olabilir miydi? Onun kollarında doyasıya ağlayabilirdim. Selma hemen ellerine sarılıp öptü. Bir baktım arkadan Bekir girdi içeri. Bir haber versin, beni yanına götürsün diye gözünün içine bakıyordum. "Bekir!" dedim ağlamaklı. O ara başım yine midemle bir hareket eder gibi burnumdan kan süzüldü.

"Ya sabır!" dedi Bekir.

Ali'm, "Abi, gitsin, yeter içim şişti iki gündür," dedi.

"Lan ben istemiyor muyum? Etraf kalabalık, takip ediyor polisler," dedi.

"Ben götürürüm," dedi Ali'm.

"Ben kendim giderim," dedim Selma'nın verdiği peçeteyle burnumu silerken.

"Olmaz öyle şey!"

Durmuş, "Ula ne aşkmış be!" demez mi? Hâlâ ısrarla bizi evli sanıyor! Harbiden Laz ha! Kendi yalanına inanan Laz!

"Şaşırtırız biz onları," dedi Dursun.

"Tamam, hadi!" dedim.

Bekir, "Tövbe tövbe!" dedi, ama ayaklandı. Hızla odaya gidip çantaya aptalca şeyler koydum. Yarım saat sonra burnumda bez parçası, siyah filmli cipin içindeydim. İçim umut dolu, heyecandan yerimde duramıyordum. Hastanenin yorgunluğuna iki günlük stres eklenmişti, yine halsizdim, ama umurumda değildi.

"Nereye gidiyoruz?"

"Sapanca," dedi Bekir. Üç arabayla İstanbul çıkışında buluştuk. Az çok bizim tanıdık çocuklar olduğunu biliyordum. Bekir bizden olmayan kimseye güvenmezdi. Yarım saatin sonunda iki araba bizden ayrılıp farklı yönlere saptı. Biz devam ettik. Tabii peşimizdeki sivil ekip hangi tarafa gideceğini şaşırıp diğer arabanın peşine düştü. Alkışladığımı biliyorum.

"Duygu!" dedi Bekir.

"Evet," dedim.

"Oraya gittiğinde lütfen gözlerini aç, olur mu?"

"Olur, bir şey olursa hemen ararım."

"Ya sabır!"

"Ne?"

"Yok, Duygu, yok bir şey!" dedi sinirle. Sessiz kaldım. O arada telefonumun şarjı ötmeye başladı. Kahretsin şarj almamıştım yanıma. Hızla Deniz'i aradım. İlk çalışta açtı.

"Dünyaya dönmeye mi karar verdi benim prenses," dedi. Bu adamın anlayışı karşısında eziliyordum.

"Deniz... şarjım bitebilir. Ben Sedat'ın yanına gidiyorum," dedim ve şarj bitti.

"Harika, kesin evlenmekten vazgeçer," dediğimde Bekir frene öyle bir bastı ki ben cama yapıştım.

"Sen ne dedin?"

"Daha belli değil!" dedim korkudan.

"Sedat biliyor mu?"

"Vurulduğu akşam söylemiştim, o da yarın akşam gelsin seni istesin..." dediğimde, Bekir direksiyonu yumrukluyordu. Dondum.

"Bekir!" diye çığlık attım.

"Seni salak!" diye bağırdığında buz kesmiştim. Bekir bu zamana kadar asla bana kırıcı bir şey söylememişti. Sessiz kaldım. Bekir arabayı öyle hızlı kullanıyordu ki on beş dakika içinde bir orman yoluna girmiş, bir köy evinin önünde durmuştuk. Bekir halen köpürüyordu.

"İn baş belası, in!" dedi sinirli bir halde.

"Bekir..." dedim tırsmış bir şekilde.

"Yemin ederim şimdi seni bir temiz döverim, in babam in! Bezdim yeminle!" dediğinde kuzu kuzu indim. Hızla uzaklaştı, hem de ne uzaklaşmak, yüzüme bile bakmadı. Sanırım bir daha dönmeyecekti. Etrafta iki araba vardı. Birden karşımda Levent'i görünce rahatladım. Bekir haber vermiş olmalıydı.

"Gir hadi!" dedi tedirgin bir şekilde. Hızla kapıyı açtı. Kutu gibi bir antre beni karşıladı. Bildiğin köy eviydi. Ayakkabılarımı çıkarıp ışık sızan kapıyı araladım. Karanlık ruhumu sıkıyordu, ben dişlerimi! Sızan ışık küçük köy ocağından sızıyormuş meğer, sedirvari bir şiltenin üzerinde Sedat boynundan karnına sargılarla yatıyordu. Gözleri kapalıydı. Uyusun dinlensin istiyordum, ama karanlık beni öyle bir hâle getirdi ki düşünemez hâle geldim. Hızlı ama sessizce ceketimden kurtulup üzerimdeki kazağı çıkardım ve tişörtümle kaldım. İçerisi öyle sıcaktı ki kotumu çıkarıp karanlıktan kaçmak için öyle bir yanına iliştim ki gören Speedy Gonzales sanırdı. Neresi acır, bilmediğim için elini tuttum yavaşça. Hayret, şimdiye yüz kere uyanırdı, ama uyanmadı. Onu seyrederken onun sıcağı, huzuru beni sarıp sarmalamıştı. Gözlerim kapanmış.

Sevmek çok zormuş, canım yanıyor

Sabah gözlerimi açtığımda Sedat'ın kömür karası gözleriyle karşılaştım. Ne güzel bir uyanma şekliydi bu? Bana doğru dirseğinin üzerinde doğrulmuş, öylece duruyordu.

Gerinip sırıttım ve, "Günaydın," diyerek usulca boynuna sarıldım.

"Duygu..."

"Hımm," dedim onun gibi. Gülmeye başladı ya, ben de güldüm. Artık içimden ne geliyorsa yapacaktım. Hayat çok kısaydı. Uzanıp gamzesini ısırdım. *Ay ben bunu niye önceden düşünmedim?* Düşünmüştüm de niye yapmamıştım? Nefesi yüzümü yalarken, sanırım canı yandı, küçük bir inilti duyuldu derinden.

"Hadi uzan," dedim telaşla, ama beni bırakmadı ve yüzünü boynuma gömüp beni belimden kavrayarak sarıldı.

Hep boynumun kıyısında, hayat damarımda yaşayabilirdi. Nefesi olur, canımdan can verirdim. Yeter ki o yaşasın!

Dudakları tenimde solurken, "Üşümüyor musun?" dedi.

"Sence?"

"Burası çok muhafazalı değil."

"Niye buradasın Sedat?"

"Tatil," dediğinde gülüyordum.

"Harika bir seçim."

"Hadi giyin, çocuklar seni bıraksın."

"Rüyanda görürsün."

"Neden buradasın?" dediğinde aptalca durdum. Yüzünü göremiyordum, çünkü rahatı yerindeydi. Ben de bozmak istemiyordum.

"Neden mi?" dedim sinirle.

"Senin nişan için hazırlanman gerekmiyor mu?"

"Nişan mı?"

"Duygu!"

"Yeter Sedat! Nişanın canı cehenneme! Bana neyin var söyleyeceksin! O gece... o gece vurulmadan önce bir şey oldu," dediğimde kalkıyordum, izin vermedi. Boynumdan yüzü düşmüş, rahatı kaçmıştı.

Sırtını sedire koydu ve sanırım canı yandı, ama aldırmadım. Sinirlenmiştim. Ağırlığımı göğsüne vermeden yüzüyle buluştum. Gözlerine bakarak, "Söyle!" diye bağırdım.

"Git Duygu!" dedi hüzünle.

"Gitmiyorum anlasana! Senden kopamam!"

"Emin misin? Seni kendimden koparabilirim."

"Yapamazsın!"

"Yaparım!"

"Ruhumu çıkardığın an kendini benden koparmış olursun," dediğimde elleriyle yüzümü kavradı. Ellerim iki yanda, ona yaslanmamak için çaba sarf ediyordum. Yorulmak üzereydim.

Yüzüm koca elleri arasında kayboldu. "Yaparım ve sen arkana bakmadan kaçarsın," dediğinde sesi fısıltı halindeydi. Kafamı kendine doğru çekerken gözleri dudaklarıma kaymıştı. Kalbim niye hızlanmıştı? Niye ellerinin arasındaki yüzüm yanıyordu ve niye acıkmışım gibi karnım ağrıyordu? Yıllar boyu düşünsem yüz kişiye sorup ipucu alsam Sedat'ın beni öpeceği aklıma gelmezdi.

Şimdi... şimdi... ah hayır... evet... öpecek mi, demeye kalmadı, dudaklarım dudaklarıyla buluştu. Bu şimdiye kadar hayatımda yaşadığım her şeyden farklıydı. Dudaklarımda dolanan dudakları öyle temkinli ve sıcaktı ki ruhumu yaşama döndüren Sedat şimdi kalbime yerleşiyordu. İçimdeki boşluk el sallayarak uzaklaştı. Dudaklarımı yalayan diliyle en son benden uzaklaştığında gözleri açıldı ve, "Git şimdi!" dediğinde, ben hâlâ kıpırdamıyordum. Gidemezdim ki! Gözlerini kaçıran ben oldum. O ne bekliyordu, bilmiyorum, ama ben usulca yorulan kollarımdan son bir güç aldım ve sıcağına sokulup koluna sarıldım. Gözlerimi kapattım ve kuş olup uçmak isteyen kalbimin düzene girmesini bekledim. Yüzüne bakabilecek miydim? Bilmiyorum, ama, "Gitmiyorum," dedim mırıltıyla. Bir süre sessizlikle sanırım o da sakinleşti. Kıpırdamıyor, hatta nefes bile almıyordum.

"Senden uzak durmaktan yoruldum," dediğinde ben ne dediğini algılayacak hâlde değildim, çünkü bedenimdeki tek organ kalbimdi. Kulaklarımı sağır edecek hızda çarpıyor ve düşünmemi engelliyordu. Bir sussa, belki Sedat ne diyor anlayacaktım. "Umurumda değil," dedim. Ne kadar sessizlikte durduk, bilmiyorum.

Ondan bir tepki geleceği yok. "Acıktım," dedim. Yüzüm niye hâlâ yanıyordu, bilmiyorum. O Sedat'tı ve sanırım beni öpmüştü. Hem de ne öpmek! Niye ama? Kaçmam için mi? Bununla beni kaçıramazdı ki, onun sesiyle sıyrıldım paniğimden.

"Çocuklara söyleriz, bir şeyler getirirler."

"Olmaz devamlı paket yemek. Kalıcı bir çözüm bulmak lazım. Onlar malzeme alsın, bir şeyler yaparız," dedim. Kalkıp çantamdan eşofmanlarımı çıkardım. Hızla giydim. İlk defa saçlarım bir şeye yaradı sanırım. Yüzümü örtüyordu ve ben saklanacak bir yer bulmuştum. *Kuyu* filmindeki kız gibi yüzüm saçlarımla örtülü dolaşabilirdim. "Mutfak vardır herhalde," dedim yüzüne bakmadan. Yüzüne niye bakamıyorsam?

"Var," dedi, ama kızgın mıydı ses tonundan anlayamadım. Yüzüne de bakamıyorum. Kaç Duygu! İlk mutfağa uğradım. Tabii dolap tam takır kuru bakır. Kapıya çıktığımda buranın gerçekten yeşiller içinde ıssız bir köy evi olduğunu anlamam uzun sürmedi. Harikaydı, ama hiç bana göre değildi. *Diren Duygu!* Levent hızla yanıma geldi.

"Ne oldu Duygu?" dedi merakla.

"Levent, siz ne yiyorsunuz burada?"

"Çocuklar sabah akşam merkezden paket yaptırıyor."

"Olmaz öyle, git domates, yumurta, sebze falan al, ben hazırlarım. Kaç kişiyiz?"

"On iki," deyince yutkundum.

"Sen abiyi doyur, biz hallederiz. Ben malzemeleri alır, gelirim," deyince sustum, ne diyeyim! Bütün gün mutfaktan çıkmasam yine de o kadar becerikli değildim. Odaya girdiğimde Sedat ocağa odun atıyordu.

"Levent bir şeyler alacak," dedim yavaşça. Sedat doğruldu ve bir adımda yanıma gelip, "Buradasın yani," diyerek dev cüssesiyle önümde durdu. Bırak göz temasını, ben hâlâ yüzümü kaldıramıyordum.

"Evet," dedim mırıltıyla. Bana uzandı ve, "O zaman şu saçlarını yüzünden çek," dedi ve kulağımın arkasına iliştirdi.

"Olur," dedim. Hadi bakalım, artık kalkan da yok! Kırmızı Duygu sinemalarda, ama bende çene bitmez. "Sen bütün gün burada sıkılmıyor musun?"

"Sıkılmama fırsat mı verdin? Geleli iki gün oldu," dediğinde gözlerimi kısıp ona bakıyordum. Konuşmak bana iyi gelmişti. "Hadi uzan, ateşi ben hallederim," dediğimde sözümü dinledi. Hayret!

"Serdar Amca çıkmana nasıl izin verdi?"

"İzin aldığımı nereden çıkardın?"

"Peki, pansuman için?"

"Daha gitmedim."

"Aferin!"

"Duygu!"

"Ne?" dedim sinirle. Uzanıp gözlerini kapattı. Sersem gibiydim, ne yanına gidebildim ne uzaklaşabildim. Ateşin önünde oturdum öylesine. Kafamda deli sorular! Bir saat sonra Levent seslendi.

"Geliyorum," diye hızla odadan çıktım. Levent kapıya kamyon dayamış sanki. "Levent bunlar ne?"

"Duygu ben ne anlarım pazar işinden, ne bulduysam aldım," dedi ve benimle mutfağa taşıdı.

"Levent pansuman için birini bul, doktor olsun ama," dediğimde, "Tamam," dedi. Sanırım o da bunu düşünüyordu. Hızla kahvaltıyı hazırladım. Çaresiz iki kişilik... çocuklar için üzülsem de yapacak bir şey yoktu. Kapıyı kalçamla ittirip elimdeki tepsiyi duvara dayalı masanın üzerine bıraktım.

"Çay işine bir çözüm bulmak lazım. Ocak yok, tüp de yok."

"Çay hazır," dediğinde gülümsedim yalandan.

"Modern yaşam beyin hücrelerimi öldürüyor," dedim, gözlerimi kaçırdım, ama bir şeyin farkına vardım. Sedat'ın neyinden çekinebilirdim? Ya da neyinden utanabilirdim? Beni neyi korkutabilirdi? Ne yaparsa yapsın kaçmazdım. İçim aydınlandı.

Aklıma bir çözüm bulmuştum da kalbime halen bir çözüm bulamamıştım. Yüzüne baktığımda, kalbim sanki şarjı fazla gelmiş küçük robot gibi zangırdamaya başlıyordu. Sedat doğruldu, tam kalkacaktı ki tepsiyi sedire ortamızda kalacak şekilde yerleştirdim. Bağdaş kurup, "Çay ne zaman demlenir?" dediğimde ağzıma ekmek tıkıştırıyordum. O ara Sedat'ın boynundan göğüskafesine uzanan siyah deriyi fark ettim. Göğsündeki sargısının içinde kalıyordu. Uzanıp, "Bu ne?" diye çektiğimde şok oldum. Yüzüğümüz...

Gözleri gözlerimle köprü kurup ruhumu delmeye başladığında, boğazıma takılan gerçekten bir ekmek vardı. Parmağımla yüzüğü gösterip, "Yüzük!" dedim, öyle bir şok yaşıyordum ki tarifi mümkün değildi. Ne kaybetmiş ne de parmağından çıkarıp bir kenara atmıştı. Benim gibi kalbinde taşımıştı. Niye mutluydum ki? Ne zaman dizlerimin üzerinde ortamızdaki tepsiye aldırmadan boynuna dolandım, bilmiyorum. Beni kendinden uzaklaştırıp sakallarına dolanan saçlarımı usul usul çekmesi bile harikaydı. Sonra usulca dudaklarıma uzandı. Gözleri usulca kapandı ve ben yine ben değildim. Ellerim omuzlarında kalmış, tepsi ortamızda! Sakallarının tatlı tatlı dudak kenarlarıma değişi bile bütün tüylerimi ayağa kaldırmıştı. İstemsizce dudaklarım aralandığında Sedat durdu.

"Duygum," dedi ve tekrar öpmeye başladı. İlkinden daha farklı, daha istekli! Öyle bir öpmeydi ki bu dudaklarımdan ayaklarıma dalga dalga yayılan sarsıntılar barındırıyordu. Artık nefes alamaz hâle geldiğimde kendimi ondan zorla ayırdım.

"Dur!" dediğimde beni bırakmadı. Yüzüm kızarmıştı, eminim, çünkü yanıyordu. O haliyle beni nasıl kucağına çekti, anlamadım.

"Sedat!" dedim gözlerimi kaçırarak. Saçlarımı topladı eliyle.

"Benden utanıyor musun?" diye sorduğunda gülümsüyordu.

Hayır, anlamında başımı ellerinin arasında sallayabildiğim kadar salladım. Bu kesin ve açıktı. Utanmıyordum başka bir adı vardı bunun, ama neydi, bilmiyordum. Yüzümü serbest bırakıp kollarını bana doladı. Yüzünü o iri bedeniyle nasıl boynuma gömdü, pes yani! Bu sefer farklıydı. Elleri belimden beni kendine çekiyor, dudakları boynumda uslu durmuyordu. Ben bitmiştim ve bu hoşuma gidiyordu. Ellerim saçlarının arasında dolanırken tenim bana ihanet edercesine yanıyordu. Utanmaz yanım dudaklarına niye yer açıyor, hiçbir fikrim yoktu!

"Sen acıkmadın mı?" dedim usulca.

"Acıktım," dedi ama oralı değil.

"İyi, hadi yiyelim, çay bardaklarını getireyim," dedim ve kucağından hızla kalktım. Mutfaktan iki bardak ve şeker alıp geldim. Odanın sıcaklığı mutfağın soğuğuyla bedenimi üşütüyordu.

"Üşüdün mü?" diye sorduğunda bir elinde ekmek, bir elinde bıçak, tereyağı sürüp duruyordu.

"Mutfak soğuk," dedim gülümseyerek. Elindeki ekmeği bana uzattığında usulca aldım ve bal sürmeye başladım. Ağzıma atıp evirip çevirirken beni seyrediyordu.

"Ne?"

"Hiç..."

"Levent pansuman için birini getirecek," dediğimde suratı asıldı.

"Gerek yok."

"Var," dedim sertçe. Sessiz kaldı. Çayımız bittikçe tazeledim.

Şekerimi atıp üzerine sürahiden su koyarak karıştırdı. Bana ait her şeyi biliyordu. Bol şekerli ve ılık...

"Anlatacak mısın?"

"Neyi?"

"Kimin yaptığını?"

"Sonra..."

"Korkuyorum."

"Korkma!"

"Nasıl korkma Sedat, buna kim cesaret edebilir?"

"Edemez..."

"O zaman?"

"Duygu ne zaman işlerime burnunu sokar oldun?"

"Beni öptüğünden beri," dedim ama ağzımdan çıkanları kulağım duymuyordu. Ekmeği zar zor yuttuğumda Sedat sırıtıyordu. *Kıvır Duygu!*

"Yani ben hep merak ediyorum, ama bu kadar ciddi bir şekilde yaralanmamıştın."

Gülmesini hep isterdim, ama şimdi sinirime dokunuyordu.

"Gülme Sedat!"

"Halledilecek, korkma, Durmuş burada."

"Biliyorum, gece gördüm onları."

"Sana mı geldiler? Ya polis?"

"Evet, Bekir'le geldiler. Niye polis peşinde?"

"Kimsenin bir şey bildiği yok. Şüpheleniyorlar."

"Serdar Amca zor durumda kaldı sanırım."

"Hayır."

"Of," deyip sinirle yerimden kalktım. Onunla konuşmaya çalışmak işkenceydi.

"Bitti mi?" dedim tepsiyi almak için.

"Kızdırma beni!"

"Tamam, sustum. Doydun mu?"

"Evet," dediğinde tepsiyi alıp masaya bırakırken masanın üzerindeki ilaçlar gözüme ilişti. Paketleri açılmamıştı.

"Bunlar ne?"

"İlaç," dedi ya! Al kafasına vur!

"Kullanman gereken ilaçlar yani," dediğimde ses yok. Gerçekten tam bir öküz ya! Masada duran telefonunu elime aldım ve Serdar Amca'nın numarasını buldum. Sedat sessizce beni izliyordu.

"Sedat?" diyen Serdar Amca'nın sesi panik tabii.

"Benim, Duygu, Serdar Amca!"

"Duygu bir şey mi oldu?"

"Yok, Sedat'ın ilaçlarını soracaktım, nasıl kullanacak? Burada bir torba ilaç var," dedim ve hepsinin teker teker isimlerini okudum. Serdar Amca söyledikçe kenara ayırdım.

"Tamam, Serdar Amca."

"Pansumanı ihmal etmesin."

"Tamam, bugün yaptıracağız," dedim ve sinirle kapattım. Masadaki bardağa su doldurup ilaçlardan sabah için olanlarını elime aldım.

"Sana gerçekten pes diyorum, başka bir şey demiyorum," dedim ve bardağı eline tutuşturdum.

"Sanki sinek ısırdı," dedim sinirle ve paketlerinden hapları çıkarıp teker teker eline verdim. Sesini çıkarmadan hepsini yuttu.

Tam kapıdan çıkacakken, "Nereye?" dedi.

"Yemek yapmaya!" diye çemkirdim. O sinirle sesim sanırım öfkeli çıkmıştı. Mutfak soğuktu gerçekten ve odaya dönüp ceketimi almak istemedim. Sedat üşüdüğümü anlarsa beni odadan çıkarmaz, biz de paket yemeklere talim edip dururduk. Hoş, benim için fark etmezdi de Sedat'ın bir an önce beslenip kuvvetlenmesi gerekiyordu. Eşyaların hepsini dolaba yerleştirdim. Sonra öğlen için menemen yapmaya karar verdim. Domates, soğan, biber hepsini teker teker soydum ve hazırlayıp tezgâha bıraktım. Hemen pişirmeye gerek yoktu. Sanırım bir saat kadar mutfakta oyalanmıştım ve elim ayağım buz gibi olmuştu. Odaya girdiğimde

271

Sedat uzanıyordu. Hızla sedirin üzerine tırmanıp yorganın altına girdim. Aptal aptal bana bakıyordu.

"Soğuk," dedim takırdayarak, sıcağına sokuldum.

"Ne işin vardı o soğukta söylesem kabahat! Hem sen kim yemek yapmak kim?" demesin mi?

"Ben kuru kuru yemek istemiyorum. Sen istersen paket söyle! Öğlen menemen var."

"Menemen mi?" dedi hayretle.

"Evet, beğenemedin mi? Hadi ısıt beni," dedim, dedim, ama söyleyen önceki Duygu'ydu. Bunu bekliyormuş o da! Yorganın altına girmeden, "Kazağını çıkar," dedi.

"Soğuk diyorum, sen kazağını çıkar diyorsun ya!"

"Duygu kalkınca daha çok üşürsün."

"Tamam," dedim huysuzca, kazağımı çıkarırken kolyem yüne takıldı.

"Hay ben senin," dedim, çekiştirirken tıkırdadı. Sedat'la göz göze geldik.

"Kırıldı mı?" dedi ve uzandığı yerden kalkmaya bile erinmedi paşam, kolyemden tutup beni kendine çekti.

"Hayır, kırılmadı bırak," dedim, ama madalyonu açtığında yüzük karnına düştü. *Harika! Rezil ol Duygu! Niye rezil olacakmışım, o kendine baksın!*

Gözleri yine gözlerimle buluştuğunda bir yalan uydurmaya çalışıyordum, ama yalanların hepsi bitmiş, bana kalmamıştı! Yüzüğü karnından aldı ve biraz elinde çevirdi. Gözlerimden gözlerini çekmeden sol elimi alıp avcumu dudaklarına götürdü. Sıcak dudakları üşümüş elimi bir ateşe çevirdi. Sonra yüzüğü yerli yerine takıp, "Çıkarma," dedi. Usulca uzandığımda kolunu kaldırıp beni koynuna aldı. "Canın yanacak böyle," dedim, yüzüne bakıp acı çekmediğini görmek istedim. Nefesi yüzüme esti ılık ılık ve, "Acımaz," dedi dudakları dudaklarımı ele geçirmeden hemen önce. Beni bitirircesine öpüp başımı döndürmesi yetmiyordu, bir de konuşuyordu. "Cevap vermedin," dedi öpüşlerinin arasında. "Neye?" dedim sersemce. "Yüzük?"

"İlk sen çıkardın," dediğimde dudaklarım ağzında kayboldu. Aklım nereye gitmişti, bilmiyorum. Ben öpüşmeyi bilmiyordum, ama ona cevap veriyordum sanırım. Herhalde veriyordum. Elleri beni öyle güzel sarıyordu ki! Parmakları ellerime kenetlenirken, aklım fikrim beni sarıp öpmesindeydi. Ben cennetteydim ve utanmıyordum. Niye utanmıyordum? Niye nedenini sorgulamıyordum? Niye ona sormuyordum? En azından niye beni öpüyorsun demeliydim! Ne değişmişti? Kaçmayacağımı anlamış olması lazımdı. Yok, yok, bende akıl noksanlığı baş göstermişti. Dudaklarımdan ayrıldığında, "Tadın…" dedi. Yumuşamış yüz hatlarına, kardeş görünen gamzeleri ve kapalı gözleriyle burnundan derin derin nefesler alıyordu. Yine yüzüm yanıyor, karnım ağrıyordu.

"Beğenmedin sanırım," dedim sinirle. *Ne dedim ya ben?*

Kıkırdamaya başladığında iyice bozuldum. Isınmış, hatta yanıyordum, ama dalga geçmesi sinirimi bozmuştu. Yorganı ayağımla ittirip kalkacaktım ki hırsla beni kendine çekti. Canım yanmıştı.

"Daha fazlası için ölüyorum Duygu!" dedi, gözlerindeki ateş miydi? Gözlerindeki ateşse, ben o ateşte yanmaya dünden razıydım.

"An… anlamadım," dedim, afallamıştım. Hatta bozguna uğramıştım.

"Bana neler yaptığının farkında değilsin, değil mi?"

"Ben sana hiçbir şey yapmıyorum."

"Biliyorum."

"Öpme o zaman."

"Senden uzak kalmayacağım, alışsan iyi olur," dediğinde ne diyeceğimi bilemedim. Neye alışmak? Beni öpüp durmasına mı? Buna dünden razıydım ki! Aklım karmakarışıktı. İçimdeki boşluk dolmuş, düşünmeyi beynimde bir köşeye atmış, hiç yanına gitmiyordum. Sedat'ın rüzgârında savrulmak öyle güzeldi ki o essin, ben onunla eseyim! Elimden gelen bir şey yoktu zaten. Duygularım, varlığım onun esiriydi. Gönüllü hem de!

273

Levent seslendiğinde, "Kazağını giy," dedi sertçe. "Pansuman için gelmiş olmalı," dedim ve hızla kazağımı giydim. Kapıya çıktığımda aptalca bir Levent'e, bir yanındaki boylu poslu hatuna bakıyordum. Esmer güzeliydi, Allah'ı var. İçimden, *manken değil, doktor getirecektin,* demek geldi, ama sustum.

"Duygu, bu Emel," dedi.

"Merhaba," dedim, ama aptalca Levent'e bakıyordum.

"Sağlık ocağında pratisyen doktor kendisi," deyince rahatladım. O ara kızın korktuğunu fark ettim.

"Hoş geldiniz," dedim. Kızda ses yok.

"Levent kızı zorla mı getirdin?" dedim sinirle.

"Yoo," dedi, ama kız Levent'e öyle bir bakış attı ve, "Beni iki sokak aşağıda hasta var diye getirdi diye çemkirdi."

"İki sokak mı?" dedim gülerek. Merkeze yarım saatten fazla olduğuna emindim.

"Özür dileriz. Levent zorda kalmış, yoksa asla yalan söylemez. Şehre inmek işkence gibi," dedim.

"Hasta nerede?"

"Hasta içeride, ama Levent size sanırım bahsetmedi. Pansuman sadece," dedim.

"Tamam," dedi kız burnundan soluyarak. İçeri girdiğimizde benim devem ocağın başındaydı. Kız, Sedat'ı görünce ne yapacağını şaşırdı. Dev gibi bir adam, bir o kadar da yakışıklı! Yakışıklı mı? Göz alıcı bir şekilde bir iki saniye süzdüm devemi. Ben Sedat'ı hep yakışıklı bulurdum da çekiciliği ve bedeni neden bugün gözüme batıyordu, orası ayrı konu. *Yüzüm, kızarma kızarma dedim sana!*

Doktor kız, "Geçmiş olsun," dediğinde Sedat bana bakıyordu.

"Doktor Emel," dedim.

"Gerek yoktu, kendi başınıza iş yapıyorsunuz," dedi sertçe. Bu azar yemek sanırım bende alışkanlık yapıyordu.

"Sanırım ağır bir kaza geçirdiniz?" dedi doktor kızın gözü sargılarda. Sedat sinirli ya kim karşısına çıkarsa ondan çıkaracak.

"Vuruldum," dediğinde kızın eli havada kaldı.

"Sedat!" dedim sinirle.

"Ne Duygu!" diye kükredi.

Onunla baş edemeyeceğimi anlayınca, "Vuruldu, ama iyi şimdi, sadece pansuman," dedim şirince. Doktor kızın Sedat'ı görünce öyle bir duruşu vardı ki üflesen kaçacak. Sedat'ın önüne dikildim ve yüzüne bakmak için kafamı yukarı kaldırdım, eh ancak!

"Hadi, şu yaraya bir bakalım!"

"Gerek yok dedim ya!" dediğinde kulağına eğildim ve dudaklarımı iyice yaklaştırıp nefesimi vererek, "Zorluk çıkarırsan yemin ederim fena olur," dedim kararlı bir ses tonuyla.

Sonra ona aldırmadan, "Emel Hanım, sargılar beş günlük," dedim. Kız, Sedat'ı muhatap almadan, "Sandalyeye oturtalım," dedi ve ben kolundan çekiştirdim. Niye huysuzluk yapıyordu, bir anlasam! Emel doktor çantasını masaya koydu ve içinden makas çıkardı, sargıları keserken ben bir o kadar meraklı bir şekilde onları seyrediyordum.

"Dışarı çık Duygu!" dedi Sedat. Şimdi karın ağrısı anlaşıldı benim devemin.

"Hayır!" dedim kaşlarımı havaya kaldırıp. O sırada Emel, "Şu kolyenizi çıkaralım," dediğinde Sedat, "Ya sabır," dedi ve deriyi çekip boynundan aldı.

Ben de fırsattan istifade, yüzüğü elinden aldığımda dikkati Emel'den bana kaymıştı. Yüzüğü evirdim çevirdim ve sol elini elime alıp parmağına geçirdim. Sonra suratına sırıttım. O da sırıttı, ama ne sırıtış! O gamzeleri yerim ben! Gülüşü beni benden aldı. Ben yüzüne gülerken dikkatimi Emel çekti, kız duraksamıştı.

"Ne oldu?" dedim endişeyle.

"Sizin hastanede olmanız gerekiyor," dedi, ama doktor kızın yüzü bembeyaz.

"Fazla konuşma, sen işini yap git!" diye bağırdı devem.

"Sedat!" dedim sinirle.

"Ne, Sedat, Sedat!" diye isyan etmez mi? Ona aldırmadan yarasına baktığımda nefes alamıyordum.

"Bu... bu..." dedim, çünkü kurşun yarasını daha önceden biliyordum. Kanım çekildi.

"Tüfek sanırım," dedi Emel.

"Doktor!" dedi Sedat kükreyerek. Gözlerimden yaşlar istemsizce süzülürken Emel işini bitirmiş, yarayı sarıyordu.

"Fazla kıpırdamayın, ilaçları ihmal etmeyin, mümkünse bir hastaneye yatın," dediğinde Sedat çoktan ayağa kalkmış, benim yanımda bitmiş, gözyaşlarımı siliyordu.

"Geçti, acımıyor," dedi hüzünle.

"İyi misin?"

"Sen yanımdayken iyiyim."

"Hastaneye gidelim."

"Gerek yok," dediğinde dudaklarıma mı bakıyordu? Yok artık! Emel öksürerek, "Hastane olayını halledebilirim," dedi. Sedat o zaman dudaklarımdan gözlerini kaçırdı ve, "Nasıl?" diye sordu. Sanki ihtiyacı var! Adamın anlaşmalı hastanesi var be güzelim!

"Orasını bana bırakın."

"Niye bize yardım edesiniz ki?" diye sordu Sedat alayla.

"Sizin için değil, eşiniz için," dedi. Eşi mi? Ay, ben onun hep eşi olayım!

"Teşekkür ederiz, gerek yok. Eşim alışık," dediğinde ben aptala bağlamıştım. O sırada dışarıda böğürmeler duyuldu. Ardından kahkahalar yükseldi.

"Ali," dedi Sedat, tam dışarı çıkacakken, "Sedat uzanıyorsun," dedim sertçe. Hayret beni dinledi yine ve uzandı.

Doktor kız, "Ben gitsem iyi olur. Hastane konusunu bir düşünün," dediğinde odadan çıkmıştık.

"Kötü mü?" dedim endişeyle.

"Hayır, ama ayakta nasıl duruyor şaşkınım. Bünyesi kuvvetli anlaşılan."

"Teşekkür ederim. Yine gelirsiniz, değil mi?" dedim gözlerine bakarak.

"Olur," dediğinde ona sarıldım. Kız şaşırdı tabii. Dışarı çıktığımızda Ali'm Levent'in kafasını kıstırmış, boğuşup duruyordu.

"Ali'm," dedim toparlansın diye. Ali'm bir bana baktı, bir kıza...

"Bu hanımefendi de kim?" dediğinde sesindeki ton aşk moduydu.

Doktor kız, "Hayret içeridekinden sonra şaşırtıcı bir kibarlık," dediğinde ben ağzım açık kala kaldım.

"İkisi de aynı, yanılmayın. Bu biraz genç sürüm," dedim sırıtarak. Kız, Ali'mi süzdü ve elini uzatıp, "Emel," dedi.

"Ali'm, önce Levent'in kafasını bırak ilk," dediğimde Ali'm beni dinledi ve onu bıraktı. "Sağ ol Duygu," diyen Levent'ti. Ali'm elini uzattı ve, "Ali," dedi.

"Ali'm, Emel Hanım dilediği yere bırakılacak," dedim ve kıza dönüp, "Teşekkür ederim. Görüşmek üzere," dedim ve içeri girdim.

Girdiğimde devem uyumuştu. Üzerini güzelce örttüm ve alnına elimi dayadım. Ateşi olmamalıydı. Yoktu Allah'tan! Usulca mutfağa geçtim. Ali'm buradaysa sanırım on iki yumurta ancak yeterdi benim öküzlere! Ellerim dona dona malzemeleri küçük küçük tavaya doğradım. İçine tereyağı koyup odaya geldim. Ocağın üzerine tavayı koyup masayı hazırladım. Soğanlar, domatesler iyice öldüğünde içine yumurtaları kırdım. Sedat'a baktığımda gözleri açık, beni seyrediyordu.

"Gürültü mü yaptım?"

"Yok," dedi, ama gözlerinde sadece Trabzon'da gördüğüm bir bakış vardı.

"Sedat oradan odun atmaya bile kalkmayacaksın. Niye bana tüfekle vurulduğunu söylemedin?"

"Sormadın."

"Ne soracaktım, silah markası mı? Ağlayacak gibi oluyorum valla, senin hastanede olman lazım."

"Gerek yok!"

"Gerek var! Beni düşün! Sensiz ne hâle geldiğimi bilmiyorsun."

"Biliyorum."

"Ne biliyorsun? Bir şey bildiğin yok!" dedim gözlerim sulanmış, arkam dönük tavadakileri karıştırıyordum.

"Ali anlattı," dediğinde durdum.

"Ağzında bir şey durmuyor onun... hem... hem... abartmıştır o!"

"Yanıma gel!"

"İşim var."

"Ben mi geleyim?" dediğinde sinirle gözyaşlarımı sildim ve sedirin kenarına yüzüm ona dönük oturdum.

"Çok mu üzüldün?"

"Hayır," dedim sinirle. Sırıtıyordu.

"Burun kanaman durmamış."

"Durdu ya!"

"Zor durmuş."

"Sen iyiysen ben de iyiyim, ona göre davran."

"Saçmalama!"

"Ne saçmalama Sedat ya! Sana ben... ben... yıllardır anlatamıyorum. Seninle nefes alıyorum, anlamıyor musun?"

"Sırf seni kurtardığım için."

"Beni kurtarmakla kalmadığın için, beni ayakta tutup yaşattığın için, beni bunca yıl koruyup kolladığın için, sen benim her şeyimsin."

"Her şeyin değilim."

"Bunu nasıl söylersin?" dedim, içim acımıştı. Hakkı yoktu! Ben onu ruhumda tüm benliğimde koyacak yer bulamazken, bunu bana söylemeye hakkı yoktu.

"Yalan mı?" dedi sertçe.

"Sen tam bir öküzsün," dediğimde Ali'm kapıdan girdi. Duydu sanırım dediğimi, ama duymazlığa geldi.

"Kız Çirkin! Sen yemek mi yaptın? Gözlerim yaşardı."

"Gel, hadi, fazla yaptım," dediğimde Sedat ayaklanıyordu.

"Sen orada kal. Kolun bile kalkmayacak."

"Duygu!"

"O göğsündeki delik kapanana kadar ya beni dinlersin ya da

seni polise ihbar ederim. O zaman hastaneye gidersin işte."

"Yine devreleri yanmış bunun," dedi Ali'm, ama çoktan menemene yumulmuştu. Ağzı dolu dolu, "Aferin kız Çirkin! Güzel olmuş," dedi. Sedat için tabağa koydum ve yanına kâseye cacık doldurdum. Elimdeki tabakları sehpaya koyup doğrulmasını sağladım. "Ben yediririm," dedim sertçe. Kıpırdadıkça canı yanıyordu bence. Gerçi göğsündeki o delik nefes alırken bile acıyordu ya neyse! Karşı çıkmadı, uslu çocuklar gibi ağzını açıp durdu.

"Su," dedim sinirle. Sedat gamzesini gösterip, "Olur," dedi. Ali'm, "Valla vurulasım geldi," dediğinde "Zevzeklik etme Ali'm, doktoru bıraktın mı?" dediğimde ay bunu bekliyormuş.

"Evleniyorum," demez mi?

"Kiminle?" dedim, ne diyeyim, bu kaçıncı?

"Doktorla."

"Olabilir, iyi bir kıza benziyor."

"İzin çıktı," dedi Sedat gülerek. Gözlerim yumuşamıştı. Ona karşı zaten sinirli olmak benim için çok zordu.

"Doydun mu?"

"Evet, çok güzel olmuş," dediğinde gözlerim takıldı yine gözlerine.

Ali'm, "Abi biraz konuşalım," dedi, tam zamanıydı. Boşuna buraya gelmediğini biliyordum zaten.

"Ben çıkarım, ama ne zamana kadar beni bu işlerin dışında tutacaksınız?" dediğimde Sedat'la Ali'm göz göze geldi.

"Olabildiğince," dedi Sedat.

Ben de tavamı, tenceremi, tabağımı topladım ve mutfağa geçtim. Mutfağı toparlayıp akşam için hazırlık yapana kadar yarım saatte buz tuttum. Bu böyle olmayacaktı, ama başka çare yoktu. İçeri girdiğimde titriyordum. Tabii çaktırmadan! Ocağın başına geçtiğimde Sedat fark etti tabii! Kaçar mı!

"Gel!" dedi.

Ali'm, "Abi o zaman?" dedi konuşmaları yarım kalmıştı, ama umurumda değildi.

"Siz bir durun hele, Durmuş onu konuştursun sonra," dedi

Sedat, ama ben çoktan yorganın altına girmiş, tıkırdıyordum. Ayaklarımı Sedat'a yaklaştırmaya çekindim, canı yansın istemiyordum.

"Ali şu mutfağa elektrikli soba getir koçum, benim hatun taktı yemek öğrenecek," dedi sırıtarak. Benim hatun mu? Hadi canım! Ondan her türlü sıfat, özne, yüklem, edat, zamir duymuştum, ama bu geldiğimiz son noktaydı. Ali'mle göz göze gelemedim.

Ali'm, "Bir saate mutfak hamam gibi olur," dedi ve çıktı. Acaba ne düşünmüştü? Belki de o da benim gibi bu konuyu düşünmek istemiyordu.

"Titrek seni," dedi ve beni kollarına aldığında, "Sedat ne olur kıpırdama, sen kıpırdadıkça fena oluyorum," dedim, gözlerim ne ara doldu, anlamadım.

"Acımıyor."

"Beni kandıramazsın."

"O zaman sen beni kandır."

"Ne desem boş," dediğimde, ah hayır, yine dünya değiştir Duygu! Usulca saçlarımı okşadı ilk, sonra... sonrası yok. Gözleri öyle güzel bakıyordu ki, oysa onca soru vardı aklımda! Açıklasın istiyordum, ama aynı zamanda düşünmüyordum. Ellerim ellerinde oynadı biraz, tek tek parmaklarımı öptü. O öptükçe geçmişin acıları hafifledi. Üç ay sürmüştü parmaklarımın iyileşmesi, ezile ezile bütün kaslar, bağlar, tendomlar ne varsa kopmuştu. Sedat üç ay beni elleriyle beslemişti.

"Seni gördüğüm ilk an hayatımı değiştireceğini biliyordum," dediğinde suskun, bir o kadar da şaşkındım. O haldeyken nasıl hayatını değiştirebilirdim ki, ölmek üzereydim.

"Hatırlamak istemiyorum," dedim, çünkü Sedat geçmişi konuşacağım son kişiydi. Geçmişi konuşmamıza gerek yoktu, çünkü o geçmişi beraber yaşamıştık.

"İlk seni gördüğümde üzerinde kırmızı dantel bir elbisen vardı," dediğinde başımı yüzüne çevirdim. Nefes bile almadım.

Kadere inanmıyor musun?
İnansan iyi edersin!

"Dokuz yaşındaydın, doğum günündü. Annen bir mutfağa, bir salona koşturuyor, bana gülümsüyordu. Sedat, sen kusura bakma, misafirler gelecek. Birazdan odanı hazırlar, seni rahat ettiririm, demişti içtenlikle. O güne kadar hiçbir yabancı, annen ve senin gibi bana gülümsememişti. Sen prensesler gibi koltukta oturmuş, gözlerimin içine bakıp gülümsüyordun. Annen telaştan beni koltukta unuttu sanırım. Sen masadan kalkarak önündeki pasta tabağını bana getirip yanıma oturdun ve, 'Beraber yiyelim mi?' diye sordun."

Sedat'ın söylediklerini hayal meyal hatırlıyordum.

"Hayır," demiştin dedim gözlerimden akan yaşlarla.

"Kirimin sana bulaşmasını istemedim. Öyle temizdin ki! Bununla da yetinmeyip kafanı omzuma dayadın, tabağı elinden bırakıp elimi tuttun," dedi Sedat acıyla. Sessizce gözlerimden süzülen yaşları sildim. Sedat bana bakmıyordu. Konuşmanın onun için zorluğunu ruhunda yaşıyordu.

"Diyarbakır'da kaldığınız üç sene boyunca seni uzaktan izledim. Sonra İzmir'e geldim. Seni izlemek benim için mutluluktu. Zamanla benim için ifade edemediğim her şey olmaya başladın."

"Neden?" dedim boğazımdaki yumruyu hiçe sayarak.

"Sen küçük ellerinle tozuma toprağıma bakmadan gelip elimi tutmuştun. Sıcaklığın, dokunuşun" dedi gülümseyerek.

"Niye o yıllarda yanıma gelmedin?"

"Sen benim için fazlaydın, fazla mükemmel, fazla masum, halen de öylesin."

"Beni bu yüzden mi kurtardın?"

"Kurtaramadım..."

"Sus artık! Geçti, iyiyiz," dedim boğuk sesime aldırmadan.

"Bana anlatmanı istiyorum Duygu, içindeki o zehri atmanı istiyorum. Sana Selma kadar yakın olamıyor muyum?"

"Ona senin bilmediğin hiçbir şey anlatmadım."

"O zaman gece, kâbuslarında sayıkladıklarını anlat."

"Sedat yapma! Bunun ne bana ne de sana bir faydası var. Bu yaralarımızı kanatır."

"Senin çektiklerini bilmeliyim."

"Niye, benimle acı çekmek için mi?"

"Evet, neden olmasın?"

"O zaman niye vuruldun anlat ya da geç onu! Bana hiç konuşmadığın geçmişini anlat," dediğimde çenesi kasılmıştı. Merak ediyordum, ama duyacaklarıma hazır mıydım, onu bilmiyordum. Biz iki yaralı ruhtuk ve birbirimize iyi geliyorduk, hepsi bu!

"Duygu!" dedi açıklama yapacak gibi. Panikledim. "Geçmişimizi kurcalama, senin geleceğin bana yeter."

"Gelecek?"

"Evet, gelecek!"

"Benimle bir geleceğin olamaz," dediğinde buz kesmiştim.

"Sen benimle dalga mı geçiyorsun?"

"Hayır."

"O zaman beni öpüp durma!" dedim kollarından hırsla çıkmak için çoktan yorganı tekmelemeye başlamıştım. Tabii iri kollarının beni kendine çekmesi bir oldu.

"Sana git dedim, gitmedin," dediğinde, yine burun burunaydık ve ben canı yanmasın diye kollarımdan güç almaya çalışıyordum.

"Bu kadar basit, yani gitmedim diye mi?" dediğimde çoktan dudaklarım dudaklarıyla buluşmuştu. Usul, nazik, bir o kadar sıcak. Altdudağımı inleyerek dişlediğinde bedenimdeki her hücrenin gerildiğini hissettim.

"Bu hayalimden bile güzel," dedi mırıltıyla.

"Yapma!" diyebildim nefes nefese, ama sanki yap demişim gibi tekrar dudaklarımı buldu. Aralanan dudaklarımı keşfetmeye çıkmış dilinin tadıyla tanıştığımda, içimde esen rüzgârlar bir meltem kadar soğuktu. Yine ruhumu o eşsiz öpüşleriyle süslüyordu. Ona cevap verecek ne cesaretim ne de bilgim vardı.

Nefes nefese benden milim uzaklaştığında, "Sen beni öpmüyorsun," dedi mırıltıyla.

"Öpmemi istiyor musun?" dedim, ama bu kelimeler ağzımdan nasıl çıkmıştı anlamadım, ölsem daha iyiydi.

"Daha fazla acı çekmek istemiyorum, öpme..."

"Çekeceksin ama..." dediğimde, dudaklarına ben sokuldum. Usulca altdudağına küçük bir öpücük kondurdum, sonra da üstdudağına...

Felce uğramış gibi hareketsizdi. Bunu beklemiyordu. Kollarımdan güç alıp kendimi yukarı çekerek dirseklerimi kafasının iki yanında sabitledim.

"Yapma Duygu!"

"Sen de öpme o zaman," dedim fısıltıyla. Bu cesareti hangi ara bulmuştum kendimde? Usulca dudaklarımı dudaklarına bastırıp aralanmasını sağladım. Dayanamadı ve sanırım bu bizim ilk öpüşmemizdi. İkimizin yani! Her yanım yanıyordu ve Sedat kendini kaybetmiş gibiydi.

Beni arzuyla sarışı, kocaman kollarında kayboluşum ömre bedeldi. Yarasını düşünmediği hareketlerinden belli oluyordu, çünkü beni kendine bastırıp duruyordu.

"Yavaş!" dedim inleyerek.

"Canın mı yandı?"

"Senin için," dediğimde gamzeleri ortaya çıkmıştı ya!

"Ölürüm ben sana!" dedi mırıltıyla. Allahım, ben öldüm, haberi yok! Eridim bittim, küle döndüm, haberi yok!

Elleri, sanki bir şeyler için direniyordu da ben anlamıyordum. Hırsla kendini benden çekti. "Yeter!" dedi isyanla. Nefes nefese kalmıştım. Bu neydi şimdi?

"Canın yandı mı?" dedim, üzerinden kendimi çektim.

"Evet, canım yandı!" dedi sinirle.

"İyi," dedim yüzüm alev alev...

"Dön arkanı uyu Duygu, elimden bir kaza çıkacak," dediğinde aptala bağlamıştım.

"Ne? Bu saatte mi?"

"Gözüme görünme!"

"Ya sen benimle nasıl konuşuyorsun iyice..." dedim, ama öyle sert bir bakış attı ki sustum. Sinirle arkamı döndüm. Nefesim, kalbim eşzamanlı koşuda gibiydi. Allahım, bu neydi? Ne oluyordu bana! Yarım saate yakın arkam dönük durdum. Ne bu böyle, Nazi esir kampı gibi! Usulca döndüğümde eli yüzüğünde, döndürüp duruyordu.

Kalkıp yemek yapsam iyi olacaktı. İlaçlarını aksatsın istemiyordum ki İstanbul'a buradan bir numaralı aşçı olarak dönecektim, orası kesin!

"Nereye?"

"Mutfağa!"

"Ali bir şeyler getirir bu gece."

"Olmaz, çorba istiyorum."

"Çorba getirir o zaman."

"Ben kendi yaptığım çorbayı içmek istiyorum," dedim ve sinirle kalktım. O ne öyle? Her şeyine evet denmesine alışmıştı, suç bende! Hay çorba için inat etmez olaydım! Bu mercimek çorbası nasıl yapılıyordu ki? Elimde paket, o bana bakıyor, ben pakete! Aklıma Selma geldi. *Şen ola düğün, şen ola! Hey! Hey! Hey!* Odaya girdim ve Sedat'ın telefonunu elime aldım. Merakla bakıyor benim devem.

"Sevgilimi arayacağım," dedim, ama çok büyük aptallıktı. Deniz'i unutmuştum. Düşünmem gereken bir de o konu vardı. İsyan etmek istedim. Hayatım arapsaçına dönmüştü de ben niye mutluydum, bilmiyordum.

"Selam söyle," dediğinde içim acıdı. Telefonu kafasına fırlatacaktım da neyse yaralıydı.

"Sen tam bir öküzsün!" dedim ve hırsla çıktım. Arkamdan böğürdü tabii. "Kazağını giy!" Öküz, ama düşünceli öküz! Odaya tekrar geldim ve burnum havada kazağımı giydim. Sonra ocağa odun atıp mutfağa geri geldim. Tencereye su koyup tekrar odaya döndüğümde elimdeki tencereyi ateşin üzerine yerleştiriyordum. Sertçe, "Ali'me söyle, su ısıtıcısı alsın. Bu arada ben nasıl banyo yapacağım, çok merak ediyorum," dedim.

"Ali'ye söyleyeyim bir jakuzi kapsın getirsin."

"İyi olur," dedim suratsızca, ama kapıdan çıktığımda sırıtıyordum. Selma telefonu açmayınca internetten tarif almak zorunda kaldım. Allah'tan teknoloji diye bir şey var. Çorba yapmak ne zormuş arkadaş! Ben çorbayla savaşırken Ali'm geldi. Elinde koca koca elektrikli sobalar! Mutfakta ocak olmadığını görmüş, bir de set üstü almış gelmiş. Valla bu çocuk adam oluyordu. Banyoya da soba koymaz mı? Valla ev birden saray yavrusuna döndü. Sanırım bugün güzel bir banyo yapabilecektim.

"Kız Çirkin, valla yemek yapıyorsun ya sen!" dedi bana sarılıp.

"Yapıyorum Ali'm de kıymetimi bilen yok."

"Deme öyle, adamın haline bak, maymun oldu sayende," dediğinde, kafamda bir şeyler yerine oturmaya başladı, ama içime giren fenalıkla düşünmek istemedim. Ali, Bekir, Selma! Söyledikleri, bakışları! Bekir'in beni neredeyse arabada linç edecek olması…

Yok canım! Düşünme Duygu! Sana bu hainliği yapmış olamazlar, bilip söylememek! Yoksa… yoksa Sedat! Hadi, canım! Oha, ama o Senem! Yok canım! Hayır! Ne yani, yılın safı ben miyim?

Çorba taşınca her şey aklımdan uçtu tabii. Çorbanın başında sanırım iki saat oyalanmışımdır. *Beceriksiz Duygu!* O ara Ali'm ve Sedat da yarım kalan konuşmalarını tamamladılar eminim. Masayı daha rahat hazırladım, çünkü soğuktan artık takırdamıyordum. Sedat, "Masada yiyeceğim," dediğinde ters ters bakmakla yetindim. Çorbaları koydum, valla yanına da iki soğan kırdım. Ali'm sever, benim deveye vitamin!

"Otursana," dedi Sedat gözüme bakıp.

"Levent'lere vereyim, çok yaptım," dedim. Kapıya çıktığımda bekleyen çocuklardan biri, sanırım adı Cengiz'di, beni görünce zaten hemen yanıma koştu.

"Buyur yenge." Yenge, dedi ya!

"Çorba yaptım, biri daha gelsin, tabak çanakları alsın. İçiniz ısınır."

"Olur yenge, valla mis gibi koktu." Benim lapa beğenilecek sanırım. İçeri girdiğimde Ali'm ikinci tabağı içiyordu ya, ölsem gam yemem!

"Zeynep'le ortak dükkân açalım abi bizim Çirkin'e," dedi alayla.

"Sen bence Hatice'yle ortak dükkân aç," dedim alayla. Sedat'ın gamzeleri ortada, yine ısırmalık! Kalkıp ilaçlarını verdiğimde gözlerimin içine bakıyor, ama ben yüz vermiyordum. *Hak etti!* Geleceğimiz yokmuş! *Ne olursa razıyım,* diyorum; adamın dediğine bak! *Neye razıydım ben ya?* İyice soğuk aldı beynim!

"Ali'm çıkma yola, burada kal, bak sıcacık."

"Olur."

"Sobayı odaya al ama gece," dedim el çırparak. Ali'm gece bizimle kaldı. Sedat uzanırken biz kâğıt oynadık, yanık.

En son, "Mızıkçısın Ali'm, o kâğıdı çabuk yerine koy!" dedim saçını çekerken.

"Hadi, ben yatıyorum, iyi geceler," dedi yenildiğini gizlemek için. "Size iyi geceler," diyerek adeta kaçtı.

Kâğıtları toplarken, "Gel hadi!" dedi Sedat.

"Gelmem, uyu sen."

"Duygu yine ne oldu? Saatlerdir soğuksun."

"Soğurum tabii, azarlayıp duruyorsun."

"Ben seni hep azarlarım."

"Azarlama artık."

"Neden?"

"Bir nedeni mi olması lazım?" dediğinde elektrik kesilmez mi? Kesilir ve Duygu üç buçuk ne kelime, otuz buçuk atar! "Sedat!" diye korkuyla felç olmuşum. Sedat nasıl yanıma uçtu, bilmiyorum, ama kollarındaydım. "Dur, hallederiz, bak ben varım, korkma," dedi. Ali'min sesi geldi. "Sigortalar kısa devre yaptı abi, hallediyorum." Sedat beni yatağa oturtup kollarına aldı, sıkı sıkı sardı. "Gelir şimdi," dediğinde gözlerim kapalıydı. Sanırım iyiydim, ama titriyordum. "İyiyim ben." Zaten içerisi ocağın ateşiyle aydınlanıyordu. Aniden gelen korkuyla bedenimden ter boşalmıştı, yani tam anlamıyla bildiğin göt korkusu, bir şeye benzemiyor. "Hadi, şu kazağı çıkar üzerinden," dediğinde bana yardım etti. "Sen kıpırdamasana ya!" dedim, ama nerede beni dinlediği mi var! "Tişörtün ıslak," dedi ve uzanıp çıkardık. "Uzan hadi," dediğinde iç çamaşırıyla kollarındaydım. Üzerimi sıkıca örtüp sarıldı. "Üşüyor musun?"

"Hayır, ışık istiyorum sadece."

"Duygu, kollarımda korktuğunu söyleme."

"Huzursuzum."

"Ben bakayım bir."

"Hayır! Gitme, Ali'm halleder," dediğimde üzerimde kalkmış, beni seyrediyordu. Gözlerim karanlığa alışmış, fazla korkutucu gelmiyordu. Elleri göğsümün kıyısındaki izin üzerinde dolandı. Bu bir ilkti!

"Duygum!" dedi acıyla.

"Sedat, üzülme, ben iyiyim... biz iyiyiz... biz hep iyi oluruz," dedim. Usulca eğilip göğsümün kenarındaki izi öptü. Bedenim yay gibi gerildi. Sonra boynuma uzanan yerdeki izi öptü. Allahım, dudaklarında boğulabilirim. Omzumdakine dokundu dudakları, sonra boynuma kaydı. Ellerim hangi ara onu sardı, bilmiyorum. Öpüşleri bütün deva bulan ilaçlardan bile daha etkiliydi. Dudaklarının değdiği her yer nefes alıyor, canlanıyordu.

"Çok güzelsin."

"Senin gözlerin bozuk," dedim sırıtarak.

"Güzelsin, ama çenen düşük," dediğinde dudaklarımı bulmuştu. Elleri sırtımda dolanıyordu, yine sıkıntıya düşmüş gibiydi. Üzerime iyice ağırlığını verdiğinde, bacaklarıma değen sertlikle irkildim. İrkildiğimi anlayınca geri çekildi devem. Yüzüm kıpkırmızı olmuştu, ama hoşuma gidiyordu.

"Korkma!" dedi.

"Senden korkmam ki," dedim mırıltıyla. Kendimi ona yaklaştırdım ve sertliğin hâlâ yerinde olduğunu görünce gözlerimi kaçırdım. Ben ne yapıyordum ya? Sedat bana sarıldığında kokusunu içime çektim. Saf olabilirdim, ama salak değildim. Sedat beni istiyordu! *Ankara'dan Sedat gelmiş, içimde bir bayram havası! Yok canım! Afrodit sana geliyorum!* Onun tarafından istenilmek rüya gibiydi. "Neden olmasın"lar kafamda dönerken o anda Sedat'la sevgili, hatta karıkoca olabileceğimiz düşüncesi bütün benliğimi sardı. Ne ara bacaklarımı aralayıp o sertliği hissetmeye çalıştığımı sormayın, söyleyemem. Sanırım düşüncelerimle doğru orantılı ilerliyordum. Dudaklarımı boynunda dolaştırmaya başladığımda Sedat'tan küçük bir inilti geldi. Benim beceriksizliğimden sanırım, Sedat olaya dahil olmak zorunda kaldı. Dudaklarımı bulduğunda yine tam anlamıyla kendimi onun hissedemiyordum. Artık biliyordum, hayatımdaki boşluk tam anlamıyla Sedat'tı. Yeni fark ediyordum, ama ben zaten hep onundum. Ölümün kıyısından beni kendi için almıştı. Allahım, ben bunu niye daha önce düşünemedim? Niye aşkı bekledim? Ben zaten Sedat'a âşıktım, hem de ölürcesine!

Elleri sırtımda, iç çamaşırımın kilidinin üzerinde gelip gidiyordu. Açsana diyeceğim, diyemiyorum. Edepsizliğim diz boyu! Cehennemde yanacağım biliyorum. Umurumda mı? Sedat yanımda olsun, en diplerden yer ayırsınlar!

Elim çamaşırımın askılarına gittiğinde Sedat gözlerime baktı.

"Yapma!" dedi, ama sesi öyle istekliydi ki! Dinlemedim, usulca kurtuldum ve ona biraz daha sokuldum.

"Duygu bitirdin beni!" dediğinde içimde avaz avaz sevincim. *Seviyor beni ya! Her şeyimi al!* Elleri usulca göğsümü bulunca titredim. Parmakları tenimin dağılmasını sağlıyordu. Dokunuşlarıyla cennetteydim. Dudakları beni keşfetmeye başlamıştı, elleri daha özgürdü. Sedat'ın hareketleri sertleşmeye ve daha arzulu hâle gelmeye başlamıştı ve kendini bana bastırıp duruyordu. Ellerimle onu kendime çekerken, "Sedat!" dedim. Dudakları boynumda, "Hımm," diye inledi.

"Beni istiyor musun?" dediğimde kıpkırmızıydım ve karanlığa ilk defa duacıydım.

"Çok mu belli oluyor?" dedi alayla. Kulağına eğildim ve, "Ben de istiyorum," dedim. Yalan yok, istiyordum, deli gibi korkuyordum, ama istiyordum. Onunla bir bütün olmak, onun parçası, her şeyi olmak istiyordum. O anda ateşe düşmüş gibi kendini benden geri çekti. "Sen kafayı yedin," dedi şeytan görmüş gibi.

"Ne!"

"Beni istiyormuş bi de! Sen iyice... tövbe tövbe," diye kükredi. Yine kavga!

"Ne var yani? Şu halimize bak! Sen istersin de ben niye istemeyeyim ki?"

"Kızım bir naz yap! Olmaz de!"

"Sana mı naz yapayım? Komik olma!"

"Allahım, neye çattım ben?" dedi ve kalkıp dışarı çıktı. Sırıtıyordum, çünkü o ne kadar belli etmese de bedeni onu ele veriyordu. Dışarıdan kükreme sesleri geldi tabii.

"Ali bir boku beceremedin, çekil şuradan!"

"Abi bırak sen! Niye dellendin ki?" Daha çok dellenir o, Ali'm, üzerine alınma.

"Yarın getir bir elektrikçi, yanmış bu kablolar."

"Abi her yere soba koyduk."

"Ya sabır! Git yat Ali!" diye son kez kükredi benim devem ve içeri geldiğinde hışımla kendi tişörtünü alıp, "Otur Duygu," dedi. Afallamış bir hâlde dediğini yaptım. Kafamdan geçirdi. "Kollarını uzat," dedi sertçe.

"Ne yapıyorsun?"

"Senden uzak durmaya çalışıyorum."

"Of," dedim sinirle. Giydim tişörtü ve arkamı döndüm. Al işte, romantikliği bu kadar öküzün! Yanıma girdi ve beni kollarına alıp sarıldı. Sadece sarıldı, ben de uslu durdum. Mutluydum ya! Uykum pembe, beyaz, ne kadar iç açıcı renk varsa, hepsinin karışımıydı. Sedat'la el ele oradan oraya koşturup durdum bütün gece.

Sabah gözlerimi Ali'min gür sesiyle açtım. Sedat yanımda yoktu. Hızla giyindim ve saçıma başıma bakmadan ellerimi göğsümde birleştirip kapıyı açtım.

"Oha, on beş gün!" diye kükredi Ali'm.

"Beyim bütün kablolar yanmış. Bu sobalar şuncacık yerin elektriğini kaldırır mı? Ancak on beş güne değişir. İyi, ev yanmamış," dediğinde gülmemek için dudaklarımı ısırdım.

Sedat, "Lan Ali, kim dedi sana burayı hamama çevir diye! Ne yapacağız şimdi çok merak ediyorum," dedi.

"İstanbul'a dönüyoruz. Bu soğukta kalamayız," dedim ve devem bana döndü. Gözlerindeki sevgiydi artık, biliyordum.

"Çokbilmiş iyi laf etti abi!" dedi Ali'm.

"Siz dönün!" dedi Sedat sinirle.

"Sen dönmezsen ben de dönmem," dediğimde Ali'm Sedat'ı takmadan, "Ben çocukları toparlayayım," dedi ve sıvıştı.

Sedat önümde, gözlerini bana dikmiş, bakıyordu. Ben kafamı kaldırmış, ona bakarken en masum halimi takınmaya çalışıyordum.

"Günaydın," dedim, parmak uçlarımda yükselip kollarımı boynuna doladım. Usulca dudaklarını buldum.

"Ne güzel bir günaydın bu!" dedi sert, ama keyifle.

"Daha ben sana ne günaydınlar derim."

"Göreceğiz," dediğinde içim umutla doldu. Toplandık ettik, yola çıkacaktık. Kapıda yabancı bir araba belirdi. Evin önünde bizim sekiz araba, tabii çocuklar silaha sarıldı hemen! Sedat, "Ya-

290

vaş!" diye bağırdı. Arabadan bizim doktor Emel inmesin mi? Kızın ödü patladı da burada ne işi var?

"Günaydın," diyerek yanına gittim.

"Hayırdır Emel Hanım?" demeye kalmadı, kız ağlamaya başladı.

"Size geldim, bana yardım etmelisiniz." *Hö!* Sedat'la göz göze geldik. Meraklı Ali'm yanımızda bitti hemen.

"Ne oldu Doktor Hanım?"

"Biri var, şimdiye kadar beni rahatsız ediyordu, ama derdi kız kardeşimmiş."

"Allah'ın emriyle gelsin istesin," dedi Ali'm.

"Ali'm bir dur ya! Gelin, içeri geçelim," dedim. Sedat sessiz kaldı ve içeri geçtik.

"Niye polise gitmediniz?"

"Çünkü adam polis," dediğinde Sedat ve Ali'm göz göze geldi.

"Adam evli, bana etmediği kalmadı. Direndim. Bir gün kardeşimi gördü yanımda, sonra işin şekli değişti. Bugün evden gelip zorla alıp götürdü."

"Anan baban yok mu senin?" dedi Sedat. Devem olaya dahil olmuştu.

"Yok, bir kız kardeşim var. Karısı kabul etmiş, kendine kuma yapacak! Ne olur yardım edin."

Yemin ederim çekiyoruz belayı! Sedat'ın gözlerine baktım. Burnundan nefes alıp verdi. "Ali, Levent'i al, gidip kızı alın. Emniyetten Kadir'i ara, adamı sürsünler. Olmadı Cevat'ı ara, o halleder. Adama dokunmayın şimdilik."

"Sedat burada kalamazlar," dedim çaresizce.

"Kızılay mıyım ben?"

"Yok, kardeşim gelsin yeter bana. Gideriz biz."

"Ali sen adamı bırak, Cengiz'le Levent halletsin. Sen Emel Hanım'ı al, eve gidip eşyalarını alıp kardeşiyle birlikte İstanbul'a getir."

"Gerek yok, gerçekten, kardeşim..."

.

"Bacım bir sus! Madem geldin, yardım istedin. Hoş, bize nasıl güvendin, aklım almıyor ya!"

"Kızı korkutma artık!" dedim sinirle. Ali'm, "Çıkalım," dediğinde Emel ayaklandı. Hepsi çıktığında sırıtıyordum.

"Ne?" dedi Sedat.

"Robin Hood gibisin valla."

"Tövbe tövbe!" dedi, benim elimde ilaçlar, tepesine dikildim.

"Duygu yeter, içim dışım ilaç oldu!"

"Olmaz, bitecek bunlar."

"Tamam, senle uğraşılmaz," dedi. Suyunu, ilaçları içti. Tam kapıdan çıkacağız, beni kollarına aldı.

"İstanbul'da nerede kalacağız?" dedim, sormanın tam sırasıydı.

"Sen evinde, ben evimde," dediğinde bozulmuştum.

"Ben seninle kalmak istiyorum. En azından iyileşene kadar bende kalsan..." dedim usulca.

"Niye?"

"Niye diye soruyorsun bir de illa söyleteceksin!"

"Söyle," dedi sırıtarak.

"Ben sensiz kalmak istemiyorum!"

"Niye?"

"Elinin körü Sedat!" dedim ve kollarından kurtulup sinirle kapıdan çıktım. Sırıtıyordum. İstanbul yolunda Sedat'ın acısı yüzünden anlaşılıyordu, çünkü oturmak bile onu yoruyordu. Endişeli yolculuğun ardından Bekir'in ısrarlarıyla bize geçtik. O kadar çok aramıştı ki Sedat bile pes etti. Evin kapısına anahtarı sokmadan kapı açıldı. Selma bir sofra kurmuş ki padişah masası gibiydi. Benim salon hastane odasına çevrilmiş, yastıklar, yorganlar... Sedat uzandı tabii. Göğsünde koca bir delik! Selma gözümün içine bakıyor, meraklı turşucu. Mutfağa beni bir sokuşu var, öldü meraktan...

"Anlat çabuk!"

"Ne anlatayım?"

"Parmağınızdaki o yüzüklerden başla," dediğinde sırıtıyordum, ama ne sırıtmak.

"Sırıtma ya! Ölürüm bak meraktan!"

"Seviyorum onu."

"Allahım, sana geliyorum, ya Deniz?" dediğinde kafamda şimşekler çaktı.

"Selma oturup sakince konuşalım, olmaz mı?"

"Doğru valla, ama çok sevindim. Yani Sedat'ı biliyorduk, ama sen…"

"An… anla… madım?"

"Sonra," dediğinde koluna yapıştım.

"Söyle bak, gider içeri olay çıkarırım."

"Ben Bekir'i sıkıştırdım ilk zamanlar, o söyledi. Senem falan hepsi senden uzak durmak içinmiş. Onlara itiraf etmemiş, ama Ali bir gün patlamış."

Şoktaydım! Ben yıllardır hangi oyunun içinde yer almıştım da haberim yoktu. Bekir ve Ali'me daha çok bozulmuştum.

"Ama Deniz…"

"Sedat kendi hayatına seni bulaştırmamak adına razı olmuş sanırım. Normal bir hayatı hak ettiğini düşünüyormuş. Bekir söyledi." O sırada Bekir'in sesi duyuldu ve Selma içeri geçti. Öylece kaldım. Bütün yaşadıklarım ve bana laf çarpmaları teker teker aklımda uğuldamaya başladı.

Sedat'ın tavırları, boynuma yüzünü gömmesi, gece beni seyretmesi, hırçınlığı! Onu gözü kapalı sevebileceğimi niye fark etmemişti ki? Belki de etmişti. Ya ben! Bu kadar mı kör olabilirdim? Ama ben kara kuru Duygu'ydum. Onun gibi biri beni beğenmezdi ki…

Durulmuştum, bir içe dönüş yaşıyordum. Ben aramızdakinin yeni bir şey olduğunu düşünürken, *imkânsız, yapmaz*, dediğim en sevdiklerim benden neler saklamış! Kendi aptallığıma mı yoksa onun bu Türk filmi tavrındaki haline mi üzüleceğimi şaşırdım. Bunca senemiz boşa mı geçmişti? Eğer biraz olsun mantıklı olsaydı, bu kadar beklememiş olurduk. En önemlisi şimdiye kadar bir yuvamız olurdu. Geçmişe üzülmezdim, ama Sedat'sız geçen zamana üzülebilirdim. Salona girdiğimde masaya oturdum ve Sedat için bir tabak hazırlamaya başladım. Bekir soluksuz yemek yiyordu.

"Naber Çirkin?" dedi Bekir.

"Seninle konuşmuyorum," dedim çemkirerek.

"Ne oldu yine?"

"Seni ve Ali'mi hayatımdan çıkarmaya karar verdim." Bekir öksürmeye başlamıştı ve Selma tabak elinde, donmuştu. Sedat ilgiyle beni izliyordu, ama renk menk atmış...

"Sapanca havası sana yaramamış," dedi Bekir, ama sesindeki endişe hissediliyordu.

"Oksijen beyin damarlarımı açtı," dedim, kaşımı kaldırıp gözüne baktım.

"Niye her şeyde biz suçlanıyoruz ki?" dedi Bekir isyanla.

"Yani suçu kabul ediyorsun?"

"Lan neyi kabul edeyim?"

"En yakınım olarak bir şeyler sakladığını."

"Şu mesele," dedi, ama gözleri Sedat'taydı.

"Evet, şu mesele! Ya gözüme gözükmezsin ya da bana borçlanırsın."

"Bittim ben! Selma yarın sela okunursa bil ki o benim için okunuyor," dedi Bekir.

"Allah korusun kocacığım," dedi Selma. *Pis yalaka!* Masadan kalkıp Sedat'ın yanına geçtim.

Selma'nın gözleri bendeydi. Sedat'ın yüzüne bakmadan uzandığı koltuğun kıyısına oturdum ve, "Ben yediririm," dedim. Sesim nasıl çıktıysa, "Ne oldu?" dedi gözlerimin içine bakıp.

"Hiç!" dedim. O beni gözümden anlardı.

"Söyle Duygu!"

"Aptalım değil mi?"

"O nereden çıktı?"

"Aptalım ben," dedim ve ağzına yemeği adeta tıktım.

"Beni yemekle öldüremezsin."

"Senin için başka planlarım var," dediğimde Sedat şoktaydı. Sesini çıkarmadı, ama gamzelerini göstermemek için elinden geleni yaptı. Sedat ben ona yemek yedirirken beni seyretmekle kaldı, o sırada kapı çaldı. Ali'm gelmişti, ama burnundan soluyordu. Arkasında Emel ve kardeşi olduğunu tahmin ettiğim kız. Yemin ederim bu evde bir şey vardı, hiç mi boş kalmaz? Arkasından Durmuş ve Dursun girdi içeri. Dursun'un kaşı patlamış, kan sızıyor. Ali'min eller kan içinde... Alışıldık bir durumdu, paniğe gerek yoktu.

"Selma, banyodan pamukla oksijenli suyu getir güzelim," dediğimde, Sedat kolyemden tutup beni kendine çekmesin mi?

"Ne oldu?" dediğimde gamzeleri gerçekten ortadaydı.

"Sen var ya!" dedi, sonra kıkırdamaları duyup beni bıraktı. Gülüyordum herkes gibi çünkü Sedat'ı seviyordum ve biliyordum, o da beni seviyordu. Ayrıca artık herkes bizi biliyordu. Hoş, hepsi biliyormuş ya! Ben hariç! Tabii Emel ve yanındaki kız it gibi titriyordu, o da ayrı! Selma oksijenli su ve pamuk bilumum malzemeyi elime tutuşturdu. Kızlara, "Hoş geldiniz," dedi ve içeri buyur etti. Kızlar etrafı inceliyordu, ama en çok istifini bozmadan yemek yemeğe devam eden Bekir'i. Öteki develerle tanışmışlar belli.

"Emel Hanım, hoş geldiniz," dedim elimde pamuk ve oksijen.

"Hoş bulduk."

"Otur Dursun!" dedim sinirle.

"Yine duramadın di'mi? Adını Dursun koymuşlar, ama maşallah, hiç durduğun yok. Hacer Ana'nın kalbine inecek valla!"

"Ula herif küfür savurdu! Ha bizim elimuz armut mu toplasun?" diyordu, ama gözü bizim güzel Emel'de! Durmuş desen Emel'in kardeşine gözü dikmiş, benden kaçmaz. Umarım kızlar edeplidir de Hacer Anam rahat bir nefes alır.

Sedat, "Ali iş tamam mı?" dedi televizyon kumandası elinde zaplayıp dururken.

"Abi, kızı aldık almasına, ama herif dişli çıktı. Milletvekillerinden birinin akrabasıymış it! Kızı bırakacak gibi değil," dediğinde Emel'in yanındaki kız ağlamaya başladı.

"Ula korkittin güvercinu."

"Ya bir dur, gözüne girecek şimdi pamuk! Hem sen düzgün konuşsana, anlamıyor kızlar."

"Yenge bir dur," dedi Durmuş heyecanlı heyecanlı, ama şiveyi düzeltti.

"Bizim oralarda doktor eksiktir hep! Gelirler bizimle! Orada kimse ilişemez onlara."

"Emel Hanım..." deyip tam lafa girecektim ki, "Emel de lütfen. Bu kadar olaydan sonra hanıma lüzum yok," dedi kızcağız.

"Kardeşinin adını da bilmiyorum ama," dedim. Durmuş atladı oradan, tam bir film bunlar yeminle.

"Filuzzzz," dedi iç geçirerek. Güleceğim, gülemedim.

"Filiz, istersen biraz uzanabilirsin," dedim. Emel de ayaklandı.

"Ben ilgilenilirim," dedi. Selma'yla göz göze geldik.

"Ben yardım ederim," dedi Selma ve kızlara bir oda gösterdi. Sedat bırakmış televizyonu, beni izliyor. Dursun'un kaşını hallettik, sonra Ali'min elini.

"Sen niye karıştın devem ya!"

"Canım çekti be Çirkin."

"Ah, Filizim, ah," dediğinde Durmuş, bir iki saniye sessizlik oldu, sonra kahkahalar havada uçuşunca kendine geldi bizim Laz.

"Sanırım Hacer Ana'nın iki gelini daha oldu."

"Kızlar ne diyecek bu duruma?" dedi Bekir.

"Bizim develerden iyi birilerini mi bulacaklar?"

Sedat, "Araştır Ali bu kızları, neyin nesiler? Aramıza aldık, bu develer akıllıdır, ama saftır. Ne olur, ne olmaz?"

"Abi GBT'ler temiz. Kızlar Ankaralı, anne babaları küçükken ölmüş. Babaanneleri büyütmüş bunları, ikisi de okumuş, başka bir mevzu yok, kendi başlarına yaşayıp giderken bu it musallat olmuş."

"Ne çok yetim var," dedim hüzünle. Gelip Sedat'ın kıyısına

oturdum. Onun bırakın yanından, kucağından kalkmazdım ya, ayıptı işte. Bir de yaralı!

Saat on bir gibi, "Bekir hadi!" dedi Selma. Bekir ayaklandı.

"Durmuş, hadi bize inelim. Ali sen de gel, kızlar rahat etsin," dedi Selma.

"Ula siz bu karilara yularleri vermişsinuz," dedi Bekir'in sırtına vurup dışarı çıkarken.

"Abi, çocukların hepsi etrafta," dediğinde Sedat başını sallamakla yetindi. Ben masayı toplarken Sedat maç seyretti biraz. Duşa girip çıktığımda Sedat salonda yoktu. Benim odama geçmiş! *Şok! Şok! Şok!* Beni sahipleniyor muydu? Mutluluktan kanatlanıp uçabilirdim. Usulca odaya girdim. Uyumuş devem, yorgundu tabii, göğsünde kocaman delik!

Evimi özlemişim, o ne öyle köy evi, hiç bana göre değildi. Bornozumla usulca yanına uzandım. Onu seyretmek gerçekten güzeldi. Uyumuşum...

Sabah kapı zilinin çalmasıyla gözlerimi açtım. Tam sersem gibi kalkmıştım ki Sedat, "Dur sen, ben bakarım," dedi üzerimdeki bornozu işaret edip. Selma gelmiş. "Abi size yiyecek bir şeyler getirdim," dediğini duydum. O arada iç çamaşırlarımı giymiş, taytımı giyiyordum.

Sedat gelip yavaşça yatağa oturdu. "Kızlar uyuyor galiba."

"Saat kaç?"

"Yedi," dedi ve beni elimden tutup kucağına oturttu. Omzumdaki ize dokundu dudakları.

"Senin yanında bir daha soyunmayacağım. Üzülüyorsun."

"Hımm," dedi inanmıyormuş gibi.

"İlaçlarının vakti geliyor, Allah'tan Selma var, yoksa aşçı olacağım," dedim sırıtarak. Boynuma yüzünü gömdü, öpmeye başladı. "Çok güzel kokuyorsun," dediğinde ben yanıyordum, ama ne yanmak! O sırada tıkırtılar gelince, "Kızlar," dedim ve kucağından sıyrıldım.

"Duygu yarın bana geçelim, buranın kalabalığı bitmez," dedi isyanla.

"Olur," dedim, *sen ne istersen olur!* Baktım giyiniyor. "Nereye?"

"Bir berbere gideyim, kafamın kaşıntısından duramıyorum."

"Gitme, hallederiz," dedim sırıtarak. Yüzüme baktı ve beni kollarına aldı. *Böyle sarıyor ya beni... Sarsın, hiç bırakmasın...* "Hadi, uzan sen, ben kızlara bakayım. Yemeğini buraya getiririm, sonra yıkanırız," dedim ve çıktım. *Ne dedim ben ya! Yıkanırız mı?*

Kızlar salona geçmiş, süt dökmüş kedi gibilerdi.

"Karnınız aç olmalı. Biz de acıktık. Kahvaltıyı hazırlayalım," dedim gülümseyerek. Mutfağa geçtim. Emel peşimden geldi. "Yardım edeyim," dedi, ama karnı ağrıyor soracak bir şeyler.

"Bir sorun mu var?"

"Bizi Trabzon'a götüreceklermiş."

"İstemiyorsanız kimse sizi bir yere götüremez."

"Sen gerçekten çok iyisin."

"Sana öyle geliyor," dedim sırıtarak.

"Onlar güvenilir mi?"

"Sedat'a nasıl güvenirsem, onlara da öyle güvenirim. Delikanlıdır ikisi de."

"Dursun biraz..."

"Delidir, ama yufka yüreklidir. Hacer Ana'yı seveceksiniz."

"O kim?"

"Trabzon'un anası," dedim gülerek.

"Madem buradayım, eşinin pansumanını yapayım. Ali malzemeleri alır sanırım." Kız da anlamış benim Ali'min her işe koştuğunu.

"Önce banyo yapsın. Bu çok iyi oldu valla."

"İyi, biz masayı hazırlayalım, sen git," dediğinde içeri geçtim. Sedat televizyon seyrediyordu.

"Hadi, devem, yıkayalım seni."

"Yemek?"

"Kızlar hazırlıyor."

"Türkiye'yi yönetirsin sen." Banyoya girdiğimizde üzerindeki tişörtü usulca çıkardık. Sargıları çıkarıp göğsündeki bandajı ellemedik. Suya dayanıklıydı, ama yine de su değmese iyiydi. "Başın hafif geride dursa olur," dediğimde Sedat eşofman altımın iplerine uzandı. Gözleri gözlerimle buluştu.

"Utanıyor musun?"

"Yoo," dedim, ama içim pır pır etmeye çoktan başlamıştı. Eşofman altımdan kurtulup iç çamaşırlarımla kaldım. Suyu ayarladım, ama benim devemin gözü üzerimde. Allahım, tüylerim diken diken! Elim ayağıma dolaşmış, bakmasın öyle aç kurtlar gibi... Ya da baksın! Ne bileyim, aşk çok güzelmiş!

"Gel hadi!" dedim. Saçlarını yıkayabilmemiz için önce oturdu. Benim dediğim gibi geriye verdi başını. Usulca yıkadım saçını. Sonra sırtını sabunladım, oturmasa ne mümkün! Arkasındayken iyiydi de ön tarafa geçtiğimde bütün her yerimde gezdi gözleri! Bu Sedat çok farklıydı, tatlıydı. Ne kadar kabul etmesem de utanıyordum. Ön tarafına geçip kollarını yıkadık. Bir kol benim iki bacağım kadar, valla yoruldum. Elimden duş başlığını alıp beni kucağına çekti.

"Üşüdün mü?"

"Sapanca'dan sonra üşümem," dedim, Suyu bedenime tutarken elleri kollarımda dolanıyordu.

Gözleri dudaklarıma kaydığında "Sedat..." demeye kalmadı dudaklarında boğuldu ismi... Beni içine sokarcasına sarıp öpmeye başladı. İlk öpüşleri gibi nazik değildi ve bu benim daha çok hoşuma gidiyordu.

"Duygum, ben seninle ne yapacağım?" dedi çaresizce.

"Sevecek ve yanından ayırmayacaksın. Ben de hiç ayrılmayacağım."

"Bu olmaz, olmamalı," dedi ama elleri iç çamaşırımın kilidini açıyordu. "Sedat yapma!"

"Niye?"

"Utanıyorum."

"Öyle bir lüksün yok," dedi her zaman söylediği gibi! İç çamaşırım kollarımdan sıyrıldığında ne benim ne onun yarası umurumuzda değildi sanırım. İki elini belime dolayıp beni kendine çektiğinde göğüslerim ona değiyordu. "Sana neler yapmak istediğimi bilsen, kaçacak delik arardın!"

"Aramam..."

"Bana çanak tutma."

"Tutmuyorum," dediğimde dudaklarımı buldu. Elleri ne ara göğüslerimde dolanmaya başlamıştı! Yine karın ağrılarım, bu ne ya! Ağzında eritircesine öptü beni. Özümseyip bütün gücümü çeker gibi bitirdi beni. Dudakları boynumdan aşağılara kayarken tuttu kendini. Nefesi hızlanmıştı. Benim kalbim zaten kilometreye vursak gösterge çatlar, o derece! Dudaklarıma sıkı bir öpücük koydu ve, "Git hadi, gerisini ben hallederim, yoksa fena olacak," dedi.

"Tamam," dedim çaresizce. Zaten onun bu tutkusu beni serseme çeviriyor, aklım uçup gidiyordu ya! Usulca çıkıp havluya sarıldım ve iç çamaşırımı çıkardım. On dakikada hızlıca giyinip geri geldim. Sedat belinde havlu, banyodaydı. Eşofmanlarını uzattım. Eğilmesine izin vermedim, şortunu geçirip havlusunu belinden çektim.

"Beni fena alıştırıyorsun."

"Sen beni alıştırırken iyiydi," dediğimde beni çoktan duvara yapıştırmıştı.

"Üzerini giyme, Emel pansuman yapacak," dedim, ama kalbim beynimde atıyordu sanki! Beni nasıl bu hâle getirebiliyordu, farkında mıydı, merak ediyordum. Kendini bana bastırdığında, Allahım, karnıma değen her neyse, onu her yerimde istiyordum. *Allahım beni baştan yarat!* Beni öptükçe itiraz edemez, sadece dudaklarına cevap verir hâle geliyordum.

"Benim olmanı istiyorum Duygu! Her yerini, her şeyini istiyorum," dediğinde sesimi çıkarmadım. Sanırım öpüşlerim bir cevaptı. Beni kesse kanım akmaz, o derece yani!

Banyodan çıktığımızda Filiz ve Emel bizi bekliyordu. Emel pansuman yaparken benim boğazım yine düğümlenmiş, gözlerim dolmuş, nefes alamaz hâle gelmiştim. Ya ölseydi! Düşünmek bile istemiyordum. Bu işleri bırakamaz mıydı? İlk defa aklımda bu sorular belirmeye başlamıştı. Tabii bunu ona söyleyemezdim. "Duygu! Duygu!" duymamışım.

Emel'in omzuma dokunmasıyla kendime geldim. Sedat yine sinirle bana bakıyordu.

"Üzülme, yarası iyi," dedi Emel ve içeri geçti. Elimde Sedat'ın tişörtü, öylece duruyordum. Sedat elimden tutup ne ara beni yanına oturttu, bilmiyorum. Ona deli gibi sarılıp hıçkırmaya başladım. "Ağlama, bir daha böyle bir şey olmayacak."

"Bunu garanti edemezsin."

"Duygu o gece..." dedi ve sustu.

"Anlat Sedat, yoksa hep ağlayacağım."

"O gece ölmek istedim," dediğinde beynimden vurulmuş gibi olmuştum. Bekir'in arabadan beni sepetlemesi geldi aklıma, "Benim yüzümden," dedim.

"Hayır..."

"Ben Deniz'le evleneceğimi söyledim."

"Duygu söylediğime pişman etme!"

"Beni nasıl sevebilirsin? Ben bilmiyordum! İmkânı yoktu. Senin gibi biri, benim gibi birine, Senem o kadar güzel ki..."

"Sevdiğimi söylemedim zaten."

"Öküzlük etme, ciddi bir şey konuşuyoruz," dediğimde kahkaha atıyordu. Ben de gülmeye başladım. Elleriyle yanaklarımı kavradı ve dudaklarıma sıcacık, sevgi dolu bir öpücük koydu. "Sen gerçekten ne kadar güzel olduğunun farkında değilsin."

"Senin gerçekten gözlerin bozuk."

"Olabilir..." dediğinde gülüyordu.

"Peki, ya Senem? Sen onu gerçekten sevdin, biliyorum."

"Senem benim gibiydi. Kirlenmiş, yaralı, kaybolmuş. Onu sahiplendim, onu iyileştirebileceğimi sandım. Sevebileceğimi düşündüm. Sonraları ona sadece acıdığımı fark ettim."

"Peki, şimdi?"

"Senem geçmişte kaldı."

"Ben ondan ayrıldığın için üzüldüm diyemem. Onun için hep üzülmüştüm, seni mutlu etseydi…"

"Edemezdi…"

"Neden?" Tam konuşmaya başlamışken niye kapı çalardı? Yanıma en değerli şeyi, yani Sedat'ı alıp ıssız bir adaya gideceğim ya!

"Sorumun cevabını istiyorum," dedim ve hızla kapıyı açmaya gittim.

"Selam yenge."

"Yenge ne ya! Durmuş, ismim Duygu…"

"Anam aradı. Burada işimiz bittiğine göre yola çıkma vaktidir."

"Durmuş, kızlara soralım bir, ne yapmak istiyorlar."

"Yence ha burada kalırlurlar ise onlari koruyamayuz da! Sedat zaten yarali." Konuşmasından alayı anlaşılıyordu.

Sedat, "Höst deve, beni bahane etme!" diye bağırdığında Filiz ve Emel odadan fırladılar. Alışık değil zavallılar.

"Sedat, niye bağırıyorsun ya!" dedim onları sakinleştirmek için. O sırada Gül Abla kapıyı açtı tabii.

"Ay ben de bir şey oldu sandım. Ali oğlum mu geldi?" Ya sabır! Merakla Durmuş'u süzdü. Sonra kafayı içeri uzattı. *Pes valla!* Tabii Sedat'ın sargılı iri bedenini görünce durur mu?

"Sedat Bey oğlum, geçmiş olsun," dediğinde kendimi kesecektim valla. Sedat, "Durmuş, girsene içeri, kapının önünde! Sağ olun, geldi geçti," dedi sertçe. Gül Abla yüz bulamadı ya! "İyi madem, bir şey olursa seslenin," dedi ve memnuniyetsizce evine girdi.

"Bu kim?" dedi Durmuş.

"Ay sen de ondan meraklı, gir ya!" dedim.

Sedat, "Emel Hanım, siz ne yapacağınıza karar verin. Burada kalırsanız bir şekilde sizi saklar, olay çözülene kadar koruruz. Sorun yok, ama ne kadar sürer bilemem. Bu süre zarfında çalışamaz ve fazla dışarı çıkamazsınız," dedi.

"Ben artık ne düşüneceğimi bilmiyorum," dedi Emel, gerçekten çaresiz görünüyordu.

"Korkma, lütfen biz yanınızdayız," dediğimde kızın gözünden bir damla yaş aktı.

"Yahu Sedat, burada hapis kalmalarına gerek yok! Bizim orada, hastanede işe sokarız Emel Hanım'ı," dediğinde Emel gözlerime bakıyordu. Sedat, "Kendileri bilirler," dedi.

"Emel, isterseniz bir gidin, olmadı biz buradayız," dedim.

"Burada hapis kalmaktan iyidir," dedi Filiz. Durmuş, Emel'in gözüne bakıyordu.

"Tamam, hem çalışmak zorundayız. Burada imkânsız. Bir şekilde geçinmeliyiz."

"Para işini, geçimi, kalacak yeri dert etme Emel Hanım," dedi Durmuş.

"Gerek yok," diye sert çıktı Emel. Bu kız bizim Laz uşağını adam eder.

"Ne demek gerek yok?" dedi Durmuş. Birbirlerine sinirle bakarken kapı çaldı. Ali'm gelmiş, ilk defa zamanı tutturmuştu. Sedat köpürüyordu, valla farkındaydım, başı şişmişti.

"Abi, uçak kalkacak neredeyse," dedi Durmuş'a. Kızlar halen gözüme bakıyor. Bir kâğıda telefonumu yazdım ve hızla, "Emel, bu benim telefonum, bir şey olursa beni ara, ama gerek kalmayacak, bana güven. Hacer Ana orada zaten," dedim. Biraz olsun rahatlamıştı. Kızlar Ali'mle çıktıklarında Durmuş'a, "Kızı zorlama, bak elinden kaçırırsın," dedim.

"İstemem ben onun gibi cadıyı!" dedi, ama gözleri ışıl ışıldı. Kapıyı kapattığımda, "Evde kimse kaldıysa kalanı camdan atacağım," dedim. Sedat, "Uzanmalıyım," dedi.

"Benim odama geç. Yine bir gelen olur mutlaka," dedim.

"Sen de gel!"

"Olur, ama bana bir cevap borcun var."

"Duygu, yeter ya!" dedi sinirle. Üzerine gitmedim. İlaçlar onu serseme çeviriyordu, biliyorum. Ağır ilaçlardı. Tepsiye hızlıca kahvaltı tabağı hazırladım ve ilaçlarını yanına koydum.

"Hadi, bir şeyler ye, sonra ilaç içeceksin."

"Duygu, sabah bir şey yemediğimi bilmiyor musun?"

"Sedat kalk!" dedim sertçe. Gözüme baktı ve kalktı. Tepsiyi yatağa koydum. "Sen ye ben de…"

"Sen yedir!" dediğinde gözüne baktım ve sırıttım.

"Olur," dedim ve yatağa oturup ekmeğe tereyağı ve bal sürdüm. Ekmeği uzattığımda, özellikle parmaklarımı yaladığına yemin edebilirim, çünkü onun bu temasından kolum uyuşmuştu. Yüzüm yanıyordu ve Sedat'ın gamzeleri ortadaydı. Bu onun intikamıydı. Sesimi çıkarsam yemeyecek ve ilaçları içemeyecekti. Her lokma onun ağzına girerken benim karnıma ağrılar giriyordu. On dakika sessiz bir savaşla geçti.

"Doydun mu?" dedim yarım dilim ekmeği bitirdiğinde.

"Hayır," demesin mi?

"Yeter, fenalaşacaksın," dedim, çünkü artık dayanacak halim kalmamıştı.

"Sen?"

"Sonra," dedim ve elimi ıslak mendille sildim. Sedat tepsiyi alıp yan konsola koydu ve beni uzanırken yanına çekti.

Uyuması için ona sokulmadım, ama beni sıkıca sarması gecikmedi. Sedat saçlarımı kokladı. Yorulmuştuk. Uyumuşuz...

Seni duyamıyorum bebişim...

Sonraki iki gün sanırım bizim aksiyon dolu hayatımızda bir durgunluk evresi gibiydi. Ertesi sabah Sedat kimseye haber vermeden beni kaptığı gibi Beykoz'daki eve getirdi. Bekir telefonda, "Abi kahvaltı," dediğinde bir bağırışı vardı ki bütün site inledi. Sinirle kapattı telefonu, ama hâlâ bağırıyordu. "Ulan bu ne! Yok, kahvaltı, yok Ali'nin çorbası! Yok Durmuş'un aşkı! Bir rahat vermediler. Sen alıştırdın bu develeri!" Hiç sesim çıkmadı, ne desem boş! Siniri geçsin, ben bilirdim ne söyleyeceğimi! Usulca kahvaltıyı hazırladım, biliyorum huysuzluk edecek, ama ilaç içmesi lazım. Çayı bardaklara koydum ve tepsiyi salona, oturduğu koltuğun önündeki sehpaya bıraktım.

"İlaç içeceksin," dedim usulca. Karşı çıkmadı. Hızla ekmeğe tereyağı ve bal sürdüm, eline verdim. Yeter ki yesin! Seslenmedi. Kazasız, belasız atlattık kahvaltıyı, ilaçlarını da sorunsuz içti. Mutfakta işim bittiğinde kurufasulye ıslattım. Ben iyi alışmıştım bu internetten yemek tariflerine, güzel de oluyordu.

"Bitti mi?" dedi huysuzca.

"Ne bitti mi?"

"Annelik görevlerin?"

"Kavga istiyorsun, ama seninle kavga etmeyeceğim," dedim ve ondan uzağa oturdum.

"Duygu, gel yanıma."

"Hayır."

"Niye?"

"Benimle düzgün konuş."

"Allah Allah!" dediğinde ayağa kalkmış, tepeme dikilmişti.

"Sedat, niye bağırıp duruyorsun? Bekir sadece bizimle kahvaltı yapmak istediklerini söyledi. Ayrıca Selma zorlamıştır. Hem..."

"Seninle yalnız kalmak istiyorum," dediğinde laf ağzıma tıkalı kalmıştı. Usulca elini uzattı ve oturduğum yerden kendine doğru çekti.

"Gerçekten mi?" dedim para bulmuş öksüzler gibi.

"Yalnız kalmak ve seni doyasıya sarmak..." dediğinde dudaklarımı buldu, ama kapı çaldı ya! Lanet olsun!

"Yemin ederim Bekir ya da Ali'yse vururum," dedi, bir hışımla kapıya gitti. Kıkırdıyordum, hatta kahkaha atıyordum. Oturup içeri Selma ve Bekir'in girmesini beklerken kapıdaki kişiyi görünce şok oldum. Sanırım donmuştum. Sağ elim birden sol elimin üzerine kapandı niye bilmiyorum.

"Deniz..." diyebildim. Sedat bana öyle bir bakıyordu ki yemin ediyorum altıma edecektim.

Deniz gelip bana sarıldığında çekilmem bir oldu. Hırsızlık yapıp yakalanan çocuklar gibiydim. Deniz'e karşı suçluydum, ama ben Sedat'ın öfkesinden korkuyordum. Sedat ellerini göğsünde birleştirdi ve kaşlarını yukarı kaldırıp bizi seyretmeye başladı. O öyle salon erkeği gibi geri çekilip seçim yapmamı beklemezdi, biliyorum. Birazdan yarasına bakmadan Allah ne verdiyse Deniz'i tekme tokat dışarı atacaktı.

Deniz geri çekilmemle afalladı. "Niye geldiğini haber vermedin?"

"Sen kimden öğrendin?"

"Bekir'i aradım. Selma çıktı telefona, burada olduğunu söyledi." Artık bu kızı öldürmek farz oldu. Bilerek yapıyor ya!

"Dışarı çıkalım mı?" dedi Deniz, bir elim halen yüzüğün üzerinde.

"Olmaz," dedim hemen.

"Niye?"

"Olmaz işte," dedim. Deniz huzursuzluğumu anladı.

"O zaman seni ararım."

"Olur," dedim, ne deseydim ki...

"Sedat, geçmiş olsun tekrar," dedi ve geldiği gibi gitti. Sedat onu yolculadı ve önüme dikildi.

"Ne?" dedim.

"Eşyalarını topla, eve dönüyorsun," dediğinde kanım çekildi.

"Anlamadım? Sen..." dememe kalmadı.

"Senin ne istediğin belli değil!" dediğinde bütün cinler tepemdeydi ve o cinler yüzüne tokadı geçirmemi sağladı. Vallahi ben değil cinler yaptırdı! Ben Sado Sedat'a tokat atmıştım. Gözlerimden süzülen yaşlara aldırmadan gözlerine baktım. Ona tokat attım ya, kendi canım yandı, ama geri dönüşü yoktu.

"Olur!" dedim ve çantamı falan almadan dışarı fırladım. Sedat'ın adamlarından biri kapıdaydı zaten.

"Beni Kadıköy'e bırakır mısın?" dedim. Çocuk cama baktığında Sedat'ın onay verdiğini biliyordum. Arkaya geçtim. Normalinde hep öne otururdum, ama bugün değil! Ağlamalı ve içimi boşaltmalıydım. Yanımda anahtarım bile yoktu. Selma'dan almaktan başka çarem de yoktu. Yine kızın huzurunu kaçıracaktım. Arabada susabildiğim kadar sustum. Dış kapıda bekleyen korumalar geldiğimi haber vermiş olmalı. Zile basmadan apartmanın kapısı açıldı. Sinirden titriyordum. Yukarı adeta koşarak çıktım. Selma kapıda beni bu hâlde görünce şaşırdı tabii. "Kızım manyak mısın? Bu havada montun nerede?"

"Sedat'ta kaldı."

"Yine ne oldu?"

"Ben gerçekten bu sefer İzmir'e dönerim," dedim. Ben Bekir'i evde yok sanıyordum. Kapıdan bir bağırışı vardı ki Selma bile sıçradı.

"Duygu, bu sefer Allah yarattı demem, yemin olsun, alırım ayağımın altına!" Tabii, bende çene bol, hırsım da yanımda olunca! İntikam zamanı gelmişti.

"Yok, sen bir bıçak al, direkt sırtıma sapla! Bana salak diyene kadar uyursaydın, böyle olmazdı."

"Sen multi salaksan ben ne yapayım?"

"Direkt söyleyemeyecek kadar mı korkuyorsun Sedat'tan? Onu da geç, hiç mi hatırım yok? Deniz'e evet demeden önce söyleseydin bari," dediğimde sustu.

"Söyleyecektim," dedi suçlu gibi.

"Sedat onu hazmedemez artık! Deniz biraz önce Beykoz'daki eve geldi. Birileri yerimi söylemiş," dediğimde Selma havalara bakıyordu. Kıyamadım ona, ele vermedim. Bekir kızardı çünkü.

"Sedat beni kovmaktan beter etti."

"Ne?" dedi Bekir ve Selma ikisi birden.

"Evet, o sizin senin için ölüyor dediğiniz adam beni kovdu."

"Sen ne yaptın? Kuzu kuzu buraya mı geldin?" dedi Selma sinirle.

"Kuzu kuzu geldiğim söylenemez," dediğimde Bekir, "Ne yaptın?" dedi, biliyor deli halimi. "Bana senin ne istediğin belli değil dedi! Bana ya! Denilecek şey mi? Ben yıllardır gözünün içine bakıyorum. Tamam, aşk meşk bilmiyordum, ama onunla nefes aldığımı biliyor! Deniz'le kendini mukayese bile edemez. Bana bunu söylemeyecekti!"

"Duygu ne yaptın?"

"Tokat attım, ama acımamıştır. Yani ben hızlı vurmadım."

"Eline sağlık hak etmiş, o ne öyle sen ne istediğini bilmiyorsun ne demek? Kırmızı halı ser bari!"

Bekir dellendi. "Lan bıktım sizden! Ben gidip bir bakayım," dedi ve giyinip çıktı.

"Selma ne yapacağım ben şimdi? Deli olacağım ya! Hayatta gelmez bir daha."

"Gelir."

"Gelmez, onu tanımıyorsun."

"Gelir güzelim, gelir."

"Ya Selma hasta etme adamı! Gelmez diyorum."

"Senden haber alamazsa gelir."

"Nasıl?"

"Bekir'le Ali'ye güveniyor. Onları bir şekilde ikna etmeli, Sedat'a haber götürmelerini engellemelisin."

"Anlamadım."

"Duygu, iyice uçtun! Sen ona nasıl bağımlıysan, o da sana bağımlı, bunu anlamış olmalısın."

"Sana öyle geliyor..."

"Kızım sen Bekir'in söylediği kadar multi safsın ha!"

"İyi o zaman, İzmir yolları göründü," dedim sinirle.

"Ne İzmir'i ya! Bırak sen Sedat'ı şimdi. Yarın giyin süslen, Deniz'le buluş."

"Oldu, Sedat onu vursun, ben vicdan azabından öleyim."

"Deniz'le bitirmek için gideceksin, ama görüntü öyle olmayacak, Sedat bir kaybetme korkusu yaşasın bakalım."

"Yaralı, ama ya! Telefonunu versene," dediğimde Selma aptalca suratıma bakıyordu. Gitti getirdi. Bekir'i aradım. Telefonu, "Efendim hayatım," diye açmaz mı? Yüzüm buruştu.

"Benim Duygu! Söyle ona ilaçlarını ihmal etmesin," dedim.

Bekir, "Ya sabır" çekerek telefonu kapattı.

"Harbi sen bu adamı seviyorsun," dedi Selma.

"Seviyorum! Onu öyle bırakmayacaktım, keşke kalsaydım, ama beni çok kırdı," dedim, içim acıyordu.

"Duygu her zaman aşk kazanmıyor. Ona kendini altın tepside sunarsan değerin bilinmez."

"Ama..."

"Aması yok, aşkın kanunları var. Öyle duygularına göre hareket edersen sen zararlı çıkarsın."

"Ben aşkın kitabını yazdığımı iddia etmiyorum zaten," dedim çaresiz. İçimden gidip ona yalvarmak, açıklamak geçiyordu, ama gururum Selma'ya hak veriyordu.

"Hadi, Deniz'i ara, hatta bugün çık onunla. Hazır Ali ve Bekir de yok."

"Ona ne diyeceğim ya!"

"Bitti diyeceksin..."

"Kolaydı..."

"Sedat'ı söylemelisin, yoksa seni bırakmaz o."

"Biliyorum."

"Hadi, git giyin, benim arabayı al, seninki Ali'de," dediğinde beni kapıya sürüklemişti zaten. Eve çıkıp üzerime siyah matem elbisesi gibi bir şey giydim. Saçlarımı açtım ve günlerdir elime almadığım telefonumu açtım. Allahım, açmaz olaydım! Deniz'den bir sürü arama ve mesaj gelmişti. Sedat'ı bile unuttum. Niye her şey dört dörtlük olmuyordu ki! Şu Sedat, Deniz'in onda biri kadar romantik olsaydı ya!

Uzun çizmelerimi ayağıma geçirdim ve Deniz'i aradım. İlk çalışta açıldı.

"Nihayet!" dedi, sesi sitemkârdı.

"Deniz konuşmalıyız. Bir yerde buluşalım mı?"

"Bunu bekliyordum," dedi, Deniz anlamıştı sanırım. Aşağı indiğimde Selma'nın araba anahtarını korumalardan aldım. Çocuk direkt Sedat'ı aradı tabii. Ben oralı olmadan arabaya bindiğimde beni takip etti o kadar. Deniz'le Caddebostan sahilinde buluştuk. Hangi kafeye girdiğimizi bile bilmiyorum. Kırmızı koltukları var, sadece gördüğüm o! Elim ayağım buz gibiydi. Deniz beni görünce sıkı sıkı sarıldı. Benim kollar yanımda beton gibi. *Ne kalleşsin Duygu! Ne yapayım ki?* Aşk nasıl bir şeymiş, herkesi yakıyor!

"Ne içeceksin?"

"Kahve sütsüz," dedim, belki ayılıp ben düzgün kelimeleri birleştirebilirdim.

"Sanırım ciddi bir konu," dedi Deniz.

"Evet," dedim gülsem ayıp, surat assam ayıp!

"Dinliyorum."

"Deniz acı kahveyi içmene gerek kalmadı," dedim. *Oha Duygu!*

"Ne kahvesi?"

"Ben evlenmek istemiyorum," dedim, "yani seninle" diyemedim.

"Tamam, bekleriz, sorun yok, bunu niye dert ediyorsun ki?" *Bu kadar iyi mi olur bir insan ya! Cehennemde yanacağım. Acaba Sedat'ı söylemesem mi?*

"Yok öyle değil... Ben ayrılmak istiyorum. Seni hayatımın karışıklığında kaybediyorum ve bu sana haksızlık." Klasik ayrılma dedikleri bu olsa gerek.

"Duygu!" dedi. Sanırım Selma haklıydı, Sedat'ı söylemem gerekecekti.

"Deniz zorlama, bu iş olmuyor ve..."

"Sedat değil mi? O istemiyor ve sen de onu dinliyorsun," dediğinde sesi sertleşmişti.

"Hayır!"

"Ne o zaman?"

"Onu seviyorum!" dedim böğürerek, evet, tam anlamıyla böğürmüştüm. Deniz oturduğu masaya dayadığı dirseklerini çekti ve arkasına yaslandı.

"Aslında Kartepe'de emin olmuştum, ama inanmak istemedim. Sana yıllardır kurduğu baskıyla onu sevdiğini sanıyorsun," dediğinde aptalca suratına bakıyordum.

"Deniz, hayır, öyle değil! Ben onu seviyorum," dedim. Sanki beni dinlemiyordu.

"Sedat'a rağmen seni istedim," dedi ve ayağa kalktı.

"Deniz..." dedim.

"Kovuldun," dedi gülerek. Deniz güçlü biriydi ve ben onu bıraktığım için gerçekten pişman olacak mıydım, bilmiyorum, ama Sedat'sız bir hayattansa pişmanlığımda boğulmaya razıydım.

"Teşekkür ederim," dedim. Bu teşekkür onun anlayışlı, müşfikliği ve bana yaşattığı mutluluk içindi. Anladı mı, bilmiyorum, ama bu sanırım Deniz'i son görüşümdü. Eve döndüğümde kapının önünde Ali'm ve Bekir bekliyordu.

"Kız Çirkin, o telefon niye icat edildi?"

"Bakış açısına göre değişir."

"Duygu!" diye kükredi Bekir.

"Selma'ya dışarı çıktığımı söylemiştim," dedim yavaşça.

"Nereye gittiğini söylememişsin."

"Deniz'le buluştum," dediğimde ikisi de dondu.

"Şaka yapıyorsun," dedi Ali'm, yumruklarını mı sıkmıştı? *Bak, sen benim deveme!* Korumalara ters bir bakış attığında çocuk, "Abinin haberi var," dedi direkt.

"Sizinle konuşmalıyım," dedim ve önden yürüdüm. Bizim eve çıkmadım tabii, direkt Bekirlere girdim. Destek lazım! İçeri girdik, soyunduk ettik.

"Duygu, Sedat'la..."

"Karşınızdaki benim, tanıdığınız Duygu," diye çıkışınca sustular.

Selma gözüme baktı ve bir şey demeden, "Ben çay koyayım," dedi ve mutfağa geçti. *Ödlek!*

"Öncelikle Deniz'le ayrıldım," dediğimde ikisi rahat bir nefes aldı.

"Abi..." dedi Ali'm.

"Ne diyeyim sen söyle? Bana karşı hepiniz suçlusunuz. Sedat benim onu istemediğimi düşünüyor. Ağır konuştu ve aklının başına gelmesi lazım."

"Nasıl yani?"

"Sizin dediğinize göre beni seviyor, ölüp geberiyor, öyle mi?" dediğimde ikisi de başını salladı. İçim rahatlamıştı.

"Ama beni kendinden uzak tutmak için her yolu deniyor."

Bekir, "Duygu ne istiyorsun?" dedi benim akıllı devem.

"Sizi affetmemi istiyorsanız bana yardım edeceksiniz. Sadece benden haber götürmenizi istemiyorum. Hepsi bu! Merak ediyorsa kendi gelsin. Aramıza girmeyin! Yoksa onunla evlenemeyeceğim," dediğimde ikisi de gülüyordu. "Gülmeyin, ben onu çok seviyorum," dedim hüzünle. Ne ara gelip bana sarıldılar, bilmiyorum, ama ağlıyordum.

"Ay bizim küçük Çirkin âşık olurmuş da..." dedi Ali'm.

"Kız kıyamam ben sana, etimi kesse söylemem," diye ekledi Bekir.

"Aman da aman, evlenmek istermiş de..." dedi Ali'm.

"Ben kendime odun diyorum, ama Sedat tam bir kütük," dedi Bekir.

"Ay yeter, bırakın kızı!" dedi Selma. *Nokta.* Gözyaşlarımı silen Ali'm, "Üzülme sen, hep birlikte yola getiririz biz onu," dediğinde zafer benimdi.

On gün sonra....

"Kızım bir dur, gitme, bak yanlış yapıyorsun!" dedi Selma, geçmiş kapının önüne, gitmeme izin vermiyordu. Ağlamak istiyordum ve her bir hücrem Sedat diye bağırıyordu. On gündür bekle bekle artık dayanamıyordum. Her kapı zilinde, her telefon çaldığında, içim katılıyordu, ama o gelmiyordu. Bekir ve Ali'm benden bahsetmediklerine yemin ediyorlardı, ama Sedat gelmiyordu.

"Gelmiyor Selma! Ali'mi duymadın mı? Deniz'le buluştum diye arabayı parçalamış, delirdi o! Gelmeyecek. Gidip anlatırsam anlayacaktır."

"Sonra ne olacak?"

"Bilmiyorum, ama başka çarem yok."

"Duygu bir gün daha bekle!"

"Değil bir gün, bir saat daha beklemek istemiyorum."

"O zaman akşama kadar bekle!"

"Ya Selma, nefes alamıyorum diyorum, sen şarkı söyle diyorsun."

"Kızım başına mı vurdu? Vallahi avaz avaz bağıracağım. Ben onca sene Bekir'i telefonda idare etmiş insanım. Şimdi gidersen inan bana..." dediğinde telefonum çalıyordu. Sedat! Telefonu Selma'ya gösterdim ve tam açacaktım.

"Açma!" dedi ve telefonu elimden kaptı. Öldüreceğim onu, haberi yok.

"Selma ver ya! Aç lütfen! Yapma ne olur ver telefonu ya!" diye tepiniyordum, vermedi. Telefon sustuğunda duvarın dibine çökmüş, ağlıyordum.

313

"Senin iyiliğin için!"

"Seni öldürebilirim…" dedim vahşice.

"Öldüremezsin…"

"Bu kadar emin olma…"

"Yakında hala olacaksın, öldürme bence…"

"Ne!" diye ciyakladım. Yere, yanıma çöktü ve, "Hamileyim," dediğinde ona sarılmıştım. Selma bana bir dost, bir arkadaş, bir kardeş gibi olmuştu da Sedat gelmezse ne olacaktı, hiçbir fikrim yoktu. On gündür içimdeki boşluk geri gelmişti ve ben su bile içemiyordum. Telefonum tekrar çaldığında arayan Sedat'tı.

Selma, "Benim hatırım için açma," dediğinde çaresizce başımı salladım. Hamile bir kadına saldıramazdım ki! Çaldıkça içim eridi, çaldıkça bittim! Sonra Ali'min ismi göründü telefonda.

"Şimdi aç! Yüzde yüz yan yanalar… Onunla konuşacak bir şeyin olmadığını söyle."

Selma bu işi biliyor muydu bilmiyorum, ama onu dinlemeye karar verdim.

"Efendim Ali'm," dedim sesimi düzeltip.

"Duygu neredesin, abi…" dedi küt diye bir ses geldi. Sedat kesin Ali'min ensesine geçirdi. *Zavallı Ali'm ya!* Sustu. Gülmemek için kendimi zor tuttum.

"Bana ondan bahsetme ne var Ali'm?" dediğimde hoparlör açıktı biliyorum. Ali'm bu oyunda bendendi.

"Seni aramış, bir şey söyleyecekmiş, açmamışsın."

"Onunla konuşacak hiçbir şeyim yok! O beni istemiyorsa kendi bilir. Yeter artık, bu ne ya çocuk gibi! Onun yüzünden Deniz'le de evlenemedim zaten!"

"Oha!" dedi Selma. Oha deyince korktum. *Kıvır Duygu!*

"Hoş, zaten istemiyordum," dediğimde Selma, "Sıçtın, sıva şimdi," demez mi? Ben kim, oyun oynamak kim? Elimle telefonu kapattım. "Al sen konuş o zaman ya!" diye böğürdüm sessizce.

"Of," dedi.

"Neyse Duygu," dedi Ali'm, sersemе döndü bir benden bir Sedat'tan, ne çektin be Ali'm!

"Duygu bizim minik Kartal var ya…"

"N'oldu, bir şey mi olmuş?"

"Sünnet oluyormuş ve Hacer Ana bizi çağırıyor."

"Gidin o zaman," dedim safça.

"Bizi diyoruz. Hem Selma evlendiğinden beri anasından uzak."

"Ali'm ben gelemem, nasıl geleyim? Kadın demez mi bebek nerede? Sedat yok."

"O da geliyor."

"Geliyor mu?"

"Hacer Ana yemin verdirmiş, Duygu kızımı al gel diye."

"Ne yani, şimdi gidip yine onun karısı gibi rol mü yapacağım?" dediğimde Selma kafasını sallıyordu da hangi anlamda onu anlamadım.

"Kızım bana ne soruyorsun, aranızda manyak olacağım!" dedi, bunalmış Ali'm belli.

"Ben gelemem, Sedat'a söyle bir zahmet, gitsin yalanları temizlesin gelsin," dedim ve kapattım.

Selma, "Yemin ediyorum yarım saate kadar buraya gelmezse ben de adımı Recep olarak değiştireceğim," dedi.

"Gelir mi?"

"Abarttın biraz, ama gelecek, bak gör. Trabzon'u bahane etmezse tükür yüzüme."

"Sence Ali'min yanında mıydı?"

"Evet, yanındaydı da Duygu biz niye yerde oturuyoruz?" dediğinde kahkahalarla gülüyorduk.

"Yukarı çıkayım gelecekse…"

"Çıkma," dedi Selma.

"Niye ya!"

"Seni burada sıkıştıramaz, bırak biraz özlesin."

"Oha! Zaten bir şey yapmadık ki!"

"İnan bana, bu kadar şeyden sonra seni boş bırakmayacak."

"Hadi be! Kızım sende üfürükçülük, medyumluk falan var mı?"

"İstiyorsun yani!"

"Sedat ama o!"

"Seni rezil!" dediğinde kıkırdıyordum.

"İşin aslı korkuyorum, ama işte..." dedim. O sırada kapı çaldı. Yüz yüze baktığımızda benim elim ayağım boşalmıştı.

"Geldi! Ben kitabını yazarım bu erkeklerin," diye ayaklandı Selma. Bir sağa koştum, bir sola!

"Kızım deli dana gibi ne dönüyorsun? Çık balkona nefes al! Sigara iç, tövbe tövbe," derken kendi de derin derin nefesler çekiyordu. Allahım, ne gerilim! Kapıyı açtığında ben balkona kaçtım elimde sigara, heyecandan titriyordum. *Derin derin nefes al Duygu!* Başım döndü sigaradan...

Balkon kapısı açıldığında sırtım dönük. Deli gibi görmek istiyordum. Birden sarılsam sıcağına ya! *Olmaz! Diren Duygu!* Gözucuyla baktım, karşıma oturdu. Allahım, nasıl özlemişim! Kalk Duygu, madem başladın bu oyuna, son perdeyi oyna! Sigaramı küllüğe söndürdüm ve tam içeri girecektim ki bileğimden tuttu. *Ağlama Duygu sakın!*

"Duygu!" dedi, sesinde pişmanlık mı vardı?

"Evet," dedim, gözlerine bakmaya cesaretim yoktu.

"Küs müyüz?"

"Ben sana küsmem. Sadece böyle olması gerekiyor."

"Nasıl?"

"Böyle işte! Sen haklıydın. Ben olmayacak rüyalar gördüm. Sayende uyandım. Ben ne istediğimi bilmiyorum ya! Artık ne seni ne de Deniz'i istiyorum," dediğimde bileğimi bıraktı.

"İyi, en azından bir karar vermişsin."

"Evet, senin gibi."

"Ben..." dedi, sustu. Söylesene ya! *Pişmanım, seni özledim,* desene! Demez, inat öküz!

"Trabzon'a gitmeliyiz."

"Hangi yüzle?"

"Duygu!" dedi sinirle.

"Ne?"

"Çok kalmayacağız. Hacer Ana çok ısrar etti. Özlemiş seni, hem Kartal, biliyorsun, anasız. Sana ana diyor," dediğinde içim erimişti.

"Sen iyi misin ki?"

"İyiyim."

"Yaran?"

"Geçti."

"Ne zaman gideceğiz?"

"Bu akşam."

"Tamam, alanda buluşuruz o zaman, ben Bekir'lerle gelirim," dedim bilerek. *Yok öyle eski Duygu!* Madem oynuyoruz, kitabına göre kapris yapayım bari. Havaya girmiştim de eğer bu oyunu kaybedersem ölecektim. Sinirle ayağa kalktığında bakamadım yüzüne.

"İyi," dedi, hışımla içeri girdi. Kapıyı öyle bir çarptı ki içim kırıldı sanki. Yan taraftan Selma, "Aferin kız!" diye pörtlemez mi? Ödüm patladı.

"Ya sen nasıl hamilesin ya! Zıplamasana!"

"Kızım çocuk iğneyle mi tutunuyor? Bir şey olmaz."

"Bu arada soramadım, Bekir biliyor mu?"

"Hayır, söylemedim."

"Niye ki?"

"Bebek istemiyor sanırım."

"Yok artık!"

"Evet, deli gibi korunuyordu."

"Peki, nasıl oldu o zaman?"

"Bir gece içkiliydi," dediğinde kıkırdıyordu.

"Harika, ne zaman söyleyeceksin?"

"Her şeyin başladığı yerde," dedi Trabzon'u kastederek.

"İnşallah kız olur," dedim, bu kadar deve yeterdi bize! Bir prenses herkese iyi gelirdi.

"İnşallah," dedi Selma.

Saat yedi gibi Selma ile ben hazır ve nazır şekilde kapıdaydık.

Bekir, "Siz gerçekten düğün havasına girmişsiniz," dedi halimize bakıp. Selma bana, "güzel ol," dediğinde, çok dikkat çekmeyelim diye kendi de süslenmişti.

"Güzel olmamış mıyım kocacığım?" dediğinde Bekir ona aşkla baktı, biliyorum, gördüm. Bir şey demesine gerek yoktu. Üzerimde kaşe kırmızı kabanım ve içimde toprak rengi yün bir elbise vardı. Elbise belime oturuyor, dizlerimin üzerinde son buluyordu. Ben balığa benzediğimi söylediysem de Selma güzel olduğunu iddia edip çıkarttırmadı. Belime taktığım kalın kemer hiç tarzım değildi, ama sanırım belimi olduğundan daha ince gösterdi.

"Elindeki yüzüğü çıkar," dedi Selma arabada.

Bekir, "Selma, senden korkmaya başladım. Zavallı Sedat!" dedi gülerek. Yüzüğü çıkarıp kolyemin içine koydum. Sedat geldiğinde hiç parmaklarına dikkat etmemiştim. Benim çıkarmak aklıma gelmemişti. Görmüş müydü? Ya da dikkat etmiş miydi? Yeni sorular başımda dönmeye başladı. Sabiha Gökçen'de indiğimizde bizi on kişi karşıladı sanırım. Sedat vurulduğundan bu yana daha bir tedbirli olmuşlardı. Biliyordum ki her dakika peşimde birileri vardı. İç hatlardan geçerken kabanımı çıkardım ve platin mevzusunu belirttim. Arandım, ettim, çıktım. Güvenlikten geçip montumu aldım. Selma ve Bekir de güvenliğe takıldı.

Kemerimi takmaya uğraşıyordum ki iki el uzandığında direkt kafamı kaldırdım: Sedat! Kemerimi taktı ve, "Sen böyle üşümüyor musun?" dedi. Şaşırmıştım, ondan böyle bir yakınlık beklemiyordum. Umarım yanlış anlamıyorumdur. Elbisemi süzdü ve sonra bacaklarımda takıldı. Bacaklarımı seviyordum. Belki de sıska bedenimde sevdiğim tek yerimdi. İzler gittiğinde bir süre devamlı etek giymiştim, hem de ne etekler! Sanırım süper ince çoraplar o dönemden alışkanlığım oldu. Teşhiri sevmiyorum, ama ince çorabı ve eteği seviyordum. Bir baktım Ali'm bağıra çağıra geliyor. Elinde bir sürü ıvır zıvır, Sedat'ın yanından kaçmak lazım, yoksa sarılıp, yapışıp kalacağım.

"Ali'm ne aldın?"

"Sana çikolata aldım ve kola..."

"Uçak kalkacak, almasaydın."

"Daha on beş dakika var. Şu kafeye oturalım," dediğinde Selma ve Bekir yanımızdaydı. "Madem kafeye oturacağız, bunlar ne Ali'm?" dedim elimdekileri gösterip.

"Gel sen! Ben yine bir şey alırım," dedi. Kendine ve Sedat'a kahve söyledi. Bekir'e çay. Selma'nın surat bembeyazdı. Elimdeki kolayı ona uzattım. Midesi bulanıyordu galiba. Bir içişi vardı ki çölde kalmış sanki.

"Süpersin," dedi sırıtarak.

"Ben sizden korkar oldum. Bekir valla bunları ayır, yeminle başına çorap örecekler senin," dedi Ali'm. Sedat'ın yüzüne bakmıyorum, kitaba göre ya! Ben o kitabı bir bulsam, parçalasam! Sonra seyretsem doya doya! Belki bu gece o uyuduktan sonra seyredebilirdim. Sonuçta aynı odada yatmak zorunda kalacaktık. Allahım, beni öper miydi acaba? Öpmezdi! Kızgın ya! Gözlerim doldu. Ben ne zaman böyle aşk dilencisi haline gelmiştim ki? Uçak anonsu yapıldığında ben bir paket çikolatayı mideye indirmiştim. Selma'nın elinde çubuk kraker tıkırdayıp duruyor. Bekir yine sabırlarda, Sedat sessiz, varla yok arası. Uçağa geçtiğimizde bir baktım, beni Sedat'ın yanına koymuşlar, Bekir'in yanına geçtim ve, "Ben Selma'yla oturacağım," dediğimde hiç ses etmedi, hızla kalktı ve Sedat'ın yanına geçti. Sedat'ın bir bakışı vardı ki öldürecek. Bu arada yüzüğü elindeydi! Çoktan fark edip içimdeki mutluluklara birkaç tane daha eklemiştim. Zavallı âşık yüreğim! Selma, "Aferin, sen bu işi kaptın," dedi ve kıkırdadık. On dakika geçmedi, bizim gebişin renk attı. Kustu kusacak, poşet elinde! Bekir fark etti tabii. Kemer açıldığı an yanımızda bitti.

"Bir şey yok, uçak tuttu galiba," dedi Selma.

"Kızım seni kamyon bile tutmaz! Sende birkaç gündür var bir şey," dedi Bekir, ama panik yapmış belli, dır dır susmuyor. Artık Selma nasıl bunaldıysa, "Var!" dedi sertçe. Bekir ayakta, ben ortada oturuyorum. Selma cam kenarında! Hey Allahım, ne günah işledim!

"Ne o zaman? Bak Selma, yine bir işler çeviriyorsan, altından kötü bir şey çıkarsa..."

"Hamileyim," dedi, ama ne demek, haykırdı resmen. Bütün uçak duydu.

"Upss!" dedim ve kalktım. Bekir donmuş tabii, kılı kıpırdamıyor. Onu kolundan tutup Selma'nın yanına oturttum. Nefes aldığına göre iyiydi sanırım, çünkü kirpikleri bile oynamıyordu. Ali'm kahkahayı basmış, "Abi ben sana başına çorap örecekler demiştim," diye böğürüyordu. Sedat'ın gamzeleri ortaya çıkmıştı ki görme! *Isırsam mı? Of, işkence ya!*

Bekir hayatının şokunu yaşarken Selma kafasını önüne eğmiş, öylece Bekir'in ne diyeceğini düşünüyordu eminim. Ben mecbur Sedat'ın yanına geçtim. Etek yine Sedat'ın sabır sınırlarının bayağı üzerinde, umurumda mı? Hayır!

Kolunu koyuyor benim tarafına, çekiyorum. Koca cüssesi sığmıyor tabii. Dizi değiyor bacağıma, çekiyorum. Ağzının içinde, "Ya sabır" çektiğini duydum. Büyük ihtimalle bünyem bu stresi kaldırmayıp eşek cennetini boylayacaktı. Konuşsam mı? Yok, o zaman tükürdüğümü yalarım, olmaz!

O sırada Ali'm, "Emel ve Filiz de gelecekmiş," dedi.

"Sen nereden biliyorsun Ali'm?"

"Ara ara yokluyorum Emel'i."

"Bir beceremedi bizim develer kızları tavlamayı."

"Durmuş çok uğraşmış, ama kızdan yana bir şey yokmuş."

"Yoksa ne yapsa boş!" dedim ve laf yerini buldu sanırım. Yani umarım!

"Abi, ne alacağız bizim Kartal'a?"

"Ne bileyim ben? Altın falan alırız."

"Dayı sayılırsınız, sizin bütün her şeyi yapmanız lazım. Sünnetliğini falan götürüp siz alın, bırakmayın Durmuş'lara," dediğimde Sedat sessiz kaldı. Acaba benimle konuşmak istemiyor muydu? Allahım, deli olacağım ya!

"Küçük değil mi daha bu çocuk? Ben sünnet olduğumda büyüktüm," dedi Ali'm.

"Artık bekletmiyorlar," dedim sakince. Ali'm, "İnşallah Bekir'in bebeği erkek olur," dedi.

"İnşallah kız olur," dedim.

"Olmasın kız falan! Senin peşinde süründük, yeter! Bir de onun peşinde koşturmayalım," dedi ve Ali'm ayaklandı. O kalkacak diye Sedat'la ikimiz de kalktık.

"Tuvalet," dedi. Tabii daracık koridor! Sedat ne ara belime sarıldı, bilmiyorum. Kafamı kaldırmaya cesaretim yoktu! Kaldırırsam bütün kalkanlarım inerdi çünkü.

"Yüzüğün nerede?"

"Çıkardım."

"Görüyorum," dediğinde kendimi ondan çekmek işkenceydi.

"Hacer Ana soracak yine."

"Sıkıyor derim."

"Sıkıyor mu? Gerçekten?"

"Sedat..." Aynı ses tonu.

"Hımm," aynı cevap, ama bu sefer eşekten düş bakalım karpuz kafalı!

"Zorlama istersen," dediğimde gerçekten hedef yerini bulmuştu. Yüzü mora yakındı ve çok kızdı. Beni kolumdan tutup kendine bir çekişi var, içine girecektim.

"Seni var ya!" dedi. Korkudan değil, aşktan titriyordum. Gözlerim kapanmıştı ve yardım yetişti. Bekir yanımızda bitti. Kesin Selma gönderdi.

"Abi!" dediğinde Sedat ancak kolumu bıraktı. Canım yanmıştı. "Duygu, Selma seni çağırıyor," dedi. "Elimde kalacak, haberi yok!" dediğini duydum. Öküz işte, hiç değişmeyecek! Usulca Selma'nın yanına oturdum. Meraktan öleceğim, "Ne dedi?" dediğimde Selma'nın gözü yaşlı mıydı ne?

"Yapacak bir şey olmadığını söyledi."

"Anlamadım?"

"Olmuş bir kere dedi."

"Oha, nesi var bunun ya! Ben şimdi..." dedim, ama kolumu tuttu, bırakmadı. "Bırak hazmetsin Duygu," dedi Selma. Bu erkeklerin bir şeyleri hazmetmesi de neydi? Direkt algılamaya ne olmuştu? Beyinlerinde tartarak karar veremiyorlar mıydı?

"Ama bu ikinizin bebeği, sevinmeliydi."

"Zorla mı? Sevinmesin bırak..." dedi, ama gözleri doldu.

"Ya niye bütün öküzler bizi bulur ya!" dedim isyanla. *Bekir bittin sen,* dedim içimden.

Uçaktan indiğimizde bizi üç araba karşıladı. Bu sefer Durmuş'la Dursun da gelmişti. Selma, Bekir'e tavırlı, ben Sedat'a, ayrı arabalara bindik, tabii Ali'm bizimle. Sessiz sedasız eve vardık. Hacer Ana gözü yaşlı karşıladı beni. "Ben sana dedim o kadar! O bebe durmayacak, dikkat et diye! Sakalım yok dinlensin sözüm!"

Bende malzeme bol. "Anam bak, biri gitti, biri geldi. Selma hamile," dediğimde kadının yüzü güldü. Sarılmalar, koklaşmalar, bizim develer ancak geldi. Hacer Ana'yı öğretsen bu kadar olmaz.

"Bekir, Allah analı babalı büyütsün oğul! Artık gözün arkada kalmaz," dedi. O ne ya? *Gözün arkada kalmaz!*

"Sağ ol anam, sayende," dedi.

"Hiç sevinmiş durmuyorsun?"

"Uçakta öğrendi baba olacağını, ondan," dedi Sedat, korur tabii, kendi de aynı öküz! Konuyu değiştirmek lazımdı, çünkü Selma'nın gözleri dolmuştu. Bekir, *sevindim,* bile demedi, sessiz kaldı.

"Ana, Kartal nerede? Sünnetlik olmuş bizim paşa."

"İçeride kızım, bu saate çocuk mu kalır? Uyuyor."

"Yarın sünnet olacak ya, ne bileyim, göreyim dedim."

"Olmayacak."

"Niye?"

"Doktor bir hafta sonra," dediğinde Selma'yla göz göze geldik. Sevinsem mi? Yok, ben göbek atayım en iyisi! Bir hafta Sedat'la rüya gibiydi. Tabii beni öldürmezse! Selma, ben ve Hacer Ana saat bire kadar hasret giderdik. Sonra usulca Sedat'la bize verilen odaya geçtim. Kalbim deli gibi çarpıyordu. *Diren Duygu!* Ona hiç bakamadım, çünkü uyuyor olduğunu düşünmek beni sakinleştiriyordu. Geceliğimi giydim ve yorganı kaldırdım, içine girip arkamı döndüm. Sanırım uyumuyordu. Bana sarılsa ne yapardım? Cevap basit, hiçbir şey, ben de ona sarılırdım. Nefes aldıkça kokusu burnumun direğini sızlatıyordu. Ey aşk, bul beni dedim, buldun da yanlış yerden sobeledin! Sedat uyumuştu sanırım. En sevdiğim filmi seyretme zamanıydı. Usulca ona döndüm. Gözleri kapalıydı. Ellerimi yanağımın altına aldım, biraz daha sokuldum ona, alnına dökülen gür siyah saçlarını parmaklarımın arasında hissetmek istiyordum. *Diren Duygu!* Bedenimin kasıldığını hissettim. *Ey aşk, parçala beni!* Burnundan verdiği derin derin solukları dudaklarımda hissettiğim o eşsiz dakikalar aklıma geldiğinde, işkence çekiyordum. *Doyasıya seyret Duygu!*

Sabah gözlerimi açtığımda kendimi bir yastığa sarılmış buldum. Sedat yoktu, ama ya! İçimden yine ağlamak geldi. Umutsuzluğa kapılmak üzereydim. Nerede benim için delirdiği söylenen adam? Hızla giyindim. Bir tayt, bir kazak, banyoya uğrayıp elimi yüzümü yıkadım.

"Günaydın," dedim, herkes cevap verdi. Sedat hariç! Yanında yer ayırmışlar bana, çok lazım! Adam bütün gece kılını bile kıpırdatmadı! Kahvaltı masası keyifli olmasına keyifliydi de hem Sedat'la benim hem Bekir'le Selma'nın durgun olması dikkat çekiyordu. Hacer Ana bizi seyretti seyretti, sonra, "Oğul, siz ikiniz cenazeye mi geldiniz de yüzünüzden düşen bin parça," dedi. Sedat ve Bekir'i kastediyordu, çünkü ben duygularımı belli etmemeyi iki aylık bir eğitimle çoktan öğrenmiştim. Her şekilde gülebiliyordum, içim aşktan kan ağlasa bile!

"Tövbe de Hacer Ana, sabah mahmurluğu," dedi Bekir. Kahvaltı bitiminde Selma, "Ben annemlere gideceğim," dedi mutfağı toplarken.

"Ben de gelirim, bir işim yok zaten," dedim. Kapıdan bir ses geldi: "Olmaz." Selma'yla ikimiz durduk, kapıya baktık. Sedat, "Kartal için alışveriş yapmalıyız," dedi. Sesimi çıkarmadım. *Git kendin al,* demeliydim de işte, onunla vakit geçirebilecek olmam bile güzeldi. *Körkütük Duygu!*

Selma, Bekir'le çıktı. Ali'm, Emel'le buluşacağım diye ortadan yok oldu. Salonda Kartal bebekle oynarken, "Hadi çıkalım," dedi Sedat. Hacer Ana'ya haber verdik, üzerime kısa deri siyah ceketimi aldım ve çıktık. Arabaya bindiğimizde, "Ne alacağız?" dedim.

"Önce sana yüzük alalım."

"Ne yüzüğü?"

"Sabah Hacer Ana yine azarladı beni, yüzüğü sordu."

"Sana mı sordu?" dediğimde, "Evet" dedi, ama gözlerini kaçırdı. Ses etmedim. *Alsın!*

"Kartal için de altın almak lazım."

"İyi… bakarsın," dediğinde bir daha konuşmadık. Kuyumcuya geldiğimizde ince bir yüzük beğendim.

"Bu ince değil mi?"

"Çok para vermeye gerek yok! Nasıl olsa…" dediğimde en kalınından yüzüğü alıp parmağıma geçirdi ve, "Duygu! Bir daha parmağından çıkarırsan, parmağını koparırım," dedi sertçe.

"Çok komik," dedim sinirle. Kalın yüzüğün yanına tam tur pırlanta taşlı bir yüzük aldı. *Yaşasın!*

"Bir tane yeter."

"Duygu!" dedi yine. Hay Duygu kadar!

Kartal için cumhuriyet altını almak en iyisiydi. Beşi bir yerde misali cumhuriyet altınları kutulattık. Kuyumcu, ağzı bir karış açık bir halde, sabahın köründe yaptığı satışla mest oldu.

Çıktığımızda, "Oturalım bir yerde," dedi ses çıkarmadım, zaten canım sigara içmek istiyordu. Bir kafeye oturduk. Sigaramı çıkardım. Usulca yaktım. Ne zaman bu kadar sessizleşmiş, konuşacak bir şeyimiz kalmamıştı. Oysa ben onun yanında hep gülerdim. Biz ne zaman bu hâle gelmiştik? İçten içe eriyordum.

"Sessizsin," dedi.

"Selma'yı ve Bekir'i düşünüyordum."

"Niye?"

"Bekir'e kızgınım. Bebeği istemiyor ve Selma aldırmayı bile düşünecek durumda."

"Ne!" diye kükredi.

"Bağırmasana," dedim etrafa bakarak.

"Bunu nasıl düşünebilir?"

"Ne bekliyorsun? Kızı bir dövmediği kaldı, sanki tek başına yaptı!"

"Bekir korkuyor…"

"Bir bebekten kim korkar? Hele ki onun bir parçası…"

"Selma'yı kaybetmekten korkuyor."

"Neden?" dedim isyanla. Sigarayı söndürmüş, iyice sinirlenmiştim. Ne yani bebeği mi kıskanacaktı?

"Annesi onu doğururken ölmüş…" dediğinde, "Ah harika!" dedim gözlerimi devirerek. Hızla telefonumu elime aldım ve, "Selma'yı rahatlatmak lazım. Bebek içinde kuruyacak," dedim ve mesaj yazmaya başladım, ama ne yazmak, daktilo yazıyorum sanki! *Bekir seni kaybetmekten korkuyormuş, annesi onu doğururken ölmüş. Ay benim Bekirim, çok da kütük değilmiş ya,* yazdıktan sonra sırıtarak kafamı kaldırdım. "Siz ikiniz nasıl bir ekip oldunuz?" diyordu benim öküzüm gamzelerini göstererek.

"Ekip falan olduğumuz yok. Kız üzülüyordu, hepsi bu! Kalkalım, Kartal'a birkaç parça kıyafet alalım," dedim soğukça. Sanırım benden böyle soğukluk beklemiyordu. İçimi bir bilse! Nasıl yandığımı, onun için yanarak küle döndüğümü, gamzeleriyle Ankakuşu gibi küllerimden tekrar doğduğumu! Sonra birkaç mağaza gezdik. Genelde çocuk kıyafeti satan yerlere girdik. Ama çok güzeldi ya! Bir de bebek patiği aldım. Biri mavi, biri pembe, Selma için…

Sedat dibimden ayrılmadı, ama hiçbir sevgi gösterisinde bulunmadı. Bütün gün sessizce beni izledi durdu. Gamzelerini gösterdi. İçim eridi, ama çaktırmadım.

"Düğünde ne giyeceksin?" dedi mağazada dolaşırken.

"Selma'yla çıkıp alacağız. Onsuz alırsam kızar şimdi."

"Tamam, o zaman bana bakalım, getirmedim bir şey."

"Yoruldum," dedim soğukça.

"Duygu, saat daha öğlen bir, benimle vakit geçirmek istemiyorsan, söyle."

"Beni istemeyen sensin. Ben sana saygı gösteriyorum, hepsi bu! Bittiyse eve dönelim, sen de kurtul!" *Ah çenen tutulsun Duygu!* Hangi ara ayaklarım yerden kesildi? Hangi ara beni soyunma kabininin içine sokup iri cüssesini sığdırdı? Allahım! Kalbim deli gibi çarpıyordu. Ellerimi iki yana açmış, duvara dayalı şekilde beni hapsetmişti. Gözleri gözlerimle buluştuğunda usulca eğildi ve yüzünü boynuma gömdüğünde ona sarılmamak için kendimi kasıyordum ve halen şoktaydım. Yeni çıkmış sakalları tenimde dolanıyordu. Ah, o dudakları! Tenim bana ihanet edercesine boynum ardına kadar açıktı. Mırıltıyla konuşurken dudakları tenimi tüy gibi okşuyordu. "Kokunu özledim," dedi ve kendini geri çektiğinde saçlarımı topladı. Tüylerimin hepsi sanırım yerçekimine karşı direniyordu.

"Şimdi biri gelecek, çıkalım," dedim gözlerimi kaçırarak. Sanki hiç duymamış gibi gözleri dudaklarıma kaydı, "Sakın!" dedim, ellerimi göğsüne dayayıp ittim, ama bu onu engellemedi. Başımı çevirirken bir eli çenemi kavradı.

"Sedat!"

"Hımm..."

"Benimle oynama..."

"Olur," dedi ve dudaklarımı buldu. Of ki ne of! Bir of çeksem dağlar yıkılsa! Bir ben, bir o kalsa dünyada! O güzel dudaklara cevap vermemek öyle zordu ki! Kokusu beynimi ele geçirirken göğsüne dayalı ellerimi, ellerine alıp kenetledi. Ağzımın içini ele geçirirken nefes bile almama izin vermedi. Dudaklarımı bıraktı,

326

ama bedeniyle bedenimi duvarla kendisi arasında sıkıştırmaya devam etti.

"Sedat…"

"Sen bana uzak oldukça ölüyorum."

"Bu senin suçun," dedim usulca.

"Uzak durma!"

"Olmaz."

"Olur," dedi parmakları dudaklarımı okşarken, konuşmamız ne kadar sağlıklıydı, tartışılır. Kulağıma eğildi ve "Geceyi iple çekeceğim," derken aptalca ona bakıyordum. İçimden *niye ki,* demek geçti, ama sormak saçma geldi. Elimi tutup beni kabinden çıkardığında sersem gibiydim. Şimdiyi düşünmekten sanırım geceye fırsat kalmamıştı. Arabaya bindiğimizde hemen yelkenleri suya indirmemek adına sessiz kaldım. O ara telefon çaldı. "Söyle Ali," dedi dinledi.

Bana döndü. "Emel ve Filiz seni görmek istiyorlarmış," dedi.

"Olur."

Sedat memnuniyetsizce, "Geliyoruz," dedi. Başka bir alışveriş merkezinin alt tarafında janjanlı bir yere geçtik. Filiz güzelleşmiş, o süklüm püklüm kız gitmiş, yerine bildiğin kumral, bomba gibi bir kız gelmiş. Emel yine aynı, manken gibi! Ali'm yine yakışıklı, çekmiş üzerine kahverengi deri ceketi, boy, pos, endam, bir caka, afilli yani!

Sarıldık, oturduk kahveler söylendi de Filiz'in Sedat'a bakışları bir tuhaf.

Hayırdır diyeceğim de anlam veremedim. Kız burada iyice bir rahatlamış, güveni gelmiş. Emel çeker kulaklarını, ablası sonuçta. Emel hastaneyi, Dursun ve Durmuş'u anlatırken gülüyordum. O ara Filiz, "Sedat sen kaç yaşındaydın?" dediğinde Emel gerildi. Haliyle ben de! *Sana ne evli barklı adamın yaşından canım!* Sedat'la zaten aramız gergin! "Otuz üç," çıktı ağzından, ama bana bir sokuldu sanki. Elini sandalyemin arkasına koydu.

"Hiç göstermiyorsun," dedi Filiz gözlerine baka baka. Aptala bağlamaya başlamıştım. *Oha yani!* Emel konuyu değiştirmek için, "Sünnet ne zaman, belli oldu mu? Ona göre hediye almak isterim," dedi. Benim gözüm Filiz'de, bir kere gıcık oldum.

Ali'm kıkırdamaya başladı. "Dursun da olacak orada ama."

"Bırak o uyuzu, Hacer Ana onun hakkından gelir."

"Neler oluyor?"

"Duygu iyiler hoşlar, ama elektrik meselesi, istemiyorum. Anlaması uzun sürdü o kadar, sanırım artık kabullendi," dedi Emel. Ali'm halen gülüyor. "Sanırım kabullenmemiş," dedim sırıtarak. Sedat ben sırıtınca bana doğru eğilip sırtımdan sarıldı. Ali'm bizi öyle görünce hüzünle karışık mutlulukla bize baktı. Mırıltıyla, "Bıraksana ya!" dedim onun duyacağı şekilde. Filiz bombayı patlattı.

"Ben çok merak ediyorum, siz şimdi evli misiniz, değil misiniz? Birileri evli olduğunuzu söylüyor, birileri değiller diyor." Tabii bende şalterler attı.

"Ne o, evli değilsek Sedat'ı kendine mi alacaksın?" dediğimde Ali'm kıs kıs gülüyordu. Sedat benden böyle bir şey beklemiyordu ve şok olmuş bana bakıyordu. Benim kaşım kalkmış havaya, manyak Duygu sahalardaydı.

Emel ayaklandı. "Ben hastaneye geç kalıyorum," dedi mahcupça. "Duygu düğünde görüşürüz. Tekrar her şey için teşekkür ederim," dedi ve kardeşinin omzuna vurup, "Yürü Filiz, bıktım senden," dedi ve uzaklaştı.

Ali'm, "Duygu üzerine atlayıp parçalayacaksın diye çok korktum," dedi.

"Çocuk işte, elimde kalacak, haberi yok!" dediğimde Sedat, "Niye ki?" dedi sırıtarak.

"Üzerine alınma, sadece edep dersi için. Evli olmasan bile, elindeki yüzüğü görmesi lazım," dediğimde Ali'm kahkaha atıyordu. Sedat elimi ellerinin arasına alıp beni kendine çektiğinde yine nefes alamıyordum da niye tırsmaya başlamıştım, bilmiyordum. Öyle bir bakışı vardı ki kulağıma eğildi. "Gece sanırım bana

da edep dersi vermen gerekecek," dedi. Ayaklarımın bağı çözül-
müştü ve ben adeta peşinden sürükleniyordum. Yok, canım, Sedat
yapmazdı! O bildiğin Anadolu erkeğiydi! Evlenmeden olmazdı!
Tamam, ben de onu istemiştim, ama off! *Kedidir kedi*, dedim
içimden sakinleşmek için...

Gün rüzgâr gibi geçti. Bekir ve Selma eve sarmaş dolaş geldik-
lerinde Selma bana sarıldı. "Sen gerçekten benim meleğimsin,"
dedi. Araları düzelmişti. O kadar neşeliydi ki Sedat'la olanları
bile merak etmedi. Oysa ben anlatıp bu gece ne yapmalıyım diye
sormak istiyordum. Çayları koydum, gelip salondaki koltuklarda
oturan develerimin arasına karıştım. Sedat'tan olabildiğince uzak
duruyordum. Hacer Ana devamlı bizi izliyordu ya, bu da ayrı bir
sorundu. O ara Kartal kucağımdaydı. Kolyemi ağzına almış, ke-
miriyordu. Dur, yapma derken kolye açıldı ve yüzük yere düşüp
yuvarlandı yuvarlandı, Sedat'ın önünde durdu. Şapka çıktı, kel
göründü yani!

"Tebrik ederim Kartal," dedim, suratıma bakıp sırıttı may-
mun. Sedat yüzüğü alıp kaşını kaldırmış, bana bakıyordu. Sağ
gamzesi ortada! Kartal kucağımda kalktım koltuktan, dikildim
benim devemin önüne. "Yüzüğümü verir misin?"

"Hayır."

"Niye? O benim."

"Sonra vereceğim ve bana o yüzüğün açıklamasını yapacak-
sın," dedi sertçe. Hacer Ana patladı tabii dünden beri, "Siz ikiniz
geldiğinizden beri bir tuhafsınız, neyiniz var oğul?" Niye ona so-
ruyorsa! Hoş, bana soracak da ne olacak?

"Ne olacak ana, bu kızın bana hiç yüz vermiyor," dediğinde
herkesin gözü bana döndü. Aptalca yüzüne bakıyorum, ağzım bir
karış açık.

"Oğul, senin kumalık zamanın gelmiş, araştıralım o zaman,"
dediğinde Hacer Ana'ya bakıyordum. Ne demişti ki?

"Valla, hayır demem anam, bu kara kızından bana hayır yok,"
demez mi? *Gösteririm ben sana!*

"Hacer Ana sen de mi?" dedim isyanla.

"Kızım niye adamı isyan ettiriyorsun?"

"Anne bağırmaktan başka bir şey bildiği yok. Alıp bir yere mi götürdüğü var? Konuşma Duygu, otur Duygu, yürü Duygu! Valla kuma al anne sen bu oğluna, ben de rahat ederim. Yeni gelin uğraşsın! İşleri, yemekleri, dırdırı, değmesinler keyfime! Oh valla!"

"Sanki çok yemek yapıyor da," dedi Ali'm alayla.

"Mercimek çorbaları burnundan gelsin Ali'm," dediğimde herkes kahkahayla gülüyordu.

"Sedat seninle baş edemiyor, kumayla hiç edemez," dedi Bekir. *Ah, bir sen eksiktin hörgüçlü devem!*

"Ana, sen Bekir'e de kuma bak," dedim sırıtarak. Selma ciyakladı tabii, "İstemem ben!" dediğinde herkes yarıldı gülmekten.

"Kızım tövbe de ne kuması?" dedi Hacer Ana. Kadın bin pişman oldu şaka yaptığına.

"Anne, sen dedin ya! Ben de olur diyorum, ama bu sefer şöyle güçlü kuvvetli olsun, Sedat'a ancak..." dedim sırıtarak. Sedat var ya, bir bozuldu, bir bozuldu; üç tamirci ancak düzeltir.

"Oğul, delirmiş bu senin karın," dedi Hacer Ana gülerek.

"Biliyorum anne biliyorum," dedi gamzeler ortada.

Sedat'ın gözlerini bütün gece üzerimde hissettim. Her bir parçam gözleriyle hareket etti. Konuşuyor, gülüyor, ama gözlerini benden çekmiyordu. Kendimi onunla bu kadar huzursuz hissedebileceğim aklımın ucuna gelmezdi. Yüreğim ağzımda, ne konuşulanları anlıyordum, ne yapılan espirileri. Selma kendi aşk âleminin mutluluğunu yaşarken benim gözlerimdeki imdat çığlını göremeyecek kadar körleşmişti. İçimde insanlar toplanmış, halay çekiyor, kalbimin sesi herkes tarafından duyulacak diye ödüm patlıyordu. Sanırım bu sefer heyecandan bir kriz geçirebilir, bu gecenin içine edebilirdim. Elimde çay bardağı, öylece oturdum. Sedat'ın tacize varan bakışlarından kurtulup ortama odaklanmak öyle zordu ki! Taciz dediysem, hoş bir tacizdi. O hep bana böyle bakabilirdi ve ben hep yüreği ağzımda gezerdim, ziyanı yoktu.

Herkes ne yorulmuş arkadaş, erkenden yatmasınlar mı? *Korkma Duygu, bir şey yapacağından değil,* diye kendimi sakinleştirdim. Selma'yı yatağa gönderdim, kıyamadım. Salonda Ali'm ve Dursun kalmış, bilgisayarın başında, bir şeyler yapıyorlardı. Onları rahatsız etmeden bardakları toparladım. Etrafı toplama işini elimden geldiği kadar uzattım. Sedat koltuğa yayılmış, halen televizyon seyrediyordu da o gamzesi niye ortadaydı onu bir çözsem! Biraz daha kendime iş bulmaya kalkarsam gece yarısı evin camlarını silebilirdim. Mutfakta oyalanırken Sedat kapıya dikildi. "Hadi artık, kırkladın mutfağı," dediğinde yüzüne bakamıyordum. "Sen geç uyu, ben gelirim," dedim, ama nerde! Elimden tuttu ve beni usulca odamıza götürürken elinden yayılan sıcaklık sarmaşık gibi kolumdan omzuma, omzumdan bedenime yayılıp beni esir aldı. Öyle bir ateş ki arafı yaşatıp cenneti gösteren, cehennemi hissettiren. İçeri girdiğimizde usulca kapıyı kapattı ve kapıya yaslanıp beni seyretti. Hiçbir şey diyemedim. Aptalca dikiliyordum ya niyeyse! Asırlar gelen bir iki saniye öylece durduk. O hareket ettiğinde sanki ben de onunla canlandım. Yatağa oturup ayakkabılarımdan kurtuldum. Gece lambasını açıp odanın ışığını kapattı. Önümde dikilen Zeus'un oğluna kafamı kaldırdım. Sanki bunu bekliyor gibi elinin kıyısına yasladı yanağımı, sıcacık…

"Duygum! Özür dilerim," dedi. Elinde yüzüğüm…

Sesim soluğum kesilmişti. Yüzüğü alıp olması gereken yere koydum. Göğsümün üzerinde duran kolyemin tam içine yerleştirdim. Kendime gelmeli ve bu konuşma fırsatını kaçırmamalıydım. Ayağa kalktığımda belime dolanması bir oldu.

"Niye özür…" dediğimde, "Bu gece konuşmayalım olur mu?" dedi kedi gibi.

"Ben de sana vurduğum için…"

"Hak ettim."

"Ben bilmiyordum, bilseydim Deniz…"

"Konuşmayalım," dediğinde bana sarıldı sıkıca. Enfes kokusunu ciğerlerim dolana kadar içime çektim. Koskoca aslan karşımda

331

bir kedi gibiydi. Aslan görünümlü bir kedi! Saçlarımı öptü küçük küçük, alnımı, yüzümün kıyısını, burnumu usul usul arşınladı dudakları... Dudaklarımda oyalandı inleyerek, nefesimi kesip ayrıldı dudaklarımdan. Gözlerimin içine bakarak uzandığı gömleğimin düğmelerini usul usul açmaya başladı. Titriyordum ya! Gömlek tenimden sıyrıldığında, Sedat omzumda bulunan ize dudaklarını değdirdi usulca, gözlerimi kapattım. Ellerimi ellerinin arasına aldı, avuçlarımı öptü ve gömleğinin düğmelerine götürdü. *Hadi canım!*

Bu, gecenin izni gibiydi. Ya şimdi hayır diyecektim ya da bu gece onun olacaktım. Usulca açmaya başladım. Beceriksiz titrek ellerim onun sabırsızlığıyla birleşince kendi işini kendi yapıp gömleğinden sıyrıldı. Burnumun hizasında yarasına ilişti gözlerim, hâlâ tazeydi. Elimi yavaşça göğsündeki izde gezdirdim. Neydi bizim bedenimizdeki izler ya! Ya ruhumuzdakiler! İyileşebilir miydik birbirimizde? Usulca sokuldum yarasına, dudaklarım usulca buldu yarasını, iyileştirmek istercesine öptüm. Bedeni titremiş, daha fazla dayanamadan beni sarmıştı. Her ne varsa yaşanacaktı! Allah ne verdiyse!

Saçlarımdan boynuma kayan dudakları kor gibi tenimi dağlarken ben dağılmıştım.

"Sedat..."

"Hımm..."

"Ben..." dedim ve sustum.

"Benim olmanı istiyorum! Seni öyle uzun zamandır bekliyorum ki..." dedi ve dudaklarıma uzandı. Önceki öpüşlerinden çok farklıydı. Bana, bedenime, ruhuma açlığı öyle yoğundu ki! Durmasını istiyor muydum? Tam olarak cevap hayır! Ruhum gibi, bedenimi de ona teslim etmek istiyordum. O dudaklarımda var olurken ne ara beni duvara yaslamıştı, bilmiyorum. Elleri cesurca her yerimde dolanıyordu. İç çamaşırım kollarımdan sıyrılmasıyla göğüslerim dudaklarının arasında kaybolması bir oldu. Nazik, ama bir o kadar arzulu! Ara ara adımı hecelemesi beni bitiriyordu. Beni kollarına alıp ayaklarımı yerden kestiğinde yataktaydım. Usulca beni yatağa bıraktı. Gözleri bedenimde gezerken üzerindekilerden kurtuldu. Öyle iriydi ki! İçim korkuyordu, ama o Sedat'tı. Sedat beni incitemezdi. Gözleri gözlerime değdiğinde bir o kadar korkaktı bakışları ve her an kaçmamı bekler gibi bir hâli vardı. Yatağa, usulca yanıma uzandı. Beni kollarına alıp sıkıca sarıldı. Sarılabildiğim kadar sarıldım.

"Duygum, benim ol ki içimdeki ıstırap son bulsun," deyip dudaklarıma uzanırken nefesi yüzüme esti. İstekli, bir o kadar sıcak! Dudaklarım benim gibi onda var olmak için hevesliydi. Elleri usul usul beni kalan kıyafetlerimden kurtardı. Istırabını gidermekse niyeti onun olurdum olmasına da, ya beni bırakırsa! Yaşayamazdım!

"Sedat! Yapmayalım," dedim gözlerim dolu dolu, onsuzluk çöktü yüreğime, gözlerime baktı çaresizce! Biliyorum, istemezsem bana dokunmazdı.

"Beni bırakırsan ölürüm."

"Ben seni hiç bırakmadım, bırakmam! Sen benimsin!" dedi bir söz gibi. Dudaklarım dudaklarıyla buluştu. Ağzımdaki enfes adama cevap vermeye başlamıştım. Öyle bir tattı ki bir o kadar benim! Onun olacaktım, sadece onun! Ne zaman kendi şortu ayağından çıktı ya! Bu kadar mı hissettirmezdi. Elleri bir o kadar utanmaz, dudakları bir o kadar becerikliydi. Boynumda, göğüslerimde dolanan dudakları tenimi dağıtıyordu. Değdikçe tekrar var oluyordum. O esiyor, ben sadece esen rüzgârında savruluyordum. Gözlerime bakıp, "Titriyorsun," dedi gülümseyerek. Gamzeleri ortada, bir o kadar arzulu gözlerine ek!

"Utandırma beni," dedim, yüzümü boynuna sakladım sırıtarak.

"Benden utanma lüksünü yıllar önce kaybettin," dediğinde yüzümü ellerinin arasına almış, gözleri yine gözlerimdeydi.

"Bana hep böyle bak, olur mu?" dedim, gözümden bir damla yaş aktı. Mutluluktan! Neden olacak!

"Sana hep aşkla baktım. İlk gördüğüm andan bu yana," dedi elleri ellerimde kitlendi. Başparmağıyla gözyaşımı sildi usulca. Yüzünde öyle bir bakış vardı ki belliydi, ama duymaya ihtiyacım vardı. "Mutlu musun?"

"Bu belli değil mi?" dediğinde kasıklarımda hissettiğim sertlikle irkildim. *Cevaba bak ya!* Allahım, onu istiyordum.

"Sedat…" dedim kıkırdayarak.

"Sana o Sedat neler yapmak istiyor, bir bilsen," dediğinde sesindeki tutku tüylerimi ürpertmişti. Eşzamanlı elleri kasıklarıma kaydığında korkuyla elini tuttum. Gözleri gözlerimi buldu. Yanıyordum! Sönmem lazım!

"Korkuyorum," dedim titreyerek.

"Korkma," dedi usulca, elimi çekti. Dudaklarımı bulup aklımı oyalarken eli usulca arzuladığı diyarlara kaydı. Parmakları olmadık yerlerimde kıpırdanırken nefes alamıyordum. Konuşmamam için dudakları dudaklarımdan hiç ayrılmadı. Elleri her hücreme karış karış dokundu.

"Duygum… çok güzelsin," dedi isyanla. Elleri arsızca dolanırken, diğer eli beni kendine çekmiş, bırakmıyordu. Bedenim gevşemeye başlamıştı. Kalbim ellerinde hiçbir şey düşünemez haldeydim. Sadece Sedat ve onun bana yaşattıkları! Beni nasıl bir hâle getirdiğinin farkındaydı ve bu beni iyice utandırıyordu. Bacaklarımı aralayıp yavaşça üzerime süzüldü. Üzerime ağırlığını vermiyordu, bu işi bildiği öyle belliydi ki elleri ellerimde, gözleri gözlerimde…

"Duygum…" dedi, dudaklarıma uzandı. Yavaş yavaş gözlerime baka baka kendini içime itti. Sıkı sıkı yumdum gözlerimi! İçim onunla usul usul dolarken nefes alamadım. Ağzımdan çıkan küçük bir iniltiyi dudaklarında kaybettim. Canımı ona teslim ettiğim gün gibi sarıldım, sarabildiğim kadar… Onun kokusunun kıyısında kendini benimle tamamladığında, bedenim de ruhum gibi onundu. Onu hissetmek çok farklıydı. "Benimsin… Duygum," dedi aşkla. İçimde kıyıya vuran dalgalar gibi var olurken ben onun kumsalı gibiydim. Öyle bir şeydi ki anlatılamaz, yaşanırdı. Acıyla istek kardeşti ve ben bunu yeni öğreniyordum. Ondan kendimi kaçırıp saklamak, daha da fazlasını istemekti yaşadığım.

"Aç gözlerini Cano! Seni sevmeme izin ver," dedi, kendini sıkıca bir kere daha bedenime bastırdı. Ağır ağır, tadını çıkara çıkara tekrarladı. Tatlı bir zevk kasıklarımdan ruhuma yayıldı. İçimde yanan ateşi söndürmeye çalışan bir sızı gibi istila edip tüm benliğimi sardı.

"Sedat..." ismi çıktı ağzımdan iniltiyle. Bitmesin istiyordum, bitmesin, hep onun kalayım, tüketene, eritene kadar benim olsun, hep onun olayım! Her ne yapıyorsa, bedenim istemsizce cevap verdi. Ona ayak uydurmaya ne ara başlamıştım ben ya! Utancım yok olmuş, kalçam onunla bir hareket etmeye başladığında o da rahatlamış, hareketleri daha sertleşmişti. Gözlerini benden bir an olsun ayırmadı.

"Duygu bitirdin beni!" diye inledi kulağıma. Zevkten acı çeker hâle gelmiş, delirmek üzereydim. İnsan zevkten çığlık atar mıydı? Ben ne ara bu kadar istekli olmuştum? Cehennemde yanacaktım! İniltilerimi zorla bastırıp dudaklarımı ısırdım! Sedat yavaşladı ve yüzümü okşadı. "Canın yanıyor mu?"

"Ne!" dedim nefes nefese. Utanç ne ara beni ziyarete gelmişti? Allahım, ne olur bana söyletmesin, devam etsin! *Hayır*, anlamında başımı salladım. Bedenini üzerimden çekecekken izin vermedim, ama gözlerimi kaçırmamı engelleyemedim. Ruhumdaki arsız kadın, "Lütfen..." dedi utançla. Sırıttı, ama devam etmeye başladı.

Nasıl bir kullanmaktır kendini! Bir yılan edasıyla kıvrıldı üzerimde saatlerce... Beni olmadık diyarlara sürüklemeye başladığında onunla bir bütündüm. Bedeni cennetim, sıcaklığı dünyamdı. Çığlıklarım dudaklarında kayboldu, onunla cennetin bütün yollarını koştum durdum. Nefes nefese tükendiğimizde, *yaptım, yine yaparım,* diye bağırmak istedim, tabii bağırmadım. *Arsız Duygu! İçinde nasıl bir manyak varmış senin,* diye düşünürken kıkırdama-

mak için zor tuttum kendimi. *Sedat ne güzel şeysin sen öyle ya!*
Usulca kendini kopardığında ağzımdan bir küçük inilti daha duyuldu. "Duygum!" dedi onun olduğum adam. Dudaklarıma usul, küçük öpücükler kondurdu. Acımı almak ister gibi... Tuhaf, içim çekilmiş gibiydi.

"Benimsin..." dediğinde üzerimden yana kayıp yatağa uzandı ve beni üzerine çekti. Bedenim tamamen üzerindeyken içimden bir sıcaklık süzüldü. Bacaklarımın arasından ılık ılık akan bir sıcaklık... İrkildim!

"Şişt... sorun yok," dediğinde yüzümü göğsüne dayadım. Konuşmadık, sessizlik bize iyi gelecekti. Üzerinde uzanmış, onu yatak gibi kullanıyordum. Hiçbir uzvum çalışmıyordu ve ben kıpırdamak istemiyordum. Ruhum, bedenim yoktu. Sanki her bir parçam Sedat diye bağırıyordu. Çok güzeldi ve ben artık sadece onundum. Uykuya saklanmak istedim, çünkü bu yaşadığım dakikaları hazmetmem gerekiyordu. Gözlerim kapanırken sırtımı okşayan elleri masalım oldu. Artık karanlık bana bir o kadar uzaktı.

Savulun ben geliyorum

Sabah gözlerimi açmaya cesaret edemedim. Gecenin her karesi film şeridi gibi beynimde dönerken yaşamamış olmayı diledim. Yani aslında gecede kalıp yüzyıllarca Sedat'ın olabilirdim, ama şimdi, yüzüne nasıl bakacaktım, hiçbir fikrim yoktu. Acaba yataktan çizgi film karakterleri gibi sıvışıp kaçabilir miydim? Zor... Çaresizce gözümü araladım. Kahretsin! Sırıtıyor! *Dik dur kızım!* Dik, dedim, ama ne mümkün, yüzüm yanmaya başlamıştı bile. Benden ses çıkmayınca, "Günaydın," dedi sertçe. Sert mi? Sesindeki sertlik canımı sıktı. Oysa iki saniye önce sırıtıyordu.

"Ne oldu?" dedim gözlerine bakamadan.

"Sen benden utanıyor musun?"

"Hayır," dedim. Kızardı biliyorum.

"İyi," dedi aynı tonda. Ya ağlayabilirim ya! Niye bu kadar öküz olmak zorundaydı?

Biliyorum, bundan sonra onun hırçınlıklarına daha fazla canım yanacaktı. Çare yok, çekeceğiz artık. O sırada telefon çalmaya başladı. Kurtarıcım! Sedat benden kopmadan, "Ne var Ali?" dedi sertçe. Yani sırf bana değil öküzlüğü...

"Tamam, biz oraya geliriz," dedi ve kapattı.

"Ali, Sera Gölü'ne kahvaltıya çağırıyor, gidelim mi?"

"Olur, niye erken gitmişler?"

"Saat on," dediğinde hızla doğruldum.

"Rezil olduk," dedim isyanla.

"Niye?"

"Bizi şey sanacaklar?"

"Ne sanacaklar?" dediğinde gülüyordu.

"Hiç," dedim. Beni kollarına alıp sarması bir oldu. "Selma derimi yüzecek."

"Yüzemez, ben varım," dedi, gamzeler yine ısırmalık. "Artık senden uzak durmayacağım, haberin olsun. Tamamen benimsin!"

"Duşa girmeliyim, umarım kimse yoktur," dedim huysuzca.

"Beraber girelim."

"Olmaz!"

"Niye?"

"Bir de niye diyorsun, ayıp ama ya! Ya biri görürse?"

"Duygu!"

"Efendim?"

"Benim ol," dediğinde elleri bedenimde dolanmaya başlamıştı. *Ah hayır!* Nereye dokunacağını nasıl biliyordu ya! Dudakları dudaklarımı bulduğunda çoktan bacaklarımın arasına girmişti ve ben deli gibi cevap vermek istiyordum.

"Yapma," dedim istercesine. Allahım, nazlanmak çok güzeldi.

"Daha sana neler yaparım Duygum!" dediğinde çoktan içime süzülmüş, nefesimi kesmişti. Onun olmak çok güzeldi. Ondan kopmam resmen kavgayla oldu. Utanmaz ya! Ona kalsa odadan çıkamayacaktık. Rezillik diz boyu!

"Duygu gel buraya, bak fena olacak!" dediğinde kapının önünde giyiniyordum.

"Sedat ayıp ya! Saat on bir oldu. Ben de gitmek istemiyorum, ama mecburuz, hadi lütfen," dediğimde, "Hadi git!" dedi sırıtarak. Banyoya gizli saklı nasıl ulaştım, bilmiyorum. James Bond yanımda halt etmiş! Hızla duş aldım. Giyinirken Sedat usulca içeri girdi. Memnuniyetsizce söylenirken bir yandan soyunmaya başladı.

"Benimle duş almalıydın," dediğinde yüzüm mora dönmüştü, biliyorum.

"Hadi, ben acıktım. Çabuk ol!" dedim, ama nerede? Beni kendine çekip dudaklarıma uzandı ve ağzında eritircesine öptü. Başım dönmeye başlamıştı. O kadar güzel öpüyordu ki! Elleri kalçalarıma uzandığında niyeti anlaşıldı. Karnıma değen sertlik bedenime ateş olarak geri döndüğünde, kendimi zorla çektim.

"Sedat! Beni kandırma," dedim utançla.

"Kim kimi kandırıyor?" dedi sırıtarak, beni bıraktı ve duşa girdi. Buzlu camın ardındaki yansıması gerçekten iştah açıcıydı. Of, niye buzlu cam koymuşlardı ki! Dikkatimi toplamaya çalışarak saçlarımı kuruttum. Papaz gibi oldu aceleden! Allahım, o filmlerdeki bakımlı kadınlar gerçekten yaşıyor muydu?

Bahar ayı kendini göstermiş, güneş açmıştı. Güzel olmak, Sedat'a güzel görünmek istiyordum. Odaya girip bütün bavulu boşalttım. Sedat havlu belinde içeri girdiğinde, ben hâlâ iç çamaşırlarıyla duruyordum. Tam bir fiyasko! Sedat gelip ne ara arkamdan sarıldı bilmiyorum. Onunla bütün gün yeminle yataktan çıkmazdım.

Sedat her dakika hazır asker gibiydi ve bu hâli hoşuma gidiyordu. Onun tarafından istenilmek çok güzeldi. Allahım, hep bana sarılsın! "Giyin hadi, yoksa gidemeyeceğiz," dedi sertçe. Sırıttım ve bavulumla savaşmaya döndüm. Ben seçene kadar Sedat çoktan giyinip tüm karizmasıyla karşıma dikildi. Onun yanında gerçekten sönüktüm ben ya! Yarasa kollu krem renkli kayık yaka bir bluz giydim. Altına tayt, böyle mi güzel olacaktım? Mutsuzlaştım tabii! Bildiğin normal yurdum kızıydım ve ilk defa çok güzel olmak istiyordum. Suç mu? Benden başkasını gözü görmesin, gözleri başka bir güzele kaymasın, beni hep arzulasın istiyordum. Evet, ben Sedat'la kafayı yiyordum! En son kolyemi taktım ve saçlarımı tepeden atkuyruğu yapıp çizmelerimi giydim. Hey hey, belki yetişirim boyuna! Elimi tuttuğunda gözlerime bakıyordu. Hiç bırakmasın diye dua etmem sanırım normaldi. Salona çıktığımızda Hacer Ana elinde domates soyup duruyordu. Sedat ve Duygu, rezillik, birinci perde, sinemalarda!

"Hacer Ana, sen gitmedin mi?" dedim, donmuştum. Sanki yüzümden dün gece okunacaktı.

"Yok kızım, ne işim var benim kırk yıllık gölde?"

"Kalk ana kalk, gezeriz beraber," dedi Sedat.

"Yok oğlum, sen git, gelinimi gezdir. Benim bu yaştan sonra gezeceğim cennet kalmış."

Sedat, "İnşallah," demez mi? Ona ne söyledin sen ya diye bakarken, kaşını kaldırıp bir de beni azarlayacaktı neredeyse.

"Merkezden bir şey ister misin anam? Durmuş düğün için her şey tamam dedi, ama varsa bir şey..." dedi Sedat suç bastırarak.

"Oğul, şu Emel kızım iyi hoş da kardeşinin biraz sütü bozuk. Onun bir hâl çaresine bakmak lazım. Malum, benim oğullar sahiplendi kızları..." *Harika!*

"Tamam ana, ben çekerim kulağını," dedi Sedat. Ne yapacaksa? Hacer Ana'yla vedalaşıp arabaya bindik. Suratım asık tabii. Hem rezil olmuştuk hem de Filiz kusurdu. Sedat arabayı çalıştırıyordu ki dayanamadım.

"Anlamış mıdır?" dedim usulca Hacer Ana'yı kastederek.

"Neyi?" dediğinde dün geceyi kastederek kaşlarımı kaldırdım.

"Dün geceyi anlamamıştır da sabahı anlamıştır. Çok çığlık attın," dediğinde kızarma ne kelime, morarmıştım.

"Sen! Sen! Gerçekten terbiyesizsin. Senin ar damarın yok!" deyince yüzünü boynuma değil, koynuma gömüp arsızca dudaklarını dolandırıyordu. "Çok güzeldi ama," dedi sesi boğuk, sakalları tenimi çiziyordu. Nasıl bir şeydi bu? Kor ateşlere düşmüş gibi yanmaya başlamıştım. Nefes alışverişleri değişmiş, kollarıyla belimden tutmuş, beni kendine çekiyordu. Allahım, biz sapıktık sanırım! Kendini zorla benden çektiğinde, "Kapat o omzunu!" demez mi? Yok artık! Bunca yıldır hiçbir kıyafetime karışmayan adam karşımda duruyordu. Yok, canım üşürüm diye söylemişti. Hem bluzun modeli öyleydi, ben ne yapayım!

Sedat yolda devamlı telefonla konuşmak zorunda kaldı. İstanbul, Ankara arası tuşlara basıp durdu. Kapattığında göle girmek üzereydik. Ali'm tesislerde olduklarını söyledi.

"Sedat," dedim.

"Hımm."

"Seni vuran..." dedim, boğazıma bir şey takıldı.

"Kim olduğumu bilmiyordu."

"Ne fark eder ki? Senden ne istiyormuş?"

"Benimle bir ilgisi yok."

"Ne peki?"

"Duygu, niye öğrenmek istiyorsun?"

"Bu benim hakkım!" dedim sinirle.

"Neymiş senin hakkın!" dediğinde bozulmuştum, ama hemen pes etmeyecektim.

"Bilmek istiyorum."

"Burnunu işlerime sokma," dediğinde dişlerimi sıkıyordum.

"İyi! Sen de bir daha vurulma!" dedim hırsla. Sesini çıkarmadı, ama sinirlendiği yüzündeki damarlardan belli oluyordu. Biz nasıl bir anda sevgiyle bakışıp on dakikada kavgalı hâle gelebiliyorduk, hiçbir fikrim yoktu. Göle geldiğimizde arabadan indim. Elini uzattığında tuttum. Gözü omzumda, hey Allahım! İstersen kapat!

"Üşümüyor musun sen?"

"Hayır!" dedim sertçe. Yürürken Ali'm el salladı. Elimi çekmek istedim. Bırakmadı. "Sedat, beni utandırıp durma lütfen, bırak elimi. Bekir ve Ali'm var," dedim usulca.

"Utanılacak bir şey yok. Benimsin, nokta," dedi. *Harika!* Sedat, Duygu ikinci perde, rezillik sinemalarda! Benimsin dediğinde içim ısındı. Ben onunsam, o da benimdi, değil mi?

Ali'm masayı bir donatmış, ama ne donatmak, üç gün yemek ye, bitmez. Bütün tayfa buradaydı. Tanımadığım iki kadın ve üç adam daha vardı. Emel, kardeşi Filiz, Laz develerim, Selma ve Bekir.

"Günaydın," dedim, demez olaydım. Herkes laf sokmak için bizi bekliyormuş.

"Sabah şerifleriniz hayrolsun, neyin var senin? Hasta mısın? Yüzün niye kıpkırmızı?" diye sordu Selma.

"Uyanmasaydınız," dedi Bekir.

"Ula havadandur," diye yanıtladı Durmuş.

"Yüzine can gelmiş da!" diye atıldı Dursun.

"Siz mutlu olun da," diyen Ali'mdi. Bizim için gülümsüyordu, sanki bunu görmeyi yıllardır bekliyormuş gibiydi. Ben de bekliyordum be Ali'm! Sadece haberim yoktu, o kadar.

Tabii Durmuş ve Dursun'a sadece "off" diyorum, başka bir şey demiyorum. Allahım, bu kadar mı çizgi film boyutunda yaşardı insan ya! Dursun, "Ula Sedat, sen bu kara kuri kiz içün mi senalardur beynimizi yedin? Haçen ben kariştirdum oni yoksa sarışin için miydu?" dedi.

Durmuş, "Ula siz evli misunuz? Değil misunuz? Ben kariştirdum," dedi ya! Pislik yapıyorlardı. Suratlarından belliydi. Hamsi kafalılar!

Sedat, Bekir'in yanındaki sandalyeyi çekti ve oturmamı sağladı. Sonra bana gayet yakın bir şekilde oturup, "Yok Durmişim! Benim gözim sende da! Seni kendime alacağum uşağum," dediğinde sırıtıyordu. Ben de gülüyordum tabii. Bekir bizi arkadaşlarıyla tanıştırdı. Vefalılarmış, düğüne gelemedikleri için ziyarete gelmişler. Dolayısıyla Durmuş ve Dursun'un da arkadaşları oluyorlardı. Bekir, "Sedat iş ortağım, Duygu benim canım," diye tanıştırdı bizi. Sadece masanın karşısında kalan kadınla Sedat göz göze geldi ve, "Nazlı naber?" dedi.

"Merhaba Sedat," dedi kadın, ama gözü bende. Gülümsedim, ama kadın ben gülümseyince rahatsız oldu.

"Ben Nazlı," dedi gülümsemeye çalışırken. *Ne oluyoruz ya?* Kadının yaşı otuz civarı gibi duruyordu. Etine butuna dolgun göğüslü, beyaz tenli ve kumral bir kadındı. Gerçekten ben kendime güveniyorum diye bağırıyordu. Küt saçları dolgun dudaklarına değiyor, bu ona daha istenir bir hava veriyordu. Elinde yüzük yoktu. Sanırım ben bu yüzük olayına fena takmıştım. Kadın, Sedat'ın gözlerinin içine baktı bir iki saniye, ama Sedat oralı olmadı.

"Duygu," dedim duruca.

"İsminizi devamlı duyuyorum. Sizi merak ediyordum," dediğinde meraklı bakışlarım yüzünden açıklama gereği duydu.

"Bekir ve Ali sizi ağızlarından düşürmüyor," dediğinde bu kadının onları nereden tanıdığını merak ediyordum. Ali'm, Sedat'ın iri cüssesini aşıp yanağımı sıkıştırmaz mı? Benim karizma yerlerde tabii. "Ben bu Çirkin'i bırak ağzımdan, hiçbir yerden düşürmem!"

"Dur Ali'm ya!" diye ciyakladım. O arada Selma'nın gözü ensemin kıyısına kaydı ve kaşı havaya kalktı. Allahım, ben nereye düştüm? Bu insanlar uğraşmak için beni mi bekliyorlardı? Ali'm yüzünden kadını kafamda sorgulamam şimdilik son buldu. Durmuş ve Dursun, adına Haşmet dedikleri adamla konuşuyordu, Bekir de onlara katılmıştı. Ali'm tabağına gömülmüş, yemek yiyordu. Nazlı denilen kadın, yanındaki Meltem adında benim yaşlarımdaki kızla sohbetteydi.

Selma, "Duygu lavaboya gidelim mi?" dediğinde gitmemek mümkün mü? Dayanamadı, meraktan ölecek valla. "Olur," dedim. Bekir'le Sedat'ın arasında sıkışmışım. Sedat kalkıp sandalyesini çekti. "Dikkat edin," dedi, saçımı kulağımın arkasına iliştirdi. Ya benim saçım toplu değil miydi? Yemin ediyorum İstanbul'da kuaförden çıkmayacağım! Kuyruğumu kıstırıp Selma'nın peşine takıldım. Masa gözden kaybolduğunda hatun resmen üzerime atladı. "Anlat çabuk!"

"Ne anlatayım? Sen söyle, Nazlı denen kadın kim? Nereden tanıyor bizim develeri?"

"Samsun'daki işleri o götürüyormuş, iş yani," dedi, ama gözünü kaçırdı.

"Başka bir şey var?"

"Bak benden duymadın ama..."

"Söyle!"

"Bir ara Sedat'la münasebetleri olmuş, ama bitmiş."

"Nasıl bir münasebet?"

"Anla işte."

"Oha!"

"Duygu, bırak bunları, adam gözünün içine bakıyor."

"İyi de şimdi niye burada?"

"Kızım ne bileyim, iş deyip duruyor bizimkiler."

"Selma, ben kime çattım ya! Ben ona yetemem," dedim ağlamaklı.

"Birlikte oldunuz?" diye ciyaklamaz mı, yüzüm kıpkırmızıydı, biliyorum.

"Evet," dedim, kaçarı yok.

"Kuzum çok sevindim. Bu gerekliydi."

"Gerekli mi?"

"Sedat seni her şekilde sahiplenmek istiyordu. İyi oldu, keyfini çıkar," dedi sırıtarak. Çantasından bir kapatıcı çıkardı. Bir de dudak parlatıcısı...

"Aynaya hiç bakmadın mı?" dedi sırıtarak.

"Yok! Fırsat olmadı, çok Çirkin'im değil mi?"

"Sen deli misin? Tazeciksin bebişim! Kendinin farkına var artık, yanında aslan gibi adam, seni seviyor ve demek ki onun için güzelsin. Ayrıca Deniz'i düşün, o bile sana kapıldı. Bizim develerin engellemelerini saymıyorum bile..."

"Bu ne için?" dedim elindeki parlatıcıya bakarak.

"Çok öpüldüğün belli oluyor, hepsi bu," dedi ve parlatıcıyı bana uzattı.

"Rezil olduk," dediğimde kapatıcıyı boynumun kıyısındaki kızaran yere sürüyordu.

Selma bana sarıldığında, "İlk defa çok güzel olmak istiyorum," dedim.

"Hallederiz, sorun değil, ama gerek yok," derken benim aynaya bakmamı sağladı ve, "Ben esmer güzeli, incecik belli, kalkık burunlu, dolgun dudaklı, en önemlisi Sedat'ı yıllarca yakan bir kadın görüyorum," dediğinde neredeyse ağlayacaktım. Kendimi tanıyamıyordum, bir gecede ne hâle gelmiştim! Kendimi bu kadar yetersiz gördüğüm bir gün bile olmamıştı. Dudaklarıma parlatıcıyı sürüp saçlarımı açtım. Daha derli toplu olmuştum. Sabah elektriklenen saçlarım şimdi daha iyiydi. Masaya geldiğimizde Sedat kalkıp oturmam için yer vermek zorunda kaldı. Yemeğini bitirmişti ve bana yakın olmak adına bacaklarını açıp benim sandalyemi kendine çekti. Neredeyse sırtım göğsündeydi, o kadar yani. Arkamda kaldığı için ona dönüp konuşmak zorunda kalıyordum. Uzanıp tabağıma bir şeyler daha koymaya başladığında, "Sedat doydum," dedim usulca.

"Yemelisin, çok cılızsın," dedi. Gamzeleri ne çok görünür olmuştu. Acaba bunun nedeni ben miydim? Yoksa Trabzon mu?

Koyma diye bakıyordum, hiç oralı değildi, usulca kulağına eğildim. "Sedat koymasana!" dedim.

"Yemelisin, bana lazımsın," dediğinde, "Adam eksik galiba!" dedim, ah Duygu, ne safsın!

"Evet, koynumda," dedi gözleri dudaklarımda ağzına zeytini atarken. Gözlerimi nasıl çektim, kafamı tabağıma nasıl gömdüm, bilmiyorum.

"Ben hep zayıftım," dedim kırgınca. Dün akşam galiba beni beğenmemişti. Karşımda oturmuş, ara ara kaçamak gözlerle bizi seyreden, her yeri kıvamında, dolgun göğüslü Nazlı'ya baktım. İçim niye kasvet doldu benim ya? Ağlayacaktım. Nazlı yetmiyormuş gibi bir de Senem geldi aklıma. Of, o çok güzeldi ya! Biliyorum çünkü bizzat onu çıplak görmüştüm. Nazlı ve Senem hafızamda dönüp dururken dün geceki cesaretime şaşırdım. Ben ona yetemeyecektim ve Sedat benden sıkılacaktı. Midemden yükselen sızı ruhumun derinliklerine ulaştığında tabağımdaki peyniri kovalıyordum. Bugüne kadar hep kaybetme korkularım olmuştu. Ali'm ve Bekir için hep bu korkuyu duymuştum, ama bu sefer farklıydı. O beni istemediğini söylediği zaman yok olacaktım. Bununla nasıl baş edeceğimi düşünürken Emel'in söyledikleriyle kendime geldim.

"Duygu bugün düğün için elbise bakacağız. Siz de gelsenize." Moralim sıfıra düşmüştü, Sedat'tan biraz uzaklaşmak bana iyi gelecekti. "Olabilir, bir planımız yok sanırım," dedim ve Sedat'a döndüm.

"Gidin isterseniz, bizim üç dört saatlik bir işimiz var. Ali sizinle gelsin," dedi Sedat.

"Gerek yok Sedat, Trabzon'dayız," dedim Ali'mi kastederek. İstanbul tamam, ama burada bizi kim ne yapsın?

"Olmaz," dedi yanağıma elini dayayıp. Allahım, herkesin içinde bana dokunmuyor mu? Yine pancar gibi olmuştum sanırım.

"Eh, hadi kalkalım," diyen Selma'nın sesiyle gözlerimi gözlerinden çekebildim. Kalbim öyle bir ikilem yaşıyordu ki! Pişman mıydım? Sedat'ı sevdiğim için pişman değildim, bu kesindi. Sadece kendimi savunmasız, bir o kadar da çaresiz hissediyordum.

Kızlar masadan kalkarken ben halen oturuyordum. Sedat, "Bir şey mi oldu?" dedi usulca.

"Yok, ne olabilir?" dedim ve ondan uzaklaşıp ayağa kalktım.

"Gitmek istemiyorsan göndermem," dedi gamzeler yine ortada. Gözlerimi kaçırdığımda tedirgin oldu. "Duygu! Neyin var?"

"Yok bir şeyim. Gitmek istiyorum," dedim ve telefonumu çantama koydum. O ara, "Madem toplandık, akşam bir rakı balık yapalım," dedi Dursun. İsyan edebilirdim, çünkü kalabalığı kaldırmayacak kadar mutsuzdum.

"İşin rengi değişir o zaman," dedi Selma. Bekir hayran hayran onu izliyordu. Aynı kedinin ciğere bakması gibi bir havası vardı. Çok tatlıydı ya! Tabii ben de merakla Selma'ya bakıyordum. "Biz alışverişten sonra kuaföre geçeriz," demez mi? Yok artık! Bir yemek için...

"Biri beni vursun," dedi Ali'm. Gülümsedim. Bir şekilde Sedat benim huzursuzluğumu anlamıştı. Dikkatini dağıtmalıydım, çünkü üzerime gelirse bülbül gibi şakır, içimdeki her şeyi anlatırdım ki bu en son istediğim şeydi. Sırıtarak, "Arabayı ben kullanacağım, sen kullanınca başım dönüyor," dedim Ali'me.

"Abi ben gitmiyorum. Bu Çirkin çoktan su koyvermeye başladı. Bununla gün bitmez."

Sedat bir şey demeden, "Ali, gerçekten çok deli kullanıyorsun," dedi Selma ve Ali'm iyice bozuldu. "Tamam ya! Akşam görüşürüz millet," dedi ve huysuzca dönüp arkasını gitti. Selma ve ben gülerken arabanın anahtarlarını sallıyordum. Emel ve Filiz ceketlerini giyerken Sedat, "Sizi geçireyim," dedi.

"Gideriz biz," dedim mırıltıyla. Utandırıp durma beni ya! Gözüme baktı memnuniyetsizce. "Canını sıkan bir şey var?" dedi.

"Yok," dedim, gözlerimi kaçırdım. Allahım, ben hiç iyi bir yalancı değildim.

"Duygu pişman mısın?" dedi sertçe. "Sedat bunu nereden çıkardın?" dedim tereddütsüz. Kalbim cevabı vermişti. Pişman değildim, korkuyordum.

"Bilmiyorum, durgunsun."

"Bu normal değil mi?" dedim utanarak. Rahatladı devem. Kıyamazdım ben ona ya! Bana sarıldı ve elimden tutup yürümeye başladık. Selma, Bekir'e kocaman bir öpücük verdi. Sedat'ı, Nazlı'yla bırakıp gidiyordum, aferin Duygu! "Hadi masaya dön," dedim Selma yanımıza ulaştığında. "Dikkatli olun," dedi ve tuttuğu elimi öpüp bıraktı. Sessizdim, kendi okyanusumu yaratmış boğuluyordum ki Selma memnuniyetsizliğimi anladı tabii. Allahım, kız yeminle algı makinesi... "Alışmalısın Duygum!" dedi sırıtarak.

"Neye, başka kadınlara mı?"

"Duygu sen normal biriyle birliktelik yaşamıyorsun. Adam neredeyse İstanbul'u yönetiyor."

"Umurumda değil, onu paylaşmak istemiyorum. Ayrıca benden sıkılmasını da istemiyorum," dedim isyan eder gibi.

Birlikte arabaya geldiğimizde Emel ve kardeşi arkamızdan bize yetişmişti. Üç kız arkaya otururken ben şoför koltuğuna geçmiştim. Ali'm önde, suratsızca oturuyordu. "Ali'm, geç kullan hadi!" dedim sırıtarak.

"Yok, geçmem artık," dedi uyuzca ve sırıttı. "Niye sırıtıyorsun sen sabahtan beri?"

"Biliyorsun sen," dedi mutlulukla. Anlamış olabilir miydi? Yok canım, o kadar mı belli?

"Konuşuruz," dedi, utandım ama ya! Ali'mle yalnız kalmalıydım. Gözüne baktım ve arabayı çalıştırdım. Tam dışarı çıkarken elleri cebinde dikilmiş, Sedat'ı gördüm. Bizi izliyordu. Ali'm kıkırdadı. "Aklı sende," dedi. Arkada oturan kızları bile unutmuştum. "Gerçekten mi?" dedim usulca.

"Duygu, sen iyice uçtun. Belli değil mi?" Kornaya hafifçe dokunup gözlerimi Sedat'tan alarak gaza bastım. Dikiz aynasında Filiz'le göz göze geldim. Bakışlarını kaçırdı. Emel'in onu uyardığı bariz belliydi. Aferin, ablasını dinliyordu. Daha hayatının baharındaydı, ona kızmamam gerekiyordu.

Ey Ulu Öküz!

Alışveriş merkezine girdiğimizde Sedat'tan biraz olsun uzaklaştığım için zihnim açılmıştı. Emel ve Filiz beğendikleri elbiseleri denerken Selma ve ben halen bakıyorduk. Ali'm oturmuş bir yere, bizi göz hapsinde tutuyordu. Çok güzel elbiseler vardı, ama benim kapatmam gereken izlerim olduğu için kısıtlanıyordum.

Selma bana düğün için kısacık bir elbise aldırttı. Ali'm gördüğünde, "Abi bunu sana giydirmez," dedi ve sırıttı.

"Sedat karışmaz ki benim giydiklerime."

"Artık karışır. Bence başka bir elbise bak," dedi. Tabii Selma, "Karışmasın canım," dedi ve elbiseyi aldık. Kolları ve göğüs kısmı kapalı ve yine danteldi. Göğüslerimi olduğundan daha büyük göstermesi, tenimi sarıp bel kavisimi ortaya çıkarması hoşuma gitmişti. Elbisenin eteği kalçalarımdan aşağı kışkırtıcı bir şekilde süzülüyordu. Uçuk toz pembe rengi beni açmıştı. Beğenmiştim, gerisi boş. Selma elbise denerken telefonum çaldı. Sedat arıyordu. Usulca uzaklaştım. "Efendim?"

"Özledim seni," dediğinde içimde tarlalar dolusu güller açmıştı. Ses etmedim. Hâlâ yüreğim ikilemlerimle savaşıyordu.

"İşiniz bitti mi?" dedim, belki gelir ve içimdeki huzursuzluğu geçirecek bir şeyler söylerdi.

"Duygum neyin var?"

"Hiç."

"Durgunsun, aklım sende."

"Sedat iyiyim. Selma'ya bakmalıyım."

"Kuaföre geçecek misiniz?"

"Evet."

"Çok güzel olma..."

"Ben hiçbir zaman güzel olmadım ki!"

"Olma zaten!" Sen çok güzelsin dese ya! Demez! Selma'ya elbise aldık ettik. Kuaföre gittiğimizde saçlarımı fönletip bıraktım. Ne yaptırayım, alt tarafı yemek. Topuz yaptırsa mıydım diye güldüm kendi kendime! Ne yapayım! Kaşlarımı düzelttirip hafif makyaj yaptırdım. Akşam için aldığım turuncu bluzla bir şeye benzeyecektim inşallah. Eve döndüğümüzde saat altıya geliyordu. Sedat'lar daha gelmemişti. Ali'm içeri girdiğinde biz hazırdık.

"Abi mekânda bizi beklediklerini söyledi. Vay kızlar, yine ortalığı yakıyorsunuz," dedi sırıtarak. Selma o ara içeri kayboldu.

"Emel'leri alacak mıyız?" dedim Ali'me.

"Yok, oraya gelecekler," dedi Ali'm ve gelip bana sarıldı.

"Bir şey var sende. Durgunsun," dedi gözlerime bakarak.

"Yok," dedim, kızarmıştım.

"Var," dedi. Beni tanıyordu. Kaç senelik Duygu!

"Korkuyorum."

"Neden?"

"Sen şimdi gidip hemen Sedat'a yetiştirirsin."

"Duygu biri rahatsız mı ediyor?"

"Hayır Ali'm ya!"

"Delirtme beni, söyle."

"Ona yetememekten korkuyorum. Ben buyum Ali'm, o... o... bana fazla ve ben onu kaybetmek istemiyorum," dedim, sustum, yine ağlayacaktım ya! Ali'm kahkaha atmaya başladı.

"Gülme Ali'm ya!"

"Valla sana Çirkin diye diye sen kendini gerçekten Çirkin belledin ha! Duygu, hadi Çirkin'sin diyelim, sen, Sedat için hazinesin. O yıllardır sana âşık."

"Etrafında..."

"Etrafında yıllardır bin bir çeşit hatun var, ama o her zaman seni sevdi. Şimdi sen mutlusun, o mutlu."

"Ya sonra?"

"Ya buradan çıkıp ölürsek, bunu konuşalım mı? Kendimize hayatı eziyet haline getirebiliriz, ne dersin?"

"Tamam," dedim çocukça.

"Seni bırakmaz o, Deniz lavuğu varken bile bırakmadı."

"O sizin suçunuz," dedim isyanla. Selma yanımıza geldiğinde, "Kızım yine mi aynı konu ya!" dediğinde sessiz kaldım.

"Ali deli bu valla! Sedat diye ölecek," diye kıkırdadı Selma.

"Ölmez, ölmez, alışır," dedi Ali'm ve evden çıktık. Sanırım daha iyiydim. Restoran tarzı mekânın çalan müziği kapının açılmasıyla kulaklarımıza yayıldı. Kısa eteğim açık turuncu renkteki bluzumla kendimi iyi hissediyordum. Üzerimdeki dizlerimin altındaki ince trençkotumu çıkarıp vestiyere bıraktığımda Selma beni bekliyordu. Üzerinde siyah hafif simli elbisesiyle yine çok güzeldi ve mont falan giymemişti.

"Kızım sen hiç üşümez misin? Bebeği üşüteceksin," dedim sırıtarak. O sırada Ali'm biriyle tokalaşıyordu. Adam gözucuyla bize beğeniyle baktığında Ali'm gerildi. Selma'ya ters ters baktım, çünkü bana kalsa kotumu giyer gelirdim. Bu etek abartıydı. "Kızım, başlarını belaya sokacağız valla," dedim fısıltıyla.

"Kıskanılmak güzeldir. Şapşal şey! Sonra kalkıp ağlama, ya beni bırakırsa diye. Kıskanacak ve elinden kaçırmamak için her şeyi yapacak."

"Tabii canım, kapı dışarı çıkarmazsa, görürüm ben seni," dediğimde hâlâ Ali'mi bekliyorduk. Ali'm sertçe "Geçin siz," dedi ve iç kapıyı açmasıyla Sedat'ların oturduğu masayı görmem bir oldu. Karşısında Nazlı denilen kadın oturuyordu. Dursun Meltem denilen diğer kadının karşısındaydı. Birden aslında çok savaşçı bir yapım olmadığını fark ettim. Ben geberircesine Sedat'ı sevebilirdim, ama bir kadınla onun için savaşamazdım. Bu düşünceler nereden çıkmıştı, hiçbir fikrim yoktu. Sanırım deliriyordum. Neden mutsuzluğa itiyordum kendimi ben ya! Çok mutlu olmam gerekirken içimde beni kemiren neydi? Derin bir nefes aldım. O kadın geçmişiydi, değil mi? Ya değilse! Nefes almaya çalıştım, ama ciğerlerim içimdeki sıkıntıyla oksijene kendini kapatmıştı sanırım. Sedat bizi görünce ayağa kalkıp hızla yanımıza geldi. Gözleri eteğime ve oradan yüzüme kaydı. Kaşı havada, dişlerini sıkıyordu.

"Ne?" dedim, zaten gerilmiştim.

"Ali nerede?" dedi sertçe.

"Geliyor, birini gördü," dedim. Elimden tuttu ve beraber masaya yürüdük. Sandalyesini yine beni kendine yakın tutar pozisyona sokup oturdu. Nasıl yemek yiyecekse! Durmuş bana baktı, kafasını çevirdi ve sonra tekrar bakıp, "Ula bu güzel hatun Duygu mudur? Hoş geldin masaya renk geldi," dedi sırıtarak.

Ben daha ağzımı açmadan Nazlı Hanım, "Aşk olsun Durmuş," demişti. Durmuş "Yani sizden sonraki renk demek istedim," dediğinde Nazlı sırıttı. Benim de böylelikle cevap vermeme gerek kalmadı. Sedat'ın niye suratı beş karışsa?

Nazlı, "Hoş geldiniz," dedi gülerek. Selma ne ara Bekir'in yanına oturmuştu? Bu kız gerçekten işi biliyordu ya! Adamın yüzünü ellerinin arasına almış, okşuyordu. Bekir mest!

"Hoş bulduk, siz ne zaman geldiniz?" dedim Sedat'a bakarak, ama hatun kendi üzerine alındı. Aklımda deli saçmaları, kadınla Sedat'ı yatakta düşünüp duruyordum. *Of, Duygu!*

"İki saat oluyor," dedi Nazlı. İki koca saat dedim, tabii içimden. "Senin neyin var?" dedim Sedat'a bakarak. "Neyim olabilir? Kadınım her zamanki gibi ışık saçıyor. Ben kuduruyorum," dediğinde ne dediğini algılamaya çalışıyordum. Benim koca öküzüm galiba bana iltifat etmeye çalışmıştı.

"Bunu iltifat olarak alıyorum," dedim sırıtarak. "Ruj sürmüşsün," dedi memnuniyetsizce. Tam bir şey diyeceğim Meltem, "Duygu!" dediğinde Sedat'tan gözlerimi ancak çekebildim. Kız içkiyi fazla kaçırmıştı, yüzünden belliydi. Gündüz hiç konuşmayan kız benimle kırk yıllık arkadaşı gibi konuşuyordu.

"Bu gece gerçekten güzel olmuşsun," ile başladı hatun.

"Teşekkür ederim," dedim, ne diyeyim? Ali'm evden idmanlı

tabii. "O her zaman güzel, size kırdığım kafaların listesini anlatmaya kalksam, buradan İstanbul'a yol olur," dedi ya, pes! Benim etrafım cambaz dolu ya!

"Ali'm ellerin dert görmesin," dedi Sedat. Ağzımın içinde, "Barbarlar," dediğimde kulağıma eğildi ve, "O barbar sana gece neler yapacak Canom," dedi ve ben buhar olup uçmak isteyen bedenimi dizginlemekle meşguldüm. Meltem azimli, yedi sülalemi öğrenip nüfus bilgilerimi alacak.

"Yaşın kaç?"

"Yirmi dört."

"Daha ufak duruyorsun," dediğinde cinler tepemdeydi. Ya ben bunu artık duymak istemiyordum. Halil Sezai'nin *İsyan* şarkısı benim için yazılmış olabilir miydi?

"Yapacak bir şey yok," dedim memnuniyetsizce.

"Ben senden iki yaş büyüğüm. Selma sen kaç yaşındasın?"

"Bayanların yaşı sorulmaz güzelim, ama merak ettiysen söyleyeyim. Seninle aynı yaştayım," dedi buz gibi bir sesle. Meltem takmadı ya da anlamadı.

"Nazlı en büyüğümüz," dediğinde Nazlı gözümün içine içine bakıyordu. Sedat kadın muhabbetinden sıkılsa gerek, eli belimde erkeklere doğru döndü. Meltem bomba soruyu sona saklamıştı. Sedat bizi duyuyor muydu bilmiyorum. Dursun'la bir şeyler konuşuyorlardı. En son, "Ne kadar oldu?" dedi, anlamadım.

"Ne ne kadar oldu?" dedim, çalan kanun, gitar ve her ne varsa duymamı engelliyordu. "Sedat'la," dediğinde kaşımı yukarı kaldırdım.

"Yedi," dedim, pislik yapmak benim işim güzelim.

"Yedi ay uzun bir süre," dediğinde Nazlı'yla göz göze geldiler güya çaktırmadan. Sorulan soruların cevaplarını Nazlı'nın merak ettiği, Meltem'e onun sordurduğunu anlamış oldum böylelikle. "Yedi yıl," dediğimde aptalca bana bakıyorlardı. Doğru sayılırdı, Sedat beni içten içe sevmiş, ben onu sevdiğimi anlamamıştım. Bundan zevk aldım tabii.

Nazlı dayanamadı.

"Zor olmalı."

"Ne zor olmalı?" dedim, hafif dudağım yana kıvrılmıştı.

"Sedat gibi birini idare etmek?"

"İdare etmek derken?" dedim, sorularına soruyla cevap vermem onu sinirlendiriyordu, fark ediyordum.

"Yani adamın gecesi gündüzü belli değil. Yanında hep güzel hatunlar ki bizim işler belli..."

"Malum, sizin işlerdeki kadınlar belli, Sedat o tür kadın isteseydi, zaten benim yanımda olmazdı. O yüzden içim rahat! Zaten olursa da ağzını siler, bana geri döner. Sefası olsun derim," derken söylediklerime ben de inanamıyordum. Sabah Selma'nın söyledikleri kulaklarımda çınlamıştı ve onun yüzünden bu düzeysiz konuşma içine girmiştim. Nazlı'nın yüzü çarşamba pazarına dönmüştü. Gözucuyla akıl hocama baktım. Selma ağzı açık, beni izliyordu ve benimle gurur duyduğunu gülüşünden anladım. Öyle bir kahkaha attı ki evlere şenlik. Nazlı sustu ve eminim bütün geceyi suskun geçirecekti. Senin karşında yıllardır üç devenin içinde *ustalaşmış bir Çirkin var*, dedim, ama tabii içimden.

Nazlı adeta kafasını tabağa gömdü. Umarım artık Sedat'tan uzak dururdu, yoksa ne yapardım, hiçbir fikrim yoktu. O ara garson gelip siparişlerimizi alırken Sedat kulağıma eğildiğinde kalbim duracaktı. Nefesi sanki karnımın içine esiyordu. Dün gece onun olurken yaşadığım ne varsa, hepsi bedenimi ele geçirmeye başlamıştı. İçkiyle karışmış nefesi bedenimi görünmeyen bir balonun içine çekiyordu. Ve ben sadece onun olmak isteyen bedenimi zapt etmeye çalışıyordum. Bilerek yapıyor olabilir miydi?

"Rakı iç istersen."

"Olur, ama balık istemiyorum."

"Ne yiyeceksin?"

"Tavuk," dedim. En son kulağımın kıyısını öptüğünde ben bitmiştim. Kendini çekti, ama uzaklaşmadı. Gözlerime bakıp, "Seni alıp kaçırsam," dedi. "Kaçırmana gerek yok ki!" Çalan müzikten bizden başkasının bizi duyabilmesine imkân yoktu, çünkü Sedat asla başkasının yanında benimle böyle konuşmazdı.

"Seni öpsem…"

"Öp," dedim sırıtarak. Gözleri dudaklarıma kayıp uzandı. "Sonra," dedim. Öpecek sanki de! Tekrar kulağıma eğildi. "Tadını alsam…" dediğinde nefes alamıyordum. Beni istiyordu! Sadece beni! İçimde bütün her şey silindi. Bir tek Sedat kaldı.

"Beni utandırma."

"İstiyorum," dedi, sanki hiç ona söylemedim. Yüzüm yanıyor, heyecandan bacaklarım titriyordu. Konuyu değiştirmek benim için o kadar zordu ki! "Kaç kadeh içtin?" dediğimde yüzü boynumdaydı. Bunu engelleyemeyeceğimi biliyordum.

"Bilmiyorum."

"Daha ilaçların bitmedi," dedim ve sakinleşmek adına gözlerimi kapattım. Dudakları tenimde kıpırdanıyordu.

"Yapma!" dedim. Çektim kendimi, yanıyordum çünkü. Ne ara eli bacaklarıma kaymıştı. Usul usul avcunda tenimi hissediyordum. Sevgi temasıydı dizimdeki, ama benim bedenim niye bunu yanlış algılıyordu ki!

"Sedat! Ayıp ama," dedim gözlerimi kaçırarak.

"Benden utanıyorsun ve bu eteği giyiyorsun?"

"Senden utanmıyorum. Hem ne varmış eteğimde?"

"Benim olanı herkesin görmesine gerek yok."

"Sedat sen iyice…" dedim ve Selma, "Duygu bunun tadına bakmalısın," dediğinde sinir olmuştum. Tabağı elinden alıp yoğurtlu şeyi ağzıma attım. "Güzelmiş," dedim. Sinirden ne olduğunu bile soramadım. Sırtımı dikleştirip Sedat'tan sandalyemi uzaklaştırdım. Ne demişti o öyle? "Benim olanı!" Yahu ben mal mıyım? Sinirli tavrımı belli etmiş, ondan uyuzca uzaklaşmıştım. Tabii uzaklaşmamla kan beynine çıktı benim öküzün! Sandalyemi tutup kendine bir çekişi var, neredeyse kucağında oturur hâle geldim. "Benden kurtulabileceğini mi sanıyorsun?" dedi, ama sesinde öyle bir tını vardı ki gel de kızıp kızmadığını anla. Tutku doluydu.

"Sedat!" dedim uyarırcasına.

"Hımm," dedi. Gözlerini üzerimden çekmiyordu da ben niye yanıyordum?

"Bana malınmış gibi muamele yapma, olur mu? Bak seni Hacer Ana'ya söylerim."

"Oy, senin sinirini yerim! Kızma Duygum! Alışacağım, aklımı başımdan alıyorsun. Ve ben sana öyle açım ki... Alışacağım," dediğinde yumuşamıştım.

"Ya çok kabasın ama. O kadar hazırlandım. Bir güzel olmuşsun bile demiyorsun. Bir de kalkmış..."

"Sana güzel olma dedim."

"Olmam lazım."

"Lazım mı?"

"Evet..."

"Niye güzel olman lazımmış?"

"Senin için."

"Ben senin güzelliğini bilmiyor muyum?"

"Biliyor musun?" dedim umutla.

Kulağıma eğildi. "Bu gece daha detaylı baksam belki daha iyi olur."

"Utanmaz," dedim sırıtarak. Yüzümü ellerinin arasına aldı ve, "Çok bekledim seni be Cano! Sen benim için en güzelisin!" dediğinde artık biliyordum. Rakı çarpmıştı. Sarhoş değildi, ama sanırım dili çözülmüştü.

"Beni seviyor musun?" *Bodoslama dal Duygu!*

"Çok," dedi, içten geldiği öyle belliydi ki! "Peki, niye bunca sene gelip bana söylemedin?" Sanki yer mekân zaman durmuş, sadece ikimiz vardık.

"Senin hayatın normal gitsin, evin, yurdun, ailen olsun istedim."

"Sen benim evim, yurdum, her şeyim..." dedim ve kal geldi. Evi, yurdu olan insanlar çocuk yapardı.

"Çocuk!" dedim.

"Hangi çocuk?" dedi merakla.

"Hiç! Hiç!" dedim. *Panik yok!* Selma'ya baktım, Emeller ne ara gelmişti? Geldiklerini görmemiştim. Selma onlarla sohbet ediyordu. İlk geceden hamile kalan bir sürü kişi vardı. Ben nasıl bir aptaldım ya! Hadi ben aptalım, ya Sedat! Allahım olmasın! Biz iki deli ve bir bebek! Hem benimle evlenmek isteyecek mi? İster herhalde, eşek değil ya! İmdat diye bağırasım geldi! Ağlamak üzereydim. Yüzümden belli oldu sanırım. "Ne oldu yine?" dedi.

"Hiç," dedim ve gülümsedim. O ara Ali'm gelip başımıza dikildi. "Abi!" dediğinde Sedat'ı çağırdığı belliydi. Sedat ayağa kalktığında Bekir'e eğildim. "Çok mu içti Sedat?" diye sordum.

"Valla takip etmedim, ama iki büyük gelip gitti. Üçüncü şişe masada," dediğinde Bekir de uçuşa hazırlanıyordu. Harika!

"Selma tuvalete gidelim," dedim. Bir şey olduğunu anlamıştı. Ben sabırsız tuvalete varamadan, yolda koluna yapışıp, "Bir bebeğim olacak!" diye ciyakladım.

"Oha! Kimden?"

"Sedat'tan…"

"Kızım siz ne zaman şey…"

"Yani dün gece biz korunmadık ve…"

"Ve ne?"

"Sabah da…" dedim gözlerimi kaçırarak.

"Hee… şu konu"

"İster misin peki?"

"Hayır! Tabii ki hayır! Ben kim? Çocuk kim?"

"O zaman," dedi ve çantasından iki kutu hap çıkardı.

"Birisi ertesi gün hapı, diğeri doğum kontrol," dedi ve anlatmaya başladı. Biz tuvalete girdiğimizde ben bildiğin eğitim alıyordum.

"Pardon da sende bu kutuların ne işi var?" dedim aptalca.

"Geleceğini biliyordum. Gelmeseydin zaten bana arkadaş olurdun. Ay iyi olurdu ya! İki bebeği bir arada büyütürdük."

"Sedat'ın umurunda değil! Onun bunu düşünmesi gerekmiyor mu?" dedim sinirle.

"Niye umurunda olsun? Adam gelmiş otuz üç yaşına, baba olmak ister tabii."

"Gerçekten mi?"

"Kızım dün korundu mu?"

"Sanırım hayır, yani bilmiyorum ki. Off, Selma, sanki çok şey yapmış gibi... Tövbe tövbe!"

"Korunmamış," dedi Selma bilmiş bilmiş.

"Biz evli değiliz ki!"

"Fena mı, evlenirsiniz işte..."

"Bebek için?"

"Of, Duygu, yürü hadi," derken ben ertesi gün hapının ikisini birden ağzıma atıyordum. Bu ince bir meseleydi ve ben bebek istemiyordum. İlaçları çantama koydum ve yerimize oturduk. Sipariş verdiğim tavuk gelmişti. Acıkmışım, Sedat tabağındaki etleri kesiyor, bir yandan içip duruyordu. Ben ikinci kadeh rakıyı bitirmişken o kaç taneyi birden içti, sayamadım. İlk uyaracaktım, ama sustum. Onun annesi olmak istemiyordum ki! Sızarsa eve götürürüz, ne yapalım. Adam kırk yılda bir keyiflenmiş. Zaten sızacak gibi durmuyordu. Ali'm tutturdu dans edelim diye. "Ali'm ya!" dedim, ama beni bir kaldırışı var, uçurdu resmen. Allahım, pistte bizi görenler gülsün mü, ağlasın mı?

"Kız Çirkin, aferin, güzel dans ediyorsun."

"Ali'm, ben güzel miyim?"

"Sıyırdın sen iyice. Biz bunları konuşmadık mı?"

"Ya söyle ya!"

"Bana göre Çirkin'sin," dediğinde ağlamak istiyordum.

"Sağ ol, içim ferahladı."

"Niye diye sor?"

"Niyesi mi var? Çirkin'im işte!" dediğimde sesim boğuklaşmıştı.

"Duygu, bunu Bekir'e de sorsan, sana Çirkin der. Seni bir kere

358

kızımız, kardeşimiz bellemişiz. Kendinin farkına var. Lan koca Sado'yu maymun ettin! Adamın buradan âşıkları Amerika'ya yol olur. O sana dut gibi âşık, sen hâlâ güzel miyim diye soruyorsun."

"Ali'm ama…"

"Aması yok. Onu seviyor musun?" dediğinde kızarmıştım.

"Evet… hem de çok!"

"O zaman salla dünyayı be Çirkin!"

"Çok içti," dedim oturduğumuz masaya bakarak.

"İçsin, elleme. Rahatladı adam! Kaç yılın acısı var!"

"Ali'm sizde kabahat, söyleseydiniz böyle olmazdı."

"Kendince haklıydı. Bir şey diyemedik. Sen öyle yaralı, öyle savunmasızdın ki! Kendine yediremedi."

"Biliyordunuz ve bana söylemediniz."

"Off, bıktım valla!"

"Ali'm ya!"

"Sana olan duygularını anladığımızda bir süre ses etmedik. Bir gün bu yine bunalımlarda, ben karar verdim, söyleyeceğim. Söyledim. 'Sen Duygu'ya âşıksın,' dedim. Hatırlarsan bir hafta yataktan çıkamamıştım. Beni bir temiz dövmüştü. Seviyorsun dedikçe vurdu hayvan! İnadım tuttu. Tabii ben haşat…"

"Peki, ya Senem?"

"Senem'in üstünkörü hikâyesini biliyorsun."

"Evet, şu çocukken tecavüz olayı…"

"Evet! Kızın devreler yanmış, tamiri mümkün değil. Bir gece gittiğimiz bir mekânda yan masada bir itiş kakış oldu. Adam oturduğu yerde kızın kolunda sigara söndürdü. İşin garip tarafı kızda çıt yok! Sado delirdi malum, senin yaşadıkların yer etmiş içinde. Neyse! Adamı paketledi. O günden sonra Sedat için Senem sadece iyi bir uğraştı. Onu sevmedi, biliyorum, çünkü sana baktığı gibi hiçbir kadına bakmadı. Onun yaralı bitik ruhunu kurtararak avunmaya çalıştı."

"O nerede şimdi?"

"Almanya'ya geri döndü."

"Umarım iyi olur. Ya dönerse?"

"Döneceğini sanmıyorum. Dönerse bakarız bir çaresine."

"Ya Sedat onu geri isterse?"

"Ya Duygu, sen iyice paranoya oldun. Ben adam seni deli gibi seviyor diyorum, sen ne diyorsun?"

"Nazlı?" dediğimde, Ali'm dans etmeyi bırakmış, bana bakıyordu.

"Oha be kızım!"

"Saf olabilirim, ama aptal değilim."

"Duygu, işine bak! Kurcalama, adamın da günahını alma! Aha geliyor işte," dediğinde Sedat çoktan yanımıza varmıştı. Ali'm, "Buyrun! Sado Bey," dedi ve sırıtarak uzaklaştı.

"Bir şey mi oldu?" dedim, kollarının tanıdık sıcağında yerimi aldığımda.

"Eve gidelim," dedi mırıltıyla.

"Şimdi mi?" dediğimde gömleğinin altındaki ateş sızım sızım tenimi kavurmaya başlamıştı. Usulca dudaklarıma uzandı. Nefes alamıyordum. Dudaklarıma dudaklarıyla dokunup dilini üzerinde gezdirdi ve çekti. Üç dört saniyelikti, ama her şeyi anlatan bir öpücüktü ve bu gece uzun olacaktı. Kollarında kendimi kaybettim. Gözleri gözlerimden ayrılmadı. Parmakları bluzumun üzerinden sırtımı okşarken, ben titriyordum ve o da bunu biliyordu.

Gecenin devamında Nazlı'yı zihnimin bir yanına hapsedip düşünmemeye çalıştım. Ne onun ne Filiz'in bakışlarına aldırdım. Sanırım Sedat'ın yakın davranışları beni rahatlatmıştı. Gözlerini gözlerimden çekmedi. Duymak istediğim her şeyi kulağıma fısıldarken aşk bulutunun içine girmiş, çıkmaya niyetim yoktu. Selma saat on iki gibi ayaklandı. "Biz gidiyoruz, siz daha burada mısınız?" dediğinde Bekir'in elini tutmuştu bile. Bu nasıl zengin kalkışıdır yahu! Ben ona şaşkınlıkla bakarken Sedat bunu bekliyormuş sanki! "Gidelim, o zaman," dediğinde ona döndüm. Nazlı'nın surat beş karış, Sedat'ın gözlerine bakıyordu.

"Ali koçum, sen Emel'leri eve bırak," dediğinde Emel de ayaklandı. Nazlı halen oturmuş, belli edemediği siniriyle bize bakıyordu. İtiraf ediyorum, bu kadının Sedat'la bir ilişkisi olmasaydı bile, onu hiç sevmezdim. Soğuk, bir o kadar da burnu havadaydı. Kendini hanım ağa falan sanıyordu.

"Nazlı siz kalıyor musunuz?" dedi Sedat umursamaz bir şekilde.

"Kalırız," dedi yanındaki Durmuş ve Dursun'a bakıp. Hep birlikte dışarı çıktığımızda, "Abi sen bırak, çocuklardan biri kullansın," dedi Ali'm.

"Höst lan! Con con muyuz biz! Kullanırım ben, çok içmedim," dedi. Kesin sarhoştu, çünkü çoğu zaman arabayı çocuklar kullanırdı.

"Abi hesabı ben ödedim, yapma! Dört büyük gelmiş masaya."

"Yok artık!" dedi Sedat, ama sırıttı. Gerçekten o kadar içmiş durmuyordu. Aslında bütün gün burada oturduğunu varsayarsak olabilirdi.

"Ben kullanırım," dedim ve anahtarı elinden aldım. Bekir ve Selma başka arabaya geçerken ben çoktan şoför koltuğuna oturmuş, ayakkabılarımı çıkarıyordum. Topuklu ayakkabıyla araba kullanmaya bir türlü alışamamıştım. Sedat yanıma oturduğunda memnuniyetsizce bacaklarıma baktı.

"Bu eteğini hiç sevmedim."

"İyi! Ben de Nazlı'yı sevmedim," dedim, çünkü benim için eteğimden daha değersizdi.

"Ne alaka Duygum ya!"

"Onunla aranda ne var?" Madem dili çözülmüştü, fırsat bu fırsat, sor Duygu!

"Bir şey yok."

"Bana yalan söyleme!" dedim ve gaza bastım.

"Kıskançlık mı yapıyorsun?" dediğinde sırıtıyordu.

"Evet, yapıyorum," dediğimde bana uzanmış, boynuma yüzünü yerleştirmişti. Soğumuş burnunu ısıtması neyse de dudakları rahat durmuyordu. Kaç işi bir arada yapıyordu bu adam ya! "Bütün gün onun için mi durgundun?" dediğinde elleri bacaklarımda dolanmaya başlamıştı.

"Sedat, dur lütfen," dedim. Bir ara gaz fren birbirine karıştı. "Bütün gece delirecektim," dediğinde nefes alamıyordum. Nazlı da kim? Hatırlamıyordum bile. Elleri biraz daha yukarı tırmandığında elini tuttum. "Kaza yapacağım," dedim utançla. Camı açıp kafasını dışarı çıkardı. Sanırım serinlemeye çalışıyordu. Gülesim geldi. Tam evin yoluna girecektim ki, "Otele gidelim," dedi.

"An... la... madım, niye?" dediğimde, "Şuradan sap. Bıktım kalabalıktan, niye olacak?" dedi. Kim demiş bu adama sarhoş diye!

Sessiz kaldım. Şuradan gir, buradan gir! Zorlu Grand Hotel'in önünde durduk.

"Sedat, Bekir'lere haber verelim, ama otelde olduğumuzu söyleme," diyerek indiğimde arabanın anahtarını belboya veriyordum. O da çoktan telefonunu çıkarmış, tuşlara basıyordu. "Ali bizi merak etmeyin, Zorlu Otel'deyiz. Yok koçum, gerek yok! Gönderme kimseyi," dedi Sedat ve kapattı.

"İnanmıyorum ya! Kasten yapıyorsun," dedim sinirle. Kaşını havaya kaldırdı ve, "Bizde böyle güzelim!" dedi.

"İyi, ben almayayım o zaman. Beni eve götür hemen," dedim ve durdum. Karşıma geçip, "Ben ne dersem o! Gir içeri!" dedi gamzelerini gösterip. Girmedim tabii.

"Rakı sana iyi gelmedi. Hem ilaçların..." dediğimde elimden tutmuş, çekiştiriyordu.

"Benim tek ilacım sensin, anlasana," dediğinde dudaklarımı ısırıyordum. Rakı ona çok iyi gelmişti. Ben her gece seni içirmez miyim? Ey ulu öküz!

İçeri girdiğimizde resepsiyonist, "Hoş geldiniz Sedat Bey," diye karşıladı ve direkt anahtarı uzattı. Yok artık! Ben bu adamı hiç tanımıyordum ya! Asansöre bindiğimizde yanımızda bir görevli, bizi yukarı çıkarıyordu. Sedat elimi tutmuş, gamzeleri yine meydandaydı. Gülme şirin şey! Benimle yalnız kalabilmek için otele getirmişti ya! Pes! Görevli kapımızı açıp, "İyi geceler efendim!" dedi. Sedat cebinden çıkardığı parayı çocuğa uzattı. İçeri girdiğimde kendimi kötü hissetmem mi gerekiyordu? Yine karmakarışıktım. Kötü hissetmeliydim aslında! Niye hissetmeliydim peki? Ya tamam, kendimi zorla kötü hissettirmeye çalışıyordum, ama kötü hissetmiyordum. Valla da billa da kötü hissetmiyordum! *Delirdin yine Duygu!*

Ben birçok kere birçok otelde Sedat'la zaten kalmıştım. Eh tabii, o zamanlar deli gibi sevişmiyorduk! Hoş, şimdi de ne yapacağımızı bilmiyordum ki! Sedat'ın sağı solu belli olmazdı. Rüzgârı nereden eserse o! Ama hakkını yememek lazım, her zaman bir dediğimi iki etmedi. Ne istediysem oldu, yalan değil. Kapı girişindeki yazıyı ters çevirip dış kapının kulpuna astı. Rahatsız etmeyin yazısı! Kim onu rahatsız etmeye cesaret eder ki? Oda yerden vuran duvar diplerindeki Led ışıklar ile aydınlatılmıştı. Bu odaya romantik bir hava veriyordu. Fransız tarzı camlar kalın, parlak, krem rengi kumaşların kelebek kanatları şeklinde yere yayılan perdelerle örtülmüştü. Salonda altı kişilik masa, dev ekran televizyon, mini bir mutfak ve bar vardı. Sedat kapıyı kapattığında odayı inceleyen bakışlarımı ancak ona çevirebildim. "Bir şey içer misin?" dedi bara yönelirken. "Hayır," dedim. Ayaklarım artık zonklamaya başlamıştı. Koltuğa oturup ayakkabılarımdan kurtuldum. Ayak parmaklarım sızlıyordu, ama ben topuklu giymeyi seviyordum, yapacak bir şey yok.

O kendine içki doldururken, "Ben duş almak istiyorum," dedim.

"Olur," dediğinde ceketinden kurtuluyordu. Mızmızca, "Çok ayıp oldu ya! Onlardan kaçtığımızı düşünecekler," dedim.

"Kim ne isterse düşünebilir," dediğinde ikinci kadeh viskiyi kafasına dikiyordu. Koltuğa yayıldı. Yorulduğu her halinden belliydi de niye sessizdi? Usulca onu rahatsız eden silahını belinden çıkardı ve koltuğun arkasına soktu. Anlaşıldı, geri gitmiyorduk. "Sanırım geri gitmiyoruz," dedim, ama yüzüme sırıtmaktan başka bir cevap vermedi. "Off," dedim ve hızla banyoya girip kapıyı kapattım. Dolapların içine bir ümit gecelik var mıdır diye baktım. Tamam, saçmaydı, ama baktım işte! En azından otelin bornozu vardı. Üzerimdekileri çıkarıp suyu ayarladım. Çiftlik güzeldi de iki banyo, iki tuvalet evdeki kalabalığa yetmiyordu. Eğreti yıkanmak beni sinir ediyordu. Gece duş almak ayıp gibiydi, ne bileyim! Gündüz de işte on dakikada keyfini çıkaramıyordu insan. Saçlarımı şampuanlamayı bitirip üst duşu açmış, durulanıyordum. Duşakabin kapısının açılma sesiyle gözlerimi açtığımda Sedat karşımdaydı. Ah, hayır! Bu kadarına daha hazır değildim ama ya! Ensemden aşağı bedenime utanç öyle bir yayılmıştı ki sanırım yine algım kapanmış, kalbim tek organım haline gelmişti. "Sedat!" diye sesim panikle yüksek çıktı. Gözleri arsızca bedenimde dolanıyor, hiç rahatsız olmuş gibi durmuyordu. "Çık lütfen!" dedim, bütün kaslarım gerilmişti. Tamam, biz birlikte olmuştuk, ama bu utanç vericiydi. Ellerim neremi örteceğini şaşırmıştı. Allahım çıplaktı! İmdat diye bağırsam biri beni kurtarır mıydı? Gözlerim istemsizce, kapak pozu verecek modelleri andıran kaslarına ve erkekliğine kilitlendiğinde, dün gece onun bedenimde var olduğuna inanamayacak haldeydim. Öyle iriydi ki! Gözlerimi çekmeyi bırak, sıkı sıkı yumdum ve suyla akıp gitmeyi diledim!

"Duygum," dedi, bir adımda duşa girip kapıyı kapattığında, "Sedat ya!" dedim isyanla. Kafamı öne eğmiş, gözlerim kapalı, suyun altındaydım. Sedat usulca bana sokulduğunda sanırım bir ayak boyu kadar geri gidebildim. Sırtım duvara dayandığında halen aramızdaki mesafe kendini koruyordu. Normalinde duvarın soğuğunun beni titretmesi gerekiyordu. Evet, titriyordum, ama soğuktan değil. Sedat'tan... Çenemdeki baskıyla kafamı yukarı kaldırmak zorunda kaldım. "Gözlerini aç Duygum," dedi, sesi sertliğinin yanında o kadar melodikti ki!

"Açamam," dedim sesimin titremesine aldırmadan.

"Açmanı istiyorum."

"Dışarı çık o zaman, açarım."

"Duygu! Aç hadi," dediğinde bedeni bedenime yaslanmış, üzerimize akan suyun geçecek yeri kalmamıştı.

"Bakışlarını görmeliyim."

"Duşta ve çıplak olarak görmene gerek yok Sedat!" dedim fısıldar gibi.

"Sevgini görmeye ihtiyacım var," dediğinde içim eridi. Gözlerimi öyle sıkı kapatmıştım ki aklıma direnirken açmak zor geldi. Sedat'ın yüzündeki suyun yol ettiği dudakları gözüme çarptığında sıcak suyun altında titredim resmen. Elleri yüzümde dolanırken dün gece bana yaşattığı duygular benliğimi dalga dalga ele geçirmişti bile. Usulca saçlarımı toplamaya başladı. Parmaklarının değdiği tenim çoktan onun yansımasıyla eko yapıyordu.

"Sedat, beni daha fazla utandırma!"

"Benden utanma lüksünü seneler önce kaybettin. Utanma artık!"

"Bu haksızlık!" dememle dudaklarımı ele geçirmesi bir oldu. Hem de tam bir barbar gibi. Çaresiz bir istekle ona cevap vermeye başladım. Sedat beni öptükçe arzularım ona akıyordu. Elleri bedenimde dolanırken dokunduğu tenim kaç şiddetinde sarsılıyordu, ölçülemezdi. Nefesimi kesen dudaklarından kopmak işkence gibiydi ya!

"Duygum benim ol," dedi kulağımın kıyısını dişleriyle yoklarken, her şey anlamını yitirdi. Sanki evet demiş gibi kalçamı kendi hizasında kaldırıp usulca içime yerleştiğinde ne ara kollarımı boynuna dolamış, bacaklarımı beline sarmıştım çok merak ediyordum. Sihir gibiydi. İçime hangi ara Sharon Stone kaçmıştı? Hayır, içime kaçan Sedat'tı! Usul gelgitler, inledikçe yerini ritmik bir hıza bırakarak Sedat parçam halini aldı adeta. İsmini bırak söylemeyi, heceleyemiyordum bile, tek bildiğim, bedenim onun emrinde isteklerini yerine getiriyordu. Artık onu tanımaya başlamıştım. O sevişirken başka bir adam olup çıkıyordu. Bir o kadar sahiplenici, bir o kadar vahşi! Beni böyle arzulaması itiraf ediyorum, kadınlık gururumu okşuyordu. Onun bu ihtirası beni sardığında ağzımdan çıkan iniltileri engellemeyi çoktan unutmuştum. "Duygum benimsin," dediğinde gözlerimi sıkı sıkı kapattım. Uçurumdan aşağı düşercesine içim çekildiğinde, çığlıklarım artık beni bile rahatsız etmeye başlamıştı, ama engelleyemiyordum. Sedat'ın ağzından aynı iniltileri duymak öyle güzeldi ki! Of, bana ne yapıyordu bu adam? İsyan etmekle daha fazlasını istemek arasında sıkışıp kalıyordum. Bu nasıl bir aşktı da ona doyamıyordum. Benden koptuğunda kulağıma eğildi ve, "Seninle işim bitmedi," dediğinde gerçek dünyaya nefes nefese dönmeye çalışıyordum. "Sedat!" dedim. Gözlerimi kaçırıp ona sokulduğumda bedenimi saklıyordum. "Hımm," dedi dudaklarımda dilini gezdirip gamzelerini gösterdi ve duşun kapısını açtı. Başım dönme dolap olmuş dönüyor, yaşadığım dakikaları hazmetmeye çalışıyordum. Kendiyle birlikte benide duştan dışarı çekti. Havluya ne ara uzandım bir ben biliyorum. Hız rekorunu kırmıştım. Benim koca devim ben hiç utanmıyormuşum gibi bir de kalkıp beni kurulamaya başladı. Neredesin kelime hazinem! Bir şeyler söylemeliydim ama tık yok! Koca eller karış karış, sinsilikle olmadık yerlerimi kurularken ben bitmiştim. Küçücük havluya sarılıp ondan medet umabileceğim kırk yıl düşünsem aklıma gelmezdi. Usulca beni kollarına aldı ve sevgiyle sarıldı. "Utanmıyorsun, öyle mi?" dedi sert, ama alayla.

"Utanacak hâl mi bıraktın?" dedim mırıltıyla.

"Kalmadığına emin olmak istiyorum," dediğinde ayaklarım yerden kesildi. Düşmeyeceğimi biliyordum, ama o refleksle boynuna dolandım. Kucağındaydım.

"Daha ne yapabilirsin ki?" dedim isyanla. Gözlerine bakıp, "Hiç," demesini hem istiyor hem istemiyordum. Bu seks işi kesin şeytanın icadıydı! Pis pis sırıttığında deli gibi merak etmeye çoktan başlamıştım bile. Yatağın kenarında beni yere indirdiğinde yarası yine burnumun hizasındaydı. Havlu sarılı hâli gerçekten dergilerdeki kapak resimlerini andırıyordu. Çek fotoğrafını koy erkek dergilerine, millet kas görsün! Sanki o dergileri çok görmüştüm de laf! Elim yarasına gittiğinde, elimi göğsünden alıp parmaklarıyla kenetledi. Bana dokunması bile beni cennet bahçelerinde gezdirmeye yeterken, dudaklarıma uzandı. Bir o kadar aheste hareketlerle benim bütün enerjimi kuruttu. On dakika önce sanki hiç benimle sevişmemiş gibiydi. Bir o kadar aç, bir o kadar istekli.

"Sedat... Yorulmadın mı?" dedim nefes nefese. Sonuçta vurulalı çok olmamıştı ve ben onun yorulmasını istemiyordum. Zaten yoğun günler geçiriyordu.

"Sen?" dedi. Haksızlık, ama ya ilk ben sordum!

"Uyuyalım istersen," dedim kaçamak bir cevapla. Göğüslerimin üzerinde sarılı havluyu parmağıyla çekiştirip yere düşmesini sağladığında, "Sedat," dedim utançla. "Hımm," dedi kendi belindeki havluyu yere savurmadan hemen önce. Beni belimden tutup yatağa uzanmamı sağladığında bacaklarımın arasına uzandı usulca. Ben onu bütün her şeyimle kabul edecekken onun beni tamamlamaya hiç niyeti yok gibiydi. Kalçalarım istemsizce ona süzülüyor, ama karşılıksız kalıyordu. İsyan edebilecek kadar bilinçsizdim. "Sedat" diye inledim adeta. Her hücrem onu arzularken çaresizliğimi göremiyor muydu?

"Bekle güzellik! Bekle!" dedi mırıltıyla. Dudaklarıma uzanıp elleri kalçalarımı avuçlarken kollarından onu kendime çekmeye çalışmam hiçbir işe yaramıyordu. Dudaklarımı istila eden sıcaklık boynuma ve göğüslerime inip beni titretmeye başladığında, "Sakin ol," diyerek beni yatıştırdı. Deli gibi titriyordum. Bilgisiz ruhum hevesime karışmıştı, çıldırmak üzereydim. Göğüslerim koca ellerinde kaybolduğunda dudakları karnımdaydı. "Sedat," dedim zevkle, ama beni duymuyordu. Elleri bacaklarımı araladığında parmaklarım siyah saçlarında geziyordu. Sıcaklığımı bulan ellerine katılan dudakları ne ara kasıklarımda gezmeye başladı, fark edemedim. "Duygum," dediğinde santim santim dudakları sıcaklığımı keşfe çıkmaya hazırlanıyordu ve ben nefes almayı bile unutmuştum. Güçlü elleri kollarına katılmış, bacaklarımın direncini kolaylıkla kırmıştı. "Sedat lütfen," dediğimde sanırım gözlerim utançtan sulanıyordu. Ona yenilmekten ve yaşattıklarına boyun eğmekten başka bir şey düşünemiyordum. Dudakları beni bulduğunda beni tüketen, bütün bedenimi istila eden zevke boyun eğdim. Bedenim yay gibi gerilmiş, bacaklarımın arasındaki adamdan artık utanmanın hiçbir anlamı kalmamıştı. Haykırışlarım onu durdurmadı. Kendini doyurur gibi bencilce beni bitirdiğinde usulca doğruldu. Bedenim zevkle titrerken üzerime uzandı ve, "Her yanın benim artık," dedi ve dudaklarıma yapıştı. Hareketleri daha sert ve daha hoyrattı, ama umurumda değildi. Sertçe kendini bana ittiğinde bedenlerimiz yapbozun parçaları gibi birleşti. Gözlerini gözlerimden çekmeden, o cennetin dalgası, ben kıyısıydım. Her güzel şeyin bir sonu vardı, ama ne son! Nefesi boynuma gelirken bütün bedenim titriyordu. Sanki fırtına dinmiş, güneş çıkmıştı.

"Hoşuna gitti mi?" dedi nefes nefese. Alnına düşmüş ıslak saçlarını gücü kalmamış parmaklarımın arasında gezdirdim. Cevap vermemi beklemesi gerçekten utanmazcaydı. "Sen bana neler yapıyorsun ama ya!" dedim isyanla, ama kıkırdıyordum.

"Seni sevmekten başka bir şey yapmıyorum Duygum," dedi dudaklarımı diliyle hissederken. Ben gece kaç kere onun oldum, yazarak hesaplayabilirdim, çünkü beynim bir artı biri bile toplayacak durumda değildi. Jöle kıvamına gelen uzuvlarım artık yatakla bir olmuştu. Sanırım gün ağarıyordu. Beni üzerine çekip, "Uyu artık kadınım," dediğinde zaten konuşacak halim yoktu. Artık evim, yurdum, sığınağım olmasının yanında biliyordum, Sedat cennetimdi de...

Seni öperken bile özlüyorum

Saat kaçtı, bilmiyorum, ama saçlarım boynuma dolanmıştı. Gözlerimi açtığımda adeta bir saç yumağına uyanmıştım. Savaştan çıkmıştım desem yeridir. Kıpırdamaya çalıştığımda bütün kaslarım ağrıyordu ve ben hâlâ Sedat'ın üzerindeydim. Usulca kendimi yana kaydırdığımda Sedat acıyla inledi. Haklı adam! İnce, zayıf olabilirim, ama ne olursa olsun elli kiloydum.

"Duygu oha yani! Üzerimde mi uyudun?" dedi kaba şey! Hem suçlu hem güçlü! Al sana sabah kavgası!

"Yoo," dedim, arsızca arkamı döndüm. Bu sabah yüz yüze gelmeler tam bir utançtı. Sevişip sevişip aklımızdan silinse ne güzel olurdu. Kedi gibi sokulup beni sardı. İri bedeninin sıcağı öyle güzeldi ki!

"İnkâr etme," dedi sırıtarak. Otuz iki dişimi göstere göstere sessizce sırıttım, çünkü yüzümü göremiyordu.

"Ben yattığım yeri biliyor muyum ki!" dedim savunmaya geçip.

"Niye ki?" dedi muzipçe. Allahım, her konuda ona laf yetiştirebilirdim, ama yatak konusunda her zaman bir sıfır öndeydi.

"Beni üzerine çeken sensin, uyumuşum işte," dedim huysuzca. İtiraf etmeliyim. Kalbinin ritmini dinleyerek uykuya dalmak harikaydı. Yalandan sinirle ona döndüğümde yüz yüze geldik. Al işte, yine utanıyordum. Ya ben ondan hiç utanmazdım ki! Yüzümü kaçırdığımda, "Kaçırma o güzel yüzünü, bırak da sabahları nefesinle uyanayım," dedi, gözlerinde şimdiye kadar görmediğim bir yumuşaklık belirdi.

"Gerçekten mi?" dedim çocuk gibi.

"Tenini hissederek, kokunu duyarak uyanmak istiyorum. Bunu

369

benden esirgeme, sıcaklığının, ruhum gibi bedenimi ısıtmasını istiyorum, olur mu?" dediğinde gözümden bir damla yaş akmasına engel olamadım. Allahım neler söylüyordu benim betonum!

"Sen istemiyor musun?" dedi, elleriyle yüzümü hapsetmiş sesi sertleşmişti. Yüzündeki o yumuşaklık kaybolmaya yüz tutmuştu.

"Ben... ben..." dedim, ne ara hıçkırmaya başlamıştım. Duyduklarım benim için ifade edilemeyecek kadar eşsizdi ve bir cevabım yoktu.

Sedat'ın beni saran ellerinin gerildiğini hissettim. Bedenini benden çekecekken ona engel oldum. Yüzümdeki yaşlara aldırmadan itiraf geldi. *Hay çenene Duygu!* "Senin olduğum andan itibaren o kadar savunmasız, o kadar çaresizim ki korkuyorum!" dedim burnumu çekerek.

"Neden ama? Seni zorladığım için mi?" Sesindeki yıkılmışlık beni panikletti.

"Hayır! Hayır! Yanlış anladın! Ben... ben anlatamıyorum. Seni kaybetmekten ölesiye korkuyorum. Ben seni seviyorum Sedat! Seni hep sevmişim, ama haberim yokmuş! Bu senin suçun!" dedim, ona sarılıp yüzümü boynuna gömdüm.

"Benim mi? Bunu bana yıllardır beni sığınacak liman olarak gören sen mi söylüyorsun?" derken sesi rahatlamış gibiydi.

"Sedat duygularını bilen sendin! Bana gelebilirdin. Sonuç değişmedi, değil mi? Yıllar önce gelseydin, daha önce sana kavuşabilirdim."

"Duygu yapamadım. Korktum! Seni kendimden, hayatımdan uzak tutmak istedim. Hem sen her dakika bana, kollarıma sığınırken bunu yapamazdım. Beni Bekir ve Ali'den ayırmadın bile! Gözünde neydim ki ben senin? Seni kurtaran adam, o kadar!"

"Bekir'le Ali'me haksızlık ediyorsun. Senin yerin hep ayrıydı. Onlardan seni ayırmadığımı nasıl söylersin?"

"Ayırmadın! Hatta Ali'yle benden fazla şey paylaştın, başın sıkıştığında, akıl danışacağında soluğu Bekir'in yanında aldın."

"Ben Ali'mle dertlerimi paylaştım. Bekir'le kelimelerimi! Sen benim ruhumun yarısıydın, hâlâ öylesin. Kokunda huzuru buldum. Uykularım seninle pembeydi. Ben seninle hayata tutundum koca kafalı! Ama sen beni durmadan çocuk gibi azarlayıp durdun. Hadi, ben âşık olduğumu anlamadım, ama sen kendini nasıl Bekir ve Ali'mle kıyaslarsın? Sen vurulduğunda öldüm Sedat ben! Yaşamıyordum!"

"Bana sığınmıştın."

"Hâlâ sığındın diyorsun ama ya!"

"Ne peki?" dedi isyanla.

"Sığındım, çünkü sen başka bir yanını göstermedin. Beni başka türlü kollarına almadın. Sığındım çünkü... çünkü," derken sustum ve kalkmak için çarşafı bedenime doladım. Bileğimden beni tutup kendine çektiğinde burun burunaydık.

"Söyle!" diye emretti.

"Çünkü... çünkü benim gibi kara kuru Çirkin birini beğenebileceğin aklıma gelmedi! Halen şaşkınım ve bu isteğinin bitebileceği korkusu beni öldürüyor! Belki de sadece arzudur," dedim. Dehşete kapılmış gibiydi. Kendini benden uzaklaştırıp yatağa sırtını verip uzandı ve saçlarını elleriyle çekiştirdi. "Sen gerçekten ne beni ne kendini tanımıyorsun," dedi. Bu neydi şimdi? Beni sevdiğini söylemesi gerekmiyor muydu? Aptal gibi öylece suratına baktım.

"İyi, kendini bana tanıt o hâlde! Ama kendimi tanımamı bekleme. Ben her zamanki Duygu'yum ve o Duygu seni her zaman sevdi. Sadece farkında değildi," dedim ve yataktan kalkıp düşmemek için iki saniye çarşafla boğuşup hızla kendimi banyoya kapattım. Çarşafa sarılı bedenimle tuvalete oturup sinirimin geçmesini bekledim. Ağlamak istiyordum, ama ağlamak istemiyordum da! Mutluydu bir yanım, bir yanım umutsuzdu. Bir yanım dağ tepelerini aşıp coşkuyla koşmak isterken, bir yanım kolumu bile kaldıramaz hâldeydi. Cesaret yükseliyor, alçalıyor, dengemi kuramaz hâle geliyordum. Kapıyı niye kilitlememiştim ben ya! Kapı açıldığında Sedat'ın şortu ayağında, doyamadığım bedeni karşımdaydı. Tabii şaşkınlıkla bana bakıyordu. "N'apıyorsun burada?"

"Kendimi tanımaya çalışıyorum," dediğimde sırıtıyordu.

"Tuvalette mi?"

"İyi bir başlangıç, her şey tuvalette başlamadı mı?" dedim. Bu kötü bir espriydi. Nefret ettim. Gelip bacaklarımın kıyısına, yere diz çöktü. "Bize zaman ver, olur mu? Önceki Duygu artık tarih oldu, bunu sen de biliyorsun," dediğinde Sedat'ın ayrı bir yanıyla tanışıyordum. Konuşkan, anlamlı, bir o kadar nazik.

"Peki, yeni Sedat beni seviyor mu?"

"Bakacağız," dediğinde sırıtıyordu.

"İyi, sanırım ben de senden uzak durmayı öğrenebilirim."

"Seni öldürürüm," dediğinde sesindeki ciddiyetin farkındaydım.

"Güzel, anlaştık o hâlde," dedim. Kaşını havaya kaldırdığında usulca dudaklarıma uzandı, ama öpmedi. Beni delirtmeyi öyle güzel beceriyordu ki! "Öp hadi!" dedi arsız!

"Hayır," dedim ve kafamı çevirdim. Ne ara ensemden tutup beni dudaklarına hapsetti, bilmiyorum! Aklım başıma banyonun yerinde Sedat'ın üzerinde onunla sevişirken geldi. Allahım, ben harbiden sapıtmıştım!

Tam olarak iki gün otel odasından hiç çıkmadık. Tam gidecektik, gidemedik. Tam giyindik, bir baktık soyunmuşuz. Ali'm aradı. "Neredesiniz?" diye. "Geliyoruz," dedik, uyumuşuz. Bir ara gece ve gündüz saatlerini karıştırıyordum. Yemek yemek, sevişmek ve uyumak bizimle bir bütün olmuştu sanırım. Sedat'ın kollarında gözlerim kapalı, ellerim yarasının üzerinde geziniyordu ve günler boyu böyle kalabilirdim. İstemeye istemeye, "Sedat gidelim artık!" dedim, ama ona daha bir sarıldım.

"Tamam, hazırlan o zaman," dedi ve beni sıkı sıkı sardı. O sırada telefon çaldı. Komidinin üzerinde telefonum duruyordu. Hızla uzanamadım bile, uyuşmuş muydum? Yorgun muydum? Ben bende değildim ya neyse!

"Selma arıyor, canıma okuyacak."

"Aç hadi," dedi mırıltıyla.

"Duygu bir saatin içinde buraya gelmezsen ben İstanbul'a dönüyorum. Bu ne ya, buldumcuk gibi!"

"En son söylediğini duymamış gibi yapabilir miyim?"

"Alınmadıysan söyle, daha ağır cümleler kurabilirim."

"Çok kötüsün."

"Vallahi sizi Hacer Ana'ya söylerim," demesiyle yerimden kazık yutmuş gibi doğrulmam bir oldu.

"Söylemezsin," dediğimde telefondan kendini uzaklaştırdı ve, "Hacer Ana!" diye bağırmaya başladı.

"Tamam geliyoruz! Tehdit edip durma."

"Bir saat," dedi ve telefonu yüzüme kapattı. Telefon elimde aptal bir hâlde kaldım. Sedat beni yanına çekerken, "Dur canım ya! Senin yüzünden azarı hep ben yiyorum. Hadi kalk," dedim ve hızla yanından kalktım, çünkü beni kandırması bir o kadar kolaydı. Bin bir mızmızlıkla yataktan kaldırdım seksi devemi! Aşağı indiğimizde bir baktık Ali'm otelde. "Ali!" dedi Sedat.

Ali'm, "Günaydın abi," dediğinde yüzüm kıpkırmızıydı, biliyorum. Ali'min yüzüne bakamadım.

"Senin ne işin var burada?" dedi Sedat.

"Abi içim rahat etmedi. Çocukların yerine ben geldim," dediğinde Sedat, Ali'me sarıldı. Ya harika bir manzaraydı.

"Hadi gidelim, Selma delirmiş," dedi sırıtarak.

"Biliyorum, getir o Çirkin'i diye beni yüz kere aradı," dedi Ali'm.

Bana tepkili miydi? Korktum ilk, ama sırıtıp, "N'aber Çirkin?" dediğinde rahatlamıştım. "İyilik, senden Ali'm?" dedim bütün şirinliğimle.

"Sıkıldım ben bu otelden, hiç güzel kız yok," demez mi?

"Yuh be Ali'm!" dediğimde bizim çocuklardan biri otelin hesabını hallediyordu. Arabaya binerken, "Sedat evi bir arayın, bir şey lazım mı?" dedim, arkada oturmuş elimde telefon 'Yoldayım, bir şey canın çekiyor mu?' diye Selma'ya mesaj yazıyordum ki hafif hafif midem bulanmaya başladı. Yutkundum. Ağzıma kan kokusu mu geliyordu? Ne alaka! Oralı olmamak en iyisiydi. Bedenim yavaş yavaş terlemeye başladığında hafif camı araladım. Yüzümü esen serin rüzgâra tutmak iyi gelmişti. Gözlerimi kapattığımda mide bulantım, baş dönmesiyle birlikte tavan yaptı. Bedenimdeki bütün organlar sanki mideme toplanmış parti veriyor gibiydi. Başım ağrımaya başladığında, tanıdık bir şeyin beni ziyaret etmekte olduğunu anlıyordum da bu neydi şimdi? Sabah Sedat'ın zoruyla sıkı bir kahvaltı yapmıştım. Sinirlenmemiştim, üzülmemiştim, gayet mutluydum. Bedenim bir iki saniyenin içinde buz gibi olmuştu ve ben ellerimi hissetmiyordum. Parmaklarımı sıktım kendi kendime, his yok! Açtığım camı kapattım ve derin derin nefesler almaya başladım. Ense kökümden alnıma yayılan bir kramp gözlerimi karartığında burnumdan damlayan kan turuncu bluzuma düştü. Şimdiye kadar burun kanamam hiç böyle şiddetli bir ağrıyla gelmemişti. Burnumdan kan sızmaya başladığında daha kötüsü olacağını anlamıştım. "Sedat arabayı durdur!" diyebildim. Dikiz aynasından göz göze geldiğimizde aklımdaki tek şey onun üzülmesi oldu. Yine delirecekti. Arabanın durması ve benim kapıyı açıp dizlerimin üzerine düşüp kan kusmaya başlamam bir oldu. Sedat yanıma adeta ışınlandı. Yerde sırtım göğsüne dayanmış bir iki saniye öylece kustum. Sedat'ın, "Duygu!" diye bağırdığını ve saçlarımı yüzümden çekmeye çalıştığını biliyorum. Kan yine duracak gibi değildi. Ali'min avaz avaz, "Abi hastaneye gidelim," diye haykırdığını, Sedat'ın beni kucağına aldığını hatırlıyorum, gerisi boşluk.

Gözlerimi açmaya çalışıyordum, ama açmak istediğimden pek emin değildim. Aklımda kalan Sedat'ın korkudan beyazlaşan yüzüydü ve ben hastalandığımda onu çok üzüyordum. Tanıdık hastane kokusu burnumdan içeri sızdığında, mırıltılar kulağımı doldurmaya başladı.

"Selma ağlama artık." Bu Bekir'in sesiydi, ama ağlama derken bile sesindeki gerilimi hissedebiliyordum.

"Oğul kıza bir su al gel, perişan etti kendini." Hacer Ana'nın burnu mu tıkalıydı ne? Meraklanmıştım. Gözlerimi açtığımda çok alışık olduğum beyaz tavan ve yeşilin bol olduğu hastane odası beni karşıladı. Üzerimde yine hastane elbiseleri, ama bu sefer farklı! Başımda üç deveden fazlası var. Kaç kişi var, sayamadım. Gözleri yaşlı Hacer Ana, "Uyandı," dediğinde elimi tutan sıcaklığın kim olduğunu biliyordum. Kafamı sıcaklığa doğru çevirdiğimde Sedat'ın beklediğim kahrolmuş yüzüyle karşılaştım. Gülümsemeye çalışan dudaklarım kurumuştu ve her yanım kırılmış gibi ağrıyordu. Sanki birisi beni dövmüş dövmüş, sonra yine dövmüştü. "Günaydın," dedim gülümseyerek. Ay bu ses benim sesim miydi? Hepsi bir panik oldu. Görülmeye değerdi yani! İtiraf ediyorum, sevilmek güzel şeydi. Sedat ayağa kalkmış, başımı okşuyordu. "Duygum," dediğinde utandım. Doğrulmaya çalıştım, ama beceremedim. "Aferin, herkese haber mi verdin?" dediğimde sanırım dişlerimi gösterebilmiştim.

Hadi, ama gülmesi gerekiyordu! Espri yapmıştım. "Duygum iyi misin?" dediğinde yüzünde tek kas bile oynamıyordu.

"İyiyim... iyiyiz... biz hep iyi oluruz," dedim. Doğrulmak için yatağa karşı çıkarak bedenimi kaldırdım. Sedat sırtımdan bana destek verip oturmamı sağladı. Durmuş bile gelmişti. Ona bakıp sırıttım ve, "Ne o, sünneti burada mı yapıyoruz?" dedim alayla. Of, kimse havasında değildi. Sanki ilk defa başıma geliyordu.

"Of Çirkin ya!" diye isyan etti Ali'm. Selma bir köşede, koltukta bana uzak oturuyordu. Tam ona neyi olduğunu soracaktım, "Çıkın!" diye kükredi Sedat. Hepsi teker teker çıktığında ben Sedat'a anlamsızca bakıyordum.

"Niye bağırıyorsun yine?" dedim, yanımda gördüğüm küçük şişe suya uzandım. Kapağını açmaya gücüm yetmedi. Uzattığımda açmaya tenezzül bile etmedi devem. "Niye bana söylemedin?" diye bir kükreyişi var ki evlere şenlik. Delirmişti resmen.

"Neyi?" Onu çoktandır böyle görmemiştim. Odanın içinde ipinden kopmuş ayı gibi dolanıyordu.

"Hapları!" diye bağırdığında sanırım bağırtısından saçlarım havalanmıştı.

"Sedat bağırma, beni korkutuyorsun," dediğimde yatağa ne ara gelip ne ara burnumun ucunda bitti, anlayamadım. Öfkeli nefesi yüzüme esiyordu.

"Hangi hapları?" dedim usulca.

"Duygu beni sinir etme! Doğum kontrol haplarını!" diye bağırdığında yüzümde olmayan renk de gitmişti sanırım. "Onlar mı?" dedim önemsizce. Sedat'ın kalkıp dolaba yumruk atması bir oldu. İçime işledi. Yatağın içinde küçücük kalmıştım. Gözümden bir damla yaşın süzülmesine engel olamadım. Kapı açıldı ve Ali'm içeri daldı.

"Abi!" dedi hışımla.

"Bir siktir git Ali!" diye kükredi Sedat.

Bekir içeri girdi, "Abi! Gözünü seveyim, kız daha yeni kendine geldi," dedi.

"Kendine getireceğim ben onu," dediğinde Selma gözü yaşlı içeri girdi.

"Benim hatam olduğunu söyledim. Bilmiyordum," dedi hıçkırarak.

"Sedat!" diye bağırdım ve, "Siz çıkın hadi!" dedim usulca. Hepsi çaresiz, Selma perişan çıktılar.

"Sana bunun açıklamasını yapmayı düşünemedim," diye bağırdığımda, çenem çoktan ellerinde sıkılı bir hâldeydi. Beni yanlış anlamıştı. Canımı yakıyordu, ama yaptığı hareket benim daha çok ruhumu yaralıyordu. Gözlerindeki öfkeyi daha fazla görmek istemedim. Gözlerimi kapattım.

"Düşüneceksin! Bana attığın her adımın hesabını vereceksin Duygu! Benim kalman ve nefes almam için ne gerekiyorsa yapacaksın. Anladın mı beni!" diye haykırdığında gözlerimden yaşlar süzülüyordu.

"Sensiz kalamam anladın mı?" dediğinde gözünden bir damla yaş süzüldü. Hızla beni bırakıp odanın kapısını vurup çıktı. O çıkınca Hacer Ana ve Selma içeri süzüldü. Gözlerimdeki yaşları sildim. Kimseyi üzmek istemiyordum. "Özür dilerim Duygu, ilacın sana zarar verebileceğini düşünmedim. Ben..." dedi Selma.

"Selma senin hatan değil! Bilemezdik, hem belki ondan değildir."

"İlaçtanmış. Sana dokunmuş."

"Ağlama lütfen, bebeği düşün. Sedat kızgın sadece."

"Ölüp ölüp dirildi kızım adam," dedi Hacer Ana.

"Anne, abartıyor ya!"

"Duygu ölüyordun," dedi Selma.

"Ben kolay kolay ölmem, bilmiyor musun?" dedim sırıtarak.

Yarım saat sonra Bekir ve Ali'm geldi. Ali'm derin bir nefes alıp yatağa oturdu ve, "Çirkin?" dedi.

"Efendim?" dedim.

"Sakın ölme, olur mu?"

"Ya Ali'm, sen de başlama! Sedat nerede?"

"Bilmiyorum. Sakinleşmesi lazım."

"Ali'm, git bul onu, bir delilik yapmasın. Serseri mayın gibi gezer o şimdi, hırsını alamadı ya!"

"Kızım ne hırsı, adamın ödü bokuna karıştı."

"Tamam işte, yalnız kalmasın."

"Tamam."

Bekir'in surat beş karış, "Bekir," dedim tabii.

"Hımm," demez mi? Al Sedat'ı vur ona!

"Selma'ya kızma," dememi bekliyormuş.

"Görüşmeyin kızım siz. Vallahi bezdim, daha kaç ay oldu tanışalı? Lan hayattan soğuttunuz beni yeminle!"

"Ne alaka ya!"

"Kızım sen deli misin? Bilmediğin hapı niye içiyorsun?"

"Bu herkesin kullandığı bir hap ama…"

"Sen herkes değilsin Duygu! Bir sürü tedavi gördün. Al işte, hapın içindeki bir madde sana dokunmuş."

"Tamam ya!" dedim isyanla. Hacer Ana, "Yeter Bekir, kızı uyandığına pişman ettiniz," dediğinde Bekir, "Olsun ana, pişman olsun. Hepimizi maymun etti iki hatun!" dedi ve dışarı çıktı. Ağlamak üzereydim. Hacer Ana gelip yatağa oturdu. "Kızım vallahi ben bir şey anlamadım," dediğinde gözü göğsümün kıyısındaki izdeydi.

"Anam, ben de anlamadım. Savruluyoruz işte," dedim. Hiçbir şey söylemedi, ama yaşlanmış parmakları izin üzerinde bir süre gezdi. "Sorma anam, sakın sorma! Sana anlatamam. Kıyamam ben sana, gücüm yetmez sana anlatmaya!" dediğimde, ona annem gibi sarıldım. Kokusunu içime çeke çeke sarıldım.

"Bu deli oğlan seni çok seviyor be kızım."

"Ben de onu seviyorum," dedim gözyaşları arasında gülerek.

"Hadi, eve gidelim, ben sana şöyle kan yapan güzel çorba yapayım," dedi. Sedat beni hastaneye almaya gelmedi. Selma ve Hacer Ana önden eve gittiler. Bekir ve Ali'mle birlikte eve geldiğimde gözlerim Sedat'ı aradı, ama bulamadı. Hastane yolu kısa olmasına rağmen beni yormuştu. Birkaç lokma bir şey yedikten sonra, "Anne, ben biraz uzansam," dediğimde Ali'm beni kucaklayarak odaya götürdü. Devem ya! Her yerim ağrıyordu. Yatak öyle iyi gelmişti ki! İçine gömülüp yün yorganın bir parçası olmayı diledim. Uyumak istemiyordum, aklım Sedat'taydı, onu beklemeli ve iyi olduğunu görmeliydim. Gözlerimi ne ara kapattım, bilmiyorum.

Gözlerimi açtığımda teninin nefis kokusuyla kendimi yine evimde, yurdumda hissettim. Çıplak göğsüne küçük bir öpücük kondurup mırıltıyla, "Annemin neden intihar ettiğini şimdi daha iyi anlıyorum. Sen olmazsan…" dedim. Yüzümü yüzüne doğru kaldırdığımda sıkılı dişlerinden halen sinirli olduğunu anlamam zor olmadı.

"Kapat çeneni de uyu!"

"Sedat," dedim usulca, cevap yok.

"Sedat lütfen!"

"Ne! Duygu ne!"

"Şimdi biz bir daha..." dediğimde ilgisini çekebilmiştim.

"Bir daha ne?" dedi sertçe, ama merakla.

"Seninle birlikte olmayacak mıyız?"

"O nereden çıktı?"

"Haplar…"

"Bitirdin beni sen ya!" dedi ve hırsla yüzümü ellerinin arasına aldı. Canımı yakmadan usulca okşadı yanaklarımı, "Duygu böyle bir konuda bana gelmeliydin. Selma'ya gitmen tam bir salaklıktı," dedi.

"Ama..."

"Aması yok Duygu! Bir daha bir şey saklarsan, yemin ederim fena olur," dediğinde buz gibi oldum. İçim katıldı.

"İyi," dedim kırgınca.

"Bana kapris yapmaya hakkın yok!"

"Ben sadece bebek istemedim."

"Buna tek başına karar vermen de ayrı konu."

"Ne alaka! Bebeği sen mi doğuracaksın?"

"Uyu Duygu! Elimde kalacaksın şimdi! Gökten zembille içine giriyor ya! Sen karar ver anasını satayım!" dediğinde kendimi tutamadım, güldüm.

"Bir de gülüyorsun ya, pes!" dediğinde sıkıca ona sarıldım. Uykumu almıştım ve dinlenmiştim. Aklımda sorular dönüp duruyordu.

"Eee?" dedim.

"Ne?" dedi bezgince. Gözleri kapalı, suratı beş karıştı. Yanak kasları halen düzelmemişti ki bu bir hafta sürecekti sanırım. *Of, huysuz Sedat da hiç çekilmiyor hı!*

"Ne yapacağız? Onu söylemedin."

"Duygu bir daha sana dokunmam, olur biter. Sen yanımda ol yeter."

"Ne!" dedim haykırırcasına.

"Niye bu kadar sinirlendin ki?" diye sormasın mı?

"Ama... ama..." dediğimde çoktan kollarından sıyrılmış, yatağın içinde oturmuş, aptalca yüzüne bakıyordum.

"Ama ne?" dedi yüzü biraz yumuşamış mıydı ne?

"Sen duramazsın ki!" Suçu ona atmak akıllıcaydı.

"Allah Allah! Yıllarca yanında nasıl durdum ben senin?" dedi ve kollarını başının altına alıp yatar pozisyonda bacak bacak üzerine attı.

"Durmadın ki!"

"Nasıl durmadım?"

"Başkaları vardı," dedim, sanki acı bir şey yemiş gibi yüzüm buruşmuştu, eminim.

"Bundan sonra da olur, yapacak bir şey yok!"

"İyi," dedim ve arkamı döndüm. *Sen beni tanıyorsan, ben senin kitabını yazarım Sado Bey*, dedim içimden. Eğer başka kadınlara gidecekse, ona yenilmeye gerek yoktu.

"İyi mi?" diye şaşkınlıkla sorulmuş bir soru duyduğumda hiç oralı olmadım.

"Sen gidersen, ben de giderim," dediğimde ne ara üzerime çıkmış, burnumun ucundaydı, bilemedim.

"Ne dedin?"

"Hiç," dedim sırıtarak.

"Duygu bitirdin sen beni ya!" dediğinde dudaklarımı buldu. Tabii ona deli gibi cevap veriyordum. Sanırım ayak parmaklarım çoktan eşofmanını aşağı indirmeye başlamıştı. Sedat nefes nefese, "Yorgunsun, hadi uyu," dediğinde onu kendime daha çok çektim. "Sana ihtiyacım var, lütfen," dedim usulca. Ne bebek ne de başka bir şey umurumdaydı. Beni kırmadı. Usul usul, aheste aheste sevişti benimle. Yormadan istediklerimin hepsini kat kat vererek tamamladı beni. Yorgun, hatta bitkinlikten ölüyordum, ama içimde ona karşı öyle karşı konulmaz bir arzu vardı ki hiç bitmesin istiyordum.

Sabah kahvaltı bir âlemdi. Önüne gelen bana bir şey yedirmeye çalıştı. Hiçbirini kırmadım. Kusma noktasında gelmişken,

"Ya kız mide fesadı geçirecek," dedi Ali'm. *Büyüksün Ali'm!* Selma benden uzak duruyordu, farkındaydım. Sanırım dün Bekir'in söylediklerine alınmıştı. Sedat daha iyiydi, ama yüzünde birkaç sempatik kıvrım eksikti. Yerimden kalkıp Selma'nın tepesine dikildim. Tabii herkes merakla bana bakıyordu. Masadaki bıçağı aldım, "Kalk," dedim. Bekir gerilmişti. Beni bilirdi ve ne yapacağım belli olmazdı.

Selma, "Ne var Duygu?" dedi kırgınca.

"Bir kalk sen," dedim yaptığımın çocukça olduğunu biliyordum, ama biz yetişkinlerin bence tek eksiği çocuk kalabilmekti. Selma sinirle kalktı.

"Bir kız kardeşin olsa, biri ondan seni ayırabilir miydi?"

"Duygu hiç havamda değilim bak, haberin olsun."

"İyi o zaman, konuşma faslını geçelim, uzat elini," dediğimde oflayarak elini uzattı. Başparmağını elime aldım ve kan çıkacak şekilde kestiğimde, "Ah," dedi ve elini çekip çıkan kana baktı. Sonra bana, "Delirdin yine!" dedi sinirle.

Ortalık buz kesmiş, herkes diken üstündeydi.

"Eğer aynı anadan babadan doğma olsaydık dün Bekir'in söylediklerine bu kadar alınmaz ve benden böylesine uzak durmazdın. Aynı babadan olmak demek aynı kana sahip olmak demekse," dedim ve bıçakla kendi parmağımı kestiğimde Bekir artık dayanamadı. "Duygu!" diye gürledi, ama aldırmadım.

Selma'nın elini tutup kan sızan parmağını kendi kestiğim yere bastırdım. "Artık ben de senin kız kardeşinim," dedim ve şımarık bir şekilde, "Kan kardeş olduk," diye bağırdım.

Selma, "Sen harbi manyaksın!" diyerek bana sarıldığında ben de ona sarılmıştım. "Allahım, el deliye biz akıllıya!" dedi Bekir. Hacer Ana'nın gözü yaşlı bir şekilde mutfakta çalışan yardımcı teyzeye, "Nimet iki yara bandı getir benim gelinlere," diye bağırması ortalığı iyice yumuşatmıştı. Sedat gece benimle sevişmiş olabilirdi, ama bana halen kızgındı, biliyordum. Onu rahat bırakmak en iyisiydi. Evden ayrılırken bana gözucuyla baktı sadece. Buraya sadece sünnet için geldiklerini düşünmek ahmaklık olurdu.

Develerim çıkıp akşamın altısında eve döndüler. Döndüler de yanlarındaki Nazlı ve saz arkadaşı Meltem olması canımı sıktı. Nazlı kırıta kırıta Hacer Ana'ya getirdiği çiçekleri uzattı. Hacer Ana, "Sağ olun Nazlı Hanım," dedi. Aha, kızım demedi, yaşasın!

"Hoş bulduk Hacer Ana," dedi ve başını bana doğru döndürdü. Kucağımda Kartal, ağlayıp duruyordu. "Geçmiş olsun Duygu! Korkuttun bizi," dediğinde develerime baktım. Korkmuşmuş! Ne gerek vardı bu kadına söylemelerine, bir anlam verememiştim. İş yaptıkları birini ilk defa bu kadar yakınımıza sokuyorlardı da neden? Sinir tepeme çıkmıştı. "Teşekkür ederim," dedim soğukça. İçimde Sedat'a karşı yükselen sinir miydi, anlamaya çalışıyordum. Yanında duran Meltem de aynı hürmetle Hacer Ana'nın elini öptü. Sonra, "Geçmiş olsun," dediğinde soğukça gülümsedim. Ne diyeyim?

Selma mutfakta bir şeyler atıştırıyordu. Normal bir zamanda Sedat yanıma gelir, gözümün içine bakardı, ama gelmedi. Ya daha kızgınlığı geçmemişti ya da Nazlı var diye benden uzak duruyordu. *Yok canım! Adamın günahını alma Duygu!* Sanırım siniri geçmemişti diye düşünmek daha iyiydi de bu Nazlı denilen kadın beni gerçekten kötü etkiliyordu. Çünkü yine aptal aptal şeyler düşünmeye başlamıştım. Mutfağa geçtim ve Kartal'ı Nimet Abla'ya verdim.

"Selma, bırak artık şu kurabiyeleri, fil gibi olacaksın," dedim sinirle. İçimdeki soruları bir şekilde unutmalıydım. Sedat onu isteseydi zaten kadın dünden razıydı. Yani Sedat benimle sayılırdı, onu istemiyordu diye avuttum kendimi, ama boş! İçim katıldı ya! Selma, "Geldiklerine göre masayı kuralım," demez mi?

Oha yani! "Kızım nefes al ya! Afrika'da insanlar senin yüzünden ölüyor," dedim.

"Duygu içimde sanki yemek canavarı var. Ben kendimi tutamıyorum," dediğinde kapının önünde Bekir kollarını göğsünde birleştirmiş, sevgiyle bakıyordu. Gelip onu elinden tutup kaldırdı ve sıcacık sarıldı. "Ye sen ye!" dedi. Sırıtarak onları seyrettim. Ay çok tatlılardı ya! Olmayan karnını tuttu ve, "Büyüsün bakalım bizim oğlan," dediğinde, "Ya kız olursa!" dedi Selma.

"Ay inşallah," dedim valla. Ben kız istiyordum.

"Yok, yok, istemem! Sizden bir tane daha kaldırmaz bu bünye," dedi Bekir, ama sırıtıyordu. En nihayetinde Sedat kapıda göründü. Mutfak geniş olsa girecekti de yer dar! Yüzüne kaçamak bir bakış attım. "Ne o, yine koalisyonu kurmuşsunuz," dedi, bu bariz bir şekilde laf sokmaydı. Bekir, "Ben de onu yıkmaya geldim abi!" dedi espriye vurarak.

"Yıkılmaz bunlarınki Bekir, sabah görmedin mi? Bir kanlarını birleştirmedikleri kalmıştı," dediğinde Selma yara bandı olan elini havaya kaldırmış, sırıtıyordu. Bekir, "Selma gel iki dakika," dediğinde Selma kuzu kuzu onunla gitti. Sedat mutfak sandalyesini çekip dizlerimiz birleşecek şekilde oturdu. Merakla ne yaptığına bakıyordum. Bana uzandı, ellerimi tutup yüzünü boynuma gömdü. "İyisin," dedi. İyi olduğumu bilmek istiyordu. İlk değilim demek geldi içimden, ama kıyamadım. "İyiyim," dedim.

"Durgunsun."

"Değilim, iyiyim dedim ya!"

"Ne bu surat?"

"Ne suratı Sedat?" dediğimde boynumdan yüzünü çıkardı. Parmakları dudaklarıma dokundu ve kendi dudaklarını yaladığında ben bitmiştim sanırım. İçimde yine bir şelale çağlamak için bekliyordu. Uzanıp beni öpeceği sırada nefesimi tutmuştum, kalbim ağzımdaydı. Kapının önünde elinde peçete, Nazlı belirdi. Harika! Sedat ellerimi bırakmadı. Benden çekilmeden kafasını kapıya çevirdi. Ben istemsizce kendimi çektim.

"Pardon… çöp! Çöp arıyordum," dedi Nazlı Hanım. Allahım, bu kadını öldürmek için bir bahaneye ihtiyacım vardı.

"Alayım," dedim, elimi Sedat'tan kurtarıp kalktım. Uzattı ve Sedat'a bir bakış atıp içeri geçti. Elimdeki peçeteyi çöp kovasına attım ve mutfak tezgâhında oyalanmaya başladım. Kafamda bir sürü aptal soru! Sedat gelip arkamdan beni sardığında, "Var bir şey," dedi.

"İlk defa iş yaptığınız birini bu kadar yakımıza sokuyorsun."

"Nazlı uzun yıllardır bizimle, ona güvenirim."

"Ne kadar uzun?"

"Diyarbakır'dan."

"Onun Samsun'da yaşadığını sanıyordum," dediğimde ensemdeki bütün her şey dudaklarıma toplanmış gibiydi. Elinin biri göğsüme kaymış, biri karnımdan aşağılara yola çıkmıştı. Ben neyin derdindeyim, o neyin? Sesimi çıkarmadım, yeter ki sorduklarıma cevap versin!

"Samsun'a geçeli beş yıl falan oldu," dediğinde göğsüne dayalı sırtımı çekmeden çenemden tutup beni dudaklarına hapsettiğinde, eli taytımın içine kaymıştı. Allahım, bu adam öpüşmenin, sevişmenin, dokunmanın, bilumum temasın ustasıydı. Dudaklarımdan ayrıldığında birkaç saniye kendime gelemedim. Dudakları boynumda, benim aklım şeytanlıkta! *Öt bakalım minik kuş!*

"Beni tanıyor muydun onunla birlikte olduğunda?" diye usulca sordum.

"Hayır," demesiyle duraksaması bir oldu. İçim rahatlamış mıydı, bilmiyorum. Daha iyiydim. Ona dönüp dudaklarını bulduğumda, sertliğini bacaklarımın arasında hissetmeye çalışıyordum. Sanırım şeytan yine içimdeydi, ama o kadının onun içindeki yerini öğrenmeliydim.

"Çok gençtin yani," dedim. "Duygu!" dediğinde beni sertçe tezgâha oturtmuştu. "Hımm," dedim sırıtarak.

"Bir saat kaybolsak..."

"Olmaz, geceyi beklemen gerek," dedim. Ağzımın içinde dudaklarını iyice ezip tadını alabildiğim kadar alıp onu kendimden uzaklaştırıp tezgâhtan indim. Arkamda bıraktığım deveme hiç bakmadım, çünkü bakarsam onunla odaya gitmem kesindi. Bedenimin her zerresi onunla bütün olmayı arzularken, niye hayır dedim, hiçbir fikrim yoktu. Sanırım yine suçlu Nazlı'ydı. İçeri geçtiğimde Ali'm yanıma geldi. "İyisin, değil mi?"

"Evet," dedim sırıtarak. Selma, "Hacer Anne, masayı kuralım mı?" dediğinde Hacer Anne'yle Bekir gülüyordu. "Hadi kuralım," dedim ve biz masa hazırlığına giriştik. O ara Selma gözucuyla bana bahçeyi gösterdi. Nazlı ve Bekir dışarıdaki çardakta bir şeyler ko-

nuşuyorlardı ve Selma'nın da bu kadını hiç sevmediğini anlayabi-
liyordum. Omuz silktim, ne diyeyim! Bu kadın dert olacaktı belli!
Mutfağa gidip geliyorduk, Sedat halen oradaydı. Girip çıktıkça
gözleri üstümdeydi. "Sedat niye hâlâ buradasın?" diye sordum. "So-
ğumayı bekliyorum," dedi bir de utanmadan.

"İyi, içeride soğumak zorundasın, çünkü yemek hazırlayacağız."

"Duygu!" dedi, beni kolumdan tutup kollarına aldı.

"Efendim?"

"Bana uzak olmandan nefret ediyorum."

"Bana uzak olan sensin."

"Yakınlaşalım o zaman," dedi ve beni kollarına aldığında tezgâha
dayanmış bacaklarının arasındaydım. Boyumuz eşitlenmiş gibiydi.

"Sedat biri gelir, dur şimdi!"

"Gelsin, kime ne? Benimsin."

"Sen de benim misin?" dedim gözlerine bakarak.

"Her yerim senin," dedi ya!

"Başka birileri olacak mı peki?"

"Asla!"

"Peki, bu Nazlı neyin nesi?"

"Of, Duygu taktın!"

"O kadının sana bakışlarını sevmiyorum."

"Bakma sen de ona."

"Bu mu çözüm yani! Çözüm bana açıklaman…"

"Açıklanacak bir şey yok, bir iş var, bir süre İstanbul'da kalacak,
hepsi bu."

"Ne!"

"Duygu! Ne? Ne!"

"Senin evinde kalsın bari! Bırak beni!" dedim sinirle. Allahım
kâbus gibiydi. O sırada içeri Selma girdiğinde Sedat beni bırak-
mak zorunda kaldı. Cinler iyice tepeme toplanmıştı. Burada birkaç
gün bu kadına katlanırım diye düşünürken şimdi kadının bizimle
İstanbul'a gelecek olması beni iyice sinir etmişti. Sinirle tabaklara
uzandığımda Sedat da sinirle mutfaktan çıktı.

"Kızım, siz iki dakika uslu duramıyor musunuz? Yine Tom ve Jerry'ye bağlamışsınız."

"Nazlı Hanım bizimle İstanbul'a geliyormuş," dedim sinirle.

"Hadi be!" dedi ağzı beş karış açık. Al işte, tepkiye bak! Ağlamak istiyordum ya!

"Evet," dedim mutsuzca.

"Canım boşuna kendini ve adamı huzursuz ediyorsun."

"O kadın ona halen ilgi duymuyorsa ben de adımı değiştirir, Kezban yaparım," dedim sinirle. O sıra Hacer Ana kapıdaydı. "Kızım nikâhı sende, ne üzülüyorsun?" demesin mi? Bende iyice film koptu! "Anne, nikâh olsa ne yazar? Teni başkasında can bulduktan sonra!" dedim. Haklıydım, ikisinden de ses çıkmadı. Masa kurulurken Hacer Ana yardım etmek isteyen misafirlere, "Gelinler halleder, siz oturun," dedi sertçe. Nazlı, Hacer Ana mutfağa geçtiğinde, "Seni Sedat'ın karısı sanıyormuş, Ali beni uyarmıştı," dedi gülerek.

"Ben de sizi sadece iş yaptığı biri sanıyordum. Ali'm beni de uyardı, ama sizi tanıyınca uyaracak bir şey olmadığını görüyorum," dedim gülerek. Allahım, içimde gol atmanın verdiği bir sevinç vardı. Tabii yılların kadını renk vermedi. Kaşı bile oynamadı, ama gözündeki o bakış her şeyi anlatıyordu. Arkamı dönüp mutfağa gittim. Masa hazırlandığında harala güreleye herkes boğaz kavgasındaydı. Çorbalar bitti. Masaya etler geldi. O sırada Sedat'ın tabağına kızarmış havuç salatası koyuyordum.

Nazlı, "Sedat havuç sevmez," dediğinde kaşık elimde kaldı. Sedat'a bir bakışım var. İlk Nazlı'yı mı yoksa onu mu kesmeliyim diye düşünüyordum. Sedat, "Nazlı sen bayağı bir geçmişte kaldın. Artık havuç seviyorum. Hele Duygu yaparsa," dedi ama boşa. Yemin ediyorum kaşığı *Matrix* filmindeki gibi bükesim geldi. Bütün akşam mal gibi oturdum. Bildiğin surat astım. Kimseyle konuşmadım, içimden gelmedi. Ben surat asıp mutsuz oldukça Nazlı Hanım iyice keyiflendi. Selma'nın çimdiğini yediğimde, "Ay!" dedim canım yanarak. "Kızım ne o heykel gibi bütün akşam? Ben sana böyle mi öğrettim? Sen koca Sado'yu dize getirdin. Bu kadına mı pabuç bırakacaksın?"

"Ama..." dedim, ama hatun savaş filmine bağlamış, susmadı.

"Kızım her zaman savaşma, seviş olmuyor. Arada sevişme, savaş..."

"Yani?"

"Sen harbi moronsun ha! Savaş diyorum, çünkü senin aşkın buna değer."

"Sence Sedat..."

"Onunla seviş deli! Kadınla savaş, ama hayatı adama zindan etme! Senin yatağında değil mi kızım bu adam! İstese ona giderdi zaten."

"Doğru."

"Hadi, üzme artık beni!" Saat on bire geliyordu. Usulca Sedat'ın yanına oturdum. "Tekrar çay koymamı ister misin?"

"Hayır."

"Ben yoruldum," dedim onun duyacağı bir ses tonuyla. Gözlerime baktığında sanırım her şey anlaşılıyordu. "Biz yatıyoruz, uzun bir gündü," dedi ve elimden tuttu. Oha, bu kadar bariz belli mi edilir? Kaşımı kaldırıp Nazlı'ya bakmak istedim, ama yapmadım.

"Duş almalıyım," dedi Sedat. "Olur," dediğimde beni çoktan banyoya sokmuştu. "Sedat rezil olacağız ama ya! Ben odaya geçeyim," dedim.

"Sessiz oluruz."

"Ben ve sen," dedim inanmayarak. Kıkırdadığımda kapıyı kapatmış, beni süzüyordu. "Sedat! Bebek istemiyorum."

"Ben korunurum! Sakın bir daha o hapları içeyim deme," dedi sertçe.

"Dün korunmadın ama..."

"Seni özlemiştim."

"Gerçekten mi?"

"Seni öperken bile özlüyorum ben," deyip dudaklarımı bulması saniyeler sürdü. Ne demişti? Özlüyor muydu? Allahım, ben cennetteydim. Aşkın denizinde yüzerken sanırım Sedat'la yorucu gecelere alışmam gerekecekti. Belki de bunun da bir sonu vardı, ama bana kalırsa sabah akşam benimle sevişmesinde bir sakınca yoktu.

... gitti pipinin yarısı

Selma ve ben ne kadar sünnetin hastanede gerçekleşmesi konusunda ısrar etsek de Hacer Ana, Kartal'ın balığının evde kesilmesinde inat etti. Düğün gününün öncesinde karar verilen sünnet merasiminde ev tam bir hastane havasına sokuldu. Kirve Sedat...

Doktorun tepesinde bizim develer! Gülmekten gözümden yaş geldi. "Yumurtanın sarısı, gitti pipinin yarısı!"

Dualar okunuyor, herkes bir telaş; hemşire, doktordan azar yiyip duruyor; Sedat da tam Kartal'ın minnacık pipisini tutmuşken bombayı bu sefer Sedat patlattı, "Ali, gel lan, arada seni de çıkaralım!" dediğinde, Ali'mde laf bol, "Abi, kirvem sen olacaksan, feda olsun," demez mi?

"Gel lan! Tutmayan senin gibi olsun," dedi benim öküz! Hacer Ana'dan azarı yediler tabii. "Oğul, düzgün tut çocuğu, tövbe tövbe!" Doktor, valla aralarında serseme döndü. Durmuş'la Dursun doktoru canından bezdirdi.

"Ula çok kesme bak vuririm," diyordu Dursun.

"Afilli olsun, yamuk tutaysun, ula dikkat et. Azucuk yukarı çıksana da!" dedi Durmuş.

Hacer Ana baktı olmayacak, hepimizi kovdu tabii. Bir Sedat kaldı yanında bebenin. O gece Kartal verilen ilaçlarla mışıl mışıl uyudu. Benim zorumla Kartal'ın minik kabuğunu gece üniversitenin bahçesine gömmeye gittik. Sekiz araba! Tabii üniversitenin güvenliği polislere haber vermiş, birileri üniversiteyi bastı diye! Bir toma gelmediği kaldı üniversiteye. Biz daha ne oluyor diyemeden Durmuş, "Komiser, bizim yiğen sünnet oldu, onun çükünü gömmeye geldik da!" dediğinde olay koptu. Yine azarı ye Duygu!

"Lan bizden bir cacık olmaz. Bu Duygu ve Selma olduktan sonra burnumuz boktan çıkmaz," diyen Bekir'di. O gece güldüğüm kadar hiçbir zaman gülmedim.

"Bekir ben mi dedim size sekiz araba gidelim," dediğimde, "Sus yenge sus! Adam sinirli!" dedi Durmuş. Sedat yorumsuz...

Öyleydi böyleydi derken komiser ikna edildi. Zaten garibim polisler bizimkileri görünce bir tuhaf oldular. Sanırım Kartal'ın kabuğunu gösterip kurtuldular. Sedat yanıma arabaya bindiğinde sinirleri yine tepesindeydi. Sessizce oturdum. Eve vardığımızda Hacer Ana kapıda tabii! Bir saatlik yola gidip gelmek, dört saati bulunca kadın telaşlanmış doğal olarak.

"Kızım neredeydiniz?"

"Anne gitmişken kaydı yaptıralım dedik," diyen Ali'mdi.

"Ula karilarin aklına uyanin," dedi Durmuş, gecenin üçünde direkt odasına çıktı.

"Selma hadi!" Bekir uyuyalım demek istemişti sanırım. Cinleri tepesindeydi. Selma gülecek, gülemedi. Hacer Ana, "Biriniz de ne olduğunu söylesin ayol!" dediğinde, ben etrafa baktım, kimse yok. Fırsat bu fırsat diyerek kahkahayı bastım. Gülerek, "Anne polisler yanlış anladı. Sekiz araba gece yarısı üniversiteye gidilir mi? Bizimkiler köpürdü, ama polisler meletti valla, kabuk delil olarak kullanıldı. Gösterip kurtuldular," dedim.

"Duygu! Bir de gülüyor musun?" diyen kapıda dikilen Sedat'tı.

"Yok canım, ne gülmesi," dedim dudaklarımı ısırarak.

"Anam iyi geceler, hadi sen de uyu artık. Herkes iyi," dedi.

Elimden tuttu ve odamıza giderken, "Ben senin o ısırdığın dudaklarını yerim," dedi ve en son gamzelerini gördüm! Allahım, ben doymuyordum ki ona, o bana doysun! Umarım hiç doymaz.

Düğün günü Kartal bir güzel oldu, bir güzel! Padişah takımlarının içinde elinde asası, döndü durdu pelerini sırtında. Daha kuş kadar bebe! Çok eğreti durdu sünnetlikler. Asayı herkese vurup durdu paşam.

Sedat bizi kuaföre bırakıp iki saat sonra geleceğini söyleyerek ayrıldı. Giyindik, süslendik derken Sedat yüz kere aradı tabii. Kapıya çıktığımda sanırım yanıma ışınlandı. Surat yine betonarme. "Ne?" dedim. Bir kere de güzel oldun desin, dişimi kırıcam! Gerçekten güzel olmuştum. Eteğim kısaydı, o kadar.

Ve itiraf ediyorum seksiydim! Sedat, "Duygu o etek ne öyle ya!" diye isyan etti.

Selma tam destek, hep destek! "Valla bacaklar tornadan çıkmış gibi! Hâl böyle olunca etek güzel görünüyor, değil mi?" dediğinde gözlerimi pörtleşmiş, sussun diye ona bakıyordum.

Selma uzaklaşınca Sedat bana yanaştı. "Yarın gazeteler ne yazacak, biliyor musun?" dedi sertçe.

"Bilmek istediğime pek emin değilim."

"Düğünde katliam! Aşkını kıskanan Sedat Kara dört kişinin gözlerini çıkardı."

"Gerçekten ben senin aşkın mıyım?"

"Pes yani! Bunu mu anladın o kadar söylediğimden?" dediğinde elleri belimi sarmıştı.

"Evet... beğendin mi?" sorayım bari!

"Çok güzel olmuşsun. Bugün gece olur mu?"

"Niye ki?" dedim sırıtarak.

"Of, bir de soruyorsun be kızım! Bitirdin beni Duygu!" dedi ve elimden tutup arabaya doğru yürüdük. Onca sevgi gösterisi ve onca sevişmemize rağmen bana olan doyumsuzluğunu artık biliyordum da niye hiç sevdiğini söylemiyordu ya!

Sünnet, Selma ile Bekir'in düğününün yapıldığı yerde yapıldı. Koca bir sünnet yatağı kurulmuş, on yirmi çocuk yeni sünnet olmuş, yatıyordu. Bizim Kartal pelerinle koşturuyordu etrafta. Asayı almışlar elinden yarmasın birisinin kafasını diye!

Yine yemekler, gelenler, takılar ve tabii ki horon! Allahım, Sedat'a bir kere daha âşık olmuştum. Ter içinde kaldı benim devem, ama çok seksi görünüyordu. Üzerindeki buz mavisi gömlek sırılsıklamdı. Horondan ayrılarak yanıma gelip bana sarıldığında kokusunu içime çekmek benim için anlatılamazdı. "Gece olsun..." dedim kulağına fısıldayarak. Ellerimle alnını silerken beni öpmemek için zor durduğunu hissetmek zaten ömre bedeldi. Horon bittiğinde Ali'm beni zorla çiftetelliye kaldırdı. İstanbul devesi! Onunla kıvır da kıvır! Sedat oturmuş, beni seyrediyor, dişlerini sıkıyordu, yanak kaslarından belliydi.

"Ali'm oturalım, bizimki adamları kesiyor," dedim sırıtarak.

"Bırak kessin, kız Çirkin, sen harbi güzelleştin ha!" dedi alayla.

"Gerçekten mi Ali'm ya!" Kaldır kolları oh, oh!

"Kız yeminle, yanımıza geldiğinde kara kuru bir şeydin."

"Hâlâ öyleyim ben ya!" dediğimde Sedat ne ara yanımızda bitti, onu anlamadım.

"Oturun artık, katil edeceksiniz beni!"

"Abi valla ben kimseye yüz vermiyorum," dedi Ali'm kahkahayla.

"Ali istersen git Obama'ya ver! Bana ne lan senden!"

"Abi bırak Çirkin'i, kim ne yapsın onu! Ben varım yanında!" dediğinde Sedat, Ali'me bir bakış attı.

"Sensin lan Çirkin, Allah'ın devesi," dedi ve bana dönüp, "Yürü Duygu!" dedi, elimden tutup masaya götürdü.

"Niye kızdın şimdi ama ya! Ne güzel oynuyorduk," dediğimde gözüm masadaki Nazlı'ya takıldı. Benim aksime hanım hanımcık giyinmiş, şarabını içiyordu. Şarap mı? Yok canım, vişnedir o! Kadın Diyarbakır'ın böğründen kopmuş, ama gerçekten şarap içiyordu. Helal valla!

Sedat kendi kıskançlığında, "Kalkma bir daha buradan," dedi ve bir şahin gibi sırtımı göğsüne dayayıp oturdu. "Öküz," diye mırıldandım.

"O öküz sana neler yapıyor, biliyorsun değil mi?" dediğinde yüzüm kıpkırmızıydı.

"Zevk alıyorsun beni utandırmaktan..."

"Evet," dedi ve enseme öpücüğünü kondurmayı unutmadı.

"Sedat, ama elbisem açık değil, kısa biraz o kadar, bırak, bak ayıp Hacer Ana'ya."

"Hayır!"

"Ya niye ya!" dedim isyanla.

"O ince belin öyle bir ortaya çıkmış ki! Kalçalarını söylemiyorum bile! Bu kadar güzel olmak zorunda değildin," dediğinde sesinin tonundan saçlarım bile diken dikendi.

"Off! Bir daha kotla gelirim," dedim sıkıntıyla. Selma ortada göbek atıyor, ben burada oturuyordum.

"Sen her halinle güzelsin," dedi sırıtarak.

"Sedat, lütfen bak, müzik bitiyor!" dedim sinirle.

"Otur oturduğun yerde!" dediğinde Ali'm oynarken bana sırıtıyordu. Pis nispetçi! Sedat, "Bu Ali'nin de yuvasını yapacağım. İyice..." dedi, ama lafını kestim.

"Ali'me bağırıp durma, alınıp gidecek bir gün, göreceksin. O giderse biz ne yaparız, bir düşün."

Sedat, "Valla kolum kanadım kırılır," dediğinde böyle bir itiraf beklemiyordum. Aklımdan her şey silindi. Ona dönüp yüzünü ellerimin arasına aldım. "Gitmez zaten," dedim, gülümserken gözlerim Ali'me takıldı yine, avlanıyordu. Allahım, bu Ali çapkındı ya! Sedat'la ikimiz birden gülmeye başladık.

"Hadi, bırak gideyim," dedim şirince.

"Sen ne güzel kokuyorsun öyle," dediğinde burnu enseme değiyordu.

"Sedat ben ne diyorum, sen ne diyorsun?" Sinir burun deliklerimden püskürüyordu ha!

Selma uzaktan anlamış olacak, Bekir'i de alıp bizi oynamaya kaldırdığında Sedat dişlerini gıcırdatmakla meşguldü. Dibimden ayrılmadı. Ben de kıvır kıvır, yandan yandan attırdım valla. Sanırım bu gece harp çıkacaktı! Selma bir ara elini zafer işareti yaptığında bizi gören Bekir ağzının içinde, "Ya sabır" çekiyordu. Bekir evlenmeden önce zaten ağır abiydi. Evlendikten, hele ki bebekten sonra iyice ağırlaşmıştı. Selma'yı deli gibi sevdiğini gösteremiyor olabilirdi, ama ona bakıp bakıp dalışları var ya, her şeyi anlatıyor-

392

du. Kozmik Türk erkeği işte! Uykusunda seven cinstendi bizim üç deve!

Ben valla oyun havalarına ahenkle ritim tutturmuş, Selma'yla gerdan kırarken Sedat yüzünde öldürücü bakışlarla kulağıma çoktan eğilmişti bile. "Kıvırma Duygu, dalacağım birine!"

"Oha Sedat ya! Bir huzur ver artık! Sanki Asena var karşında! Stres atıyoruz şurada!" dedim, tam gerdan kıracağım, kükredi benim öküz!

"Lan ben kime diyorum?" dediğinde Hacer Ana yanımızda belirdi. "Oğul bırak kızı rahat! Bütün gece karga gibi tepesinde, bana fenalık geldi," dedi anam benim. Sonra el çırpmaya başladığında ben iyice coştum tabii. Sedat bir ara yok oldu biliyorum, çünkü ensemde sıcaklığını hissedemedim. Gözlerim onu aradığında bir baktım orkestranın yanında! Cebinden çıkardığı bir tomar parayla göbek havası anında dans müziğine döndüğünde Hacer Ana çoktan yanımızdan uzaklaşmıştı. Tam Ali'min kollarına gireceğim, "Çekil ufaklık!" dedi Sedat.

"Abi sen de mi ya?" dedi Ali'm. Ben kıkırdarken o çoktan pistten çıkmıştı.

"Görmedim sanma! Bu yaptığın çok ayıptı."

"Bence şükretmelisin."

"Niye ki?"

"Lan katil olacağım diyorum, sen bana niye ki diyorsun?" Dudaklarımı büzdüm ne diyeyim ben şimdi?

"Büzme o güzel dudaklarını."

"Sanırım orkestra artık oyun havası çalmaz."

"Duygu, alırım sana bir oyun havası CD'si, evde istediğin kadar oyna! Hatta dansöz kıyafeti bile alırım. Bana oynarsın."

"Oha öküz!"

"Fantezi işte!"

"Sedat beni oynamaktan soğuttun, yemin ederim."

"İsabet olmuş o zaman."

"Ben de sana Diyarbakır karpuzu hediye etmek istiyorum."

"Oturur yeriz gülüm!"

"Yok, Sedat, sen o karpuzla bowling oynarsın ancak," dediğimde ince sinirimi anlamasını ümit ettim, ama yok, nato mermer nato kafa!

"Olur bebişim…"

"Sedat, taklit etme beni ya!" dediğimde iki saniye gözlerini kapattı. İçim cız etti. Trabzon'du, işti derken dinlenemiyordu. Bir de üstüne benim peşimde dolanıyordu. Yatak mevzusunu zaten söylememe gerek yok. Adam vurulalı çok değil, iki ay bile olmamıştı. Yorulduğunu biliyordum. İçimi sinir yerine endişe kapladı. "Yoruldun," dedim, elimle alnına düşen saçlarını düzelttim.

"İstanbul'da dinlenirim."

"Duy da inanma!"

"Görüp de inanmasan…"

"Görürüz."

"Göreceksin, çünkü yanımda olacaksın."

"Bende mi kalacaksın yani?" dedim heyecanla.

"Hayır, sen bana taşınacaksın." Ha öküzüm, ha dur bekle, öküzlük madalyanı hazırlıyorum.

"Taşınmak?"

"Duygu beni sinir etme. Bundan sonra sensiz uyumayacağım."

"Bu senin sorunun, ben evimden memnunum. Hem Selma hamile, onu bırakamam," dedim. Aslında onunla uçarak nereye olsa giderdim de böyle öküz öküz konuşmasaydı. Bana taşınacaksın! Yok göreceksin! Beni sinir etme Duygu! *Oldu paşam, ayakların da yıkanacak mı,* diyesim geldi de sustum.

"Benimle birlikte yıllarca yaşadın ve şimdi de yaşayacaksın."

"O zaman farklıydı."

"Şimdi daha fazla sebebin var."

"Neymiş?" dedim gözlerine bakıp

"Tamamıyla benimsin."

"Çok istiyorsan, sen bana gelirsin."

"Kızım beni delirtme, senin ev Laleli gibi, giren çıkan hiç eksilmiyor. Ara ara gidip gelirsin," dediğinde onunla tartışmanın bir anlamı yoktu. İstanbul'a gidince evime geçecektim. Sedat da kuzu kuzu gelip gidecekti! Sırıttım. Küçük Kartal bacağıma yapıştığında topuklu ayakkabı yüzünden dengemi bulamadım. Sedat tutmasa yere yapışacaktım.

"Anni," demez mi yine ya! Evlat edineceğim bu bebeyi valla!

"Ay kıyamam ben sana! Sen erkek mi oldun? Ben seni yerim yerim," dedim ve Sedat'ın kollarından çıkıp onu kucağıma aldığımda, "Sedat biz de yapsak mı?" dedim alayla. Sedat'ın yüzü yemin ederim Hulk gibi değişim geçirdi.

"Asla! Ben çocuklardan nefret ederim. Bunu kafana sok!" dedi ve pistin ortasında, kucağımda bebek, beni bırakıp gitti.

Yüzüm gözüm atmıştı, biliyorum. O kadar kırılmıştım ki! Bu neydi şimdi? Oysa onun Kartal'la oynayışını, ilgilenişini görmüştüm. Gayet sevecen, bir o kadar baba edasındaydı. Boğazıma takılan yumruyu hiçe saydım ve Kartal'ı Nimet Abla'nın yanına verdim. Selma'ların masasına gidip oturdum. Kazara hamile kalsam sanırım Sedat beni öldürürdü. O kadar kötü hissetmiştim.

Zaten bu mantıkla beni asla hamile de bırakmazdı ya!

"Duygu kavga mı ettiniz?"

"Yok, sana da yaranılmıyor, gelip yanında oturalım dedik," dedim sırıtarak. Artık ne anlatayım, ben kavgalarımıza yetişemiyordum. Selma ne yapsın! Söylediklerini hazmettikten sonra Ali'mle sigara içmeye çıktım. Ali'm üzerime ceketini verdi. Tabii Sedat'ın bizi bulması gecikmedi.

"Niye haber vermiyorsunuz?" dedi sertçe.

"Sen beni bırakıp giderken haber verdin mi?"

"Duygu her gün yeni icat çıkarma."

"Tamam Sedat, sen ne istersen o olur! Sedat bebek sevmez yapmayalım, Sedat kısa etek sevmez, giymeyelim. Sedat Beykoz'da oturacağız der, kırmayalım. Başka bir emrin varsa listeme ekleyeyim!"

"Abi, ben kaçar, sizi bölmeyeyim," dedi Ali'm ve tam anlamıyla

sıvıştı. Sedat bana doğru adım atmaya başladığında, nefes alamı-
yordum. Ayaklarım o bana yaklaştıkça geri geri gitmeye başla-
dı. Niye bedenim ona yaklaşmak için ölürken ayaklarım aklıma
uyuyordu, cevap gayet basit. İçimdeki asi kız, âşık kıza bu gece
ayak uydurmak istemiyordu. Uzanıp elimdeki sigarayı alıp yere
attı. Bir eli bileğimden beni yakalarken bir eli edepsizce kalçamı
avuçladı, "Var mı itirazın?" dedi manyak sesini kullanarak.

"Yok," dedim sinirle.

"İyi," dediğinde bütün bedenim koca kollarıyla sarılıydı.

"Benimsin!"

"Biliyorum," dedim çünkü bu doğruydu. Dudaklarıma ne ara
uzanıp beni usul usul öpmeye başladığını hatırlamak teferruattı.
Nefesi yüzüme eserken, "Ben sadece şaka yapmıştım. Bebek iste-
mediğimi biliyorsun," dedim.

"Duygu bebek konusunu bir daha duymak istemiyorum. Eğer
benimle olacaksan, bir bebeğimiz olmayacak, haberin olsun! Üz-
günüm diyeceğim, ama değilim. Bebek istemiyorum. Ya ben ya
bebek diyebilecek kadar kararım kesin. Her konuda seninle sa-
vaşabilirim, ama bebek konusunda burada nokta konuldu. On yıl
sonra yine sen ve ben!" dediğinde aptala dönmüştüm.

Ciddi olduğu gözlerinden belli oluyordu. İstememesini anla-
yabiliyordum. Ben de aynı duyguları paylaşıyordum, ama bencil-
liği beni şaşırtıyordu. Benim isteklerimi hiçe sayması, beni ya ben
isteseydim sorusunu sormaya itiyordu. Bu soruyu ona sormaya
cesaretim yoktu. Sedat mı? Bebek mi? Cevabım belliydi, tabii ki
Sedat. Ben o yanımda olduktan sonra her şeye razıydım. Peki, o
böyle kesin konuşurken, benimle her şeye razı mıydı? Bu soru
içimi kemirmeye başlamıştı ve ben ne kadar kapatmaya çalışsam
da bu konu burada bitmeyecekti.

"Ya kazara..."

"Olmayacak diyorum. Ben dikkat ederim. Bana bırak," dedi-
ğinde, dudaklarına uzanıp kafamdakileri silmek en iyisiydi. Hem
istemediğim bir şey için savaşmak saçmaydı.

Bir sana, bir profiterole
hayır diyemiyorum...

İstanbul...

Ali'm sabahın dokuzunda telefonu çaldırdığında ben çoktan giyinmiştim. Her sabah altıda kalkıp bir saat koşan, duşunu alıp benimle sevişen Sedat'ın bu sabah uyuyacağı tutmuştu. Yanağına sıcak bir öpücük kondurdum.

"Ben gidiyorum, Ali'm geldi."

"Hımm," tepki bu! Oysa onun da gelip bu mutluluğu paylaşmasını isterdim. İstemedi, garip...

Beykoz'u seviyordum. Kadıköy'ün kalabalığından daha uzaktı. Zaten Sedat'a ne yaptıysam kendi evimde kalmaya ikna edemedim. Evimde uyuyup Beykoz'da uyanmaya bile başlamıştım. İnadımla baş edemediği zamanlarda beni kucaklayıp arabaya atıp getiriyordu. Benim evde kalsak, kalabalık rahat vermiyordu, yalan değil! Gül Abla, mağdur Nurten Abla, Ali'm malum, Selma zaten yirmi dört saat bende. Hoş, ben şikâyetçi değildim, ama Sedat'ın bana karşı hareketleri kısıtlandıkça cinleri tepesinde dolaşıyordu. Biz bizeyken eli kolu durmuyor, öpüp okşamalarını geçtim, her dakika kendimi yatakta buluyordum. Şikâyetçi miydim? Asla! Devem yalnızken ne kadar yumuşak, nazikse, başkasının yanında yine betonarme Sedat oluyordu.

Neyse evden çıktım, hızla Ali'nin arabasına bindim. Ali'mi sıcacık öptüm. "Naber ufaklık?" Bu ona bulduğum yeni isimdi. Trabzon'da alışveriş merkezine gittiğimiz bir gün bir bayan ona ufaklık diye seslenmişti ve o gün bugündür Ali'm ufaklık olarak kaldı.

"Duygu sabah sabah şimdi bana kendini dövdürme! Kızım benim nerem ufak!"

"Hani Selma'lar?" dedim sırıtarak, onu duymazlığa gelmek daha eğlenceliydi.

"Hastanede buluşacağız. Senin doktor birini ayarlamış."

"Temem," dediğimde sırıtıp, "Şebek! Kocan ne yapıyor?" diye sordu.

"Ya şuna kocam deyip durma Ali'm ya! Öküz de! Deve de! Ama kocam deme ya!"

"Lan neyin o zaman? Cins cins konuşma!"

"Evli miyiz ki kocam olsun?"

"Kâğıt parçasıyla mı evli olunuyor kızım? Önceden resmi nikâh mı varmış?"

"Sen İstanbullu'ydun, değil mi Ali'm?"

"Niye soruyorsun?"

"Valla benim diyen yurdum insanına taş çıkarırsın da ondan."

"Kız başladın yine laf kalabalığına! Bu saatten sonra gidip başka bir adamla evlenmeyeceksin ya! Tövbe tövbe!"

"Valla teklifleri değerlendirebilirim."

"Şu şarkıyı sana itaf ediyorum Çirkin! Pazara kadar değil, mezara kadar."

"Ali'm… sana kimdi, şarkıcıyı hatırlayamadım, ama şarkıyı ithaf etmiyorum, söylüyorum! Bas gaza Ali'm, bas gaza!"

Biz ailemizden bir üye eksik, yani Sedat, Selma'nın bebek için ilk kontrolüne gittik. Selma ve Bekir'i hastanenin kafeteryasında oturmuş, bizi bekler hâlde bulduk. Yine elleri ellerinde, gözleri gözlerindeydi. Ne zaman onları seyretsem içim bir tuhaf oluyor, ağlamak istiyordum. Çok tatlıydılar ya! Başlarında dikildiğimde beni ancak fark ettiler.

"Amanda aman, annecik ve babacık çok mu heyecanlı!" dedim

alayla. Arkamda Ali'm, "Sevinin, sevinin, ben sizi ayağınızda yastık, bebek sallarken göreceğim," diyordu.

Bekir, "Lan bilgisiz! Ayakta bebek sallamak mı kaldı? Basıyorsun düğmeye, sallanan beşik halledilyor," dedi.

"Pardon abi, ben senin gibi her gün bebek mağazaları gezmiyorum." Biz sabahın dokuzunda kahkahalarla gülüyorduk. Heyecanla doktorun ofisine girdiğimizde haliyle adam şok oldu. Bana göre normaldik de dıştan öyle görünmedik hiçbir zaman. Deli bakışlı, kartallar kadar sert mizaçlı, bir o kadar iri ve diri develerim ister istemez ortamlarda uyumsuzluk yaratıyordu.

Aslında Ali'm ulturasona girmeyecekti, ama tutturdu benim yeğeni göreceğim diye! Hâl böyle olunca doktoru delirtti. "Burası neresi, hani bunun bacağı, lan gözü yok mu bu veledin! Bana pipisini göster."

Doktor ne dediyse yok! Gözlerimden yaş geldi gülmekten. Bekir patladı artık, adam zaten maymun olmuş heyecandan, "Lan Ali bu kadar meraklıysan sen aç göster!" dedi, ama doktor felç! Selma da ciddiye alınca olay koptu, "Ay istemem, sabah sabah benim midem bulanır."

Çıkışta Ali'm bizden ayrılıp ofise geçerken biz de Kadıköy'deki eve doğru yola çıktık. Selma önden, "Darısı size inşallah," dedi gülerek.

"Biz evlensek bile bir bebeğimiz olmayacak." Dudağımı uzatıp kaşlarımı kaldırarak duruca söyledim. Bunda şaşıracak bir şey yoktu, ama Bekir frene öyle bir bastı ki şok olmuştu ve dikiz aynasından bana bakıyordu. N'oluyor yine?

Selma, "Ne oldu Bekir?" diye sordu.

"Kedi! Kedi sanırım," dedi Bekir, ama halen gözleri benim gözlerimdeydi.

Selma, "Ay iyi ki ezmedin!" diyerek bana döndü ve, "Olur mu öyle saçmalık, bebeksiz evlilik mi olurmuş! Olur sizin de! Hem…" diye cümlesini bitiremeden Bekir, "Selma, her şeye burnunu sokma!" diye bir kükredi ki sorma. Ne Selma ne ben bir anlam veremedik. Açıklamak için tam ağzımı açıp, "Ama…" diyerek başlayayım dedim Bekir, "Kapatın bu bebek konusunu!" dedi ısrarla ve sustuk. Konu kapandı.

Bekir bizi bırakıp işe gittiğinde Selma'yla evde pineklemek bana iyi gelmişti. Dizlerimde bilgisayar, boş boş iş ilanlarına bakıyordum.

"Napıyorsun?" dedi Selma.

"Hiç, iş ilanlarına bakıyorum."

"Sedat'ın seni artık çalıştıracağına inanıyor musun?"

"Hayır!"

"O zaman niye bakıyorsun ki?"

"Ne bileyim, belki aklına yatacak bir yer olur."

"Müjde zor durumdaymış, Sedat yanındaki adamı kovmuş, kız yetişemiyor. İnat etme, geç oraya, çalış derim ben. Hoş, o zaman benim için kötü olacak, yalnız kalacağım, ama sen evde oturmak istemiyorsun."

"Bilmiyorum, birkaç gün deneyebilirim aslında." Mantıklıydı aslında, düşünecektim. Telefonum çaldığında elimde çatal, kek tabağını tırtıklayıp duruyordum. Allahım, bu Selma gerçekten güzel yemekler yapıyordu. Eve girdiğimizden beri tıkınıp duruyorduk ve saat daha öğlen ikiydi.

Sedat arıyordu. Ve bugün enteresan biçimde hiç aramamıştı. "Buyurun Sedat Bey."

"Özledim," dediğinde yüzüme yayılan sırıtmayı aynadan görmek isterdim.

"Ben de seni özledim."

"Sabah benim olmadın ve ben bunun acısını akşam senden çıkaracağım."

"Kulağa hoş geliyor."

"Selma'da mısın?"

"Evet."

"Tamam, akşam seni alırım."

Tam sırıtarak kapatacaktım ki arkadan bir ses, "Sedat," diye seslendi ya! Cinler koşarak benim tepeme üşüştü. O sesi nerede olsa tanırdım. Nazlı! Geleli bir hafta olmuştu ve kadın bizimle birlikte İstanbul'a dönmüştü. Dönmekle kalmadı, Sedat'ın Şişli'deki evine yerleşti. *Yüzsüz kadın!* Bir haftadır altın madalyayı hak edecek kadar sessiz kaldım. Trabzon'dan döndüğümüzden beri Nazlı'nın konusu geçmiyordu. Hoş, ben de sorun etmiyordum, ama sesini duymak beni sinirlendirmiş, içimdeki uyuyan kötü düşünceleri uyandırmıştı. Kendimi Sedat benimle diye avutuyordum, ama niye bu kadın beni rahatsız ediyordu, hiçbir cevabım yoktu.

"Görüşürüz," dedim soğukça ve kapattık. Kek tabağını elimden bıraktığımda dayanamadım. "Nazlı, Sedat'la," dedim.

"Yani?"

"Arkadan sesi geliyordu."

"Ne olmuş?"

"Selma, o kadın beni inanılmaz derecede rahatsız ediyor. Sanki bir fırsatını bulup Sedat'ı elimden alacakmış gibi."

"Senin bazen gerçekten balık beyinli olduğunu düşünüyorum. Sedat'la aranızdaki sadece bir birliktelik değil, bunu ben bile görüyorum. Siz bir bütünsünüz Duygu, lütfen anla artık. Senin bunu hissedememen gerçekten komik."

"Kaybetmekten korkmam gayet doğal."

"Seninki kendine güvensizlik, başka bir şey değil…"

"Ama…"

"Madem bu kadar için içini yiyor. Git ve yirmi dört saat Sedat'ın yanında ol. Adam sana gel, yanımda çalış diyor, daha ne desin?"

"O daha kötü değil mi? Ya benden sıkılırsa…"

"Git ve dene! Ne kaybedersin?"

"Onunla çalışmak çok zor olacak."

"Of, içim kurudu! Hadi kalk gidip alışveriş yapalım," dedi ve biz Bekir'e haber verip kendimizi bir alışveriş merkezine attık. Bebek eşyaları almak gerçekten eğelenceliydi. Minik minik şeyler bir pahalı bir pahalı…

Ayak tabanlarım şişti dolaşmaktan. Eve döndüğümüzde pestilim çıkmıştı. Helal valla, bizim gebişe iyi gezmişti.

Sedat beni gelip aldığında akşam dokuza geliyordu. Yukarı çıkmadı, ben aşağı indim. Arabaya bindiğimde, "Geç kaldın!" dedim, çünkü onunla yemek yiyebileceğimizi düşünüp yemek yememiştim.

"İşlerim uzadı."

"Yemek yedin mi?"

"Evet."

"İyi," dedim uyuzca.

"Sen beni mi bekledin?"

"Evet."

"İyi, sana kokoreç ısmarlayayım."

"İstemem," dedim huysuzca. Sesini çıkarmadı. Beykoz yerine ne ara Taksim'e gelmiştik, kafamda dönen tilkilerden anlayamamıştım. "Neden geldik buraya?"

"Kokoreç," dedi sırıtarak.

"İstemiyorum dedim ya!"

"İnci," dedi cazibeli sesiyle ve kalbimden vurdu. Sırıtmamak için dudaklarımı ısırıyordum.

"Olabilir," dedim çünkü biliyordu ki İnci'de profiterol yemek benim hayır diyemeyeceğim tek şeydi.

"Duygu bir bana, bir profiterole hayır diyemiyorsun." Gamzeler yine ortada.

"Sen iyice kendini nimetten saymaya başladın ya, hadi hayırlısı," dedim sırıtarak, ama gözüm gamzelerde. Boş verin profiterolü, itiraf ediyorum gerçekten ben ona hayır diyemiyordum.

Telefonunu çıkardı ve "Haydar koçum siz ofise geçin, gerek yok peşimizde dolanmanıza," dedi, dinledi. Sonra kükredi. "Lan gece gece sikme beynimi, git evine yat!" dedi ve Haydar'ı dinlemeden kapattı.

O vurulduğundan beri adamlarıyla gezmek beni hiç rahatsız etmiyordu. Hiçbir zaman tarzım olmamıştı, ama artık korumalarla daha huzurluydum. "Çocuklara kokoreç ısmarlayabilirdik," dediğimde tedirginliğimi anlamış olacak ki, "Necati'nin orada onlara gerek yok," dedi. Rahatlamıştım, ama el ele İstiklal Caddesi'nden yürürken tedirgin olmadım desem yalan olur. Yusuf yusuftu! Kendim için değil, Sedat için!

"Kokoreçe ne oldu?" dedim sırıtarak. Eline kenetlenmiş elimden beni kendine doğru çekti ve belimi kavradı. Onunla bu hâlde yürümek gerçekten romantikti. Yoksa Sedat'ta romantiklik ara ki bulasın.

"İstersen oraya getirtiriz," dedi dudaklarıma bakarak. Benim tüylerin hepsi yerçekimine dirençte... Bu romantiklik fazla bize, karnım guruldadı içten içe! Kokoreç cazip gelmeye başlamıştı da Necati'nin orada kokoreç yediğimizi düşününce gülesim geldi. Sosyetenin takıldığı en ünlü mekân!

Necati'yi yıllardır tanırdım ve Sedat için anlamını biliyordum. Diyarbakır'dan, ta çocukluktan beri arkadaştılar. Necati'nin İstanbul'a gelmesi üç aşağı beş yukarı benimle aynı yıllara denk geliyordu. Tam bilmiyorum, ama sanırım restoran açması için Sedat yardım etmişti. Sedat, Necati ısrar etmediği sürece buraya ayak basmazdı, çünkü sosyetenin takıldığı mekânları sevmezdi. Yani kebapçı, bilimun fasıl, rakı, balık Sedat'ın kalemiydi. Bu durumda Necati ne yapsın? Adam ünlenince sosyetenin uğrak yeri oldu. Zamanla konsept değişti ve Necati'nin restoranı klas bir zincir olmak zorunda kaldı. İstanbul'un birçok yerine şubeleri açıldı.

İçeri girdiğimizde kapıdaki kürsüde bekleyen kulağında kulaklık olan kızın, "Sedat Bey geldiler," dediğini duydum. Kız, "Hoş geldiniz Sedat Bey," dedi ve bir işaretiyle başka bir görevli yanımızda belirdi. Adam gayet kibar ve resmi bir profesyonellikle, "Yardımcı olayım," dedi ve ceketime uzandı, ama Sedat, "Çek elini!" diye kükredi. Çocuk donmuş bir şekilde elini çekti. Normalde bu kadar kaba olmazdı, ama benim yabancılara karşı tedirginliğimi bildiği için ister istemez o da geriliyordu. Sesimi çıkarmadım, ama gözlerimden memnuniyetsizliğimi anladı. "Burayı sevmiyorum," dedi suç bastırır gibi. *Bastıramazsın!*

"Sen getirdin."

"Senin için," demez mi?

"Ben seninle tost bile yerim bebişim," dedim ve gamzeleri ortadaydı. Biz tam kapıya yöneldik gireceğiz, kapı açıldı. Necati şişko kollarını iki yana açmış olarak belirdi. "Vay! Kimler gelmiş!" dedi ve Sedat'a sarıldığında, kapıda dikilen garsona, "Kilitle lan kapıyı, iptal et bütün rezervasyonları," dedi. Gülüyordum. Çalışan garson sanırım dediğini anlamadı. Aptalca Necati'ye bakıyordu.

"Gerek yok Necati!" dedi Sedat, ama Necati, "Bakma aval aval! Söyle bizim fındık kurduna, kapatın mekânı," dedi ve çocuk, "Tamam abi!" dedi ve çıktı.

"Duygu hoş geldin," dedi ve bana sarıldı.

"Hoş bulduk."

"Duydum ve çok sevindim." Gözlerimi kaçırdım doğal olarak ve sanırım kızarmıştım. Yüzüm yanıyordu.

"Ben bu bizim Diyarbakır prensine çok söyledim ama…" Bizim adımıza mutluydu Sedat'a bakan gözleri.

"Bir benim haberim yokmuş," dedim, sitemle Sedat'a baktım ama oralı olmadı.

"Geç yenge geç!" dedi Necati alayla.

"Ya sen de deme ya!" dedim, ama Necati kıs kıs gülüyor, bir yandan benimle uğraşmaya devam ediyordu. "Anlat yenge, bu deveyi nasıl yola getirdin?"

"Sen de bana fındık kurdunu anlat," dediğimde ellerini havaya kaldırdı.

"Pes!" dedi.

Sedat, "Noldu? Necati çabuk pes ettin," diye sırıttı.

"Ben cevabımı aldım kardeş!" dedi ve garsonlara döndü. "Bakmayın lan öyle! Birleştirin şu masaları." Bir insan hiç mi bükülmez ya! Onu ilk gördüğüm günkü gibi kalmış, ne kibarlaşmış, ne bir adım kendini frenlemeyi öğrenmişti. Şişko ne olacak? Tamam, önceden de etine butunaydı, ama bu restoran işine girip paranın verdiği rahatlıkla iyice tombullaşmıştı. Şişkoydu falan, ama şeytan tüyü vardı bizim Necati'de. Güzel yeşil gözleriyle benim diyen kaslı adamı sollar geçer, bütün hatunları tavlardı valla. Hakkını yememek lazım, çenesi kuvvetliydi.

Necati göbeğini okşayarak, "Sedat göbek yapmışsın," dedi sinsice. Allah'ın Diyarbakırlısı işte! "Lan deve senin beyninde yağlanmış galiba! Ne göbeği? Sen kendine bak!" dedi Sedat, ama gözü karnına kaymadı değil yani.

"Sedat itiraf et, yaşlanıyorsun," dedi Necati. Ne yaşlanması ya! Daha gençti benim devem! Sedat gözlerime bakıp sırıttı. Aramızda bir yaş mevzusu eksikti, tam oldu. Biz gözlerimizle konuşurken, "Ne yaptırayım size?" dedi Necati kıs kıs gülerken.

"Ben tokum, Duygu bir şeyler yer, uğraştırma çocukları."

"Gece uzun! Sizi bulmuşken bırakmam," dediğinde gecenin planı yapılmıştı. Zaten adam cumartesi akşamı restoranı kapatmıştı ve yedik kaçtık, yapamayacaktık. Necati mutfağa geçti sanırım. Sedat, "Birkaç sene sonra ben..." derken, "Sedat, sakın bana yaş mevzusunu açma! Dokuz yaş çok değil!" dedim ve oturduğum koltuktan ona uzanıp dudaklarını buldum. Bana karşılığı gecikmedi. Bize kalsa o beni alır, ben onun olurdum. Masanın altı çok cazip bir fikirdi. Tabii Necati'nin içeri girmesiyle toparlandık. Zaten masanın boyu kısaydı, Sedat altına sığmazdı. Kedi ulaşamayacağı ete mundar dermiş!

Beyazın canlı renklerle harman edildiği restorana insanın papyonla giresi gelirdi valla. Şıkır şıkır avizeler, varaklı masalarla sandalyeler. En can alıcı yanı yerdeki beyaz halıydı bence, insanın ayakkabısını çıkarası gelirdi.

Necati sırıtarak yerine oturdu. "Kinyas oğlum, git Çiçek Pasajı'na Memet'leri al gel."

Kinyas, "Tamam, abi," dedi ve çıktı.

"Necati, bırak milleti rahat! Geldiğime pişman etme."

"Ya Sedat, içim şişti. Bırak ben de sizin bahanenizle bir rahat edeyim. Hem şurada bulmuşum ikinizi, vallahi de billahi de anlatacaksınız."

"Neyi lan?"

"Sedat sen bu kara kızı kaç senedir bekliyordun? Şimdi böyle pat diye, anlatmadan bırakan valla senin gibi olsun."

"İlk sen anlat fındık kurdunu," dedi Sedat.

"Ne anlatayım! Keçi! Keçi!" dedi Necati, ama efkârlandı ve devam etti.

"Yuvasız kuşlar bizi bulur ya! İşe başladı etti derken bir baktım gönlümün sultanı oldu. Hâlâ kandırmaya uğraşıyorum."

"Burada çalıştırman gerçekten ilginç," dedi Sedat.

"Çalıştırmayıp ne yapacağım! Çeker giderim deyip duruyor. Yok o kendi kendine yetecekmiş, yok çalışmazsa kendini kötü hissedermiş falan filan... Delirtiyor beni anlayacağın."

"Al birini, vur ötekine," dedi Sedat

"Ben halen buradayım," dedim sırıtarak.

"Tamam, yenge bırakın şimdi siz beni, anlatın," dediğinde beş garson birleştirilmiş kare masaların üzerini donatıyordu. Sedat'la göz göze geldik. "Dayanamadı bana," dedi Sedat sırıtarak.

"İnanmam," dedi Necati.

"Yok, ben gideyim, siz rahat rahat konuşun," dedim alayla.

"Vurulduğumu biliyorsun," dedi Sedat ve nefes alamadım. Yüzümün renginin kaçtığına eminim. Elimi alıp avuçlarıyla okşadı ve dudaklarına götürdü. Sedat duygularını açıklayabilen biri değildi. Gülümseyip, "Zamanı geldiğini anladık sanırım," dedim.

"Geçmişti bile," dedi Necati. Baktı anlatmıyoruz vazgeçti. Ne anlatalım ki! Her şey gözlerimde belli zaten! O sırada ellerinde kanun, saz ve klarnet olan üç kişi Kinyas'ın arkasından içeri girdi. Garsonlar bizim masanın dört beş masa uzağımıza hazırlık yaptılar ve tıngır tıngır çalmaya başladılar.

"Profiterol," dedim Sedat'a bakıp.

Sedat cebinden para çıkarıp garsona verdi ve alması için İnci'ye gönderdi. Sırıtıyordum, çünkü yemeden gitmeyecektim.

Necati, "Oho, sen yuları çoktan vermişsin abi!" dediğinde Sedat, "Sorma," dedi. Allahım, ben yokmuşum gibi bir de dertleşmeye başlamışlardı.

Necati, "Haberim olsaydı size çiğ köfte yapardım," demesin mi?

Sedat, "Lan sen adamın dibisin dibi," dediğinde gülüyorduk. Onlar havadan, sudan, eskilerden konuşup rakılarını içerken, ben midemi doldurmakla meşguldüm. Onların mutlu anılarını dinlemek bir harikaydı. Şimdi gülüyorlardı, ama zor bir hayat geçirdikleri acı ama bir gerçekti.

İçimdeki merak onlar konuştukça aklımı kurcalıyordu. Daha doğrusu ailesini, onu Sado Sedat haline getirenin ne olduğunu ve en çok da annesini merak ediyordum.

O ara dışarıdan bağırtı çağırtılar duyuldu. "Ne demek kapalı, açılacak burası! Aç lan!"

"Abi içeride ağır misafir var, gözünü seveyim," demeye kalmadı, Kinyas kapının açılmasıyla yere yapıştı. İyi de Necati'nin yarmaları neredeydi? Sorum, yarmaların enselerinde silah dayalı üç dört kişiyle birlikte içeri girmeleriyle cevaplanmış oldu. Necati, "Valla bezdim Sedat! Beline silahı takan kendini bir bok zannetmiyor mu? Deli olacağım valla," dedi. Sedat yerinden bile kıpırdamadı, ama gözlerindeki bakışların adamları öldürdüğünü görebiliyordum.

Bana döndü, "Duygum!" dedi.

"Tamam, Sedat, ben bir lavaboya gidip geleyim," dedim. *Of ya! Bir gün de huzurlu geçsin.* Adamlar sanırım canlarına susamıştı. Adamın biri bana, "Otur lan yerine!" dediğinde Sedat'ta film koptu, biliyorum. Allahım, bu bebelerin Sedat'ı tanımadıkları horozlanmalarından belliydi de bugün biri ölecekti, ben onu anlamıştım. Ona bir şey söylemenin kâr etmeyeceğini biliyordum. Sustum.

Sedat ağır ağır yerinden kalktı. "Koçum bak, ben yanına ulaşana kadar o tuttuğun oyuncağı ateşle, yoksa ben senin kafana sıkacağım," dedi. Adam gülmeye başladı. "Yanındaki karıya mı hava basıyorsun lan sen! Seni de, o karıyı da kendime meze yaparım!" dediğinde hepsi gülüyordu.

Necati, "Sedat halıyı yeni değiştirdim be abi!" dedi ve rakısına uzanıp, "Şerefinize beyler," dedi. Sedat eli cebinde adamın karşısına dikildi.

"Çok merak ettim! Hangimizi önce yiyeceksin!" dediğinde adam aptal aptal Sedat'a baktı. "Tatlı niyetine hatunu alırım. Gece uzun," derken adamlar yemin ederim Nuri Alço'dan daha iğrenç gülüyorlardı. Allahım, sen koru! Sedat'ın kaşı bile oynamadı. Adam halen gülüyor ya! Bu erkeklik bazen gerçekten aptal bir şey oluyordu. O sırada kapı açılıp Ali'm yirmi kişiyle içeri girmişti ve, "Vay bensiz parti ha!" demesiyle diğer adamları yere indirmeleri bir oldu. Sedat ona ne ara haber vermişti, o nereden çıkıp gelmişti; orası ayrı muamma...

O karmaşada Sedat'ın önünde durduğu adamın elinden silahı alması ve diz çöktürmesi bir oldu. Adamın ağzına silahı öyle bir sokmuştu ki adam istemsizce öğürüyordu. Ben soğukkanlıyım diyorum ya! Yok öyle bir şey! Gözlerimi kapattım.

"Sikik herif! Sen kimi meze yapıyorsun!"

Adam eveledi geveledi, ama ağzındaki tabancadan ne söylediği anlaşılamıyordu. Sedat, "Şahadet getir lan," dediğinde ben yine gözlerimi kapatmıştım ve beklenen an gecikmedi, kafasına sıktı. Diğerleri şokta! Ali'm, sırıtıyor hayvan! Necati halen rakı içiyor! Ben...ben... alışmıştım artık. Bu ilk değildi ve Sedat Sado olarak lakabının hakkını veriyordu.

"Ali, götürün bunları depoya, öttürün neyin nesi, kimin fesi anlayın, sonrasını halledersin," dedi.

Necati nihayet yerinden kalktı. "Kinyas bu pisliği halıyla birlikte yok edin," dedi ve çalgıcılara dönüp, "Mehmet!" dediğinde, "Abi biz hiç buraya gelmedik," dedi ve adeta uçarak uzaklaştılar. Sedat, "Duygum gidelim," dediğinde biz ön kapıdan değil, arka kapıdan çıkıyorduk.

Olanları sorgulamayı yıllar önce bırakmıştım. Sedat buydu ve ben onu elinin kanıyla kabullenmiştim. O adamı öldürmeseydi yarın İstanbul'da Sado'ya kafa tutmaya kalkacak bir sürü adam belirecekti. Ben arabaya binerken etrafımda yirmi kadar adam vardı. Sedat, "Geliyorum," dediğinde ben önde oturmuş, onu bekliyordum. Kanım çekilmiş gibiydi. Alışmış olabilirdim, ama düşünmeden edemiyordum. Ölenin çocuğu var mıydı? Anası, danası! Belki âşıktı, evlenecekti! Dipsiz kuyu...

Sedat arabaya gelip otururken elime bir kaşık ve koca paket profiterolu tutuşturdu. Şaka gibi! Sanki çok değil, on dakika önce birini öldüren o değildi...

"Bakma öyle Duygum," dediğinde belli etmese bile gözündeki hüznü görebiliyordum. O da ister miydi böyle olmak? Sorusunun cevabı hayırdı. Kim isterdi ki elini başka birinin kanıyla kirletmek. Pakete ve kaşığa aldırmadan boynuna sarıldım.

"Sedat!" dedim boğazımdaki yumruyu hiçe sayarak. Çözüldü tabii! Kolay mı öyle adam öldürmek! Her birini öldürdüğümde ruhumdan bir parça kopar demişti bir keresinde. Kopmasın ruhundan parça! Canımdan koparır verirdim ya, kabul etmezdi.

Sesi bir o kadar soğuktu. "Senden hep uzak durmaya çalıştım, elimin kirini teninde temizlemeyi hiç istemedim be Duygum! Senin masumluğuna, benim gibi bir pislik dokunsun hiç istemedim. Kendimi yıllarca uzak tuttum, ama beceremedim," dediğinde tek yapabildiğim dudaklarını dudaklarımla kapatabilmekti. Onun acısını alır gibi öpmeye başlamıştım. Altdudağını ağzımda eritircesine bitirdim. Nefeslerimiz birbirine değerken, "Sus lütfen! Senin yanındayım ya! Ne olduğun, kaç kişiyi öldürdüğün umurumda değil," dedim. Bu benim gerçek düşüncelerimdi.

"Biliyorum ve bu bana daha çok acı veriyor."

"Sedat yeter! Hadi gidelim," dedim sertçe. İçimdeki fırtınayı bilse, sanırım kahrolurdu. Kucağından kendimi koltuğa doğru çektim. Olayı olmamış gibi kabullenmekten başka bir çarem yoktu. Yoksa Sedat her zamanki gibi benim yanımda olan olay yüzünden pişmanlığında boğulacaktı.

409

Geçmişe geçmiş ola

Onun ilk kez birini öldürdüğünü yedi yıl önce görmüştüm. Üç ay boyunca üzerime titreyip beni elleriyle besleyen adam sanki o değildi. Bir o kadar canavar, bir o kadar vahşi! Diyorum ya *Dexter* favorim diye! Sedat'ın yanında bok yemiş! Hannibal onun elini öper, o kadar yani!

Hastaneden çıkmama bir iki hafta kala bir gece kâbuslarımdan hıçkırarak uyandığımda Sedat'ın kollarındaydım. "Beni bırakma! Almalarına izin verme!" diye hıçkırarak yapışmıştım boynuna.

"Duygum! Artık sana kimse zarar veremez," dedi, ama nerede bende onu anlayacak kafa! Zangır zangır titriyorum.

"Onlar hep olacak! Sokakta, evde, gören gözlerimde, artık her yerde gözlerim onları arayacak. Ben yaşamak istemiyorum artık!" diye haykırmıştım. Bir süre sessiz kaldı. Sonra, "Olmayacak Duygum!" dedi ve gecenin üçünde beni kucakladığı gibi hastaneden çıkardı. Arabaya bindiğimizde nereye gittiğimizi sormadım. Üzerimde ince penye bir gecelik, arabanın sıcağında öylece oturdum. Karanlık bir arazinin ortasında yıkık dökük bir fabrikaya geldiğimizde Sedat yüzümü ellerinin arasına aldı. "Duygum, sana o adamların artık seni rahatsız edemeyeceğini kanıtlamamı ister misin?" dediğinde kelimelerim, sesim yoktu, ama istiyordum. Nefes almak için buna ihtiyacım vardı. Başımı *evet* anlamında salladım.

"Bana bir söz vermeni istiyorum," dedi Sedat. Tamam, anlamında başımı salladım. "Her ne olursa olsun! Ne görürsen gör, sana zarar vermeyeceğimi bil ve benden nefret etme, olur mu? Çünkü gözlerinde gördüğüm tek bir nefret kırıntısı beni öldürür," dedi ve arabadan inip kapımı açtı. Sevgiyle kucağına aldı. Ellerim sargılı hâlde boynuna dolanıp kucağının sıcağına iliştim. Fabrikaya doğru yürüdüğünde en azından yüz kişinin etrafa yayıldığını gördüm. Hepsi iriyarı, Sedat'a benzeyen adamlardı. "Bunlar kim?" dedim mırıltıyla. "Senin korumaların, benim dostlarım," dedi Sedat. Sonra Ali'mi gördüm. "Kız Çirkin! Hoş geldin," dedi sonra ayaklarıma bakıp, "Abi, kızı üşüteceksin, ayağı da çıplak ya!" dedi.

Sedat, "Salak salak konuşma! Düşünemedim. Git, bul bir şeyler!" diye bağırdı.

Ali'm, "Abi deli misin? Divane misin diyeceğim öylesin zaten. Gecenin üçü çorapçı nereden bulayım? Git tank bul desen daha mantıklı! Dur bir dakika," dedi ve yere oturup ayakkabılarını çıkardı. Sonra çoraplarını çıkarıp ayakkabılarını geri giydi. "Kumrum bak, karının koynundan kalkıp geldim, yeminle temiz çoraplarım," dedi ve çıplak ayaklarıma kendi çoraplarını geçirdiğinde Sedat, "Ulan Ali! Ulan Ali! Karıların koynunda öleceksin de Duygu'ya niye söylüyorsun? Kuş beyinli!" dedi ve beni harabe binaya soktu. Karanlık önce beni ürkütse de Sedat'ın kucağında olduğumdan sesim çıkmıyordu.

Fabrikanın içine girdiğimizde bir kapının önünde bekleyen üç dört adamı gördüğümde, "Levent aç kapıyı," dedi.

"Abi?" dedi Levent dedikleri akça pakça suratlı genç delikanlı. "Aç!" dediğinde Levent, "Abi kız korkacak bizden," dedi.

"Korkmaz o bizden," diyen Bekir'in sesiydi ve Sedat ona doğru döndü. Bekir gelip Sedat'ın kucağında olan başımı okşadı. "O bizden, korkmaz," dedi tekrar. Levent çaresizce kapıyı açtı. Kapı açıldığında burnuma dolan ağır koku midemi ağzıma getirdi ilk. Bekir, "Açın ışıkları," diye kükrediğinde Sedat'ın kucağında irkildim. "Korkma Canom! Seni artık hiçbir şeyin korkutmasına izin vermem," dedi. Bana kalsa ceketinin içine girer, oradan hiç çıkmazdım. Onun sıcaklığı ve kokusuyla orada ömür boyu yaşayabilirdim. Işıklar açıldığında gözlerimin ışığa alışması için yüzümü Sedat'ın göğsüne gömdüm.

"Bekir sobayı aç, Duygu üşüdü," dedi Sedat. Ben merakla gözlerimi aralamaya başladım. İlk gözüme bir koca masa ve arkasındaki devasa kasalar ilişti. Sonra önündeki modern tertemiz koltukları gördüm. Şaşırmıştım. Girerken gördüğüm yıkık dökük harabeden eser yoktu. Gayet şık camlı bir ofisteydim. Biraz önce duyduğum ağır kokuya ya alışmıştım ya da koku yok olmuştu. "Duygum," dedi, Sedat beni koltuğa duvarı görecek şekilde bıraktı. Deri koltuk ince geceliğimin üzerinden tenimi ürpertirken Sedat gelip koltuğun kıyısına yüzümü görecek şekilde oturdu. Elleri saçlarımı okşadı durdu bir süre.

"Görsen onları tanır mısın?" dedi gözlerindeki hüzünle. Gözümün kıyısından bir yaş süzüldü. Başımı salladım.

"Kaç kişiydiler?"

"On iki," dedim, iki ayda onları saymaya bayağı vaktim olmuştu.

"Her söylediğime inanırsın, değil mi?"

"Evet," dedim sesimin çıkabildiği kadar.

"Güveniyorsun da," dediğinde başımı salladım.

"Üç tanesi öldü. Dayanamadılar," dediğinde ben neye dayanamadılar diye düşünmeye başlamıştım.

"Öldüklerine inanıyorsun, değil mi?" dediğinde başımı sallayamadım.

Sesim çıkmayınca, "Bekir!" diye seslendi Sedat.

"Cesetleri ne yaptınız?"

"Abi sorayım çocuklara," deyip çıktı.

"Eğer yakmadılarsa onları göreceksin," dediğinde rengim atmıştı. Bana sarılıp, "Yetişemedim Duygum! Koruyamadım seni!" dedi gözünün kıyısında yaşla. Sesim çıkmadı. Tanımıyorum o zamanlar onu, koynunda uyuyordum, ama tanımıyordum işte...

Sonra Ali'm ve Bekir içeri girdi.

"Abi ne yapacaksın cesetleri? Kusacak millet çıkarırken."

"Ali sikicem çeneni! Çıkarın ne cehennemdelerse!" diye kükredi Sedat. Yine koltuğa sindim. Ali'm, "Kız Çirkin! Sen de bizden manyak çıktın ha!" diye sırıttı, çıktı devem. Sedat yüzümü ellerinin arasına aldı. "Göreceklerin yüzünden bir süre yine benim koynumda uyuyacaksın, ama iyi olacaksın. Buna ihtiyacın var," dedi. Düşünemez hâlde kömür karası gözlerinin siyahında bulduğum huzura sığındım. Sonra kapıdan Ali'm göründü.

"Abi, tamam çıkardık," dedi. Sedat beni usulca kucağına aldı. Biz ofisten çıktık. O ağır koku yine burnuma dolarken midemin bulantısını engellemeye çalışıyordum. Başka demir kapıdan geçtiğimizde koku iyice yoğun bir hâlde nefes almamı engelledi. Sanki yıllardır temizlenmeyen bir tuvaletin içine girmiştim. Öyle ağır bir koku vardı ki! Gözüm yanan ışığın yoğunluğuna alıştığında bir köşede yığın halinde insan öbeğini gördüm. Elleri ayakları arkadan domuz düğümüyle boyunlarına bağlıydı. Üzerlerindeki kıyafetler yok denebilecek kadar parçalanmıştı ve kendilerinde değildiler. Pisliklerinde boğulmak sanırım bu demekti. Çünkü ciğerlerime dolan koku onların tuvalete bile gitmediklerinin bir gerçeğiydi. Onlar için üzülmeli miydim? Evet, üzülmeliydim, sonuçta onlar insandı, ama üzülmüyordum. Başım dönmeye başlamıştı ve ben kusmak üzereydim. Kustum da! Sedat beni anında dışarı çıkardı. Üzerimdeki gecelik ve Sedat'ın üzeri kusmuk içindeydi. Tabii o her zamanki gibi, "Duygum! Korkma buradayım," dedi.

"Üstün," dedim titreyerek.

"Senin ben kusmuğunu yerim," demesin mi? Tabii ben yine kustum! Bu sefer yere ama! Gamzelerini ilk o gece fark ettim. Aklım başımdan gitmişti sanırım. Tabii ben ben değildim ki aklımın başından gittiğini bileyim. Neyse, Sedat cam ofisin perdelerini örttü ve üzerimdeki geceliği çıkardığında çıplaktım. Yeni yetme bedenimde altımda sadece iç çamaşırım vardı. Beni üç aydır yaptığı gibi bebek gibi temizledi. "Boynunu kaldır kusmuklu," dedi sırıtarak. Kaldırdım tabii. Sessiz kaldım, konuşuyor hâlâ. "Hastaneye dönünce yine yemek yiyeceksin. Boşa gitti akşam yemeği," dedi. Sesimi çıkarmadım. Aklım kasaphanede!

Masanın yanındaki dolaptan askıda olan temiz gömleği üzerime geçirip usul usul düğmelerini ilikledi. Sonra kendi gömleğinden kurtuldu. İlk o akşam onun o güzel bedenini görmüştüm. Teninin renginin çok güzel olduğunu düşünmüştüm. Buğday rengi, tam anlamıyla ağızlara layıktı. Ne aptalmışım! Seneler heba olmuş saflığımdan.

"Hadi, hastaneye dönelim," dediğinde, "Onlar onlar mı?" dedim sesimin titremesine aldırmadan.

Evet, anlamında başını salladı. "Görmek istiyorum," dedim titreyerek.

"Duygum, kıyamam sana! Hataydı seni buraya getirmek."

"Görmeliyim," dediğimde gözlerimden yaşlar süzülmeye başladı.

"Sana nefesim üzerine yemin ederim. Ölecekler. Görmene, zihnini kirletmeye gerek yok."

"Geldim artık, istiyorum."

"Bak, bu sefer de kusarsan…" dediğinde yine öğürdüm. "Tamam, tamam," dedi gamzelerini göstererek, dudaklarını başıma dayadı.

"Midemde bir şey yok," dedim çocuk gibi. Çocuktum ki…

"Hazır mısın?" dedi. Değildim! Nasıl hazır olabilirim? Gayet iyi biliyordum, gözlerimdeki tereddütü görürse beni oraya bir daha asla sokmazdı. Ben de ömrüm boyunca o adamları her sokağın başında, her yalnız kaldığımda ensemde hissederdim. Sedat haklıydı. Eğer bir hayatım olacaksa onların öldüklerini görmeliydim.

"Evet," dedim gür bir sesle.

Beni kucakladığı gibi hızla odadan çıkardı ve tekrar demir kapının önüne getirdi. Bekir sargılı elime bir peçete tutuşturdu. Ben bunu ne yapacağımı düşünürken, "Burnunu kapat Çirkin!" dedi Ali'm.

İçeri girdiğimizde adamların inlediklerini hissettim. Halen gözlerim kapalıydı. Onlara bakamıyordum. Sedat "Aç gözlerini!"

414

dedi sertçe. Ellerimle boynuna öyle bir sarıldım ki sanırım nefes alamadı. Gözlerimi açtığımda öğürmemek için peçeteyi ellerimin acısına aldırmadan burnuma bastırdım. Adamların kıyafetlerine rağmen, yara almamış, yanmamış tek bir yerleri kalmamıştı ve buna rağmen yüzlerinde bir çizik yoktu. Sanırım Sedat onları bir şekilde bana göstermek istemişti.

"Ali sıraya dizin şunları," dedi Sedat ölümcül sesiyle. Levent ve Ali'm beş altı kişi, hepsini tek tek dizlerinin üzerlerinde duracak şekilde önümüzde sıraladılar.

"Ayıltın," dedi Sedat sertçe. Kâh vurarak kâh üzerlerine su dökerek hepsini ayılttılar. Adamların bazısı ağlıyor, bazısı inliyor, bazısı tıpkı benim gibi zangır zangır titriyordu.

"Duygum hepsini hatırlıyor musun?" dedi Sedat. Kanım çekilmişti. Ben her gece hepsiyle rüyalarımda buluşuyordum. Tek! Tek! Bana yaşattıklarını her gece kâbuslarımda yaşıyordum. Evet, anlamında başımı sallayabildim. Sedat beni sola doğru çevirdiğinde yerdeki adamları göstererek, "Üçü öldü," dedi. Adamlar çıplaktı ve her yerinde işkence izleri vardı. Sedat bana yaptıklarını onlardan kat kat çıkarmıştı, bunu biliyordum. Sanırım bayılacaktım. "Canom korkma!"

Artık kucağında dişlerim birbirine vuruyor, bedenimin titremesine engel olamıyordum. Sonra Sedat, "Bekir!" dedi. Bekir anında gelip beni kucağına aldı ve şefkat dolu bir sesle, "Titreme babam!" dedi. Sedat belindeki silahı çıkardı ve korkudan, acıdan zırlayan, inleyen dokuz adamın önünde durdu. Hiçbir şey söylemeden birinin kafasına sıktığında diğerleri çığlıklarla yalvarmaya başladı. "Gözünü seveyim abi! Biz ettik, sen etme! Kurbanın olayım abi! İmdat! Kurtarın!" Sedat bu haykırışları hiç duymadı. Ağlamalarına kulak asmadı. Bir kelime etmeye tenezzül bile etmeden sırayla teker teker kafalarına sıktı. Dokuz el ateş sesi ardı arkasına duyuldu. Duyuldu diyorum çünkü gözlerimi kapatmış, Bekir'in göğsüne yüzümü gömmüştüm. Adamların inlemeleri kesildiğinde Bekir'in sesini duydum. "Bitti babam, bitti. Geçti artık!" Sonrası boşluk. Gözlerimi hastanede açtım. Sedat'ın kollarındaydım. "Hadi, seni yıkayalım," dedi ve üzerimdeki gömleğin düğmelerini açtı. O gece biz hiç konuşmadık ve bir iki gün sessizliğe gömüldüm.

Yaşadığım onca acı şimdi bir sis perdesinin ardında kalmıştı. Arabanın içinde yola odaklanmıştım. Geçmişin acılarının yine beni, bizi kemirmesine izin vermeyecektim. Derin bir nefes alıp kucağımdaki paketi hiç iştahım olmamasına rağmen açtım ve kaşıklamaya başladım. Arabanın içinde profiterol yemem ayrı bir şeydi zaten...

"Duygu, bu şeyi sevdiğin gibi yemeği sevsen yüz kilo olursun," dediğinde ben sanırım yarım kiloyu bitirmek üzereydim.

"Ama çok güzel," dedim ve koca bir kaşığı daha ağzıma attım. Sonra, "Sen de ye," dediğimde, "İstemiyorum, çok tatlı," dedi ama yedirmeye kararlıydım. Ağzına kaşığı sokmaya çalışırken direndi ve ağzına yüzüne her yere bulaştı tabii. "Duygu uslu dur!" dediğinde kıkırdıyordum. Allahım, gerçekten akıl sağlığımızdan şüphe duymalıydık.

"Silme! Arabayı kenara çek," diye çığlık attım. Sedat aptalca yüzüme baktığında çoktan arabayı kenara çekmişti. Kemerimden kurtuldum, dizlerimin üzerinde doğrulup ona doğru eğildim. Merakla beni seyrediyordu. Dudaklarına uzandım ve tadının çikolatayla enfes bileşimine kendimi bıraktım. Beni sarması ve kendine çekmesi bir oldu. Dilim dudaklarını çikolatayı bahane ederek yalarken bir yandan mırıltıyla, "Nefis," dedim. Sonra, "Ay şurada da kalmış," dedim kıkırdayarak. Delirdi tabii! Beni hırsla kendine bastırıp dudaklarımı aç kurtlar gibi bir sömürüşü var, değmesinler keyfime. Nefes almak için durmak zorunlu hâle geldiğinde kalbim kuş olmuş, Sedat'ın yüreğinde atıyordu. Mırıltıyla, "Biraz daha beni öpersen eve kadar sabredemeyeceğim," dedim şirince.

"Bak ya!" dediğinde ondan zorla ayrıldım.

Beykoz yolunda telefonu çaldı. "Söyle Ali'm," dedi. Artık o da Ali'me öyle sesleniyordu ve bu benim çok hoşuma gidiyordu.

Dinledi kapattı. Yüzü karardı yine...

"Öteki adamları da..." *Hay çeneme!*

"Duygum!" dediğinde söylemeyeceğini biliyordum. Tabii cevabı da... ölmüşlerdi. Yine etraf buz kesmişti. Eve geldiğimizde ikimiz de sessizdik. Elinden tutup bırakmadım ve yukarı çıkmadan, havuza çıkan saunanın yanındaki banyoya yürüdüm. Kuzu kuzu beni takip etti. Ruhunun bu gece iyileşmesi için bana ihtiyacı olduğunu biliyordum. Banyonun ortasında durdum ve arkasına geçip omuzlarından ceketini çıkarmasını sağladım. Önüne geçip usulca gömlek düğmelerini çözmeye başladım. Ne yaptığımı merak ettiğine emindim. Gözleri gözlerimde, meraklıydı. Ağır hareketlerim yüzünden merakına yenildi ve, "Neden buradayız?" diye sorduğunda, "Duş almama yardım edebilirsin diye düşündüm," dedim, gömleğini omuzlarından sıyırdım. Pantolonundan başka bir şeyi kalmamıştı ve buğday teni onun olmam için beni çağırıyordu. Ellerimi teninde bir süre gezdirdiğimde yay gibi gerildiğini hissetmek gerçekten güzeldi. Benim devem benim için her zaman hazırdı ve ben bunu seviyordum. Üzerimdeki deri cekete uzandığında, "Ben hallederim," dedim ve onun jakuzinin kıyısına oturmasını sağladım. Bir şekilde aklındaki her şeyden kurtulmasını istiyordum. Ceketimden ve üzerimde ne varsa iç çamaşırlarıma kadar hepsini çıkardım. Önünde durup dizlerimin üzerine çöktüğümde beni kollarına alabilmek için öldüğüne emindim. "Uslu dur!" dedim mırıltıyla. Sonra pantalonuna uzandım, düğmesini ve fermuarını açtığımda ellerini jakuziye dayadı ve kendini hafifçe yukarı kaldırdı. Bu hareketi bile, kalbimin deli gibi çarpmasını sağlamaya yetti de arttı. İçime daha nasıl bir itiraf daha yollayabilirdim, bilmiyorum, ama onunla her seviştiğimde yeniden doğuyordum.

Pantolonunu sıyırdım ve ayaklarından çıkardım. Eğilmişken çoraplarından kurtulmayı ihmal etmedim. "Duygum bitirdin beni!" dediğinde, "Sessiz ol, bak sonra utanıp vazgeçerim," dediğimde gamzeleri ortadaydı. Yüzüne yüzümü yaklaştırdığımda nefesini tuttuğunu biliyordum. Gamzesinin üzerine küçük bir öpücük kondurdum ve dişlerimle ısırdığımda artık dayanamadı ve belimden tutup kucağına oturmamı sağladı. "Duygum işkence mi çektirmeye çalışıyorsun?" diye adeta hırladı.

"Hayır ama…" dediğimde dudaklarımı bulması ve sertçe öpmeye başlaması bir oldu. Nefes nefese, "Dur, ama jakuzi…" dememe kalmadı ve yüzü göğüs oluğumdaydı. Kirli sakallarının tenime sürtmesi bile beni benden alıyordu da öpüşlerini hiç sormayın. Elleri sutyenimden beni kurtardığında göğüslerim ağzında kaybolmuş gibi inliyordum. Eliyle hızlı, bir o kadar kıvrak bir şekilde kilodumu çıkardığında ben beline dolanmış, kendimi ona yerleştiriyordum, tabii söylenmeyi ihmal etmedim.

"Sedat ya, bir fantezi yaptırmadın, of ya!" dedim kıkırdayarak.

"Ben sana da, fantezine de…." dediğinde nefesim kesilmiş, aşkımla bir bütünü yaşıyordum. Aceleci tavrı yerini usul usul sevişmeye bıraktı. "Aşkım," dedim inleyerek…

"Söyle Duygum," dediğinde, "Ama ben suya girmek istiyorum," dedim bin bir nazla.

"Sen ne istersen Cano…" dediğinde kendini biraz daha bana bastırdı.

Arsız! Benden kopmadan o jakuzinin musluğuna nasıl uzandı, halen anlamış değilim. Sedat kendiyle birlikte beni suya soktuğunda kucağında halen onda var olmakla meşguldüm.

Hareketlerimiz hıza yenilip zevki karşılarken, "Çok zayıfsın, elimde kalacaksın kadınım ya," dediğinde, "Kırılmam, korkma!" dedim. Bu onu daha da cesaretlendirmiş, hareketlerini daha vahşileştirmişti. Gözlerime bakıp benden güç aldığını biliyordum. Hareketleri bir o kadar sert ve kavurucu hâle geldi. İtiraf ediyorum, doyurucuydu. Suyun içinde tam anlayamadım, ama korunmadığını düşünüyordum. İnsanlığımız bizi ele geçirdiğinde kucağındaydım. Elleri kasıklarımda dolanıp duruyordu. "Sedat…"

"Hımm…"

"Sen korundun, değil mi?"

"Bu konuyu bana bırakmanı istemiştim," derken dişlerini sıktığını görebiliyordum.

"Ama korunmuyorsun."

"Duygu… çok mu biliyorsun?"

"Of, tamam."

"Oflama kadın! Hadi öp!" dediğinde kıkırdıyordum. Gecenin üçü olmuş, biz halen yok saunaydı, jakuziydi sevişip durduk. Yatağa girdiğimizde sanırım gün aydınlanıyordu.

"İşe gidecek misin?"

"Soru yanlış… İşe gidebilecek misin olacaktı," dediğinde sırıtıyordum. Bana sarılırken, "İyi, ertesi gün beraber gideriz," diye mırıldandım, ama cevabını duyamadım.

Yer gök aşk! Gerisi mi?
Teferruat!

Gözlerimi güzel kokular duyarak açtım. Allahım sucuk! Benim devem yine ortalığı kokutuyordu. Saate baktığımda gözlerime inanamamıştım. Öğleni geçmişti. Bedenim Sedat'a alışmış, onunla bir olmayı öğrenmiştim. Cinsellik farklı bir dünyaydı ve ben onunla doyasıya yaşıyordum. Eskisi gibi kaslarım ağrımıyordu, ama kondisyonum ona göre düşüktü. Sanırım spor yapmaya başlamanın zamanıydı. Yataktan kalkıp üzerime elime gelen tişörtünü geçirdim. Çıplak ayaklarıma aldırmadan aşağı indim.

"Sedat," diyerek salona girdiğimde şok oldum. Nazlı ve Meltem karşımdaydı. Arkamdan, "Duygu," diyen Sedat'ın sesiyle kendime geldim.

"Şey..." dedim, kaldım. Ne diyebilirdim ki? Üzerimde Sedat'ın tişörtü, her yerim meydanda, saç baş dağılmış, eminim yüzüm gözüm şişmişti. "Hoş geldiniz," ağzımdan zar zor çıktı. Nazlı'nın karşısına böyle çıkmak için plan yapsam bu kadar olurdu da, burada ne işleri vardı? Meltem ağlamış mıydı?

"Hadi giyin," dedi Sedat. Beni elimden tutup merdivenlere yönlendirdi. Kafamda sorular çoktan dönmeye başlamıştı. Tamam, Sedat Trabzon'dan geldiğimizden beri gündüz hariç hep yanımdaydı da Nazlı bu evi nereden biliyordu? Yukarı çıktığımızda kendime engel olamadım.

"Burada ne arıyorlar?" diye sordum. Sormamalıydım, ama sordum.

"İş," dediğinde cinler tepeme toplandı.

420

"Sedat ne zamandan beri eve iş getirir oldun?"

"Duygu!"

"Bu Nazlı'yı hiç sevmiyorum," dedim yüzümü buruşturup. Tişörtü çıkarmış, dolaptan iç çamaşırlarımı alıyordum.

"Sevmek zorunda değilsin zaten," dedi, üzerindeki tişörtü çıkarıp gömleğini giymeye başladı.

"Bir yere mi gideceksin?"

"İşim var," dediğinde yüzüne aptalca baktım. Sinirler tepemdeydi. "İyi, ben de evime geçerim."

"Duygu, delirtme beni, burası senin evin."

"Burası senin evin," dediğimde beni kollarına almıştı.

"Niye huysuzluk yapıyorsun şimdi?"

"Niye mi? Bugün işe gitmeyeceğini söyleyen sendin."

"Gitmedim."

"Gün daha bitmedi."

"Hemen dönmeye çalışırım."

"Seni bekleyecek değilim. Evime döneceğim."

"Duygu! Yeter çocukluk edip durma!" dediğinde kollarından isyan edercesine çıktım.

"Çocukluk mu? Sedat! O kadın... o kadın seni unutmamış, iş adı altında sana yanaşmaya çalışmaktan başka bir şey yaptığı yok!"

"Bu onun sorunu."

"Kabul ediyorsun yani."

"Duygu delirtme beni, neyi kabul edeyim? Beni tanımıyor gibi konuşuyorsun. Gözüm senden başkasını görmüyor."

"Ben etrafında olmasına katlanamıyorum. Bak eğer bir şey duyar ya da görürsem inan bana..." dediğimde dudaklarım çoktan onun tarafından örtülmüştü. "Senin dudaklarından başkası artık bana haram, senin teninden başkasını koklamam," dediğinde her şey aklımdan uçup gitmişti. *Hey Duygu'nun aklı nereye kaçtın,* diye bağırmalıydım aslında.

"Öpme de."

"Öpmem."

"Sarılma da…"

"Sarılmam."

"Sevişme de…"

"Sevişmem," dediğinde biz yine sevişmek üzereydik. "Lan kadın! Beni ne hâle getirdin. Alet elimde dolaşıyorum resmen."

"O aleti başkasına sokma da," dediğimde gayet ciddiydim.

"Terbiyesiz," dedi, kalçamı kendine bastırırken aklım başıma gelmişti.

"Niye gelmişler?"

"Meltem'in kocası Samsun'un efelerinden, kızı rahat bırakmıyor."

"Karıkoca en nihayetinde."

"Kızı öldürmek istiyor."

"Niye ki?"

"Ayrıldığı için."

"Ne yapacaksın peki?"

"İlk konuşacağız."

"Karıkoca arasına girme derim."

"Öldürsün yani?"

"Kader, ne diyeyim?"

"Ya sen var ya, nasıl bir şey oldun benim başıma?" dediğinde gülüyordu. Banyoya girip saçlarımı toplarken, "Burada kal, Duygu! Yorma beni," dedi.

"Selma'yı özledim. Sabah bebek heyecanıyla konuşamadık. Sen bana gelirsin."

"Of," dedi ve aşağı indi. Çantamı aldım ve ben de aşağı inmek için merdivenlerin başına geldiğimde durdum. Meltem ağlıyordu. Nazlı ve Sedat bir şeyler konuşuyorlardı. Ben indiğimde susacaklardı, biliyorum. *Dinle kızım Duygu!*

Bu Nazlı nasıl bir şeydi ya, bir insan bu kadar mı mağduru oynardı.

"Sedat sana geldim, çünkü gidecek başka kimsemiz yok. Samsun'da benden daha kuvvetli, baş edemiyorum."

"Nazlı bu benim işim değil. Karıkoca arasına girmek bize ters."

"Bitti o iş, kızın haline baksana."

"Adam kalkıp karımın yanında ne işin var derse, haklı."

"Benim hatırım için."

"Bakalım bir derdi neymiş, anlayalım ilk," dedi Sedat.

"Meltem'in kalacak yere ihtiyacı var. Necip'in adamları İstanbul'a gelmiş, benim Şişli'deki evi buldular." Seni Hollanda kaşarı seni! Nereden senin evin oluyor? Ay ben seni yolardım da işte! Sakin ol kızım Duygu!

Sedat, "Bu gece burada kalsın, yarın ben bir yer ayarlarım," dediğinde sanırım kendi saçlarımı yoluyordum. Burada mı? Ya bu benim devem harbi salak mıydı? Bende mi bir yanlışlık vardı, bilmiyorum. Sinir geldi.

Aşağı indiğimde sinirden, "Ben çıkıyorum," dedim. Sedat ayaklandı.

"Duygu! Ben seni bırakırım."

"Dönmen zor olur. Benim araba burada nasıl olsa, gece görüşürüz," dedim ve onlara *hoşça kal* demeden çıktım. Yaptığım doğru değildi, biliyorum, ama kendime engel olamıyordum. Sinirle ne Sedat'ı bekledim ne arkama baktım. Çantamdan araba anahtarını çıkarırken Sedat, "Duygu bekle," diye bağırdı, ama sinirle beklemeden arabaya bindim. Tabii iki dakikada yetişti. Siyah camdan beni göremiyor, camı yumrukluyordu. Tıklamıyordu, bildiğin yumrukluyordu. Arabayı çalıştırıp camı açtım. "Ne!!!" dedim sinirle.

"Lan eşek mi bağırıyor! Sabah sabah cinleri tepeme çıkarma! Bunca işin arasında bir de seninle uğraşmayayım."

"Eşek değil, tam bir deve bağırıyor! Hem de en salağından! Haklısın, benimle uğraşmasan iyi edersin. Sen git içeridekilerle uğraş. Bu ne ya! Kocasıyla kavga etmiş, kurtar Sedat! Oldu, koca da bulursun sen ona! Hadi, onu geçtim, o ne öyle Nazlı Hanım ağayım diye ortalarda geziyor, kalkmış senden başka kimsem yok Sedat! Sedat! Sedat! Çok merak ediyorum, benim yanımda devamlı Deniz'i görsen ne hissederdin?" dediğimde yüzü mora yakındı.

Kapıyı açmasıyla beni aşağı çekmesi bir oldu. "Deniz mevzusunu karıştırma, bak tepem atıyor! Aynı şey değil!" diye bağırdı.

"Evet, aynı şey değil, çünkü ben Deniz'le yatmadım," diye haykırdım. İlk defa bu kadar sinirliydim ve sanırım deliliğim tutmuştu. "Gebertirim seni!" dediğinde, "Bok gebertirsin!" diye bağırdım. Şok yüzüne yayılmışken kendimi hırsla ondan kurtarıp arabaya bindim ve gaza bastım.

Arkamda bıraktığım şok olmuş Sedat'ı, yoldan çıkana kadar aynadan izledim. Gerçekten böyle bir çıkış beklemiyordu. Hırsımı çıkaramamıştım, ama artık daha iyiydim en azından. Sedat artık düşüncelerimi bilir, ona göre davranırdı. Tabii kendine, güvensiz yanım, davranıp davranmayacağı konusunda panik yapmaya başlamıştı bile... Otobana çıktığımda telefonum çalıyordu, ama umurumda değildi, yalnız kalmalı ve sakinleşmeliydim. Arkamdan beni takip eden Levent selektör yapmaya başladı. Fırsat bulduğum ilk anda durdum. Camı açtım, "Duygu, abi delirmiş, niye telefonuna bakmıyorsun?"

"Tamam, bakarım," dedim duruca.

Telefonu elime aldım ve aradım *alo* bile demeden Sedat bağırmaya başladı. "Duygu, akşam gözüme gözükme! Ben sana o telefon açılacak demedim mi?"

"Bağırma Sedat!"

"Bağırttırma lan o zaman!"

"Kapatıyorum. Sakinleşince ararım."

"Başlatma sinirine Duygu!" dediğinde verdi elime sazı. Allah'tan arabanın camları kapalıydı. "Benimle doğru konuş! Senin karşında Nazlı orospusu yok!" diye avaz avazdım. Telefonu suratına kapattım. Yeter ya! Hem suçlu hem güçlü! Tabii tekrar çalmaya başladı, ama açmadım. Kadıköy'e vardığımda Selma'ya uğramadım. Dünden beri mutluydu ve mutlu kalmalıydı. Evin bütün ışıklarını daha hava kararmamasına rağmen yakıp bir şeyler yemek için mutfağa girdim. Buzdolabı iyice boşalmıştı. Ağzıma göre bir şey bulamadım. Zaten canım istemiyordu. Bütün gün uyumuştum, uykum da yoktu. Moral de sıfır tabii. Saat yedi gibi televizyon seyretmekten sıkıldım ve internetin başında pineklemeye başladım. Facebook'ta gezinip paylaşılanlara bakarken bir mesaj, "Selam Duygu görüşmeyeli nasılsın?" Aptal aptal ekrana bakıyordum. Deniz bana mesaj atmıştı. Onunla kötü ayrılmamıştık, ama mesaj atması gerçekten şaşırtıcıydı. Yazmakla yazmamak arasında kaldım. Sonra yazdım.

"İyiyim, teşekkür ederim. Ya sen?"

"Kötü."

"İşler mi? Baban nasıl?"

"Seni özledim."

"Deniz... özür dilerim kapatmalıyım," dedim ve hızla Facebook'tan çıktım. Allahım, Sedat onu kıtır kıtır keserdi, ama canlı bırakırdı. Bu Deniz gerçekten deliydi. En iyisi artık Facebook'a girmemekti.

Evin içinde dön dön dur, sigara içtikten sonra açlıktan iyice midem bulanmaya başlamıştı. Ivır zıvır yemek istiyordum ve evde yoktu. Markete gitmeye karar verdim. Giyinmek için yatak odasına geçtim. Aynaya baktığımda omuz silktim. Berbat görünüyordum, ama ben buydum. Saçları elektiriğe tutulmuş gibi kabaran, zayıflıktan rengi kaçmış, güvensiz Duygu! Ne giysem bu ruh halim düzelmeyecekti. Vazgeçtim ve kapüşonlu montumu üzerime geçirip eşofmanlarıma aldırmadan asker botlarımı ayağıma geçirdim, çünkü spor ayakkabının bağcıklarıyla uğraşamayacaktım. Aklımda en büyüğünden Nutella, çikolatalı gofret ve cips vardı. Kolayı saymıyorum bile! Gerçi yarın yine yüzümde sivilce görebilirdim, ama umurumda bile değildi. Sedat'ın evinden çıkarken almadığım için profiterol kutusuna özlemim kapıyı kitlerken devam etti. Asansör üçüncü katta durduğunda bilin bakalım içeri kim bindi? Mağdur Nurten Abla'nın kocası! Eyvah, adam bana burada çarpı çarpı verse, bittim ben. Adam bırak bana çarpmayı, korkudan neredeyse asansörün kapısına yapışacaktı. Ah Ali'm be, ne yumruk atarmışsın! Her taraf ayna, gülmem geldi, gülemedim. Girişe geldiğimizde, "İyi akşamlar," deyip çıktım. Ses yok. Markete doğru yürürken arkamdan koştur koştur bir ayak sesi, tedirgin oldum. Arkamı döndüğümde, "Ne var Levent ya! Bir huzur versene," diye bağırdım.

"Abi, Duygu'yu boş bırakma dedi, ben ne yapayım?"

"Levent, çık yukarı otur! Tövbe tövbe! Deli olacağım valla," dedim ve sinirle markete girdim. Evde sıkılmıştım sanırım, çünkü markette almadık ıvır zıvır bırakmadım. Bir saatten fazladır reyonlar arasında dolanıyordum. Levent mart kedisi gibi dışarıda. Gezdim gezdim, canım ne çekiyorsa sepete koydum.

Tam Nutella kavanozuyla final yapacaktım ki, "Duygu," diye beklenen adamın sesi duyuldu. Ben niye marketin içinde kapüşonumu çıkarmadıysam.

"Hayırdır erkencisin," dedim.

"Duygu!"

"Ne!" dedim ve Nutella kavanozunu alıp kasaya yöneldim. Tam kasaya varmıştım ki Nazlı ve Levent'i marketin önünde konuşurken gördüm. Gerçekten bu sefer kadını masaya yatırıp kıtır kıtır ben kesecektim.

"Onu niye getirdin?" dedim bir hışımla.

"Sen nasıl konuşuyorsun benimle?" dedi öğleni kastederek.

"Konu senin becerdiğin kadınlar olunca malzeme bu Sedat Bey!"

"Duygu yanlış anlıyorsun. Nazlı da üzgün, o yüzden burada," dedi parmaklarını saçlarının arasından geçirerek. Dikkatimin dağılmasına izin vermedim tabii. Çirkeflik diz boyu! "Ya bırak Allah aşkına, ağzını burnunu dağıttıracak bana," derken kendimi tanımıyordum. Kendime gelmem saniyeler aldı, ama Sedat kaşlarını kaldırmış, bana bakıyordu. "Yani ben kimseye vurmam, biliyorsun, ama o kadını evimde istemiyorum. Git kendi evine götür, ne yaparsan yap."

"Ne yaparsan yap, öyle mi?" dedi sırıtarak.

"Evet, öyle! İstediğini ver kadının. İyice sulanmıştır o! Tövbe tövbe!" dedim, ama içim eziliyordu. Ben ne demiştim demin ya! *Dilini eşek arıları soksun Duygu!*

Sedat, "Edepsiz!" dedi ya, doğruydu. Ben bu değildim. Sesimi çıkarmadım. Sedat torbaları alırken Levent görmüş olacak, kapıyı açıp yanımıza geldi ve torbaları aldı. "Sanırım sen gelmiyorsun," dedim. Benim surat sirke satıyor tabii. "Sonra…"

"Sen bilirsin," dedim ve otomatik kapıdan çıktım, Nazlı'yla göz göze geldim, derken Sedat beni kolumdan tutup kendine doğru çektiğinde kollarındaydım. "Duygu, aklım sende, yapma bunu."

"Bir şey yaptığım yok. Ben sana rahatsız olduğum konuyu belirttim."

"Belirtmedin, kavga ettin."

"Ne yapmamı bekliyordun?" dediğimde dudaklarıma bakıyordu. "Ah, hayır, kes şunu Sedat! Bununla dikkatimi dağıtıyorsun," dediğimde kime söylüyorum sanki, dudaklarımı bulması saniyeler sürdü. Çok uzun olmasını isterdim, ama Sedat öpücüğünü kısa kesti. "Nazlı'yla Meltem'i bırakıp gelirim," dedi.

"Levent bırakabilir."

"Duygu yapma!" dediğinde sinirle ondan uzaklaştım. "Bu gece gelme Sedat! Hatta biraz ayrı kalalım," dedim ve yürümeye başladım. Nazlı'ya yine selam vermedim. Allahım, ben ne yapıyordum, aşk beni tanınmaz kılıyordu. Benim Selma'yla konuşmaya ihtiyacım vardı. Hızlı hızlı evin yoluna doğru yürüdüm. Levent elinde torbalar, yanımda bitti. "Duygu sen şimdi abiyle misin?"

"Ne o, beğenemedin mi?"

"Yok, artık sana yenge diyelim o zaman," dedi alayla.

"Levent hiç havamda değilim," dediğimde eve gelmiştik. Tam apartmana girerken Sedat'ın arabasının yanımızdan hızla geçmesi beni iyice üzmüştü. Ne yapmasını bekliyordum? Cevap basitti. Onları gönderip benimle yukarı çıkmasını istemiştim, ama çıkmadı. Ağlayabilirdim, ama ağlamadım. *Selma,* dedim içimden, o bana ne yapacağım konusunda bir fikir verebilirdi. Levent torbaları yukarı çıkaracağını söylediğinde, ona anahtarı verdim. Bekir'in evde olmadığını biliyordum. Zile bastım, ses yok.

Tam gidecektim, kapıda uyku mahmuru Selma belirdi. "Kız bu saatte ne uykusu?" dedim ve davet etmeden içeri girdim.

"Duygu kendinde misin? Saat on."

"Tavuk gibisin."

"Seni de görürürüm bir hamile kal da, saat sekizde gözün yatağa bakıyor valla."

"İlk beni hamile bırakacak birini bulmam gerecek," dediğimde Selma beni baştan aşağı süzdü.

"Valla bu halinle bırak hamile kalmayı, Sedat senin yüzüne bakıyorsa şanslısın. Kızım bu ne hal? Saç baş birbirine girmiş, ayağında botlar, hadi botları yedim. Eşofman be Duygu! Bombasın yani."

"Ya başıma İvana Sert kesildin gecenin onunda."

"Hem niye bebek için birini bulacakmışsın? Sedat ne güne duruyor? Geçen gün Bekir niye o kadar sinirlendi? Var bunda bir iş," diye taramalı gibi saymaya başladığında, hatunun devreler yanmak üzereydi.

"Selma, nefes al ya! Hem Sedat asla bebek yapmaz. Beni gözünden ayırmayan adam o yönden tam bir kapalı kutu. Lafı bebek istiyorsan ayrılabilirize getirdi."

"Yok artık."

"Of boş ver bebek işini, ben de istemiyorum zaten. Konu Nazlı!" dediğimde Selma gözünü devirdi.

"Devirme gözünü," diye başladım ve olanları anlattım.

"Kadın harbi kaşar he! Sedat'a iyi yapmışsın da Nazlı'ya tafra yapmakla gerçekten çocukluk etmişsin."

"Şimdi ne olacak peki?" dedim çaresizce.

"Hiç."

"Nasıl hiç?"

"Sedat lafını yemez, onlara yardım edecektir. Sen de Nazlı'ya iyi davranmaya başla. Neden diye soracak olursan Sedat'a senin hakkında konuşması için sebep verme. O şimdi mağduru oynuyordur. Yok ben aranıza girmek istemem. Benim yüzümden falan diye, aklını kullan."

"Of," dedim. Haklıydı.

"Hadi, çık yukarı da uyuyayım," dediğinde ona sarıldım.

"Şu bebek doğsun da sevelim," dediğimde kapıdan çıkmıştım. Asansöre bindim ve yukarı çıktım. Botlarımı çıkarıp aldıklarımı yerleştirdim. İçinden Nutella ve cipsi yanıma alıp bir bardağa kola doldurdum. Hayatımı Sedat'a göre endekslemenin ne kadar yanlış olduğunun bilincine varmalı ve önceden ne yapıyorsam şimdi de onu yapmalıydım. Sıkıntıdan ölmeden yarın iş bakmaya başlamalıydım.

Onun yanında çalışmayı düşünmek bile hataydı. Ya ben onu ya o beni öldürürdü. Çekmeceden elime aldığım bir kaşıkla televizyonun önüne oturdum ve yarım kalan fantastik filmlerimden birini açtım. Gerçekten film beni etkisi altına almıştı çünkü Nutella kavanozu yarılanmıştı. *Sivilceler, hoş geldiniz artık!* Kapı açıldığında saat on ikiyi biraz geçmişti sanırım. Açılan kapıdan Sedat göründü tabii. Yerimden bile kalkmadım. Ona gelme demiştim ben. Gelip kaşe montunu bile çıkarmadan yanıma oturdu. Yüzüm beş karış, elimde kaşık, kucağımda Nutella kavanozu, karizmamın fazla sağlam olduğunu söyleyemem.

Beni bir tek hamlede kucağına aldığında hiç sesim çıkmadı. "Nutella istiyorum," dedi. Elimdeki kavanoz ve kaşığı gösterdim. Surat asıyordum ya, konuşmak yok! Dudaklarıma uzandı ve diliyle altdudağımı yaladığında yayında gerilen bir ok gibiydim. "Hımm," dediğinde, "Şirinlik yapmaya çalışma," dedim.

"Benim derdim Nutella'yla," dedi ve dudaklarımı daha bir arzuyla kapattığında ona cevap vermek için ölüyordum. Verdim, napayım, ben ona hayır diyemiyorum. İçimdeki ateş onu da beni de üç kere yakar geçerdi. Nefes nefese dudakları boynuma kaydığında, "Sana gelme demiştim," dedim mırıltıyla. Yer gök Sedat olmuştu.

"Duygu bizi rahat bırak!" dediğinde elleri eşofmanımın altına kaymış, çoktan keşfe çıkmıştı.

"Biz derken umarım Nazlı'yı kastetmiyorsun."

"Hay ben Nazlı'nın ebesini sikeyim!"

"Tamam o zaman, sen de onu benim gözümün önüne getirip durma, aklımda manyak manyak görüntüler beliriyor."

"O manyak görüntülere seni ve beni koy, olur mu?" dediğinde bütün yağlarım erimiş, yere yayılmış gibiydim.

"Sen gerçekten yüzsüzsün," dedim sırıtarak.

"Hayır, değilim."

"Öylesin, ayrıca hiç doymuyorsun."

"Sana doymuyorum. Hadi, beni doyur."

"Sedat! Beni kandırıp durma."

"Tamam, sen beni kandır," dediğinde kucağında yatak odasına gidiyordum. Tam koridoru geçtik bizim kapı tıkırdadı. Sedat'la göz göze gelmemle beni yere indirmesi bir oldu. Beni arka tarafa doğru ittirdiğinde Sedat silahına çoktan ulaşmış, pusuya yatmıştı bile! Hızla ışığı söndürdüğünde nefes alamıyordum. Kapı açıldı ve benim boylarda bir gölgeyi gördüm. Sedat tabancayı ensesine dayadı ve Ali'm, "Abi!" diye şaşkınlık ve panikle haykırdı. Sedat, "Ulan Ali! Ulan Ali! Buraya da mı hatun atmaya başladın. Kesecem kökünden senin aleti," diye kükreyerek ışığa uzandı. Ben de koridordan çıktım.

"Abi ne hatun atması ya!"

"Lan öldürüyordum kızı! Bu ne peki kadın değilse! Yoksa dönmelere mi takılıyorsun lan!"

"Oha! Abi ayıp oluyor," dediğinde oradan cırtlak bir ses, "Ben dönme değilim. Ayrıca eve atılacak bir hatun hiç değilim. Bu hayvanla hiçbir işim de olamaz. Bu arada adım Aslı," dedi.

Ali'me hayvan mı demişti bu sarı kız? Zaten hiç Ali'min tarzı birine benzemiyordu. Çakmak çakmak mavi gözleri öfkeli, bir o kadar nefret doluydu. Kıyafetleri desen, öğrenci tipinde, sırtında çanta, doğaldı yani.

"Lan sus çakacam ağzına, hem kurtardık, bir de hayvan diyor ya!"

"Ali'm!" dedim uyarırcasına.

"Abi siz Beykoz'da değil miydiniz?"

"Bir de hesap istiyor, üstü kalsın Ali!" diye kükredi Sedat.

"Sedat kapının önünden geçin içeri, Gül Abla çıkacak yine şimdi," dedim ve kapıyı kapattılar. Kıza, "Hoş geldin," dedim ama cevap yok. Allahım, bütün manyaklar beni buluyor. Ali'm bir hışımla, "Alo, cevap ver öküz müsün kızım sen? Hoş bulduk desene," diye bağırdı.

"Tanımadığım insanlarla konuşmuyorum. Böğürmesene hayvan!" dedi kız çemkirerek.

"Lan ben şimdi!" diye şaha kalktı Ali'm.

Sedat, ya sabır çekerken ben, "Ali bir dur ya!" dedim. Kıza döndüm ve, "Adım Duygu, şu an benim evimde bulunuyorsun. Tekrar hoş geldin," dedim.

"Hoş bulduk, Aslı."

"Aslı ne işin var senin Ali'mle?" dedim sabırla.

"Ne işim olur, beni zorla getirdi."

"Ulan ne zorla getirmesi! Bizim kız Cenab'ın adamları arabasına bindiriyordu zorla."

"Sana ne ya! Bindirir bindirir," diye çemkirdi Aslı.

"Lan salak! Onlar İstanbul'un bir numaraları karı satıcısı! Ben olmasam sermaye olacaktın bu akşam, haberin yok senin," diye kükredi Ali'm.

"Sana mı kaldı beni kurtarmak?" dedi Aslı.

"Valla, hay beynime edeyim. Senin hevesin varmış, bana da bir fiş keserdin artık! Bende kabahat, kurtardık."

"Sana bırak fiş kesmeyi, peçete bile vermem! Tebrik ederim, kurtardın! Madalyanı çıkışta al," dedi Aslı. Onlar it dalaşındayken Sedat'ın bir ayağa kalkışı vardı, ben bile tırstım.

"Yürü Duygu!"

"Nereye?"

"Cehennem bile daha sakindir senin bu evinden. Sokacağım evine de, Ali'ne de!"

"Abi benim ne suçum var?"

"Yok Ali, senin bir suçun yok, tek suç benim! Allah demiş çek Sedat! Çek! Çek!" dedi. Sedat benim montumu eline aldı.

"Ya Sedat gece gece kalalım işte burada. Hem ben sana gelmek istemiyorum."

"Attırma tepemi! Düş önüme!"

"Of, Sedat kalalım ya!"

"Kalırsam ikisinin de kafasına sıkarım Duygu, ister misin?" dediğinde çaresiz botlarımı giyiyordum. Aslı botuma bakıp, "Kıyafetinle pek uymadı," demez mi? Dondum.

Sedat, "Yok, yok, bizi akıllısı bulmaz," dedi ve beni neredeyse evden sürükleyerek kapıdan çıkardı. Aslı, "Ya beni bu Ali midir nedir, onunla yalnız mı bırakacaksınız?" demez mi?

Sedat, "Onu öldürmeyi başarırsan, yarın sana ne dilersen alırım," dedi ve kapıyı yüzüne çekti. "Sedat gerçekten çok kötüsün," dediğimde asansörün içinde beni sıkıştırmış, elleri bacaklarımın arasındaydı.

"Kötüyü göstereceğim ben sana, bir eve gidelim. Sana neler yapacak o kötü Sedat?"

"İşin gücün..." dedim ve gerisini Sedat tamamladı "... sensin," dediğinde asansör aşağı inmişti. Gecenin biri olmuştu ve Beykoz'a gidiyorduk.

"Al işte, orada da Meltem var," dedim sinirle.

"Duygu seni tanımadığın bir kızla bırakmamı bekleme."

"Meltem'i çok mu tanıyorum?"

"Ben tanıyorum, hem yanında ben varım, ev büyük, senin ev kuş kadar, fenalık geliyor bana," dediğinde sustum, ne diyeyim. Beykoz'daki eve girdiğimizde her yer karanlıktı. Ben evin bütün ışıklarını yakıp gazinoya çevirirken Sedat mutfaktan kendine rakı koyuyordu. Salona geçtik. "Uyumuş sanırım," dedim. Sedat sesini çıkarmadı ve koltuğa oturarak rakısını bir dikişte bitirip yenisini koydu. Beni kucağına alıp, "Yemin ediyorum, ıssız bir köye yerle-şeceğim. Bu ne lan, bir dakika yalnız kalamıyoruz," dedi.

"İlk defa bir kızın Ali'mi delirttiğini görüyorum," dedim kı-kırdayarak.

"Başına iş alacak hergele."

"Selma gibi biri lazım ona."

"Bekir gibi aklı başında mı bizim devenin?"

"Genç daha Ali'm," dedim sırıtarak. Kulağıma eğilip, "Beni de gençleştir hadi," dediğinde elleri yine eşofmanımın içine kaymıştı.

"Kızgınım sana ben."

"Kızgın olduğunda seni daha çok öpmek istiyorum. Ellerimde kaybedip altımda zevki bulana kadar sakinleştirmek..." dediğinde salonun kapısında, "Sedat, hani gelmeyecektin?" diyen Nazlı'nın se-siyle yine sıçramıştım. Tabii onun yüzündeki şaşkınlık benimkin-den daha çoktu. Bir de bozulmuşluk...

İyi de onun burada ne işi vardı? *Madem öyle, savaş Duygu!*

"Sizi yalnız bırakmayalım dedik," dediğimde... Sedat da aptala dönmüştü. Tıpkı karşımda balık etini belli eden ince geceliğiyle duran Nazlı gibi.

Cevap bile veremedi. Ne zaman sonra, "İyi yapmışsınız. Ben de Sedat'a seni huzursuz ettiğimiz konusunu söyleyip duruyorum," dediğinde ben halen Sedat'ın kucağındaydım.

"Huzursuzluk mu? Sen beni huzursuz edemezsin, ancak şu an olduğu gibi rahatsız edebilirsin, o kadar," dedim sırıtarak, sonra Sedat'a döndüm. "Benim uykum var, yatalım mı?" dedim. Sedat usulca benimle birlikte kalktı. "İyi geceler," dedim kapının ağzında duran Nazlı'ya. Sesini çıkarmadı. Elinde su bardığı, bildiğin göt gibi kaldı. Sedat'la odamıza geldiğimizde, "Bu neydi şimdi?" dedi merakla. Kapıyı kapadım ve sırtımı kapıya dayayıp sırıttım. "Sevi-şelim mi?" dedim. Gömleğini bir çıkarışı var, jet hızında! Allahım, onu seviyordum ve onu kimseye kaptırmak gibi bir niyetim yoktu.

Kapıya dayanmış, bedenimi duvarla kendi iri cüssesi arasına hapsettiğinde, "Bu eşofmanlar çok seksi," demez mi?

"Dalga geçme de seviş bebiş!" dediğimde beni eşofman altımdan kurtarıyordu. Sanırım artık şu ince, üşüten, saten ve bilimum kadın iç çamaşırlarından almanın zamanı gelmişti. İnlemelerimi bastırmak her zamanki gibi çok zor oldu. Böyle bir erkeğin verdiği zevkle sessiz kalmak benim gibi biri için zaten imkânsızdı. Sanırım Nazlı ve Meltem birkaç uzun hava kıvamında bizi dinlemişlerdir. Utanç vericiydi, ama bu benim zaferimdi. Selma'nın dediği gibi aşkta her şey mübahtı.

Sedat, "Başımı döndürüyorsun," dediğinde dudaklarımdan zorla kopmuştu. Göğüs kafesi inip kalkıyor nefesini düzenlemeye çalışıyordu.

"Beni halen bu kadar çok isteyebildiğine inanamıyorum"

"Kiminle birlikteyim o zaman haftalardır?"

"Bilmem kiminle?"

"Güzelliğinin farkında olmayan, huysuz, şımarık, kara kuru, çenesi düşük, terbiyesiz, ayrıca seksi eşofmanlı..." diye devam ederken, "Gamzelerini çıkar hadi ısırayım," dedim.

"Oldu başka" dediğinde altındaydım. "Hadi beni sevdiğini söyle," dedim gözlerine bakarak.

"Seni sevmek mi?" dedi Sedat yüzü ciddileşmişti. Birden paniğe kapıldım.

"Ben seni zorlamak istemem! Öylesine söyledim," dediğimde "Duygu! Bunu bana söyletme!"

"Acıma mı?"

"Sabah akşam altımda inlemelerini duymak sana acıyor olmamla ilgili olamaz"

"Çok ayıp," dedim sırıtarak. Gözlerime bakıyor konuşamıyordu. O Sedat'tı söylemez, konuşmaz ama hareketleriyle ifade ederdi. Beni seviyordu ve bunu bilmek bile bana yetiyordu. "Uyu hadi kadınım," dedi devam ve beni sarıp kokumu içine çeke çeke uykuya daldı. Her gece o uyumadan uyumamaya özen gösteriyor, huzurla yüzünü seyrediyordum. Sedat aşktı ama aynı zamanda savaştı ve ben onunla her şeye razıydım. Gözlerim yine nefesinin kulağıma masal okuyan tınısıyla kapandı.

Ali'm

Sabah kalktığımızda Sedat bugün işinin olmadığını söyledi. Birlikte Nazlı ve Meltem uyanmadan evden sıvıştık. Sırıtıyordum çünkü Nazlı çok bozulacaktı.

"Sabahın köründe ne yapacağımızı çok merak ediyorum," dedi arabanın içinde boş boş dolanırken.

"Bilmem, kaptan sensin," dedim memnuniyetle.

"Otele gidelim."

"Yok artık! Benim karnım aç."

"Karaköy, Kürt böreği," dediğinde ellerimi çırpıyordum. Uzandı ve usulca beni kollarına alıp arabayı öyle kullanmaya başladı. Sıcağına sokulup kokusunu içime çektim. "Karaköy'den sonra otele geçebiliriz," dedim kıkırdayarak.

"Vay! Özledin demek beni!" dedi alayla.

"Ne münasebet, uykum var benim!"

"Uyuturum ben seni!" dedi hırıltıyla ve bu söylediği bana hiç inandırıcı gelmedi. Börekçiye oturduk, ben tepeleme Kürt böreğini önüme aldım. Başladım yemeye, bir saat geçti geçmedi. Sedat beni izliyor, bir şey söylememek için zor duruyordu. İkinci porsiyonumdaki böreği iyice pudra şekerine bulayıp ağzıma attım. Tıka basa dolu ağzımla konuşmaya çalışıyordum. "Duygu iyi misin? Çok yedin."

"Beni beğenmiyorsun, kilo almaya karar verdim."

"Seni beğenmiyor muyum?"

"Evet."

"Ya kadın sen beni deli mi edeceksin?"

"Ne dedim ki?"

"Duygu seni utandırmam hoşuna gidiyor, itiraf et."

"O da nereden çıktı?" dediğimde masanın üzerinden çenemi tutmuş, gözlerine bakmamı sağlıyordu.

"Yoksa durup durup senin sabah akşam benim olduğunu söyletmezdin."

"İyi de sen hep oraya yoruyorsun."

"Tabii, tabii," dediğinde gamzeleri ortadaydı.

"Sedat öğlene de börek alalım," dediğimde, "Alalım! Alalım! Ömrümü yedin Duygu! Börek ne kelime," dediğinde aşkla bakıyordu, biliyorum.

Arabaya bindiğimizde tabii telefonun çalması gecikmedi. Ali'm arıyordu.

"Arıyor baş belası," dedi Sedat sinirle.

"Ver ben konuşayım. Bağırma Ali'me" dedim ve telefonu elinden aldım.

"Söyle kuzum."

"Abi yok mu, Duygu?" dediğinde sesi gerçekten ciddiydi.

"Var Ali'm, sen iyi misin?"

"Ver Duygu abiyi."

"Seni istiyor," dedim, ama Ali'm için endişelenmeye başlamıştım. Sedat telefonu aldı ve, "Söyle Ali'm," dedi gözlerime bakarak. Sırıttım. Ali'm benim öksüzümdü. Ona iyi davranmasını istiyordum. Tam nazarım değmesin derken, "Ulan Ali! Hay elim kırılaydı seni tıfilken kurtarmayaydım. Kafamı sikeyim! Tamam, bekle sen beni! Kızı Selma'ya bırak! Yanına dik yirmi tane adam, geliyorum ben. O Cenap'ın lakabının hakkını vermez miyim ben şimdi!" dedi telefonu kapattığında, burnundan soluyordu.

"Ya niye çocuğa öyle konuşuyorsun? Valla çekip giderse yüzüne bakmam."

"Duygu! O çocuk dediğin Ali'ni yemin ederim hadım edeceğim artık! Karıları hamile bırakır, koş Sedat! Kızın pezevengini öldürür, koş Sedat! Genelevden karı kurtarır, koş Sedat! Daha anlatmamı ister misin?" dediğinde suratımı asmıştım. Onun dediklerini duymazlığa gelmek en iyisiydi. Ali'm ne yaparsa yapsın, benim ve Sedat'ın öksüzüydü.

"Şimdi ne olmuş peki? Öldürme beni meraktan!"

"İşine gelmedi değil mi söylediklerim?"

"Ya Sedat ben haksızsın demedim ki! Elimizde gömleklik kumaş var. Sen takım elbise yapmaya uğraşıyorsun."

"Oy benim filozof hatun konuştu," dediğinde gamzeler yine ortada.

"Dalga geçme, dalarım," dedim onu taklit edip.

"Dal her yerime Duygum!" Yok, ben bu adamın bu cinsel içerikli konuşmalarıyla baş ettiğim zaman kesin cumhurbaşkanı falan olurdum.

"Sedat anlat hadi ya!" diyerek konudan uzaklaşmak en iyisiydi. Sırıttı gamzeli yarim!

"Kız tutturmuş beni terminale bırak diye, bizim salak da götürmüş. Orada Cenab'ın adamları yine kızı almak istemiş, bizimki indirmiş herifleri."

"Kız nereye gidecekmiş ki?"

"Ne bileyim Duygum? Kimdir, kimin fesidir! Bu Cenap'ta var bir iş de çıkar kokusu yakında. Seni Beykoz'a bırakıp geçerim! Adamları komalık etmiş bizim deve! Garajdaki ekipler olaya karışmış, işin yoksa polisle uğraş," dedi ve Bekir'i aradı.

"Alo Bekir! Yok koçum, benim yanımda Duygu!" Kıyamam, Bekirime, beni soruyor.

"Bekir emniyetten Yusuf'la bir konuş, Ali'yi rahat bıraksınlar, adamlar zaten şikâyetçi olmaz."

"Ulan kız kim diye bana ne soruyosun? Kız Selma'nın yanında, o senin çok bilmiş karına söyle, öğrensin? Olmadı depoya götürün, kızı sorgulayın!" dedi ve kapattı.

"Lan biri de mantıklı bir şey söylesin," dediğinde usulca, "Avuç kadar kızın depoda ne işi var Sedat?" dedim.

"Kızım öylesine söyledim."

"Ben konuştururum onu! Cenap boşuna bir kızın peşinden

437

senin adamın olduğunu bile bile Ali'ye diklenmez. Sen beni Selma'ya bırak bebişim," dediğimde, "Oy, senin bebişim diyen dilini yer bu Sedat! Canom," deyince kıkırdadım.

Binanın önünde arabalardan bizim çocukları tanımam çok da zor olmadı. Levent çekmiş altına eşofmanları, giymiş üzerine avcı tarzı yeleğini ki altında pompalı vardı, bariz belliydi. Allahım, bunlar İstanbul'un Rambo'larıydı ya neyse...

Sedat, "Cano dikkat et kendine, kızı fazla hırpalama," dedi. Sırıtarak dudaklarına uzanıp uzun uzun öptüm. "Of," dedi tabii.

"Öpsem kabahat, öpmesem kabahat," dedim cilveyle. Yemin ediyorum kabuk değiştirmiştim ve o kabuğun altından başka bir ben çıkmıştı. O ben ki Sedat'a olmadık şeyler yapıp onu baştan çıkarmak için uğraşıyordu. O ben ki kıskançlıktan Nazlı karısını öldürme planları kuruyordu. O ben ki geceler boyu onunla sevişip ona doyamıyor, gündüz gece olsun diye dua ediyordu. Ben ben değildim.

"İn Duygum, ben gaza basıp seni kuytu köşelere götürmeden in," dedi Sedat. Sırıtarak indim. Tabii Sedat camı açıp Levent'e, "Kızlar sana emanet," dediğinde Levent çoktan havaya girmişti. "Duygu gir içeri!" dedi benim havalı, çakma Rambo. Tabii sol elimi kaldırıp ortaparmağımı Levent'e gösterdiğimde, Sedat ağzı açık, bana bakıyordu.

Levent, "Oha! Duygu oha!" dediğinde ben apartmana girmiştim. Sırıtmam, mırıltılara kulak kabartmam ve konuşulanları duymamla son buldu. Girmez olaydım. Apartman diye tımarhanede oturuyor olabilir miydim?

Üç kadın merdiven boşluğuna oturmuş, dedikodumu yapıyorlardı. Yol bunları dedi şimdi içimdeki şeytan!

"Kız yedi kocalı hürmüz gibi. Biri evlendi adamların, ikinci katta oturuyor, ama herifleri bir görme, pehlivan gibiler. İsmi neydi o kara yağız yakışıklı adamın," dedi elinde çekirdek çıtlıyor bir de. *Beynini akıt Duygu şunun!*

"Sedat," dedim gürleyerek. Tavana vurdu bir yerleri korkudan.

"Ay!" dedi kadınlardan biri...

"Ay! Ya! Şimdi ben o pehlivanları arıyorum, geliyorlar sizin ağzınıza ne dilerseniz veriyorlar, sizi dedikodu makineleri sizi!" Yok biz, kem, küm şey derken ben onları dinlemeden Selma'nın kapısını çoktan çalmıştım. Sırıtıyordum, tabii sinirden.

Selma kapıyı açtığında elinde koca bir muz, "Yuh!" dedim.

"Ne ya! Bebek için..."

"Tamam, tamam, bir şey demedim. Kızım, sen bu apartmandaki karılarla gün yapmıyor musun?"

"Yapıyorum."

"O zaman söyle onlara çok isterlerse Sedatımı vermem, ama Ali'mi her gece birine gönderirim. Bu ne ya! Apartmanın merdivenlerine oturmuşlar, dedikodumu yapıyorlar."

"Kızım İstanbul'un efesi yavuklun var, boru mu?"

"Ne alaka!"

"Kıskançlık cicim! Bu arada ne yaptın Nazlı'yla?"

"A-ha bomba! Gece Sedat'la bizi sarmaş dolaş yakaladı," dedim, hevesle ballandıra ballandıra anlattım. Anlatmayı bitirdim, sarı kız aklıma geldi.

"Selma, Ali'min cadısı nerede? Ay sevdim ben ismi, Ali'nin cadısı!"

"Banyoda. Gariban kız kaç gündür banyo yapmamış acıdım valla."

"Acıma, var onda bir şey, konuşturmaya geldim."

"Oha, ben sana Sedat'ın evrak işleriyle uğraş dedim. Sorgu sual işleriyle değil."

"İyi o zaman, alsın Levent kızı depoya götürsün."

"Yok artık!"

"Var artık!" derken oturmuştuk. Neyse biz konuşmaya dalmış, hararet yaparken, kız kafasında havlu, salona girdi. Allah için şirin kızdı. Biraz suratsızdı, ama bu yaşadıklarından kaynaklanıyor olabilirdi.

"Hoş geldin," dedi bana. Kızın ezilip bükülmesi filan gerekmiyor muydu? Hareketleri birazdan fazla erkekvariydi.

"Hoş bulduk," dedim, Selma sırıtıyordu.

"Nasıl geçti gece?" dedim alayla.

"Nasıl geçebilir, o hayvan yanımda uyudu."

"Niye ki?"

"Kaçmayayım diye."

"Niye kaçacaktın ki?"

"Ya ben Antalya'ya gitmek istiyorum. Bırakmıyor..."

"Senin şu Kız Cenap'la ne işin var da seni istiyor?" dedim pat diye.

"Valla ben kız ya da erkek Cenap tanımam. Harem'de beklerken koluma yapıştı birileri, durun yapmayın derken, sizin Ali dediğiniz hayvan tekme tokat herifleri dövdü. Beni arabaya koyup buraya getirdi.

"Ailen Antalya'da mı?"

"Bu ne ya, sorgu memuru gibi," dedi sarı kız...

Sırıttım. "Bak Aslı, Ali'nin seni korumaya çalıştığı belli. Şu an hiç yoktan, yani senin yüzünden başına bir sürü iş aldı. Bir şey saklıyorsan söyle, ona göre davranalım." Kız benden gözlerini kaçırdı. Bir şey saklıyordu.

"Söyleyecek misin?"

"Ben evden kaçtım, hepsi bu. Yemin ederim Kız Cenap'ı falan tanımıyorum."

"Niye kaçtın evden?"

"Babam beni istemediğim biriyle evlendirecekti."

"Antalya'da kim var?"

"Kimse yok."

"Kızım tek başına orada ne işin var?"

"Ne yapabilirim? Yüzünü bile görmediğim biriyle evlenmek istemiyorum."

"Of şiştim," dedim sinirle.

"Aslı yaşın kaç senin?"

"Yirmi bir."

"Dur bakalım, şu iş bir çözülsün, olmadı babanla biz konuşuruz."

"Olmaz!" diye haykırdı.

"Niye?"

"İşte… O sizi dinlemez," dediğinde telefonum çalıyordu. Kayıtlı olmayan bir numara...

"Alo."

"Duygu!"

"Deniz?"

"Nasılsın?" dediğinde gözlerim açılmış, Selma'ya bakıyordum. "İyi… iyi..."

"Face'ten konuşurken birden hat kesildi, o gece aramak istemedim. Yani... seni zor durumda bırakmamak için. Senin için korkuyorum."

"Deniz ben..." dedim sustum da bu adam benim için niye korkuyordu, onu anlamadım.

"Biliyorum Sedat."

"O zaman niye aradın?"

"Bilmiyorum, hataydı."

"Üzgünüm... Seni üzdüğümü biliyorum, ama bundan sonra beni arama, çünkü daha çok üzülmeni istemiyorum," dedim. O sırada telefondan birileri beni arıyordu. "Kapatmalıyım," dedim.

"Peki," dedi ve kapattık. Arayan Sedat. "Efendim canım!"

"Duygu kaç saattir kiminle konuşuyorsun be kızım, ağaç oldum."

"Yeni ayrıldık, bu neyin özlemi Sedat Bey?" dedim kıkırdayarak.

"Ölürüm sana be Cano da kız bir şey dedi mi? Sen haklısın, bir şey var bu kızda."

"Neden bana hak veriyorsun?"

"Geliyoruz, konuşuruz," dedi ve kapattı. İçim sıkılmıştı. Telefonu kapattım ve kıza döndüm. "Bak var sende bir şey, ama benim develerime bir şey olursa, inan bana, seni parçalarım," dedim kıza. Kız yutkundu.

441

"Bırakın gideyim! Valla benim bir suçum yok," dedi ve ayaklandı.

"Otur yerine!" diye bağırdığımda Selma da şaşırdı.

"Ne dedi Sedat?" dedi Selma merakla.

"Geliyor, yoldalar," dedim Aslı'nın gözlerine bakarak. Aslı çaresizce yüzüme baktı. Sedat, Bekir ve Ali'm geldiğinde biz masayı hazırlıyorduk.

Sedat artık işi iyice ilerletmişti. Başına vurmuş diyeceğim, daha sabah koynundan çıktım. Artık kimseye aldırmıyordu devem. Elimde tabaklar gelip arkamdan beni sardığında sanırım yüzüm mora yakındı. Bizim develer tabii aldılar dalgaya. "Sizin eviniz yok mu!" diyen Ali'mdi.

"Rahat mı veriyorsun lan! Sardın başımıza elin kız Cenab'ını!"

"Abi ben mi sardım, bu baş belası sardı."

"Bana baş belası diyip durma!" dedi Aslı, elinde tencere vallahi kafasına geçirecekti. Kız da cesaretliydi yani.

"Bir git kızım ya, elimde kalacaksın," dediğinde Aslı'nın yüzü bembeyazdı. Cesaretli falandı da tırstığını anlayabiliyordum. Selma'yla göz göze geldik. Bu Selma yine niye sırıtıyordu ki! Kız hırçındı, ama Selma'yla iyi anlaşmışa benziyordu. Becerikliydi. "Pilavı ben yaparım," dediğinde Selma'nın kaş havaya kalktı. "İyi," dedi ve pirinci eline verdi. Salatayı ben yaparken Selma etleri fırından çıkardı.

"Bu kadar yemeği kim yiyecek?" dedi Aslı şaşkın şaşkın.

"İçeride on tane aslan var," dedi Selma kıkırdayarak. Ben de sırıtıyordum. Masaya oturduğumuzda Sedat, "Cano bugün burada kalalım," dedi. Gözüne baktım, bir şeyler vardı. "Çok mu kötü?"

"Hayır, ama karı kız ayağı olan adama güvenilmez. Bu sarı kızdan ne istiyorlarsa, rahat durmayacaklar."

"Abi mekânı basınca tırstı pezevenk," dedi Ali'm.

"Kaan bir saate yerini bildirir, sonra ben ona bilirim yapacağımı," dedi Sedat buz gibi sesiyle. Valla bu sarı cadıya sinir olmaya başlamıştım. Hırsla yüzüne baktım, ama acıdım haline. Tabağındaki yemekle oynuyordu, hiç iştahı yoktu. Derin bir nefes aldı ve "Beni bindirin otobüse, başınıza iş açmak istemem," dedi. İçim parçalandı.

"Ne gibi?" diyen saatlerdir suskunluğunu koruyan Bekir'di.

"Bir şey olduğundan değil, ben... sadece huzur istiyorum."

"Ali sen yarın şu sarı kızın GBT'yi bir açtır bakalım," dedi Sedat. Aslı'nın beti benzi attı.

"Benim niye aklıma gelmedi ki!" dedi Ali'm ters ters Aslı'ya bakarak. Aslı sesini çıkarmadı. Yemekten sonra hep birlikte bize çıktık. Selma saat on gibi uyumaya çekildi. Bekir ve Sedat, Ali'mle çıktıklarında saat on ikiye geliyordu. Aslı elinde çay bardağı, uzaklara dalmış, oturuyordu. Karşısına oturdum, elimde Nutella kavanozu! İlla çıkaracağım sivilceleri!

"Yer misin?" dedim.

"Hayır."

"Üzgün görünüyorsun."

"Sizi düşünüyordum."

"Bizi mi?"

"Böyle karanlık adamlarla nasıl mutlu olabiliyorsunuz?"

"Karanlık?"

"Hadi ama memur olmadıkları kesin," dedi Aslı.

"Çok görmüşlüğün var sanırım böyle adamlardan?"

"Yok... ben... şey..."

"Aslı, insan âşık olursa hiçbir şeyini görmez. Selma bebek bekliyor, yeni evliler ve kocasını her şekilde kabullenmiş."

"Ya sen?"

"Benim biraz farklı, ben çocukluktan beri Sedat'ın yanında sayılırım. Sonra olan bir şey..."

"Yani sevmeden mi onunla..."

"Tabii ki hayır, o benim her şeyim. Geç anladım, ama onu gördüğüm ilk andan beri seviyorum. Bırak beni şimdi, sanırım senin bir âşk hikâyen var ve onun yanına kaçıyorsun," dedim sallayarak.

"Keşke olsa, ama bu zamana kadar karşıma ayaklarımı yerden kesecek biri çıkmadı."

"Daha yaşın küçük."

"Sanki senin büyük!" Bu kız gerçekten cadıydı, ama tatlıydı.

"Bir sıfır öndeyim o zaman, çünkü ben yarımı buldum."

"Benim umudum yok."

"Neden?" dediğimde sessiz kaldı. Onu zorlamadım. Kederliydi. Bir süre sessizce oturduk ve uyumak için odalara çekildik. Sedat sabaha karşı eve geldiğinde, ben uyuyor numarası yapıyordum. Onu merak ediyordum ve onsuz uyuyamadığım bir gerçekti. Yanıma sokulup beni koklayarak kollarına aldı. Uyandırmamak için çaba sarf etmeye çalışması gerçekten çok şirindi. Tabii o koca cüsseyle çok zor...

"Geldin mi?" dedim usulca ona sarılıp.

"Yok, yoldayım."

"Hımm," dedim, yüzümü boynuna gömüp kokusunu içine çektim sırıttığımı belli etmeden. "Aslı iyi bir kıza benziyor."

"İstersen bunu Ali'ye söyle, onu görünce öldürmemek için dişlerini sıkıyor."

"Ali iki gündür bir tuhaf zaten, yarın sorguya alacağım onu."

"Depoya götür, olmadı Levent'i ara, sana iki adam versin," dedi sırıtarak.

"Uyu hadi bebişim," dediğimde Sedat sanki bunu dememi bekliyordu. Bahane hazır. "Oy senin bebişim diyen dilini..." dedi ve dudaklarımı sertçe ağzında kaybetti. Nefes nefese, "Yapmayalım, ayıp valla! Tutamıyorum ben kendimi, sesim duyulur," dedim elini iç çamaşırımdan çekmeye çalışarak.

"Bir şey yapmayacağım zaten."

"Bırak o zaman kilodumu."

"Sıkmıştır onun için," dediğinde devem dizlerinin üzerine doğrulmuş, çoktan iç çamaşırım elinde, sallanıyordu.

"Ay sen ne zaman soyundun! Gel hadi!" dedim, hazır hâli gerçekten çok cazip duruyordu. İnlememek, çığlık atmamak için ne

444

yaptık ne ettik, bir şey anlamadım. O kadar içimde kalmıştı ki uyumakta zorlandım. Sabah uyandığımda Sedat yanımda yoktu. Salona geçtiğimde Ali'm giyinmiş, çıkmak üzereydi. "Ali'm nereye?" dedim.

"Bankaya, oradan ofise," dedi.

"Neyin var senin?" dedim gözlerine bakarak.

"Yok bir şey," dedi, ama belli sıkıntılı benim Ali'm, anlarım ben.

"Ne zamandan beri bana yalan söylüyorsun?"

"Duygu baksana, aldım başıma bir bela..."

"Kurtulabilirsin. Bindir Ali'm, Harem'den bir otobüse gönder gitsin!"

"Olmaz."

"Niye?"

"Günah değil mi? Evsiz yurtsuz!" dediğinde dudaklarımı kastım ve gülmedim. "Hadi, bankaya gidelim." Ali'mle vakit geçirecek ve kıza karşı boş olmadığını anlamasına yardım edecektim. Ali'm bu kızdan hoşlanıyordu. Sanırım Sedat ve Bekir de anlamışlardı ve onun için bu sarı kızı sahiplenmişlerdi. Vay Dartanyan ve çetesi, birisi hepsi, hepsi birisi için! Ah, Sedat, sen ne tatlı bir adamsın ya! Yufkadan böreğim benim!

Ali'mle aşağı indiğimizde, "Levent koçum, siz kalın evin önünde. Ben öğlene doğru gelirim. Duygu benimle," dedi Ali'm. "Ali, abinin talimatı var, Duygu bensiz bir yere gidemez," dedi Levent.

"Hadi ya!" Lan ben eşek başı mıyım?" diye bağırdı.

"Onu bunu bilmem, ben de geliyorum," dedi Levent.

"Levent ağzını yüzünü dağıttırma bana, kim ne yapabilir ben varken Duygu'ya! Sedat yedi kafayı!" dedi ve sinirle arabaya bindi. Levent'e dil çıkarıp ben de öne kuruldum. Arabada hiç konuşmadık. Seslenmedim. Öyle durgun görünüyordu ki...

Bankaya girdik Ali'mle, ikinci kata çıkıp Cevdet Bey'in yanında işlerimizi hallettik. Bankadan çıkıp tam arabanın önüne geldiğimizde ben daha adamların nereden geldiğini anlamadan etrafımız sarıldı. Belime değen soğuk demirin sızısını hissedebiliyordum. Ali'mle göz göze geldik tabii!

"Kimsiniz lan siz?" dedi Ali'm.

"Soru soracak konumda değilsin Ali Aral!"

"Lan ben senin! O silahı götüne sokarım!" dedi ve adama kafa atmasıyla adam yere yapıştı. Belimde hissettiğim silahı şakağımda hissettiğimde Ali'm dondu. Adamlar onu yalnız tutamayacaklarını biliyor olmalıydılar.

"Bırak lan kızı! Koçum artık yaşamıyorsunuz, bilesiniz," dedi Ali'm.

"Ali Aral, uslu durursan kıza bir şey olmaz," dediğinde Ali'm çaresizdi. "Sedat çok kızacak, evden çıkarken haber vermedim," dedim yüzümü buruşturarak. Aklıma Levent geldi niyeyse!

"Of, Duygu, şimdi o mu kaldı düşünecek?" dedi Ali'm bezgince.

"Binin arabaya!" dedi yerden kalkmış, burnu dağılmış adam. Acı içindeydi, ama serinkanlıydı, takdir ettim. Ali'mi başka arabaya götürüp bindirirken beni Ali'min arabasına bindirdiler. Akıllıca! Beni ayrı arabaya bindirerek Ali'mi gerçekten etkisiz hâle getirmiş oluyorlardı. Yol git git bitmez, iyice gerilmiştim. Acaba Sedat yokluğumuzu fark etmiş miydi? Telefonum çalmaya başladığında önde oturan burnu kırılmış adamla göz göze geldik. Çantamdan telefonu buldu ve kapattı.

"Çok büyük hata," dedim. Valla doğruyu söyledim. Eğer Sedat arıyorsa delirmişti çünkü! Duygu ben sana demedim mi o telefon açılacak... sesi kulaklarımda çınladı...

"Neden?"

"Telefonu yüzüne kapattığın adamın nasıl biri olduğunu bilseydin kapatmazdın," dedim ve sustum. Adam da zaten sormadı. Şile taraflarında ormanlık araziye girdiğimizde şok oldum. Etrafta yüzden fazla adam ellerinde uzun namlu silahlar, dolanıyorlar. Çiftlik kapısında kel, pos bıyıklı, yaşlıca bir adam, etrafında beş altı kişi arabanın durmasını seyretti.

Arabadan indiğimde Ali'mle göz göze geldik. "Duygu iyi misin?" dedi. "Biz hep iyi oluruz Ali'm," dedim sırıtarak. Ne diyeyim? İçimde CD takmış, panik havası çalmaya başlamıştım, ama çaktırmıyordum. *Sakin ol Duygu!*

Ali'm kuduruyordu. "Ooo! Ethem Efendi," dedi alayla.

"Ali Aral, beni tanıyorsun," dedi pos bıyık.

"Eski kurdu kim tanımaz! Namınız halen dillerde." O sırada Ali'mle iyice yan yana gelmiştik. Yürümem için beni hafif iten adam yüzünden tökezlediğimde Ali'm hangi ara adamın üzerine çıkıp yumruklamaya başladı, bilemedim. Ellerinde silah, adamlar şoktaydı. Ama Ethem denilen adamın kılı bile kıpırdamıyordu.

Ali'm sanırım adamı öldürdü. "Ali'm!" dedim panikle.

"Seni kimse itemez," dedi Ali'm nefes nefese.

"Bu kız senin yavuklun sanırım," dedi pos bıyık. Ali'm cevap vermedi. İlk havayı kokladığı kesindi.

"Bizden ne istiyorsun?" dedi Ali'm ve elindeki kanı kotuyla gömleğine sildi. Pis...

Ethem, "Götürün şunu," dedi yerde yatan adama bakıp. İki kişi yere yapışmış adamı sürükleyerek götürürken, "Siz de benim için değerli bir şey var," dedi.

"Vay, kuyruğun kısılmış, onu anladık. Niye kadın kaçırarak şanına leke sürdün! Onu anlamış değilim. Gönder Duygu'yu adam akıllı oturup konuşuruz."

"Lan itoğlu! Sen benim kızı eve kapatırken ne bok yiyordun da bana laf ediyorsun," dediğinde Ali'm ve ben birbirimize baktık.

"Senin kız kim dayı?"

"Aslı üç gündür yanında ya lan, kim olduğunu bilmiyor musun?" dediğinde Ali'm, "O sarı baş belası senin kızın mı? Ah, hayır!" dedi hayatının şokunu yaşarcasına.

"Baş belası mı?" diyen Ethem'di. İkisi de şoktaydı, araya gir Duygu!

"Kızınız olduğunu bilmiyorduk. Ali'm onu Kız Cenap'ın adamlarından kurtarmış," dediğimde adam iyice şoka girdi. Çöktü adeta.

"Baba bak Sado'yu elbet tanırsın. Yemin ediyorum bu çiftliği başına yıkar. Şimdi sen Duygu'yu gönder, sana o baş belası kızını getirmeyen en adi şerefsizdir."

"Sedat yolda, Aslı'yı getiriyor," dediğinde Ali'm, "Bittim ben artık, iki yıl çenesinden kurtulamam," dedi. Sırıtıyordum.

"Gülme Duygu ya!"

"Ben sana değil, Levent'in haline gülüyorum. Sedat canını okumuştur." Ali'm yüzünü buruşturup bana baktı. Ethem, "İçeri geçelim, hava kararıyor," dedi. Biz zorla getirildiğimiz çiftlikte misafir olmuştuk sanırım. Allahım, Sedat umarım çok sinirlenmemiştir. Ben yanan şöminenin başına geçerken Ethem, Ali'mle karşılıklı oturdu.

"Söyle bakalım, evlilik ne zaman?" dedi Ethem, Ali'me.

"Ne evliliği?"

"Bu kızı bu kadar koruduğuna göre?"

"O benim kardeşim, dayı yanlış anladın. O Sado'nun nişanlısı." Nişanlı mı? *Oha be Ali'm!*

"Demek ondan delirdi," dedi Ethem gülerek.

"Onu tanıyorsam, buraya öyle selam vererek girmeyecek, haberin olsun," dedi Ali'm.

"Gelsin bakalım."

"Kızım bir ihtiyacın var mı?" dedi adam babacan bir tavırla.

"Telefonuma ulaşabilirsem Sedat'ı ararım, en azından sakinleşir," dedim. Biri arabadan çantamı getirdiğinde hızla telefonumu açtım ve Sedat'ı aradım.

Telefon daha çalmadan açıldı sanki. "Duygum, geliyorum sakın korkma, iyi misin? Sakın korkma Canom!" Kahrolmuştu belli.

"Sedat ben iyiyim. Şöminenin karşısında çay içiyorum," dedim ve ses yok.

"İyisin, değil mi? Şömine mi?"

"Evet, Ethem Bey seni bekliyor. Sakin ol, olur mu canım? Ben iyiyim!" dediğimde onun üzüntüsüne yüzüm bembeyazdı sanırım. "Hızlı sürme arabayı, dikkat et!" dedim ve kapattım, çünkü Ali'm kalkıp yanıma geldi. "Duygu! İyi misin?" dedi alnıma elini koyup.

"Of Ali'm ya! İyi insanı hasta edersiniz siz ha!" dediğimde Ethem gözlerini kısmış, bizi seyrediyordu. Bir yemek masası hazırlandı ki şaşırdım. Şamdanlarda mumlar, eski zaman filmlerinde gördüğümüz kraliyet masasına konulan gümüş tepsilerin içinde koca koca istakozlar, bir ara ağzına elma konulmuş kuzu geldiğinde, "Yok artık," diyesim geldi de zor sustum.

"Çok korumasız geziyorsunuz," dedi Ethem durduk yere. Oha, biz korumasız geziyorsak bu adam kördü sanırım. Ali'm de güldü zaten.

"Biz kötü bir şey yapmıyoruz, kimsenin malını da gasp etmiyoruz. Kimden korunalım?"

"Korumaya çalıştığınız insanların düşmanlarından," dedi Ethem. Akıllı adamdı vesselam.

"Mesela Duygu! Bir haftadır onu istesem yüz kere kaldırırdım," dediğinde Ali'm bana ters ters bakıyordu. Bittim ben, bundan sonra tuvalete bile korumayla giderdim artık.

"O sizin zayıf yönünüz, aynı benim kızım gibi," dedi Ethem. Sesi kedere sarılmış gibiydi.

"Sana kolay gelsin ustam! Kızın tam bir baş belası," dedi Ali'm.

"Annesi öldükten sonra böyle oldu. Önceden sessiz, kendi halinde, mutlu bir çocuktu."

İstemsizce ağzımdan, "Annesi nasıl öldü?" çıktı.

"Vuruldu. Benim yerime o öldü," dediğinde ben istediğim cevabı almıştım.

"Sizden kaçıyor, onu evlendirmek istiyormuşsunuz," dedim.

"Evet, Türkiye'de benim kızım olduğu için barınamaz. En mantıklısı buydu."

"Orada okuyabilir, evlenmesi şart mı?" dediğimde Ethem güldü. Ali'm de...

"Benim kızımla evlenecek adam büyük bir isme sahiplik edecek, onu rahat bırakmazlar."

"O zaman kaçmakta haklıymış," dedim. Ethem, "Bazen seçme şansı yoktur," dedi.

"Kendi tercihlerini yaşamak istemesi gayet doğal!"

"Karşısına Ali çıkmasaydı Cenab gibi bir pezevenkle evlenecekti. Kendi tercihi haklısın," dediğinde buz gibi olmuştum. Bir şekilde kızını korumak istiyordu, ama bu yanlışı örtmüyordu.

O sırada bir adam içeri girdi ve "Misafirleriniz ve Aslı Hanım geldiler efendim," dedi. Sedat ve Bekir'in içeri bir girişleri var, benim bile kanım dondu. Sedat, "Lan Ali, ben senin!" diye üzerine yürürken ben, "Sedat!" diye seslendiğimde suratındaki yumuşama kayda değerdi. Gelip beni kollarına aldığında, "Ali'me o kızın önünde bağırma!" diye fısıldadım. Sedat gözlerime baktı ve kimseye aldırmadan, "İyisin!" dedi.

"Biz hep iyi oluruz," dediğimde gamzeleri ortadaydı. Biz kendi derdimizde, Bermuda Şeytan Üçgeni haline gelen Ethem, Aslı, Ali'm üçlüsünü unutmuştuk. Bekir halen tetikteydi. Ethem öldürücü bakışlarını kızının üzerinden çekti ve, "Odana!" diye kükredi. Aslı gözyaşlarıyla uzaklaştı. Sedat'a döndü ve, "Hoş geldin!" diyerek elini uzattı. Sedat'ın yanak kasları sıkılı, elleri yumruk olmuştu. Sedat elini uzattı, ama uzatmasaydı daha iyiydi.

"Hoş bulmadım, hoş da gelmedim. Boş geldim diyelim, ama bir daha benim olana değil el sürmek, yan gözle bakılırsa karışmam." Allahım Sedat ölümcüldü. Onun bana ne kadar sabır gösterdiğini etrafa yaydığı elektrikten anlayabiliyordum. Sedat başkasına karşı hiç de sakin ve kibar değildi. Artık ona biraz daha az mızmızlık yapmayı kafamda bir yere not ettim. Ethem yılların kurdu, e haklılık payı da vardı yani. "Benim olan üç gündür hapis tutuluyordu. Bir şekilde ona ulaşmalıydım. Sen de olsan aynısını yapardın," dedi.

"Laf kalabalığına gerek yok. Kızınız burada sağlam, alacak verecek kalmadığına göre," dedi ve açıklama yapma gereği bile duymadı. Elini uzattığında iki adım atıp elini tuttum. Ali'm ve Bekir arkamızda tam salon kapısından çıkıyorduk ki...

"Oğul!" dedi Ethem. Niye içim cız etti ki?

"Buyur baba!" dedi Sedat. O kim ne yaparsa aynı şekilde cevap verirdi. Ona bir adım atana, o da bir adım atardı, onu tanıyordum.

"Benim kızın adı ne olacak? Onu toprağa mı gömelim? Gelin mi edelim?" dedi Arnavut Ethem. Benim Sedat'ın elini bir sıkışım vardı ki kendi kendimi felç etmiştim sanırım. Aslı kaçtığı için ölecek miydi? İsmi ne demekti anlamadım.

"Baba kızının kılına helal gelmedi!"

"İstanbul'un Sado'sunun yanında üç gün geçiren Arnavut Ethem'in kızı! Buna kim inanır?"

Yaşadığım şoktan mıdır, nedir, "kim inanır" sorusuna "Kadir İnanır" demek istedim. *İğrençsin Duygu!*

Sedat, Ethem'e doğru döndü ve, "Ne diyeyim, elimde sevdiğim kadının eli var baba! Kızını da kuma alamayacağıma göre," dedi ve devam etti. "Sağ kolum evli, sol kolum kızını öldürmeye çalışıyor. Sen söyle baba, ne diyeyim?"

"Sol kolun kabulümdür," dediğinde hepimiz aptalca Ali'me bakıyorduk.

İlk Ali'm anlamadı garibim. "Yok artık!" dediğinde jeton düştü.

Sedat hemen yem etmez Ali'mi, ama Ethem akıllı. "Yemek yiyelim, konuşalım," dedi eliyle masayı göstererek. Ali'm felç, yerinden kıpırdamıyor. Biz masaya geçerken Sedat, "Ali!" dediğinde, yemin ediyorum Ali'm kurbanlık koyundan halliceydi. Gülsem mi, ağlasam mı, bilemedim. Bekir kıs kıs gülüyordu. Yani ben anlıyorum güldüğünü! Ethem konuyu değiştirdi hemen. "Trabzonlu Bekir'in namını çok duyduk!" dedi.

"Eyvallah beybaba!" dedi Bekir.

"Trabzon'un delisi diyorlar senin için," dedi Ethem, ama Bekir anlamazlığa vurdu. "Trabzon güzel şehir, ona deli olduğum doğru," dedi. Ethem bu cevaptan keyif almışa benziyordu. Ayrıca bir saatin içinde her role büründü bu Ethem! Baba, dayı, beybaba, usta...

"Niye büyümek gibi bir amacınız yok? El altında holdinginiz olduğunu biliyorum," diye sorduğunda ben çorba içiyordum. Sedat karşımda gözü bana takılmış, sanki burada değil gibiydi. O cevap vermeyince Bekir cevapladı. "Büyük başın derdi büyük olur. Ali bizim yerimize holdingi idare ediyor, fazlasına gerek yok," dediğinde Sedat, "Koruyamam sonra öksüzümü," dedi aşkla. Beni kastettiğini hepimiz biliyorduk da bu duygusallık nereden çıkmıştı, onu hiçbirimiz anlamadık.

"Aslı size gelin gelirse, ister istemez büyümüş olacaksınız," dediğinde Ali'm öksürmeye başladı. Kıpkırmızı oldu öksürmekten. "Çık bir hava al Ali'm, alt tarafı damat olacaksın oğlum," dedi Bekir alayla. Ali'm resmen uçtu masadan, o kalkınca hepimiz güldük haliyle, çünkü kasım kasım kasılmaktan ölmüştük.

"İşin şakası, Ethem Baba, senin namını bilir, geçmişte yaşadıklarını örnek gösteririz. Ancak Ali'm daha toydur, evlenmek istemediğini anlamışsındır. Kızına kim dil uzatırsa, karşısında beni bulur," dedi Sedat. Aferin, güzel konuşmuştu.

"Bak, oğul, yaşlandım. Bunca gösteriş neden sanıyorsun? Aslı için, onu korumak için! O da benim öksüzüm," dediğinde Sedat gözlerime baktı. Ethem onu can alıcı yerinden vurdu yani.

"Baba, kızının istemeyeceği de ortada, bunlar kedi köpek gibi birbirlerini yiyorlar. Ben Ali'den böyle bir şeyi isteyemem," dediğinde, "Abi iste artık! Durulsun o da bıktık valla!" dedi Bekir.

"Sen olur diyorsun yani," dedi Bekir'e.

"Olur diyorum," dediğinde ben ellerimi havaya kaldırdım, ama "Aslı ölmesin de," dediğimde Sedat gülüyordu. "Ya sen gerçekten safsın be Duygum!" dedi. Tabii Ethem, "Saf, ama zehir gibi," dedi.

Ali'm bir saat dışarıda oyalandı. Tabii karar verilmişti ve bir şekilde bunu Ali'me kabul ettirmek gerekiyordu. Ay biz onları evlendirmeye çalışıyoruz, onlar çıkmış, dışarda birbirlerini yiyorlar. Masaya gelen gürültülere karşı, "Ben bir Ali'me bakayım," dedim, ama bir uçtum ki sorma!

Ali'm tutmuş Aslı'nın yakasından, kızın ayakları yerden bir karış yukarıda.

"Bana bak, yamulturum seni yer cücesi!" demez mi kıza!

"Ali'm bırak kızı!" dedim, eline yapıştım, ama nerede! Hadi o bırakmıyor, bu kızın dili iki metre!

"Sen tam bir hayvansın! İnsanlıktan nasibini almamışsın! Bir bayanla nasıl konuşacağını bilmeyen tam bir odunsun."

"Karşımdaki de bayan olsa içim yanmaz! Kıçımın kenarı!" Oha ağır olmuştu. "Ali! Yeter bırak!" diye sesim öyle gür çıktı ki Sedat kalkıp geldi artık. Tabii halimizi görünce şoka girdi.

"Ali! Yavaş!" dediğinde Ali'min gözü dönmüş, sakinleşmedi bile, ama Aslı'yı bıraktı.

Aslı'nın Ali'min söylediği lafa alındığı belliydi. "Tasmasını getirmeyi unutmuşsunuz," diye çemkirdi. Ali'm bir döndü pir döndü. Kızın yüzüne osmanlı tokadını geçirmesiyle Aslı yere yapıştı.

Sedat, "Ali!" diye kükrediğinde Ali'm sinirle verandadan bahçeye doğru yürüdü ve karanlıkta kayboldu. Aslı yerde yediği tokadın şokuyla yüzünü tutuyordu. Onu yerden kaldırdığımda özür dileyen bakışlarla ona baktım. Of, bunları bırak evlendirmeyi, aynı odada bile tutmak sakıncalıydı.

"Özür dilerim Aslı," dedim, ne diyeyim!

"Gerek yok! Bir daha onu görmeyeceğim için sorun olacağını sanmam," dediğinde Sedat'la göz göze geldik.

"Hadi bizimle yemeğe gel!" dedim, ama gelmedi. Odasına geçti. Masaya döndüğümüzde Ethem Baba'nın mı, dayının mı her neyse, camdan bizi izlediğini gördük. Sedat konuyu hiç uzatmadı. "Baba gördün sen de, bu iş olmaz."

"Oğul, bu hafta içinde gelip isteyin kızı... Ali oğlum benim damatlığıma layık biri," demesin mi? Ulan, benim kızıma biri vuracak, onun ben var ya diye geçirdim içimden.

"Baba, bu iş olmaz!"

"Olur, oğul, olur..."

"Ya baba, valla olmaz! Senin kızın dili uzun, bizim oğlanın ayarı yok. Gözünü seveyim, sarma başıma," dedi Sedat. *Canından bezdi valla!* Ethem güldüğünde benim devemin dumanları yükseliyordu. Ali'm çoktan arabaya binmiş, lal olmuş, hiç konuşmaz.

Ben de ses etmedim. Azıcık soğusun. Bu geceden bir tek Bekir keyif aldı, sırıttı durdu öküz!

Sedat'ın arabasıyla Beykoz'a geçtim. Israr etmedim, ev ev diye, çünkü Sedat'ın cinleri yine horon tepiyordu. Hem bu işten Ali'mi nasıl sıyıracak, merak ediyordum. Beni şaşırtan Bekir olmuştu. Onay vermesi gerçekten ilginçti.

"Ali'm hayatta evlenmez o kızla!"

"Evlenir, o kızdan hoşlandı."

"Hoşlandığını biliyorum da evlilik bu oyuncak değil ki! Öyle pat diye…"

"Yarın bir konuşalım bizim deveyle, eli mahkûm zaten."

"Ya niye öyle diyorsun? Mutsuz olacaksa Ali'mi kurban mı edeceksin?"

"Duygu, kızı öpmüş…"

"Yok artık!"

"Kız buna tokadı geçirmiş, bu da o günden beri Mecnun gibi dolanıyor."

"Eee, her kuşun eti yenmez dedikleri bu olsa gerek. Niye o zaman kıza kaba davranıyor? "

"O da gururdan işte! Burnunun sürtülmesi lazım."

"Oy benim Sedatımın burnu ne zaman sürtülmüş?" dediğimde boynuna sarılıyordum. "Gelip bana evleniyorum dediğinde," demesin mi? İçimi kaplayan vicdan azabının tarifi yoktu, ama bilmiyordum! Bilseydim, Deniz'in yerine onunla evlilik planları kurardım ve Sedat belki de vurulup ölümden dönmezdi.

Sessiz kaldım…

"Asma suratını iyiyiz," dedi ve sustuk. Eve geldiğimizde ışıklar yanmıyordu. Merakla, "Ay bir de Meltem mevzusu var di mi? Sedat biz yuva kuranlar derneği açalım. Bak Bekir, Meltem, Ali'm derken bayağı bir deneyim sahibi olduk," dedim alayla. "Ben senin yuvanı birazdan yapacağım Duygum! Çok özledim ben seni," dediğinde kıkırdıyordum. Allahım, şeytanım ben şeytan!

"Ali'mi yalnız bırakmayalım birkaç gün," dedim aklıma gelince.

"Duygum ömrümü yediniz!" dedi. O sırada bizimle birlikte evin önünde Nazlı ve kankası Meltem durdu. Ben anlamadım nasıl bir mağduriyettir bu! Korkan insan evden çıkamaz. Biz arabadan indik ettik derken evin kapısında buluştuk. "İyi akşamlar," dedi Nazlı. *Sırıt Duygu!* "İyi akşamlar," dedim. Zorla gülmek ne zordu.

Sedat, "Bu saatte sizin evde olmanız gerekiyordu. Adabınızla oturacaksanız oturun, yoksa bakın başınızın çaresine. Kafamı yormayın benim!" dediğinde ben kapıyı açıp içeri girdim. *Oh olsun!*

"Sedat, daralmıştık bir çıkalım dedik," dedi Nazlı kırgın bir şekilde.

"Daraldıysan balkona çıkarsın, gezmeye değil! Senin burada kalmana gerek yok Nazlı! Dikkat çekme!" dediğinde telefonu çalıyordu. Açtı. "Söyle Bekir!" deyip dinledi.

"Ulan ne zamandır benden habersiz mekân basar oldunuz siz! Tükettiniz lan beni, getirin herifleri depoya! Bokunu çıkardı o Ali!" dedi ve telefonu kapatıp gözlerime baktı. O sinirli adam gitti, yerine, "Duygum ben geç gelirim. Bekleme beni, uyu olur mu?" dedi âşık sesiyle. *Ay ben sana ölürüm!*

"Tamam, ama canlı gel," dedim endişeyle. Sedat çıktığında Meltem ve Nazlı buz kesmiş gibi öylece duruyorlardı. Bankaya diye ünlü Arnavut Ethem'in evini ziyarete gitmiş olmak, daha doğrusu kaçırılmak beni yormuştu. "Geliyor musunuz?" dedim kapının önünde.

Nazlı, "Duygu!" dedi.

"Evet!" dedim duruca...

"Sen bu Sedat'a ne yaptıysan tebrik ederim," dediğinde derin bir nefes aldım.

"Hiç," dedim. Savaşmam gereken bir Nazlı olmadığını biliyordum. Sedat onu istemiyordu çünkü.

"Ben onu gençliğinden beri tanırım. Hakkında bilmediğim yoktur, ama onun hiç böyle birine bağlandığını görmedim," dediğinde kan beynimdeydi. Ne demek hakkında bilmediğim yoktur, Allahım bu kadın tam süzme orospuydu. İç sesimi susturup, "Demek ki onu iyi tanıyamamışsın," dedim.

"Umarım onu hayal kırıklığına uğratmazsın, bu sefer bir darbeyi daha kaldıramaz."

"Senden aldığı darbeyi kaldırmış görünüyor."

"Benden darbe alsaydı şu an yanında değil, toprağın altında olurdum. Sedat'ın geçmişini bilmediğin belli."

"Geçmişi değil, geleceği beni ilgilendiriyor." Köşeye sıkışıyordum, hem de ne köşe! Bu kadın karşıma geçmiş, koynumdaki adamı ezbere bildiğini söylüyordu. Acı olan benim koynumdaki adam hakkında hiçbir şey bilmiyor olmamdı. Tamam bildiklerim bana yeterdi, ama acılarını, içindeki kırgınlıkları, derdini, tasasını benimle paylaşmıyordu. İşte, bu nokta bizim kırılma noktamızdı. Sedat benimle hep mutluluklarını paylaşıyordu. Ben onun Deniz'in dediği gibi fanusta yaşattığı zaafıydım ve şimdi Nazlı bunun beni kırdığını fark ettiriyordu. Bir nevi Deniz'in içime ektiği tohumları şu an Nazlı suluyordu. Acıdır ki tohumlar filizlenmeye başlamıştı.

Benim söylediğimden sonra Nazlı gülümsedi ve, "Geç oldu, ben gideyim," dedi. Meltem'le vedalaştı ve bana iyi geceler diledi.

Meltem sessizdi. Odasına geçtiğinde ben bir sigara daha içip yukarı çıktım. İçimdekileri hazmetmeye çalışırken uyumuşum.

Ekilen tohumlar filizlendi!

Sabah gözlerimi Sedat'ın elinin ve dudaklarının olmadık yerlerimde dolaşmasıyla açtım. Allahım, bu adam nereye dokunacağını ve öpeceğini çok iyi biliyordu. "Günaydın," dedim gerinerek. Dişlerini göğsümün birine geçirdiğinde omzuna şaplağı yedi, orası ayrı.

"Sedat sabah sabah ya!"

"Ne sabahı Duygum, saat on."

"Of, benim iş bulmam lazım."

"Gel benim yanıma, hem ben sana patron işçi ilişkisini bizzat öğretirim," dediğinde bacaklarımı aralıyordu. "Kime söylüyorum ben Sedat ya!"

"Ne ya! Dur bi kızım ya! Şurda sabah sporu yapıyorum."

"Ben senin spor aletin miyim? Kalk üstümden!"

"Of, bitirdin beni Duygum," dediğinde içime süzülmüş, benim aklımda ne iş kalmıştı ne başka bir şey, ona kapılmak öyle güzel ve kolaydı ki... Teni tenimde, ter içinde yine kollarındaydım. Allahım, bu sabah sporları benim için vazgeçilmez olmuştu da akşam Nazlı'yla konuştuklarımız, daha doğrusu içime ekilen tohumlar büyüdükçe büyüyordu.

"Sedat!"

"Hımm," dedi yine aynı ses tonuyla.

"Benimle her şeyini paylaşıyorsun, değil mi?"

"Bu nereden çıktı şimdi?"

"Bilmem, her şeyin benim için önemli. Üzüntün, kederin..."

"Benim olduğundan beri üzüldüğüm bir şey yok Duygum. Öncesi özlemim, sen vardın! Artık yok."

"Ama... geçmişin?"

"Bunu daha önce konuşmuştuk."

"Biliyorum... o zaman bilmek istemediğimi söylemiştim ama..."

"Duygum..."

"Sedat aylarca benimle hastanede kaldın! Beni annemin cesedinin üzerinden aldın, sonra…"

"Duygum yeter! Niye kendine ve bana işkence çektiriyorsun?"

"Ben anlatamıyorum. Benimle sadece mutluluklarını paylaşıyorsun. İçinde neler var, bilmek istiyorum!"

"İçimde, ruhumda, aklımda, gözümde yüreğimde artık senden başkası yok."

"Of," dedim hüzünle.

"Yahu kadın sana romantik oluyoruz, off çekiyorsun. Maymun ettin beni ha!"

"Senin maymun olduğun falan yok. Sen işine geldiği gibi konuşuyorsun."

"Ne bilmek istiyorsun?"

"Bilmek istediklerimi senin anlatmanı, benimle dertlerini paylaşmanı istiyorum."

"Tamam..."

"Tamam mı?"

"Evet, tamam, dedim ya, bundan sonra ilk üzüldüğüm şeyde sana geleceğim."

"Gerçekten mi? Belki kendini hazır hissedince geçmişini anlatmak istersin."

"Sen bana kâbuslarını anlatacak mısın?"

"Belki..."

"Anlaştık o zaman."

"Hadi kalk!"

"Duygu sabah geldim ya!"

"İyi, sen uyu, ben Ali'min yanına gidiyorum."

"Duş alalım önce, çıkarız."

"Uyumayacak mısın?"

"Aklım sende olunca zor."

"Ben duş alayım sen..." dediğimde kucağında banyoya gidiyordum. Tabii banyodan çıkmamız saatler sürdü. Biz aşağı indiğimizde Meltem bavulu elinde, bizi bekliyordu.

Sedat, "Hayırdır," dedi kaşı havada.

"Ben Samsun'a dönmeye karar verdim."

"Ne oldu da bu karara vardın?"

"Sanırım onunla yüzleşmeli ve sorunlarımızı kendim çözmeliyim. Nazlı'nın etkisinde kaldım."

"Çocuklar seni alana bırakır," dedi Sedat ve birlikte evden çıktık. Arabaya binerken, "Yolun açık olsun Meltem," dedim.

Sedat'a aldırmadan, "Sen iyi bir kızsın ve en iyisini hak ediyorsun," dediğinde durdum. "Ben en iyisine sahibim zaten," dedim gülümseyerek.

Arabaya bindiğimizde sessizdim. Benim evin önüne gelene kadar da pek bir şey konuşmadık. Sedat araba durunca, "Nazlı konusunda haklıydın," dediğinde gözlerimin içine bakıyordu. Sustum...

"Konuş benimle..."

"Ne dememi bekliyorsun?"

"Duygu uzun zaman önceydi. Bana göre çocuktum. Ayrıca ben seni tanıyana kadar aşk nedir, bilmiyordum. Halen öğreniyorum. Ben onun için de bittiğini düşünüyordum."

"Ne oldu?"

"Samsun'a dönüyor, işlerle artık Bekir muhatap olacak."

"Sen bilirsin! Ben seni baskı altında tutmak istemiyorum," dediğimde yüzünü boynuma gömmüş, beni kokluyordu. Ondan hiç şüphe duymamış olsam bile, kıskançlık yaptığımı kabul ediyorum. Haklıydım ve bu kanıtlanmıştı.

"Hadi, gidip deveme bakalım. Çok sinirlidir o şimdi."

"Yerim onun sinirini!" dedi Sedat ve arabadan indik. İndik, ama Levent köpürüyor. Sedat'ı görür görmez yanına ışınlandı. Benim de dikkatimi evin önündeki başka araçlar çekti. Hepsinin içinde çam yarması bir sürü adam. Eyvahlar olsun!

"Abi Arnavut Ethem bir sürü adam göndermiş. Hepsi emrine verilmiş."

Sedat, "Deli olacağım yeminle. Lan bütün manyakları çekiyorum!" dedi ve telefonuna sarıldı.

"Baba! Sen ne yaptın? Ben bu kadar adamı nereye sokayım!" dedi ve dinledi kapattı.

Levent, "Ne dedi abi!" dediğinde, "Levent münasip bir yerine soksun dedi," dediğinde ben gülmemek için, daha doğrusu güldüğümü belli etmemek için çoktan apartmana girmiştim. Gülmemi Sedat görmesin diye merdivenleri tırmanıp Selma'nın zilini çaldım. Sanırım siniri geçince ve o kadar adamı ne yapacağına karar verip öyle yukarı çıkacaktı.

Selma'nın kapıyı açıp bana bir sarılması vardı, evlere şenlik. "Kız yolacağım valla seni! Neredesin kaç gündür?"

"Abartmadan yapamazsın, bir dün yoktum cicim ya! Onda da kaçırıldım biliyorsun."

"Anlat çabuk! Aslı ünlü bir babanın kızıymış."

"He, İtalyan mafyasındaki Vito'nun kızıymış," dediğimde kendi esprime kendim gülüyordum. Çünkü benim saf Laz kızım Selma, "Gerçekten mi? Ben Arnavut sanıyordum. Türkiye'de ne işi varmış?" demez mi? Mal mal baktım tabii.

"Selma, bebek sana iyi gelmedi. Kızım o film, film. Aslı şu eski kabadayılardan Arnavut Ethem'in kızı çıktı," dediğimde karnını gördüm. Ya ben bu kızı bir gündür görmüyordum. Karnı çok olmasa bile artık bir çıkıntı oluşturuyordu.

"Aman da aman, bebiş büyümüş ya kız!" dedim, karnına usulca dokundum. Niyeyse içim bir tuhaf oldu. O anda Sedat'ın bir parçasının içimde olmasının çok güzel olabileceği gerçeğiyle yüzleşiyordum. Dalmışım!

"Büyüdü halası," dedi ağzı kulaklarında. Gülümsedim ve bu bebek mevzusundan uzaklaşmaya çalıştım. Niye takılıyorsam? Ben daha kendime bakmaktan acizdim.

"Ali'm nerede? Bekir burada olduğunu söyledi."

"Senin evde, dut yemiş bülbül, onu hiç böyle görmemiştim Duygu."

"Ben bir bakayım ona."

"Ya nereye ya!"

"Tamam buradayım. Sedat'a söylerim, kalırız bu gece."

"Duygu mutlusun, değil mi?"

"Evet," dedim çocukça ve merdivenleri tırmanmaya başladım. Kapıyı kendi anahtarımla açmak yerine deli gibi zile bastım. Parmağımı kaldırmadan hem de! Ali'min kapıyı hışımla bir açışı vardı ki kapıyla birlikte içeri yapışacaktım valla.

"Ali'm!" dedim şirince.

"Ne var Çirkin?" dediğinde parmağım zilde kalmış.

"Kızım, çeksene elini zilden!"

"Ha, pardon!"

"Ne istiyorsun Duygu?"

"Sen gerçekten uçtun! Burası benim evim, ne demek ne istiyorsun?"

"Duygu, istersen giderim."

"Ay alınırmış benim devem!" dediğinde ona sarılmıştım. Saçlarımı okşuyordu.

"Duygu!"

"Ne var hörgüçlü devem?"

"Ya beni evlendirecek bu Sedat!" dediğinde gülmemek için kendimi zor tuttum.

"Ah benim kurbanlık koyunum. Yani tek derdin bu kaldı, öyle mi?"

"Daha ne olsun?"

"İş evlenmeye kalsın Ali'm. Ben niye evlenmiyorum sanıyorsun. Bunun kahvesi, istemesi, nişanı, damatlığı, gelinliği var. Bekir'i hatırla," dediğimde Ali'm sabrı bitirip salavat getiriyordu.

"Duygu sen git valla! Bittim ben!" dediğinde koltuğa çökmüş, ellerinin arasında kafası, gerçekten çaresiz duruyordu. Yanına oturdum ve derin bir nefes aldım. "Ali'm yıllarca benden Sedat'ın aşkını, ister haklı ol ister olma, saklı tuttun. Ben ona âşıktım, ama farkında değildim, doğru mu?"

"Yani?" dedi merakla.

"Aslında seni kuzu gibi melettirmem lazım, ama insaflıyım."

"Duygu, bak çıkmazdayım. Dalga geçip durma."

"Hak sana da ben insaflıyım. Senden saklamayacağım…" dedim, tam devam edeceğim Ali'm, "Ne yani, Aslı bana âşık mı?"

"He, ona tokat attın, yere yapıştı diye çarpılmış sana."

"Ağır oldu."

"Beter ol Ali'm! Sen nasıl bir öküz çıktın ya! Kıza vurdun Ali'm! Utanmalısın."

"Duygu zehirli onun dili! Al Senem'i vur Aslı'ya."

"Ne olursa olsun! Bu senin ona vurduğun gerçeğini değiştirmez."

"Kendimi kaybettim."

"Oldu paşam! Sıyrılamazsın, umarım seni affeder."

"Ne!" diye ayağa kalkıp bir kükreyişi var benim devenin bir, görmeyin!

"Otur, hemen celallenme, asıl önemli nokta şu… Ali'm, kabul et, sen bu kızdan hoşlanıyorsun," dediğimde salonda dört dönüyordu. O sırada Sedat kapıdan girdi. "Lan ne oluyor yine?"

"Abi bu Duygu'yu al Beykoz'daki eve kapat! Yine kurmaya başlamış."

"Duygu diyorsa doğrudur," dedi Sedat ve Ali'm, "Pes! Siz bir kişi daha bulunca haber verin, ben polise bildirip sizi çete kurmaktan içeri aldıracağım. Yeter, ben gidiyorum," dediğinde Sedat kapının önünden çekilmedi.

"Ali otur!"

"Abi valla bırak, ne diyor ya! Yok ben kızdan hoşlanmışım da! Özür dileyecekmişim de!"

"Ethem aradı, sizi evlendirmekten vazgeçmiş."

"Nihayet, oh valla!" dedi Ali'm, ama ben aptal aptal Sedat'ın yüzüne bakıyordum.

"Kızın adı lekelendi diye Cenap'a verecekmiş. Cenap'la konuştu herhalde," dediğinde Ali'm dondu. Ben gibi!

"Şaka yapıyorsun," dedi Ali'min yüzünün rengi atmıştı.

"Lan ne şakası?"

"Sedat hangi baba kızını..." dedim, ama gamzesini gördükten sonra sustum. Ah, devem nasıl bir oyun içindesin sen ya!

Ali'm o kadar sinirlenmişti ki salonun içinde dört dönerken bir yandan saçlarını yoluyordu. "Duygu haklı! Hangi baba kızını bir pezevenge verir?"

Sedat, "Adam yılların kabadayısı, ne diyeyim! Kız onun. Sen de, ben de kurtulduk böylelikle," dediğinde Ali'm, "Tamam abi, ara vermesin kızı Cenap'a! Girmeyelim günaha, evlenirim ben," dediğinde dudaklarımı birbirine kenetlemekle meşguldüm. Sedat elleri cebinde, Ali'min önünde durdu ve "Ali itiraf et," dedi.

"Neyi abi ya!"

"Kızdan hoşlandın."

"Abi siz ikiniz ne içiyorsunuz? Yok diyorum size."

"Lan kız kaçacak diye üç gün yemedin, içmedin, uyumadın. Kimse için kılını kıpırdatmayan adam kız için İstanbul'un Cenap'ına kafa tuttun. Hadi onu geç! Ne zaman günaha girmeyi kafana takar oldun! Yeme beni! Her şeyi geçtim, kıza davranışların ne lan öyle! Sen ne zaman kadın döver oldun? Alırım seni elime, görmeyeyim bir daha!"

"Aynı eski Sedat diyeceğim, ama bu seni de geçti," dedim şirince...

"Oy yerim ben seni Cano."

"Ya bi durun ya! Bu da yeni çıktı vıcık vıcık! Gidin evinize" diye böğürdü Ali'm.

"Ali'm, burası benim evim."

"Ben gideyim o zaman."

"Otur Ali'm ya! Şaka yaptım. Hadi gidip Nihal'in..." dedim kaldım.

"Söyle, söyle, çekinme," dedi Ali'm. Hay dilimi arılar kovalasın.

"Ali sen de nem kapma her şeyden. Sanki mezara giriyorsun!" dedi Sedat.

"Tamam ben size yemek yaparım," dedim, kuyruğumu kıstırıp mutfağa girdim. Buzluktan eti çıkardım ve mikrodalgaya koyup çözülmesi için ayarladım. Yanına makarna yapıp bir de patates püresi ayarladığımda işlem tamamdı. Sanırım içime aşçı kaçmıştı. Ali'm ve Sedat mırıl mırıl, bir şeyler konuşurken bunun Ethem ve kızı Aslı hakkında olduğunu biliyordum. Artıları eksilerini konuşurken Ali'min söyledikleri çok doğruydu. Duymuştum çünkü sesi yüksek çıkmıştı.

"Abi hoşlanıyorum diye evlenmem mi gerekiyor? Yapma gözünü seveyim. Çenesiyle Afrika'yı kutuplara çevirir o cadaloz!"

Sedat, "Ali sana kimse zorla evlen demiyor, sinir yaptın bende bilesin!" dediğinde kapı çalıyordu. Ali'm kapıyı açtığında Selma ile Bekir kapıda belirdi. Aile üyelerimiz tamamlanmıştı.

"Ali'm hayırlı olsun," dedi Selma alayla.

"Al işte! Siz beni kurban etmişsiniz daha ne diyeyim ben size! Numaradan isteyip istemediğimi soruyorsunuz bir de," dedi ve huysuzca balkona çıktı. Bekir sırıtıyordu. Mutfaktan kafamı uzattım. "Hoş geldin gebiş ve kocası!"

Bekir kahkahayla, "Şebek bu kız! Gebiş dedi ya," dediğinde sırıtıyordum. Selma gelip salata yapmaya başladığında, "Ali valla evlenmez o kızla," dedi fısıldayarak.

"Valla bilmiyorum, demin Sedat biraz yokladı, hem ağlarım hem giderim havasında."

"Ay kız bizimle iyi geçinsin de ben başka bir şey istemem," dedi Selma. İlk aptala bağladım, ama sonra bana da mantıklı geldi.

"Haklısın, kız gebiş," dedim sırıtarak. Yemeği hazırladık, masaya koyduk, valla benim develer beğendi. "Aferin Çirkin, güzel olmuş," dedi Ali'm, ama suratı sirke satıyordu. "Üzüm üzüme baka baka kararır," diyen Bekir bir taşla iki kuş vurdu. Selma'yı unutmadı. Sedat, Ali'me sinirli, ama yanağımdan makas almayı ihmal etmedi. Gaza gelme Duygu, yoksa mutfaktan çıkamazsın dedi iç sesim.

Gecenin ikisine kadar Ali'mle konuşmalar yapıldı. Sonuç tabii evlilik çıktı. Ali'm en son, "Oturur, Duygu ve Selma'nın dizinin dibinde, valla ben gerisini bilmem," dedi. Biz daha bir şey demeden Sedat, "Lan benim hatun senin karının bekçisi mi? Bir huzur vermediniz!" dedi.

"Katılıyorum abi," dedi Bekir.

"Oho, o zaman evlenmeyeyim abi ben. Söyle Ethem'e kızını Cenap'a versin."

"Ya tamam buradan bir daire buluruz," dedim, ne diyeyim...

"Duygu kafan güzel mi senin? Bütün daireler dolu."

"Burası var," dedim mırıltıyla.

"Ya sen!" dedi Selma. Sinirle söyledi, çünkü o da Sedat'ın evine yerleşmemi istemiyordu. Tamam birlikteydik ama ona göre evlenmeliydik. Oysa Sedat bırak evlenme teklif etmeyi, evliliğin konusunu bile açmamıştı. Sorun etmiyordum, ama ne bileyim, böyle kapatma gibi orada yaşamak da biraz canımı sıkacaktı. Şimdi önemli olan Ali'mdi.

"Ben sende de kalırım, ama onlar yeni evli olacak."

"Siz neyin kafasındasınız? Kızım Beykoz'daki kimin evi? Orada yaşayacaksın sıkılınca, Selma burada gel kal, ama alış artık. Ben nerede sen orada." Ali'm bu haldeyken ne ev derdine düşerdim ne de Sedat'la kavga ederdim. Mecburen burayı yeni evli çift için düzenlemek gerekecekti.

"Ali yarın git satış işlemlerini hallet, al şu evi, bir de kira ile uğraşmayalım."

"Tamam abi."

"Mimarı da çağırırız," dedim hevesle.

"Ev yeni!" dedi Ali'm huysuzca. Bekir ensesine bir şaplak geçirdi. "Eline sağlık!" dedim sırıtarak.

Belki de son defalardan birini yaşıyordum. Odamdaki yatakta yatıyordum. Olmak istediğim yerdeydim. Sedat'ın kokusunda, onun sıcağında. Önemli olan buydu. Ev teferruat.

Ertesi gün Ali'm satış işlemlerini halletmeye gitti, Sedat ve Bekir, Ethem'le buluşmaya. Selma ile ben heyecanla mimara istediklerimizi anlatıp durduk. İlk evden deneyim sahibi olduğum için daha bir istekte bulundum. Kadıncağız gülüp geçti tabii. Kırmadı, her şeyin istediğimiz gibi olacağına garanti verdi. Mimar gittikten sonra, "Kızım iyi yapmadın bu ev işini," dedi Selma.

"Görmedin mi Ali'mi, desteğe ihtiyacı var. Tek başına alışamaz bu evliliğe."

"Evlenin siz de o zaman, bu ne böyle?" dedi Selma.

"Selma, sus valla, kafana bir şey vurup kim vurduya gitmeni sağlayacağım. Biz iyiyiz böyle."

"Ben kötüsünüz demedim ki! Sadece anlamaya çalışıyorum. Sedat seni deliler gibi seviyor belli, ama evliliğin adını bile geçirtmiyor. Bekir'in ağzını yokladım, yine beni tersledi."

"Selma filmini çıkaracağım duvara!" dediğimde sustu, ama içime bir tohum da o ekti, sağ olsun!

Cumartesi kız istemeye gidecektik ve biz artık Aslı'nın öğrendiğini biliyorduk. Nasıl karşılamıştı? Ne demişti? Kendini mi kesmişti? Artık gidince öğrenecektik. Ali'm de suskundu. Evin tadilatına bile bir kere gelip bakmadı. Tabii Selma hamile olunca işler bana kaldı.

Sedat her şeyin prosedürlere uygun olmasını isteyince, istemeye nişan çikolatamız, çiçeğimiz ve söz yüzüklerimizle gittik. Kadro belli! Selma, Bekir, ben ve Sedat yan roller, başrollerde Ali'm ve Aslı...

Bizim develerin üçü birbirinden yakışıklı, karşılarında dikilmiş, onları seyrederken inci küpelerimi takmaya uğraşıyordum. İnce çorabım ve çok kısa olmayan krem rengi elbisemle hazırdık. Tabii vazgeçilmezim haline gelen madalyonum boynumdaydı.

"Ay nazarlar değecek benim erkeklerime Selma gel, hemen dua oku."

"Sen niye okumuyorsun? İmam mıyım ben?" dedi, ama açtı ellerini tıkır tıkır okudu. Sedat beni süzdü ve yanıma gelip kolyemden tutarak kendine çekti. "Sen yine çok güzel olmuşsun. Ben demiyor muyum çok güzel olma diye," dedi gamzelerini göstererek.

"Senin için," dedim ve yüzümü büzüştürdüm. "Ne?" dedi Sedat yüzümü buruşturunca, "Midem yanıyor," dedim. İki gündür bir mide huzursuzluğu başlamıştı.

"Sakın bir kriz..."

"Yok be canım yanıyor diyorum. Yediklerimden sanırım," dediğimde Sedat beni kollarına almıştı. "Ye sen daha o Nutella mıdır ne haltsa, daha çok yanar o miden! Yarın bir Serdar'ın yanına gidelim," dedi telaşla.

"Tamam, geçmezse gideriz."

Bir daha bırak mide yanmasını alev alsa söylemezdim. Çok üzülüp tedirgin oluyordu benim devem.

Neyse biz Ali'nin kullandığı minibüs tarzı siyah araca bindik. Selma ve Bekir yan yana otururken biz karşılarına geçtik. Önümüzde, arkamızda bir sürü cip vardı. Sanırım bir konvoy oluşturmuştuk çünkü Arnavut Ethem bizi almaya bir düzine araba yollamıştı. Ali'm kravatını gevşetti ve, "Kaçarım falan sanıyor herhalde," dediğinde gülüyordum. "Gülme be Çirkin," dedi Ali'm sinirle.

"Ama komik," dedi Selma kahkahayla.

"Abi bunları getirmeseydik ya!"

"Kız istemeye gidiyoruz. İş yapmaya değil Ali," dedi Bekir alayla.

"Ya sabır!" diyen Ali'me Sedat bile gülüyordu.

Bekir, "Lan oğlum, benimle az uğraşmamıştın Trabzon'da, gün gelir hesap döner, keser döner sap sana girer," dediğinde Şile yoluna varmıştık. Ay biz çok gülmüştük, ama Ali'm zavallıydı ya!

Ethem Efendi bizi her zamanki gibi kapıda karşıladı. Bu sefer ben elini öpünce herkes öpmek zorunda kaldı. "Allah ayırmasın, bir yastıkta kocayın," sözlerine duacıydık. İçeri girdiğimizde

Ethem'in yanında onun yaşlarda bir yaşlı kadın belirdi. "Bu kardeşim Gülnaz," dedi pos bıyık.

Gülnaz Hanım bizi öyle bir süzdü ki emarım çekildi sandım. Bizden çok Ali'mi süzdü. Başrolde ya, damat o diyeceğim, ama yok kurbanlık koyun gibi duruyordu daha çok.

Neyse oturduk, ilk defa bir istemede yemek faslı oldu. Yemek yendi, ama Aslı ortada yok. En nihayetinde Sedat lafa girdi.

"Sizin gibi bir aileden kız istemek bile bizim için onurdur. İzninizle kızınız bundan böyle Ali'nin hayat arkadaşı, benim kardeşimdir. Nefes aldığı sürece kollanıp korunacak ve üzülmemesi için elimizden ne geliyorsa yapılacaktır. Allah'ın emri, peygamberin kavliyle Ali kardeşime kızınız Aslı'yı isterim," dedi ve sustu.

Ethem Baba, dayı, bilimum hürmet sıfatı işte, "Aslı'yı çağır Gülnaz!" dedi. Gülnaz Teyze, Adile Naşit edasıyla yerinden kalktı ve salondan çıktı.

Ethem asıl bombayı sona saklamış. "Madem aile olduk, ben derim ki burası büyük, korunaklı! Sizin artık koruyacağınız üç kadınınız var. Gelin buraya yerleşin. Müştemilatlarda adamlarının ve ailelerinin kalacak yeri hazır," dediğinde Bekir ve Sedat birbirlerine baktı.

"Baba bizi iç güveysi mi almak istersin?" dedi Sedat gülümseyerek.

"Keşke iki kızım daha olaydı. Size kuma yapardım. Öyle ya da böyle burası boş kalacak," dediğinde ben mırıltıyla, "İyi ki kızları yok, şükür," dedim sinirle. Sedat'ın yine gamzeler ortada. "Gülme, bak kızıyorum," dedim, ama sırıtıyordu.

"Nereye gidiyorsun dayı?" diyen Ali'mdi.

"Doktordan bozmalar altı ay ömür verdi," dediğinde bomba patlamıştı. Bu büyük sorundu, çünkü onca adam, onca mal, onca sorumluluk kime kalacaktı diye saçma bir soru yoktu. Ali'm deli, istemez! Hayır da demez. Olan yine benim deveme olmuştu. Kimsenin söyleyecek bir şeyi yoktu da Ethem susmuyordu. "Bir düşün Sedat! Bu akıllıca olur," dediğinde Selma bile rahatsız ol-

muştu. Biz üzerimizdeki şoku atlatmaya çalışırken, sanki cenaze-
de gibi üzerinde kollarını saran ve dizlerinin altında biten siyah,
çuval gibi bir elbiseyle Aslı salona girdi. Bu kızın uzun sarı saçla-
rına ne olmuştu? Elinde kahve tepsisi! Kırpılmış küt kalan saçları
ensesinde toplanmıştı. Taramadığı öyle belliydi ki... Yüzünün feri
sönmüş, burnu ağzı kıpkırmızıydı. Saatlerdir ağlıyor olmalıydı.
Gözümü ondan çekip Ali'me kaydırdım. Aslı'ya bakmıyordu bile!
Biz hata mı ediyorduk? Gerilmiştim. Sedat'ın kulağına eğildim.
"Sedat bu iş olmaz, valla, hallerine bak, idamlık gibiler."

"İstersen silahı vereyim kafama sık, daha kolay! Duygu oyun
mu bu? Baştan kabul etmeyecekti senin deven," dediğinde sus-
tum.

Aslı önümde durup kahveyi bana uzatırken suratıma bile bak-
madı. Ya benim ne suçum var ya diye bağırasım geldi. Allah'tan
kimsenin suratına bakmadı da rahatladım.

Ethem, "Aslı evliliği kabul ettiğini bir kere de senin ağzından
duyalım," dedi. Niye gerek gördüyse!

"Ediyorum," dedi Aslı, ama sesindeki boğukluk öyle yoğundu
ki ürperdim. Ethem, "O hâlde hayırlı olsun. Allah utandırmasın,"
dedi. Sedat lafı fazla uzatmadı. "Nişan, düğün..." dediğinde.

"Düğün yapacak olursak oğul, senin benim tanıdığım insan-
larla on gün düğün yapmak zorunda kalırız. Nikâhı burada kıya-
rız, olur biter."

"Baba dost var, düşman var. Anlı şanlı bir düğün yapalım izin
ver," dedi Sedat. Oy yine horon teper miydi acep? Kızım Duygu
sırılsıklam âşıksın sen ya! O sırada midemden yükselen acı bir
suyla irkildim. Kriz gibi değildi. Mide rahatsızlığı olduğu belliydi.
Yutkundum ve elimdeki kahveden bir yudum daha aldım. Kah-
veyi içtikçe mide yanması yerini bulantıya bıraktı. Dayanamaz
hâle geldiğimde, "Benim tuvaletim geldi," dedim Sedat'a fısılda-
yarak. Ayaklandım ve Aslı'ya, "Lavabo ne tarafta?" diye sordum.
Aslı ayağa kalktı ve beni salonun dışına çıkardı. O kadar midem
bulanıyordu ki Aslı'ya bakamadım bile! Uzunca bir koridordan

geçip en sonuncu kapıdan kendimi içeri attığımda tuvaletin içine kafamı sokmam bir oldu. Bütün uzuvlarımı mideme yoğunlaştırmıştım. Sanki midemi ellerimin arasında sıkarcasına kastım. Bir an önce bu mide bulantısının geçmesini diledim. Ne yemiştim ben böyle ya! Kustum, kustum, kustum. Derin bir nefesle kafamı kaldırdığımda yaşama dönmüş gibiydim. Yere dayalı dizlerim acımıştı ve mermerin soğuğu dizlerimden karnıma yayılmıştı, artık bir an önce kendime gelmeliydim. Duvardan güç alıp ayağa kalktım ve sifonu çektim. Lavaboda kusmaktan ateş basmıştı, yüzüme soğuk suyu çarpmak öyle iyi geldi ki saatlerce bu suyla oynayabilirdim. Saçlarım bana fazlalık olarak döndüğünde bileğimdeki lastikle saçlarımı toparladım. Gözümün önüne düşen kaküllerimi düzelttim. Aynaya baktığımda iyiydim...

Tuvalette ne kadar kaldım, bilmiyorum, kapıyı açtığımda Aslı duvara dayanmış, beni bekliyordu.

"Aslı beklemeseydin," dedim, hayret onca kusmaya göre sesim iyi çıkmıştı.

"İyi misin?" dedi gözlerime bakarak.

"İyiyim, çok yedim," dedim yalanlamanın bir âlemi yoktu. Öğürtülerimi duymuş olmalıydı.

"İstersen doktor var," dedi ama kanı çekilmiş gibiydi. Sanki yaşama sebebi elinden alınmış, umudu kaybolmuş gibiydi.

"Nerede?"

"Burada, babam için..."

"Gerek yok," dedim gülümseyerek. O anda ona destek olmak istedim. Uzanıp boşlukta sallanan elini tuttum ve, "Aslı... ne demeliyim, bilmiyorum. Ben kadere inanırım. Lütfen üzülme. Ali'min tertemiz bir kalbi var. O aslında sevilmeyi bekleyen koca bir çocuk, belki ileride onu sevebilirsin," dedim. Aslı'nın mavi gözlerinden bir damla yaş süzüldü. Bir şey demedi. Birlikte salona geçtiğimizde develer yoğun bir sohbet içindeydiler. Sedat düğünde ısrar ediyor, Ethem karşı çıkıyordu.

"Çok istiyorsanız bir mekânı kapatıp çalgı çengi getirilir," dedi

Ethem son olarak. Bu mantıklıydı. "Necati'nin orayı kapatalım," dedi Bekir.

"Olabilir, ama mekân küçük kalmaz mı?"

"Abi oraya bin kişi sığar," dedi Bekir.

"İyi, ben konuşurum. Yarın Ali gelir Aslı'yı alır, nikâh işlemlerine başlarlar. Baba bir tarih var mı aklında?"

"Haftaya bitsin bu düğün faslı," demesin mi?

Ali'm, "Yok artık!" dedi kükrer gibi. Sedat ters ters baktı ve "Tamam, nikâh memuru ayarlar bizim çocuklar," dediğinde homur homur söylendi durdu. Sedat'la Bekir göz göze geldi ve "Yüzükleri takalım o halde," dedi Bekir ve hepimiz ayaklandık. Mutlu olmamız gerekiyordu, ama hepimizin üzerinde Aslı ve Ali'min gerginliği vardı. Yüzükleri çantamdan takacağımız takılarla birlikte çıkardım. Takacaklarımızdan ayırdığım kırmızı kurdeleli yüzükleri Ethem'e uzattım ama, "Sen takacaksın," demez mi?

"Ben mi?" dedim aptalca.

"Kızımın yuvası senin gibi güçlü olsun," dedi. Sedat'la göz göze geldik. Ben gülümsemeye çalışarak Aslı'ya döndüm. *Takma,* der gibi bakıyordu. İyice huzursuz oldum, ama elden ne gelir. "Hayırlı olsun," diyerek parmağına geçirdim. Titreyen elini avucuma alıp sakinleşmesi için hafifçe sıktım. "Umarım benim gibi mutlu olursun," dedim ve Ali'min parmağına yüzüğü geçirdim ve, "Hayırlı olsun Ali'm," dedim. Gülnaz Teyze'nin tuttuğu gümüş tepsiden makası alıp kurdeleyi kestim. İkisi de birbirine bakmıyordu. Yüzük değil, sanki kelepçe taktım. Sedat, Ali'm ve Bekir'in sarılışı her zamanki gibi görülmeye değerdi. Selma hemen Aslı'nın yanına yanaştı ve onunla birlikte hayran kalıp aldığımız kolyeyi boynuna taktı. "Mutluluk getirir inşallah," dedi. Aslı, "Teşekkür ederim," dedi. Ben de kutudan aldığımız su yolu bilekliği çıkarıp koluna taktım. "Umarım beğenirsin! Gündelik kullanabileceğin bir şey olsun istedik," dedim taktığımda.

"Çok güzel, zahmet etmişsiniz," dedi Aslı. Her neyse, öyleydi böyleydi, sözü taktık, saat on gibi kaltık. Ali'm çiftliğin önüne gelir gelmez, "Ben kaçar," dedi ve sıvıştı. Bekir ve Selma evlerine geçerken biz de Beykoz'a doğru yola çıktık.

"Korkuyorum, bu iş ne olacak Sedat ya? Ali'm çok mutsuz."

"Hak ona! Onu tanıdığımdan beri durulmasını bekliyorum, ama yok, durulacağına nerede hatun bulduysa koynuna girdi. Şimdi ister istemez durulacak."

"Evliliğin onu bağlayacağını sanmıyorum."

"Evlilik öyle ya da böyle adamı bağlar Duygu. Gururuna yedirip artık bir kadının koynuna giremez senin deven."

Sedat'ın söyledikleri aklımı karıştırmıştı. Demek evliliğin bir adamı bağlayacağına inanıyordu. Onun için mi evliliğin lafını bile etmiyordu? Bana bağlanmaktan mı korkuyordu? *Of, aşk sen ne zor şeysin ya!*

Eve girdiğimizde sanki midemi spatulayla kazıyorlardı; çok acıkmıştım.

"Sedat!" dedim usulca.

"Hımm," dedi aynı ses tonuyla.

"Acıktım ben," dediğimde kaşını kaldırmış, hayretle bana bakıyordu.

"Kızım, niye söylemiyorsun eve girmeden?"

"Sen de yersen, ben bir şeyler hazırlarım."

"Üzerine seni yiyebileceksem olabilir."

"Çok romantiksin," dedim ve gülerek mutfağa geçtim. İlk kahvaltılık bir şey hazırlayacaktım, ama sonra bir baktım, menemen yapıyorum. Allahım, ne güzel kokmuştu! Sedat soyunup dökünüp mutfağa geldiğinde pişmek üzereydi.

"Sen gece gece menemen yiyeceksin, öyle mi?" dedi şaşkınlıkla.

"Canım çekti," dedim omuz bükerek. Birlikte mutfak masasının başında ben tabağımı sıyırırken Sedat beni seyrediyordu. "Az yavaş ye be kızım dokunacak gece yarısı."

"Dokunmaz," dedim ve ağzımdaki ekmeği yuttum. Öyle rahatlamıştım ki... Karnım davul olmuştu resmen. Yarım bardak kolayı mideme indirdiğimde işlem tamamdı. "Gidip yayılıp uyuyabiliriz," dedim şımarıkça.

"Uyumak?" dedi Sedat. Yerinden kalkıp beni kucağına aldı ve yatağımıza götürdü. "Sedat kolumu kaldıracak halim yok. Biraz bekle valla, çok yedim, üzerine kusarım," dedim sırıtarak. Yatağa uzandı ve beni kollarına aldı. "Yayıl Duygum," dedi kahkahayla. Oy ben kıyamam sana diyesim geldi, ama valla yayılmış, uykuya yenilmek üzereydim. Gözlerimi kapatırken, "Sabah telafi ederiz," dediğimi biliyorum.

Su yolunu bulur

Uyandığımda Sedat yanımda yoktu. Telefonum yastığın üzerinde, mesaj ışığı yanıp sönüyordu.

"Gitmem gerekti. Bana borcun artıyor, haberin olsun." Sırıttım ve hızla doğruldum. Ayağa kalktığımda midemden yukarı yükselen bir volkan beni banyoya sürükledi. Ay gece yediğim hiçbir şeyi sindirememiştim anlaşılan! *Kus Duygu!*

Sanırım yarım saat midem ağzımda, banyoda kaldım. Kusmaktan yorulmuş, tuvaletin yerinde öylece bir süre dinlendim. Duşa girecek ve kusmuk olayını unutacaktım. Eczaneye gidip mide hapı almayı aklımın köşesine not ettim. Hastaneye gitsem mi diye kendime sorduğum sorudan nefret ettim. Hastane ve doktor görmek istemiyordum.

Duştan çıktığımda üzerimde bornoz, yatağın üzerine oturdum. Telefonumda tonla cevapsız arama vardı. Ali'm, Selma, Bekir ve Sedat...

Hızla ilk Sedat'ı aradım tabii, delirmişti.

Daha bir şey söylemeden, "Duştaydım," dedim.

"Aklım çıktı. Duşa girerken niye haber vermiyorsun? Geliyorum," dedi ve kapattı. Deli ya! Sonra önem sırasına göre aramaya başladım; ilk Ali'm...

"Efendim nişanlı," dediğimde, "Duygu! Bugün sen de bizimle geliyorsun! 'Hayır'ı kabul etmiyorum," dedi sinirle.

"Tamam Ali'm, ama yalnız kalıp biraz vakit geçirmeniz daha iyi değil mi?"

"Aman kalsın. Ben seni bir gibi alırım," dedi ve ben tamam demeden kapattı. Sonra Bekir ve Selma'yı aradım. Onlar kahvaltıya çağırmışlar. Yerim ben onları, gidemedim tabii. Sedat gelmiş, ben yatakta Selma'yla konuşurken ellerini göğsünde birleştirmiş, beni seyrediyordu. Ne ara soyundu ne ara havluyu üzerimden sıyırıp bacaklarımın arasına süzülüp benimle sevişmeye başladı! Of of! Adam sihirli, ben ne yapayım? Dudakları olmadık yerlerime olmadık şeyler yaparken parmaklarımla saçlarını çekiştirip duruyordum. Avuçlarında yoğurulan kalçalarımdan bedenime yayılan tatlı sızı beni daha bir teşvik ederken sanırım çığlıklarım yan evden duyulmuştu. Sedat gecenin ve sabahın acısını çıkarır gibi bedenimde keşfetmedilmedik yer bırakmadı. Beni mutlu etmek için bütün hünerlerini gösterdi durdu. *Of ki ne of!*

Saat on iki gibi halen kollarındaydım. Midem yine yanıyordu ya! Sanki saç yutmuşum gibiydi. Iykk!

"Ali'm gelir... şimdi," dedim. Ona biraz daha sokulurken kalkmak istemediğim her halimden belli oluyordu.

"Niye geliyor deve?"

"Kızla yalnız kalmak istemiyormuş."

"Tövbe tövbe, gerdeğe de seni sokar artık."

"Sedat, bunların arasını yapmak lazım."

"Ben de ne ara söyleyeceksin diye bekliyordum."

"Deme öyle ya!"

"Duygum bırak, bir şeyleri kendi halletsin. Yıllardır peşini toplayıp duruyorsun."

"Şikâyet etmiyorum. Bize ihtiyacı var," dediğimde Sedat, "Kendini paralama bak, göndermem seni."

"Hadi bırak, kalkayım, gelir devem şimdi," dediğimde gözlerime bakıp dudaklarıma uzandı. Allahım, biraz daha öperse gidemeyecektim. "Sedat! Bırak hadi," dedim bırakma der gibi. Sırıtarak bıraktı. Duş almaya zamanım yoktu, çünkü ben o zamanı Sedat'ın kollarında geçirmiştim. Hızla giyindim ve beni izleyen Sedat'ın kollarına dönmemek için kendimle savaş verdim. Saçlarımı tararken, "Saçlarımı boyatmaya karar verdim," dedim.

"Bu rengi seviyorum."

"Bildiğin kahverengi," dedim omuz bükerek.

"Senin olan her şeyi seviyorum," dediğinde aklımda olmadık bebek konusu niye canlanmıştı, bilmiyorum. Bebeğe o kadar karşıyken benden olanı kabul eder miydi acaba? Onu da saçlarımın rengi gibi sever miydi? Aklım bu konu yüzünden karmakarışıktı, çünkü Sedat bence korunmuyordu. Yatağın kıyısına oturduğumda doğrulup beni sarması saniyeler aldı.

"Sedat," dedim en sakin sesimle.

"Hımm," dedi aşkla gözlerime bakarken.

"Hemen bağırmayacağına söz ver."

"Ne oldu yine?"

"Hani benim her şeyimi seviyorsun ya!"

"Senin olsun ölürüm."

"Benim için ölme, yaşa Sedat," dediğinde biz yine konudan sapmak üzereydik.

"Bak söz verdin, bağırmayacaksın."

"Söyle hadi!" dedi sırıtıp dudaklarımdan uzaklaşırken.

"Ya hamile kalırsam, bebeğimizi de sever misin?" dediğimde suratının şekli şeytan çarpmıştan beterdi. Ürktüm ve savunmaya geçtim. "İstemiyorum gerçekten, ama tut ki hamile kaldım. Bu birçok insanın..."

"Bizim başımıza asla gelmeyecek Duygu! Sen ve ben... gerisi yok. Bu dünyaya benden ve senden bir çocuk gelmeyecek. Sadece beni sevecek, benimle yetinmeyi bileceksin. Son sözüm bu! Bir daha bu konuyu açma, kalbini kırarım." Duyduklarım doğru olamazdı. İnanamıyormuşçasına ona baktım. Hayatımın şokunu yaşıyordum. "Ya bebek istersem," dediğimde kollarımdan sıkıp öyle bir sarstı ki Sedat'ın hiç görmediğim bir tarafıyla tanışıyordum.

"Beni seviyor musun?" diye kükredi. Canımın acısı kalbimin derinliklerine indiğinde kekeliyordum "E... vet..."

"Bensiz kalabilir misin?" dediğinde gözümden bir damla yaş aktı. Cevap vermem için beni sarstı.

"Ha... yır..."

"İyi o zaman, bebeği unut! Aklına bile getirme! Getirirsen ben yokum Duygu," dedi ve bana sarıldı. İçten, sevgi dolu, yaşattığı şoku silmek isteyen bir sarılmaydı. Biliyordum, ama hissettiğim hayal kırıklığının tarifi sanırım yoktu. Öksüz yanımı, ona zaafımı bugüne kadar hiç tehdit unsuru olarak önüme getirmeyen Sedat beni onsuzlukla tehdit ediyordu. Sadece onun ve benim parçam için! Kırılmış kalbim hâlâ nedenini sorguluyordu.

"Bebek istememenin bir nedeni var, değil mi?" dedim, yüzünü boynuma gömmüş aşkıma.

"Duygum, yeter, kapat konuyu," dedi sinirle. Bildiğin burnundan soluyordu. Gözyaşlarım akmamak için direnmeye başlamıştı, acaba geçmişiyle ilgili miydi? Bir bebeği olmuştu da kayıp mı etmişti?

"Ben gitsem iyi olur," dedim ve bir ceset misali kırılmışlık ve kafamda bir dünya soru ile yatak odasından çıktım. Aşağı indiğimde kapı çalıyordu. Kapıyı açtığımda Ali'm yüzüme baktı ve "Duygu ağladın mı?" dedi ve yüzümü ellerinin arasına aldı. Hıçkırıklarımı tutamadım. "Lütfen, Sedat yukarıda, gidelim," dediğimde hızla arabaya bindik.

"Ne oldu?" dedi, öyle şaşırmıştı ki! Cevap veremedim. Susana kadar zaten Şile yoluna girmiştik.

"Anlatacak mısın?" dediğinde döküldüm. "Anlamıyorum, ben de bebek istemiyorum, ama beni onsuzlukla tehdit etti Ali'm ya! Bu çok acımasızca!" dediğimde Ali'm usulca arabayı kenara çekti.

"Duygu onu tanıyorsun, bence seni paylaşmak istemiyor, hepsi bu..."

"Bunu söyleyebilirdi."

"Sedat mı? Seni yıllarca içten içe seven ve mutlu olman için başka adamla evlenmeni kabul eden adam mı sana söyleyecek? Gerçekçi ol Duygu, hem… hem bebek de neymiş? Sedat mı? Bebek mi? Kendine bu soruyu sor!"

"Tabii ki Sedat," dedim gözlerimdeki yaşı silerek.

"O zaman boş ver be Çirkin! Çok derine inme." Ali'mle konuşmak beni rahatlatmıştı. Belki de Sedat'a hak vermek istiyordum ve Ali'm bana bu fırsatı sunmuştu.

"Hadi sil gözyaşlarını, sana ihtiyacım var," dediğinde gülüyordum. Önüme bakacak ve Sedat'la kaldığım yerden devam edecektim. Onsuz ben hiçtim. Çiftlik göründüğünde telefonum çalıyordu. Sedat arıyordu.

"Efendim?" dedim Ali'm arabayı park ederken. Sesi bir o kadar gergin ve sert çıkıyordu.

"Neredesin?"

"Ali'mleyim."

"Akşam Selma'ya geç istersen, seni oradan alırım."

"Olur."

"Duygum!" dedi çaresizce. Sanki birden yanan adam geri gelmişti.

"Evet."

"Beni sensiz bırakma, olur mu? Sensiz ben yok olurum."

"Beni bir daha sensizlikle tehdit etme, olur mu? Ben zaten seni seçtim. Bebek falan istemiyorum. Sen bana yetersin."

"O zaman sorun yok," dedi rahatlamış bir sesle. Allahım, halen o zaman sorun yok diyordu.

"Akşam görüşürüz," dedim ve kapattım. Ali'm gerilmişti, beni dinlemediği o kadar belliydi ki…

"Hazır mısın?" dedim sırıtarak. Şimdi kendimi bırakıp Ali'me yardımcı olmalıydım.

"Hayır!"

"Bak, bir daha kıza vurursan yüzüne bakmam," dedim kafadan.

"Ya Duygu ben o kadar öküz müyüm?"

"Evet," dedim kaşımı kaldırıp.

"Off!"

"Oflama Ali'm. Onun açısından düşün. Sen erkeksin, evlendiğinde kapıyı vurup çıkabileceksin. Hayatını değiştirmen gerekmeyecek. Düzenini, hayallerini bırakmayacaksın. Kim bilir ne hayalleri vardı? Hayattan neler bekliyordu? Lütfen bu açıdan bak."

"Belki sevdiğinin yanına kaçıyordu."

"Yokmuş."

"Sen nereden biliyorsun?"

"Daha sizin bu mesele ortada yokken hani Selma'lardaki akşam, biraz ağzını aramıştım. Ayaklarını yerden kesecek kimse karşısına çıkmamış. Bana söylediği bu! Gerçi sen ayaklarını yerden kestin, tokadınla yere yapıştırdın, ama sana âşık olur mu, olmaz mı bilemem!" dediğimde Ali'min ruhu sıkıştırılmış gibiydi, biliyordum. Azıcık vicdan yapsın devem! Biz arabadan çıktığımızda evin kapısı açıldı ve Gülnaz Teyze Hanım ve Aslı göründü. Aslı siyah deri ceketi, kot pantolonu ile lise öğrencileri gibi topladığı atkuyruğu küt saçıyla gerçekten güzeldi. Kendi halinde mütevazı görüntüsü hoşuma gitmişti. Şımarık olmayan hali, yaralı yaralı bakan gözleri vardı. Ali'm taş kesilmişti. "Merhabalar," dedim gülümseyerek. Aslı beni görünce sanırım rahatladı.

"Hoş geldin kızım," dedi Gülnaz.

"Gülnaz Teyze, sen de gelsene," dedim. Bendeki bu samimiyet dağları delerdi ya, neyse.

"Yok kızım, ben size ayak uyduramam."

"Görüşürüz hala," dedi Aslı ve bana, "Selam," dedi yavaşça.

"Nasılsın Aslı?" dedim ona sarılarak. Artık onu aileden kabul etmeli ve ona göre hareket etmeliydim. Şaşırdı, gözlerime baktı ilk, sevgi her kapıyı açardı, biliyordum. Ne verirsen onu er ya da geç alırdın. Sabırla Aslı'ya sevgi gösterecek ve bekleyecektim. Senem için çabalamış olan ben, Aslı için haydi haydi her şeyi yapardım.

Arabanın yanına geldiğimizde direkt arkaya oturdum. Aslı gözümün içine bakıp sustu ve çaresizce öne oturdu.

Bu iki deli öyle soğuk bir ortam oluşturdu ki neredeyse donacaktım. Birbirlerine merhaba bile demediler. Biraz kendi hallerine bırakmaya karar verdim. Yol boyunca radyodan gelen müziğin hafif tınısı dışında hiçbir şey duyulmadı. Benim de aklım zaten Sedat'ın söylediklerini hazmetmekle meşguldü. Merkeze geldiğimizde Ali'm, "Evrakların hepsi tamam, sadece sağlık kontrol raporunu alıp nikâh dairesine başvuracağız," dedi.

"Benimkileri nasıl hallettiniz? Nüfus kâğıdımı bile vermedim. Ah, tabii sizin ne olduğunuzu unutup sordum pardon!" dedi Aslı alayla. Başlıyorduk, ama Aslı kaşınıyordu resmen.

"Neymişiz lan biz?" dedi Ali sinirle.

"İstanbul'un babalarısınız ya!" dedi Aslı. Belki normal bir tonda söylese makul karşılanabilirdi de dalga geçmesi hiç iyi olmadı.

"Babayız lan, var mı? Beğenmiyorsan almazsın, olur biter!" dedi Ali'm hışımla, arabanın kapısını açıp indi. Sesi arabanın dışında öyle bir yankı yaptı ki etraftaki insanların bizim azmanın bağırtısıyla kaçışmamasına şaşırdım.

"Bizde kabahat, elin sidiklisine acıdık. Acınacak hâle düştük," dedi ve arabanın önüne dolandı. Ben Ali'me şok olmuş, sus diyecekken Aslı, "Sidikli senin sülalen," diye çemkirmez mi? Ali'min camdan onu yakasından tutup dışarı bir çekişi vardı ki kırk yıl düşünsem aklıma camdan bir kızın bu şekilde çıkarılabileceği gelmezdi. Ben arabadan inene kadar Aslı'nın beti benzi atmıştı.

"Ali!" diye bağırdım, ama beni duyacak durumda değildi. Kızı arabayla bedeni arasına sıkıştırmış, "Bana bak, ben senin baban değilim. Senin ağzını burnunu kırarım. Sana fazla yüz vermişler! O koca çeneni kapalı tutacak ve benimle doğru konuşacaksın. Yemin ediyorum susmaz edebinle oturmazsan, Allah yarattı demem filmini çıkarırım!" diye kükrediğinde Aslı'nın ayakları havadaydı, biliyorum.

"Anlaşıldı mı?" diye bir kükredi ki yoldan geçenler bile dondu. Aslı, "Evet," dediğinde ben rahatlamıştım, onu da ben biliyorum. Ali'm onu bıraktığında Aslı dizlerinin üzerine, yere düştü. Ali'min yüzünde ilk bir pişmanlık görsem de göz göze geldiğimizde döndü ve hastaneye girdi.

Aslı'ya uzandığımda hıçkırıyordu. İçim parçalandı.

"Aslı hadi kalk şu kafeye geçelim. Kendine gel," dediğimde zor da olsa kendini toparladı. Ayağa kalktığında bir enkaz gibiydi. "Ah be Aslı!" dedim içim sızlayarak. İlk kafenin tuvaletine uğradık. O elini yüzünü yıkadı. Benim yüzüm buruşmuş, hafif bir mide yanmam vardı. "İyi misin?" dedi yüzü gözü kızarmış bir şekilde.

"İyiyim, sinir mideme vuruyor sanırım. Yeni favorim bu," dediğimde sırıtmaya çalışıyordum.

"Ya sen nasıl bir kadınsın! Bir insan devamlı sırıtır mı? Hele böyle insanların yanında, ben yıllardır babamdan kurtulmaya çalışıyorum, ama sen…" dediğinde yine ağlamaya başlamıştı. Ona sarıldım.

"Normal yaşamı kim istemez ki? Biz normal yaşama tutunmayı yıllar önce bıraktık. Sence bu hayatı Ali'm kendi mi seçti?"

"Zevk aldığı kesin."

"Çok önyargılısın," dedim ve telefonumu çıkarıp Ali'mi aradım. "Ali'm biz karşı kafedeyiz. Sen gez dolaş, işin bittiğinde bir saat sonra bizi gel al."

"Ya Duygu bırak şunu!"

"Ali'm bir saat," dedim ve kapattım.

"Hadi bana kahve ısmarla, ama anlatacaklarımı ne Selma ne Ali'm bilecek. Yoksa senin filmini ben çıkarırım ki bu boydan olur," dedim sırıtarak. Oturduk ve kahveleri söyledik.

"Ali'm benden yaşça büyük olabilir, ama benim çocuğumdan farksızdır. Sanırım bu durum Sedat'tan kaynaklanıyor. Ali'm anne sevgisini bende buldu sanırım. Bende onda hiç sahip olamadığım kardeş sevgisini buluyor olabilirim. Ali'm aslen yedi göbek İstanbullu, Beyoğlu çocuğu, tam bir Deli Dumrul! İçindeki merhamet bütün dünyaya yeter Ali'min.

O henüz on yaşındayken babası ölmüş. Balık Pazarı'nda babasının küçük bir balık tezgâhı varmış. Annesi geçmiş doğal olarak tezgâha… Bir gün çıkan kavgada on bir yaşındaki çocuk Ali'm adamın birini baldırından bıçakla yaralamış. Annesini korumuş aklınca. Ver elini ıslahane... Tabii üç aylık ıslahane, olmuş kaç sene... Sedat o zaman Diyarbakır'daki ıslahaneden İstanbul'a sürülmüş. Ali'yi koğuşun çocuklarının elinden o kurtarmış, bir daha kimseye ezdirmemiş. Ali ıslahaneden çıktığında annesi ortada yokmuş. O anasının derdine düştüğü sırada küçücük balık tezgâhı için onu anasından ayıran, baldırından vurduğu adamı kıtır kıtır kesmiş, hem de balık tezgâhının üzerine yatırarak! Detayları anlatmaya ne gözyaşım yeter ne de zaman. Ali'm annesini aramayı bırakalı çok oldu. Lafını bile etmez. Söyle bana, Ali'm bu hayatı kendi mi seçmiş? Belki onu hiç sevmeyeceksin, belki hayatın boyunca nefret edeceksin, zorunlu olarak yanında kalacaksın, ama ona saygı göstermeni beklememiz gayet doğal. Hırsın Ali'me değil, bunu ben anlıyorum, ama ondan bunu anlamasını bekleyemezsin."

"Onlara çok bağlısın," dedi gözyaşlarını silerken.

"Onlar benim ailem."

"Peki, gerçek ailen?" dedi Aslı. Onun da annesinin öldürüldüğünü biliyordum. O yüzden sanırım biraz rahatlamasını sağlamak istedim.

"Babam öldürüldü. Ben on yedi yaşındaydım. Annem hasretine dayanamayıp intihar etti," dediğimde acıyla gülümsedim. "Senin de katılmak üzere olduğun aile tam bir öksüzler yurdu. Kapıda tabela eksik yani, birbirlerine anne, baba, kardeş, sevgili, dost olan bir aileyiz. Daha iyisin, değil mi?" dedim anlayışla.

"Evet, iyiyim," dedi Aslı.

"Başkasının acılarını dinlemek insana her zaman şükretmeyi öğretir," dediğimde zamanlamış gibi Ali'm arıyordu.

"Duygu sıkıldım ben."

"Gel devem, gel! Aslı bana kahve ısmarlıyor, sana da ısmarlar."

"Eksik olsun onun kahvesi," dedi Ali'm sinirle ve kapattı.

"Sana bir şey söylemek istiyorum. Ali seninle tanıştığından beri gülmez oldu," dedim sırıtarak.

"Bunun nesi komik! Nefret ediyor işte!"

"Aslı nefret aşkın kardeşidir ve onun başını okşarsan sana şirin şirin kedi gibi mırlayacağına yüzde yüz garanti veririm," dedim dişlerimi göstererek.

"İstemez, ben onun hiçbir şeyi olmak istemiyorum. Beni rahat bıraksın yeter," dedi Aslı. İçim şişmişti, Selma'da Haydar Dümen, Aslı'da çocuk psikoloğu! *Bu ne ya! Sabır taşı olsan çatlardım bre!* Ali'm on dakika sonra tepemize dikildi. Suratlar iki seksen beş yüz civarı, bunları karanlık odada yalnız bırakmak gerekiyordu. Ay içim ürperdi! Ne diyordum ben ya!

"İşlemler tamam mı?"

"Nikâh günü alınacak," dedi Ali'm.

"İyi hadi," dedim ve kalktık. Bizim sarı kızın elinde cüzdan, kasaya ilerlerken Ali'm, "Geç sen," dediğinde baktım, bizim sarı kız kuyruğunu kıstırmış, yanıma geliyor. İçimden aferin dedim. Küçük ve bilgisizdi bu sarı kız ya! Ali'm desen sevgisiz, benim öksüz yüreğimin gösterdiği sevgiyle doymaz ki bu devem.

Nikâh günü bir hafta değil, bir ay sonraya alındı. Ne çok evlenmek isteyen varmış arkadaş. Memur ayarlandı, işlemler yapıldı, saat dördü buldu.

"Hadi Selma'ya geçelim," dedim. Aslı sesini çıkarmadı, Ali'm de. O kadar kahve ve sudan sonra Selma'lara kendimi zor attım. Ayakkabılarımı fırlatıp, "Selam gebiş, çok çişim geldi," dediğimde Bekir, "Bak ya koca kadın oldu, hâlâ yarım akıllı bizim Çirkin," dediğinde ben çoktan tuvalette rahatlamakla meşguldüm. Bekir o ara evden çıkmış, Ali'm onunla gitmek istemiş, ama Bekir sen kal demişmiş. Bunları ayaklı gebiş gazetesi Selma'dan öğrendiğimi söylememe gerek yok sanırım.

Mutfakta Aslı'yla birlikteydi bizim gebiş ve tam formundaydı. Almış Aslı'yı sorguya, "Ne zaman şimdi nikâh?" diye sordu.

"Bir ay sonra."

"Oh, iyi olmuş," dedi ve Aslı ve ben bön bön ona baktık.

"Yani hazırlık açısından. Gelinlik, nişanlık, ıvır zıvır için diyorum yani."

"Öyle teraneye gerek yok, düz bir nikah yeter. Gelinliğe bile gerek yok," dedi Aslı bu sefer, Selma ile ben bön bön Aslı'ya bakıyorduk.

"Saçmalama Aslı, gelinlik giymeden evlenilir mi?" dedi Selma. "İstemiyorum."

"Senin istemenle olmuyor güzelim," dedim sırıtarak. Selma bıraktı Aslı'yı, "Ya Duygu, bunlar şimdi bir ay nişansız mı duracaklar?" dediğinde bu sefer ikimiz birbirimize bön bön bakıyorduk.

Selma'nın gözündeki kıvılcımları görebiliyordum. Öyle bir sırıttım ki, "Kına bile yaparız, vakit var," dedi haykırarak. Selma sevinçle ellerini çırparken Aslı sanırım inliyordu.

Bizi ikna edemeyeceğini anlayan Aslı sessiz kalıp yapılan planları dinlemeye geçti. Tabii planlar yapılırken bir taraftan harıl harıl yemek hazırlıyorduk. Tabii ben her zamanki gibi salatayı kaptım.

Tam son hazırlıklar bitti, kapı çaldı. Aslı elinde tabak salona geçiyordu. Ben onun arkasında elimde yoğurt. Ali'm kapıyı açtığında kapıda Zeynep! Yok artık! O da nereden çıktı? Elinde poşetler, Ali'm donmuş bir şekilde durdu tabii.

"Zeynep!" diyebildi.

Selma bir panik, ensemde mırıltısını duydum. "Hay benim boğazıma tüküreyim, canımın dolma çekeceği tuttu," dediğinde olayı ben anladım da Zeynep öyle donuktu ki! Ali'm her zamanki Ali'm! Çoktan bitirmiş kafasında.

Zeynep kendini topatladı. "Selma Hanım'ın siparişlerini ben getirmek zorunda kaldım. Bizim çocuk hastalanmış," diyerek açıklama gereği duydu. Ali'm, "Girsene," dedi.

Zeynep isteseydi belki şu an Ali'm onunla evli olacaktı. Ali'm gerçekten o ara ondan hoşlanmıştı. Hoş, kaç kere gördü kızı, onu da bir sormak gerekti. İki kere ancak. Zeynep o ara cesaretsiz kalmıştı. Ortağı Hatice denilen balina onu hep uzaklaştırmıştı. Hâl böyle olunca kimsenin peşinden koşmaya alışmamış Ali'm, oralı olmadı.

"Yok ben rahatsız etmek istemem," dediğinde Selma paketleri çoktan elinden almıştı. Aslı merakla kapıda birbirlerine bakan Zeynep ve Ali'mi süzüyordu. Sinsice güldüm kendime ve iç sesimle, *üzgünüm Zeynep ama hayırlı bir işin seni kullanmak zorundayım. Yemeyenin malını yerler,* dedim ve taarruza geçtim.

"Zeynep, lütfen gir," dediğimde Selma elinde poşetler, donmuş şekilde bana bakıyordu. Ona kalsa çoktan Zeynep'in yüzüne kapıya kapatmıştı. Hoş, Zeynep de gitme heveslisi gibi durmuyordu. Ne bilsin Ali'min nişanlısının burada olduğunu! Tabii gözü Aslı'ya takılmadı değil. Ali'min Aslı umurunda değil gibi görünüyordu ya, Zeynep salondaki koltuğa geçtiğinde Ali'm masaya oturdu.

"Nasılsın Duygu? Göremiyorum seni bu aralar."

"Beykoz'da kalıyorum, sen nasılsın? İşler nasıl?"

"Biraz sıkıntılı."

"Hayırdır?" dedi Ali'm, sıkıntı kelimesi onun için birinin rahatsızlık verdiği anlamına geliyordu.

"Hatice ortaklıktan ayrıldı," dediğimde Ali'm kaşını kaldırıp Zeynep'e baktı. Bu arada Aslı salon ve mutfak arasında jet hızıyla girip çıkıyordu.

"İsabet olmuş," dediğimde Zeynep sırıttı.

"Pişmanlıkları konuşmaya gerek yok," dedi ve Ali'min gözüne baktı. O sırada Selma, "Oturalım mı, Bekir Sedat'la birlikte, gecikeceklermiş," dedi, ama halen bir panik bana bakıp duruyordu, gülesim geldi. *Seni gebiş seni, beni sen eğittin!*

Zeynep ayaklandı. "Ben kalksam iyi olur," dedi. "Otur Zeynep, daha seni Ali'min nişanlısıyla tanıştıramadık. Aslı, Zeynep, Zeynep, Aslı…" Hayat acımasızdı. Aslı bir enayilik sezmişti. Ali'min boş kalmayacağını anlamış olmasını diledim. Zeynep ise bundan sonra kimsenin aklıyla hareket etmemeyi acı bir şekilde öğrenmiş oldu. Yüzünün rengi kaçmıştı, belliydi. Ali'm sinirle bana bakıyordu ya! Aslı bir o kadar meraklı, ama bozulmuştu. Selma doğuracaktı sanırım.

"Hayırlı olsun. Ben… ben gitsem daha iyi, dükkân boş kaldı," dedi ve jet hızıyla kapıya ilerledi. Ali'm ağzının içinde homurdanırken, kız ayakkabısını bile bağlamadı. Ali'm kapıyı kapattığında Selma hızla odaya kaçtı. Bildiğin kaçtı yani! Aslı mutfağa geçti sanırım, hazmetmeye çalışıyordu. Ay çil yavrusu gibi dağıldılar ya! Ali'm, "Yuh yani Duygu! Olmadı nikâha çağırsaydın," dedi.

"Hayat! Ne diyeyim, olmadı bir davetiye göndeririz," dedim kaşım havada.

O ara Selma içeri girdi ve, "Yazık ya!" dedi.

"Koca bir kazık! Hatice'ye uymasaydı," dediğimde Aslı da salona girmişti. Susmadım.

"Herkes yerini, haddini bilecek! Ona göre davranacak. Bundan sonra benim ailemi kimse üzemez," dedim. Kendimi dişi aslan gibi hissetmem sanırım bundandı.

"Sen Sedat'la fazla takılma bence," dedi Ali'm sırıtarak.

"Oy benim devem nerede ya!" dedim onu taklit ederek. Neyse, masaya oturduk, yedik içtik, ama ne yemek, benim iştah yerindeydi yani. Aslı ve Ali'm sessizdi. Tabii iş benle gebişe düştü. Şebeklik! Selma, Bekir'le aşklarından girdi anlattı, anlattı. Kahkahalarla güldük.

"Yaşım on sekiz, ben de isteyenler çok! Bekir kapıya geleni benzin dökerim yakarım deyip avaz avaz sabahlara kadar nöbette!" dediğinde, Ali'm dahil hepimiz kahkaha atıyorduk. Sıra bana gelmişti, tabii Ali'min anılarıyla başladım.

"Bir keresinde Sedat bizi Kıbrıs'a götürmüştü. Ben tutturdum yunusa binelim diye. Hani şu deniz bisikletleri var ya! Neyse Bekir binmem dedi. Sedat kesseler binmez. Ali'm zavallı tamam dedi. Biz açıl açıl açıl... sen bisiklet bozul, tabii bende nerede o kadar yüzme bilgisi, çaresiz Ali'm de kaldı benimle, akıntı bizi sürükledikçe sürükledi. Ali'min haline gülsem gülemiyorum, panik yapmış, 'kızım gel, yüzelim' diyor, gitmiyorum, çaresiz Sedat ve Bekir'in fark etmesini bekledik. Biraz geç oldu!" dediğimde gülmekten gözümden yaş geliyordu.

"Lan Duygu gülme! Nereden anlattın be kızım, sinir geldi yine," dedi Ali'm. Ben gülmekten akan gözlerimi sildim ve devam ettim. "Güneşin altında saatlerce... ikinci derece yanmışız.

İlk gitmedik hastaneye, o senin Laz kafalı kocanın aklına uyup yoğurtaladık kendimizi. Sabah kalktığımda Robocop yanımda halt etmiş, kıpırda kıpırdayabilirsen."

Selma, "Ay yeter, gülmekten çatlayacağım. Bebek içimde kasıldı kaldı," dediğinde ben yerlerdeydim.

"Sedat sinirden bizi toparlayıp getirmişti ya İstanbul'a!"

"Adamın ömrünü yedin be kızım," dedi Ali'm.

"Yedim, yirim ben onu," dedim kıkırdayarak. Selma, "Aslı sende yok mu hikâye?" diye sordu.

"Yok, benimki bildiğin evde hapis hayatı."

"Okul?"

"Üniversiteyi yarım bırakmak zorunda kaldım. Birinci sınıfa yarım dönem bile gidemedim."

"Hangi bölüm?" dedi Selma

"Hukuk."

"Devam edersin artık," dediğimde Ali'min gözüne bakıyordum.

"An… la… madım?" dedi, Aslı şaşırmıştı.

"Artık sorun yok, evde boş boş oturacağına git okulunu bitir," dedim. Ali'm sessiz.

"İster misin?" dedi Selma

"E… vet," dediğinde Ali'min gözüne bakıyordu.

"Ali'm sen ne diyorsun?" dedim, onu ezmek olmaz.

"Uslu uslu gidip geldikten sonra benim için sorun yok," dedi. Mesaj anlaşılmıştı. Aslı'nın yüzünde güller açtı. Tam kızın gülümsemesi yüzüne yayılmıştı ki Ali'm, "Bizim çocuklardan birkaçı getirir götürür," diye ekledi. Sanırım Aslı buna bile razıydı, çünkü yine de sırıttı. Saat on bir gibi telefonum çaldı. Sedat'la sabahki olanlardan sonra bir kere telefonda görüşmüştük. Beynimi bebek konusundan uzak tutmaya çalışıyordum. Tutuyordum da! Daha doğrusu Sedat'ın tavırlarını unutmaya çalışıyordum.

"Duygum," dedi, sanki o konuşma aramamızda geçmemiş gibi. "Buyurun benim," dedim şımarıkça. Sesini duymak bana iyi gelmişti. Allahım, bu adam damarlarımdaki kan gibiydi. Kansız yaşanmazdı, ben de Sedat olmadan yaşayamazdım.

"Özledim seni Cano," dedi, araba seslerinden yolda olduğunu biliyordum.

"Ben de" dedim, yalan değildi.

"İyi, aşağı iner misin? Çıkayım mı?"

"Çık istersen, Aslı da burada."

"Anladım," dedi kapattı. Bekir'le yukarı çıktıklarında Selma Bekir'e, ben Sedat'a yapıştım.

Selma, "Özledim seni benzinci," dediğinde biz yine kahkahalar atıyorduk.

"Bu da nereden çıktı?" dedi Bekir.

"Senin gebiş anılarını anlattı bize, öldük gülmekten," dedi Ali'm.

"Ali sen de fazla takılma hatun kısmıyla bak yumuşuyorsun," dedi Bekir.

"Elleme çocuğu, seni de biliyoruz. Kaç gün takıldın hatunlarla," dedi Sedat sırıtarak. Fazla oturmadık, Ali'm Aslı'yla birlikte çıkarken Aslı bana sarıldı. "Teşekkür ederim," dedi.

"Niye sarı kız?"

"İşte," dedi, başka bir şey demedi. Sedat'ın gözü bende, Ali'm ve Aslı çıkınca beni kollarına aldı. "Sanırım bugün iyi geçti. Bir hayranın daha olmuş."

"İyi başlamadı, ama iyi biter inşallah."

Tabii meraklı gebiş durur mu? "Anlat hadi, otur biraz daha," dedi. Olanları anlattığımda, "Oha," dedi Selma.

"Valla kızın dil pabuç, ama Ali'mi zaten biliyoruz. Gelemez o sıkıya, kızı çok korkuttu."

"Kötü olmuş, konuşurum ben onunla," dedi Bekir. Sedat sessiz kaldı.

Nişan

Sonraki günler Selma'yla Aslı'yı oradan oraya sürüklemekle geçti. Tabii bizim develer peşimizde. Neredesiniz? Ne yapıyorsunuz? Aslı Arnavut Ethem'in kızı olunca koruma önlemleri daha bir sıkılaştı. Ya Bekir ya Ali'm hep bizimle oluyordu.

Yine alışveriş yapacağımız sabahların birinde Bekir ve Selma ile Aslı'yı almaya gittik. Aldık, güzel bir yerde kahvaltı ettik. Tam kalkacağız bizim gebişin renk menk soldu bir anda. Demesin mi yine, "Ay galiba doğuruyorum," diye. Aslı "Ne!" diye çığlığı bastı. Tabii Bekir'in eli ayağı titremeye başladı.

"Gebiş, git bir tuvalete, rahatla gel!" dedim sırıtarak.

"Duygu bak, senin yüzünden bu çocuğu tuvalete düşürürsem karışmam," dedi, ama ayaklandı. Bekir'in, "Lan siz beni öldürmeye mi çalışıyorsuz!" diye bir bağırışı var ki sorma! Aslı zaten bize uzaylı gibi bakıyor.

"Hadi, siz gidin iki sevdalı," dedim. Bekir, "Yürü Selma," dedi. Selma bin bir nazla yürümeye başladı tabii.

"Çok tatlılar," dedi Aslı.

"Onlar tadından yenmez," diyip Aslı'yla yerimize oturmuştuk. Bizim sevdalıları bekleyeceğiz, mecbur.

Aslı, "Ali'nin hikâyesi olduğu gibi Bekir'inde var, değil mi?" dedi.

"O da öksüz işte. Askerden önce anasını babasını kaybetmiş. İstanbul'da büyüme. Selma da aşklarını anlattı zaten."

"Sedat'la nasıl tanışmışlar?"

"Askerde," dedim sırıtarak.

"İyi de Sedat ondan büyük."

"Sedat'ın askerliği bir yıl kadar uzamış. Aldığı cezalardan ordan oraya sürülmüş, gezerken yolu Afyon'a düşmüş. Bu bizim Durmuş, Dursun ve Bekir orada yeni tıfıl askerliklerinin ikinci dönemindelermiş, ama bütün kıta bunlardan illallah etmiş, Bekir ne kadar kendi halinde olsa da Dursun ve Durmuş, sana anlatamam, hiçbir şey ifade etmez, onları yaşaman lazım. Bir gün tanışırsın! Neyse, Sedat bunların bölüğe düştüğünde tabii namı kendinden önce gelmiş, Durmuş ile Dursun deli ya, yeni geleni sindirmek lazım diyerek bir ortaya atılmışlar. Sedat bunları bir temiz dövmüş. Karışmayan Bekir, Durmuş ve Dursun'un dayak yemesiyle olaya girince bu üçü bir olup Sedat'la ancak baş etmişler. Tabii, sonrasında Sedat hepsini tek tek yakalamış, bir güzel yine pataklamış! Sonrası dördü aynı hücreye... Orada bunlar dinlenip dinlenip kavga etmişler. Yumruklar havada uçuşmuş, bir ayın sonunda o hücreden dördü can ciğer kuzu sarması çıkmışlar. Hacer Ana, Dursun ve Durmuş'u Trabzon'dan İstanbul'a salmamış, ama Bekir ve Sedat'ın annesi olmuş. Hacer Ana'yı bir tanısan, çok seversin."

"Sana bunları kim anlattı?"

"Ali'm," dedim kıkırdayarak.

"Bu Ali de benden başka herkesle çok konuşuyor."

"Ne verirsen onu alırsın," dedim, ama bunu aşk için söylemek çok zordu. Aşk hissedilirdi, alınamazdı ki! Neyse bir baktım ki kadınlar tuvaletinden sırıtarak bizim sevdalıklar çıkıyor.

"Kız hani bebek? Üzerine sifonu mu çektin?" dediğimde Bekir'in surat bembeyazdı. "Lan Duygu, kapat şu şom ağzını," dedi sinirle.

Günler bir bir geçti. Damatlık, gelinlik, nikâh şekeri derken nişanı bari dedik Necati'nin yerinde aile içinde yapalım. Güya küçük bir yemek olacak, yüzükler takılacaktı. Duyan aradı, geliyoruz diye! Hiç davet edilmeyi beklemediler valla!

Nişan günü evden çıktık, Ali'm söyleniyor. "Bu ne ya! Nişan olmadan kimse evlenmiyor sanki."

"Lan sus işte, sabahtan beri vır vır, yedin bizi," diyen Bekir'di.

"Ali'm ben senle çiftetelli oynamak istiyorum ya!" dediğimde arabalara biniyorduk.

"Git Sedat'la oyna, benden iş yok bu gece," dediğinde, "Sedat baksana şu huysuza," dedim.

"Oynarım Canom ben seninle, canını sıkma," dediğinde benimle arabanın arkasına bindi. Gözler, eller direkt bende tabii! İki günlük ayrılık başına vurmuş diyebiliriz. Sedat, Ethem'in peşinde ziyan olurken, ben nişan hazırlıklarını bitirmeye çalışmıştım. Tabii Ali'm ve Aslı için hazırlanması gereken evin peşinde koşturduğum zamanları saymıyorum bile. Haliyle uzak kaldı benim devem benden. Gözleri bende gezdi bir süre. "Canom, sen ne güzel olmuşsun," deyişi var ki nefesim kesildi. Kaşlarımı havaya kaldırmaktan başka bir şey yapamadım. Bir şey söylesem, takmayacak kimseyi, yapışacak bana! Sustum.

Bekir tedirgin, Selma yok yanında diye homur homur söyleniyor. "Duygu, Selma'yla konuştun mu?"

"Ay on dakika oldu çiftlikte hazırlanıyorlarmış, kuaförden gelmişler," dedim, ama tatmin olmadı, aradı sesini duydu, rahatladı. Selma kuaförden sonra Kadıköy'e geri dönmemiş, Şile'ye geçmişti, akıllı hatunun hâli başka! Bekir ve Ali önde, ben ve Sedat arkada çıktık yola.

Sedat, "Evin içi güzel olmuş," dedi.

"Bitmedi daha."

"Boşuna uğraşıyorsun. Ya Şile'ye yerleşirsek?"

"Ya yerleşmezsek?" dediğimde konu kapanmıştı.

"Senin deve Ethem'e de bağırmış."

"Niye ki?"

"Ethem'de babalık yapıyor aslında, ama Ali'yi tanımıyor. Ne işiniz var kıç kadar evde deyince Ali sapıtmış. Adama posta koyup çıkmış."

"Ethem mi anlattı?"

"Hayır, Ali anlattı."

Ali'm sessizce oturuyordu, sanırım şu an sadece bedeni bizimleydi.

"Gerçekten ciddi ciddi taşınma işini düşünüyor musun?"

"Tek başına verebileceğim bir karar değil."

"Oylarız."

"He, bir cumhuriyet olmadığımız kalmıştı," dedi Bekir.

"Sen istemiyor musun?" dedim merakla.

"Benim canıma minnet kızım. Selma bütün gün yüz kere arıyor sıkıldım diye."

"Sende kabahat, çalıştıracaktın kızı."

"Tabii, onun peşinde hastanede güvenlik memuru olarak başlardım işe," dediğinde gülüyordum. "Yetmedi yıllarca senin peşinden okuldu, işti, dolaştık."

"Sıra Aslı'da," dedim. Ali'mden izin çıkmıştı nasıl olsa.

"Niye ki?"

"Aslı evlenince okula devam edecek."

"Ya sabır! Lan Ali izin verdin di'mi? Bir gün kaldın kızlarla, kandırdılar seni!"

"Abi bırak ya, nereye istiyorsa gitsin. Yakamdan düşer belki."

"Haksızlık etme Ali'm, kızın bir şeye karıştığı yok."

"Oho! Koalisyon kurulmuş," dedi Bekir. Sedat, "Kız yine maymun ettin ya senin deveyi," dedi.

"Şişt, ses etme," dedim şirince. Yüzünü boynuma gömdüğünde isteği dudaklarından anlaşılıyordu. "Yine çok güzel olmuşsun. Beni hiç dinlemiyorsun."

"Senin için bebişim."

"Oy, senin o bebişim diyen…" dedi. Kıkırdadım. "Başladı kumrular," dedi Bekir.

"Bu arada sizi hazır bulmuşken, ben şu izlerden kurtulmaya karar verdim. Ali'min şu telaşı geçsin," dediğimde Sedat buz gibi olmuştu. Ali'm dikiz aynasından sinirle bakarken Bekir, "Duygum istiyorsan tamam da…" dedi ve gerisini getiremedi. Sedat sessiz kaldı. Artık gönlümce giyinmek istiyordum. Kısıtlı seçimler canımı sıkmaya başlamıştı. Hem Sedat izleri her gördüğünde gözündeki hüzün beni üzüyordu. Tamam, elbisem güzeldi. Dizimin hemen üzerinde çan etek şeklindeki elbisem, göğüs altımdan kruvaze geliyordu. Kırmızı olsun, üç kuruş fazla olsun demiştik alırken, ama işte... Kolları kısa elbisemin üzerine göğüs altında ceketi uyum içindeydi. Saçlarımı uzun ve kendi halinde bırakmayı seviyordum. Güzeldim yani...

Şile'ye vardığımızda arabadan indik. Sedat elimden tutup biraz geride kalmamızı sağladı. Arabada sessiz kalmasından anlamalıydım.

"Duygum..."

"Hımm," dedim onun gibi...

"Acı çekmeni istemiyorum. Varsın kalsın."

"Sedat, onları ne benim ne senin görmeni istiyorum. Hepsi bu..."

"Duygum, tamam, ama dayanamam," dedi itiraf eder gibi! Azıcık zorlasa ağlayacaktım.

İşi şebekliğe vurdum. "Ben de dekolte giymek istiyorum, ama ya!"

"Sen beni katil edeceksin yeminle," dedi Sedat, ama ciddiydi. Gülmemek için dudağımı ısırdığımda, "Sen ısırma, ben ısırırım," diye dudaklarıma yapıştığında kıkırdıyordum. "Rujumu bozdun ya!"

"Her yerini..." dediğinde, bütün tüylerim havadaydı, sonunu biliyordum, söylemesine gerek yoktu. Utanç verici olmasının yanında Sedat'ın artık sınır tanımazlığıyla nasıl baş edecektim, hiçbir fikrim yoktu.

Çiftliğe girip kızları bekledik. İlk Aslı göründü. Oy bizim gebiş Selma hamile haline göre iyi iş çıkarmıştı.

Aslı bir peri gibi olmuştu. Camgöbeği rengindeki elbise, sarı saçları ve mavi gözleriyle harika bir uyum içerisindeydi. Ali'min dibi düşmüştü. Ağzı bir karış açıktı. Selma karnını kapatan bol toprak rengi bir elbiseyle saçlarını topuz yapmıştı. Ay parçası maşallah!

Neyse Ali'm, Aslı'yla birlikte bir arabaya geçti. Selma da Bekir'le ayrı bir arabaya bindi. Öyle böyle derken biz yine bir sürü araba Necati'nin Tarabya'daki yerine geçtik. Necati'nin yeri ana baba yeri gibi etrafta kulaklıklı korumalar. Sedat olayı sıkı tutmuştu belli! Artık korumaların gölgesindeki kısıtlı hayatlarımız, Aslı'nın ailemize katılmasıyla daha da daralacaktı. Sedat arabadan indiğimizde elimi sıkı sıkı tuttu. Basına hiçbir açıklama yapmadan hızla içeri girdik. Necati'nin yanındaki hatunu tanıdım tabii. Necati, "Kara kız hoş geldin," dediğinde, "Selam Necati, selam fındık kurdu," dedim sırıtarak. Necati morarmıştı, çünkü kız ona öldüresiye bakıyordu.

Sedat, "Ben sana Duygu'yla uğraşma, zararlı çıkarsın demiştim," diye sarıldı keyifle. Ethem, Gülnaz ve tayfası içeri geçerken ben mekânı gördüğümde şaşkındım. "Sedat, hani biz bize olacaktık? Bilseydim gece kıyafeti giyerdim," dedim. Daha kimse gelmemişti, ama gelecekler yapılan hazırlıktan belliydi.

"Bu halin yeterince canımı yakıyor zaten."

"Kimler gelecek? Haksızlık ama bu yaptığın!"

"Sürpriz," dedi, dudaklarıma uzandı. Allahım, artık kalabalıkta da onu durduramıyordum. "Sedat!" dedim, yüzüm kızarmıştı. "Evet benim," dedi gözleri o kadar istekliydi ki! Kuytu bir köşeye onu sıkıştırmak bile aklımdan geçmedi değil hani!

"Yapma ayıp," dedim cilveyle. Gamzelerini gösterdi ve ilerledik.

Necati işin gırgırında! Sen tut nişan masası diye Aslı'yla Ali'me taht gibi bir masa kur. Pisliğine tabii...

Allahım, Selma'yla ne güldük. Ali'm delirdi tabii. Beni bir yanına çağırışı var, Sedat'ın kollarında sıçradım. Sedat, "Ulan Ali!" diye köpürecek oldu. "Dur sen," dedim, hızla yanına gittim. "Duygu, ne bu böyle sünnetlik gibi! Tövbe tövbe!"

"Ali'm benim ne suçum var? Kafanıza orada oturacaksınız diye silah dayayan mı var? Gelin yanımıza," dedim. *Ne diyeyim! Abalı Duygu!* Ben öyle dedim ya, Aslı da rahatladı. Ali'm kızın yüzüne bakmadan elini uzattığında Aslı gözüme baktı. Masadan kalktı ve elini tuttuğunda ömrüme ömür yazıldı. Belki aşk evliliği olmamıştı, ama birbirlerini seveceklerine inanmak istiyordum.

Onlar bizim masaya geçtiklerinde restoranın kapısı açıldı, gözlerime inanamadım. Hacer Ana diye bir bağırışım var. Çocuklar gibi şendim. Dursun ve Durmuş, almışlar analarını, yanlarına gelmişlerdi. Sarıldım özlemle, "Anam hoş geldin," diye, gözlerim dolu dolu kokladım.

"Dur gelin, boğacaksın beni!"

"Ay, anam, valla şaştım. Bu oğulların hiç söylemedi. Yoksa karşılardım seni."

"Ben istemedim telaşın vardır diye," dediğinde Selma çoktan yanımıza gelmiş, Hacer Ana'nın eline sarılıp öpüyordu.

"Kızım nasılsın, beben nasıl?" dedi ve sustu.

"İyiyim, anam, hoş geldin. Bak bende kalacaksın, şimdiden söyleyeyim."

"Hayır olmaz, bende kalacak," dediğimde, "Kızım bir bırakın kadını," dedi Sedat, ama sırıtıyordu. Selma belden aşağı vurmasını biliyor, susacak gibi değildi. "Ana o yemek yapmayı bilmiyor."

"Seni gebiş! Seni yolarım!"

"Tövbe tövbe, gel anam sen benim eve," dedi Ali'm.

"Yaşa oğul, yoksa bu gelinler ikiye bölecek beni," dedi, Hacer Ana'yı yanımızdan aldı götürdü Ali.

"Tamam, bize gelin. Hem sizin ev küçük," dediğimde Selma sırıttı. "Olur!" dediğinde Sedat, "Ya sabır!" çekiyordu. Selma uzaklaşırken kedi gibi yanına yanaştım. "Çok güzel bir sürprizdi," dedim.

"Ödülümü gece alırım."

"Doyamadın sen de ya!"

"Doymam sana Canom!" Doymasın, hem de hiç doymasın bana! Hacer Ana'yı, Gülnaz Hanım'ın yanına oturttuk. Ali'm, Aslı'yı tanıştırdı. Aslı ilk testi geçti, elini öptü ve gülümsedi çünkü. Dursun ve Durmuş geldiklerini hemen belli ettiler tabii. "Biliyorduk biz burada doğru dürüst müzik olmayacağını," dedi Dursun.

"Çağir ula bizim uşakları," dedi Durmuş. Oha demek istedim, ama diyemedim. İçeri kemençe takımı girmesin mi? Sedat inşallah bugün horon çekerdi, ben de onu izlerdim. Sedat elimden tutup, "Hadi, otur artık," dedi. Kıyamıyor ya bana, içim eriyordu.

Sedat gelenleri karşılamak için kapıya geçti. Gelenler içeri sığmayacak diye valla ben telaş yaptım. Yağmur olup İstanbul buraya akıyordu resmen! Ara ara gözü bana kayıyordu ya gözünün önünden kaçırdığında arkamı bir dönüyorum Sedat karşımda. "Kızım bir otur yerine!" deyip duruyordu. Kapılar kapatıldı nihayet, devem beni elimden tutup masamıza oturttu. Ali'm ve Aslı kurbanlık koyun gibiydi. Hacer Ana'nın gözler Aslı'da. Dursun ve Durmuş dolamışlar Ali'mi dillerine, dalga geçip duruyorlar.

"Ha bu Ali şimdi bizden değildir, değil mi Sedat?"

"Öyle uşağum, artık onu aramıza alamayız."

"Abi, ayıp oluyor ama ya!"

"Lan oğlum başın bağlandı artık," dedi Durmuş! Ali'm durur mu? "Duygu ne diyorsun bu duruma!"

"Ali'm sen de Bekir'le takıl, diyecek bir şey yok. Bekâr adamlarla ne işin var! Haklılar valla," dedim. Onun istediğini anlamıştım da benim yerime Sedat bozulmuş, bir de bana tafra yapıyordu.

"Ben bekâr mıyım?" dedi kulağıma eğilip.

"Değil misin?"

"Bekârım," dedi sırıtarak.

"Keser eline veririm Sedat, bak beni kışkırtma!"

"Oy insan bindiği dalı keser mi Canom!"

"Ya sen çok terbiyesizsin ama ya!" dedim, yüzünü boynuma gömdü. O ara garsonlardan biri Sedat'ın kulağına eğildiğinde bir nişanda olduğumuzu hatırladım ya ben! Hacer Ana burada olduğuna göre yüzükleri o takacaktı. Aslı bizim ortamlarımıza girdikten sonra sanırım bakış açısını değiştirmeye başlamıştı. Tamam, masum değildik, ama kötü de değildik ya! Değildik di'mi?

Sedat masadan zengin kalkışı dedikleri şekilde kalktı ve

"Hadi, şu yüzükleri takalım," dediğinde herkes ayaklandı. Aslı ve Ali'm birbirine baktılar.

Sedat, "Ana hadi da! Kaç saattir seni bekliyoruz," dediğinde sırıtıyordu. *Ay ben gamzelerini yerim senin!*

Hacer Ana, "Pes oğul, pes!" dedi ve kalkıp Selma'nın elinden yüzükleri aldı. Lafı fazla uzatmadı.

"Allah utandırmasın, arsız dillerden kem gözlerden korusun." Bunun açıklaması şuydu. Arsız edepsiz kişiler kocana, kem gözler sana bakmasındı. Yüzükler takıldı, Necati'nin hazırlattığı nişan pastası kesildi. Ali'm ve Aslı, danslarını Necati'nin kurduğu tuzaklardan fonda yükselen, valla adını bile bilmediğim Ferdi Özbeğen şarkısıyla yaptıklarında millet gülmemek için bir yerlere kaçıştı. Ali'm ve Aslı için çok tatlıydılar diyemeyeceğim. Onlar naneli şeker gibiydiler. Bütün gece konuklara olmasa bile, birbirlerine sinirle baktıklarını anlamamak için aptal olmak gerekirdi.

Dursun ve Durmuş, Ali'min oturmasını bekliyorlarmış, "Ula Sedat hadi da!" dediklerinde Sedat, "Olmaz uşağum, ağır misafirlerimiz var," dedi ama nerde! Dursun ve Durmuş gerçekten beden olarak büyümüş, yaşlarını başlarını almış, ama ruhlarını büyütemeyen insanlardandı. Keşke hep çocuk kalsaydık!

Masaya gelip biri Ali'min, biri Sedat'ın elinden tutup kaldırdılar. Bekir dünden hazır. Durmuş, "Haçen Ali Efendi, sen horon bilir musun?" dediğinde çoktan koluna girmişti.

"Bilmem uşağum," dediğinde olay koptu. Beş adam yarım saat boyunca horon teptiler, "Haydeee" diye. Aslı ağzı bir karış açık seyretti. Gözünü kırpmadı. Benim devem zaten evlere şenlik. Bu horonu Sedat tepince bana bir şeyler oluyordu, artık biliyorum, çünkü o horon teperken tek isteğim geceyi onun kollarında bitirmekti.

Sonra rakılar havada uçuştu. Biz hatunlar bir araya gelmiş gelebilecek bu enfes deve ordusunu seyretmekten birbirimizle konuşamadık bile. Hacer Ana'nın yanına oturmuş, Durmuş ve Dursun'u seyrediyordum. Ethem Efendi o kadar etkilenmiş olacak ki adam coştu. Bir Sedat diye kükreyişi var, Allahım! Hacer

Ana, "Tövbe tövbe!" dedi sinirle. Belli ki Hacer Ana ve Ethem Efendi'nin yıldızları barışmamıştı. Ethem'in arkasında dikilen adamı Sedat'a haber vermese ne mümkün duyması! Sedat sinirle geldi tabii koca adamı durup durup ayağına çağırıyor.

"Söyle Ethem Baba!" dedi Sedat.

"Otur şöyle karşıma," dedi ve rakısını dibine kadar bitirdi. Sedat'ın otururken gözü dudaklarıma mı kaymıştı ne? Yok artık. Niye kızardıysam! Sanırım ben gerçekten gitgide sapıklaşıyordum.

"Sedat yarından itibaren topla aileni, yerleşin Şile'ye, senin bir karar vereceğin yok."

"Bu benim tek başıma verebileceğim karar değil baba!" dediğinde Ethem arkadaki adamına, "Ali ve Bekir'i çağır," dedi. Bekir ve Ali'm gelip masaya oturduklarında Hacer Ana da meraklı bir şekilde onları dinliyordu.

"Oğul," dedi Ethem, Ali'me bakarak.

"Yarın Şile'ye yerleşiyorsunuz. Bu son isteğimdir," dedi. Bekir ve Sedat göz göze geldiler.

Ali'm her zamanki gibi sözünü sakınmadı tabii. "Abi ne derse o!"

"Bekir, sen ne diyorsun?" dedi Sedat.

"Sen ne dersen o," dedi Bekir. Sedat gözüme baktı. Biliyordum, istemiyordu. Ethem, "Tek bir vücut olursanız yıkılmazsınız. Birbirinizi daha iyi kollar, daha iyi organize olursunuz oğul," dedi.

"Baba, şu düğünü bir atlatalım ilk, o arada hatunlar ancak toplanır," dedi ve olay kesinlik kazandı.

Gece sabahın dördünde çorba içtikten sonra sona erdi. Necati gerçekten çok güzel bir organizasyon yapmıştı.

Ethem'in ısrarıyla Hacer Ana ve oğulları dahil gecenin dördünde Şile yolundaydık. Sedat araba kullanamaz haldeydi. Direksiyonda Levent, önde Durmuş yol alıyorduk.

"Cano ben seni nefes alıp verirken bile özlüyorum," diye kulağıma fısıldadığında sırıtıyordum.

"Daha çok özlersin," dedim sırıtarak.

"Şile'ye taşınmak istemiyorum," dedi itiraf eder gibi.

"Niye?"

"Sadece bana kalmanı istiyorum da ondan," dedi, ağzım kulaklarımdaydı. Oy bu devem beni seviyordu ya! Beni kimseyle paylaşmak istemeyecek kadar seviyordu.

"Çok içtin," dedim mırıltıyla.

"İçtim."

"Yoruldun da," dedim hınzırca.

"Yorulmadım," dedi sertçe. Gülmemek için dişlerimi dudaklarıma geçirdim.

"İyi o zaman, ben sana güzel bir kahve yaparım."

"Yapma, sadece koynuma gir," dediğinde boynumdaki dudakların tenime yayılan sıcaklığı bütün bedenimi ele geçirmişti. Şile'ye geldiğimizde yarım saat kadar herkes salonda oturdu. Çalışanlar şaşkındı tabii. Bir sürü oda olmasına karşın hazırlıksız yakalandıkları belliydi. Aslı üzerindeki gece elbisesine aldırmadan oradan oraya koşturdu durdu. Tabii Gülnaz Teyze de.

Aslı bir ara yalnız kaldığımızda, "Mide bulantıların geçti mi?" dediğinde aklıma geldi. Geçmişti.

"Ay şükür geçti, bir hafta cayır cayır yandı midem ama!" dedim samimiyetle. Gerçekten geçmişti. Herkes gecenin yorgunluğuyla iyi geceler dileyip odalarına geçti. Odamız gerçekten güzeldi. Devasa bir yatak, venge rengi dolap ve kahverengi perdeler kaliteliydi. İkili koltuk ve sehpasını tamamlayan dev ekran bir televizyonla bezenmişti. Biraz koyu renkler kullanılmıştı, ama bu evin konseptinden kaynaklanıyordu. Ağaç!

"Yanımızda iç çamaşırı bile yok canım ya!" dedim sitemle.

Sedat, "Sabah eve geçeriz direkt. Selma da huzursuz, görmedin mi suratını," dediğinde soyunuyordu.

"Haklı kız, otele geldik sanki," dediğimde halen odayı inceliyordum. Arkamı döndüğümde burnum Sedat'ın çıplak göğsüyle karşılaştı. "O zaman otelde bana yaşattığın o enfes geceyi istiyorum," demesin mi?

"O gece ben bir şey yapmamıştım ki" dedim mırıltıyla! İlk gecemizden sonraydı. *Ah Trabzon!*

Sedat beni o gece hep utandırmıştı. Sanki dün gibi aklımda beliren görüntüler yüzüme pembelik olarak döndü tabii. Üzerimdeki kısa cekete uzandı ve, "İyi, sen bir şey yapma yine, ben yaparım," derken kullandığı ses tonuyla yine yerçekimine meydan okuyan hücrelerime engel olmaya çalıştım. Üzerimden sıyrılan elbiseyle iç çamaşırlarımla kaldım.

Çok değil, iki hafta önce Selma'yla alışveriş merkezindeki iç çamaşır mağazasında dört beş saat kalmıştık. Allahım avuç içi kadar kumaşlar, nasıl bu kadar utanmaz olabiliyordu, hiçbir fikrim yoktu! İlk giydiğimde kendimi gerçekten iyi hissetmiştim. Gece Sedat'ın karşısında dantelli çamaşırımı giyip banyodan çıktığımda Sedat şahadet getirmeyi tercih etti. Çok bozulmuştum! Direkt kendimi banyoya kapattım tabii. Öküz ya! Ben ne bileyim, heyecandan kalp krizi geçirmek üzere olduğunu. Bana kapıyı açtırana kadar ben çoktan çamaşırları çıkarmış, alışık olduğum penye kilodumu giymiştim. O gece beni ikna etmesi kendi eliyle dantelli çamaşırları bana giydirip beş dakika içinde çıkarmasıyla son buldu tabii.

"Duygum…" dedi, Sedat gözlerini giymeye yeni yeni alıştığım dantelli iç çamaşırlarımda gezdirdi. Memnuniyeti yüzünden belliydi de artık söylemekten ne çekiniyordu ne utanmama izin veriyordu. Eli çamaşırıma uzanıp usul usul çekiştirirken dudakları dudaklarıma kaydı. Nefes nefese, "Duygum, bitirdin beni! Hele bunlar," dediğinde elleri kumaşın üzerinden kalçalarımı bulmuştu.

"Beğendin mi?" dedim nefes nefese, ellerim belinden onu kendime çekip beni istediğini hissetmekle meşguldü.

"Beğenmek?" dedi inleyerek, "Ölürüm her yerine," dediğinde nişanda dilediğim yerine gelmişti. Dudakları dudaklarımda, ellerim doyamadığım bedeninde, arzuladığım gibi koynundaydım.

El deliye, ben akıllıya

Sabah gözlerimi açmak öyle zordu ki! Dışarıda biri horoz boğazlıyordu sanırım. O nasıl bir ses ya! Sedat'a biraz daha sokulup çıplak göğsüne burnumu dayadım. Kokusunu duyarak güne başlamaktı hayat. "O öten ne ya?" dedim isyanla. Gözlerim açılmamak için direniyordu ve bedenim niye ağrıyordu, biliyorum. Benim iri erkeğimin arzuları içkiyle buluştuğunda olanlar olmuştu. Şikâyetçi miydim? Hayır! Yaptım, yine yaparım! Sedat'la geçirdiğim her dakika benim için yeniden doğmaktı. Beni sevmesi, dokunuşu! Duygum demesi! Ben bu mutluluğu hak etmek için ne yapmıştım? Günün ağarmasını görmüştüm, bacaklarım tutmuyordu ve ben hâlâ Sedat'a doyamamıştım. Sedat uyumuyor, baygındı, çünkü cevap vermedi. Beni sıkı sıkı sardı ve aşağı süzülüp göğüslerimin arasına bir çocuk gibi yüzünü gömüp uykusuna devam etti. Ne ara gözlerim kapanıp uykuya yenik düştüm, bilmiyorum. Horozun susması çok etkili olmuştu, orası kesin!

Telefonumun çalmasıyla Sedat neredeyse yataktan fırlayıp silahına uzanacaktı. Ayarladığım ton Selma'nın zil sesiydi. Bir adam elektrogitarın tellerine dokunmadan önce ayağa kalk diye bağırıyordu. Dokunmasaydı daha iyiydi.

"Duygum telefonuna sokayım," diye isyan etmesiyle "Küfür etme ya!" dedim ve hızla telefonu açtım.

"Efendim Selma?"

"Kızım uyanın artık ya! Benim karnım aç, sinirden doğuracağım burada."

"Tamam, kalkıyorum."

Selma, "Gidelim bir an evvel de kahvaltı edelim, hadi kalk," dedi ve sinirle kapattı.

"Sedat, Selma açlıktan perdeleri yiyecek, hadi kalk," dediğimde çoktan ayakta, geceden yerde kalan elbisemi giyiyordum. Sedat fazla ikiletmedi. En nihayetinde Selma hamileydi ve açtı. Salona geçtiğimizde Gülnaz Teyze, "Kızım iki dakikaya hazırlanıyor masa, bırak o elindeki ekmeği," dedi Selma'ya.

"Ya Gülnaz Teyze biz ederiz sonra. Duygu da geldi bak."

"Günaydın," dedim araya girerek.

"Günaydın kızım," dedi Gülnaz. Selma'nın suratı beş karış, bir şeye kızmış belli.

"Bekir nerede?" dedim, cevap Sedat'tan geldi. "Hacer Ana'nın bir işi varmış, erkenden gittiler." Selma'nın niye kızdığı belli olmuştu.

"Hadi gidelim," dedi Selma kaprisle.

"Kızım, hazır kahvaltı, vallahi bırakmam. Bak Aslı da gelir şimdi," dedi Gülnaz Teyze.

"Selma konuşalım," dedi Sedat.

"Olur, abi," dediğinde duruldu siniri. Ali'm ve Aslı sözleşmiş gibi içeri girdi. Vay! Birlikte mi kaldı bu zıt kutuplar!

"Günaydın," dedi Aslı. Ali'm geriliyor! Uyumamış, anlarım ben. Seslenmedim. Hep beraber camlarla kaplatılmış orman manzarası eşliğinde kış bahçesine oturduk. Selma yemeklere adeta saldırdı. Tabii ben de onu takip ettim. Sedat her zamanki gibi hiçbir şey yemedi. Aslı ve Ali'm bir garipti. Niye kuzu gibi oturuyorlar, hiçbir fikrim yoktu. Şimdi onları kenara bırakıp Selma'nın sakinleşmesini sağlamalıydım.

"Doydun mu gebiş?" dedim sırıtarak.

"Kapa çeneni Duygu! Seni kaç kere aradım? Sen bu gebişi hiç sevmiyorsun."

"Benim ne suçum var? Uyuduğumda gün ağarmıştı," dediğimde Sedat eli ağzında gülmemek için öksürüyordu. Tabii Ali'm de kahkaha atıyordu. Ah, safım Aslı. "Yerini yadırgadın sanırım," derken Ali'm koptu tabii.

"Yüzüne bakan seni akıllı bir şey sanır be maviş!" dedi kahkahayla. Benim yüz masa örtüsüyle aynı renk, kırmızı!

"Bunda gülecek ne var? Ben anlamadım..." dedi Aslı safım.

"Evet, uyku tutmadı," dedim, ama gel de inandır. Sedat'ın bakışlarıyla daha bir kırmızı hâle geldim. Ben eskiden hiç kızarmazdım. *Of ya!* Selma yemek yedikçe sakinleşip kendine geldi. Sedat, "Ethem Baba'nın isteğini biliyorsunuz. Buraya taşınıyor muyuz? Artık bir karar verin. Bekir ve Ali için bir sorun yok. Zaten asıl kararı verecek olan sizsiniz," dedi.

"Ben isterim, hoş, zaten buradayım. Demek istediğim burada olmanızı isterim," dedi Aslı hevesle.

"Bebişe bakacak adam lazım bana da zaten," dedi Selma haince bana bakarak. Of, Sedat, istemiyordu ve dolayısıyla ben de! Niye dönüp dolaşıp karar bana kalıyordu ki? Ama Ethem Efendi'nin dediği bir şey vardı ve ona hak veriyordum. Güvenlik için bir bütün olmak gerekliydi. Önceden bir tek ben vardım ve üç devem bir şekilde benimle baş edebiliyorlardı. Şimdi ailemiz büyüyordu. Selma, bebek ve Aslı... Bencilliği bir yana bırakıp genişleyen ailemiz için oy vermeliydim.

"Olur," dedim. Sedat'ın yüzündeki sırıtış silindi tabii, o hayır diyeceğimi düşünüyordu.

"Üçünüz de istiyorsunuz yani, doğru mu?" dedi Sedat sertçe.

"Evet, dedik ya!" dedim. Çünkü bir daha sorarsa hayır diyebilirdim.

"O zaman bu ilk ve son konuşmam olacak. Aynı evde yaşamak her zaman eğlenceli olmayacak. Aranızda hiçbir sorun istemiyorum. Küslük, surat, kavga hissedersem Allah yarattı demem bilesiniz. Bir sorun olduğunda bana gelirsiniz bir çaresine bakarız. Anlaşıldı mı?" Selma'yla birbirimize baktık. Böyle bir konuşma beklemiyorduk.

"Cevap verin!" dedi Sedat sertçe.

"Anladık abi," diyen Selma'ydı.

"Bebek için oda lazım," dedim sırıtarak.

"Yukarıda iki odalı bir büyük salon var. Orayı Selma'lara ve bebeğe yapabiliriz," dedi Aslı hevesle. Allahım, bu kız çok iyiydi ya da bana öyle geliyordu. Daha iki gün önce tanıştığı insanlarla evini paylaşıyordu. En nihayetinde burası onun eviydi.

"Hadi bakalım. Olmazsa mimarı çağırırız," diyen yarım saat önce gidelim diye tutturan Selma'ydı. "Siz bakın, ben yemek yiyorum," dedim. O ara Aslı'ya gözüm takıldı. Ali'mden gözlerini kaçırıyordu. Tam yemeği ağzıma götürecekken çatalım havada kaldı. Ay bunlar bir şeycikler yapmışlardı kesin! Gülnaz Teyze de yanlarına takılıp hevesle yukarı çıktı.

"Ali'm çok durgunsun bugün," dedim sırıtarak.

"Kızım yoruldum."

"Gece de uyumadın tabii," dediğimde Ali'm donmuştu.

"O nereden çıktı? Gelir gelmez ölü gibi uyudum."

"Yeme beni!" dedim sırıtarak.

"Bak ya! Gelip hemen sana mı yetiştirdi sarı cadı!" dedi Ali'm.

"Şimdi sen söyledin ve devamını anlatmazsan Aslı'ya sorarım," dediğimde Ali'm, "Kızım seni mit ajanı olarak mı yetişdirdik biz?" diye karşılık verdi.

"Lafı döndürme, öt bakalım!" dediğimde Sedat, "Senin ben o argo konuşan ağzını yerim Cano!" dedi ve Ali'me aldırmadan dudaklarıma yapıştı. Küçük ama sıcacık bir öpücüktü.

"Abi, bir durun ya! Yemek yiyorum!" dedi Ali'm yüzünü buruşturup.

"Hadi Ali'm, bak gelecekler şimdi, ben de Aslı'ya sormak zorunda kalacağım."

"Bir şey olduğu yok, sarhoştum."

"Oha!" dedi Sedat ve sinirlendi doğal olarak. "Lan öküz! Ne demek sarhoştum? Ağzınla içmeyi yıllardır öğretemedin mi ben sana!"

"Abi, yanlış anladın. Yanımda uyudu! Sarhoştum derken uyumuşum, onu diyorum."

"Hadi len, yeme bizi! Sen afet gibi kızı boş bırakacaksın, öyle mi? Oldu gözlerim doldu," dedim sırıtarak. Sedat benim konuşmama beni kucağına aldı artık.

"Kız ben seninle ne yapacağım?" dedi sevgiyle.

"Dur Sedat ya! Konuşturayım şu Ali'mi."

"Ya Çirkin, bir şey yok."

"İyi, ben Aslı'ya sorarım," dedim ama bir de Sedat'la uğraşıyordum.

"Dur canım ya!" dedim kıkırdayarak. İstemiyordum ki durmasını! Gamzesini içime çeke çeke, benimle karışmış kokusunu soluya soluya öptüm, ama Ali'mi unutmadım. "Bekliyorum Ali'm," dedim ona dönmüş, kaşımı kaldırmış bir şekilde.

"Of," diye pes etti Ali'm.

"Hadi söyle de içim ferahlasın!"

"Duygu bak şimdi elime alacağım seni!" dedi Ali'm.

"Zor biraz," dedim çünkü Sedat'ın kucağındaydım.

"Of, ne günah işledim. Bir de seninle aynı çatı altında bu ömür nasıl geçer, bilemiyorum," dedi Ali'm.

"Tamam, tamam, fazla ısrar etmiyorum. Bak madem aranız ısındı, kızı al gezdir azıcık."

"Siz de gelin," dedi Ali'm.

"Olmaz," dedi Sedat direkt.

"Niye abi?"

"Lan tadını çıkaramadım Canom'un sizin otunuz püsürüğünüz yüzünden! Yok Bekir'in evlenmesi! Yok evi! Yok bebeği, o bitti oh derken, sen çıktın şimdi! Yetmedi, bir de aynı eve çıkma çıkardınız! Bezdim valla," diye bütün içini kustu. Ali'm ve ben göz göze geldik. Tabii sustuk. Bir iki saniye sonra, "Ali'm bizim gebiş şimdi kızar bize. Zaten Hacer Ana nerelerde bakalım bir. Kadını ağırlamak lazım, ayıp yani," dediğimde Sedat mırıl mırıl, "Biz yalnız kalmayalım anasını satayım. Ben eve gider, seni altımda inletirim diye düşünüyordum," dediğinde her yerim yanıyordu. "Sedat!" dedim utanarak. "Off yine kumrulara döndünüz," dedi Ali'm. Bir de Sedat'ın söylediklerini duysa! Kalktı gitti.

"Ya ayıp valla, ne demek o öyle tadını çıkaramadım. Sen niye böyle sapık gibi benden ayrılmıyorsun? Hoş memnunum, senin gibi bir sapıktan, ama işte... Ayıp oluyor, her yerde," dedim dudaklarına bakarak. Neredeyse şaşı olacaktım ya!

"Senelerdir kendimi tutuyorum. Ayıp olması umurumda değil," dediğinde bu açıklama çok mantıklıydı. Yapacak bir şey yok. Kulağına eğildim ve söylediğime kendim de şaşırdım, ama istiyordum ne yapayım!

"Hadi kaçalım."

"Vallaha mı?" dedi istekle, gözleri parlamıştı. Kıkırdayıp onu öyle bir öptüm ki eminim taşa dönüşmüştü. Arzulanmak gerçekten güzeldi ya!

"Selma, beni öldürecek, ama değer," dedim sırıtarak. Elimden tutup beni çiftlikten bir kaçırışı var, gören yangından mal kaçırıyor zanneder. Arabaya bindiğimizde telefonunu çıkardı ve, "Ali, Duygu benimle, sen Selma'yı ve Aslı'yı alıp Beykoz'a geç," dedi. Dinledi.

"Lan idare et! Ömür boyu yalnız kalırsın işte," dedi ve kapattı.

"Bir de demez mi hani abi Aslı'yla yalnız kalacaktım diye!" dedi ve gamzeleri göründü. Sonra Bekir'i aradı, "Koçum, Ali senin hatunla beraber, az işimiz var, merak etmeyin," dedi. Dinledi.

"Ulan ne Duygu'ymuş tamam, getiririm. Hacer Ana'nın işi bitince akşam Beykoz'a getir. Selma da orada olacak. Sizin eve sıkışmayalım," dedi ve kapattı.

"Şile'yi de sikeyim, buraya taşınma fikrini ortaya atanı da, kabul edeni de! Bu evde yüzünü görebilecek miyim çok merak ediyorum," diye isyan etti. Kızdı mı ne?

"Sedat, yapma bak, ben nasıl istemiyorum diyebilirdim ki? Topu bana attığının farkındayım, ama Selma'nın bebeği olacak, o iki deli bir evde yalnız kalırlarsa kesin birisi ölür. Ne bahane üretmemi bekliyordun?"

"Direkt Sedat'la yalnız kalmak istiyorum diyebilirdin."

"Sen deseydin."

"Benim demem olmazdı."

"Oh ne âlâ, benim demem olurdu yani?"

"Sana iki gün çene yaparlardı, unutulurdu. Al başına derdi şimdi. Git gel Şile, dört saat."

"Evleri kapatmayız," dedim sırıtarak. Sedat şeytan çarpmışa dönmüştü.

"Aferin kız!" dediğinde benim dikkatimi çeken Ağva'ya giriyor oluşumuzdu.

"Sedat nereye gidiyoruz ya!"

"Otele."

"Sen iyice utanmaz oldun."

"Beni bu hâle sokanlar utansın," demez mi? Der!

"Bari küçük bir yer olsun, şöyle yeşillikli filan," dedim sırıtarak.

"Küçük pansiyon tarzı bir yerde kalmak istemeyeceğini düşündüm."

"Seninle her yerde kalırım bebişim."

"Oy deme Duygum, deme ya!" dediğinde Allah'tan araba kullanıyordu.

"Sedat korkuyorum, ama ben…" Yanımızda hiçbir koruma yoktu. Ona bir şey olacağını düşünmek bile kanımı donduruyordu. "Korkma bebişim," diye bağırıp yanağımdan makas aldığında aşkla ona bakıyordum. Koskoca Sado benim yanımda her daim mutlu, elinde jelibon, bir çocuğa dönüyordu. Nereden nereye gelmiştik? Boğazıma takılan anlamsız hıçkırığı yuttum. *Silkelen Duygu, adam iki dakika keyiflendi içine etme,* dedim kendime ve "Sedat, Hacer Ana'nın ne işi var?" dedim merakla, sabahtan beri soracağım, soracağım unutuyordum.

"Dursun ve Durmuş'a kız bakmaya geldi," dedi sırıtarak.

"Ya aşk olsun! Niye bana söylemiyorsunuz?"

"Uşakların haberi yok daha, ilk Hacer Ana ben bir bakayım dedi."

"Yemin ediyorum kadın dünyayı yönetir. Aslı'yı beğendi ama."

"Evet, Aslı'yla konuşman etkili olmuş."

"Sen nereden biliyorsun?"

"Sedat her şeyi bilir."

"Bak, ben eve gidince onu yolmaz mıyım?"

"Elleme kızı, bizim deve anlattı, o değil."

"İyi de..."

"Kızı dinletiyormuş, manitası var mı diye?"

"Yuh! Ben ona söylemiştim olmadığını."

"Ne diyeyim Duygum?"

"Zaten eve gidince soracağım ben onlara hangi ara birlikte uyuma fırsatını yakaladılar diye. Madem birden sarmaş dolaş olacaklardı da beni niye krize soktu bu Ali'm?"

"Allah senin gazabından korusun be Duygum," dedi Sedat ve gerçekten istediğim gibi yeşillikler içinde küçük bir yerde durdu.

"Sedat burası çok güzel!" dedim, ama arkasından, "Ay inşallah böcek yoktur," dediğimde Sedat, "Yürü gidelim biz eve, iki dakikada manyak ettin be kızım!" dediğinde ben çoktan arabadan inmiştim. Sedat ilk etrafı kolaçan etti. Sonra küçük yirmi kişilik pansiyonun sahiplerinin karıkoca biz yaşlarda birileri olduğunu görünce kalmaya karar verdik. Kadın kaç günlük dediğinde Sedat bana, ben Sedat'a baktım. "Bir hafta," dedi Sedat.

"Ne?" dedim ve sesim çığlık atar gibi çıkmıştı.

"Az mı?" dedi, Sedat cebinden çıkardığı parayı kadına uzattı.

"Canım o kadar kalamayız, biliyorsun."

Kadın, "Çıkarken alabilirdik," dediğinde Sedat, "Belli olmaz bizim işimiz," dedi ve anahtarı aldı. Elimden tuttuğu gibi içeri soktu. Allahım, sanki günlerdir hasret bana!

Düz ayak üzerine kurulmuş pansiyonun odaları da kendi gibi kutu gibiydi. Banyoyu görünce benim devemin suratı asıldı. O cüsseyle birlikte asla bu duşa beraber giremezdik. Böylelikle benimle kurduğu sulu fantazilerin içine edilmiş oldu. Ay gülmekten yanaklarım ağrıdı ya! Ona kalsa başka bir pansiyon araştırmasına girerdi. Sonra sinirlenir, beni beş yıldızlı bir otele götürürdü.

"Canım iyi işte birkaç saat için," dedim ve onu yatağa oturttuğumda yatak gıcırdadı. Artık gülmekten kendimi tutamaz hâle geldim. Sedat köpürüyordu. Yatak bildiğin somya! Sedat bırak üzerinde sevişmeyi, sağa dönse yatak kırılırdı. Elimden tuttuğu gibi beni arabaya sürüklerken cebinden bir tomar para çıkardı ve biz arabaya binerken yanımıza gelen kadına verdi.

"Abla al sen bu parayı, git odalara yatak al. Bakarsın bir daha geliriz kalırız, rahat edelim."

Arabaya binene kadar sesim çıkmadı. "Ya Sedat gerçekten delisin ha! Niye çıktık şimdi?"

"Kızım gündüz vakti yatak gıcırtısı tövbe tövbe! Uğraşamam ben."

"Hadi, İstanbul'a dönelim!" dediğimde merakla bana bakıyordu. Arabayı sağa çekti ve yüzümü ellerinin arasına aldı.

"Üzdüm mü seni?"

"Hayır, zamanımız boşa gidiyor," dedim mırıltıyla ve Sedat neredeyse üzerime çıkıp sarıldı. Dakikalarca arabanın içinde liseli âşıklar gibi öpüşüp koklaştık. Tabii isyan etti. "Lan biri bana bu hâle düşeceğimi söylese hayatta inanmazdım," dedi ve gaza bastığında biz beş yıldızlı bir otele giriş yapana kadar durmadık. Paşam asansörde beni öpücüklere boğmaya başladı. Odaya ne ara, girdik, bilmiyorum. İç çamaşırlarım üzerimden jet hızıyla çıkan kıyafetlerime katıldığında, Sedat'ın sert hareketleri yumuşamıştı. "Duygum özlemişim!" dediğinde dudakları bedenimi santim santim arşınlıyordu. Oysa sadece saatler geçmişti.

"Ben de..." dedim sabırsızlıkla. Bedenim yay gibi gerilmişti, belimle yatağın arasındaki boşluktan yemin ediyorum tren geçerdi.

"Of, Cano, benimsin."

"Sedat..." dediğimde nefesim kesilmiş, onsuzlukla kıvranıyordum. Beni delirtir gibi kendini bana vermiyordu. Birazdan bağıracak ve istediğimi alacaktım da Sedat resmen Don Huan De-Marco moduna girmişti. *Allahım, romantik öküz de hiç çekilmiyor ya! Nankörüz biz kadınlar, nankör!*

"Tatile gidelim ikimiz," diyerek dudaklarımı bulduğunda parmaklarım parmaklarına kenetlenmiş, bütün varlığımla onun olma hevesindeydim. *Sabırsız Duygu!*

"Gidelim."

"Kimseler olmasın."

"Olmasın."

"Binlerce kere benim ol!"

"Anı yaşasak!" dediğimde öküzlüğe son noktayı koyduğumu biliyorum. Sedat koptu, tabii, ama sinirlendi mi, güldü mü, bilemedim.

"Duygum yanımda kala kala öküze bağladın ama ya!" dediğinde bizde sevişme falan hak getire. Sedat üzerimden kalkıp sırtını yatağa verdiğinde, kedi gibi kollarında yerimi aldım.

"Kızdın mı?"

"Senin neyine kızıyım? Her gün beni kendine âşık etmene mi?"

"Ne dedin?" dedim.

"Ne dedim?" diyerek yüzüme bakıyordu.

"Beni sevdiğini mi söyledin?"

"Yoo!" dedi, ama sırıtıyordu. Söylemişti ama ya!

"Söyle, lütfen," dedim masumca.

"Hayır!"

"Niye ama?"

"Kime seviyorum dediysem elimden uçtu gitti," dediğinde direkt aklıma başka kadınlar geldi. Bedenim istemsizce gerildi.

"Duygu, sevdiğim insanlardan bahsediyorum, başka anlama çekme!" dediğinde daha iyiydim. Sessiz kaldım.

"Olsun, ben söyledin kabul ediyorum," dedim şımarıkça. Sedat sırıttı ve dudaklarıma uzanıp kaldığı yerden benimle sevişmeye başladı. Saat ikiyi bulmuştu, bizim gitmeye niyetimiz yoktu, ama gitmeliydik.

"Hadi kalk," dedim elini tutup öperken.

"Berhudar ol," demez mi?

"Yaşlı olduğunu kabul ediyorsun yani," dedim.

"O yaşlı sana neler yapıyor, tek tek söylememi ister misin?"

"Hayır, aklımdaki görüntüler yeter. Sesli duymak kalp ritmimi bozar," dediğimde yine üzerimdeydi. "Sedat herkesi geçtim, Hacer Ana'ya ayıp," dediğimde beni kendiyle birlikte kaldırdı. Duşa girip çıkmamız yarım saati aldı. Bu bizim oyalanmayan halimizdi ya neyse! Otel çıkışında araba geldi, etti, bindik, ilerledik. Tam İstanbul sapağında Sedat deli gibi gaza basmaya başladı.

"Kemerini tak," dedi sinirle. Kemerimi takmadan önce onun kemerini geçirmek için diğer tarafa uzandım. "Önce sen! Neler oluyor?"

"Ağva'dan beri bir araba peşimizde, bakalım gerçekten takip ediliyor muyuz?" dedi ve telefonunu eline alıp tuşa baştı. "Bekir, vereceğim plakayı bir araştır bakalım. Neredesin?" deyip dinledi ve plakayı verdi. "Yok, koçum, sen iki araba yönlendir İstanbul sapağına, hazırlıklı olun, bakalım kimmiş?"

"Sedat!" dedim panikle

"Korkma, içinde bir ya da iki kişi var," dedi ve iyice gaza yüklendi. Eminim, ben olmasam çoktan arabayı durdurur, adamların beynine sıkardı. Neyse, on dakika geçmeden telefon çaldı. Sedat telefondakini dinledikten sonra ters ters bana baktı. Ardından kapattı. Yol düze çıktığında Sedat'ın hızı düştü.

Merakla, "Kimmiş, söylesene?" dememle arabayı bir hamlede ters yöne çevirmesi bir oldu. Gaza bastı, bastı ve bizi takip eden arabanın önünü kesti. Şok mu olayım, korkudan öleyim mi, bilemedim. Arabadan hızla inip silahını çıkararak arabanın lastiklerine, sonra camına ateş etmesi saniyeler aldı. Felce uğramış gibiydim! Hızla indim. O sırada Sedat kükredi.

"İn lan arabadan!"

Dağılmış camın ardındaki adamın kim olduğunu görünce iyice şoka uğradım. Deniz!

O daha henüz kapıya elini uzatmışken Sedat'ın kapıyı açıp onu dışarı çıkarması ve alnına silahı dayaması bir oldu.

"Sedat!" diye bağırarak yanına koştum tabii.

"Deniz!" dedim hayretle!

"Ne işin var lan peşimizde?"

"Sedat lütfen, sok onu yerine, yalvarırım."

"Kapat çeneni! Söyle lan, ne işin vardı peşimizde?"

"Senin değil Duygu'nun peşindeyim" dediğinde yumruğu yedi ama ne yumruk, sanırım burnu kırıldı.

"Sedat lütfen!" diye haykırarak koluna yapıştığımda beni savurması bir oldu. Düşmedim.

"Gir arabaya!"

"Hayır!"

"Duygu, gir arabaya, bak fena olacak!" dediğinde Deniz sanki bir sapık gibi konuşmaya başladı.

"Onu korkutarak mı seni sevmesini sağladın?" Deniz her şekilde soğukkanlı yapısını korur ve sakin kalabilirdi. Bunu onunla olduğum kısa sürede anlamıştım. Sedat'ın tam tersi!

"Kim birazdan korkacak, ben sana göstereceğim," dedi ve telefonunu çıkardı. "Bekir İstanbul sapağında bekleyenleri, Şile çıkışına gönder. Depoyu hazırlat, geliyorum." Evet, Sado hortladı!

Delirmek üzereydim. Onu öldürecekti. Neden ama?

"Sedat, lütfen bırak onu. Bir şey yapmadı, değil mi, Deniz konuşsana, tesadüf de, bir şey söyle!"

"Duygu, bu adamla nasıl birlikte olabilirsin sen? Haline bak! Senin hayatını mahvediyor."

"Bu seni ilgilendirmez," dediğimde Sedat'ın gözlerine bakıyordum. Allahım, kralı gelse Deniz'i elinden alamazdı da niye gözlerinde acı vardı.

"Deniz senin aklından zorun mu var? Sedat, bırak hadi! Gidelim, lütfen! Deniz bir daha bizi rahatsız etmeyecektir."

"Senin aklın başına gelene kadar seni rahat bırakmayacağım," dediğinde Sedat artık ona ağız burun daldı tabii! "Lan it oğlu it, senin kökünü kuruturum! Kimi rahat bırakmayacaksın sen!"

"Sedat, yeter, vurma! Allah aşkına vurma!" Deniz artık sanırım ağzından gelen kanla bayılmak üzere olmalıydı, ama yine de konuşmaya devam ediyordu. Allahım, niye etrafım manyak dolu!

"Seni bırakmam!" dedi ya! Ölecek haberi yok.

"Sen salak mısın? Ne dediğinin farkında mısın?" dedim dehşetle. Sedat kahkahayı patlattı. "Yarın sabaha çıkarsan, bırakma!" dediğinde selektör yapan Sedat'ın adamlarını gördüm.

"Sedat, lütfen!" dedim, ama yok, dinlemez. Deniz arabaya dayanmış, ayakta zor duruyordu. Onu yakasından tutup arabadan inen çocuklara fırlatması bir oldu.

"Alın şunu, götürün depoya! Arabayı yakın!"

"Sedat, hayır!" diyerek avaz avaz bağırmam bir işe yaramıyordu. Titriyordum.

"Tamam, abi," dedi Özkan. Sedat beni kolumdan tuttuğu gibi arabaya soktu. Hızla yanıma bindiğinde direksiyonu yumrukluyordu.

"Sedat, onu öldürme!" diye yalvardım.

"Kapat çeneni!" diye bağırdı ve biz bir saatlik yolu sanırım on beş dakikada aldık. Beykoz'daki evin önünde durduğumuzda, "İn arabadan!" diye kükredi.

"Sedat, adam bir şey yapmadı. Kafası karışık, lütfen yapma. Sen de sevdin, ben de sevdim. Onu da anla!"

"Seni benden başka kimse sevemez."

"Onu öldürürsen..." dediğimde cümlemi bitirmeme izin bile vermedi. Kolumu tutmuş, sıkıyordu. Sinirle kolumu ondan kurtardım ve arabadan indim. Eve değil, site çıkışına doğru yürümeye başlamamla arabadan inip, "Duygu! Buraya gel," diye avazı çıktığı kadar bağırması bir oldu.

"Ben senin köpeğin değilim," diye bağırdım ve hızla yürümeye devam ettim. Titriyordum, ama bir şekilde Deniz'in ölmesine engel olmalıydım. Tabii, bana yetişip önüme geçmesi bir oldu. O sırada Ali'm, Bekir, Durmuş, Dursun ellerinde silah, yanımıza adeta ışınlanmışlardı.

"Niye bağırıyorsunuz?" diye sordu Durmuş.

"Abi, durum ne?" dedi Ali'm.

Bekir ve Dursun etrafı gözetliyor.

"İçeri gir Duygu!" diye bağırdı Sedat.

"Ya sen de benimle eve girer, Deniz'i serbest bırakırsın ya da bu iş biter," dedim. Ben bunu dedim yani!

Çenemi hangi ara sıkıp, "Ne dedin sen?" dedi, bilmiyorum, canımın yanmasından inliyordum.

Zorla, "Beni duydun!" dediğimde Ali'm, "Abi bırak!" dedi, o bana hiç kıyamazdı. Sedat, "Götür Ali şunu eve, elimden bir kaza çıkacak," dedi ve beni Ali'me doğru itti. Arabaya doğru ilerlerken, "Bırak beni Ali!" dedim ve arabanın önünde durdum. "Lanet olası, bu mu senin sevgin?" diye haykırdığımda Sedat eli kapıda, durdu. Gözlerimden süzülen bir damla yaşı sildim ve hızla bizi seyredip şoka uğramış Selma ve diğerlerinin yanından geçip yukarı odaya çıktım. Kapıyı kilitlemekten başka elimden bir şey gelmedi. Aklımda Deniz! Yatağın üzerine oturduğumda tırnaklarımı yiyordum. Nasıl böyle deliye dönebilirdi? Tamam, Deniz haksızdı. Yaptığı doğru değildi, ama öldürülmeyi hak etmiyordu. Aşağıdan gelen seslere kulak kabarttığımda Sedat'ın bağıran sesini duydum. Sanırım Ali'me bağırıyordu.

"Siktirme belanı lan!" Benim duyduğum en iyi küfürdü sanırım.

Bekir'in, "Ali karışma!" diye çıkıştığını duymamla kilitli kapının zorlanması bir oldu. "Duygu, aç kapıyı!" diye kükredi Sedat. *Öküz ya!*

"Açmıyorum!" diye bağırdım. Bir tekmede kapının kilidi bir tarafa, kolu bir tarafa fırladı. Yatağın üzerinde adeta dondum.

"Konuş şimdi!" diye kükredi yine.

"Ben söyleyeceğimi söyledim," dedim, titriyordum, ama geri adım atamazdım. Bu Deniz'i ölüme götürürdü. Beni kollarımdan tutup yatağın üzerinden kaldırdığında deliye döndüğü belliydi. Esmer yüzü kararmış, gözleri kömürün en saf haliyle parlıyordu.

"Ona karşı içinde bir şey var mı?" dediğinde, "Senin canın yine tokat yemek istiyor galiba!" dedim sinirle. Gözlerimi kısmış, öfkeyle ona bakıyordum. Manyak tarafım uyanmış, Sedat'ın üzerinde geziyordu. Sedat şaşırdı sanırım.

"Olabilir," dedi sırıtarak. Sırıttığında her şey silindi.

"Lafını tart ve öyle konuş! Tokat istiyorsan kollarımı bırak!"

"Duygum!"

"Bana Duygum deme!"

"Cano..."

"Deme bana Cano mano!"

"Ne diyeyim?"

"Deniz'i bırakacağını söyle."

"Olmaz! Senin peşinde dolanmasına izin veremem."

"Sana izin ver mi dedim ben?"

"Şu konuyu kapatamaz mısın?"

"Hayır! Onu bırakana kadar aramız düzelmez!" dedim sertçe. Sözcükler ağzımdan çıkmıştı, ama ben bile inanamıyordum.

"Duygu, beni sensizlikle tehdit edip durma."

"Tehdit değil bu!"

"Karşıma geçmiş, benimle uyumayacağını, yüzüme bakmayacağını gerçekten söylüyorsun yani?" dediğinde içim "hayır" derken, ağzımdan "evet" çıkmak zorundaydı.

"Ben detay vermedim. Sana yatağını terk et demedim," dedim memnuniyetsizce.

"Deniz için bensiz kalmayı göze alıyorsun, öyle mi?"

"Konuyu saptırma! Deniz benim umurumda değil, sadece benim yüzümden ölecek olması sorun, onu serbest bırak!" Sedat taşa dönmüştü. Yumuşaması için, "Sensiz bir yere gittiğim mi var? Kuş kadar kızı koruyamayacak mısın?" dediğimde beni kollarından bıraktı.

"İyi, kal bakalım bensiz," dedi ve çekti gitti. Yok, yok, gerçekten manyaktı ve benim de normal olduğum söylenemezdi.

Aşk oyunu buna derler güzelim, seçmelisin birini

Bir hafta sonra

Deniz'in bir haftadır depoda tutulduğunu biliyordum da bizim kavga inada binmişti. Sedat'la bir haftadır bırak aynı yatakta yatmayı, aynı havayı bile solumuyordum. Bana kalsa çoktan kuyruğumu kıstırır, bir gece yattığı odaya dalardım da bu sefer antrenör kadrom sağlamdı. Selma'yla Hacer Ana ve Aslı da destek verip beni tutuyorlardı. Valla bizim kavgamız yüzünden Beykoz'daki eve kamp kurmuşlardı. Aslı bile eve gitmiyordu neredeyse. Selma desen Hacer Ana'yla bütün gün mutfakta, o yemek senin, bu yemek benim, pişirip duruyordu. Sedat kalabalık olmamız yüzünden eve iki kadın yardımcı gönderdi. Hacer Ana hemen onları organize edip evde yapılması gerekenleri gündelik olarak programladı. Yoksa biz üç hatun kadınları bir köşeye oturtur, işleri yapar dururduk. Bu zamana kadar olduğu gibi...

Evin içinde nasıl akşam oluyor, kim geliyor kim gidiyor, bilmiyordum. Tek bildiğim o yemek masası hiç boşalmıyordu. Hep birileri oturup bir şey yiyordu. Sedat'a öyle alışmıştım ki geceleri benim için işkenceyle geçiyordu. Yatağın içinde olimpiyatlara hazırlanır gibi dönüp duruyordum. Gece onsuzlukla kavrulup sıkıntıyla kahve içmek için aşağı indim. Sigara da iyi giderdi yanına. Hoş, bu aralar niye canım istemiyordu bilmiyorum, sigara aklıma bile gelmiyordu. Ara ara yine midem hafif hafif bulanıp yanıyordu da takmıyordum. Aşağı inerken üzerime minik kırmızı kalpli, fermuarlı eşofmanımı geçirdim. Yani Ali'm, Bekir neyse de Durmuş'la Dursun da burada kalıyordu. Geceliğim dizlerimin altına geldiği için onu sorun etmedim. Pofuduk terliklerimi giydim ve saçlarımı en yukarıda yalap şalap topuz yaptım. Bu halimle haftanın rüküşü seçilebilirdim. Zaten hiçbir zaman düzenli ve alımlı olmayı beceremememiştim. Ya zaten insan yataktan nasıl taranmış ya da hiç bozulmamış saçla kalkabilirdi ki? Kalkardı, hani örnek olmasa neyse! Şekil Selma! Vallahi kalkıyor hatun. Mısır kadın firavunlarından kendisi, elinde asa, yatıp kıpırdamıyor, sabah yattığı gibi kalkıyor, helal valla.

Aşağı indim ve su ısıtıcısının düğmesine bastım. Buzdolabını açıp en sevdiğim şeyi yaptım, kafamı içine sokup karıştırmaya başladım. Hacer Ana, Selma yüzünden çikolataları saklar olmuştu. *Karıştır Duygu!* O sırada, "Donacaksın," diyen sesin, poşetlerin hışırtısından kime ait olduğunu anlamayadım. Kafamı buzdolabının içinden çıkarırken her zamanki gibi çarptım.

"Ah!" dedim ve doğrulduğumda karşımda takım elbisesiyle Sedat duruyordu. Demek gece çıkmıştı ve geri gelmişti.

"Donmam!" dedim soğukça ve gözlerinden gözlerimi çektim, çünkü onun huzur dolu siyahında kaybolabilirdim. Elimdeki çikolataları masaya bıraktım. Su ısınmıştı. "Kahve?" dedim.

"Hayır," dedi, içmeyeceğini biliyordum. O kahveyi sadece öğlenleri zifiri karanlık içerdi. Kahveme şekeri ve sütü doldurdum. Aklıma Deniz geldi, o da böyle içerdi. Allah'ın salağı! Nasıl bu kadar aptal olabilirdi ya!

"Bugün Metin Bey beni aradı."

"Geç bile kalmış," dedim, kahvemi alıp mutfaktan çıkmaktı niyetim, gece yarısı onunla kavga etmeyecektim. Bir elimde kahve vardı. Masaya uzanıp çikolataları aldım ve odama çıkmaya karar verdim. Sedat kapıya yaslanmış, ellerini göğsünde birleştirmiş, beni seyrediyordu. Yanından geçerken, "Deniz yarın sabah İngiltere'ye uçuyor," dedi.

"İyi," dedim ve yanından geçtim gittim. Delirdiğine eminim.

Merdivenlerin iki basamağını çıktığımda Sedat bağırarak, "Serbest işte! Neyin tafrasını yapıyorsun daha!" diye kükredi. Bir hışımla döndüm tabii.

"Bağırma Sedat! Bence sen Şile işini unut! Al sana, bahane! İnsanlar senin sesini çekmek zorunda değil! Bebek olduktan sonra iki günde senin sesin yüzünden ölüp gider valla," dediğimde fısıldıyordum, ama bağırır gibi. Merdivenlere yaklaştı. İki basamak yukarıda duruyordum ve ancak onun boyuna gelmiştim. Yani eşittik.

"Benim ol," dedi ya! Bütün sinirimi o anda vakumla çekmişlerdi sanırım. *Kahretsin!* İçim titredi.

"Oldu, başka bir emrin var mı?" dedim. Sedat şok! O konuşmadan konuşmaya başladım. "Bir haftadır sensizim ve bu duruma beni alıştıran sensin. Öyle istediğin zaman yatağını terk edip *istediğin zaman, benim ol,* diyerek geri dönemezsin," dedim ve sinirle arkamı dönerek kalçamı sallaya sallaya merdivenleri tırmanıp odama geçtim. Gelir miydi? Ah, zorbalık yapabilirdi aslında! İyi de olurdu hani! Bir haftadır onsuz kalan bedenimi, ruhumu doyurabilirdim. Gelmedi ya!

Sabah uyandığımda evimizin develerinin hiçbiri yoktu. Kahvaltıda huysuzluğum sessizlikle karışmıştı sanırım. Pişmandım! Onu dün gece reddetmeseydim, şimdi barışmış olacak ve hayat dediğim kokusuyla uyanabilecektim. "Ah, benim eşek kafam," dedim, ama seslice söyledim herhalde, çünkü masadaki herkes bana bakıyordu.

"Ne?" dedim.

"Kız gece koynuna aldın, şimdi pişmansın değil mi?" dedi Selma sinirle.

"Hayır! Almadığım için pişmanım," dedim dürüstçe.

"Hö!" dedi Aslı. Hacer Ana kıkır kıkır gülüyordu.

"Ana, gülme ya! Gece yanıma gelmek istedi. İzin vermedim."

Hacer Ana, "İyi etmişsin gelin!" dediğinde Selma, "Hay anam, ağzını öpeyim!" dedi.

"Ya özledim ben onu, ama ya!" dediğimde Aslı, "Harbi âşık ya!" dedi.

"Günaydın," dedim gülerek. Bu kız gerçekten çok masumdu ya! Ali'm gerçekten dört ayağının üzerine düşmüştü. Temiz yüreğine saf, art niyetsiz Aslı girecek ve onu doyasıya sevecekti.

"Şunu bir baştan anlat, ne oldu?" dedi Selma. Anlattım.

"Aferin kız! Bunu baştan yapsaydın sorun bu kadar büyümezdi. Sedat senden o kadar emindi ki! Hele onun gibi burnu yere düşse almayan adam, hey hey! Ah, Bekir yapacak, melettiririm valla!"

Selma'ya, "Kız gelin!" diye çıkışan Hacer Ana sırıtıyordu. Sonra "Tövbe tövbe," diyerek namaza kalktı anam. Kadın valla üç günlüğüne diye geldi kaldı. Hepimizin anası olmuştu. Baktı olacak gibi değil, Durmuş, Kartal bebeği de getirince bizim kadro tamamlandı. Selma, Hacer Ana kalkınca daha rahat konuşmaya başladı.

"Kızım, sen bu Sedat'ın her şeyine tamam dedin, ondan bu hâle geldi. Yatak desen verdin. Her şeye peki, peki! Birlikte yaşayalım, peki! Adam senden öyle emin ki evliliğin adını bile ağzına almıyor," dedi Selma ve beni can evimden vurdu. Benim de ara ara aklıma gelmiyor değildi de sorun etmiyordum.

"Vardır bir bildiği, hem konumuzla ne alakası var?" dedim memnuniyetsizce.

"Eline böyle bir koz geçti, artık eğitim şart," dedi Selma hararetle.

Deli ya! Ben ne diyorum, o ne diyor!

"Ben iki gün dayanamaz dedim, ama bir hafta yüzüme bakmadı. Şimdi ben onun yüzüne bakmayacağım," dedim sinirle.

"Ya yazık ama abiye," diyen Aslı'nın ensesine şaplağı Selma geçirdi.

"Ne yazığı! Duygu aptal âşık olduğu sürece Sedat kükreyip duracak."

"Of, ne yapayım ya söyle hadi, bezdim valla!"

"Göster, verme taktiği."

"Anlamadım?" diyen bendim.

"O ne ya?" diyen Aslı'ydı.

"Tövbe tövbe! Kızım akıl ve seks birleşince koca Osmanlı yıkılmış, bizim Sado mu direnecek?" dedi Selma. "Yemin ediyorum şeytanın sol bacağısın," dedim gülerek.

Aslı, "Diren Sedat!" diye kıkırdadı.

"İyi de yüzüme bakmıyor ki!"

"Bakıyordur o, sana öyle geliyor! Biz ortam sağlarız güzelim, sen kafanı yorma."

"Ne yapıyoruz?" dedi Aslı.

"Sen Ali'yi arıyorsun, sıkıldığını, bu gece bir bara gitmek istediğini söylüyorsun."

"Hayatta olmaz. Ben o ayıya hiçbir şey için minnet etmem."

"İyi o zaman, ben de seni babana söylerim," dedim kaşımı kaldırıp.

"Niye ki?"

"Bakalım, baban daha nişan akşamı Ali'nin koynuna girdiğini öğrenince ne olacak?" dediğimde Aslı'nın renk gitmişti. Selma, "Yuh be kızım! O zaman Ali böyle, Ali şöyle diye niye bir haftadır kafamı... tövbe tövbe," diyen Selma, sinir olmuştu.

"İyi de bir şey yapmadık ki!" dedi Aslı suçlu suçlu.

"Kızım nasıl oldu da girdi odana, onu anlamadık."

"Yanlışlıkla benim odaya girdi. İnat etti, burası güzelmiş diye ben çıkmak istedim, beni de çıkarmadı. Olay bu! Zaten yorgundum, hemen uyumuşum," dediğinde Aslı'yı daha fazla utandırmak istemedim.

"Ay kız, ateş bacayı sarmış," dedi Selma sırıtarak.

Aslı, "Gerçekten mi?" dedi.

"Yoksa seninle niye uyusun deli!" dedim. Biz kadın kısmı bazen çok salaktık ya! Gerçi benim salaklık madalyaları kamyonlarla taşı taşınmaz, o kadar çoktu ya, neyse!

Aslı rüyalara dalıp devreleri yanınca iş Selma'ya kaldı. Hoş, zaten Aslı, Sedat'a acımaktan bir fikir üretemiyordu.

"Aslı, ara hadi Ali'yi, Duygu'yu eklemeyi unutma," dedi Selma. Aslı, "Tamam ya! Ama yalnız konuşurum," dedi ve çıktı.

"Selma iyi de, Aslı ve Ali'min yanında benim ne işim var? Hadi onu geçtim, gitsem bile Sedat ne alaka?"

"Seni bir bara bir ordu korumayla gönderse bile rahat edebileceğini mi sanıyorsun? Hadi, onu bırak, güzel bir giyin bakalım," dedi ve beni elimden tutup koştura koştura yukarı çıkardı. "Kız gebiş, doğurucaksın valla bu hızla," dedim gülerek. Dolaptan, "Bu elbiseyi Ali'nin düğününde senin giymen için almıştım. Ama Bekir kızdı," dedi.

"Niye? Benim buna benzer bir sürü elbisem var. Gayet hoş ve benim elbiselerimden daha kapalı," der demez Selma elbisenin arkasını gösterdiğinde dondum.

"Selma bunu giyemem."

"Giyersin."

"İyi de sırtım," dediğimde bana bir sprey çıkardı.

"Bunu da aldım yanında, kadın yüzde yüz sonuç dedi."

"Kızım, gebiş, sen gerçekten normal değilsin," dedim. Sırıttı ve "Teşekkürlerini kabul ediyorum," dedi sımarıkça. Omuzumu açtım ve gözlerine baktım.

"Dene hadi, kuruyunca su değmediği müddetçe çıkmıyor," dediğinde elimden aldı ve spreyi salladı. Üşüdüm. İz yok oldu ve Selma üflemeye başladı. Allahım, omuzumdaki iz kaybolmuştu. Selma'ya deli gibi sıkı sıkı sarıldım. "Ay, bebişi unuttuk," dedim karnını severek. Gün çabucak geçti. Benim aklım akşam giyeceğim elbisede!

Artık zamanı gelmişti, bu izlerden kurtulmalıydım.

Son bir haftadır olduğu gibi yemek faslı Sedat ve benim açımdan sessiz geçti. Bir haftadır, dün geceye kadar ona sıcak bakışlar atıyordum. İnsan kendini bilmez mi? Tabii, bu akşam hiç suratına bakmadım. Plan yaptık ya! Hacer Ana, "Kızım çeksene eti kocanın önüne!" dediğinde Sedat'la birlikte tabağa uzandık. Elim eline çarptı. Allahım, elinin sıcaklığı meteor gibiydi, ruhumu deldi geçti sanki! Of, ben onu deli gibi özlemiştim, ama elimi çekip ters ters suratına baktım. Sanırım kapris yapmayı öğreniyordum.

Sedat sinirlendi tabii. Sinirlenince kimseyi ne duyar ne görür, bilirim.

"Hayırdır, Duygu Hanım?" dedi sertçe.

"Buyurun Sedat Bey," dedim. Hacer Ana, "Tövbe tövbe!" dedi. Sanırım plan ters tepecekti, çünkü Sedat pimi çekilmiş bomba gibiydi. Selma hemen lafa atladı. "Aslı, bu gece gidiyor musunuz?" dedi ve hissettirmeden göz kırptı. Sedat halen sinirle bana bakıyordu.

"Ali, gidiyor muyuz?" dedi Aslı.

"Ben götürür getiririm. Bana bulaşmayın da" dedi suratsızca.

"Götür kızları kaç gündür sıkıldılar," dedi Selma. Allahım, bu gebiş işini biliyordu.

"Nereye?" dedi Sedat, tabii yemi yuttu.

Aslı, "Abi bunaldım evde kaç gündür," dediğinde Sedat, "Al nişanlını git, Duygu'yu niye sürüklüyorsun?" dedi. *Öküz ya!*

"Ben gitmek istiyorum, kimsenin beni sürüklediği falan yok! Hadi Aslı, giyinelim. Gebiş, sen de gel, ama sensiz olmaz."

"Ay, yok bebiş korkar güm güm müzikte," dediğinde Sedat'ın Ali'ye bir kükremesi var, "Lan Ali, nereye götürüyorsun kızları!" Ben hiç oralı olmadan merdivenleri tırmanmaya başladım. Aslı peşimde, merdivenleri çıkıp görünmeden onları dinlemeye başladım. Aslı da benimle kafasını aşağı uzatmış, dinliyordu.

Ali gayet doğal bir şekilde, "Bara," dediğinde, "Aferin Ali! Bekir doğru söylüyor valla, seni maymun etti bu hatunlar!" dedi bağırarak.

"Ula uşağum senin kumru halin daha iyiydi da! Sinirli baykuş halin hiç çekilmiyor!" dedi Durmuş.

Sedat köpürüyor. "Durmuş, başlatma şimdi baykuşundan kumrusundan. Herif bara götürecekmiş kızları!"

"Abi, sen de beni iyice mal yaptın ha! Sezgin'in yerine gidiyoruz. Bir şey olmaz, sen kafanı yorma."

O sırada hazırlanmak için odalara girdik. Aşağıdan Sedat'ın sesi geliyordu, ama ben oralı değildim. Selma usulca girdi ve, "Seninki delirdi, ama Ali koydu postayı," dedi.

"Elbiseyi görünce ne diyecek bakalım? Bahse girerim göndermez," dedim sırıtarak.

"Gönderir."

"Çok eminsin."

"Duygu, o sana kıyamaz. Bakma sen! Aşk oyunu oynuyoruz şurada."

"Bırakmaz beni, değil mi?"

"Kız senin gibisini bulmuş, bırakır mı? Maymun ettin koca Sedat'ı!"

"O zaman gidelim, biraz daha maymun olsun," dediğimde gülüyorduk. Selma sırtıma o spreyi sıkarken soğuktan titredim valla. Kuruyana kadar bekledik. Sonra aynaya baktığımda gözlerime inanamadım. Rüya gibiydi. Benekli eşek gibi görünen sırtım pürüzsüz görünüyordu.

"Selma...." dedim, ağlayacaktım. "Ne oldu şimdi?" dedi, bana gelip sarıldı ve, "Ağlama, bak o makyaj için çok uğraştım," dedi.

"Yok... şu izlerden bebek doğmadan kurtulayım, değil mi?"

"Ben hastanede seninle kalırım."

"Yok, olmaz, gebişsin sen. Kalır benim develer sırayla," dedim gülerek. Selma ağlamamak için kendini zor tuttu ve, "Hadi giyin, kurudu," dedi ve hızla hazırlandım. Allahım, bu sefer gerçekten Sharon Stone gibi olmuştum. Elbise saks mavisi ve küçük küçük ışıltılarla donatılmıştı. Kolları uzundu ve kumaşı gerçekten yumuşaktı. Önden hiçbir dekolte barındırmayan boğazıma kadar dayanan zarif elbisenin arkası kalça kavisime varan bir dekolteye sahipti. Ben bile aynada bakmaya cesaret edemedim.

Gebiş, "Harika oldun. Hadi göreyim seni," dedi ve hızla aşağı indi. Sonra Aslı geldi, o da ince askılı açık mor bir elbise giymişti. Belki normalinde böyle süslenmiyordu, ama bu gece tek başına dikkat çekmemem gerekiyordu. Biz merdivenden inerken ilk Durmuş bizi gördü. "Oha!" dedi *Hamsi balığı!*

Tabii haliyle Ali'm ve diğer develer de baktı. Sedat neredeydi ya! Bekir, "İyi ki Selma hamile," dedi şükreder gibi. Selma, "Elbet doğuracağım kocacım," dedi sırnaşarak. Ali'm gözü Aslı'da, panik hâlde yanımıza uçtu resmen. "Kızım bu ne kılık? Nereye gidiyoruz?"

"Ali'm odunlaşma yine! Kırk yılda bir şey istedik. Götürmeyeceksen söyle."

"Tamam canım, yani ben de giyinirdim, onun için dedim," diye kıvırdı devem.

"İyisin sen öyle, hadi gidip eğlenelim," dediğimde Sedat mutfak kapısından elinde tabak, içeri girdi ve göz göze geldiğimizde durdu. Dondu ve ağzına attığı neyse boğazına kaçtı. Öksürmeye başladı. Ya daha sırtımı görmemişti. Hacer Ana'nın bir gülmesi var, evlere şenlik.

Durmuş, "Bu Duygu seni öldürecek dedim ben sana," dedi, kalktı sırtına vurmaya başladı.

"Dur lan vurup durma!" dedi Sedat, ama nasıl bir ses tonu o öyle, yer inledi. Ben tabii yengeç yengeç kapıya ilerledim. Yanıma gelmesi saniyeler sürdü. O sırada sırtım kapıya dönük, ayakkabılarımı giyiyordum. Yani elbisem halen hanım hanımcık görünüyordu.

"Duygu," dedi.

"Efendim?" dedim kaşımı kaldırıp.

"Nereye?"

"Bara, eğlenmeye."

"Kasten yapıyorsun, değil mi?" dedi, yumuşamıştı belli.

"Neyi Sedat?"

"Sen bar ortamlarını sevmezsin ki"

"Arada bir gideriz, ama değil mi? İşte, o ara bu ara," dedim uyuzca ve montumu alıp eline tutuşturup, "Tutar mısın?" dedim ve ona sırtımı dönüp saçlarımı kaldırdım. Montu giyerken Sedat bitmişti. Aklının karıştığına emindim. Cildimin pürüzsüzlüğüne mi şaşırsın, elbisenin dekoltesine mi, sanırım felce uğramıştı.

"Duygu sırtın..." dediğinde ona döndüm, çünkü yüzünü merak ediyordum. Kanı çekilmiş gibiydi. Eli sırtıma gittiğinde, "Sprey boya," dedim soğukça. Aptal aptal bana baktı ve sanırım kendini toparladı, çünkü kükremeye başladı. "Kızım sen beni katil mi edeceksin?" dedi ve beni kollarımdan tutup kendine çektiğinde gözlerindeki arzuyu gördüm. *İçimde bir bayram havası!* Gözlerindeki arzu sesine yansımıştı. "Belinin gamzelerine kadar ortada Duygu!"

"Olabilir, benim değil mi?" dedim kaşımı havaya kaldırıp.

"Böyle çıkamazsın!" dedi dudaklarıma bakarak.

"Çıkarım," dedim ve kollarından kurtuldum. O sırada Bekir kapıya gelmişti, bizi duymuştu sanırım. "Abi, bırak kızı, yıllardır zaten kısıtlandı durdu. Giysin!" dediğinde sırıttım. "Teşekkür ederim devem, sen olmasan ne yapardım ben!" diyerek montumu giydim. O sırada Ali'm, "Hadi hayırlısı, bugün birini öldürmeden eve gelirsem şanslıyım demektir," dedi ve sinirle kapıdan çıkacaktı ki Sedat, "Ben de geleyim! Bir de seni karakoldan toplamayalım," dedi, bahaneye bak! Yani umarım bahanedir. Dışarı çıktığımızda Ali'm, Aslı'yı sıkıştırıyordu ve Sedat da beni duyuyordu kesin. Ali'm, "Bu elbise nasıl bir elbise?" dediğinde cevabı ben verdim. *Öğretmenim Bekir...*

"Çok hoş bir elbise Ali'm!"

"Kızım dışarısı it çakal dolu, kan çıkacak akşam akşam."

"Bizi koruyamayacaksan otur evde, Bekir gelsin bizimle," dediğimde olay bitmişti.

"Duygu ne alakası var ya!" dedi sitemle. Aslı arabaya binmiş, bizi bekliyordu. Beni duymadığından emin olduktan sonra, "Var Ali'm. Aslı bu zamana kadar onca varlığın içinde yokluk çekmiş, hapis hayatı yaşamış. İstersen sen de ona bunu yapma! Zaten kızın bir şey istediği yok. Kendi halinde, o da senin benim gibi öksüz," dedim.

"Tamam Duygu ya, iki dakikada vicdana hat çektin."

"Sen benim sırtımı gördün mü?" dedim şımarık şımarık. O sırada Sedat yanımıza geldi.

"Yok, ne oldu ki?" dediğinde, "İyi, barda gösteririm cicim," dedim va salına salına Ali'min arabasına, arkaya oturdum. Sedat sanırım sabır çekiyordu. Gelip yanıma oturdu ya! *İçimde bir bayram havası!*

Ali koltuğa geçti ve "Sizi üç yer dolaştırıp eve getiririm. Kalış süremiz her yerde bir saat," dediğinde, "Bu ne ya, uçuş pilotu gibi," dedi Aslı ve devam etti. "Sayın yolcularımız uçuş süremiz bir saat on beş dakika olup," dedi ve Ali'm, "Aslı!" diye böğürdü.

"İyi de Ali'm, ya bir yerde kalmaya karar verirsek?"

"Of, tamam ya! Abi bir şey desene!"

"Gece sizin, ben seyirciyim," dedi Sedat ve arkasına yaslandı. Burnuma dolan kokusu ciğerlerimi bile acıtacak kadar özlem doluydu. Allahım, bir de ceketini çıkardı ya, benim bittiğimin resmiydi. Gözleri baldırlarıma çıkan elbiseme kaydı. Dişlerini sıkıyordu, biliyordum. Gıcırtısını duyduğuma yemin edebilirim.

Neyse, Ali'm bizi tabii sosyete conconlarının takıldığı mekâna götürdü. Burada olay çıksa bile, bar sahipleri tanıdık olduğu için başları ağrımazdı.

Daha kapıdan içeri girdiğimizde yüksek ses yüzünden başım ağrımaya başlamıştı bile. Vestiyere montlarımızı verdiğimizde Sedat sırtımdan gözünü alamıyordu.

Ali'me döndüm ve saçlarımı sağ omzumdan öne alıp, "Ali'm bak!" dedim.

"Oha, çıplak gelseydin!" dediğinde Sedat, "Ağzını öpeyim Ali'm, gecenin lafını ettin," dedi.

"Yok abi, sen Duygu'yu öp!" dedi Ali'm ve Sedat'ın ettiği küfüre aldırmadan, Aslı'nın elini tuttu. Tam diğer elini bana uzattı Sedat'la göz göze gelip önüne döndü. Sedat, "Ver elini," dedi.

Uyuzca baktım ve elini tuttum. Allahım, bu koca elleri bu kadar özlemem normal miydi? Hafifçe sıktı. Bedenime yayılan özlem beni sarmaya başlamış, mantığımı alıp götürüyordu. Şimdi beni biraz zorlasa, onunla eve gider, sabaha kadar sevişebilirdim. *Of!*

Kalabalık beni iki dakikada bunaltacak dereceye getirmişti. Sedat beni önüne almak zorunda kaldı, yoksa kaybolup gidecektim. Neyse Ali'm en afilisinden yer ayırmıştı. Tabii masa biz gelmeden donatılmış, iki, üç garson bizi görür görmez etrafımızda dönmeye başlamıştı. Karşıdan beyaz gömlek altında buz mavisi kotla, boyu benden biraz uzun, saçları çene hizasından jölelenmiş bir adam, Ali'me doğru sırıtarak gelirken, Sedat'ı gördüğünde eli ayağına dolaştı. Yanına çağırdığı garsonun kulağına bir şey söyledi ve masaya geldi. Ceketi olsa iliklyeceğine bahse girerdim. Ali'mi geçip, "Abi hoş geldin. Seni burada görmek..." deyip sustu.

"Hoş bulduk Sezgin. Benim hatun dışarı çıkmak istedi, geldik," dedi Sedat, ama tam psikopat! Adam bana bakamadı bile.

"İyi akşamlar yenge."

"İyi akşamlar."

Bu arada Ali'mle selamlaştılar.

"Abi, Celal Abi burada, elini öpmek ister," dedi Sezgin.

"Lan ben bu zamana kadar kime el öptürdüm? Salak salak konuşma. Yarın galeriye gelsin. Ben olmasam bile Bekir ya da Ali orada olur," dedi Sedat. Sezgin, "Tamam abi," dedi ve beti benzi atmış bir şekilde uzaklaştı. Ali'm ve Aslı kendi âleminde, fısıldaşıyorlardı. Müzik sesi gittikçe yükseldi sanırım.

Sedat kulağıma eğildiğinde, kalbim sanırım ayaklarıma inmişti. Nefesi boynumu yakarken ondan uzaklaşmak istemiyordum. Kollarımı boynuna dolamamak için zor durdum. "Seni duyamıyorum," dedim sıcaklığını hissetmek için iyi bir bahaneydi.

"Ne içeceksin?" dediğinde, "Votka!" dedim. *Oha, ben ve votka!* Rahatlamaya ihtiyacım vardı. Sedat başka bir zaman olsa bana, "Rakı iç," diye ısrar ederdi, ama sesini çıkarmadan votkaya uzandı. Tabii, başımızda bekleyen garson hemen atladı. Sedat'ın, "Sen bırak, ben hallederim," dediğini varsaydım. Çünkü garson hafif başını salladı ve uzaklaştı. Sedat kola ve votkayı tek buzlu hâlde bardağa koydu ve bana uzattı.

Ali'm ve Aslı dans etmeye kalktılar. Aha, benim devem dans edecekti, hem de yabancı müzikte! O çiftetelli oynardı sadece! O ara votkalı bardağı kafama diktim ve yarısına getirdim. Sedat şaşırdı. Yemekte o kadar çok sarma yemiştim ki susatmıştı. Hacer Ana'nın dolmalarına hayır demek ne mümkün!

Sedat, "Yavaş, çarpılacaksın," dedi hayretle. Sessiz kaldım. *Kapris bin beş yüz!* Usulca beni kendine çekip kolunun altına aldığında direnmedim. Çenemi yüzüne doğru kaldırıp dudaklarını yaklaştırdığında kana kana nefesini içtim, sonsuzluk olsun, ruhu içime dolsun, benliğime işlesin, benimle yaşasın istedim. Allahım, âşıktım, hem de deliler gibi...

"Öpme," dedim inleyerek.

"Neden?"

"Öpersen hayır diyemem ve bu beni üzüyor," dedim. Dinlemedi. Sıcak dudakları usulca dudaklarımı buldu. Eli sırtımda gezinirken dudakları bir o kadar ahesteydi. Eridim, bittim, yok oldum, onunla var oldum, ama cevap vermedim. En son dişleri altdudağımın tadına bakarken kendimi çektim. Sinirlenmişti, biliyorum, "Duygum," dediğinde yerçekimine yenik bedenim ruhuma ayak uyduruyordu. *Al beni Sedat*, diye bağırasım geldi.

Kulağıma, "Hadi, gidelim," dedi arzuyla.

"Kalmak istiyorum," dedim kulağına uzanıp. Sesim o kadar güçsüz çıkmıştı ki! Dudaklarımı yanağına yapıştırdı ya! Sedat gerçekten benim ona hayır diyemeyeceğimi biliyordu. *Diren Duygu!* Direnmeliydim, çünkü bir haftadır verdiğim savaşın boşa gitmesini istemiyordum.

"Özledim seni," dedi mırıltıyla, eliyle belimden tutmuş, kendine çekiyordu. Aslı ve Ali'm kalabalıkta kaybolmuş gibiydi. Sessiz kaldım ve biraz uzaklaşıp elimdeki bardağı kafama diktim. "Bir tane daha," dedim. Benden uzaklaşması gerekiyordu, çünkü artık direncim kırılıyordu. Uzaklaşmadı ya! Kulağıma eğilip, "Sen beni özlemedin mi?" diye sordu. Yutkundum. Bir şey söylememe gerek yoktu ki! Bütün yüzümden, bedenimden her şey belli oluyordu. Sırıttı. Kendinden emin hâli beni deli ediyordu. Benden uzaklaşıp votka ve kolayı yeniledi. Bana uzattı. O ara bizim çocuklardan biri geldi, kulağına bir şey söyledi.

"Ali'ler çıkmış," dedi.

"Beni bırakıp mı?" dedim burnumdan soluyarak.

"Duygu seni kiminle bıraktı?" dediğinde yanak kasları oynuyordu.

"Kiminle?" dedim sinirle

"Senin her şeyinle," demesin mi? *Ah, kendini beğenmiş öküz! Ben de seni melettirmezsem.*

"Allah Allah!" dedim alayla.

"Yalan mı?"

"Şansını fazla zorlama istersen, yoksa hiçbir şeyim olduğunu hatırlatırım," dedim, al sana Sado Bey! Açtırma kutuyu, söyletme kötüyü! Rengi atmıştı, ama ne demek istediğimi anladığından emin olamadım.

"Nasıl yani?"

"İspatla! Benim senin olduğumu ispatla," dedim. Kala kaldı.

"Lan benimsin işte, nesini ispatlayayım?"

"Hiçbir delil yok."

"Parmağındaki yüzük var," dedi, aptalcaydı, ama dedi işte. Sırıttım ve yüzükleri çıkardım, eline tutuşturdum.

"Şimdi ispatla."

"Duygu, çıkar ağzındaki baklayı."

"Senin konuşmaların üzerine bir konuşma yapıyoruz. Ben senin her şeyim olduğunu kabul ediyorum, ama bunu bir düşün istersen! Ben senin hiçbir şeyin değilim," dedim ve ayağa kalktım.

"Nereye?" dedi, aptala bağlamıştı, hey gidi koca Sado!

"Dans etmek istiyorum," dediğimde yerinden fırladı tabii. Sado ve yabancı müzik. Pistin ortasına geldiğimde karşıma dikilmiş, öylece duruyordu. Sırıttım. Sanırım içtiğim iki bardak votkanın verdiği rahatlıkla kulaklarımda gümleyen müziğin ritmine ayak uydurmaya başlamıştım. Zıpla dur! *Ey aşk, sen nelere kadirsin!* "Hadi ama!" dedim bağırarak. Beni duymadığına eminim. Elinden tuttum, ama beton! Bükülmez bu müzikte. Gümleyen müzik bittiğinde slow parça çalmaya başlamasın mı? Harika! Sırıttı devem tabii, beni kollarına öyle bir çekti ki diren Duygu! Elleri kalçamın kıyısında, çıplak belimdeydi. Parmağı belimin çukurlarında dolanırken, kulağıma eğildi ve, "Bu gece gamzelerini öpmeliyim," dedi arzuyla.

"Olmaz," dedim nefes almaya çalışarak. Beni kendine bastırdığında titriyordum. Allahım, hazırdı ve ben onu istiyordum. Beni ne ara dış kapıya sürükledi ya! "Sedat," dedim, ama yok, duymaz görmez, kilitlendi yine. "Çantam!" diye ciyakladım en sonunda. "Çocuklar alır," dedi ya! Arabaya bindiğimizde üşüyordum. Montumu bile alamamıştım. *Gaza bir basışı var ki!*

"Sakın beni bir otele falan götüreyim deme," dedim, biliyorum ben malımı.

"Duygum, özledim diyorum!" diye isyan etti en sonunda.

"Özlemişmiş! Bensiz kal bakalım diyen sendin, ne oldu?" dedim zevkle. *Gol! Gol! Gol!*

"Ne yani! Bu söylediğimin inadı mı?"

"İnat mı? Çocuk muyum ben inat yapacağım? Sensiz kalıyorum işte, ben söz dinlerim. Şimdi beni eve götür," dedim kararlı bir ses tonuyla. İkinci gol gelmişti. Allahım, adam yılların çakalı! Ses çıkarmadı. Sanırım o üçüncü votkayı içmeyecektim. Başım deli gibi dönüyordu. Hafif camı araladım ve gözlerimi kapattım. Bu iyi gelmişti, işte ayılıyordum. Araba durduğunda şok oldum. Kadıköy'deki evin önündeydik.

"Sedat, burada ne işimiz var?"

"Beni eve götür dedin ya!" dedi gamzelerini göstere göstere.

"Beykoz'u kastetmiştim," dedim ve inmedim. Arabadan indiğinde ben hâlâ oturuyordum.

"İnsene!" dedi Sedat, sabrı taşıyordu.

"Hayır! Ben Beykoz'a gitmek istiyorum," dedim, gözlerimi gamzelerinden çektim. Yukarı çıkamazdım, çıkarsam kesin onun altında zevkle kıvranacaktım ve bu olmamalıydı. Kime diyorum, kapımın açılmasıyla beni kucaklaması bir oldu.

"Sedat ya!"

"Bağırma bak, Gül Abla uyanır."

"Uyansın!" dedim isyanla.

"Rezil olursun!"

"Olayım," dedim, sırıtmamak için dudaklarımı dişlerimin arasına sıkıştırdım.

"Sen bırak, ben ısırırım." *Öküz, ama nerede ne söyleyeceğini bilen öküz!* Dudaklarımı serbest bıraktım tabii. *Arsız ya!* Benim daire inşaat halinde olduğu için Bekir'lerin kapısında durduk. Beni yere bıraktı.

"Bu yaptığın çok ayıp, elalemin..." dedim

"Elalem?"

"Tamam, saçmaydı," dedim kabullenerek. Çünkü burada bile benim, Sedat'ın, Ali'min eşyaları vardı. Eve girdik, ben direkt bütün ışıkları yaktım tabii ki. Sedat üzerindeki ceketten kurtuldu. "Duşa girmeliyim, şu şey kaşındırıp duruyor," dedim sırtımı kastederek. "Yardım edeyim?" demez mi? "Hayır," dedim, of, kim dinler. Kucakladığı gibi beni banyoya götürdü. "Sen hiç laftan anlamaz mısın?" dedim sinirle.

"Anlamam."

"Belli," dediğimde elbisenin solunda kalan fermuara uzanmıştı. Elbise kendinden iç çamaşırlıydı, omuzlarımdan sıyrıldığında göğüslerim açıkta kaldı. Tabii ince çorabımı ve dantelli iç çamaşırımı saymazsak! Çorabıma uzandığımda Sedat mırıltıyla, "Ben çıkarırım," dedi. Allahım, sen beni sınıyor musun? Yok, yok, gidişat hiç iyi değildi. Önüme diz çöktü ve belimin iki yanından parmaklarını kalçalarımdaki çorabın içine sokup usul usul indirdi. Ayağımı kaldırdım, bir ayağım çoraptan kurtuldu, sonra da diğeri. Keyfi yerindeydi sanırım, çünkü hiç kalkmaya niyeti yoktu. Eli iç çamaşırımın dantelinde gezerken kalp sektesinden gidebilirdim. Dudakları karnıma değdiğinde gidişat iyi değil demiştim ya! Gidişat belliydi! Bedenim isyan edercesine titriyordu. Usul usul dili göbeğimde oyalanıp aşağılara kaydığında parmaklarım saçlarının arasında dolanıyordu. Dişleri Allahım! Nazik ama sızım sızım sızlatan bir şekilde tenime geçiyordu. Zevk dalga dalga bedenimi ele geçirirken iç çamaşırım ne ara sıyrıldı, ne ara yere uzandım ve kendimi dudaklarına teslim ettim, bilmiyorum. Daha o soyunmamıştı bile... Ellerim kafasını daha derinlerime itmeye çalışırken artık zevk eziyete dönüşüyordu. Hızla doğrulup kendimi kurtardım. "Hadi, soyun artık," dediğimi hatırlıyorum. Sedat hiç gülmedi. Gözü kararmıştı belli! Dudaklarındaki tadımı yaladığında ne ara ona yapıştım bilmiyorum. Bir banyonun yeri kalmıştı, tövbe tövbe.

"Duygum," dediğinde üzerimde kendini derinliklerime ulaştırıyordu. Her kendini bastırışı zevk halinde beni bitirirken, "Yatağa gidelim," dedi inleyerek. "Sonra," dedim nefes nefese, "Cano, taştasın üşüyeceksin."

"Ya Sedat, sevişsene ya! Bıdı bıdı!" dedim sinirle, onu kendime çektim. Sırıttı ve ne ara altından üzerine geçmiştim, bilmiyorum. Allahım, iyice derinliklerime ulaşması harikaydı! *Of ki ne of!* Ellerini başının üzerine aldığında, aptalca ona bakıyordum. "Seviş kadın!" dedi. "Hö!" dedim, ama kalçasını hafif kıpırdattığında zevkle inledim. Of! Yüzüm kıpkırmızıydı. Kalçalarımı hareket ettirmeye başladığımda, ben ben değildim, ama ya! Bu haksızlıktı! Ben bittiğimde nefes nefese üzerine yığıldım. Her yanım doymuştu, ama yine olsa hayır demezdim. Sedat ellerini kafasının altından çıkardı ve bedenini, benimle birlikte doğrulttu. "Sıra bende!" dediğinde, "Ama..." demem beni onun elinden kurtarmadı. Ne ara arkama geçmiş çılgınlar gibi içimi doldurmuştu, anlayamadım. Dudakları ensemde, sırtımda, boynumda dolanırken onunla bir bütünü tamamlamanın tekrar tekrar hazzındaydım.

Gece çok uzundu ve biz bir haftanın acısını çıkarıyorduk. Gün ışımaya başladığında kollarında ve halen uyanıktım.

Kıkırdadım, "Sen gerçekten manyaksın!" dedim.

"Senin için her şey olurum," dediğinde beni sıkıca sarmıştı. Üzerine çıkıp yüzünü ellerimin arasına aldım. "Sedat... ben seninim. Sen de benim. Lütfen bunu aklından çıkarma! Böyle küçük olaylara delirip bizi bitirme. Bir daha yatağını terk edersen, geri dönme!"

"Gerçekten beni bırakır mıydın?"

"Hayır! Ne yaparsan yap! Ne olursa olsun! Kimi öldürürsen öldür! Seni kimse için bırakmam, ama hayatımızda temiz olan sevgimizi kirletmene izin veremem! Anladın mı?"

"Duygum..." dedi dudaklarıma uzanıp, nefesimi kesti ve "Beni sakın bırakma!" dedi. İnsan kalbinden vazgeçebilir miydi? Bırakabilir miydi? Hayır!

"Bırakmam," dedim, dudaklarına uzandım.

Şen ola düğün, şen ola, hey hey hey!

İki hafta sonra

Sedat'la aramız düzeldikten sonra iki gün Kadıköy'deki evde kaldık. Tabii, bizimkiler kızlı erkekli kudurdu. Bekir bağırınca hepsi susmuştu. Allahım, Bekir evlendi, iyice Sedat'a benzedi ya, neyse! Nereden mi öğrendim? Hacer Ana'dan.

Geçirdiğimiz aşk dolu iki günün sonunda Sedat'ın yanından Metin Bey'i aradım. Deniz'in iyi olduğunu öğrenmeye ihtiyacım vardı. Tamam, Sedat kızdı, ama arayacağım dediğimde ses etmedi. Metin Bey soğuk bir sesle Deniz'in İngiltere'ye döndüğünü ve bir daha Türkiye'ye gelmeyeceğini belirtti ve telefonu yüzüme kapattı.

Dönüşte gebiş benimle bir iki saat konuşmadı. Sonra sarıldı. Hacer Ana "Gelmişken Ali'nin nikâhı da aradan çıkaralım, öyle döneriz dediğinde," herkes çok mutlu oldu. Keşke hep yanımızda kalabilseydi. Beykoz'daki evde her akşam kahkahalar yükseliyordu. Bu arada Hacer Ana kendine iki gelin buldu bulmasına da Durmuş ve Dursun beğenmedi. Hoş, ben de beğenmedim. Kızlar ne bileyim, biraz tuhaftı, yani eli yüzü düzgün, ama hin bakışlıydılar.

Hacer Ana, "Oğlum, daha iyisini buldunuz da istemedim mi? Evlenin artık!" dediğinde ilk defa bir konuda yalnız kaldı. Bende tabii çene uzun, atladım hemen!

"Anne ben yolarım onları, o ne öyle! Bıçak yok mu? Ben elimle tavuk yiyemem dedi ya! Kalk al! Ay onu geçtim, bir de demez mi yok ben Trabzon'da yaşayamam. Evlenince ben bilirim yapacağımı! Trabzon'a kurban ol!" *Ay, ne utanmazdım ben ya!* Hepsi gülmekten patlarken ben Hacer Ana'dan azar yiyordum. "Kızım sen ne edepsiz oldun! Yok, yok, oldun sen! Çocuk lazım sana," dediğinde buz kestim. Sedat'la göz göze geldik. Suratı bir iki saniyenin içinde güneşli havadan fırtınaya dönüştü. Çekti gitti. İçim bir kötü oldu. Tabii bu konuyu içimde rafa kaldırmak bir günümü aldı.

Nikâh günü geldi çattı. Her ne kadar Ali'm büyük bir nikâh istemese bile, onu dinleyen yoktu. Nişana bir ordu insan gelmişti. Ne bekliyordu ki bütün İstanbul nikâhı duymuş, çalkalanıyordu. Basın olaya temkinli, ama büyük bir merakla sarılmış durumdaydı. Eski İstanbul'un kabadayılarından Arnavut Ethem'in kızı evleniyordu. Tabii Sedat'ın sol kolu olan ünlü işadamı Ali'm merak konusuydu. Basının ve İstanbul'un yorumları ilginçti. Arnavut Ethem'in tahtını ve mirasını devralması açısından bütün tezgâh altı kesim Sedat'ın damadı olması konusunda hemfikirdi. İş çevresi iş anlaşması olarak gördükleri bu nikâhtan memnundu. Büyük iki firma birleşiyordu sonuçta. Tabii biz bunlara gülüyorduk o ayrı. Aşk olsun da gerisi boş!

Sedat sabah nikâha evde hazırlanmaya başladı. Yorucu bir gün olacaktı ve çok işi olduğuna emindim. "Hadi, gel beni seyret," dedi sırıtarak. Yataktan kalktı, beni kucağına alıp banyoya götürdü. Bir haftadır onu tıraş olurken seyrediyordum. Bu da yeni çıkmıştı. Benim için terapi gibi bir şey halini aldı. Beni kucağından mermerin üzerine oturttu ve dudaklarıma uzandı. Elleri göğüslerimde dolanırken, "Yapma, gecikiriz," dedim mecburen. Uslu uslu sözümü dinledi ve tıraş olmaya başladı. Pratik ve hızlıydı. Bittiğinde altındaki eşofmandan kurtuldu. Şortuyla kaldığında bana uzandı ve geceliğimi çekiştirdi. "Gel hadi! Özlerim ben seni bütün gün," dediğinde ona hayır demek istemedim. Yeni tıraş olmuş cildi öyle cazipti ki! Duşta kısa, ama zevkli dakikalar beni akşama kadar idare etmeyecekti, biliyorum. Bornoz üzerimde, yatağa oturdum ve onun hazırlanmasını seyrettim. Beyaz gömleğini, lacivert takımının içine yerleştirdi. Dolabın derinliklerine sakladığı silahını aldı ve beline soktu, sonra ikincisini! Şaşırmıştım. Sanırım ek önlem alınacak bir gündü. Kemerini ayarladı ve silahlar belinde gerildi. Allahım, o ağırlıklarla sanırım benim devem yüz kilo geliyordu. Yerimden kalkıp ceketini elime aldım ve giymesine yardım ettim. Silahlar yüzünden yüzüm asılmıştı. Silahlara karşı hiçbir zaman cana yakın bir tavır içine girememiştim. Dolabın aynasında alnına düşen siyah saçlarını üstünkörü düzeltti. Allahım, kömür karası gözlerine, kalın kaşlarına beni benden alan iriliğiyle onu hak etmek için ne yaptığımı düşünürken beni kollarına aldı ve, "Yanımdan ayrılmak yok," dedi, dudaklarımı kendi dudaklarında kaybetti. Ondan koptuğumda başım dönüyordu. Sanki ilk defa öpüşüyordum. Yeniden doğmak bu olsa gerekti ve o her beni öptüğünde yeniden doğuyordum.

"Zor bir gün olacak."

"Evet, bu normal bir nikâh olmayacak. Dikkatli ol, aklım sende kalmasın."

"Tamam," dedim, ne diyeyim. Sedat çıktıktan sonra saçlarımı kurutma gereği duymadım. Tepede bir topuz yaptım. Üzerime bir kot, bir de tişört giydim. Kahverengi ince deri ceketimi giydiğimde hazırdım. Havalar artık ısınmaya başlamıştı. Aşağı indiğimde Selma'yı evde dolanır hâlde buldum. Bizim gebiş neredeyse sekiz aylık olmuştu.

"Kızım ne dolanıyorsun?"

"Ağrım var Duygu."

"Şaka yapıyorsun?"

"Çakacağım şimdi, ne şakası ya!"

"Su zımbırtısı!"

"Yok daha!"

"Daha mı? Doğurmasan olmaz mı?" dedim salakça.

"Tamam, ben bir mesaj çekerim içeridekine, gelmez," dedi. O ara Hacer Ana giyinmiş, yanımıza gelmişti.

"Anne, bu kız doğuruyormuş."

"Oha Duygu!" dedi Selma sinirle.

"Kızım, öyle kolay mı doğurmak tövbe tövbe! Gelin, suyun geldi mi?"

"Yok."

"Ne o zaman?"

"Anne, ağrım var ama…"

"Gazdır o! Akşam yedin yedin mantıları," dediğinde gülmekten ölse miydim?

Neyse, gebiş hazırlandı etti derken Aslı'yla vakit kaybetmemek adına kuaförde buluştuk. Kuaförde tabii ki bizden başka kimse yoktu. Sanırım kuaförün bulunduğu sokakta bizim yüzümüzden trafik altüst olmuştu. Bizim korumalar ve Aslı'nınkiler bir ordu oluşturunca Bekir artık sağlam adamları yanında tutup ötekilere dağılmalarını söyledi, yani sanırım göz önünden çekildiler. Öğlen saat bir gibi işimiz bittiğinde Ali'm ve Sedat kapıdaydı. Ali'm hayran hayran, "Aslı'yı süzerken, Sedat beğeniyle bana bakıyordu. Hiçbirimiz kıyafetlerimizi abartmadık. Hem gece hem nikâhta giyebileceğim bir elbise tercih etmiştim. Balık gibi olmuş, ince belimi öne çıkarmıştım. Hoş, adım atamıyordum, ama güzeldim! Sedat o ara bizim gebişe, "Naber yarım dünya?" dediğinde, "Eyvah!" dedim. Herkes üzerine titrerken Sedat sanki ona kasten laf sokuyor gibi alınıyordu bizim gebiş. Vara yoğa ağlar olmuştu. Hormonlarının çok çalıştığı belliydi. Enteresan olanı en çok Sedat'ın hareketlerine ağlıyordu. "Abi, beni hiç sevmiyor," deyişi var, gül, gül, patla! Sedat'a onun hamile olduğunu hatırlatıp duruyordum. Bezdim valla!

Selma salya sümük ağlarken, "Aferin Sedat!" dedim. Sedat vicdanlı vicdanlı, "Yahu ne dedim ben şimdi?" derken ben kuaföre geri giriyordum. Bekir, "Abi, sen bakma ona! Selma kafayı yedi," dedi ve kuaföre girdi. Sedat, "Aranızda bir akıllı yok lan!" diye kükredi isyanla. Bekir ve ben zar zor Selma'yı ikna ettik. Makyajını tazeledik. Dışarı çıktığımızda Sedat sırıtıp gebişin yanına geldi.

"Kız doğur artık, valla bezdik ha!" dediğinde ona sarıldı, "Abi, ama şişko dedin bana ya!"

"Yok, yarım dünya dedim."

"Sedat, yeter ama aaaa!" Aslı garibim Ali'mle kurbanlık koyun gibi köşede bekliyordu.

"Aslı, kızım, geçsene arabaya!"

"Binemiyorum ki!"

"Geldim," dedim. *Koş Duygu!* Ali'm barut, "Lan bu ne böyle, uydu gibi gelinlik!" dedi hayvan!

"Ali!" dedim, ama susacak gibi değil koca çene!

"Traktöre ancak biner bununla!" demez mi? Aslı patladı, ama haklı kız. "Harbi ayısın, onu anladım da kendimi anlamıyorum. Hangi akla hizmet ben o ayıyla evleniyorum bilmem!" dedi. Ali'm kendine geldi sanırım. "Lan şaka da mı yapmayalım!"

"Yapma Ali'm, sen şaka yapma," dedim sinirle. Kız ağladı ağlayacak.

Gebişti, Öküz Ali'mdi derken biz nikâhın kıyılacağı Şile'deki çiftliğe geldik. Güvenli bir yer olması ve gelecek insanların azımsanmayacak kadar çok oluşu yer konusunda bizi zorlamıştı. Fikir Aslı'dan geldi. Geniş çiftlik arazisi kıyılacak nikâh için uygundu. Catering firmasını Sedat ayarladı. Eminim çalışanlarının çoğu bizim adamlardan oluşacaktı ya neyse. Kır düğünü hep hayalimi süslerdi, kısmet Ali'yeymiş!

Hacer Ana, Gülnaz Hanım ve Ethem Efendi bizi kapıda karşıladı. Misafirler vallahi bizden önce gelmişlerdi. Çiftliğin önü hıncahınç araba doluydu. Çiftliğin kapısına kurulan güvenliğin başında Levent vardı. Yemin ediyorum, insanların çakmaklarını bile topluyordu. Hiç ayarı yok bizim develerin! Gelenler az buz değil, önemli insanlardı. Basın, sosyete, magazin, politika ve karanlık dünyanın insanları teker teker çiftliğe giriş yapıyordu. Kapıya garibim Bekir dikildi. Herkesi tanıması zaten ayrı bir enteresan, yanında Ethem Efendi! Sedat beni gözünden ayırmıyordu ya gözleriyle bağırıp durdu. Bir ara, "Duygu, deli etme beni, dur yanımda. Koşturma oradan oraya," dedi sinirle.

"Sedat!" dedim, ama nerede kimseye aldırır mı?

"Öperim bak!"

"Öpme, ayıp ya!" dedim, ama dudaklarımı bulup küçük bir öpücük çaldı. İçim eridi tabii. Bir ara Sedat telefonu çalınca açtı. "Geliyorum," dedi ve kapattı. Beni elimden tutup karşılamanın yapıldığı yere götürdü.

Oha valla, ben asker rütbelerinden bir çavuşu bilirdim. Pırpırlarını hiç bilmem, ama kapıda gördüğüm adam bayağı bir rütbeliydi herhalde, çünkü bir tabur askerle gelmişti. Ellilerini bitireli çok olmuştu belli. Önünde, arkasında panik olmuş adamlar arı gibiydiler.

Sedat, "Komutanım, hoş geldiniz," deyip elini sıkarken adam Sedat'ı kendine çekip sarıldı. Tabii Sedat da boş durmadı. Sedat bana bakmadan arkaya doğru elini uzattı ve elimi buldu. Artık onun bedenindeki uzuvlarından biri gibi olmuştum sanırım. Sedat nefes alıp komutana, "Duygu," dedi. Komutan sanki neşe bulmuş gibi kart kart güldü ve, "Şu meşhur Duygu!" dedi ve bana elini uzattı.

"Hoş geldiniz," dedim, olayı az çok biliyordum. Büyük ihtimal bu komutanın da Sedat'ın bana olan platonik aşkından haberi vardı. *Sedat ve meşhur aşkı ben! Ay ne hoş! Ama gerçekten utanç verici...*

"Şu an Sedat ve ben yaşıyorsak bu senin sayende kara kız!" dediğinde ben anlamak için Sedat'a bakıyordum.

O ara Ali'm belirdi yanımızda, elini kafasına götürdü ve hazır ola geçip, "İkinci tabur, üçüncü bölük, beş yüz elli gönüllü, sekiz gönülsüz, iki deli, bir Ali Aral, emir ve görüşlerinize hazırdır komutanım!" diye kükrediğinde basın dahil herkes bize bakıyordu. Ben şok tabii! Sedat ve komutan sırıtıyor.

"Evlenebilirsin asker," diye kükredi komutan.

"Sağ ol," diye sertçe kükredi Ali ve komutana sarıldı.

"İyi ki geldiniz!" dedi Ali'm.

"Böyle bir mutluluğu ölsem kaçırmam," dedi komutan ve arkası önü asker dolu komutana ayrılmış yere kadar Sedat ve Ali'mle ikimiz eşlik ettik. Masaya mecbur oturduk tabii. Kafam karışmıştı. Ben komutanı ilk Sedat'ın askerliğinden sanmıştım. Peki, Ali'm nasıl oluyordu da onu tanıyordu. O ara Sedat komutanla konuşuyordu, fırsat bu fırsat Ali'me eğildim ve, "Bu komutanı sen nereden tanıyorsun?" dedim merakla.

"O benim komutanım."

"Eee Sedat?" dedim merakla.

"Benim yemin törenime gelirken Sedat ve komutan tesadüfen karşılaşmış, o ara teröristler tarafından komutan tuzağa düşürülmüş ve ağır yaralanmış. Senin deven komutanı bir saat sırtında taşımış," dedi sırıtarak. Hık mık kaldım tabii sessiz. Ben içimden *vay be* diye geçirirken komutan bana bakarak, "E, Sedat, Ali'nin başını bağladın. Sizin düğün ne zaman?" dedi gülerek. Sedat'ın renk menk attı tabii. Göz göze geldiğimizde gözlerimi kaçırdım. "Kısmet komutanım, hayırlısı," dedi Sedat. Hayırlısı ne demek ya! İçimde kırılan vazoların bir yenisini süpürmem günler alacaktı. Komutan Sedat'ın gözüne baktı ve konuyu değiştirdi. Konu siyaset, askerler ve Türkiye'nin gündemine kaydığında koluna yumuşakça dokundum. Bana dönmesi bir oldu. "Canım ben Aslı'nın yanına geçsem?"

"Bekle, ben seni götürürüm."

"Sedat, sen kal, ben giderim," dedim, ama elimi tutup bırakmadı. Konuşmasına devam etti. *Sinir oldum, ama ya!* Neyse konuşması bittiğinde on beş dakika geçmişti yani.

"Komutanım," dedi, izin istercesine ayağa kalktı. Suratım niye asıktı, ben biliyorum. Evlilik mevzusuna bozulmuştum da Sedat anlamamıştı bile. "Çok kalabalık Duygu, yanımda kal, asma suratını."

"Sedat beni kim ne yapsın! Aslı'nın bana ihtiyacı olabilir."

"İyi, gidelim, bir sor."

"Anlaşıldı, bugün seninle yapışık ikiz gibi dolanacağız," dedim mutsuzca. Elimi dudaklarına götürdü ve, "Benim için sakıncası yok," dedi sırıtarak. İçimdeki kırgınlığı bugün dışa yansıtmayacaktım. Gebişi gördüm, ağzında bir şeyler yiyip duruyordu.

"Gebiş, sana nasıl posta koydu," dedim gülerek.

"Bir doğursa da rahatlasak. O ne öyle salya sümük!" dedi suratını büzüp.

"Evet ya, bir doğursa da sevsek," dediğimde gerilmiş, anlamsızca yüzüme bakıyordu.

"Korkma, bebek istemeyeceğim," dedim içimdekileri dışavururcasına.

"Sen laf mı çarpıyorsun?"

"Of, Sedat ya! Merak etme hamile kalsam bile bunca söylediğin şeyden sonra sana sormadan aldırırım," dediğimde Aslı'nın yanına gelmiştik. İyi ki gelmişim, bizimkiler neredeyse tekme tokat birbirlerine girecek duruma gelmişlerdi.

"Ne oluyor yine? Sizi iki dakika yalnız bırakamayacak mıyım?" dedim, artık yetmişti yani! Hele son günler tam bir işkenceydi. Aslı bir tarafta, "Bana bunu yaptı, şöyle dedi," diye zırlıyor, Ali'm bir tarafta, "Söyle ona Duygu gebertirim," diye homurdanıyordu. Sedat'ı o ara Bekir çağırdı. "Duygu Ali'nin yanından ayrılma, hemen geliyorum."

"Tamam."

"Aslı ağlamasana kızım ya, makyajın akacak."

"Ben evlenmek istemiyorum bu kutup ayısıyla!"

"Lan yine ayarın kaçtı senin!" diye kükredi Ali'm.

"Of, sıktınız ama ya! Eşek gibi seviyorsunuz işte neyin davası bu? Bize bakıp akıllanın azıcık ya! Büyüyün ve bu gece güzelce sevişin!" dediğimde Aslı ve Ali'm mal mal bana bakıyorlardı.

"Duygu, senin yine devreler haşat," dedi Ali'm. O sırada telefonum elimdeydi. Niyeyse? Mesaj geldi. Bizim gebiş, "Çabuk eve gir, fenayım," diye yazmış.

Tam hızla eve girmek için bir iki adım atmıştım ki Ali'm, "Duygu nereye?" diye sordu.

"Hiç, tuvalete," dedim sırıtarak. Çocuğu niye huzursuz edeyim, değil mi? Söylemedim.

Eve girdiğimde evin içinde kimse yoktu. Koca evde ara ki bulasın. "Gebiş neredesin? Birazdan nikâh başlar!" diye seslendim ve salondan merdivenleri tırmanmaya başladım, "Gebiş! Selma! Hu hu..." dedim, ama yok! Neredeydi bu kız? Deli etti beni. Tam aşağı indim, merdivenlerin karşı koridorunda bir gölge gördüm. "Selma!" dedim. Ah, salak kafam, sen gölgelerin peşine ne takılırsın be Duygu! Karanlık beni rahatsız etmeye başladığında vazgeçip geri döndüm. Tam koridorun sonuna geldim, salona geçeceğim, karşımda dikilen kişiyi görünce donup kaldım.

"Deniz!"

"Selam hayatım," dedi gülümseyerek.

"Senin burada ne işin var?" Şaşkındım. O bana "hayatım" mı demişti?

"Seni almaya geldim."

"An... la... madım?" dedim, elleri pantolonunun cebinde, yine dik duruşundan hiç ödün vermiyordu. Sakin, huzur verici ses tonuyla gerçekten beni ilk defa tedirgin etti.

"Neyi anlamadın Duygu? Onun gibi pislik herifin tekiyle senin gibi birinin ne işi olur? Ondan biraz uzak kaldığında gerçekleri göreceksin, eminim."

"Sen gerçekten delirmişsin. Baban İngiltere'de olduğunu söylemişti."

"Hiç gitmedim."

"Gitsen iyi olur, Sedat seni görürse bu sefer yaşatmaz."

"Gidelim o halde," dediğinde bana doğru iki adım attı. Aynı anda ben de geri iki adım attım. "Seninle hiçbir yere gelmiyorum Deniz! Defol buradan, Sedat gelmek üzeredir," diye yalan attım.

"O benim ayarladığım biri tarafından oyalanıyor canım. Bizi rahatsız edemez."

"Deniz lütfen, anla, ben Sedat'ı seviyorum. Onu hep sevdim, ama farkında değildim. Bilmiyordum, yoksa sana ümit verir miydim?"

"Sen beni seviyorsun Duygu, bunu biliyorum. Ben de seni seviyorum. Hadi gidelim," diye elini uzattı.

"Hayır! Sen delirmişsin! Buradan elini kolunu sallayarak çıkabileceğini mi düşünüyorsun?"

"Canını yakmak gibi bir amacım yok. Lütfen, bana direnme! İyilikle ya da zorla benimle gelecek, aklın başına gelene kadar Sedat'tan ayrı kalacaksın."

"Sen gerçekten ölmek istiyorsun," dedim ve arkamı dönüp koşmaya başladım. Tabii topuklu ayakkabılarım ve elbisem koşmak için hiç uygun değildi. Lanet olası kapı neredeydi? Verandaya çıkan bir kapı olmalıydı. Bedenimden yayılan paniği kontrol altına almalıydım. Panikten düşünemez haldeydim. Allahım, bu geri zekâlı Levent'in öğrettiği onca savunma tekniği aklımın neresine kaçmıştı? Bu bir şaka olmalıydı. Telefonum aklıma geldi. Hem koşuyor, hem tuşlara basmaya çalışıyordum. Ellerim titremeye başlamıştı. Tam Sedat'ı tuşlayacaktım ki arkadan ağzıma bir şey kapandı. Kloroform! Biliyordum bu tanıdık kokunun ne olduğunu, biliyordum. Ben bu sahneyi en ağır şekilde yaşamıştım ama ya! Kloroform kokusu burnumdan ciğerlerime zorla nüfus ederken çığlıklarım sessizleşip gözlerim kapanmaya başladı. Aklımdan geçen ve son kez haykırmak istediğim tek isim Sedat oldu.

Her şeyde bir hayır vardır!

O kadar yorgun ve uyuşuktum ki sanırım Sedat'la yine aşırıya kaçmıştık. Bazen arzuları öyle yoğun oluyordu ki onu uyarmak zorunda kalıyordum. Sert, kışkırtıcı ve seksi! Tamam, itiraf ediyorum, hoşuma da gidiyordu. Bedenime yaptıkları eşsizdi. Onunla yatakta yıllarımı geçirebilir ve biraz daha diye adaklar adayabilirdim. Omzumun acısıyla inledim. Genelde bacaklarımdan yukarı doğru tatlı bir ağrı yayılırdı, ama bu sefer omzum bile ağrıyordu. Sırıttım. Ben bu iri adamı çok seviyordum ya... Zihnim iyice uyandığında araba motorunun sesi miydi kulaklarıma dolan, anlamaya çalıştım. Yok canım, arabada sevişmiş olabilir miydik? *Saçmalama Duygu!* Gözlerimi açtığımda şok oldum. Gerçek, bir tokat gibi yüzüme vururken bir iki saniye önce düşündüğüm her şeyi sorgulamaya girmiştim. Ben Sedat'la kafayı yemiştim de bu Deniz beni niye kaçırmıştı şimdi ya! *Allahım!* Evet, Deniz beni kaçırmıştı. Hem de Ali'nin nikâhından... Sedat öğrenmeden geri gitme ihtimalini kaçırdığımızı kafamı pencereye kaldırdığımda kararan havadan anladım. Deliye dönmüş olmalıydı ve şu an etrafındaki herkes onun sinirinden nasibini alıyordu, biliyorum. Allahım, şimdi onun yanında olmak istemezdim. Belki sinirinden çiftliği yakmış olabilirdi. Ne diyordum ben ya! Ben her şekilde onun yanında olmak isterdim. Hızla yol alıyorduk ve ellerim arkadan bağlanmıştı. Omzumun uyuşukluğundan saatlerdir bu pozisyonda olduğum belliydi. Başım çatlayacak kadar ağrıyordu ve kloroform yüzünden midem bulanıyordu. Kıpırdandım ve kafamdan destek alıp oturur pozisyona geçtim. Deniz radyodan gelen hafif müziğin tınısına kendini kaptırmıştı. Nereden mi biliyorum? Direksiyonu kavrayan ellerinden belli oluyordu. Parmakları direksiyonun üzerinde tıngırdıyor ve başı hafif hafif öne doğru sallanıyordu. Yüzünde mutlu, bir o kadar da huzur dolu bir ifade vardı. Dikiz aynasından bana baktı ve aşkla sırıttı. Allahım, bu kesin kafayı yemişti. Bildiğin beni kaçırmıştı. Yola baktığımda İstanbul'da olmadığımızı anlamam uzun sürmedi. Tabela bakındım, ama karanlıktan neredeyse göz gözü görmüyordu. Sanırım ilçelerden birinden geçiyorduk.

"Deniz nereye gidiyoruz?" dedim panikle.

"Günaydın sevgilim. Gel bir öpeyim," demez mi? Deli olacağım ya!

"Seni öpmek istemiyorum! Deniz yalvarırım beni götürme, bak sen gerçekten Sedat'ı tanımıyorsun."

"Onunla yattın, değil mi?" dediğinde eşekten düşmüş karpuza döndüm.

"Bu... bu seni ilgilendirmez! Hem sen ne hakla bana böyle bir soru sorabiliyorsun?"

"Adi herif, senden faydalandı, değil mi? Otel otel seni becermek için dolaşıp durdu, pislik herif! Düzelecek, sen sakın canını sıkma. Çektiklerini sana unutturacağım. Hepsi geçecek." Ağzım bir karış açık, bir iki saniye ne dediğini algılamaya çalıştım. Ne diyordu ya? Kim beni becermiş? Kim ne çektirmiş? Ne geçecekmiş?

"Deniz, sen kendinde misin? Sedat'ı seviyorum diyorum, anlamıyor musun? Ne düzelecek? Beni hemen geri götür!" diye sinirle bağırdım.

"Senin ona duyduğun aşk değil! Sen kabul etmek istemiyorsun, ama sen bana âşıksın! Zamanla anlayacaksın."

Deniz'in söylediklerine şok oluyordum. Sanki biri gelip benim ona olan gizli aşkımdan bahsetmişti. O da gelip beni kötü adamın elinden kurtarmış gibiydi. Benim söylediklerimi duymuyor, kendi sorup kendi cevap veriyordu.

"Benim tek anladığım, sen kafayı yemişsin! Seni sevmiyorum! Sevmeyeceğim!"

"Görürüz," dedi yumuşakça ve bana sırıttı. Onunla tartışmamın beni hiçbir yere götürmeyeceğini anlamam uzun sürmedi. Beni kendi isteğiyle bırakmayacağı belliydi.

"Nereye gidiyoruz?"

"Antalya... sen sıcağı seversin."

"Deniz lütfen, bak geç olmadan beni geri götür! Sedat delirmiştir"

"Merak etme tatlım, ona o kadar yanıltıcı ipuçları bıraktım ki bizi bulduğunda ikimiz evlenmiş, yuvamızı kurmuş, hatta istersen yurtdışına çıkmış oluruz."

"Sen hastasın!"

"Aşkının beni çılgına çevirdiğini kabul ediyorum."

"Deniz, seninle hiçbir zaman evlenmeyeceğim! Sedat on gün geçmeden seni bulacak ve başını gövdenden ayıracak."

"Ne barbar bir herif, değil mi?" dediğinde aptalca ona bakıyordum. Sedat şimdiye benim yokluğumu fark edip ortalığı ayağa kaldırmıştı, biliyorum. Olan Ali'nin nikâhına oldu ya, neyse! Sanırım ben kafayı yiyordum. Kaçırılmıştım ve nikâhın mahvolduğuna üzülüyordum. Benim şu an deli gibi korkmam gerekmiyor muydu? Hiçbir cevabım yoktu. Belki de olayın şokunu atlatamamıştım. Yarın korkudan it gibi titremeye başlayacaktım.

Kaçırılmaya alışmış olabilir miydim? Yok canım, ne alaka! Otuz kere mi kaçırıldın Duygu! Ya da normal gelmişti ya da Deniz'i tanıdığım için korkmuyordum. Ya ben niye korkmuyordum diye isyan ediyordum ki aklımda Sedat belirdi. İçim ısındı. O beni cehennemin koynundan söküp almıştı. Yine beni bulacak, kucağına alıp sarıp sarmalayacak ve evimize götürecekti. İşte, ben bu yüzden korkmuyordum. Sedat içimdeki huzura erişince, sesim soğuk bir hâl aldı tabii. Ben koskoca Sado'nun sevgilisiydim. Etinden sütünden bana da manyaklık bulaşması normaldi yani!

"Ölmekten korkmuyorsun, değil mi?"

"Neden ölecek mişim ki?"

"Sedat seni öldürecek de ondan."

"Bizi bulamayacak Duygu!"

"Nasıl bu kadar eminsin?"

"Benden ayrıldığından beri onu izliyorum. Babamın bağlantılarını kullanıp Sedat'ın dostunu düşmanını, hepsini öğrendim. Düşmanlarının bütün zaaflarını bulup seni kaçırabilecek olanların listesini çıkardım. Sedat'ı sevmeyen o kadar insan var ki şaşarsın! Hepsine seninle ilgili ipuçları bıraktım. Sedat seni bulmak için bütün İstanbul'la savaşmak zorunda kalacak, ama bulamayacak. Biz de onsuz mutlu bir hayat geçireceğiz." Anlattıkları inanılır gibi değildi. Deniz'i ben mi yanlış tanımıştım? Deniz hastalıklı gibi konuşuyor, kendinden emin tavırlarıyla, sanki onu seviyorum hissi yaratıyordu.

"Onu hafife alıyorsun."

"Doğru... alıyorum, çünkü zaafını biliyorum."

"Neymiş zaafı?"

"Sen! Onda hastalık derecesinde bir zaafsın. Bu yüzden bizi bulamayacak. Delirecek ve herkesi öldürmeye başlayacak. Böylelikle İstanbul onu bitirecek."

Bir iki dakika önce diyordum ya koskoca Sado'nun sevgilisi diye! Boş! Deniz'in konuşmasından sonra içime kocaman bir ayı oturdu. Doğru olabilir miydi? Deniz bu kadar şeyi planlamış olabilir miydi? Planı başarılı olabilir miydi? Hayır! Hayır! Buna inanamazdım. İçimdeki umutsuzluğu bir kenara bırakıp kaçmanın bir yolunu aramalıydım. Sedat beni bulurdu. Bir şekilde kurtulacaktım. Bu ümide tutunup sakinleşmeye çalıştım.

"Deniz ellerimi çöz, bileklerim ağrıdı."

"Uslu duracak mısın?"

"Evet," dedim, ne diyeyim! İlk fırsatta suratına yumruğu geçireceğim demek istedim ya, neyse!

Deniz arabayı sağa çekti ve inip arka kapıyı açtı. Ellerime doğru uzandı. Aklımda o an bir sürü senaryo belirdi. Ellerimi çözer çözmez diğer kapıdan çıkıp koşabilirdim. Koşamazdım, ayağımda Sedat'ın boyuna yetişeyim diye minare gibi yüksek topuklu ayakkabılarım vardı. Ya da kapıyı kapatmadan yüzüne tekme atsam bayılır mıydı? Tekme atamazdım, çünkü elbisem bacaklarımı sarmıştı. Ne vardı da bu kadar üzerime oturan bir elbise giymiştim? Sedat'a seksi görüneceğim diye kendimi paralıyordum ya! Al sana seksilik! Senaryoların hepsi bir bir çöktü. Ellerimi çözdüğünde tek yaptığım bileklerimi ovuşturmaktı. Canım yanmıştı ve omzum çıkmış gibi ağrıyordu. Deniz gözlerime bakıp saçlarımı okşamak istediğinde, elini sinirle ittim. "Dokunma bana!"

"Kıyamam sana ya! O kadar mı eziyet etti sana! Benden korkmana gerek yok, o hayvan gibi canını yakmam," demesin mi? Ya bu adam kesin haplanmıştı.

"Deniz sen şaka mısın?" dedim sinirle. Sessiz kaldı ve beni elimden tutup dışarı çıkardı. Deli gibi etrafı süzmeye başladım. Bir Allah'ın kulu ortalarda yoktu. Çığlık atabilir, yardım isteyebilirdim.

"Hadi, yanıma otur!" dedi ve beni elimden tutup arabanın ön koltuğuna kadar götürdü. Kapıyı açıp oturmamı sağlarken ben bir ümit etrafa bakmaya devam ettim. Allahım, kimseler yoktu ya! Çaresizce koltuğa oturdum tabii. Hızla şoför koltuğuna geçti. "Çok mutlu olacağız," dedi ve arabayı çalıştırdı.

Bön bön suratına baktım. Yok, yok, kesin haplanmıştı! Sinirle, "Sen neyin kafasını yaşıyorsun? Ne kullandıysan bana da ver?" dedim ve kollarımı göğsümde birleştirip sinirle kafamı sağ tarafa döndürdüm. Arabanın sıcağı ve oturmaktan uyuşmuş bedenimle gözlerim kapanıyordu. Deniz uzandı ve koltuğumdaki bir düğmeye bastı. Koltuğum yatar pozisyona geçtiğinde, "Hadi uyu yorgunsun!" dedi.

"Benim adıma karar verip durma! Ben uyumak istemiyorum," dediğimde sinir ve açlık mideme vurmuş olacak, öğürmeye başladım. Hem de ne öğürmek, kustum kusacağım...

"Deniz kusacağım, arabayı durdur!" diye inledim. Allahım, beni dinledi, kendimi arabadan zor attım. Eğilmiş, iki büklüm, bildiğin kusuyordum.

Deniz, "Benim hatam! Özür dilerim!" derken ben onun niye özür dilediğini düşünüyordum. Acaba pişman mı olmuştu? Beni geri mi götürecekti? Nefes almadan sanırım on dakika kustum. Öğlen Sedat'ın bana ısmarladığı Big Mac sanırım erimemişti. Iyk!

Deniz gelmiş, saçlarımı toplamaya çalışıyordu, çünkü nikâh için yaptırdığım bukle bukle topuz artık darmadumandı. Sinirle yine eline vurdum. "Dokunma bana!" diye haykırıp ayağa kalktım.

"İyi misin?" Yüzüme acıyarak bakıyordu. Üzüntüyle, "O Sedat hayvanı seni ne hâle getirmiş, zavallım, üzülme artık, ben varım," demez mi?

"Ya sen manyak mısın? Sinirden kusuyorum ve bu senin suçun! Beni delirtmeye mi çalışıyorsun ya! Deniz, gel vazgeç! Hatta beni burada bırak, kaç kurtul! Yemin ederim Sedat peşinden gelmeyecek."

"Korkma, peşimizden gelemez," dedi ya! Ağlayacaktım, ama sinirden!

"İyiysen arabaya bin, yola çıkmalıyız," dedi ve benim arabaya binmemi bekledi. Çaresizce etrafa baktım, gece yarısını çoktan geçmişti ve etraf daha da ıssızdı. Arabaya bindiğimde gecenin ayazının terlemiş sırtımda bir buza döndüğünü hissettim. Titriyordum. Deniz fark etmiş olacak. "Arkadaki çantada kıyafetler var! Senin için."

"Nerede üzerimi değişmemi istersin?" dedim çemkirerek. Sesim onu boğacak derecede öfkeliydi.

"Arkada değişebilirsin, bakmayacağıma yemin ederim."

"Kalsın, istemez!" Titrememarabanın içinin hamam gibi olmasıyla son buldu. Deniz üşüdüğüm için klimayı sonuna kadar açmıştı. Kusmak bedenimi iyice güçsüz düşürmüştü. Titremek ve ardından gelen sıcakla birlikte gözüm ne ara kapandı, bilmiyorum.

"Hayatım uyan! Duygu bebeğim! Tatlım!" İntihar etmek istiyordum. *Bu ne lan! Vıcık vıcık!* Gözlerimi açmak istemiyordum.

Günün aydınlandığı ve bizim Antalya'da olduğumuzu anlamam için gözlerimi açmama gerek yoktu. Gözkapaklarımın gözümü örtmesine bile aldırmadan güneş gözüme gözüme giriyordu.

Sinir bozukluğu beynimi kemirmeye başladığında, Deniz'in kullandığı sevgi sözcükleri ondan nefret etmeme yetmişti de artmıştı! Tabii Sedat beni bulana kadar gözlerim kapalı kalamazdım. Elimi gözlerime siper edip gözlerimi açtım. Arabanın yatar pozisyondaki koltuğunun üzerindeydim. Sırtımdan karnıma doğru örtülmüş bir mont vardı ve ben terlemiştim. Doğrulurken Deniz elini uzattı ve, "Yardım edeyim," dedi. Niye nazikliği midemi bulandırıyordu ki?

"İstemez," dedim sertçe. Doğrulduğumda ayakkabılarımın ayağımda olmadığını fark ettim. Ne ara çıkardığımı düşünürken, "Rahatsız olma diye çıkardım," diyen geri zekâlı Deniz'di. Allahım, o sivri topuk ayakkabımla beynini akıtabilir miydim? Hoş, bir haftaya kalmaz, Sedat onun beynini akıtırdı ya, neyse! Sinirle ayakkabılarımı giydim. Elbisemin ağzı burnu bir tarafa kaymıştı. Darlığı ayrı bir sorundu. Etrafa baktığımda şok oldum.

"Deniz burası neresi?" dedim dehşetle! Küçük bir köy evinden başka etrafta hiçbir şey yoktu.

"Evimiz."

"Antalya'ya geleceğimizi sanıyordum, Şırnak'a değil!"

"Şehir merkezinde kalmamız sakıncalı."

"Deniz ben köy evlerinden nefret ederim, lütfen merkezde bir yerde kalalım." Onu ikna edebilirdim. Çünkü buradan kaçsam bile beni kurtlar çakallar bir güzel yer bitirirdi.

"Köy evi gibi görünebilir, ama senin rahatın için her şeyi ayarladım. Kliması bile var. Televizyon ve hatta radyo!"

"İnternet," dedim salakça. Niye sormuştum ki? Mail atıp yardım isteyebilirdim tabii ki! Allahım, iyice salağa bağladım.

"Maalesef tatlım."

"Bana tatlım deme!"

"Peki, hayatım!" dediğinde gelip bana elini uzattı ve, "Hadi, evimize girelim," dedi sevgiyle.

"Deniz ağlayacağım ya! Yeter ya! Bırak lütfen! Bitir artık şu oyunu! Eğer intikam için kaçırdıysan gerçekten aldın intikamını," dedim ağlamaklı bir sesle. Gözlerinde sevgi dolu sapık bir bakış vardı. Büyülenmiş gibi. Ümidim bedenimdeki enerjiyle yok olup gitmiş gibiydi. Deniz bana yaklaştığında gücüm tükenmişti. Kıpırdamaya bile halim yoktu. Saçlarımda gezdi elleri. "Sakın ağlama, senin ağlamana dayanamam," dedi ve beni elimden tutup eve doğru götürdü. Çaresizlik beynimi ele geçirmeye başlamış olsa bile, Sedat'ın beni bir an önce bulması umuduna tutunmaktan başka çarem kalmamıştı.

Eve girdiğimde gerçekten şaşırdım. Dışarıdan köhne bir köy evi gibi görünen evin içi gerçekten modernize edilmişti. Plazma televizyon, rahat koltuklar ve devasa bir klimayla görüntü şaşırtıcıydı. Küçük mutfağı son moda dolap ve ankastre beyaz eşyalarla donanmıştı. Abartılmıştı ve bu Deniz'in fikriydi belli!

Deniz heyecanla, "Beğendin mi?" diye sordu. "Deniz beni balayına getirmiş gibisin! Sen gerçekten iyice uçtun, neyini beğeneyim?"

"O da olacak!" dediğinde ben artık olaydan iyice kopmuştum. Diyecek kelimeler, söyleyecek cümleler tükenmişti. Kendi pembe dünyasını yaratmış, yaşıyordu. Köy evinde bir yatak odası ve bir de salon vardı. Bana evi heyecanla gezdirdi. Sanki yirmi beş oda! Yatak odasına girdiğimizde, "Sen nerede yatacaksın?" dedim panikle.

"Sen beni kabul edene kadar salonda yatarım," dedi masumca.

"Seni kabul etmeyeceğim Deniz!" dedim kesin ve net bir şekilde. Korkuyordum! Yani artık korkmaya başlamıştım. Deniz istese, burada pekâlâ bana zorla sahip olurdu. Sanırım bu korkum beni iyice panik havasına soktu.

"Kabul etmeyeceğimi bil! Eğer bana dokunursan kendimi öldürürüm," dedim soğuk ve boğuk bir sesle. Öldürürdüm çünkü Sedat beni bulduğunda yüzüne bakamazdım.

"Beni Sedat'la karıştırıyorsun çiçeğim. Ben asla sana zorla sahip olmam."

"O bana zorla sahip olmadı!" diye haykırdım. Beni burada delirtmeye kararlıydı sanırım.

"Hadi, eşyalarını odana yerleştir. Eksik bir şeyin varsa bir kâğıda yaz, ben şehirden alır gelirim," dedi sakince. Odadan çıktığında kapıyı sinirle yüzüne kapattım. Üzerimde defalarca terleyip kuruyan bu elbiseden kurtulmalıydım. Bir tekmede açılabilecek kapıyı kilitledim. Niyeyse!

Aklıma Sedat'ın, Deniz için kavga ettiğimizde kapıyı kırışı geldi. Sırıttım. Deniz'in bana verdiği çantayı yatağın üzerine boşalttım. İki eşofman altı, birkaç tişört ve Tanrı'ya şükür iç çamaşırı vardı. Aceleyle elbisemi çıkarıp eşofman altını, çorapları ve tişörtü üzerime geçirdim. İç çamaşırımı değiştirmek öyle iyi gelmişti ki çıkardığım dantelli iç çamaşırımı elbisenin içine sardım. *Allahım!* Sedat için giymiştim ben onu ya! Yatağın üzerine ne yapacağımı bilmez bir şekilde oturdum. Saçlarımdaki tel tokaları çıkardığımda saç diplerimin acısını parmaklarımla masaj yaparak gidermeye çalıştım. Duş almalıydım, ama nasıl? En nihayetinde Deniz kapıyı tıklattı ve, "Duygu, uygun musun? Gelebilir miyim?" dedi. *Allahım, kibarlıktan kırılacak ruh hastası!*

"Gelme!" dedim sinirle.

"Duygu'cuğum acıkmış olmalısın. Hadi gel, bir şeyler hazırladım," dedi nazik bir şekilde. *Adamın ağzını burnunu dağıt diyor şeytan!* Yemek aklıma düştüğünde midemin bulantısıyla kıvranır gibi oldum. Sedat dün kuaför çıkışı konvoydan kopup beni McDonalds'a götürmüştü ya, ondan beri hiçbir şey yememiştim. Aklıma Sedat geldi. Yüzümde sırıtış, kapıyı açtım. Tabii Deniz'in suratını görmemle suratımın asılması bir oldu.

"Hadi gel, bir şeyler ye," dedi ve salona geçti. Amerikan mutfak tarzı salona geçtiğimde masadakileri görünce şaşırmadım desem, yalan olur. Deniz sanırım bir saattir masayı hazırlamaya çalışıyordu. "Misafir mi gelecek?" dedim alayla.

"Neden sordun?"

"Masaya insan oturmayacak gibi duruyor da," dedim alaylı sesimi koruyarak.

"Senin bu şakacı hallerine bayılıyorum," dediğinde masaya oturmuştum. Ona aldırmadan tabağımı doldurmaya başladım. Çayımı koydu, bol şekerli ve soğuk su karıştırarak, sinirlendim tabii. "Kendim karıştırabilirim," dedim uyuzca. Ağzıma birkaç peynir parçasını ardı arkasına atıp ekmeği sokuşturdum. Allahım, gözüm dönmüştü sanırım.

"Saat kaç?" dedim. Çayımdan bir koca yudum aldığımda ekmeğime Nutella sürüyordum. Hakkını yememek lazım, masada yok, yoktu.

"Bire geliyor, niye sordun?"

"Sedat yoldadır."

"Korkma, gelemez," demesin mi? Aval aval suratına baktım.

"Senin tedaviye ihtiyacın var," dedim ve yemeğe odaklandım. Karnım aşırı doymuş, patlayacak gibiydim. Neden midem halen rahatlamamıştı, hiçbir fikrim yok. Bir ay öncesinde ara ara olan mide bulantılarıma benziyordu. Sinir bana hiç yaramıyordu. Masadan kalktım ve odamın kapısını hızla kapatıp yatağa uzandım. Kalkıp bir de tatilde gibi onunla masayı toplayamazdım. Gözlerim ne ara kapandı, bilmiyorum, ama midemden boğazıma gelen acı suyla uyandım. İğrençti! Ağzımı çalkalama ihtiyacıyla odadan çıkıp hemen karşımdaki banyoya girdim. Musluğu açıp ağzıma su almamla birlikte kusmaya başlamam bir oldu. Allahım, yine başlıyorduk! Deniz ne ara gelmiş, bana yardım ediyordu, anlamadım. Kusmam bittiğinde, "Şu yememe hastalığını tutulmazsam iyi," dedim alayla.

"Bu normal bir kusma değil."

"Bir ay önce de vardı. Sinirden ara ara oluyor!"

"Duygu sinirlenecek, üzülecek, hiçbir şeyin kalmadı, rahatla lütfen," dediğinde avaz avaz, "Yüzünü görmem kusmam için yetiyor, bu manyak manyak konuşmalarını kessen iyi olur! Yeter ya!" diye kükredim ve tekrar odaya girip kapıyı yüzüne kapattım.

Bir hafta sonra

Bir hafta olmuştu, ben Deniz yanımda olmadan kapının önüne bile çıkamıyordum. Evden dışarı çıktığında kapıyı üzerime kilitliyordu. Ev düz ayak bir köy evi olmasına rağmen kapıdan başka çıkış yolu yoktu. Pencerelerin hepsi demirli ve panjurluydu. Evin içinde sıkıntıdan delirmek üzereydim. Odamın içinde o duvardan o duvara yürüyor, yanan midemi düşünmemeye çalışıyordum. Sanki saç yutmuşum gibi bir halim vardı. Deniz'in iyi tavırları, gözümün içine bakıp beni mutlu etmeye çalışması yemin ediyorum beni deli ediyordu. Sonuç ortada; *kus, Duygu kus!* Ben üç güne Sedat beni bulur demiştim, ama bir hafta olmuştu ve benim içime bir korku düşmüştü. Beni elbet bulacaktı da beş sene sonra olmazdı inşallah! Onsuz bir günüme acırken beş sene gibi bir zamanı düşünmek aklımı yitirmeme neden oluyordu.

Ümidim gün gün yavaş yavaş, santim santim uzaklaşıyordu, ama biliyordum, gelecekti. Midem yine ayaklanmış, beni banyoya çağırırken, hızla kapıyı açıp banyoya koştum. Geldiğimden beri sanki uyuyan devi uyandırmıştım. Ara ara olan mide bulantısı bir haftadır bitmek bilmiyordu. Deniz üzerime kapıyı kilitleyip şehre inmişti.

Kusup rahatladıktan sonra salona geçtim. Deniz varken genelde salonda oturmuyordum. Bu yüzden benim odaya küçük bir televizyon bile almıştı. Bu adam normalinde onu seven bir kadını mutlu edebilirdi, ama ben onu sevmiyordum ki! Kapı açıldığında elimde kraker, yanan midemi bastırmakla meşguldüm. Deniz içeriye girer girmez ayaklandım. Odama geçecek ve onun yanında oturmayacaktım.

"Duygu bekle, konuşalım."

"Ne var?" dediğimde bana küçük bir poşet uzattı.

"Nedir bu?"

"Hamilelik testi."

"An... la... madım." Yüzümde renk atmıştı, biliyorum. Hamile kelimesi kanımın çekilmesine neden olmuştu.

"Al hadi, bence hamilesin." Poşete bakıyordum ve sanırım felç olmuştum. Aklımda âdet olduğum tarihi aradım, ama bulamıyordum. *En son, en son... ama haksızlık!* Benim hiçbir zaman düzenli bir reglim olmamıştı ki! Bir ay önce mi olmuştum? *Kahretsin! Hatırlamıyorum!*

"Ben... hamile değilim," dedim ciyaklayarak.

"Umarım hamilesindir. Bir bebeğimizin olmasını çok isterim," dediğinde benim hiçbir uzvum çalışmıyordu. Sinirle elindeki poşete vurup yere düşmesini sağladım.

"Sen hastasın! Sen gerçekten hastasın!" dedim ve odama girip kapıyı hızla kapattım. Delirmek üzereydim. Hamile olamazdım. Sedat, deli gibi bebek istemezken, bebeklerden nefret ettiğini belli ederken, beni hamile bırakmış olamazdı. Bu bebek mevzusu yüzünden kaç gün uykusuz kalmıştım. Hayır! İmkânsızdı!

Beynimde birisi "bebek, bebek, bebek!" diye aklımı kemiriyordu. Ağlamak istiyordum, ama boğazımdaki yumruyu aşıp gözyaşlarıma ulaşamıyordum. *Ya hamileysem,* sorusunu düşünmek bile beni manyağa bağlıyordu. Bir de acı bir gerçekle yüzleşiyordum. Sedat ölürcesine beni sevip bebeğimizi istemezken, Deniz manyağı onun olmayan bir bebeğin heyecanına düşmüştü. Ne demişti o öyle! "Bir bebeğimiz olmasını çok isterim." Allahım, beni dünyaya delirmem için mi gönderdin!

Bilinmezlik beynimi ele geçirip savaşı kazandığında, ellerim titreye titreye kapıyı açtım. Deniz kanepede oturmuş, kitap okuyordu.

"Test nerede?" dedim sesimin titremesine aldırmadan. Deniz gülümsedi ve kalkıp mutfak tezgâhındaki testi bana uzattı.

"Deniz hamileysem beni geri götürecek misin?"

"Tabii ki hayır, korkma," dedi. Korkma mı? Haklıydı, korkmalıydım. Sedat hamileysem içimdeki bebeği canlı canlı içimden çıkarmaya çalışabilirdi. İlk defa aklımda başka bir şey belirdi. Annem, "Her şeyde bir hayır vardır," derdi.

İmdat, içimde bebek var!

Hamileysem Sedat'ın yanında olmamam iyi bir şeydi, değil mi? Yok, gerçekten ben kafayı yemek üzereydim. Deniz'in gözlerine derin derin baktım ve bana uzattığı pakedi alıp ayaklarımı sürüye sürüye tuvalete girdim. Prospektüsünü okumam sanırım on dakika sürdü, çünkü okuduğumu algılayamıyordum. Ellerim titriyor, elimdeki kâğıt depremde kalmış gibi sallanıyordu. Nihayet anladıktan sonra testi yapmam bir oldu. *Allahım ne olur, hamile olmayayım! Ben senden sadece huzur istedim! Onu bana verme! Bebek isteyen bir sürü insan vardır,* diye sesli dualarım çift çizgiyi gördüğünde şekil değiştirdi.

"Allahım, ne olur, Sedat beni bulmasın," dedim isyanla. Hamileydim. Tuvaletin yanına *çökmüş,* ne kadar orada kalmıştım, bilmiyorum. Biri sanki beynimin musluğunu açmış, son damlasına kadar akıtmıştı. Gözlerim kalebodurun sarı desenine takılmış, ben hiçbir şey düşünemiyordum. Sanki bedenim uzaylı istilasına uğramış ve içime bir şey yerleştirilmiş gibiydi. Elimde olsa elimi ağzıma sokar ve içimde büyümeye çalışan canlıyı çıkarır atardım. Deniz sesleniyordu, ama umurumda değildi. "Duygu, lütfen, korkutma beni! Bak, son kez söylüyorum, kapıyı kırmak zorunda kalacağım," dediğinde yerimden kalktım. Banyo kapısını kırması demek, benim rahat duş alamamam anlamına geliyordu. Kapının kilidini açtım ve Deniz'in korku dolu bakışlarıyla karşılaştım. O an bir omuza ihtiyacım vardı. Ağlayabileceğim bir omuza! Deniz tamam beni kaçırmış, ruh hastası olabilirdi, ama ne bileyim, yalnızdım ve karşımda Deniz vardı. Kollarına atılmam ve ağlamaya başlamam bir oldu.

"Hamileyim, bir bebeğim olacak! Deniz ben onu istemiyorum! İstemiyorum! Bir bebek istemiyorum!"

"Ağlama lütfen! İnşallah sana benzeyen bir kız olur!" dediğinde kendime gelmiştim. Bir adam nasıl bu hâlde olabilirdi?

"Deniz, o Sedat'ın bebeği," dedim şaşkınca.

"Aynı zamanda senin bebeğin! O saf, kirlenmemiş bir ruh, kimin can verdiği önemli, onu içine kimin yerleştirdiği değil," dediğinde gözlerimden yaşlar süzülüyordu. Neden Sedat'tan duymam gerekenleri Deniz'den duyuyordum! Sedat ölse böyle konuşmazdı. Bırak omzunda ağlamayı, hamile olduğumu ona söyleyemezdim bile! Şu an onun yanında hamile olduğumu öğrensem, sanırım kürtaj olmak için doktor araştırmasına giriyor olurdum. Hıçkırıklarım gözlerimden akan yaşların hızına yetişemiyordu.

Deniz, "Hadi, biraz uzan, iyi olacaksın, artık kendine daha çok dikkat etmelisin," dedi şefkatle.

"Deniz, bu bebeği aldırmam gerekiyor," dedim haykırarak, ama beni dinlemedi.

"Sakinleşince tekrar konuşuruz, olur mu?" dedi ve gündüz vakti olmasına rağmen ışığı açıp kapımı kapattı. Yatağın içinde karnımda büyüyen canlıyla tek başıma kaldım. Hıçkırıklarım tükenince arkasından gözyaşlarım bitti. Sanırım sonra ağlamaktan bayıldım.

Bir ay sonra

Durgunlaşmış ve olanları kabul etmek zorunda kalmıştım. Hoş, zaten kabul etmeyip ne yapacaktım? Deniz beni bırakmıyordu ki! Sedat'ın artık beni bulmasını isteyip istemediğimi sorgular haldeydim. Aklım aşure gibiydi. Bebeği aldırmak için yalvarmalarım Deniz'in, "Sen katil olamayacak kadar masumsun," demesinden sonra son bulmuştu. Haklıydı. Normalde bu bebeği doğurmak isteyebilir, ona şefkatimi sunabilirdim. Sırf Sedat istemiyor diye istemiyordum. Onun korkusuna! Ben Sedat için katil olacaktım.

Tamam, değerdi! Gözümü kırpmadan onun canını yakan birini öldürebilirdim, ama karnımda hiçbir günahı olmayan bebeği sırf o istemiyor diye öldürmek artık bana çok uzaktı. Günler geçtikçe ve bebeğim karnımda büyürken sanırım doğruyu buldum. Bebeğime Sedat için kıysam bile, vicdan azabı hem beni hem Sedat'a olan sevgimi kemirip duracaktı. Kafam karmakarışıktı ve sanırım Deniz de zamanla kafamı karıştırmayı başarmıştı.

Öyle iyiydi ki Stockholm sendromuna kapılmış olabilirdim. Beni kaçıran insana sempati duyar hâle gelmiştim. Nasıl sempati duymazdım ki! Sanki ben değil, o hamileydi. Sabah beni yürüyüşe götürüyor, kahvaltımı hazırlayıp bebeğe ne yararı olacağını belirten bir konuşmayla beni güldürüyor, öğleden sonra elinde vitamin hapları, kapıma dikiliyordu. Beni doktora götüremeyeceğini söylediğinde hiç sesimi çıkarmadım. Deniz hamileliği araştırıp hamilelik hakkında bütün kitapları okuyarak bir doktor kadar bilgili hâle gelmişti. Yok, bebek şu haftada şöyle gelişiyor, yok bebeğin şu uzvu şu kadar santim olmuştur. Yok, beyin kasları için avakado yemen lazım. Bir ultrasona girmediğim kalmıştı! Onu dinlemek sanırım karnımdaki istemediğim bebeği sevmemi sağlıyordu. Aşağı yukarı üç buçuk aylık hamileydim.

Son on gündür mide bulantılarım durmuş ve ben artık yemek yiyebilir duruma gelmiştim. Kilo bile almaya başlamıştım. Deniz şebeklik yapıyor, her sabah beni tartıyordu. Bebeğe ve bana zararı olabilecek her şeyden uzak tutuyordu. Tabii, ilk zamanlar bana aldığı bir karton sigara paketini alıp yaktığını söylememe gerek yok. Hoş, zaten içmeyecektim, ama benim işim belli olmazdı. Her zaman duygularıma göre hareket eden biri olduğumu söylememe gerek yok!

Antalya'nın sıcağı ismi gibi kavurucuydu. Verandaya oturmuş, kollarıma sürdüğüm güneş yağının tenime nüfuz etmesini beklerken Deniz karşıma dikildi.

"Hadi, kalk, bu güneş sana zararlı. Dörtten sonra çıkarsın tekrar."

"Deniz, biraz beni gezdirsene."

"Yürüyüş için çok sıcak ama…"

"Yok, öyle değil! İyice daraldım. Arabayla gezdir, lütfen, belki dondurma bile yeriz!" Öyle masum söylemiştim ki…

"Arabadan inmek yok ama!"

"Söz!" dedim ve hızla ayağa kalktım.

"Duygu yavaş ama," dediğinde, "Deniz, biliyor musun? Senin gerçekten seni seven bir kadına ihtiyacın var," dedim. O iyi biriydi, sadece hastaydı, o kadar.

"Sen beni seviyorsun, bu bana yeter," dediğinde içim acıdı.

"Deniz ben… ben seni sevmiyorum. Bunu binlerce kere söyledim."

"Hadi gidelim! Neli dondurma yiyeceksin?"

"Çikolata!" diye bağırdığımda kahkaha atıyordu. Deniz gerçekten bana Konyaaltı, Işıklar, Kundu, Antalya'nın bilimum her yerini dolaştırdı. Bir dondurmacının önünde durduğumuzda arabanın kapılarını kilitledi ve iki dakikanın içinde geri geldi. Kilitlemeseydi zaten kaçmazdım. Kaçmalıydım aslında, ama kaçmaya cesaretim yoktu. Daha doğrusu, eve dönmeye cesaretim yoktu. Karnımda büyüyen kız ya da erkek benim bir parçamdı. Deniz hasta olabilirdi, ama onun benim parçam olduğunu kabullenmeme yardımcı olmuştu. Artık Sedat'ın ne zaman beni bulacağını değil, bulduğu zaman bebek yüzünden yaşayacağımız olaya kitlenmiş durumdaydım. Düşünmek istemediğim soru şuydu: Ne yapacaktım?

Sanırım asla eski Sedat ve Duygu olamayacaktık. O dehşetle karnıma bakacak ve tabii ki kabul etmeyecekti.

Annem, babamın aşkını seçip dünyadaki yaşamına son verdiğinde beni hiç düşünmeşti. Onu halen içimde affetmeye çabalıyorum. Ben onun gibi olmayacak, bebeğimi seçecektim. Sedat'ı geberene kadar seviyor olabilirdim, ama ondan olma bebeğimi daha çok sevecektim. İster kabul etsin, ister etmesin. Bebeğin bile yüzünü görmeyebilirdi, bu onun tercihiydi. Tek bildiğim benim parçamı istemeyen, beni de bırakmış olacaktı ki bunu kabullenmek o kadar kolay değildi. Bu bana gözyaşları olarak dönüyordu. Sedat'sız kahrolacak, bebeğimle avunacaktım. Yolları seyretmek bana iyi gelmişti. Kafamın karışıklığını daha iyi düşünür ve tahlil eder olmuştum.

Elimde dondurmamı yalarken Deniz, "İstanbul kaynıyor," dediğinde kafamı ona çevirdim.

"Anlamadım?"

"Bir ayda dört kere çatışma çıktı. Bekir vurulmuş," dediğinde dondurma elimden düşmüştü.

"Ah, be canım, yine almamız gerekecek," dedi gülümseyerek. *Hasta ya!*

"Ya... şı... yor mu?" diyebildim.

"Evet, önemli bir şeyi yok. Kolundan yaralanmış. Sedat iki kere sorguya alınmış, ama serbest." Titremeye başlamıştım ve vicdan azabıyla kıvranır duruma geldim. Ben burada bebeğim için bulunmamayı dilerken, onlar beni bulmak için dünyayı yakıp yıkıyorlardı.

"Deniz bunların hepsi benim yüzümden, biliyorsun değil mi?"

"Tabii ki değil!"

"Deniz beni kaçırdın ve suçu başkalarının üzerine attın."

"Sedat hak etti!"

"O bir şey yapmadı Deniz! Ben onu seçtim."

"Bebeğini istemiyor ama..."

"Sen... sen bunu nereden biliyorsun?" Şaşkındım.

"Sayıklıyorsun!"

"Sen benim odama mı giriyorsun?"

"İyi misin diye kontrol ediyorum."

"Deniz lütfen, bırak bir telefon açayım. Bak hazır gelmişken ankesörlüden arayabilirim! Onlara kendim gittim derim."

"Gerçekten mi?"

"Yemin ederim, söylerim. Kendim gittim, beni aramayın derim."

"Sana nasıl güvenebilirim?"

"Sen bana hep güvendin ve ben güvenini hiç sarsmadım."

"İyi ama eğer..."

"Yemin ederim," dediğimde ankesörlü bir telefon kulübesinin önünde durmuştuk.

"Cep aramak yok."

"Tamam, galeriyi ararım ilk," dedim. Heyecanlanmıştım. Sedat'ın sesini duyabilecek olmam gerçekten deli bir şeydi. Onu özlerken, ondan korkmak içimi eziyordu ya, neyse. Tuşları Deniz'in görebileceği bir şekilde tuşladım. Bir çaldı, iki çaldı, üçüncü de açıldı.

Levent, "SD Otogaleri," dedi.

"Levent benim Duygu," dediğimde bir böğürüşü var, paniğinden masayı yıktı geçti. Gürültülerden anladım.

"Abi Duygu... Duy... gu arıyor!" Gürültülerden bir süre sonra nefes nefese Sedat'ın sesini duydum da gözlerimden süzülen yaşlarla konuşamıyordum.

"Duygum neredesin? Canom, iyi misin? Bulacağım seni, sakın korkma, kimin elindesin? Söyle, o köpekler sana bir şey yaptı mı? Bana isim ver."

"Se... dat," dedim, ama sesimin perişan çıktığına emindim. "Söyle Duygu, neredeysen söyle, uçarak gelir, seni alırım! Kim tutuyor seni! Konuş be güzelim! Öldüm Duygum, ben sensiz öldüm!"

"Sedat ben isteyerek gittim. İstanbul'da değilim. Dönmeyeceğim. Lütfen orada huzursuzluk çıkarma! Bekir nasıl?"

"Kaçırıldığını biliyorum! Kim söyletiyor sana bunları? Ver o piçi bana!"

"Kapatmak zorundayım. Ben iyiyim, sakın merak etme. Bana kimse kötü davranmıyor. İstanbul'dakileri rahat bırak. Onların bir suçu yok! Se..." dedim ve Deniz ankesörün tuşuna bastı.

Gözlerim yaşlı, salakça Deniz'e sarıldım. Ben gerçekten kafayı yiyordum. O gece odamdan dışarı çıkmadım. Deniz de beni rahatsız etmedi. Sedat delirmişti ve sesinden perişan olduğu belliydi. Beni bulamaması Deniz'in gerçekten iyi bir plan yaptığı anlamına geliyordu. Bu nasıl bir kaderdi! Beynim uğulduyor, bebeğimi düşündükçe Deniz beni iyi ki kaçırmış diyecek hâle geliyordum. Bir yanım Sedat için kan ağlarken, bir yanım burada oluşuma şükürler ediyordu.

Hamileliğimin beşinci ayında sıkıntıdan ve devamlı oturmaktan normalden fazla kilo aldığımın farkındaydım. Deniz söylenip elimden çikolataları alıp duruyordu. "Duygu, daha beş aylık hamilesin, hızlı gidiyorsun!"

"Sen bana şişko mu dedin?"

"Asla!" diyerek sırıttı uyuz.

"Ver onu geri."

"Akşam yemekten sonra yersin, yeter, bak beş aylık hamile biri için on kilo çok fazla."

"Of, tamam!" dedim ve çikolatadan uzaklaşmak için odaya girdim ve aynanın önünde durdum. Karnım çok belli olmuyordu. Belki de aldığım kilolar yüzünden belli değildi. Deniz haklıydı, enine boyuna genişlemiştim. Sırıttım ve beni tekmeleyen bebişimi sevdim.

"Sen anneyi şişko mu yaptın?" dedim sırıtarak ve hüzün dalgası beni sardı. Bundan sonra benim de bana muhtaç bir varlığım olacaktı. Hem de deli gibi sevdiğim adamdan. Kararımı vermiştim de bundan sonra ne olacaktı? Elbet kurtulacaktım ki artık kurtulmak istediğimden pek emin değildim. İstanbul'a dönünce ne yapacaktım? Sedat'sız, nefessiz, kansız olacaktım. Artık hiçbir şey eskisi gibi olmayacaktı. Günler geçtikçe bu düşünce beni ele geçirmeye başladı. İyice suskunlaşmıştım. Sanırım benimki şu hazmetme işiydi. Kırgın olduğum aşkımı içimde öldürmeye başlamıştım. İstanbul'a dönünce onsuz kalacağımı kabullenmeye çalışıyordum.

İlk günlerde beni uykusuz bırakan bu düşünce zamanla yerini boşluğa bıraktı.

Ben tercihimi yapmıştım, bebeğimi seçecek ve annemin bana yaptığını yapmayacaktım da içimdeki boşluğu nasıl dolduracaktım? Bunun bir cevabı yoktu.

Bir sabah Deniz, "Bugün sana bir sürprizim var," dedi.

"Çikolata mı aldın?" dedim sırıtarak.

"İşin gücün yemek," diye kahkaha atarken biz yürüyüşe çıktık. Dağ bayır, yarım saat yürüdük ve geri döndüğümüzde alışık olmadığım bir şey oldu. Evin önünde bir araba duruyordu ve arabanın yanında Deniz'in babası Metin Bey.

Deniz, "İşte, sana sürprizim, gel hadi," dedi ve beni zorlamadan kolumdan tutup babasının yanına götürdü.

"Deniz, oğlum," dedi Metin Bey, ama beni gördüğünde beti benzi attı.

"Merhaba baba!"

"Deniz sen... sen... ne yaptın?"

"Baba şok olduğunu biliyorum. Açıklayabilirim. Duygu beni seviyor."

"Deniz, kes şunu! Seni sevmiyorum," dedim sinirle.

"Deniz sen ne yaptın?"

"Sevdiğim kadını Sedat'tan kurtardım," dediğinde sırıtıyordu. Saçlarımı okşayıp, "Bizi bulamaz," dedi ve içeri yürüdü. Metin Bey bana, ben Metin Bey'e baktım. Adam kahrolmuştu.

"O hasta," dedim.

"Biliyorum, önceden de biliyordum."

"Anlamadım?"

"İngiltere'de bir kıza takılmıştı. Tam ceza aldı ki onu buraya getirmeyi başardım."

"Metin Bey, Sedat onu sağ bırakmaz. Bir an önce onu ikna etmelisiniz," dedim ve bol kazağımı darlaştırdım.

"Allahım, hamilesin!" dedi Metin Bey dehşetle.

"Kimden diye sormayın, oğlunuzdan değil! Hadi, ikimiz konuşursak, belki ikna olur," dedim ve içeri girdik. Deniz babasıyla kendine kahve yapmış, bana çikolatalı süt getirmişti.

Artık kabuğumdan çıkma ve bebeğim için yeni bir hayata başlama vaktiydi. Başıma ne gelirse savaşacak ve ona sahip çıkacaktım. Tabii Sedat'la nasıl yüzleşecektim, hiçbir fikrim yoktu.

Metin Bey, "Duygu hamile Deniz ve burası onun için sağlıksız bir ortam, farkındasın, değil mi?" dedi.

"Farkındayım. Seni onun için çağırdım. Bize doğumu gerçekleştirebileceğimiz rahat bir yer ayarlamalısın."

"Deniz, mantıklı ol, ne zamana kadar sana yardım edebilirim. Elbet bir yerde tıkanacaksın. En iyisi Sedat'la konuşmak. Konuşunca belki sizi rahat bırakır."

"O taşralıyla konuşacak bir şey yok. Yardım etmeyeceksen söyle!" Metin Bey'le göz göze geldim. Deniz kendinden hiç taviz vermiyordu. Tamam, iyi davranıyor olabilirdi, ama konu ben olunca hırçın tavrı gerçekten korkutucuydu. Metin Bey, "Tamam, bir haftaya kadar yeri ve evrakları ayarlamış olurum," dediğinde, "Ne!" dedim aptalca.

"Sen sakın korkma Duygu! En iyi şekilde doğumunu yaptırıp bebeğimizi elimize alacağız," dedi Deniz ve kapıdan çıktı.

"Metin Bey siz aklınızı mı kaçırdınız?"

"Duygu, bir yolunu bulacağım. Seni buradan başka bir yere götürüp izini kaybedelim, ona böyle söylemekten başka çare yok. Bir şekilde halledeceğim," dediğinde sustum. Haklıydı. Metin Bey yanımızdan ayrıldığında ben yine çaresizce eski dünyama geri döndüm. İki üç günün sonunda Metin Bey'in yaktığı umut ışığı sönmüştü sanırım.

Bir gittim iki döndüm!
Papazı buldun Sedat, hamileyim!

Bir öğleden sonra odamda uzanmış, kitap okuyordum. Deniz akşam için balık almış, onları ayıklıyordu. *Deli ya!* Onun yüzünden bir sürü kilo almıştım! Klima beni ürpertince üzerime battaniyeyi aldım ve kitabımı okumaya başladım. Kitabın yazarının ilk romanı Köle'deki erkek karaktere adeta âşık olmuştum. Âşık olmayı bırak iki üç gün Edward aşağı, Edward yukarı dolanmış durmuştum. Şimdi Işıl Parlakyıldız'ın son kitabı Kaos isimli eseri elimdeydi. Gerçekten harikaydı. Elimden düşmeyen kitap yüzünden Deniz bile merak edip okuyacağını söylemişti. Kitabın sayfalarında kaybolmuş, kendimi kadın karakterin yerine koymuşken, Deniz'e cevap bile vermedim. "Duygu! Mangalı yakmaya bahçeye çıkıyorum!" dediğinde, "Kendini yak Deniz!" diye bağırmadıysam, kitaba hızla dönmek içindi. On beş yirmi dakika geçmişti ve ben kendimi merakla kitaba kaptırmıştım. Hangi aşk vuslata bu kadar dayanabilirdi ki? İtiraf etmeliyim, zaman bütün boşlukları ne olursa olsun dolduruyordu. Sedat'sız ben bir hiçtim. Onsuz nefes bile alamaz haldeyken üç aydır iyi ya da kötü yaşıyordum. Bencillik sanırım insanın doğasıydı.

Kitap elimde, merakla okurken klima içeriyi iyice serinletmişti. Kalkıp üzerime geçirecek bir şey aradım. Elime Deniz'in eşofman üzeri geldi. Hızla giyip tam yatağa oturdum, dışarıdan gelen araba sesleri bağırış çağırış sesleri odayı doldurdu. "Hayır!" dedim sessizce. "Hayır"lar beynimde bir zincir oluştururken ben Sedat'la yüzleşmeye hazır olmadığımı biliyordum. Kıpırdamalı ve Deniz'i onun elinden kurtarmalıydım, ama hareket edemiyordum. Korkudan mı? Hayır! Sedat'tan korkmuyordum, onsuz kalmaktan korkuyordum. Gözlerimi kapattım ve sakinleşmeye çalıştım. "Nefes al! Güçlü ol! Bebeğin için dik dur!" dedim kendime, ama fos tabii ki! Göz pınarlarım harekete geçmek için hazır kıta bekliyordu. O sırada kapım büyük bir hızla açıldı. Ali'm!

"Çirkin, bulduk seni!" diye nara attı öküz ve bana deli gibi sarıldı. Aha, anlamadı mı? Valla öyle özlemişim ki burnumun direği sızladı. Gözümden bir damla yaşın akmasını engelleyemedim.

"Kız konuşsana! İyisin, değil mi? Bir şey yaptı mı o hayvan sana? Onu ben var ya böğürte böğürte öldür..."

"Ali'm, o hasta, lütfen, onu öldürmeyin!"

"Oh be, kızım konuştun sonunda! Öldürmek ne kelime! Şişeye oturtacağım onu!"

"Hayır, yapmayın!" dedim yalvararak. Ali'm aptalca suratıma baktı ve sevgiyle, "Sende bi güzellik var be Çirkin!" dediğinde, "Aha, şimdi anlayacak," dedim, ama yok, anlamadı.

"Kilo aldım. Ye otur! Ye otur!" Ne demiştim? Allahım, söylemeliydim, ama çıkmıyordu işte! Ben deli gibi Sedat'ı beklerken kapıdan Bekir girdi. Ali'min kollarından beni aldığında gözleri mi doluydu ne?

"Duygu!" dedi ve beni kucakladı. "Bulduk babam seni!" dedi ya, içimde ne varsa gözlerime hücum etti.

Bekir candı, Ali kandı, Sedat aşktı. Ben onları hak edecek ne yapmıştım! Çok şanslı olduğumu düşünmem benim gerçekten kafayı yediğimin belirtisiydi. "İyisin," dedi, yüzümü ellerinin arasına alıp gözlerimde geçirdiğim üç ayı görmeye çalıştı.

"İyiyim, Bekir, söyle Sedat'a öldürmesin onu, o iyi biri," dedim burnumu çeke çeke.

"Duygu, düşünme bunları."

"Bekir, lütfen."

"Öldürmeyecek zaten."

"Beni avutmuyorsun, değil mi?"

"Hayır, Metin Bey'le anlaşma yaptı."

"Ne anlaşması?"

"Duygu o piç öyle bir saklamış ki seni bulamıyorduk, üç ay oldu. Metin Bey geldi bize."

"Sen iyisin değil mi? Vurulmuşsun?" dedim elini kolunu kontrol ederek.

"Sen nereden biliyorsun?" dediğinde, "Deniz söyledi," dedim.

"Vay puşt, bir de bizi izliyormuş," dedi Ali'm.

"Hadi, gidelim, abiyle havaalanında buluşacağız."

"O nerede?"

"Deniz ormana kaçtı," dedi Ali'm sırıtarak.

"Ara Sedat'ı, onun kılına zarar gelmesin," dedim panikle. Bekir ve Ali'm birbirine baktı. Neden onu koruduğuma anlam veremiyorlardı. Anlayamazlardı.

Belki ileride bebeğimi sevmeyi, onu kabullenmeyi Deniz sayesinde başardığımı anlatabilirdim. Ben Deniz sayesinde Sedat'a olan aşkımı koruyabilmiştim. Bekir, "Kendin söyle!" diyerek telefonu bana uzattı. Telefon çaldı. Sedat'ın gür sesi ruhuma en güzel şarkılardan bile daha iyi geldi. Sesini duyduğum anda nefes almaya yeniden başlamışçasına ruhum hayat buldu.

"Duygu nasıl? İyi mi Bekir, konuş!"

"Benim, Duygu!" dedim, içim talan olmuş.

"Duygum!" dedi ya, bittim. Gözlerimden yaşlar dökülmeye başladı, farkında değildim. "Sedat!" dedim sesimi bulmaya çalışarak.

"Söyle ömrüm, söyle! Sesini duydum ya!"

"Ona bir şey yapma, lütfen."

"Duygum, sesini duydum ya! Her şey geçti."

"Sedat ona bir şey yapma! O hasta!"

"Duygum! Sen iste Canom! Ağlama geliyorum," dediğinde içimdeki korkulara özlemim galip gelmişti.

"Çabuk gel, seni çok özledim," dedim ve kapattım. Ne ara Bekir ve Ali'm bana sarılmıştı, ben ne ara hıçkırmaya başlamıştım ya! *Haksızlık ama ya!* Güya güçlü olacak, bebeğim için dik duracaktım.

O sırada Ali'm, "Kız sen kilo almışsın ya, bir güzellik gelmiş sana," dedi.

Ali'm gözyaşlarımı siliyor, "Ağlama, her şey geçti. Döndün ya bize, gerisi boş," diyor. Ne geçmesi? Haberi yok, yeni başlıyoruz. Ben de aksiyon bitmez Bekirim.

Onlardaki bu sahiplenme ömre bedeldi. Bekir, "Gidelim," dediğinde günlerimin geçtiği küçük odama baktım. Yanıma sadece yatağın üzerinde duran kitabımı aldım. Yeni bir hayat beni bekliyordu. Yeni, bir o kadar yalnız! Yine gülecek, yine nefes alacak, ama içimde Sedat'ın boşluğu hiç dolmayacaktı. Umarım bebeğim biraz da olsa bu boşluğu doldurabilirdi. Yoksa yaşayan bir ölüden farkım kalmayacaktı.

Havalimanına giderken kalbim sanırım arabanın hızına yetişecek kadar hızlıydı. Sedat'ı görecek, gözlerinde kaybolacaktım, tabii o hamileliğimi öğrenince şeytan çarpmışa dönecekti, o ayrı! Aklım yine aşure gibiydi. Korku, heyecan, özlem ve gözyaşı bir tencerede kaynayıp benim yemem için kâseye dolmayı bekliyordu. Allahım, duygularım bile yemek üzerine kurulmuştu ya, pes yani! Aldığım on kiloyu bedenimden nasıl atacaksam, hadi vermeyi geçtim, hamileliğimin bitiminde beni yuvarlamazlarsa iyiydi. Kilolarıma rağmen ben halen yemeği düşünüyordum.

Ali'm beni öyle özlemiş ki Bekir şoför koltuğuna geçtiğinde arkaya, yanıma oturdu. Yola çıktığımızda on beş dakika geçti geçmedi Ali'mle Bekir, dikiz aynasından göz göze geldi. Güldüm! Çok seviyorum ya ben bu develeri.

Bekir'in yüreği dayanmaz bana, üç ayı soramazdı. Belli ki kurban Ali'mi seçmiş. Hoş, Ali'm benimle ciddi konuşmayı hiç beceremezdi ya! Ali'm derin bir nefes aldı.

"Çirkin!"

"Söyle Ali'm."

"İyi görünüyorsun, ama istersen bir doktora falan," dedi ama gerisi yok.

"Niye ki?" dedim muzır bir şekilde.

"Sen bizim canımızsın, sağlığın için," dedi Ali'm.

"Ali'm, Deniz bana ne şiddet gösterdi ne de cinsel anlamda dokundu. O hasta! Yani ruhsal olarak!"

"Nasıl yani?" diyen Bekir'di.

"Sedat'ın bizi ayırdığına inanıyor."

"Sedat'ın sizi ayırdığı doğru," dedi Bekir sırıtarak.

"Hayal dünyasında onu sevdiğimi sanıyor. O yüzden ona dokunmanızı istemedim." Ali'm kolunu omzuma attı ve, "Sen iyisin ya! Bize sağlam döndün ya!" dedi keyifle.

Hem de ne dönmek, bir gittim iki dönüyorum! Havalimanına geldiğimizde kalabalık beni ürkütmüştü. Ali'min elinden tuttum. Yalnız kaldığım üç ay içinde sanırım yine asosyal Duygu açığa çıkmıştı. "Kız korkma," dedi Bekir ve öteki elimden de o tuttu. Sanki bayram çocuğu gibi ikisinin elinden tutmuş, sırıtıyordum. Onlar da sırıtıyordu tabii. Sanırım insanlar aptal aptal bize bakıyorlardı. Umurumda mıydı? Hayır! Ali'm, "Hadi, bir şeyler yiyelim. Aç mısın?" dediğinde tabii ki kafamı salladım. "Baksana, etli butlu hatun olmuş bizim çırpı! Sedat ne diyecek bakalım!" dedi Bekir muzırca ve biz kafeteryaya oturduk.

Ali'm, "Adam ölüp ölüp dirildi. Gözü bir şey görmez onun artık, Duygu olsun, Eti puf olsun," dedi sırıtarak.

"Eti puf mu? O kadar yani!" dedim sırıtarak.

"Yok kız, yakışmış sana kilo," dedi Bekir.

"Ali'm düğünü sormaya korkuyorum," dedim, ama merak ediyordum.

"Ne olacak, nikâh kıyılana kadar bize bir şey belli etmediler. Sedat ortalarda yok, onun yerine Bekir şahitliğe geçtiğinde bir şeyler olduğunu anlamıştım. Nikâhı yarım bırakmamak için zor durdum valla. Zaten nikâh kıyıldığında olay koptu. Sedat çıkışları kapattırdı. Bırak dışarı çıkarmayı, kimse nefes bile alamadı. Tabii basında yankıları bayağı bir olay oldu. Allah'tan gazetecileri falan korkuttuk da ancak sustular. Sen boş ver nikâhı, Aslı ve Selma'yı görmeliydin, arkandan bir ağıt yaktılar, biz felç tabii. Ne yapacağımızı şaşırdık. Bir yandan baskınlar devam ediyor, bir yandan evde bu iki manyak bir yas tutuyorlardı ki sorma! Hacer Ana gitmedi birkaç gün, yanlarında kaldı, ama kadının içini kuruttular."

"Kıyamam ben onlara ya!"

"Hacer Ana dayanamadı, kaçtı. Buraya gelmeden önce müjdeyi verdik. Her gün aradı valla! Hacer Ana gittikten sonra kızlarla biz baş edemedik. Selma ve Aslı'nın hakkından Sedat geldi. Zaten delirmiş, yerde gökte durmuyor, bir gece Selma yine zırlarken, "Öldü mü lan Duygu!" diye bir bağırışı var, bir daha bırak gözyaşını, surat bile asmadılar," derken Ali'm kahkaha atıyordu.

"Yazık ya!" dedim, ama sırıttım, yalan değil. "Sonraki günler daha sancılı geçti. Günler geçiyor, sensizlik kendini iyice belli ettiğinde, Sedat'ı tutamaz olduk. Her yere saldırmaya başladı."

"Talat, ortada yokmuş," dedim usulca.

"Kız, bu Deniz'i eğitip istihbaratçı yapalım," dedi Ali'm. Bekir düşünceliydi. "Aramızda köstebek var," dedi.

"Yok artık!" diyen Ali'mdi.

"Talat'ın ortadan yok oluşunu bizden başka kim biliyor Ali? Adamları dağıldı. Mekânın satıldığını yaydık etrafa."

"Haklısın, abi, dönünce bir bakalım," dedi Ali'm, ama yüzünde ölümcül bir bakış vardı.

"Hepsi benim yüzümden, Talat nerede diye sormama gerek yok sanırım."

"Duygu, o pislik çoktan ölmeyi hak etmişti. Kısmet bunaymış," dedi. Ben meraklı Melahat gibi üç ayın hesabını istiyordum ve aniden çığlık attım.

"Bebek!" dedim heyecanla, benim develer irkildi tabii birden çığlık atmama. Sırıtınca gevşediler. "Bebek! Ne oldu? Selma nasıl! O kadar da plan yapmıştık ya! Hiçbiri olmadı," dediğimde

Ali'm, Bekir'in omzuna şakadan bir yumruk salladı. "Erkek babası var senin karşında!"

"Oy yerim ben onu ya! Biz kız diye dua etmiştik ama," dedim hevesle. Bu develerin yanında bütün sorunlarımı unutmam normal miydi? Normaldi, onlar benim ailemdi.

"Adı Selim," dedi Bekir, ağzı kulaklarındaydı ve gözü arkama kaydı. Ali'm de bana bakarak sırıttığında kalbim ağzımda atmaya başladı. Tam baktıkları yöne bakacaktım ki arkamdan iki koca kol boynuma sarıldı. Boynumun kıyısında yerini alan yüzün kime ait olduğunu biliyordum. Boğazım düğümlenmiş, korku göğsümün ortasına yavaş yavaş oturuyordu. Ta ki onu hissedene kadar. Beni içine çeke çeke kokladı. "Duygum," dedi mırıltıyla. Zaman boşlukları doldurmuş, üç ay Sedat'sız yaşamıştım, ama kokusu burnuma dolduğunda aklımda bütün oluşan kalkanlar teker teker yine yıkıldı. Sedat damarlarıma kalbimden yayılmaya başladı, ağır, ama emin adımlarla. Ciğerlerime dolan kokusunu içimde tutmayı hiç bırakmamayı diledim. Ayrılık kaçınılmazdı, ama ben onsuz geberecektim!

Sedat sakal mı bırakmıştı? Tenimde dudaklarından çok sakallarını hissettim. Yüzünü görmek için can atarken, korkularım iyice tavan yapmıştı. *Allahım, sen yardım et!* Elimden tutup beni ayağa kaldırdığında gözlerimiz buluştu ilk. Hüzün özlemle bir olmuş, gözyaşlarımın üzerine oturmuş, akıyordu. Sakallarına gitti parmaklarım ve ilk damla düştü gözümden, elimi alıp yanağına sürdü sıkıca, dudaklarına götürdü canına can katar gibi. "Canom, tekrar hoş geldin," dedi ve sıkıca sarıldı. Allahım, karnım ona değiyordu ya! Kıyamet yakındı. Buz gibi olmuş, ellerim titriyordu. Nefesimi tutuyor, onun ne zaman yüzüme nefretle bakacağını hesaplamaya çalışıyordum. Oysa ona doya doya sarılmayı nasıl da hayal etmiştim! Sedat benden kendini uzaklaştırdı ve yüzümü ellerinin arasına alıp kimseye aldırmadan dudaklarımı buldu. Hasretti dudaklarındaki sıcaklık, bir şükürdü tenime değen! Öyle özlemiştim ki aklımda beliren saklama dürtüsüne karşı çıkıyordum. Ayrılığı kabullenmeye çalışmak ruhumu bedenimden çıkarmak gibiydi. Dudaklarımdan koptuğunda, "İyi misin?" dedi, gözlerinde Bekir'le Ali'min gözlerinde gördüğüm sorular vardı.

Başımı sallayabildim güzel ellerinin izin verdiği kadar. Tekrar sarıldığında ellerimi siper ettim göğsüne karnımı gizlemek adına. O ara şükür uçak anonsu yapıldı. Elimden tuttu sevgiyle…

Ali'm yürürken, "Abi, bizim kızın Eti Puf hâli nasıl?" dediğinde, "Sen kendine bak kutup ayısı," dedi büyük keyifle. Gözleri beni baştan aşağı süzmeyi ihmal etmedi. Anlamadı! Sedat'ın değme keyfine, "Sen her zaman güzelsin. Kilo yakışmış benim Duyguma," dedi mutlulukla. Ali'm, "Ben o sarı cadının dilini koparsam yeridir. Taktı bize kutup ayısı diye, yapıştı üzerimize," derken ben kendi derdimde. Korkudan, *Anlamasın ne olur! Anlamasın,* diye dualar edip adaklar adamaya başlamıştım. Sedat'ın hâlâ gözlerine bakıyordum. "Canom, iyisin değil mi? Bir sıkıntın var mı?"

"Yok… iyiyim," dedim gözlerimi kaçırarak. İyiydim, yalan değil, sadece hamileydim ki bu sıkıntı sayılmaz. Gözlerimi kaçırdığımda tedirgin oldu, ama bir şey sormadı. Gözlerini üzerimde hissettikçe elimi çekip ondan iyice uzak durma hissi çoğalmaya başladı. Kollarına alacak diye ödüm patlıyordu. Kollarında olmayı dilerken ondan uzak durmaya çalışmak tam bir eziyetti.

Uçakta yan yana oturduğumuzda Deniz'in bol eşofmanına şükrettim. Sedat sessizleşmiş, gözleri yüzümden ayrılmıyordu. Sessizce oturduk. Bu işkenceye sanırım akşama kadar katlanmak zorundaydım. Gece beni kollarına almak istediğinde bir şekilde söylemek zorunda kalacaktım. Bir yanım onun yanında kalmak için hamileliğimi saklamak isterken, bir yanım haykırarak korkularımı yırtıp atmaya çalışıyordu.

"Deniz nerede?" dedim kendi derdimden sıyrılarak. Sedat'ın yüzünde ölümcül bakışlar belirdi.

"Düşünme artık!"

"Sedat?" dedim. Özlemişim adını bile hecelemeyi.

"Hımm," dedi kolunu omzuma atıp beni sardığında aynı ses tonuyla. Yüz yüze gelecek şekilde yüzümü kaldırdım. "Ona bir şey yapma, ne olur," dediğimde gözleri dudaklarımdaydı. Uzandı ve hiç de uslu şekilde öpmedi. Dili ağzımın içini talan ederken bedenim onunla bütün olmak için ruhum gibi çırpınıyordu. Sakalları dudaklarıma değerken dudakları zevkini çıkarıyordu. "Duygum," dedi dudaklarımdan ayrılarak burnunu şakağıma koyup gözlerini kapattığında.

"Sensiz ben bir hiçim be Duygum!" Gözyaşlarımı gözümü kapatıp geldiği yere göndermeye çalışarak göğsüne yüzümü yasladım. Aklıma, ruhuma kazınmasına istercesine kokusunu çektim ciğerlerime…

"Sedat?" dedim tekrar.

"Söyle Canom?"

"Deniz…"

"Levent yanında, babasıyla karayoluyla İstanbul'a gidiyorlar."

"Sonra?" dedim korkarak.

"İsviçre'ye kliniğe yatırılacak. Levent bizzat onunla gidip yattığından emin olacak," dedi, ama soğuk ve öfkeli bir sesle.

"Kızma ona!"

"Nasıl kızmam Duygum?"

"Kafasında bir dünya yaratmış, benim onu sevdiğime inanıyor. Kendini beni ondan senin ayırdığına ve senin bana eziyet ettiğine inandırmış, hem bu ilk değilmiş! İngiltere'de de böyle bir saplantılı olayı varmış."

"Vay manyak vay!" dedi Sedat dişlerini sıkarak.

"O iyi biri, bana elini sürmedi!"

"Canom, benim için hiçbir önemi yok."

"Biliyorum, ben Deniz'in sağlığı için söylüyorum," dedim gülerek.

"Kızım, adam bizi ayırdı, sen halen onun için konuşup duruyorsun."

"Seni biliyorum, kolunu bacağını kırmadan rahat etmezsin."

"Etmedim zaten," dediğinde irkilmiştim.

"Ne yaptın Sedat ya!"

"Bırak, o kadar olsun! Öldürmediğime dua etsin."

"Söyle!"

"Sanırım burnu ve omzu…"

"Of ya!"

"Duygu bak yeni geldin, canımı sıkma. Adam seni aldı benden! Seni! Nefesimi aldı. İstanbul götüyle güldü lan!" dediğinde sustum, ne diyeyim. Bizim özlem buraya kadar, ama kavga edecek hâl mi var bende, düşmüşüm kendi derdime! Bir bilse!

Atatürk Havalimanı'ndan yola çıktığımız anda telefonlar çalmaya başladı. Ali'm arabayı kullanırken, Bekir öne geçti. Sedat ve ben arkaya, aramıza elimdeki kitabı koyduğumda sanırım rahatsız oldu, ama bir şey demedi. Zaten telefonlardan fırsat bulamadı. "Selma, al konuş, ne ağlıyorsun yine, sütün gidecek, tövbe tövbe!" dedi. Bekir bana telefonu uzattı. O sırada Ali'm, Aslı'yla; Sedat, Hacer Ana'yla konuşuyordu. Selma üç ay hiç aklımdan çıkmamıştı. Onunla doğum planlarımızın hepsi suya düşmüştü ya, neyse sağ salim doğurmuştu. Darısı benim başıma! Telefonu elime aldığımda hıçkırıklarını duydum. "Ya sen doğurdun, hâlâ ağlıyor musun?" dediğimde ağlamaya karışmış gülme sesiyle, "Duygu sensin!" diye haykırdı Selma, o ara Ali'min bağırmasından Selma'yı duyamadım, ama galiba telefondan Aslı'nın sesini duyuyordum.

"Lan Aslı, madem Selma'nın Duygu'yla konuştuğunu duyuyorsun, bana ne soruyorsun! Senin dilini koparmak farz oldu," dedi ve sanırım Aslı yüzüne kapattı. "Selma geliyoruz yarım saate," dedim.

"Duygu çabuk gel! Oyalanma bak," dedi Selma heyecanla.

"Tamam canım," dedim. Bekir sırıtarak, "Kadro tamam, üç aydır rahattık. Belaya hazırlanın," dedi.

Sedat artık dayanamadı ve ortamızdaki ansiklopedi kalınlığındaki kitaba aldırmadan, omzuma elini atıp beni kendine çekti.

"Bela senden gelsin be Duygum!" dedi saçlarımdan öperek. İçimden, *Bela da neymiş? Sen papazı buldun Sedat! Hamileyim,* diye bağırmak geldi. Yutkundum. Bencilliğimin kılıfı özlemdi. Onu öyle özlemiştim ki hamileliğimi en azından bu geceye kadar saklayabilirdim. En azından onun yumuşak bakışlarıyla avunabilirdim. Hamile olduğumu öğrendiğinde bebeği istemeyecek, ben ömrümün sonuna kadar ona hasret kalacaktım.

Şile'deki çiftlik aklımdan çıkmıştı. Yol uzadıkça, Sedat'ın yanında ve kollarında olmak işkenceye dönüşüyordu. "Nereye gidiyoruz?" dedim usulca kollarım karnımın hemen üstünde birleşmiş dururken.

"Şile'deki çiftlikteyiz artık. Konuşmuştuk hatırlarsan," dedi Sedat. Bakışları karnımda kelebeklerin uçmasına sebep oluyordu. Aylardır onsuz kalmanın getirisi, her türlü özlemi yaşamak, bu olsa gerekti. "Bakma öyle," dedim fısıltıyla. Dudakları kulağımı gıdıklarken nefesi tenimi yakıyordu.

"Bakmakla kalmak istemiyorum."

"Sedat…" dedim yutkunarak.

"Hımm," dedi dudakları boynuma kayarken.

"Bana biraz zaman ver," dediğimde meraklıydı.

"Ne için?"

"Üç aydır sensizdim! Alışmalıyım," dediğimde bozulmuştu.

"Ta… mam," dedi, belki de hayatında ilk defa kekeleyerek. Duruşu dikleşti ve kolunu sırtımdan çekti. Sıcaklığı bedenimden yok olurken, ruhum ondan ayrılmamak için sessiz çığlıklarla avaz avazdı. Ayrılığın ilk rüzgârı içime dolmaya başlamıştı. Kollarımı karnımda iyice birleştirip bebeğimden güç almaya çalıştım. *Allahım, lütfen bir mucize istiyorum! Bebeğim için…*

Ona bakmaya çekinerek, "Kızdın mı?" dedim. "Ben sana kızmam Canom, gözümün önünde ol yeter," dediğinde ağlamak istiyordum. Bir şey söyleyecek ne kelimem ne gücüm kalmıştı. Başımı camdan görünen manzaraya çevirdim. Çiftliğe vardığımızda Selma ve Aslı zaten kapıda bekliyordu. Sırıtmadan edemedim.

İkisini de gerçekten özlemiştim. Araba durduğunda kapımı Selma açtı, bana öyle bir sarıldı ki! "Seni artık gözümün önünden ayırmam," dedi hıçkırarak.

"Bak ya! Suç bizde kaldı, iyi mi?" dedi Bekir.

"Tabii ki sizin hatanız, üç kişi bir kızın kaçırılmasına..." dedi, Sedat'ın yüzüne baktığında sustu. Ben kıkırdıyordum. "Selma zayıflasaydın," dedim, çünkü hiç doğum yapmamış gibiydi. "Sen de kilo alsaydın," demesin mi? *Çenen tutulsun Selma!* Ali'm yetişti imdadıma. "Böyle daha güzelleşmiş di mi?" dedi sırıtarak. O sırada Aslı güleç yüzüyle yanıma yanaştı. "Hoş geldin," dedi ve üzerime atladı.

"Sen yokken buralar gerçekten çok ıssız. Bu kutup ayısının hakkından ancak sen geliyordun. Geldin ya, artık rahat ederim."

"Yahu bırakın kızı rahat!" dedi Bekir bezginçe.

"Bırakmasınlar," dedim ciyaklayarak. Gözümün kıyısıyla Sedat'a baktım, çünkü onunla beni yalnız bırakmak isteyebileceklerini düşündükçe ödüm patlıyordu. Gözlerinde aşk vardı, ama tedirgindi bakışları. "Bebeği görmek istiyorum," dedim heyecanla.

"Ay, aynı ben, hiç babasına çekmemiş. Yakışıklı yani!" dedi Selma, ama gözü karnıma takıldı. Elim ayağım birbirine girmişti. Ondan kaçmazdı ki gözümün içine içine baktı. Panikle, "Hadi, beni çabuk tanıştır Selim Bey'le," dedim gülümseyerek. Selma, "Bekir, siz de dışarıdan bir şey söyleyin yemek için, Mücella Abla izinli," dedi. Bekir biz eve geçerken, "Ya sabır" çekiyordu.

Tabii Selma merdivenlerde bana tekrar sarıldı. Karnıma değdi bedeni, yüzünün rengi attı, ama anlam veremedi. Arada kaldı belli! Ya yeminle bu kız medyum, üfürükçü ve bilumum dedektife taş çıkaracak derecede bir hatundu.

Beni odasına soktuğunda başka bir kapıdan bebeğin odasına girdik. Allahım, bembeyaz, küçük mavi bulutların süslediği bebek kokusu sinmiş bir oda. Daha bebeği görmeden gözlerimden yaşlar akmaya başlamıştı. Selma yüzüme bakmadan sildim yaşlarımı. "İşte Selim," dedi Selma yatağın içinde altın saçlı beyaz tenli bebeğe başka bir aşkla bakarak. Bebeğe gülümsedim, ama Selma'nın bebeğe bakışına takıldım. Onun Bekir'i hayattaki her şeyden çok sevdiğini görmüştüm de bu başka bir aşktı.

"Anne olmak farklı olmalı," dedim.

"Çok," dedi Selma, o ara bebiş uyandı. Gözlerini açar açmaz gerinmeye başladı. "Alabilir miyim?" dedim heyecanla.

"A-ha, artık eşzamanlı dadısı sensin. Yani halası olmak dışında," dedi Selma alayla.

"Çok sevinirim," dedim. Bebeği yatar pozisyonda yere paralel olarak kucağıma aldım. Ağzı sağa sola, göğüslerime sürtünüp duruyordu. Oy, ben yerim o küçük ağzı!

"Selma bu ne yapıyor böyle ya!" dedim kıkırdayarak.

"Kızım malın iyisini anlar benim oğlum," dedi ve bana uzandığında eli bebeği alırken karnıma çarptı. Selma'yla göz göze geldik. Yüzüm kesin mosmordu. Bebeği kucağımdan almadan elini pat diye karnıma koyduğunda ateşe değmiş gibi çekti. "Bu ne?" diye resmen çığlık attı.

"Selma yavaş!" dediğimde çoktan içeri Aslı girmişti.

"Heh, bir sen eksiktin!" dedim. Tabii alındı. "Ben... şey... bebeğe," dedi ve arkasını dönüp, "Ben çıkayım," demesin mi?

"Aslı gel! Lütfen..." dedim, bebek kucağımda yanına gidip. Selma'nın yüz sapsarı, konuşmaya başladı. "Yok canım! Deniz sana tecavüz bile etse o karnın bu kadar büyümez, mümkün değil," dedi ve kendi kendine konuşmaya başladı. Bir eli diğer elinin parmaklarında hesap yapıyordu. "Üç ay, yok canım!"

"Ya aptal aptal konuşma! Deniz bana elini bile sürmedi."

"Bu ne o zaman?" dedi yine ciyaklayarak.

"Yırtınmadan konuş ya!" dediğimde Aslı, "Deniz sana tecavüz mü etti?" diye sormasın mı? "Ya valla siz adamı öldürteceksiniz Sedat'a! Bir susun ya!"

"Birincisi Deniz'in eli elime değmedi. Anladınız mı?"

"Evet," dedi Aslı. Selma kafayı salladı, ama eli halen parmaklarında.

"İkincisi sizce biz Sedat'la geceleri pişti mi oynuyorduk ki direkt Deniz'i suçluyorsunuz?"

"Ben suçlamadım, Selma söyledi," dedi Aslı.

"Ya sen nasıl bir satıcı çıktın başıma Aslı ya!" dedi Selma sinirle.

Onlar kendi aralarında kavga ededursunlar, ben konuşuyordum. İsteyen dinlesin. "Tahminime göre beş ya da altı aylık hamileyim ve ikinizden başka kimse bilmiyor. Sanırım gece Sedat da öğrenecek ve sanırım onunla ilişkim bitmiş olacak," dedim acıyla.

"Anlamadım," dedi Selma.

"Neyini anlamadın Selma! Hatırlasana, bebek konusu geçtiğinde adam ya ben ya bebek demeye getirmişti. Bebek istersen, beni unut demişti."

Selma sesini çıkarmazken Aslı, "Oha, kavgada söylenmez!" dedi hayretle.

"Dur be kızım, yangına benzinle gitme!"

"Selma, lütfen Bekir'e söyleme, sen de Ali'ye, zaten bu gece sanırım Sedat dayanamaz, yanıma gelir ve kıyamet kopar."

"Bence o yanına gelmeden söyle."

"Ben onu çok özledim. Biraz vakit geçireyim onunla diye söylemiyorum, ama eninde sonunda öğrenecek," diyerek kucağımdaki bebeğe iyice sokuldum. Selma, "Ya ben sana kıyamam ya!" dedi.

"Ya iyi de bu adam bebek istemiyorsa niye Selim bebeği deli gibi seviyor," dedi Aslı.

"Seviyor mu?" dedim hayretle.

"Valla seviyor. Hatta Bekir kucağına alamazken Sedat kaç kere kucağında uyuttu," dedi Selma.

"Şaka gibi," dedim hayretle. İçimde korku azalacağına daha da büyüdü. Acaba benden olma çocukları mı sevmiyordu? Allahım, böyle bir salak düşünce olabilir miydi? Artık ne düşüneceğimi şaşırmıştım. O arada Selma bebeği emzirmeyi bitirmişti. Tabii küçük melek anne kokusuyla tekrar uykuya daldı. "Selma, benim odam neresi?" dediğimde Selma, "Eyvah!" dedi.

"Ne oldu?"

"Biz Sedat'la ikinize bir oda yaptık," dediğinde ona kızma gibi bir şansım ve hakkım yoktu ki! "Zaten gece o bensiz uyumaz, bu gece söyleyeceğim," dedim üzüntüyle. "Hadi, o zaman huzurla gir bizim banyoya, yıkan, ben de sana kıyafet ayarlayayım. Yarın da ilk önce doktora, oradan alışverişe…"

"Ne doktoru?" dedim. *Aklım bir dünya…*

"Kızım sen hiç bebeğin sağlığını, cinsiyetini merak etmiyor musun?"

"Sağlığı, evet, ama cinsiyeti ne olursa olsun benim bebeğim. Hem sen de öğrenmemiştin."

"İyi sen de öğrenme o zaman."

"Yok, ölürüm meraktan," dedim ve soyunmaya başladım. "Allahım, hamilelik sana çok yakışmış kızım ya!" dediğinde Aslı, "Kutup ayısı adam olsaydı, ben de yapardım," demesin mi? *Ya bu kız gerçekten komik ya!*

"Kızım sen elindekinin kıymetini bilmiyorsun," dedi Selma.

"Ay tuzlayayım da kokmasın," dedi Aslı. *Allahım, kızda çene bol.*

"Kokmaz, kokmaz, ama başka gülleri koklayabilir!" dedi Selma.

"Benim Ali'm yapmaz öyle şey!" dedim. Sutyen don kalmış, saçlarımı açıyordum.

"Ay Duygu, sen harbiden kilo almışsın," dedi Selma. Kendimi kötü hissettim.

"Ne yapayım, ye, otur! Ye, otur! Ayrıca konumuz Ali'm," dedim suçlu suçlu.

"Yarın doktorla bir konuşalım, seni toparlayalım. Yoksa yuvarlamamız gerekecek." Ay ben konuyu değiştiremeyecektim, Selma moda girmişti.

Aslı, "Umurumda değil, istediğini yapabilir, beni rahat bıraksın da" dedi, ama suratı sirke satıyordu. Sanırım Selma onlardan bunalmış, hiç oralı olmadı.

"Gebiş, hadi gir banyoya," dediğinde dondum. *"Gebiş" dedi bana ya!*

"Hiç komik değil!" dedim ve burnumu kaldırıp banyoya girdim. Banyoyu fazla uzatmadım. Çıktığımda Selma ve Aslı almışlar ortalarına bebişi, yatağa uzanmış, beni bekliyorlardı. *Âlem bunlar ya!* Bana da yer açın diyeceğim, ama Selma beni görünce ayaklandı. Dolabına kafasını soktu ve elindeki kıyafetleri görünce diken yutmuş gibi, "Hayır! Olmaz hamile kıyafetleri giyemem," dedim.

"Bunlar benim dokuz aylık hamileyken giydiklerim," dedi beni hiç duymamış gibi.

"Anlarlar ama ya!" dedim isyanla. Bu kızın kulaklarında bir sorun olabilir miydi?

"Anlamazlar, senin karnın fazla yok! Kilo almışsın gibi. Güven bana."

"Selma giymek istemiyorum."

"Giy, yoksa Sedat'a söylerim," dediğinde gözlerini kısmış, bana bakıyordu.

Allahım, itiraf ediyorum, kendimi iyi hissetmiştim. Haftalardır eşofmanlarla dolaşmaktan ruh halim iyice bozulmuştu. Gerçi çok kilo aldığımı şimdi daha iyi anlıyordum. Sanırım yemek yemeyi kesmenin zamanı gelmişti.

Allahım bütün gece Sedat'ın gözüne baktım durdum. O güldü, içim aydınlandı. Göz göze geldik, bittim. Bakışlarımı kaçırmaktan başka bir şey gelmedi elimden. Başka çare bulamadım. *Konuşmalısın,* diyorken aklım, çenem kitlenmiş gibi duygularıma yarenlik ediyordu. Biraz daha, biraz daha diye...

En nihayetinde gece oldu ve kızlar gözümün içine baka baka iyi geceler dileyerek odalarına çekildiler. Sedat koltukta, çay bardağı elinde durgun. Anladı tabii, eşek değil ya! Neredeyse ona yapışık dolaşan ben, bütün gün köşe bucak kaçmıştım.

"Uyumayacak mısın?"

"Sen yat Duygum."

"Sedat!"

"Söyle Canom!"

"Konuşmalıyız," dediğimde gözlerim doldu. Aklımda sonu ayrılıkla biten bir sürü senaryo belirdi. Senaryoların hepsi âşık olduğum kömür karası gözlerin bana nefretle bakmasıydı.

"Duygum, daha bugün geldin! Konuşuruz!" dedi ve yerinden kalkıp oturduğum koltuğun kıyısına oturdu, ama benden uzak durdu. Bir o kadar uzak...

"Sen bir yeni evine alış, oturur, uzun uzun konuşuruz. Benim gitmem gerek."

"Nereye bu saatte?"

"İş."

"Gitmesen?"

"Olmaz. Hadi sen uyu," dedi ve tedirgince uzanıp saçlarımı koklayıp kalkıp gitti. Bildiğin bok çuvalı gibi oturduğum koltukta öylece kaldım. Sedat kırgındı. Kırılmıştı ve bana anlayışlı olmaya çalışıyordu. *Niye hep vicdan azabı çeken, suçluluk duyan ben oluyordum! Niye hep giren çıkan bana,* diye isyan etmek istedim. Ayaklarımı sürüye sürüye yukarı çıktım. Yatağa uzanıp uyumaya çalıştım, tabii ki dönüp durdum, uyuyamadım. Uyuyamayacağıma emin olduktan sonra ilk Sedat'ı aramak geçti içimden, şimdi onun kollarında olmalıydım, ama ben burada oturmuş arasam mı aramasam mı diye düşünüyordum. Karnımda kıpırdayan bebişe güldüm. "Seni yaramaz, babanı kaçırdın anneden," dedim ama gözümden yaş dökülmesini engelleyemedim. Onu aramamak için kendimi kandırdım. Gece ona gerçeği söylediğimde deli gibi bağıracak, herkesi uyandıracaktı. Sabah söyleyecektim. Konsolun üzerinden kitabımı elime aldım ve sırtımı yaslayıp okumaya başladım. Kitap ne kadar güzel olursa olsun, kendimi veremiyordum. Konsola koydum ve başucumda duran telefonu elime aldım ve tuşlara bastım. Kapalı... Sedat da değişiyordu, tıpkı benim gibi. Zaman bize iyi gelmeyecek, aramızdaki duvarlar gittikçe yükselecekti. Bebeği saklasam da, saklamasam da! Gözyaşlarıma izin verdim, ne ara uykuya daldım, bilmiyorum.

Kaderde varsa düzülmek,
neye yarar üzülmek!

Sabah gözlerimi açamadığımda, Selma tepemde bıdır bıdır konuşuyor, bir yandan panjurları açıyordu. "Selma of ya!" diye bağırdım, ama hatun oralı bile olmadı. Panjurları açıp güneşin içeri dolmasına izin verip ışığımı kapattı.

"Günaydın gebiş," dedi yine ya!

"Açma lütfen, bırak uyuyayım," dedim mutsuz ve çatlak sesimle.

"Doktordan randevu aldım. İki saat sonra…"

"Ya ne acelemiz var?"

"Kızım develerin üçü de evde yok. Fırsat bu fırsat. Bekir'e zaten benim kontrolüm dedim. Kalk hadi!"

"Selim ne olacak?"

"Mücella Abla ve Nimet var."

"Nimet yeni herhalde?"

"Aslı'nın dadısı."

"Bu kız gerçekten hapis büyümüş ha!"

"Valla hapis kalmış ayrı da o kadar iyi ve saf ki! Senden bile saf, beni bir dinlese Ali fır dönecek etrafında ama bizim kız öküz!"

"Deme öyle ya!"

"Ali de zaten onun saflığına tutuldu sanırım."

"Güzelliğine değil yani," dedim sırıtarak.

"Ay kız bir bakışı var Ali'nin, kızı gözleriyle…" diyerek gülmeye başladı. Bakış dedi ya, içim cız etti. Sedat geldi aklıma. Dün gece çok kötü bir şekilde gitmişti.

"Selma, Sedat dün gece eve gelmedi," dedim suçlu şekilde.

"Benden uzak dur dedikten sonra ne bekliyordun ki?"

"Ben... konuşalım dedim, ama çok zamanımız var, sonra konuşuruz dedi."

"Bak, Sedat'ın kafasındakini az çok tahmin edebiliyorum."

"Neymiş?"

"Şimdi sen üç ay Deniz'le kaldın mı?" diye bana kaşlarını kaldırıp cevap bekledi, çok bilmiş Selma.

"Kaldım."

"Sedat'a onu öldürmemeleri için yalvardın mı?"

"Evet, çünkü öldürülmesini istemedim. Nereye varmaya çalışıyorsun?"

"Sen sorularıma cevap ver!"

"Tamam, of ya!"

"Sedat'tan uzak duruyorsun ve bana zaman ver diyorsun."

"Evet, çünkü hamileyim."

"Ama öyle anlamıyor."

"Nasıl anlıyor?"

"Senin Deniz'e karşı bir şey hissettiğini düşünüyor olmalı."

"Ne?" diye yataktan bir sıçrayışım vardı ki! Selma canı acımış gibi, "Yavaş be kızım, bebeğe yazık ya!" dedi ama dinleyen kim!

"Bunu bunu nasıl düşünebilir! Beni hiç mi tanımıyor!"

"Kızım erkeklerin aklı direkt sonuçtan soruya doğru çalışır. Kafaları ilk en kolay cevabı bulur, sonra üzerine çalışmaya başlar."

"O zaman onu arasam iyi olur, gece aradım, ama telefonu kapalıydı."

"Doktor işini halledelim ilk, Sedat biraz bekleyebilir," dediğinde hazırlanıp aşağı indik. Aslı hazırlanmış, okula gidiyordu. Ve Ali'm tepesinde, "Topla o saçlarını!" diye gürlüyordu.

Aslı, "Toplamıyorum!" diye bağırdı, tabii haklı. Ali'm hırsla, "Lan kime bağırıyorsun sen?" diyerek kızın koluna yapıştı. Kızın canının yandığı öyle bariz belliydi ki benim canım yandı. Canı yanmıştı yanmasına, ama yine de kendinden ödün vermeden koca devemin karşısında dik duruyordu. *Helal valla!*

Merdivenin başında, "Ali'm," diye bütün otoritemle gürledim ben de.

Eve dönmüştüm ve sanırım artık ailemi toparlama vakti gelmişti. Hoş, beni kim toparlayacaksa...

Ali'm, Aslı'nın üzerinden gözlerini çekmeden, "Günaydın güzellik," dedi. *Manyak ya!*

"Ali'm, bırak Aslı'yı," dedim, ama sesim gayet ciddiydi.

"Sen bu işe karışma!" dedi Ali'm. Onu hiç böyle sinirli görmemiştim. Hızla yanlarına yürüdüm ve, "Hangi işe?" dedim kaşlarımı kaldırıp. Ali'min gözlerinin içine bakıyordum.

Ali'm, Aslı'yı bıraktığında, "Hadi Aslı, sen git!" dedim. Aslı da az değil, sırıtarak gitmez mi... Ali'm iyice cinnet geçirdi. Bana sinirli sinirli bir bakışı var, başkası olsa şahadet getirir valla. Sanırım Selma'yı bu bakışlarla tırstırmış, ama bana sökmez. En şirin sesimi kullanarak, "Öğleden sonra beni dondurma yemeye götürsene," dedim küçük bir kız gibi. İlk aptala bağladı, ama sonra hemen sırıttı devem. Ali'm ters manyel buna derler koçum!

Sanki o cinnet geçirecek Ali'm değilmiş gibi, "Olur! Sen yeter ki iste! Seni almaya gelirim," dedi ve ayakkabılarını giymeye başladı.

"Ali'm sen hiç Sedat ve benim ilişkimden ders almayacaksın, değil mi? Hoş, Sedat senin kadar öküz değil ya neyse! Bu şekilde davranmaya devam edersen Aslı'yı kaybedeceksin, bunu düşün, olur mu?" dedim gözlerine bakarak. Durdu... Aslı konusunun canını sıktığı belliydi.

"Evlendik biz Çirkin, ne kaybetmesi?"

"Evlilik seni ne kadar bağlarsa onu da o kadar bağlar! Ne yani şimdi Sedat ve ben evli değiliz, aramızdaki bağ kopabilir mi?" dediğimde Ali'm, "Saçma!" dedi ve sustu. Oy, benim garip, sevgisiz, sevmeyi bilmeyen, öğrenmeye çalışmayan Ali'm...

"Bana gösterdiğin anlayışın yarısını ona göstersen, her şey yoluna girecek. O sadece sevilmek, değer görmek, senin tarafından beğenilmek istiyor."

"Benim kim olduğumu biliyordu. Concon olmadığım belli!"

"Sanki kız seninle isteyerek evlendi. Güldürme beni! Hem kimse sana salon erkeği ol demiyor. Bana gösterdiğin sevginin aşk versiyonunu ki bu içinde var, buna yüzde yüz eminim, ona göstereceksin."

"Seni çokbilmiş! Aslı'dan hoşlanabilirim, ama ona âşık değilim," dediğinde pis pis sırıttım ve, "Topla o saçını!" diye onu taklit ederek bağırdım. Sırıttı!

"Hadi Ali'm! Bu zamana kadar beraber olduğun hiçbir kadına böyle davranmadın. Dürüst ol!"

"Kafamı karıştırıp durma! Geldin yine!"

"Bağırarak, ona yasak koyarak, canını yakarak bir yere varamazsın. Hadi git öğlen, kafanı ütülerim," dediğimde sıcacık bana sarıldı ve, "İyi ki geldin," deyip çıktı.

O ara Selma merdivenlerden iniyordu. "Mücella Abla, mama yaparsın, sütümü sağdım, uyanınca onu ver! Bugün beni beklemeyin!" dedi sırıtarak ve, "Hadi, gidelim gebiş," dedi yine.

"Ya bak ağzın alışacak, olmadık yerde söyleyeceksin, al başına belayı!"

"Nasıl olsa bugün konuşmayacak mısın?"

"Evet, ama!" dedim, sustum. Aslında Sedat'la konuşmamak adına bahaneler üretmeye çalışıyordum. Tam arabaya bineceğiz, Sedat'ın arabası korumalarla ana kapıdan giriş yaptı. "Yakalandık," dedim. "Ses etme sen. Ben hallederim," dedi Selma. Sedat'ın üzerinde dün geceki takım elbise vardı, yüzünde halen kesmediği sakalla arabadan indi ve yanındaki adama bir şeyler söyleyip yanımıza doğru yürümeye başladı. Bakışlarındaki soğukluk beni paramparça etmişti. Sanırım Selma haklıydı. Sedat, Deniz'e karşı bir şeyler hissettiğimi düşünüyor olabilirdi.

Selma'ya, "Onunla konuşmalıyım," dedim.

"Bence de baksana haline, perişan, doktoru öğleden sonraya alalım", dedi ve içeri girdi. O sırada Sedat yanıma geldi ve sesini tutabildiği kadar iyi tutarak, "Günaydın Canom," dedi.

"Günaydın, gelmeseydin," dedim sinirle. Tabii bunu beklemiyordu. Ona her zamanki gibi davranmak istiyordum. Bebeğimizi istemiyor olabilirdi, ama ben ona hiç kızamazdım ki!

"İş," dedi

"Beni üç ay görmüyorsun, sonra gece eve gelmiyorsun, iyi valla!" dediğimde şaşkındı.

"Kızım delirtme adamı! Sen benden uzak dur, demedin mi?"

"Dedim!" ağlamak üzereydim.

"Ne o zaman?" diye kükredi.

"Dinlemek zorunda mıydın? Hiç mi naz yapamayacağım?" dedim ve sinirle arkamı dönüp eve yürümeye başladım. Ne yapıyordum ben ya? Hamileliğimi görmezden geliyordum ya, pes! Oysa söyleyecek cesareti bir toplasam! İçim *söylesene*, diye bağırırken korkum yine her şeyi yenmiş, zafer turu atıyordu. Bana yetişmesi zaten üç adım, kendine sarması saniyeler... "Canom! Sensiz ölüyüm ben!" demesin mi? *Nasıl söylerim ya! Söyleyemem, az daha sarılsın!* Hatta öpsün derken, "Seni çok seviyorum ben, biliyorsun, değil mi?" dediğimde gözleri parladı.

Çenemi yüzüne kaldırıp bir çocuk mutluluğunda, "Gerçekten mi?" dedi.

"Herhalde öküz!" dedim, dudaklarına ben yapıştım. Yine ellerim göğsünde ona huzurla sarılamıyordum, ama umurumda değildi.

Nefesim kesildiğinde, "Sakalların..." dedim acıyla, çünkü canımı yakmıştı.

"Keserim bugün," dediğinde sırıtıyordum.

O sırada telefonu çaldı. Dinledi. "Tamam Ali, adamı alıp tapuya götür, ya senin ya Bekir'in üzerine geçirin malları," dedi ve dinledi.

"Lan getirtmesin beni oraya, sikerim belasını!" dedi ve yine dinledi.

"Tamam geliyorum," dedi ve kapattı. Yine konuşamayacaktık, *yaşasın*, dedim içimden ama, "Gitme, konuşmalıyız önemli," dedim.

"Canom bir saate gelirim," dediğinde, "Tamam," dedim huysuzca. Devem sanki yeniden doğmuştu. Sedat arabaya binene kadar bekledim. Selma çiftliğin kapısından bana doğru yürüdü ve, "İşi çıktı!" dedim sinirle.

"Vardır bunda bir hayır, hadi gel biz doktora geçelim. Doktoru aramadığım iyi oldu," dedi. Doktor aç gelin dediği için, bizim kahvaltı suya düştü tabii. Yazık Selma da, "Çıkışta bir yerde beraber yaparız," dedi.

Hastanenin kapısında doktorla tanıştık geldik. Oha! Doktor *doktor değil, aktör mübarek.* Selma'yla göz göze geldik, sırıttı ya!

"Merhabalar Selma Hanım," dedi melodik sesiyle. *Doğurt beni Cenk!* diye bağırasım geldi. Ne yani, sadece erkekler mi güzel kadın görünce mest olur! Allah Allah! Bizim de gözümüz var, değil mi ama! Selma benden kıkırdak.

"Ay Cenk Bey! Çok teşekkürler, sizi de yorduk," dediğimde Cenk Bey beni süzdü.

"Anne adayımız Duygu," dedi Selma.

"Merhabalar," dedi Cenk Bey ve elini uzattı.

"Merhaba," dedim sırıtarak. Eriyerek desem daha doğru olur. Selma uyuzu, "Duygu, benim görümcem olur! Aynı zamanda Sedat Bey'in eşi," demesin mi?

"Eşi mi?" dedim fısıltıyla.

"Üf, karıştırma işte!" dedi. Adam Sedat'ın adını duyunca bir gerildi tabii.

Selma, hay senin çenene! "Cenk Bey, Duygu'nun özel nedenlerden dolayı hiçbir kontrolü yapılmadı," dediğimde, "O zaman ilk tahlillerden başlayalım. Sonra muayeneye geçeriz," dedi. Bir saatin sonunda bütün tahliller yapılmış, sonuçlarını beklerken ofise geçmiştik.

"Bebeği görmeye hazır mısınız?" dediğinde Selma'yla göz göze geldik.

"Evet," dedim heyecanla. Arka tarafta iki hemşire vardı. Tabii gerildim. Bebeğin heyecanıyla bedenimdeki izleri unutmuştum.

Derin bir nefes alıp karnımı açtığımda hemşireler şokla bana baktılar. Nasıl bakmasınlar ki? Cenk Bey, Selma'yla içeri girdiğinde ayrı bir şok! Adamın sanırım eli ayağına karıştı. Soracak, soramadı.

"Ne yapacaktık?" dedi aptala bağlamış bir şekilde.

"Bebeğe bakacaktık," dedi Selma.

"Ah, evet ultrason," dedi, gözleri karnımdaki izlerde.

Karnıma bir tüpün içinden bir jel sıktıklarında, Cenk Bey elindeki aleti karnıma sürmeye başladı. Boğuk seslerle birlikte pıt pıt atan sesi duyduğumda sevinçten ağzım kulaklarımdaydı. "Bu ses?" dedim merakla.

"Kalbi," dedi gülerek. Biraz baktıktan sonra aleti oradan oraya kaydırıp göstermeye başladı. "Kolları burada, bacaklar, kafa gelişimi iyi," dedi ve, "Cinsiyetini öğrenmek ister misiniz?" dediğinde heyecanla kafamı salladım.

"Güçlü bir kız!" dediğinde gözyaşlarımı tutamıyordum. Selma'yla göz göze geldiğimizde her şey aklımdan uçup gitti ya benim! "Selma, duydun mu, bir kızım olacak!" dedim sevinçten hıçkırarak.

"Duydum! Ay saçlarını uzatırız di'mi?" dediğinde onun da gözleri yaşlıydı.

"Büyüdüğünü görelim de bir saçının uzaması kalsın," dedi Cenk Bey ve biz kahkahalara boğulduk. Adamı da iki dakikada kendimize benzettik yani! Giyindim ettim, ağzım kulaklarımda. Anne olmadan karnımdaki varlık hayatımı cennete çevirmişti. Doktorun ofisine geçtiğimizde tahlillerin bir kısmı gelmişti. Doktor koca cam masasının arkasında bir kaşı havada evrakları incelerken, ben tırnaklarımı yiyordum. Selma sinirle, "Yapmasana!" dedi beni azarlayarak.

Cenk Bey gülümsedi. "Kilonuzdan başka dikkat etmeniz gereken hiçbir şey yok. Bebeğiniz gayet sağlıklı, size verdiğim diyet listesini uygulayabilirsiniz," dedi direkt. Fazla detaya girmedi. En son diğer tahliller için haber vereceğini söyledi.

Tam toparlandık, tokalaştık, görüşmek üzere dedik. Doktor elimi sıkarken, "Duygu Hanım, bedeninizdeki izleri yok etmek..." dedi.

"Teşekkür ederim. Doğumdan sonra inşallah," dedim gülerek. Selma, "Görüşürüz Cenk Bey!" dedi ve çıktık.

"Ay Duygu, bir kız ha!" deyip koluma girmiş, biz şen şakraktık. Eve gelmemiz saat üçü buldu da ev bir telaşlı. Arabadan indiğimizde Bekir küp gibi sinirli.

"Kızım deli olacağım, bu kadar saat neredesiniz? Bebek çatladı ağlamaktan," dedi.

"Bekir, arasaydınız ya!" dedi Selma telaşla.

"Sedat uyandı, o susturdu. Herif tam bir susturucu!" dedi Bekir.

"O evde mi? Hani işi çıkmıştı?" dedim merakla.

"Dün gece hiç uyumamış, işi bitti, geldi. İyi ki buradaydı, yoksa Selim'in susacağı yok," dedi Bekir ve sinirle içeri yürüdü, Selma peşinde, tabii ben de. Salona girdiğimde gördüğüm manzara sanırım beni benden almıştı. Benim devemin omzunda beyaz tülbent, eşofmanı üzerinde, saçı başı dağılmış, ayağı çıplak, kucağında yanağı omuzuna sarkmış, iki dev avucuna sığan bir melek! Allahım, çok güzellerdi ya! Kızımızı da böyle tutmasını gönülden istedim ve için için sessizce dua ettim. N'olur Allahım, bebeğimizi de böyle kollarında göreyim! Ben salonun kapısında onları seyrederken, Selma usulca yanlarına gitti ve "Abi alayım," dedi. Sedat ona doğru döndüğünde benimle göz göze geldi. Yüzünün rengi mi kaçmıştı ne?

"Bir uyutmadı senin velet," dedi fısıltıyla. Selma onu takmadı ve bebeği alıp usulca yukarı çıktı. Sedat yanıma geldiğinde hâlâ aklımda bebeğin kucağındaki hâli vardı.

"Geç kaldın," dedi bana sarılarak. Beynim uyuşmuş gibiydi. Ben ne yapıyordum ya? Ağzımdan çıkmasını istediğim, *Hamileyim*, kelimesi sanırım inceltilmiş şekilde, "Ben de bebek istiyorum," olarak çıktı. Sedat adeta kurşun yemiş gibi bir adım geri attı.

"Duygu!" dedi sertçe. Gözleri kararmış, benden cüzzamlı gibi uzaklaşmıştı.

"Ne var? Evet, bebek istiyorum," dedim fısıltıyla.

"Bu konuyu daha önce konuşup bir karara bağlamıştık," dediğinde nevrim döndü.

"Sedat! Neyin kararı bu? Sen beni sensizlikle tehdit etmiştin, ben de susmuştum."

"Ben bebek istemediğimi söylemiştim. Sen de kabul etmiştin."

"Fikrimi değiştirdim. Bebek istiyorum," dedim kaşımı kaldırıp.

"Sonra konuşalım, olur mu? Gece uyumadım, başım çatlıyor. Neden gelip beni uyutmuyorsun?"

"Sen bir karar verene kadar seninle uyumayacağım. Kararını bana en kısa zamanda bildirsen iyi olur," dedim ve sinirle salondan çıktım. İstemiyordu! Çok acıdı ve ben onu zorluyordum. Eğer tamam derse ona hamileyim diyecektim. Eğer hayır derse zaten bir şey söylememe gerek kalmayacaktı. Hoş, baskı altında evet dese ne olacaktı ki? Kendimi kandıracaktım ve hayat boyu bebeğim ve Sedat arasında kalacaktım. İtiraf ediyorum, onsuz kalmaktansa buna da razıydım. Salondan hızla uzaklaştığımda nereye gideceğimi bilmez hâlde kendimi orman manzarasının huzur verdiği verandaya çıkmış buldum. Oradaki masaya geçip düşünmeye başladım. Düşündükçe Sedat'ı değil, kendimi hazırlamak için hamileliğimi sakladığımın farkına varıyordum. Ben onun bebeği istemediğini hazmetmeye çalışıyordum. Acı ama gerçek! Bir saat kadar sandalyede öylece oturdum. Sanırım kabullenişi yaşıyordum. Selma kendinden bezmiş bir şekilde Selim kucağında, gelip yanıma oturdu. Uzanıp bebeği kucağıma aldım.

"Hey yakışıklı, ver bir altdudak!" dedim sırıtarak. İçim kan ağlıyordu ve her zamanki gibi ben gülüyordum.

"Hop! Sulanma oğluma, yoksa kızına sarkar ha!"

"Ben bu oğlana on tane daha doğururum!" dedim kokusunu içime çekerken. Selma, "Söyle bakalım, aklında bir kız ismi var mı?" dediğinde içimdeki karanlık bir toz bulutu halinde uzaklaştı.

"Var," dedim hüzünle.

"Ay ne, bana da söyle!"

"Defne, annemin ismi," dediğimde Selma sessizce yüzüme baktı. Yaşadığım işkence dolu iki ayı ona anlatmıştım, ama ondan sonra geçirdiğim altı ayı ve sonrasını anlatmama gerek olmamıştı. Annemin intihar ettiğini bildiği hâlde beni nasıl dışladığından haberi yoktu.

"Ona kızgın olduğunu sanıyordum," dedi çekinerek.

"Değilim, artık onu anlayabiliyorum."

Ben Antalya'da kaldığım o köy evinde bebeğimi kabullenirken, annemi de kendi içimde affetmiştim. Annem babamı öyle sevmişti ki! Aynı benim Sedat'ı sevdiğim gibi... Sanırım bu aşk olayını annemden almıştım. Ben annemin yaşadıklarından ders alıp aşkım için bebeğimden vazgeçmeyecektim.

Onun için kızımın adı Defne olacaktı. Düşünmek beni bu zamandan alıp geçmişin acı dolu günlerine götürdü.

Develerimle hastanede geçirdiğim üç ayın ardından taburcu olacağım gün Sedat yirmi altı yaşında falandı. Allahım, Ali'm benim gibi tıfıl, daha on dokuzlarında! Bekir her zamanki gibi vakur, ağır abi! Üçü birden dikildiler karşıma. "Duygu bizimle gel," diyen Sedat'tı. Belli, aralarında konuşmuş, karar vermişler. Kabullenmişler yani beni.

"Olmaz," dediğimde alnım kaşındı, ellerim sargılı, daha henüz kullanamıyorum. Kaşımaya çalışırken Ali'm atladı. "Dur Çirkin, ben hallederim," dedi, bir güzel kaşıdı.

"Duygu! Annen iyi değil, gel bizimle!" diyen Bekir'di.

"Gelemem, annemi bırakamam. Onun yanında olmalıyım," dedim buz gibi bir sesle. Sessizce kabullendiler. Sedat beni usulca kucağına aldı. Üç aydır beni yediren, giydiren, banyo yaptıran adamın kokusunu o an özleyeceğimi anlamıştım. Ben Sedat'a o zaman âşık olmuştum ya! Nereden bileyim? Öyle yaralıydım ki... İkiyle dördün farkını ayıramazken, aşkı minnetle karıştırmam sanırım normaldi.

Arabaya bindiğimizde Sedat ilk defa yüzünü o gün boynuma gömmüştü. Bana sıkıca sarılmıştı. Çaresizce yalvaran sesi halen kulaklarımda, "Gitme Duygum! Yaraların daha taze, yanımda kal!" Onunla kalmayı, beni bırakmamasını öyle istemiştim ki! Gözyaşlarım yoktu, ama kalbim çoktan kanamaya başlamıştı.

"Annemi bırakamam."

"Onu da alırız," dedi bir ümit. Benim de içimde bir ümit belirmişti, ta ki evimizin kapısında beni öldürücü bakışlarla karşılayan annemi görene ve bana "keşke sen ölseydin," diyene kadar...

Altı ayın sonunda annem yanına yaklaşmama, ona sarılmama izin verdi. Nihayet kokusuyla huzura ermiştim. Cesedinin yanına uzanıp kolunu kaldırdım ve göğsüne uzanıp kolunu kendime sardım. Soğumuş bedenine sıkı sıkı tutunmadan önce üzerimizi örttüm. Gözlerimi kapatmadan, "Annem özür dilerim," diyebildim. Her şey düzelecekti artık! Annemle birlikte babamın yanına gidecek ve yine hep beraber olacaktık. Gözlerimi kapatırken bizim için başka diyarlarda küçük bir yer olduğunu ümit ettim.

Saatler geçtikçe, ara ara gözlerimi açıp anneme daha sıkı sarıldım. Sonraları gözümü açmaya halim kalmadı. Yavaş yavaş annemle babamın yanına varmaya başlamıştık ve ben artık daha huzurluydum. "Az kaldı baba geliyoruz," diye anneme gülümsedim ve tekrar gözlerimi kapattım. Hayal meyal Sedat'ın kucağında evden çıktığımı hatırlıyorum. Gözlerimi hastanede açtığımda yine beyaz oda, yine üzerimde hastane elbisesi!

Uyanmamla, "Ama annemle babamın yanına gidecektik," diye haykırdım. Sedat beni sarıp, "Bırakmam seni!" dediğinde hep sözünü tuttu. Beni hiç bırakmadı.

O sıralar bedenim yine iflastı. Ne bünye varmış arkadaş, ölemedim bir türlü! Sedat ve develerim yine bir ay başımda, bu sefer daha neşeli, daha bir manyak tabii...

Onlarla adım adım yaşama tutunurken Sedat'ın bakışlarını anlamamam sanırım benim salaklığımdı. Ne bileyim öksüz, ölmüş, ruh olan bana, kara kuru Duygu'ya âşık olabileceği ihtimalini bırak düşünmeyi, yanından bile geçmemiştim. Beykoz'daki evin üst katını o zamanlar pembeye boyatan Ali'm olmuş, içini oyuncak ayılar ve bilumum genç kız malzemeleriyle doldurmuş, deli!

Ben yukarıda aptalca odalara bakarken üç deve aşağıda kavga ediyordu. Usulca o gün merdivenin başına dikilip onları seyretmiştim.

"Abi, tavuk yaptırırız," dedi Ali'm.

"Lan her gün tavuk mu yaptıracaksın? Bu böyle olmaz, bir kadın gelsin yemek için," dedi Bekir.

"Abi bizim Eva çok güzel yemek yapıyor," diyen Ali'mdi. Tabii ensesine şaplağı yedi.

"Tabii boş zamanlarında Duygu'yla Laleli'de takılırlar! Tövbe tövbe," diyen yine Bekir'di.

Sedat, "Bir süre işlerle siz ilgilenin, ben Duygu'yla takılırım," dediğinde Bekir ve Ali kıkırdıyordu. Ah benim salak kafam! O zamanlarda onun kollarında olabilirdim.

Onlar kıkırdadığında ben de gülmüştüm. Tabii hepsi donmuştu. İlk şoku atlatıp hep beraber gülmeye başladığımızdan beri onlarlaydım. Üç deve ve ben...

Bekir gerekmedikçe konuşmaz, bağırmaz, sessizlikle, gözleriyle seven bir tip, her yemekte, "Ye babam, ye de iyileş!" demesi yok mu? Sedat her fırsatta alır sarılır, her gün kıyımdan ayrılmaz, gözümün içine bakar, çıplak ayakları, siyah eşofmanıyla yemek yaparken onu seyretmek ömre bedel. *Ya ben ona hep âşıkmışım ya!*

O mutlu günlere hiç özlem duymuyordum. Dolu dolu geçirdiğim mutlu günler için üç deveme minnettardım. Kucağımdaki bebeğin yeşil gözleriyle daha bir umut doldu, korku dolu yüreğim.

Selma, "Hadi, bir şeyler yiyelim. Defne acıkmıştır," dediğinde bebeği kucağımdan aldı. Birlikte mutfağa geçtik. Mücella Abla yemek yapıyordu. Elinde benim diyet listem vardı ve söyleniyordu. Beni görünce, "Kızım bu halin ne güzel! Bu ne böyle, insan bunları yerse valla yaşamaz," dedi memnuniyetsizce.

"Mücella Abla, birkaç ay sonra onu varil gibi yuvarlamak zorunda kalırız. Elleme!" dedi Selma kıkırdayarak.

"Varil ha!" dediğimde Sedat giyinmiş, çıkıyordu. Hani uyuya-caktı! Tabii bebek isterim deyince uyku tutmamıştır öküzü! Mutfağın kapısında, "Duygum iş çıktı, ben çıkıyorum," dedi sesindeki soğuklukla.

Üzerine gidecek ve en kısa zamanda bu bebek işini çözecektim. Yanına gidip, "Kaçta gelirsin?" dedim. Hiç sormam normalde.

"Bilmiyorum Duygum."

"Kaçıyorsun değil mi?" dedim gözlerine bakarak.

"Senden ne zaman kaçtım ben?"

"Yedi yıl kaçtın."

"Bel altı çalışma," dedi gamzeleri yine ortada, tam ısırmalık!

"İyi," dedim huysuzca.

"Asma suratını, gelince seni alıp kaçırayım mı?" dedi, beni sardığında ellerim yine göğsünde siperde bebeği anlamasın diye!

"Olmaz."

"Niye?"

"Bebek hakkında senden bir cevap almadan yanıma yanaşamazsın," dedim ciddi bir şekilde.

"Duygum yapma!"

"Bu konu kapanmayacak! İstiyorum ya da istemiyorum, olay bu!"

"Duygum bu konuda düşüncelerim ölünceye dek aynı kalacak."

"Yani?"

"Benim ve senin bir bebeğimiz olmayacak, son kararım bu! Sen de bunu artık kabullen! Sen ve ben."

"Sedat!"

"Hımm."

"Sen istesen de istemesen de benim bir bebeğim olacak, üzgünüm," dedim ve kollarından çıktım. Aptalca bana baktı. Aslında bir şekilde ona bebeğimin olacağını belirtmiştim. Tabii bağırması gecikmedi. "Taktın Duygu! Kapat bu konuyu, ben ne dersem o!

Bir bebek istemiyorum," diye kükredi ve çekip gitti.

"Sanırım artık gitme vakti," dediğimde Selma, "Saçmalama," dedi, yanıma gelip sarıldığında sanki suyu kesilmiş musluk gibi ağlayamıyordum bile.

"Selma, beni anlamalısın."

"Tamam, ama…"

"Aması yok, ben artık onunla burada kalamam."

"Ben de seni yalnız bırakamam ama…"

"Olmaz, ailenin dağılmasını istemiyorum."

"İyi de…"

"Gelir gidersin… İnan bana, iyi olacağım," dedim ve Selma çaresizce sustu.

Hayat devam ediyor

Kadıköy'e geçmem tam bir faciaydı. Levent direkt Sedat'a haber uçurdu tabii. Gelemeyecek bir yerdeydi sanırım, çünkü telefonda avaz avaz bağırdı.

"Lan sen beni deli etmeye mi çalışıyorsun kadın! Hemen eve dönüyorsun! Getirtme beni oraya!" O kadar bağırırıyordu ki Levent'in şoför koltuğunda yüzü bembeyazdı.

"Bağırman bitti mi?" dedim kanım çekilmiş gibi.

"Duygu! Ver Levent'i! Eve dönüyorsun!"

"Dönmüyorum! Sen bebek istemiyorsun, ben de seni istemiyorum, nokta. Beni zorla mı tutacaksın?"

"Beni istememe gibi bir lüksün yok senin! Hâlâ kafan basmıyor mu? Benimsin!"

"O zaman benim olan her şeye razı olman gerekiyor!"

"Lan neyine hayır dedim şimdiye kadar! Dön eve, delirtme beni!"

"Benimle düzgün konuş!"

"Ben akşam seninle hangi dilde konuşacağımı biliyorum! Bekle, sen bekle!" dedi ve yüzüme kapattı. *Öküz ya!*

Telefon kapandığında Levent'in arabayı sağa çektiğini ancak fark etmiştim.

"Niye durduk?"

"Ne bileyim Duygu? Nereye gidiyoruz?" dedi. Yazık Levent'e!

"Kadıköy'e tabii ki," dediğimde, "Duygu, abi beni öldürür," dedi.

"Bu senin problemin, istersen inip taksiye binebilirim," dediğimde çaresizce beni Kadıköy'e getirdi.

Apartmana girdim, sanki alarm çaldı. Bütün kapılar açılır mı ya? Gül Abla ve mağdur Nurten Abla başrolde.

"Duygu! Hoş geldin!" diye ciyaklayan Gül Abla'ydı.

"Hoş geldin, sensiz buralar hiç çekilmiyor," diyen Nurten Abla'ydı.

"Geldim, artık buradayım," dedim gülümsemeye çalışırak.

"Kız sen bir güzelleşmişsin," dedi Gül Abla. Sesimi çıkarmadım. Eve girdim. Yerleştim derken kapı çaldı. Allah ödüm karıştı, ama nereye hiç sorma! Delikten bakınca rahatladım. Gül Abla elinde bir tepsi içinde yemek, Allah dedim, tabii açım her türlü!

"Ne zahmet ettin Gül Abla!" dedim tepsiyi alırken. Meraklı turşucu, tabii kaç aydır ortada yoktum ya! Bir de gözleri üzerimde inceliyor. Ondan kaçar mı?

Bekliyor kapıda içeri alayım diye. "Girsene Gül Abla," dedim gülümseyerek.

"Duygu! Sen hamile misin?" dediğinde kaldım, yani ne söyleyeyim, yalan söylemeye gerek yok.

"Evet, Gül Abla, bir kızım olacak," dedim sevgiyle. Birine söylemek öyle rahatlatıcıydı ki!

"Ay, çok sevindim canım ya!" dedi, ama merakı törpülenmemişti tabii.

"Babası?" dediğinde, işte buna bir cevabım yoktu. Göğsümü gere gere Sedat demek istedim, ama daha onun bile haberi yoktu ki...

"Gül Abla, o benim bebeğim, yetmez mi?" dedim hüzünle. Belki de Gül Abla ilk defa duruldu ve, "Yeter canım! Yetmez mi? Sen güçlü ol. Evelallah büyütürsün. Biz de varız. Zaten seninkiler seni bırakmaz," dedi.

"Bırakmazlar, değil mi?" dedim gözümün kıyısında yaşlarla. Sarıldı bana! Öyle iyi geldi ki! Kırk yıl düşünsem Gül Abla'nın beni böyle rahatlatacağı aklıma gelmezdi. Gül Abla gittiğinde getirdiği yemekleri bir güzel mideme indirdim. Başlarım diyete! Sonra Levent'i aradım.

"Levent ne haber?"

"Duygu mümkünse benimle konuşma."

"Noldu yine?"

"Abi resmen yedi ceddime sövdü, daha ne olsun?"

"Of, tamam Levent, benim dolap tam takır. İneyim de bana yardım et markette."

"Olur, baş belası," dedi ve kapattı. Sırıttım tabii. Gerçekten kıyafet alma zamanım gelmişti, çünkü Selma'nın verdiği kıyafetler dünden beri üzerimdeydi. Aşağı indiğimde Levent'in yanında Ali'm ve Bekir binaya doğru yürüyorlardı. Harika!

"Kız Çirkin, valla kafanı gözünü patlatacağım, ne oluyor yine?"

"Of Ali'm ya, Sedat öncü kuvvet olarak sizi mi gönderdi?"

"Hayır, o seni öldürmesin diye biz gelip seni eve götürelim dedik," dedi Bekir.

"Dönmüyorum."

"Yapma güzelim ya! Sedat yine perişan."

"Değil Ali'm, olsaydı şu an bebeği kabul eder ve yanımda olurdu."

"Kızım var işte evde bebek!" dedi Bekir.

"Bekir yapma lütfen konu bu değil!"

"Sedat bebek istemiyor, konu bu," dedi Ali'm.

"Siz de ona hak veriyorsunuz, öyle mi?"

"Evet, haksızsın," dedi Bekir ve benim dayandığım duvarlar bir bir yıkılmaya başladı.

"Haksız mıyım?" dedim içim parçalanarak.

"Duygu, siz böyle aptal bir bebek mevzusu yüzünden bu hâle gelemeyecek kadar bağlısınız. Ona saygı göstermek zorundasın," dedi Bekir.

"Anne olmayı istemek benim en doğal hakkım ve bu konuda kimseye saygı göstermeyeceğim."

"Ya Sedat'ın bebeği olmuyorsa?" dedi Ali'm.

"Ne!" dediğimde Bekir, Ali'ye, "Lan salak salak konuşma!" diye çıkıştı.

"Abi, varsayım üzerine konuşuyorum. Tut ki motor bozuk, o zaman onu bırakır mıydın?"

"Tabii ki bırakmazdım."

"O zaman öyle düşün ve evine dön be Çirkin!"

"Ya sen neyin kafasını yaşıyorsun Ali'm ya!"

"Sen neyin kafasını yaşıyorsun! Yetmedi mi yaşadığın acılar? Sedat'sız kalabilecek misin?"

"Başka çarem yok," dedim çaresizce.

"Lan yürü eve, bir de Türk filmine döndürme aşkını," dedi Ali'm.

"Bu sefer sanırım siz de onun yanındasınız."

"Kızım taraf maraf yok, abi haklı," dedi Bekir.

"Gidin ve bir daha gelmeyin o zaman," dediğimde iki devemde renk menk attı.

"Duygu! Ne dediğinin farkında mısın? Böyle bir lüksün yok," dedi Bekir.

"O zaman ne olursa olsun yanımdasınız yani!"

"Tabii ki!"

"İyi o zaman, arada kalmayın, çünkü eve dönmüyorum. Ben evimdeyim. Bebek yapacak ve annelikten mahrum kalmayacağım," dediğimde Bekir ve Ali birbirlerine baktılar. Bekir bana sarıldı ve, "Duygum, yine kendini de, Sedat'ı da çok üzeceksin, haberin yok. Zorlamasan," dedi.

"Bekir ok yaydan çıktı," dediğimde onlara hamileyim demek istedim, ama Sedat'ın benden öğrenmesi gerekiyordu. Hamileyim dediğimde yüzündeki o nefreti görmeli, kendimi onsuzluğa alıştırmalıydım.

"Sizi seviyorum, lütfen bana kızmayın," dedim ağlamaklı.

"Biz sana kızamayız ki ne olursan, ne yaparsan yap," dedi Ali'm.

"Niye aşağıdasın?" dedi Bekir.

"Evde yiyecek hiçbir şey yok. Levent'le alışverişe gideceğiz," dediğimde Ali'm, "Hadi beraber gidelim," dedi sırıtarak. Biz iki devemle büyük markete girdik ve tabii ki benim diyet listeme uygun ne varsa almaya başladık. Onlar sepeti dolduruyor, ben boşaltıyordum. Ali'min elinde koca cips paketi, ağzına tıkıştırıp duruyor, bir de benim ağzıma tıkmaya çalışıyordu. Bekir, "Lan bir durun! Kırıcam kafanızı!" dediğinde elinde paketlenmiş ıspanak vardı. Ya ben bu iki devemi çok seviyordum ya! O sırada Ali'min telefonu çalmaya başladı. "Al işte, Abi arıyor, açmam valla ben!"

"Aç, yoksa daha fazla sinirlenir," dedi Bekir, tabii Ali'm yüzünü buruşturarak açtı.

"Abi," dedi ve dinlemeye başladı.

"Yok, Abi, çiftliğe daha geçmedik. Duygu'nun eve alışveriş yapıyoruz," dedi ve telefonu kulağından uzaklaştırdığında Sedat'ın sesi kulaklarıma geliyordu.

"Ulan beni sizi oraya evin dolabını doldurun diye mi gönderdim? Geri zekâlılar! Senin de, Bekir'in de kalıbına! Ver lan Duygu'yu!" dediğinde zaten Ali'min bir şey söylemesine gerek yoktu. Ellerim buz gibi olmuştu. Aldım elinden telefonu, "Evet" dedim.

"Evet, ne ya! Evet diyor bir de! Kızım sen beni delirtmeye mi uğraşıyorsun?"

"Sedat insanlara bağırma!"

"Ulan biriniz de akıllı uslu olsun! Duygu seni gelip oradan zorla çıkarmamı istemiyorsan akşam çiftlikte ol, sana o kadar söylüyorum."

"Sen bana bebek istemediğini söyledin. Ben de sana saygı gösteriyorum. Git kendine bebek istemeyen birini bul, çünkü ben bebek yapacağım."

"Yemezler güzelim, bundan sonra benden başkası sana dokunamaz. Onu bir geçeceksin."

"Ben zaten birini bulacağım demedim."

"Duygum, Canom, üzme hadi beni! Özledim, kaç aydır sensizim, akşam bırak seni doya doya seveyim," dediğinde içim eridi. *Of, ben istemez miyim?*

"Olmaz. Bu ayrılık senin suçun, üzgünüm," dedim ve telefonu Ali'me verdim.

Ali'm, "Abi benim," dediğinde ben Bekir'e sarılmış, ağlıyordum. Bekir, "Eh be kızım, yanlış yapıyorsun," dedi.

"Bekir nedenini ileride anlayacaksın, lütfen, kızma bana!"

"Kızmam sana, merak etme," diye gülümsedi. Beni yukarı çıkardılar, biraz oturup kalktılar. Yalnızlığı oldum olası sevmemiştim. Hele Sedat'sız geçirdiğim üç ayın ardından bu yalnızlık hiç çekilmiyordu. Develerimin benden taraf olmamaları kalbimi kırsa da kabullenmiştim. Sanırım bebek konusunda şu an için tek müttefikim Selma'ydı. Diren Duygu'ya diren Defne eklenince tam oldu!

Bir hafta sonra

Sedat'ın Diyarbakır'da olduğunu Selma'dan öğrenmiştim. Sonraki günler tuhaf bir şekilde gelmedi. İçimden can koptu gelmeyince. Tamam, ona, "Git, bebek istemeyen birini bul," demiştim, ama beni dinlememesi gerekiyordu. Gelmeliydi! Benden bu kadar kolay vazgeçmiş olamazdı. Sonraki günler daha da tuhaf bir hâl aldı. Selma buraya geldiğimden beri üç dört kere gelmişti. Sabahtan geliyor, gece Bekir gelip onu aşağıdan alıyordu. Yukarı çıkmıyordu. Selma'ya Bekir ve Ali'mi sorduğumda, "Bırak o öküzleri ya!" deyip duruyordu. Selma sinirliydi, ama bana bir şey belli etmek istemediği anlaşılıyordu. Sedat konusu bir kerenin dışında açılmadı. İçim artık ağlamıyor sessizliğe gömülmüştü. Belki karnımda bebeğim olmasa, sürüne sürüne develerimin yanına gider, onları özlediğimi böğüre böğüre haykırırdım, ama şimdi çaresizdim. Birkaç kere Ali'm aradı, iyi olup olmadığımı sordu kısaca. Ben de aynı şekilde cevap verdim. Benden vazgeçmişlerdi belli!

Aslı'yla telefonda konuşuyorduk. O bebeği sorup duruyor, ama finalleri olduğu için kendi derdinde, harıl harıl ders çalışıyordu. Zaten onun da başında Ali'm gibi bir öküz vardı. Bazen burnumu çeke çeke ağlıyordum. Bazen bebeğimin tekmeleriyle gülüyor, umut doluyordum.

Sabahları erken kalkıyor, peşimdeki koruma ordusunu görmezden gelip yürüyüşe gidiyordum. İşin komik yanı Gül Abla ve Nurten Abla'nın benimle yürüyüşe gelmeleriydi. Günüm nedense onlarla daha eğlenceli hâle gelmişti. Bildiğin ev kadını olmuş çıkmıştım. Yürüyüşten gelip duş alıyor, sonra Gül Abla'ya geçiyordum ya da onlar bana geliyorlardı. Sonrasında zaten erkenden tavuk gibi yatıyordum. Birkaç kere Deniz'in babasını arayıp durumunda gelişme olmadığını öğrendim. Hâlâ Duygu diye sayıklıyormuş.

Markete gittiğim bir gün Zeynep'le karşılaştım. İlk bana selam vermeye çekindi, ama biz düşman değildik ki...

"Merhaba," dedim gülümseyerek.

"Merhaba Duygu, nasılsın?"

"İyi, ya sen?"

"İdare eder," dedi mutsuzca.

"Hiç idare eder gibi durmuyor."

"Sıkıntılı biraz."

"Hayırdır?"

"Dükkânı kapatıyorum."

"Neden ama bir sürü müşterin var."

"Var, evet, aslında kazancı iyi ama..."

"Hadi gel, oturup bir kahve içelim," dedim. Bende vakit bol! Marketin hemen yanındaki pastaneye oturduk. Levent yan masada iki deveyle! Allahım, sanki Monaco prensesiyim! Ara ara gözleri Zeynep'e kayıyor Levent'in. Kaçmaz benden.

"Sen kilo mu aldın?" dedi Zeynep.

"Hayır, hamileyim," dedim direkt. Aman ne saklayacağım! Zeynep aptalca bana bakıyor.

"Bakma öyle, Zeynep toplum kuralları önemli, biliyorum. Ben de evlenip barklanıp çocuk yapmak isterdim, ama işte... Bazen olmuyor."

"Yok... ben... şey," dedi ve sustu.

"Hadi, anlat şu iş mevzusunu."

"Hatice'yi biliyorsun. Ortaklıktan çıkarken onun payını verebilmek için kredi çektim. Ev kira, onu bırak dükkânın malzemesini almak için parasızlıktan bütün firmalara borçlandım. Tamam, iyi getiriyor olabilir, ama dönmüyor Duygu! Yoruldum," diye bitirdiğinde olayı tamamıyla özetlemişti. Aklımda çoktandır bir iş yapmak vardı. Hoş, ben iş bulmak için ilanlara bakıyordum, ama altı aylık hamile kadına birinin iş vermesini beklemek ahmaklıktı. Bankada bir sürü para vardı, ama o Sedat'ın parasıydı. Artık kanıma dokunur olmuştu. Hoş, çalıştığım paraya dokunmadığım için kenarda birikmişim vardı. Develerimin de benden elini ayağını çekmesi ayrı bir konuydu ya, neyse! Evde benim develerin getirdiği incik boncukları satsam zaten köşe olurdum. Onu bırak Trabzon'da Hacer Ana'nın taktıkları bir servetti. "Vay be!" dedim düşününce. *Hadi bakalım, atıl Duygu!*

"Borcun ne kadar?"

"Kırk bin ve faizi."

"İyi o halde, kendine yeni bir ortak buldun. Tek şartım var."

"An... la... ma... dım..."

"Sana ortak olmak istiyorum. Kırk bin artı faiz, demedin mi? Onu vereceğim."

"... ama neden?"

"Kızım ortak oluyoruz işte. Bak benim yeni bir hayat için bir başlangıca, senin de paraya ihtiyacın var. Kimsem yok ve bebek doğunca onu bırakacak bir yerim de yok. Bu işte çalışabilir ve bebeğimi büyütebilirim. Ayrıca para kazanmalıyım ki geçinebileyim, değil mi?"

"Ben şaşkınım. Peki, şartın ne?"

"Bana yemek yapmayı öğreteceksin," dediğimde Zeynep aptal aptal suratıma bakıyordu.

"Olur, ama Ali..." dedi. Ah, bir de o mevzu vardı.

"Zeynep, bir hata yaptın ve Ali'den oldu. O evlendi ve karısını seviyor. Olay kapandı, nokta."

"Huzur kaçırmak istemem."

"Kaçıramazsın zaten," dedim sırıtarak. Ali'm de zaten artık gelir miydi? Belli değildi. İçim ezildi. Hayatıma başka bir renk giriyordu. Bir saate yakın Zeynep'le ne yapacağımıza karar verdik. İlk hedef borçları bitirmekti. Az çok hesap işinden anlıyordum. Müjde'yi arayıp Zeynep'in hesaplarını kontrol ettirmesini ve bana iyi bir mali müşavir ayarlamasını söyledim. Kabul etti, sağ olsun. Zeynep şaşkın tabii!

Kalktık ettik, üç saat geçmiş. Eve geldiğimde duşa girdim. Saat sekiz gibi elimde süt şişesi, karnımda kıpır kıpır bebişim, beni uyku bastı. Şimdi uyursam biliyordum ki gece yine dolanıp duracaktım. Televizyonu açıp koltuğa uzandım. Gözlerim ne ara kapanmış, ne ara uyumuşum, anlamadım. Telefonumun sesiyle gözlerimi açtığımda saat on bire geliyordu. İlk rüya görüyorum sandım. Sedat arıyordu. Açmakla açmamak arasında kaldım tabii. Sonunda açtım. *Dik dur Duygu!*

"Sedat," dedim uyku sersemi! Ne Sedat'ı ya! Resmi olmam lazımdı.

"Duygu, sen ne haltlar karıştırıyorsun yine!" diye kükremez mi? İçim paramparça, birisi almış eline kör bıçağı kalbimi çizip duruyor. O birisi Sedat olabilir mi? O canımı yaktıkça, huysuzlaşıyordum sanırım.

"Ne istiyorsun gecenin köründe?" Ben Sedat'a hem soğuk hem ilgisiz konuşabiliyordum. Allahım, ne günlere kaldım. Sedat sanırım şoktaydı, çünkü ses gelmiyordu.

"Alo Sedat, orada mısın?"

"Duygu, bu inadın ne kadar sürecek?" dedi, sesindeki sertlik geçmiş miydi ne?

"Hâlâ bunun inat olduğunu mu düşünüyorsun?"

"Duygu beni özlemedin mi?"

"Özledim."

"Gelmemi ister misin?"

"Hayır."

"Lan beni deli etme! Özledim diyorsun, sonra hayır diyorsun."

"İyi, yalan söyleyeyim o zaman! Özlemedim."

"Duygum, özlediysen niye bize eziyet çektiriyor, inat yapıyorsun?"

"Sedat bizden bırak cacığı, artık ayran bile olmaz. Sen çocuk istemiyorsun, ben istiyorum. Ben inat yapmıyorum, tamam mı? Sana, Ali'me, Bekir'e hayatta başarılar. Ayrıca artık kapımda koruma tutmana gerek yok! Çünkü ben senin hiçbir şeyin değilim! Seni özleyebilirim, senin için geberebilirim, ama bebek fikrinden vazgeçmemi bekleme."

"Kapıyı aç," dediğinde dondum, nasıl koltuktan fırladım, bilmiyorum. Allahım, kilidi değiştirmiştim. Eyvah!

"Duygu!" dedi benden ses çıkmayınca.

"Sedat gelme!"

"Aç kapıyı Duygu!"

"Olmaz," derken deli danalar gibi dolanıyordum.

"Rezillik çıkarma bak gece yarısı. Oturup konuşalım."

"Konuşuyoruz ya!"

"Duygu! Açıyor musun ben mi gireyim?"

"Tamam ya!" dediğimde ben çoktan yatak odasından üzerime onun eşofman üstlerinden bir tanesini giymiştim. Usulca kapının kilidini açtığımda beş karış suratla Sedat karşımda duruyordu. Allahım, çok özlemişim ya! İçeri adım attığında iki adım geri çekildim.

"Derdin ne senin?" dedi sinirle.

Ben güzel yüzüyle mest olmuş bir haldeydim. Gel de cevap ver, hadi bakalım Duygu! Adam bende bağımlılıktan ziyade ekmek, su olmuş ya, haberim yok.

"Hiç," dedim.

Bana doğru adım attığında bir adım daha geri çekildim. "Duygu!" dedi sertçe.

"Sedat işleri daha da zorlaştırma," dediğinde beni çoktan bileğimden tutmuş, kendine çekiyordu.

"Duygum!" demesi bitirdi beni. O sırada kapı çaldı. *Allahım, yaşasın!* Göz göze geldik.

"Kimi bekliyordun?"

"Kimseyi beklemiyordum," dediğimde Sedat delikten baktı ve kapıyı açtı. Gül Abla onu görünce birden ürktü tabii. Elinde tepsi, içinde mis gibi yayla çorbası.

"Şey... Sedat Bey oğlum! Duygu yok mu?" dediğinde ben göründüm kapıdan. Dört buçuğu bırak, dokuz sekiz atıyorum. Bebeği biliyor! Nereden söyledim, söylemez olaydım!

"Duygu sana kan olsun be..."

"Tamam Gül Abla, sağ ol! Teşekkür ederim," dedim, lafını kesip tepsiyi elinden aldım, tek elle kapıyı yüzüne kapattım. Ay, çok ayıp olmuştu, ama ne yapayım!

Sedat bile, "Kadının yüzüne kapattın," dediğinde omuz silktim. Sırıttı öküz! "Sen beni çok mu özledin?" demesin mi? *Allahım ya!* Odunu vur kafasına diyeceğim, ama odun kütüğe ne etki eder ki! Hem ben ona kıyamam ki...

"Sedat git artık!" dedim sertçe. Dondu.

"Duygu!" dedi ve bana doğru bir adım attığında, "Bebek yoksa Duygu da yok Sedat!" dedim kaşımı havaya kaldırıp. Sinirle kapıyı vurup bir çıkışı vardı ki evlere şenlik. Onu gördüm ya, içimdeki bütün yelkenler suya indi. Ben ona hayır diyebiliyordum ya, pes! Biliyorum, o da şaşırıyordu. O da benden bunları beklemiyordu. Gece yine benim için ağlamayla geçti.

Sabah gözlerimi Zeynep'in telefonuyla açtım. Aklıma Sedat düştüğünde bedenim sanki ruhuma ayak uydururcasına halsizleşti. Dayak yemiş, bir kenara atılmış gibiydim. Mutsuz, bitkin, halsiz ve bu da yetmiyormuş gibi hamileydim. Mutfakta ağzıma birkaç kayısı tıkıp giyindim. Elimde süt kutusu asansöre bindim ve sütü bir güzel hüplettim. Valla beş beygirli elektrik süpürgesi gibi çektim sütü pipetle. Aşağı indiğimde Levent kapıda! Hiç uyumaz mı bu adam ya!

"Levent, senden kaç tane var?"

"Günaydın, ne var sabah sabah?"

"Ne olacak, yapıştın valla kene gibi, içime fenalık geldi. Senin evin yok mu? Sevgilin, akraban, hadi onu bırak, hiç mi tuvaletin gelmez?"

"Duygu, sabah sabah bu kadar kelimeyi nasıl bir araya getiriyorsun, valla pes! Ayrıca şurası benim evim," dedi ve benim apartmanın karşısındaki beş katlı binayı gösterdi.

"Ah, tahmin etmeliydim. Ne ara buraya taşındın?"

"Abi aldı," demesin mi?

"Hay ben o abinin," dedim ve sustum.

"Yenge," dedi alayla.

"Hay ben senin yengenin," dedim ve, "Nereye gidiyoruz?" dedi Levent.

"Levent, beni rahat bırak! Sen gelmiyorsun! Ver yanıma iki adam, ben giderim." Onu istemiyordum çünkü her şeyi Sedat'a yetiştiriyordu.

"Olmaz, ben de geliyorum, nereye gidiyoruz?" dedi inat!

"Üsküdar, ama ilk oralarda bir kuyumcuya gideceğiz."

"Niye ki?"

"Sana beşi bir yerde alacağım."

"Vallaha mı?" dediğinde arabadaydık. Elinde telefon, kesin Sedat'a mesaj çekiyordu.

"Uğraşma mesajla, ara direkt," dediğimde sesi çıkmadı. Üsküdar'a gidiyorduk, çünkü Zeynep'in kredi borcu orada bir bankanın şubesinden çekilmişti. Eh, tabii benim o kadar nakitim olmadığı için evdeki incik boncuktan bozdurmak şarttı. Bankadan çekemezdim anında, Sedat'a haber giderdi. Yarım saat sonunda bir kuyumcunun önünde durduk. Levent, kuyumcunun önünde durup beklerken, bir araba da bizim arabanın arkasında durmuştu. Allahım, sinir oluyordum, ama yapacak bir şey yok. Kuyumcuya girdim, sattım derken alıcı adam, "Elimde bu kadar nakit para yok. Çekip geleyim," deyince beklemeye başladım.

Oturdum beklerken kuyumcunun kapısı şıngırdadı. Kafamı kaldırdığımda Sedat'la göz göze geldik. Oha ya!

Gelip yanıma oturdu.

"Günaydın."

"Ne işin var burada?" demeye kalmadı, boynuma yüzünü gömüp öylece kaldı diyeceğim, yalan! Dudakları kıpırdandıkça her yanım yanmaya başladı.

"Dün sana ne haltlar karıştırdığını sormuştum, cevap alamadım."

"Zeynep'e ortak oluyorum," dedim usulca. Kafasını kaldırdı ve, "Sen yemek yapmayı bilmiyorsun ki" dediğinde hem kızdım hem güldüm. Öyle şirindi ki…

"Öğrenirim."

"Niye buradasın?"

"Para toparlıyorum."

"Duygu, sakın bana altın satıyorum deme."

"Sattım bile," dediğimde ateş püskürüyordu. Tabii cinler tepesine çıktı. O sırada kuyumcu bankadan geldi. Tabii geldiğine geleceğine pişman oldu.

Sedat, "Ağa vazgeçtik satmıyoruz," deyince adam ilk sinirlendi. Haklı tabii! Ama bir bilse karşısında kim var?

"Kardeşim, dalga mı geçiyorsunuz sabah sabah?" diye çıkıştı. Sedat'ın ayağa bir kalkışı var! Adamın yakasına yapıştı.

"Lan ben seninle sabah sabah bir dalga geçerim!" diye kükrediğinde, adamın ayakları yerden kesilmişti bile.

"Sedat!" dememe kalmadı Levent içeri girdi. Kuyumcunun ödü patlamış, "Abi kurban olayım, niye sinirlendin hemen! Ta… tamam, satma," diyerek pıstı. Sedat adamı duvara çarpıp bıraktı. Biz çıkarken Levent altınları geri alıyordu.

"Yürü!" dedi bana sertçe. Tabii kuzu kuzu çıktım kuyumcudan, ama hırsımı Levent'ten çıkardım.

"Aferin Levent, iyi halt ettin!"

"Ben ne yaptım yenge?"

"Senin yengene de…"

"Bin arabaya Duygu," deyince Sedat'ın arabasına bindim tabii. Sıkıysa binme.

"Anlat!" diye kükredi.

"Ne anlatayım Sedat! Bir huzur ver ya!"

"Bana bak kadın, benimle doğru konuş! İyice yüz aldın sen."

"Anlatmıyorum. Beni eve bırak!" diye bağırdım sinirle. Beni kolumdan tutup kendine çektiğinde canımın yanmasından küçük bir inilti çıktı ağzımdan. Kolum kesin moraracaktı.

"Benden kurtuluşun yok, bunu o güzel kafana sok," dediğinde telefonum çalıyordu. Sedat çenemin kıyısına uzandı ve koklayarak öpüp bıraktı. Allahım, sinirim neredeydi benim. Telefonu çıkardığımda Zeynep arıyordu. Tam tuşa bastım, "Zeynep ben gelemi..." dedim demedim, Sedat elimden sinirle telefonu çekti ve, "Alo Zeynep neredesin?" dedi ve dinleyip kapattı.

"Sedat ne yapıyorsun ya?"

"Ne işin var bu Zeynep'le?" dedi sesi buz gibi.

"Dedim ya, ortak olacağım diye! Hem yemek yapmayı öğreneceğim!" Ben ciddi ciddi cümle kuruyordum, Sedat sırıtıyordu. İçimden yüzüne yumruk atmak geçti.

"İyi," dedi ve gaza bastı. Garanti Bankası'nın önünde durduğumuzda Zeynep, Sedat'ı görünce tedirgin oldu. Gözümün içine bakıyor tabii.

"Günaydın," dedi, kasılmış kız.

"Günaydın Zeynep, beklettim seni de."

"Sorun değil, sanırım..." dedi umutsuzca, ama Sedat cümlesini bitirmeden elini ceketinin iç cebine soktu ve bir kart çıkarıp Zeynep'e uzattı.

"Al şu kartı, hallet işlerini, biz seni bekliyoruz."

"Sedat ya!" dediğimde sinirle bir bakışı var ki buz, buz. Zeynep gözümün içine bakıyor. Benden onay beklediği kesin, "Hadi git hallet," dedim gülümsemeye çalışarak. Zeynep bankaya girdiğinde, "Ya sen niye benim işlerime karışıyorsun?" dedim tavırla, demez olaydım. Burnumun ucuna eğilmesi bir oldu.

"Seni özledim." Allahım, bu ne güzel iki kelime! Dudaklarıma arzuyla bakışı yok mu? *Haksızlık, ama ya!* Her şey aklımdan silinip Sedat'ın yörüngesine girdim çaresiz. Koca cüssesini eğip boynumun kıyısına eğildi. "Kokun sanki değişti. Daha bir güzel kokuyorsun," dedi soluyarak. Sırıtıyordum. Bebeğimdi belki kokumu değiştiren!

"Sana öyle geliyor." Sesim mırıltı gibi çıkmıştı. Sevilmek çok güzel şeydi be!

"Benim olmanı özledim."

"Ben de," demekten kendimi alamadım. *Doğrucu davut Duygu!*

"Seni kaçırsam!"

"Olmaz."

"Sana sormadan kaçırayım."

"Kaçırma," dememle dudaklarıma uzanması bir oldu. Allah'tan sabahın körü sokaklar boş, usul usul dudaklarımda öyle bir geziyordu ki beni kışkırtmaya çalıştığını bile saklamıyordu. Ah, ben dünden razıydım, kışkırtmasına gerek yoktu ki!

"Süt mü içtin sen?" dedi dudaklarımın kıyısında dolanan dudaklarını çekmeden.

"Evet," dediğimde, "Oy, ben senin o süt içen ağzını yerim," dedi ve beni sardığında ellerim göğsünde siper.

"Gel, inat etme artık, hı!" dedi acıkmış kedilerin ciğere baktığı gibi.

"Olmaz!"

"Hay ben senin olmazına!" dedi bir hışım.

"Bebek istiyorum."

"Hayır," dediğinde sinirle onu ittim.

"İyi, git o zaman!" dedim sinirle. Şaşırdı tabii.

"Duygu, tepemi attırma," dediğinde yakamdan tutmuş, gözlerime bakıyordu. Cesaretimi toplayıp, "Atınca ne olacak ki?" dedim.

Kulağıma eğildi. "Yemin ederim. Allah yarattı demem, sabaha kadar altımdan çıkarmam seni. İster iste, ister isteme," dediğinde kıpkırmızıydım.

"Oha!" dedim tabii. Sırıttı. "Çok istiyorum hadi!" demesin mi, ben kırmızıdan mor hâle dönmüştüm ya, o sırıtıyordu.

"Olmaz dedim ya!" dedim mırıltıyla. Of, çok istiyordum ya neyse. Nefes nefese, kalbim ne maratonu, ışık hızına yetişecek.

"Lan ne inat çıktın Duygum ya! Bitirdin beni lan!" dedi ve sinirle, "Levent!" diye bağırdı. Ürktüm bağırmasından.

"Buyur abi!" diye yanımızda bitti.

"Kızların işi bitince sağ salim eve götür," dedi. Uzanıp, "Bir daha sakın para konusunda kendi başına işler yapma, külahları değişiriz. Altın bozdurmak da neyin nesi? Bankada hesabın yok mu senin? Hem ne zamandır senin benim yapıyoruz?" dedi.

"Aramızda bebek konusu açıldığından beri…"

"Of, çek Sedat," dedi ve sinirle arabasına bindi.

Levent o uzaklaşırken, "Yemin olsun sana gösterdiği sabrın bir saniyesini başka birine göstermiyor," dedi. Çocuk gibi omuzumu büktüm. *Ne diyeyim!*

Zeynep bankadan çıktığında biz Levent'le karşı kafede oturmuş, çay içiyorduk. Zeynep bankanın önünden beni aradığında onu gördüm ve, "Karşıdaki kafedeyiz," derken el sallıyordum.

"Hallettin mi?" dedim yanımıza gelip oturduğunda.

"Evet," dedi, yüzü gülüyordu.

"Hayırlı olsun," dedim aynı şekilde.

"İkimize de!"

"Bundan sonraki işlemleri Müjde halledecek, pazartesi onunla tanışmaya gidersin."

"Bu kartı vereyim."

"Firmalara borcu hallet, sonra verirsin," dediğimde şaşırdı.

"Duygu teşekkür ederim," dedi minnettarlıkla.

"Teşekkür edecek bir şey yok. Yemek yapmayı öğrenmek istiyorum."

"Ben seni iki aya aşçı yaparım."

Levent, "Yaşadık o zaman," dediğinde üçümüz birden gülüyorduk. Bu arada Levent'in Zeynep'e hayran hayran bakması gözümden kaçmadı hani!

Hayal ettiğin kadardır her şey...

Akşam eve geldiğimde saat dördü bulmuştu. Duş aldım, yedim içtim, derken kapı çaldı. *Bekir devesi, hayret!* Bugün kabul günümdü, anlaşıldı. Sırayla hepsi gelecek. Sedat vetoyu yedi ya, şimdi develeri göndermeye başladı.

"Ooo Bekir Bey, hoş geldiniz," dedim, ama suratı bembeyaz. Sesini çıkarmadan içeri girdi, ama konuşmuyor, eli çenesinde, deli dana gibi dolanıp duruyordu. Kötü bir şey olmuştu ve bana nasıl söyleyeceğini düşünüyordu. Allahım, elim ayağım dondu. Buz gibiydim. Kessen kanım akmazdı, biliyorum. Sesim titreyerek, "Sedat..." dedim ve yutkunarak, "Ona bir şey mi oldu?" Fısıltı gibi çıktı sesim. Duymak istemiyordum.

"Onu çok seviyorsun, değil mi?" dediğinde sırıtıyordu.

"Bekir, o iyi değil mi?"

"İyi."

"Selma nasıl? Ya Selim? İyiler değil mi? Ya Ali'm?" dedim korkuyla. Bir şey olmuş belli. Susuyor hâlâ...

"Bekir korkutma beni, konuş!" diye ciyakladım. Ben gözünün içine bakarken o iki adımda yanıma geldi ve önümü kapatan üzerimdeki ince yeleği açtı ve dar tişörtün içindeki karnımı görünce, "Hamilesin!" diye hayretle bağırdı. Eh, bu sefer benim yüzüm beyaza yakındı.

"E... vet," dedim korkuyla. Niye korkuyorsam? Yüzü inanılmaz derecede şekil değiştirmişti. Bekir, Ali'm ve Sedat'a göre daha çok duygularını belli etmeyen bir tipti. Onu nadir zamanlarda böyle görmüştüm. Aptalca, "Kız... dın mı?" dedim gözlerinin içine bakarak.

"Bu... imkânsız!" dedi ve bana sarıldı, ama ne sarılmak, incitmemek için elinden geleni yaptı. Ben iyice mala bağlamıştım. Kulaklarıma inanamadım. Gülüyordu! Yok canım, ne gülmesi, kahkaha atıyordu.

"Bu mucize!"

"Sana kim söyledi?"

"Selma..."

"Ben onu kıtır kıtır kesmezsem..."

"Onun suçu yok! Abi senin taktiği bize uygulattı. Biz de ona hak veriyoruz ya! Tamam dedik, ama yemedin," dedi sırıtırken.

"Hangi taktiği?"

"Güya sen bizden ve Sedat'tan haber almayacaktın ve evine dönecektin. Tabii Selma'ya senden vazgeçtik hissi verdik," dediğinde rahatlamıştım.

"Eee," dedim meraklı bir alayla.

"Selma'yla bir haftadır birbirimizi yiyoruz senin yüzünden. Bezdim valla! Sabah delirdi Selma," dedi Bekir, ama gülüyor.

"Niye ki?"

"Ben senin gibi bir adamla nasıl evlendim diye bir bağırışı var, görmeliydin. Vay efendim, seni nasıl dışlarmışız. Seni nasıl görmeden durabiliyormuşuz. Ben de, "Artık sen de görüşmeyeceksin," dediğimde eşyalarını toplamaya başladı."

"Oha!"

"Vallahi delirdi. Hacer Ana'yı çağıracakmış bir de! En son bu yaptıklarınıza utanacaksınız. Hepiniz Duygu'dan özür dileyeceksiniz, dediğinde bir şeyler olduğu anlaşıldı tabii. Zor oldu, ama konuştu. Tabii inanmadım."

"Niye ben çocuk doğurmaktan aciz miyim?"

"Duygu bir an önce abiye söylemelisin."

"Niye, benden iyice nefret etsin diye mi?" dediğimde Bekir telefonu çoktan eline almıştı bile.

"Ya lütfen söyleme!" demeye kalmadı, "Abi acil Duygu'nun

eve gel! Duygu seninle konuşmak istiyor," dedi ve dinledi, hatta telefonu kulağından uzaklaştırdı. Sedat kükrüyor belli!

"Abi, acil diyorum. Gel sen!" dedi ve kapattı. Elim ayağım bu sefer gerçekten birbirine dolandı. "Ben gidiyorum," dediğimde sırıtarak kapının önüne geçti.

"Bekir, bak kızıyorum." Yüzümün rengi gitmişti sanırım.

"Kıyamam sana ben. Korkma babam, korkma!"

"Bekir, bırak gideyim, onu kaybederim. Bebek istemiyor!" dedim yalvararak.

"Kızım çocuğu içinde mi büyütüceksin. Elbet öğrenecek," dedi ama bir mutlu, bir mutlu...

"Ya bırak ya! Sedat gelmeden gideyim, ne olur?"

"Hadi, bize çay koy," dediğinde beni oyalamaya çalıştığı belliydi.

"Hayır! Lütfen Bekir ya!" dedim ağladım ağlayacağım. Geldi, bana sarıldı tekrar. "Seni gebiş seni! Oy, sen anne mi olacaksın?" demez mi sevgiyle. İster istemez sırıttım.

"Kızım olacak," dedim ağzım kulaklarımda.

"Hadi be!"

"Gerçekten," dedim hevesle.

"Sedat düşüp bayılacak!" dedi Bekir kahkahayla.

"Ayılınca seni de, beni de vuracak. Bekir korkuyorum. Ağır konuşursa!"

"Kızım niye baştan bize söylemedin?"

"Korktum."

"Of be Duygu!" dedi Bekir suçlu suçlu.

"Sen de burada kal, olur mu?" dedim tedirginlikle.

"Sedat'ın yüzünü görmek için ölüyorum. Kaçırmam bu sahneyi!" dedi kıkırdayarak.

"Ya ben de ölüp ölüp diriliyorum, ama korkudan," dedim. Kapının önünden gelip koltuğa yayıldı Bekir, elinde kumanda, açtı televizyonu! Rahatlığa bak ya! Ben ruhumu teslim etmek üzereydim, sanırım ayak tırnaklarımı yemeğe başlayacaktım çünkü

elimdekiler bitmişti. Kapı çaldığında, "Eyvah!" dedim korkuyla.
"Kızım yavaş, günah bebeğe ya!" dedi Bekir yüzünü buruşturarak.

"Ya Bekir söylemeyelim. Söz, yarın söyleriz, olmaz mı?" dedim, ama sırıtarak kalktı, kapıyı açtı.

Sedat arkasında Ali'm, kapıda belirdi. Ali'm mahcup, Sedat'ın yüzü yeminle betonarme, Bekir sırıtıyor.

Sedat, "Bekir ne arıyorsun burada?" dediğinde sinir tepeme çıktı. *Şuna bak şuna!* Ondan uzak durduğum yetmiyor, bir de develerimi uzak tutmuş.

"Tabii Sedat gelmeni yasaklamış! Ne arıyorsun Bekir burada?" dedim sinirle. *Sedat şok!*

"Sizin yüzünüze bakmamak lazım ya neyse!" dedim sinirle Ali'me bakarak.

"Bekir, neler oluyor?" dedi Sedat içten içe kalesi çöküyor tabii. O kalenin bir duvarını da Ali'm yıktı. *Oh olsun, sana Sedat Efendi.*

Ali'm, "Duygu, vallahi Abi tehdit etti. Aradım, ama ben seni!" dediğinde Sedat şaplağı indirdi ensesine.

"Vurma çocuğa!" diye ciyakladım.

Bekir kahkaha atıyor ya, Sedat'ın cinler tepesinde, "Sırıtma lan!" dedi sinirle.

"Ne dedi Ali'm sana?" diye sordum anne edasında.

Ali'm ikinci şaplağı yememek için Sedat'tan uzaklaştı. "Senin eve dönmen için seni görmememiz gerektiğini söyledi," dedi kuzu kuzu.

"Lan Ali! Senin ağzını yüzünü dağıtmazsam!" diye Sedat, Ali'me hamle yapınca, "Evi kirletmeyin, çıkın dışarıda tepişin," dedim bağırarak. Bekir hâlâ gülüyor. Sedat bu sefer yön değiştirdi.

"Lan hamsi kafalı, bizi birbirimize düşürmek için mi buraya topladın?" dediğinde bende ses soluk kesildi tabii. Bekir yanıma geldi, omuzuma elini attı. "Çekil Bekir ya! Karışmasan olmaz," dedim gözüm Sedat'ta.

"Olmaz," dedi ve başımdan beni öptü.

"Söyle hadi!"

"İstemiyorum."

"Söyle, dedim."

"Lan ne oluyor?" dedi Ali'm. Sedat merakla bana bakıyor.

"Bekir!" dedim bir umut. Yalvarıyor gözlerim ama oralı değil!

"Evet," dedi Bekir sırıtarak.

"Korkuyorum."

"Ben yanındayım," dedi alayla.

"Gerçekten mi?"

Sedat patladı tabii. "Duygu! Bekir!"

"Bu develer sana mutlulukla sarılmak isterlerse yemin ederim izin vermeyeceğim," dediğinde panikle, "Ne?" dedim.

"Söyle bak, yoksa ben söylerim," dedi Bekir.

"Of, tamam!" dedim ve Sedat'a bakarak, "Hamileyim," dedim. Ne Ali'mde ne Sedat'ta ses var. Görüntü var, ses yok.

"Söylemedim sanırım," dediğimde Bekir artık gülmekten yere yatacaktı sanırım. Korkudan konuşmaya başladığımda sustur susturabilene. "Hamileyim. Bir kızım olacak, adını Defne koyacağım. Biliyorum, istemiyorsun, nefret ediyorsun, ya ben ya bebek diyorsun, ama hamileyim, ne yapayım! Deniz beni kaçırdığında üç aylık hamileymişim. Vallahi bilmiyordum, yoksa senden habersiz aldırırdım, ama şimdi aldırmam, ben bebeğimi istiyorum. Sen iste ya da isteme, ben istiyorum," dedim ve sustum, çünkü hiçbir tepki vermiyorlardı.

Bekir, "Babam, bunların devreler yandı. Göster kızım sen gebişi," dedi. Aptalca Bekir'e baktım. Beni akıllısı bulmaz ki! *Sanki erkek çocuğuna göster amcaya pipini der gibi! Tövbe tövbe! Eh, göstereyim bari,* karnımı saklayan yeleğimi açtım. İlk tepki Ali'mden geldi. "Harbiden hamile!" dedi, ama gözler on santim daha büyük. Sedat betonarme demiştim ya, unutun! Yunan heykeline döndü. Taş oldu adam. Bekir yanına gidip ona sarıldı ve, "Abi tebrikler! Hadi Ali, biz kaçalım," dedi.

Ali'm gelip, "Lan Duygu neyin doğru ki bu doğru olsun, di'mi lan! Allah ben o prensesi yemez miyim?" dedi ve karnımı sevip

Sedat'a döndü. "Abi tebrikler, sen de baba oldun ya, artık ölsem gam yemem," dedi ve sıkıca sarıldı. Sedat'ta tık yok. Ali'm sevgiyle bana baktı ve Bekir'le çıktı. Neler oluyordu? Sedat'a hak verirken, hamile kalmamı istemezken, bu sevinç neyin nesiydi? Ali'me çıkarken gülümsedim. Tabii onlar kapıdan çıkar çıkmaz, sırıtmam yüzümde soldu.

Sedat'ın gözü karnımda, rahatsız oldum ve yeleğimi örttüm. Adam kıpırdamıyor! Bırak kıpırdamayı, kirpiği oynamıyor. Masanın arkasına geçip durdum. Allahım niye konuşmuyor ki?

"Sedat bir şey söyle, ama bağırma. Bak isteyerek yapmadım. Hem sen korunduğunu söylemiştin. Belki Deniz beni kaçırmasaydı sana hissettirmeden aldırabilirdim. Ben hep seni seçerim! Ama o zaman ben çok üzülürdüm. Ben onu istiyorum. Sen istesen de, istemesen de istiyorum. Senden babalık falan isteyecek değilim. Gelmezsin, görmezsin, ne bileyim rahatsız etmeyiz seni!" dedim bir solukta. *Ama ya ağlayacağım şimdi!*

"Duygu," dediğinde yüzüne bakma cesareti buldum.

"Cano," dedi bu sefer ve nihayet kıpırdadı. *Ay bana doğru geliyor.*

"Sedat tamam, ben valla sana dert olmayacağım! Ama lütfen ondan nefret etme," dediğimde iki adımda yanımdaydı. Yeleğimi açması ve elini karnıma koyması bir oldu. İrkildim tabii. "Korkma," dediğinde itiraf ediyorum, tırsmıştım. Elleri usulca karnımda dolandı bir iki saniye.

"Hamilesin," dedi gözünün kıyısında yaşla. Allahım! Onu yıllardır tanıyordum ve iki kere ağlarken görmüştüm. İkisi de acıdandı. Biri malum benim işkence görmüş halim, ikincisi de benim Deniz'le evleneceğimi açıkladığım gündü.

"Sedat, bu kadar üzülme," dedim. Elimi yanağına yerleştirip tenini hissettim, belki de son defa... Elimi eline aldı ve dudaklarına götürüp avucumu öperken gözlerini kapattığında gözlerinden bir damla daha yaş aktı. "Sedat!" dediğimde beni kendine ne ara çekip dudaklarımı buldu, bilemedim. Bir eli karnımda, bir eli beni sararken gözlerim açık, onu öpemiyordum bile! Ilık ılık ruhuma dolan tadını öyle özlemişim ki! Benliğimi ele geçirmesi bir o kadar kolaydı. Gözlerimi kapatıp ona cevap vermeye başladığımda ben ben değildim. Nefesim ciğerlerime yenildiğinde ondan kopmak bir ölümdü. Dudakları alnıma dayalı, birkaç saniye eli karnımda durdu. Allahım, bebişim sanırım babasını hissetti, içimde deli gibi kıpırdıyordu. Sedat heyecanla benden yüzümü görecek şekilde uzaklaştı ve, "Kıpırdıyor!" dediğinde ağlama sırası bendeydi. Geceler boyu bunu hayal etmiştim ve hayallerim gerçek oluyordu. Başımı evet anlamında salladığımda, gözyaşlarım çeneme yol açıyordu.

"Sedat," dedim burnumu çeke çeke.

"Söyle ömrüm!"

"Sen şimdi kızmadın mı?" dediğimde aşkla bana bakıyordu, biliyordum. Gamzeleri söylememe gerek yok.

"Hayır," dedi sırıtarak.

"Ama..." dediğimde, "Bu gece konuşmayalım, olur mu?"

"Ama..." dedim yine çaresizce.

"Özledim seni," dediğinde sustum. Elimden tutup beni kucağına alarak koltuğa oturttu. Eli karnımda bebeşim sanki babasına şirinlik yapıyordu. Mutluluğumu hissediyor olabilir miydi?

"Duygum, ben seni hak etmek için ne yaptım?"

"Sen kızmadın, öyle mi?"

"Hayır."

"Bebeği istiyorsun yani..."

"Senin olan her şeyi..."

"Ama o senin de bebeğin," dedim tereddütle.

"Benim... tıpkı senin gibi! Sen de benimsin."

"Sedat, dalga geçmiyorsun, değil mi?"

"Hayır," dediğinde dudaklarıma bakıyordu. "Duygum..."

"Evet," dedim, bebek hakkında bir şeyler söylemesini beklerken, "Koynumda uyu!" demesin mi? Allahım, ben öldüm! Reankarnasyonla tekrar doğdum, o kadar yani!

"Olur!" dedim, kafamda deli sorular, ama onun kollarında olmayı öyle özlemişim ki!

Usulca kalktım kucağından, gözleri ne güzel bakıyor bana ya! Hep böyle baksın, lütfen Allahım, duy feryadımı! *Aferin Duygu, bir Ferdi Tayfur'a bağlamadığın kalmıştı ya, pes!* Elini tutup onu yatak odasına götürdüm. *Yuh yani, telefon çalıyor! Var anam, var bu evde bir şey! Yatır var bu evin altında! Ne yatırıyor, ne geleni bitiyor, ne aksiyonu!*

"Bakmayalım," dedi Sedat aşkla. O bakmayalım dedi ya! Dünyanın sonu!

"Önemliyse!" dediğimde eli elimde, gözü dudaklarımda, Allahım yeni yetmeler gibiydim. Acaba onun olsam bebeğe bir şey olur muydu? *Sapık Duygu! Karnın Ağrı Dağı'na benziyor, senin düşündüğüne bak! Oha yani! Özledim, suç mu? Aşeriyor da olabilirim...*

"Ne var Ali'm?" dedi Sedat, dinledi.

"Ali'm birkaç gün yokum, ne haliniz varsa görün," dedi ve dinlemeden kapattı. Bana döndü ve elimi tuttuğunda yatak odasındaydık. Ceketini çıkardı ve benim önümde durup benim üzerimdeki yeleği sıyırdı. Gözü hâlâ karnımda.

"Kaç aylık?"

"Altı."

"Duygum niye ilk gün söylemedin?"

"Sedat valla bak şimdi kendimi keserim ha! Kendi kendime uydurmadım herhalde."

"Özür dilerim," dedi ve dudaklarıma uzandı. Özlem dolu dudakları usulca dudaklarımda var olurken, elleri beni kıyafetlerimden kurtarıyordu. Ne ara elim kemerine gitti ya! Ben harbi fırsatçıydım. Allahım, ben varil gibi olmuştum, adam taş gibi karşımda dikiliyordu. *Ye daha Duygu ye!*

"Sedat," dedim usulca.

"Söyle, bebeğimin annesi!" dedi gamzelerini göstererek.

"Çok kilo aldım."

"Ağzıma layık," demesin mi? *Ha! Öküz ha! Madalyanı vere-ceğim.*

"Dalga geçme!"

"Senin her halin bana cennet!" dedi ve elleri kalçalarımda do-lanıp, "Off!" dedi zevkle, ama ben doğru mu söylüyor diye gö-zünün içinde laboratuvar kurmuş, test yapıyordum. *Biz kadınlar harbi manyağız ha!* "Hayatımda gördüğüm en güzel hamilesin," dedi ve beni elimden tutup yatağa uzanmamızı sağladı. Kolunun birini kaldırıp beni göğsüne yatırdı. Eli karnımda dolanıyor, usul usul okşuyordu. Sedat durgun, bir o kadar düşünceliydi. Tabii be-nim kafamdaki, "Neler oluyor?" sorusuna cevap bulmak, ilk he-defimdi.

"Sedat," dediğimde beni usulca omzundan bırakıp dirseğinin üzerinde doğruldu.

"Sedat neden?" dedim gözlerine bakarak. Gözlerime baktı, ama "Benimsiniz," dedi, dudaklarımı buldu. Nefesimi kesip du-daklarımı bitirdi ve boynuma kaydı. Dudakları tenimde, elleri bebeğimizde! Öldüm ben! Öldüm ve cennete gittim. Eli karnımı usul usul severken, dudaklarımda, boynumda dolanmaktan başka bir şey yapmıyordu. *Soru mu sormuştum? Yok, canım sevişiyorduk, ne sorusu?* Elim şortundan içeri kaymak için karnından kendine yol açarken Sedat usulca elimi tuttu. "Duygum olmaz!" dedi nefes nefese. *Hö!*

Buz gibi oldum, bu neydi şimdi?

"Niye ki?"

"Bebek..." dedi çaresizce.

"Yavaş oluruz," dedim gözlerimi kaçırarak.

"Oy, sen iste ömrüm," dediğinde dudaklarıma uzanıp beni usul usul iç çamaşırlarımdan kurtardı. Ben vahşi erkeğimin tut-kusunu beklerken, Sedat usul usul, narin narin beni seviyor, do-kunmaya kıyamıyordu. Yeni yetme delikanlılar gibi panik olmuş benim öküzüm! Sinirlendim tabii. "Ya düzgün sevişsene," diyerek onu azarladığımda, "Yok artık!" dedi ve kendini benden çekti. Yatağa sırtını verip gözlerini kapattı.

"Ya Sedat ya!" dedim elimi şortundan tam içeri sokacaktım ki, "Yok Duygu, ben istemiyorum. Bebeğe bir şey olacak," dedi ve hızla yanımdan kalkıp kaçarak banyoya sığındı. *Nedir kaderim benim!* "Of Sedat!" dedim sinirle. İçimde patladı ya! Koskoca Sedat korkmuştu ve ben yatakta aptalca kalmıştım. Banyodan su seslerini duyunca sırıttım. İntikam vaktiydi. Usulca çarşafı üzerime sardım ve banyonun kapısını araladım. Of, camın dışından görüntüsü müthişti. Sıkı dar kalçalar, üçgen baklava baklava bir karın! *Ay baklava demişken yarın alsak da yesek!* Duşun kapısını araladığımda Sedat su tuttuğu yüzünden elindeki duş başlığını çekti. "Duygu, bir şey mi oldu?" dediğinde üzerimdeki çarşafı yere bırakıp yanına girdim.

"Duş almak istiyorum," dedim sinsice.

"O... lur," dedi, hayır diyemez ki! Oy, nasıl da korkuyor! Usulca ona sokulup belini kendime çektim. Gözleri telaşlı, bende bayram havası! Yarasında dudaklarımı gezdirdim. Bedeninin gerginliğini hissedebiliyordum. "Beni yıkasana," dedim mırıltıyla, bir elim göğsünde, bir elim kasıklarının kıyısında dolanıyordu.

"Duygum!" dediğinde onu duşun oturma yerine yönlendirdim. Oturduğunda ben de kucağına yerleştim. Eli karnımı usulca sevdi mutlulukla! O saçlarımı ıslatırken dudaklarım boynunda, kulağının arkasında dolanıyordu. Allahım, onu öpmek bir sürü çikolata yemekten daha lezizdi. Baldırıma değen sertliğe doğru biraz sokulduğumda, "Duygum, bitirdin beni! Hadi çıkalım," dedi korkak.

"Olmaz, benim olacaksın," dedim mırıltıyla.

"Duygum, yapmayalım," dediğinde roller değişmişti. Aha, bugünleri de gördüm ya!

"İstemiyor musun?" dedim. İstiyordu, biliyordum ki!

"Ölüyorum," dediğinde sırtımı göğsüne doğru kaydırdım ve "Hadi ama!" dedim mırıltıyla. Dayanamadı verdi bana kendini usul, bir o kadar korkak. Sanırım Sedat bitmişti. Korkakça benimle bir bütünü sağladığında, iri bedeniyle beni sardı. "Benimsin," dedi. Ben hep onundum ki!

Sabah gözlerimi açtığımda Sedat'ın gamzelerini görmek benim için ömre bedeldi. Eli karnımda, "Duygu çok kıpırdıyor. Bu normal mi?" diye sorduğunda gülmeme engel olamadım. "Değil," dedim, ama solan yüzüyle pişman oldum. "Sana dedim yapmayalım diye, kalk gidiyoruz," dedi, adeta yataktan fırladı.

"Nereye?"

"Doktora."

"Ya Sedat, şaka yaptım. Asıl kıpırdamasa sorun var demektir. Gel yanıma sarılayım," dedim sırıtarak.

"Kızım yapma bana bu konuda şaka! Kanım çekiliyor," dediğinde yatağa oturmuş, eli yine karnımdaydı. *Ay, ne güzel!* O hep bana dokunsun, ben hep hamile kalırdım. Sırıtıyordum.

"Gülme Duygu ya, maymun ettin beni!"

"Hayatımda gördüğüm en iyi sevişen maymun!"

"Çok gördün sanki sevişen maymun?"

"Oho, National Geographic favorim," dedim ve onu kendime çekip sarıldım.

"Seni hayvan sever seni," dedi ve dudaklarıma uzanırken, "Yatakta kalalım," dedim kıkırdayarak.

"Olmaz," dedi dudakları boynumu ateşe çevirirken. Allahım, bu dudaklar sihirli gibiydi. Tenim deli gibi kendini öptürmek için Sedat'a yer açıyordu.

"Niye ki?"

"İşkence gibi Duygu ya!"

"Sedat bir şey olmaz!"

"Sen nasıl bir şey oldun benim başıma! Birdiniz, iki oldunuz," dediğinde mutluluktan sırıtıyordu. Onu kandırdım ettim! Yorulmuştum. Kollarında kokusuyla uyuyakaldım. Daha doğrusu bayıldım. Bir kere daha gözlerimi açtığımda Sedat yanımda yoktu. Allahım, açlıktan sanırım bayılabilirdim. Sedat'a olan açlığımı gidereyim derken bebişi unutmuştum. Üzerime elime gelen Sedat'ın eşofmanını geçirip önce tuvalete gittim. Bu bebek yüzünden tuvaletten çıkamıyordum ki! Su iç, anında görüntü! Elimi yüzümü yıkayıp Rapunzel'e dönen saçlarımı topladım. Allahım, uyuz Selma hamileyken saç kestirilmezmiş dedi ya, içime bir kurt düştü, vazgeçtim. Mutfağa girdiğimde gözlerime inanamadım. Allahım o nasıl masa! Günlerdir rejim yapacağım diye ağzıma sucuk girmiyordu. Sucuğu bırak, masada bir kuzu çevirme eksikti. Hoş, sanki kilo vermiştim, ama işte! Sedat üzerinde siyah tişört, altında şortu, çıplak ayak mutfakta elinde domates soyuyordu. *Allahım, gömün beni mutfağa!* Ne ara arkasından ona sarıldım, bilmiyorum. Tabii gebiş karnımın izin verdiği kadar!

"Günaydın," dedim usulca, bana dönüp kollarıyla beni sardı, ama domatesli ellerini uzak tuttu.

"Günaydın mı?" dedi sırıtarak.

"Tamam, öğlen olmuştur," dedim. Umurumda değildi.

"Saat üç hanım!" dedi sırıtarak.

"Ay bebek açlıktan öldü," dediğimde Sedat'ın renk attı.

"Ya lafın gelişi!" dedim

"Deme Duygum ya! İçim çıkıyor valla! Hadi otur sen!" dediğinde ikiletmedim. Çaylarımızı koydu ve gelip yanıma oturdu. "Ben rejimdeyim," dedim ağzım dolu dolu.

"Belli…"

"Çok kilo almışım, doktor söyledi."

"Hangi doktor?"

"Selma'nın doktoru," dedim doğal bir şekilde.

"Sen şu aktör kılıklı herife muayene mi oldun?" dediğinde gülmemek için ağzıma bir sürü şey doldurdum. "Adam aktör müymüş?" dedim.

"Duygu! Sen beni katil mi edeceksin? Bekir o adamı öldürmedi, ama ben öldürebilirim."

"Sedat bana adamı kıskanacağını mı söylemeye çalışıyorsun?"

"Hayır, ama…"

"Ama ne?"

"Lan herif..." diye kükredi, ama sustu. Allahım güleceğim, gülemiyorum.

"Ee..." dedim zevkle

"Zaten bugün Serdar'ın yanına gitmemiz lazım."

"Niye ki?"

"Bize bir açıklama yapmak zorunda."

"Neyin açıklaması?"

"Kızım sen hiç merak etmiyor musun bu adam niye bebek istemiyordu diye?"

"Sen kabul ettin ya! Geçti," dedim, gözlerimle ona ürkekçe baktım. Evet, ürkektim. Hâlâ istemeyecek diye ödüm patlıyordu. Beni ne ara kucağına aldıysa boynuma yüzünü gömdü. Eli karnımı okşuyor, "Ben senin için ölürüm," dedi usulca.

"Benim için yaşa lütfen," dedim, yüzünü ellerimin arasına alıp dudaklarına uzandım. Of, dudakları enfesti. Ondan koptuğumda, "Bitirdin beni lan Sedat!" dedim. Başım dönmüştü. Sedat kahkaha atıyordu. "Bak ya!" dediğinde sırıtıyordum.

"Benim kıyafet almam lazım," dedim mutsuzca.

"Alırız, hadi hazırlan çıkalım. Oradan Serdar'ın yanına geçeriz," dedi.

"Sedat istemiyorum öğrenmek."

"Korkacak bir şey yok. Hadi," dedi sertçe. Mutsuzca kollarından sıyrıldım.

"Masayı toplayayım," dediğimde, "Ben toplarım, giyin sen," dedi. Hazırlandık ettik. Alışveriş zaten bir olaydı. Saat altı olmuş, elimde sadece iki bluz. "Bu böyle olmayacak, ben Selma'yı alıp geleyim," dediğimde Sedat'ın da benden farkı yoktu. Cinler tepesinde. Ne zor şişko bedene bir kıyafet almak!

"Tamam, al hadi çıkalım," dedi. Eli elimde yürüdüğüm yola bile dikkat ediyordu. Bunalıyordum ya!

"Duygu, dikkat etsene!" dedi merdivenlerden inerken. Patladım tabii!

"Ya Sedat yeter ama! Bir huzur ver artık!"

"Bu böyle olmaz! Bebek olana kadar sen evden çıkma," demesin mi?

"Yok artık!"

"Var artık! Lan ne zormuş baba olmak!" dediğinde sırıtıyordum. Valla baba oluyordu. Tabii ben de anne!

Hey gidi koca Sedat
yumuş yumuş oldun!

Hastaneye geldiğimizde Serdar Amca'nın başka bir hastası vardı. Sedat'la başka bir doktorun ofisinde bekledik. Serdar Amca içeri girdiğinde gözü bana takıldı, ama hamileliğimi anlamadı. Yerine oturdu ve, "Hoş geldiniz" dedi merakla. Sedat'ta yüz betonarme.

"Hoş bulduk," dedim sırıtarak.

"Kaç aydır sesin çıkmıyor Duygu, kontrole mi geldin?" dedi Serdar Amca gülümseyerek. Sedat en ölümcül sesiyle benim cevap vermemi beklemeden, "Serdar, Duygu'yu sana ilk getirdiğimde, en büyük sorun neydi, onu söyle!" dedi sertçe. Serdar Amca anlamsızca bana baktı sonra, "Böbrekleri mikrop kapmış ve tedavi görmüştü. Bize geldiğinde tedavisi bitmişti. Biz tedaviye biraz daha destek verdik. Böbrekleri normal işlevine geri döndü ve bu zamana kadar bir aksilik çıkmadı," dedi yavaşça.

"Çıkar raporları," dedi Sedat. Ya sevdiğim adam bazen çok kabaydı. Serdar Amca raporları çıkardı, ama Sedat'ın gözüne bakıp ne yapmaya çalıştığını anlamaya çabalıyordu. Sedat, "Böbrek rahatsızlığının sonuçları nelerdi?" diye sordu.

Doktor Serdar, "Bu konuyu konuşmuştuk ve sen..." deyip sustu ve Sedat cümlesini tamamladı. "... gizli kalmasını istemiştim. Şimdi anlat!" dedi aynı sertlikle. Endişelenmeye başlamıştım. Acaba bebeğime bir şey olabilir miydi?

Serdar Amca gözümün içine baktı ve, "Böbreklerine uygulanan tedavi idrar yolları ve rahim kanallarına zarar vermişti, bu engellenemezdi. Doktorların o anda böbreklerin iflas etmesini ve mikrobun yayılmasını önlemesi gerekiyordu. Aldıkları karar doğru bir karardı. Ben de olsam bu tedaviyi uygulardım. Böbrekleri kurtulmuş olabilir, ama uygulanan tedavi sonucu Duygu maalesef bebek sahibi olamayacak," dediğinde ben aptalca Serdar Amca'nın suratına bakıyordum.

Sedat'ın bir kükreyişi var, evlere şenlik. "Lan o zaman bu kadın niye hamile? Aylardır ben neyin cehennemini yaşıyorum? Lan sizin yüzünüzden evlenemedik bile! Bırak evlenmeyi, teklif bile edemedim. Ben şimdi seni de, o doktorları da canlı canlı gömmez miyim?" dediğinde Serdar Amca ayağa kalkmıştı hayretler içinde. "İm.. kânsız," diyebildi. Tabii Sedat iyice delirdi. "Lan bak hâlâ imkânsız diyor!" diye bağırdığında araya girdim, yoksa Serdar'ın kemiklerini kıracaktı. "Hamileyim Serdar Amca," dedim ve karnımı gösterdim. Bu arada Sedat ne demişti öyle? Evlilikten mi bahsetmişti? Evlenme teklif etmekten mi bahsetmişti? Hadi canım!

"Serdar, Duygu'yu tepeden tırnağa muayene et! Sorun var mı, yok mu? Bu sefer Allah yarattı demem iyi bak!"

"Ya ben muayene oldum," dedim, ama Sedat gaza gelmiş. "Bir daha ol!" diye kükredi resmen. Zaten gerilmişim. "Bağırmasana ya!" dediğimde gözlerim dolmuştu. Duruldu devem tabii. Ben ne çok ağlar olmuştum! Gözlerimden yaşlar kendiliğinden akıyordu. Sedat aslan modundan kedi moduna geçti ve, "Kızım niye ağlıyorsun?" diye sokulup önümde diz çöktü. Yüzümü aldı ellerinin arasına.

"Bağırıyorsun!"

"Ben hep bağırırım," dedi suçlu suçlu.

"Bağırma artık, bebek korkuyor," dedim. *Yalan! İçi sızladı, biliyorum, ama artık baba olacak, sakinleşsin canım!*

"Tamam, bağırmam, yeter ağlama, sen," dedi. Sesi pişman. Sedat sakinleşip ben susunca, Serdar Amca, Cenk Bey'le irtibata geçti. Tahlillerimi istetti. Kendi muayenesinden sonra ek olarak böbrek ve ciğerlerime bakıldı, şükür hepsi normal.

Serdar Amca, "Bu mucize, başka açıklaması yok! Her şey gayet normal," dedi. Sedat'ın yüzü aydınlandı. Serdar Amca'nın uzmanlık alanı olmadığı için hastanenin jinekoloğu bize eşlik edip bir kere de o muayene etti ve bir kere daha kilolarım konuşuldu. Sedat, "İkise de sağlıklıysa sorun yok," diyerek noktayı koydu.

Ultrasona girdiğimde Sedat'ın parmakları ağzında, ısırıp durdu. Nefes almadan bebeği seyretti. Ben de onu! Yine gözleri mi dolmuştu ne? Hey gidi koca Sedat, yumuş yumuş oldun!

"Gayet normal," dedi doktor bayan. Serdar Amca o ara hemşirenin getirdiği diğer kan tahlillerine bakmaya çıktı. Doktorun kadın olmasından güç alıp, "Size bir şey sormak istiyorum," dedim biraz utançla.

"Buyurun," dedi orta yaşlarını geçmiş kadın.

"Eşimle birliktelikten sakınmalı mıyım?" dediğimde Sedat kopmuş, ağzı açık, bana bakıyordu.

"Tabii ki hayır! Hamileliğin bu aylarında size fayda bile sağlayabilir. Kontrolden kontrole ben size cinsel hayatınızı bırakmanız gereken zamanı belirtirim. Genelde bu sekizinci ay içerisinde olur, ama zamana birlikte karar veririz. Tekrar hayırlı olsun," dedi ve çıktı. Sedat, "Pes Duygu!" dediğinde sırıtıyordum. Tabii yüzüm kızarmıştı, orası ayrı.

Sedat ben olmasam kesin Serdar Amca'yı paralayacaktı. Hırsını alamadı ya, burnundan soludu durdu.

Arabaya bindiğimizde ikimiz de rüyada gibiydik. Sedat kızıyla tanışmıştı ve ben gerçeklerle yüzleşiyordum. Benim devem kendini benim için yine feda etmişti. Sırf üzülmeyeyim diye kendinden, evlenmekten, baba olmaktan vazgeçmişti. O da benim gibi her zaman beni seçecekti. Bunun beni mutlu etmesi gerekiyordu, ama içim katılıyor, ağlamamak için kendimi zor tutuyordum. Yüzüm asılmış, içim mutsuzdu.

"Nereye gidiyoruz?" dedim usulca.

"Çiftliğe."

"İyi."

"Ne var yine? İstersen gitmeyiz."

"Yok gidelim, kızları özledim."

"Develerini özlemedin mi?"

"Hayır! Kırgınım onlara."

"Duygu, senin içindi ve ben ne söylediysem onu yaptılar."

"Biliyorlardı?"

"Onlar her şeyi bilir," dedi sırıtarak.

"Evet, onlar her şeyi bilir, ama ben bilmemeliyim, değil mi?"

"Duygu, şimdi de bunu mu kafana taktın?"

"Niye sakladın?"

"Küçüktün."

"Sonra büyüdüm."

"Üzülmeni istemedim."

"Duygu üzülmesin, Sedat kahrolsun!"

"Senin için her şeyi yaparım."

"Benim için her şeyi yapma! Benimle her şeyi paylaş!"

"Duygu! Bunu aramızda sorun haline getirme, eğer bilseydin bana evet der miydin? Eminim benim baba olmam için beni elinle evlendirirdin."

"Sen beni evlendirecektin ya! Demek ki senin de benden bir farkın yok!"

"Hay ben o Deniz'in!"

"Sedat benden bir şeyleri saklayarak, beni gerçeklerden koruma-ya çalışarak bu iş yürümez."

"Bazen bilmemek iyidir."

"Bu iyi miydi?"

"Duygu büyütme!"

"Büyütme mi? Sedat, Deniz beni kaçırmasaydı bebeğimizi al-dırmış olurdum! Bunun farkında mısın?" dediğimde ses yok tabii. Ne zaman sonra, "Ne dememi bekliyorsun?" dedi, morali bozul-muştu. Bozulsun! Belki akıllanır.

"Bundan sonra benden bir şey saklamayacağına söz vermeni istiyorum. Bundan sonra benimle her şeyi paylaşmanı istiyorum. İyi ya da kötü, ne varsa! Bir ilişkimiz olacaksa gizli hiçbir şeyin olmamasını istiyorum."

"İlişki mi?"

"Evet, beğenemedin mi?"

"Lan çocuğumu doğuracaksın, kalkmış ilişki diyorsun."

"Ne diyeyim?"

"Kocam de! Hayatım de! Ömrüm de," dediğinde konu yine sapmıştı. Ben alışmıştım artık. Onunla doğru dürüst bir konuyu konuşamıyorduk. Ya öpüyor ya konuyu şimdi olduğu gibi başka bir yöne çekiyordu. Umarım söylediklerimin birazı kafasına girmişti. Yoksa o benden bir şey sakladıkça daha çok acı çekecektik.

"Hayatım derim, ömrüm de derim, ama kocam demem."

"Niye ki?"

"Değilsin çünkü," dedim gözlerimi kaçırarak.

"Olacağım."

"Hadi ya!"

"Tabii ne sandın?"

"Hay bir de karşıma geçmiş, kendinden emin bir şekilde konuşmuyor musun? Üzerinde kanlı fanteziler kuruyorum."

"Seninle olduktan sonra her türlü fanteziye varım Duygum!" Dikkatimi dağıtmasına izin vermemeliydim, ama öyle güzel Duygum diyordu ki!

"Bana evlenme teklif etmedin! Ayrıca etsen bile kabul göreceğin ne malum?"

"Kabul etme istersen! Yine de evleneceksin benimle," demesin mi? İçim erimişti, tabii ki evlenecektim, ama onun şu kendinden emin ve ayıya bağlamış halinden sebep biraz süründürmek lazımdı. Ben düzgün bir evlilik teklifi alamayacaktım, bu belli olmuştu.

"Sedat bak, damarıma basıp durma! Ne demek evleneceksin benimle!"

"Evlenmeyecek misin?" dedi, ama sesindeki alayı hissedebiliyordum. Bu beni daha da sinir etti.

"Böyle öküz öküz davranmaya devam edersen evlenmeyeceğim."

"Ne öküzlüğü Cano! Konuşuyoruz."

"Konuşmayalım o zaman, yoksa şuracıkta düşüp bayılabilirim. Evleneceksin benimle dedin ya! Sana inat evlenmeyeceğim."

"Duygu delirtme beni! Neye kızdın şimdi!"

"Kızmadım Sedat! Ortada kızılacak bir şey var mı?"

"Duygu!" dediğinde sustum, kavga edemeyecek kadar yorgundum. Bebek beni halsiz düşürüyordu.

Çiftliğe geldiğimizde ortalarda kimse yoktu. "Millet nerede?" dedi Sedat kapıda duran Mücella Abla'ya.

"Kimse yok," dedi ve bana hatırımı sorup mutfağa geçti. Uzanmalı ve belimi dinlendirmeliydim. "Uykum geldi. Ben biraz uzanmak istiyorum," dedim suratım asık. Sedat usulca yanıma sokuldu ve "Oy, ben yerim sizi," dedi sevgiyle, karnıma uzandı. "Yeme bizi!" dedim kaprisle, ama kimin umurunda. "Gel, hadi sizi uyutalım," dedi ve beni odamıza çıkardı. Ben üzerimdekilerle uzanmayı düşünürken, Sedat usulca gelip, "Sana yardım edeyim," dedi ve kıyafetlerimden kurtulmama yardım etti. Ben de ses yok, kapris bin beş yüz! "Sıcaksa klimayı açalım," dediğinde hayır anlamında başımı salladım. Uzandı, beni kokladı ya, yine her şey toz pembe! Ona kızgın olmam ve kapris yapıyor olmam gerekiyordu, ama onu aylardır çok özlemiştim ve sıcaklığını istiyordum. "Sen de uyu!" dedim sadece. Sırıttı ve ben yatağa girdiğimde kıyafetlerinden kurtuldu. Yanıma girip elini karnıma yerleştirdi. Sanki düğme var gibi bebeğim kıpırdanmaya başladı. Allahım, yeminle babasını tanıyor. "Oy, benim prensesim kıpır kıpır ya!" dediğinde sırıtıyordum.

"Sedat!" dedim

"Hımm…" Cevap yine aynı tonda.

"Kız olduğu için üzülmedin, değil mi?"

"Uyu Duygum!" dedi kızarak. Ağzımdan çıkan, "İkinci erkek olur umarım," oldu. Bendeki de mantık yani! Yok anam yok, ben kapris yapamıyorum! Balık hafızası var bende! Güya evlenmeyeceğim dedim. *Nerde! İkinci bebeği düşünüyorum!* Sedat'ın ne söylediğini duyamadım. Uyumuşum… onun kollarında, onun sıcağında, onun huzurunda…

Geçmişini silemem ama geleceğimizi yazabilirim...

Bir ay sonra

Gözlerimi bebeğimin karnımı tekmelemesiyle açtım. Normalde alışmıştım, ama bu sefer gerçekten sıkı tekmeliyordu. Acaba yanımda yatan adama olan bitmez tükenmez tensel açlığımı anlamış olabilir miydi? Açlık demişken hınzırca sırıttım. Kendimi, yanımda beni kışkırtmak için masaya konulmuş kuzu kavurma gibi yatan adama doğru kaydırdım. Muzırlık benim işimdi. Karnımı çıplak tenine dayayıp onu seyretmeye başladım. İştahım kabarmayacak gibi değildi ki! Altdudağıyla doğru orantılı üstdudağı, kırmızının hangi tonuydu, halen çözememiştim. Enfes görünüyordu. Tadını ağzımın içinde hatırlamak istercesine yutkundum. Öpmek istedim! Ama öpmedim. Şimdi dudaklarına yapışsam yine bebeği bahane edip bana kendini sunmayacaktı. Bu aşırı baba hâli beni sinir ediyordu ya neyse! Sedat sanırım hamilelik moduna girmişti. Bir dergide okumuştum. Bazen baba adayları anne adaylarıyla birlikte hamilelik semptomlarını birlikte geçirirlermiş. Mide bulantısı, aşırı kilo alma, fazla uyuma gibi bu hamilelik etkileri baba adaylarında da görülürmüş. Alnına düşmüş siyah sık saçlarını parmaklarımın arasında hissetmeye öyle ihtiyacım vardı ki derin bir nefes aldım. Sabretmeliydim. Elmacıkkemikleri uykunun etkisiyle gevşemişti. Burnumu gıdığına gömdüm. İnce geceliğimden taşan iyice dolgunlaşmış göğüslerimi koluna dayadım ve beklemeye başladım. *Oltayı attın, hadi bakalım, kolay gelsin hain Duygu!* Sedat'ın yaz kış sıcaklığını koruyan teni beni kendine çekerken onsuzluktan kıvranıyordum. Beni bu hâle getiren oydu ve ceremesini çekmeliydi. Kıpırdanmaya başladığında hareketsiz bir şekilde uyuma numarasına geçtim. Nefes alışverişlerim burnumdan ciğerlerime dolan kokusunu özümseyerek hızlanmaya başlamıştı ve ben kendimi frenlemeye çalışıyordum. Sedat mırıltıyla, "Bitirdin beni be öksüzüm!" diye homurdandığında, doğru yolda olduğumu anlamıştım. Gülmemek için yüzümü boynuna iyice gömüp dudaklarımı sabahına çıkan sakallarının üzerinde gezdirdim. Merakımı gidermek için dizimi koca karnımın elverdiği kadar erkekliğine yanaştırdığımda zafer benimdi. *Taş Sedat sahalarda!* O kıpırdandıkça rahatsızmışım gibi, "Sedat, kıpır kıpır, dur artık!" dedim, ama sesimi uykulu çıkarmak ve gülmemi engellemek işkenceydi.

"Duygum…" dediğinde sesinin tonu beni benden aldı.

"Hımm," dedi, gözlerimi aralar gibi yüzümü boynundan çekip ondan uzaklaştım ve abartıp arkamı döndüm. Beni arkadan sardığında daha rahattı ve sertliği kalçalarıma değdiğinde, ben ben değildim. Artık sırıtmamı saklamama gerek yoktu, çünkü yüzümü göremiyordu. "Canom, azıcık seveyim mi seni?" dedi, sesi öyle vicdan doluydu ki! Bana kıyamıyordu, biliyorum. Yine öpüp okşayacak, ama bir şey yapmamak için elinden geleni yapacaktı.

"Hayır!" dedim mırıltıyla.

"Niye, ağrın mı var? Uyutmadı mı prenses?" dediğinde, dudakları sırtımdaydı.

"Yok, gayet iyiyim. Dinlendim, çok da güzel uyudum. Uslu benim kızım."

"O zaman?"

"Beni yarım bırakıyorsun, bütün günüm kötü geçiyor," dedim huysuzca.

"Kızım hamilesin, benim ne suçum var? Sanki ben çok memnunum bu durumdan?"

"Senin ne suçun mu var? Karnıma nasıl girdi bu kız? Tabii ki suçlu sensin," dediğimde Sedat'ın elleri kasıklarımdaydı.

"Yapma!" dedim, bacaklarımı açarken ona doğru döndüm.

"Yapmam Canom!" dedi, ama dudaklarımı bulup elini derinlere ulaştırmayı ihmal etmedi.

"Ya, o şortunu çıkarıp istediğimi verirsin ya da o elini çekersin," dediğimde nefes nefeseydi.

"Canom yapma, bırak azıcık seveyim, bittim ben ya!"

"Sana sevme diyen mi var? Doğru sev, sonunu getir be adam!" dedim, şortuna uzandım.

"Canom canın yanacak!"

"Of, yanmıyor dedim ya!"

"Lan kadın, bir doğur bak, ben sana neler yapacağım!"

"Şimdi yap."

"Allahım, sen nasıl bir şey oldun başıma," dediğinde ben çoktan alt çamaşırımdan kurtulmuş, üzerine tırmanmıştım.

"Duygum dur!" dediğinde, "Kapat çeneni Sedat," dedim sertçe. Şok oldu tabii. "Lan kadın!" dediğinde onu çoktan içime almıştım. Tabii zevkle inlemesi bir oldu. "Of ki ne of!" Ağzından çıkan zevkin isyanıydı. "Hazırsın sen kadınım," dediğinde, utanmak umurumda mıydı? Hayır! Son zamanlarda usul sevişmelerine bile razıydım. Beni doyurması bir o kadar uzun ve işkence gibiydi. Eski sevişmelerimizi hayal edip onun nazik hareketlerine sinirlenmekten vazgeçeli çok olmuştu. Benim aksime bana dokunmak bile onun rahatlamasını sağlayabiliyordu. Yorulmuştum, üzerinden kalkıp yatağa uzandım. "Bitirelim mi?" diye sorduğunda "hayır" anlamında başımı salladım. "Sen?" dedim. Sırıttı benim yeni narin öküz! Beni arkamdan usulca sarıp kendini yerleştirdiğinde hareketleri biraz olsun hızlanmıştı ve ben onda kaybolurken Sedat vuslata erdi. Of, saatlerce sevişen biz yarım saate hasret kalmıştık. Öpüp koklaşmalarımız dünyalara bedeldi de halimiz içler acısıydı ve hepsi benim korkak Sedatımın suçuydu.

"Duygum, bebek doğduğunda canına okuyacağım, haberin olsun," dedi nefes nefese!

"Şimdi oku diyeceğim, ama yok bir kere baba oldun ya, bitti! Kozmik Türk!" dedim, valla dedim billa dedim.

"Tövbe tövbe," diyerek bir yataktan kalkışı var ki sorma! Bütün gün surat asacağı kesindi. Yatağın içinde sütü önünden alınmış kediler gibi uzanıyordum. Banyodan su sesleri kesilmiş, Sedat'ın kurulanırken homur homur sesi geliyordu. Tam tahmin ettiğim gibi banyodan çıktığında suratı asıktı. Yüzüme bakmadan dolabın önünde giyinmeye başladı. Kaprisse ben kaprisin kralını yazarım diyeceğim de, yazamam! Yüzümü buruşturup bedenimi çarşafa dolamaya uğraşmaya başladım. Tam kalktım, "Kızım dikkat etsene, takılıp düşüceksin," diye adeta yanıma uçtu. Bu adamla hamilelik bitmez valla! Çarşafı topladı. Gelinin eteklerini tutar gibi benimle banyoya geldi. Ne diyeyim, sessiz kaldım. "Duş mu alacaksın?"

"Evet," dedim şımarıkça. *Nerede kapris? Yok, yok, bu Sedat'a kapris yapamıyorum ben!* Neyse, bizim kozmik Türk kenarda duran kaymaz banyo halısını alıp duşun içine yerleştirip beni çarşaftan kurtardı.

"Gir hadi!" dedi sertçe.

"Ya Sedat, çık hadi, tuvaletim var."

"Yardım edeyim."

"Kendim yıkanırım ben, çık hadi."

"Of Duygu! Doğur artık ya!" dedi ve söylene söylene çıktı. Kapının önünde beklediğine eminim. Tam isabet, beş dakika sonra Sedat banyoya girdi. Yıkanmama yardım edip giyinirken yine huzur vermedi. Seviyordum ben bu içi pamuk, dışı ceviz, iri şeyi, ama yeminle abartmıştı. Sadece beni değil, herkesi bezdirmişti. Ali'm ve Bekir artık isyanları oynuyorlardı.

Aşağı indiğimizde her zamanki gibi ev halkı kahvaltı masasındaydı. "Günaydın," dedim mutlulukla. Geldiğim ilk zamanlar kimsenin sabahları birbirini gördüğü yoktu. Herkes işine gücüne odaklanmış, kimin nerede ne zaman kahvaltı yaptığı belli olmuyordu. Bir sabah dış kapıyı kilitleyip anahtarı içinde kırdığımda tabii kimse dışarı çıkamadı. "Artık bu evde toplu kahvaltı yapılacak dediğimde," sanki toplu katliam yapılacak demişim gibi yüzüme baktılar, ama geçen üç hafta içinde hepsi alıştı.

"Gebiş kız, biraz daha mı şiştin sen?" diyen Ali'mdi.

"Ali'm valla şiştim di'mi?" dedim karnımı severek.

"Yok, yok, Cenk Bey'in verdiği program işe yaradı," dedi pislik Selma. Kıskanç Sedat, "Hay ben o doktorun," dediğinde Bekir, "Abi, sen bana *doktor o, doktor* dediğin günleri ne çabuk unuttun?" dedi.

"Gülme lan sabah sabah," dedi Sedat ve Selim'i Selma'nın kucağından aldı. Onun kucağında bir bebekle ölsem düşünemezdim. Ömrüme ömür yazılıyordu. Ben onları seyrederken Aslı, "Ali akşam için ne diyorsun?" dedi merakla.

"Olmaz dedim ya!"

"Niye olmaz? Ayıp olur gitmezsem, ödül alacağım."

"Gündüz versinler ödülü," dedi Ali'm sertçe. *Of, bunlar ne zaman akıllanacak, valla kurban keseceğim.*

"Neler oluyor?" dediğimde, "He, destek kuvvet yetişti," dedi Selma.

"Bu gece okulun düzenlediği bir vakıf partisi var ve orada bana ödül verilecek," dedi Aslı mutsuzca.

"Aferin kız, ne ödülü?" dedi Bekir.

"Yargının bağımsızlığı konusunda bir makale yazmıştım. Baro beni seçmiş," dedi Aslı sırıtarak.

"Ali'm, niye hep beraber gitmiyoruz?" dedim sırıtarak. Aslı ve Ali'm, "Ne!" diye yüzüme bakarak dondular.

"Ay, bir de geçinemiyoruz dersiniz, tepkileriniz bile aynı," dedim alayla.

"Harika olur," dedi Selma. Sedat isyanlarda, "Kızım ne işin var partide, Allah korusun, bir şey olur falan."

"Duygu babam doğur artık, valla bezdik," dedi Bekir.

"Baskı yapma lan hatunuma!" demesin mi?

"Bekir söyledi ya hemen doğururum ben de. Konuyu saptırmayalım, kız ödül almış ve aile olarak ona destek vereceğiz. Hepsi bu! Kaçta Aslı bu parti?"

"Sekizde başlıyor."

"Ya kızım ödül almasan olmaz mıydı? Orası kalabalık olur

şimdi," diyen işkence çeken Sedat'tı. Ali'mde ses yok tabii.

Sedat ve Bekir birlikte çıkarken biz Selma'yla onları yolcu ettik. Aslı okula gidecekti, hazırlanmak için odasına çıktı.

Ali'm kahvaltı masasında miskinlikle oturuyor, yüzünden düşen bin parça.

"Ali'm," dedim kucağına geçip otururken böğürdü tabii.

"Kızım, oha, oha! Sen kendini hâlâ kırk kilo sanıyorsun herhalde!"

"Sana göre miniğim ama…"

"Sıksan suyumu çıkarırsın!"

"Kalbimi kırıyorsun dana!" dedim, ama gülümsüyordum.

"Duygu valla seninle otorite kurmak çok zor, ben hayır diyorum, sen bir şekilde istediğini yapıyorsun. Nereden çıkardın şu ödül işini?"

"Ali'm bu kız öksüz, boynu bükük mü kalsın? Gitmese olmaz. Hem hayır demekle otorite kurulmaz."

"Duygu…" dedi sustu.

"Söyle Ali'm, var bir şey sende." Çıt yok benim devemde.

"Bu kız okulu bitirince avukat olacak, değil mi?"

"He, sizin davalara bakar işte," dedim sırıtarak.

"Evet, avukat olacak, ama karım olmayı beceremiyor."

"Oha, ne alaka! Ali'm o senin karın, seviyorsun işte, kabul et artık!"

"Görünürde," dedi Ali'm eziyet çeker gibi.

"O ne demek?"

"Boş ver Duygu."

"Öt yoksa kucağından kalkmam."

"Sana baş belası olduğunu söylemiş miydim?"

"Evet, hadi anlat," dedim kaşımı kaldırarak.

"O tanıdığım hiçbir kadına benzemiyor. Yaşı küçük dedim ilk önce, sonraları hırçın düzelir dedim, ama yok, olmuyor, Duygu! Bu işin sonu nereye varır, bilmiyorum."

"Ben biliyorum, mutlu son!"

"Oha be kızım, bunu nasıl anladın?"

"Sana ve Aslı'ya bakmam yeterli. Ali'm sen bu kızı gerçekten seviyorsun. O da seni seviyor," dedim memnuniyetle.

"Aşk doktoru konuştu," dedi Ali'm alayla. Ali'm öğlene kadar evde miskinlik yaparken benim kafamda planım hazırdı. Aslı için eğitim şarttı.

Biz Selma'yla kahvaltı üzerine mutfakta tıkınırken, Ali'min gür sesi duyuldu. Tabii panikle koştuğumuzda Selma valla Ali'min sesiyle iki adım gerilemişti.

"Kim lan o? İzin vermeyin polisin götürmesine, geliyorum. Onun ebesini sikmezsem bana da Ali demesinler."

"Ali'm ne oldu?"

"Aslı üniversitede bir adamın kafasını yarmış. Üniversite karışmış! Polis girmiş devreye," derken kapıdan çıkmak üzereydi.

"Ben de geliyorum. Kızın bize ihtiyacı olabilir," dediğimde ayakkabılarımı çoktan giymiştim. Selma, "Sedat köpürecek," dedi, ama onu kim dinler? Ali'mle son hız okula gittik. Ali'm, Aslı'nın yanındaki korumalardan kantinde olduklarını öğrendi. Arabadan indiğimizde, "Gel kız buraya," dediğinde elinden tutmuştum. Hızla kantine girdiğimizde Ali'm kimseye aldırmadan, "Lan ben sizi boşuna mı buraya diktim?" diyerek korumalardan birini yere indirdi. Hiç ayarı yoktu bu Ali'min. Kantindeki herkes dondu. O ara Aslı isyanla, "Ali onların suçu yok!" diye koluna yapıştı, ama Ali'min umrunda değildi. Bu kadar olur, sözleşmiş gibi kantin kapısında kafası sargılı, iki polis eşliğinde gençten bir çocuk belirdi.

Tabii Ali'm polisi takar mı? Ne ara gençten çocuğun üzerine çıkıp ağzını burnunu dağıtmaya başladı, sormaya gerek yok. Ali'mi çocuğun üzerinden bizim korumalar aldı. Tabii polisler takviye kuvvet çağırdılar. Olay büyüyecekti. Ali'm zorlukla yakalandı. En azından bizim iki korumaya silah yok diye bağırdı da bizimkiler ancak sakinleşti. İşin enteresan tarafı üniversiteye bizim develerin nasıl silah soktuğuydu, orası ayrı. Bu arada Aslı'nın kafasını yardığı çocuk hastanelik oldu. Biz Aslı'yla bir köşede öylece durduk. Eminim artık Aslı'yla okulda bırak konuşmayı,

kimse selam bile vermeyecekti. Tabii Ali'm kelepçelenirken koru-
malardan biri Sedat'a çoktan haber uçurmuş. Yarım saatin içinde
Sedat üç beş kişiyle içeri girdiğinde polisler şoka girdi. Benim
devenin, "Çıkarın lan kelepçeyi," diye bir kükreyişi var ki sorma.
Polis diklendi haklı tabii. Sedat tanır mı polis! Geçiriverdi ağzı-
nın ortasına! Of ya! Memurun ne suçu var? O ara küfürün bini
bir para! "Ulan Ali! İstanbul'da bir okul basmadığın kalmıştı. Lan
ben seni ne yapayım şimdi?" diye avaz avaz. Ali'm zaten cinnet
geçirmek üzere, sinirleri tepesinde, tütüyordu. Sedat yanında tel-
sizli bir adamla gelmişti. Telsizli adam Sedat'ın yere yapıştırdığı
polisin yanına gitti ve yerden kaldırdı. Yere yapışan polis telsizli
adama bağıracak derken, selam verip Ali'min kelepçelerini çöz-
mesin mi? *Bu nasıl iş,* dedim içimden. O ara Sedat beni gördü.
Bittim ben! Yanıma ışınlandı resmen. "Duygu sen beni öldürme-
ye mi çalışıyorsun? Hani bana söz vermiştin! Evde duracaktın?
Ne işin var burada senin?"

"Sedat bağırmasana!"

"Bağırtmayın lan o zaman! Hepinizden ayrı ayrı!" dedi, ama
gözler Aslı'da. Herkes donmuştu resmen. Neyse kantin boşal-
tıldı. Hastanelik olan çocuk hastaneye kaldırıldı. Yanında bizim
çocuklar şikâyetçi olmasın diye ona eşlik ettiler. Bu arada Yusuf
denilen telsizli adam bizim ofis gibi bir yere geçmemizi sağladı.
Sedat'la bir şeyler konuşup uzaklaştı. Ali'm ölüm dolu bakışlarla
Aslı'yı süzüyordu. "Anlat," dedi kafasından dumanlar çıkarken.

"Yemek alırken laf attı. Elimde kola şişesi vardı, kafasına geçi-
rivermişim. Abarttım," dedi Aslı direkt.

"Oha," dedim, ama Sedat ters ters baktı bana.

Ali'm ayaklandı. "Lan ben o piçi yaşatır mıyım?" dediğinde
Sedat, "Ali otur! Ağzına sıçmışsın herifin zaten. Aslı sen birkaç
gün okula gelme, insanların hafızasından ancak üç dört güne si-
linir. Bizim Komiser Yusuf bu işi kapatır. Çocuk şikâyetçi olma-
yacak, çıkın şimdi okuldan," dedi. Ali'm ve Aslı kalktığında, ben
de ayaklandım.

"Otur, seni eve ben bırakırım," dedi Sedat sertçe. Ali'm ve Aslı uzaklaştığında Sedat sinirle, "Duygu dua et hamilesin! Ne işin var bu kalabalıkta?" dedi.

"Bir şey olmadı ki!" dedim sinirli ya, alttan al Duygu!

"Olması mı lazım?" diye kükredi.

"Bağırma Sedat ya!"

"Bitti artık, evden dışarı çıkmayacaksın," dediğinde ciddiydi. Bütün sinirlerim oynadı tabii, ayağa bir kalktım ki belim acıdı.

"Sedat yeter! Anlayışlı olayım diyorum, ama yok, sen aştın kendini. Bebeği harakiri yapıp kendim çıkaracağım valla! İyice psikopata bağladın."

"Lan sen kimin bebeğine harakiri yapıyorsun?" dediğinde ayağa kalkmış, burnumun ucundaydı.

"Tebrikler, yine anlamak istediğin olayı cümlelerin içinden süzdün yani," dedim usulca.

"Söz ver bana evden çıkmayacağına," dedi sarılıp.

"Beni eve kapatamazsın."

"Bensiz çıkma yeter," dediğinde en cazibeli sesini kullandığı bir gerçekti.

"Ya Sedat, valla bezdirdin herkesi," dediğimde eğilip dudaklarımı buldu. Allahım, çok güzel öpüyordu ya! Nefesim kesildiğinde kendimi çekmek zorunda kaldım. Yüzümde muzırca bir gülümseme, "Sedat doğum olduktan sonra benimle düzgün sevişeceksin değil mi?" diye sordum. Her zamanki gibi konu sapmıştı.

"Sen ne zaman bu hâle geldin?" dediğinde dudaklarımın tadına bakıyordu.

"Beni bu hâle getiren utansın," dedim kıkırdayarak. Her yerde, ister hamile olayım, ister olmayayım, onun olabilirdim. Sedat benden kendini kurtardı. Of, başım dönüyordu ve ben artık Sedat'a aşeriyordum, orası kesindi.

"Sanırım biraz daha buradayız."

"Evet, Aslı'nın okuldan atılmaması için dekanla görüşmeliyim."

"O zaman bana tost ısmarla," dedim ve elinden tutup onu ofisten çıkardım.

Okulun koridorları iyice kalabalıklaşmıştı. Yemin ediyorum Sedat'a kalsa, karşıdan yürüyen insanlar arasında bana çarpma ihtimali olanları çeker vururdu. Onunla dışarıda olmak artık işkenceydi valla!

"Sedat!" dedim sinirle, önüme geçip birini omzundan tutup sağa çektiğinde.

"Sedat diyip durma kadın! Sana çıkma diyorum evden!"

"Pes vallahi de billahi de pes! Kendinden soğuttun yeminle," dedim sinirle, kantin kuyruğuna girip cüzdanımı çıkardım. Tabii söylediğim için üzüldüm sonra. Gelmedi yanıma, suratını asarak gidip kantinde bir masaya oturdu. Bizi izleyen korku ve merak dolu gözleri görmezden gelmek zaten ayrı bir sorundu. Korumalar desen ayrı bir dert! İrikıyım üç adam, surat beş karış, belli ediyor kendilerini yani! Sanki başbakanı koruyorlar. *Allahım rezillik diz boyu!* Elimde dört tost, iki ayran, yanına gittim. Elimdekileri masaya bıraktığımda sandalyemi düzeltiyordu. Kırık mı diye kontrol ettiğini adım gibi biliyorum.

"Anlat, nedir derdin? Yoksa doğurana kadar yüzümü görmeyeceksin," dedim sertçe.

"Duygu, ne derdim olabilir? Bir derdim yok! Beni tehdit etme bak, fena olur."

"Sedat gözünü seveyim yapma! Dünyada binlerce hamile var! Resmen beni eve kapatmaya çalışıyorsun."

"Ne var şunun şurası iki aydan az bir süre kaldı, otur evinde."

"İşler mi?"

"Hayır!"

"Ne peki?"

"Hamilesin, hepsi bu!"

"Sedat her şey olacağına varır. Başıma taş düşebilir! Karşıma ayı çıkabilir!"

"Deme ya öyle! İçim kararıyor! Hem ben de bunlar için her dakika yanındayım ya! İşe bile gitmiyorum neredeyse."

"Ay şimdi bayılıcağım!"

"Burada doktor var mıdır?" dediğinde pes etmek üzereydim. Yüzünü ellerimin arasına aldım. "Bekir'in yaşadığı gibi bir şey mi bu? Hani, annesi ölmüş ya onu doğururken!" dedim gözlerine bakarak.

"Ne alakası var?" dedi celallenmek istedi, ama yüzünü ellerimin arasından bırakmadım. "Anlat Sedat, bak valla gece yanıma almam seni."

"Tehdit etme kadın."

"Ederim! Olmadı, Hacer Ana'yı çağırırım."

"Sen benim her şeyimsin be Cano!" dediğinde yelkenleri suya inmişti.

"Bilmediğim bir şey söyle," dedim şımarıkça ve yüzünü ellerimden bırakıp tostumu elime aldım. Tabii duyacaklarıma hazır olmadığım bir gerçekti. "Necati ve Nazlı," dedi ve sustu. Konumuzla ne alakası varsa, Necati neyse de Nazlı'nın ismini duyunca tostu zor yuttum. "Onlar benim Diyarbakır'da kimsesizler yurdunda beraber büyüdüğüm arkadaşlarım. Necati'nin annesi var, biliyorsun, bakamamış ilkokul ikinci sınıfta onu yurda vermiş, Nazlı ona keza…" dedi. *Oha! Sedat yurtta mı büyümüştü?* Ama çok iyi hatırlıyorum, *babam beni berbere çırak vermişti,* dediğini. Biraz durdu ve derin bir nefes alıp "… ama ben kendimi bilmeden önce de, bildikten sonra da öksüz ve yetimdim. Yurtlarda büyüdüm. Ne anamı bildim, ne babamı, ne bir akraba, ne bir kan, ne bir iz! Kimim, neyim, neyin, nesiyim, bilmiyorum. Hiçbir şey yok! Hani şu cami avlusunda bulunan bebekler var ya, onlardanım. Bir ara fazla kafama taktım araştırdım. Sonuç yok! Bir adam yurda gelip üç günlükken bırakmış gitmiş. Ne adı var ne sanı!" dediğinde ben ben değildim. Bırak gözümü kirpiğim bile kıpırdamıyordu. Şok üzerine şok yaşıyordum. Biri bana üniversite kampüsünde Sedat'ın geçmişini öğreneceksin dese hayatta inanmazdım. Sedat devam edebilecek miydi bilmiyorum ama konuşmaya başladığında neden susmasını istediğimi biliyorum. Anlatırken acı çekiyordu ve bu beni yaralıyordu. Yine de sus demedim.

Gözlerime baka baka kederle, "Bu yüzden sen benim her şeyimsin Canom. O karnındaki bebek... o bebek benim tek kanım, tek yuvam, tek bildiğim akrabam, söyle bana seni gözümden sakınmakta haklı mıyım, değil miyim?" dedi ve sustu. Kelimelerin bittiği nokta bu olsa gerekti. Boğazıma dolan şeyi geri itmek o kadar zordu ki! Canım yanıyordu. Hiçbir kelime duygularımı anlatamaz, onu avutamazdı. Gözümün kıyısından bir damla yaş akmasına engel olamadım. Boynuna sarılırken, "Ay ben ne şanslıyım! Sapsız üzüm bulmuşum," dediğimde o da bana sarıldı. Söylenecek bir şey yoktu ki! Ben onu ne olursa olsun seviyordum. Bunu hiçbir şey değiştiremezdi. Geçmişini sorgulamamış, sadece acılarını benimle paylaşmasını istemiştim hepsi bu!

"Harbi delisin sen ya!" dedi bana.

Burnumu çekerek, "Sen bana babandan bahsetmiştin ama," dedim.

"Hüsnü Baba! Altı yaşımda var yoktum. Yazları gelir beni yurttan alır, evine götürürdü. Bir çorbacı dükkânı var halen! Fırsat bulursak gideriz. Yuva dediğim bir tek onun yanı oldu," dedi kısaca.

İçimdeki ve sevdiğim adamın yüzündeki kasveti dağıtmaya ihtiyacım vardı. "Ay, ben senin yuvanı yaparım, sen hiç merak etme bebişim," dedim gözyaşlarımı tutarak. Benim öksüzümün gamzeleri ortadaydı.

"Bak ya, şurada ciddi bir şey anlatamayacağız ha!" dedi sırıtarak. Sesim nasıl çıktı, bilmiyorum ama, "Ben sana bir sürü bebek yaparım. Kocaman bir aile oluruz," dedim. Tabii, benim adamda renk menk gitti. "Ciddisin," dedi şaşkın.

"Evet, ciddiyim. İki, üç, dört," dedim ve elinden tutup kaldırdım.

"Şaka yapıyorum de bana!" dedi inleyerek.

"Hayır, şaka falan yapmıyorum. Benim kızımın kardeşleri olacak," dedim ciddi bir sesle.

"Of, çattık! Ben senin sefanı ne zaman süreceğim ama Canom ya!" dedi, ama mutluydu, biliyorum.

"Artık aralarda ne diyeyim. Kocaman bir ailemiz olacak, bak Sedat çamura yatmak yok!"

"Sen iste Canom," dedi, ama beni paylaşmak onun için zor olacaktı, bunu hiç saklamadı. Kalktık. Tost most hikâye, artık evde yerim bir şeyler! *Yiyecek hâl mi kaldı,* dedim kendime. Boğazımdaki yumrunun geçmesini beklemeliydim. Dekanın odasına girip çıktığımızda, ben halen Sedat'ın geçmişini öğrenmenin etkisindeydim. İçimdeki şoku atlatmam zaman alacaktı, ama bunu Sedat'a yansıtmamam gerektiğini biliyordum. Benim koca devimin içinde küçücük öksüz bir çocuk vardı. Geçmişini keşke bana gün gün anlatabilseydi. Ama bunu ne o anlatabilir ne de ben dinleyecek gücü bulabilirdim. Belki zamanla geçmişinden parçalar öğrenebilecektim, ama sormayacaktım. Biz geçmişin üstesinden geleli çok olmuştu. Bu yaşadıklarımız, süpürdükten sonra geriye kalanlardı. Arabayla eve dönerken Sedat'ın telefonları her zaman olduğu gibi hiç susmadı. En son Yusuf'la konuştu ve kapattı. "Her yerde adamın var, değil mi?" dedim yavaşça.

"Hayır!" dedi sırıtarak.

"Ne demek hayır? Telsiz Yusuf kim? Senin adamın değil mi?"

"Hayır, o benim adamım değil, o benim dostum. Onu askerlik yaparken tanımıştım," dedi sırıtarak. Aklıma Levent, Kaan ve diğerleri geldi. Hepsi neredeyse benim kadar uzun yıllardır Sedat'ın yanındaydılar. Sedat'ın hepsiyle bir geçmişi vardı. Sustum.

Eve girdiğimizde bir bağrış çağrış ve duvarda patlayan bir vazo... Şok olduk tabii! Sedat hışımla Aslı'nın üzerine yürüyen Ali'me kükredi. "Ali kendine gel!" Ali'm durdu. Aslı bizi görünce utançla ağlayarak yukarı çıktı.

"Bu evde bir bebek var Ali! Ne bok yiyeceksen odanızda halledin!" dediğinde Ali'm kapıyı vurup çıktı. Ben Sedat'la mı kalsam, Aslı'nın yanına mı çıksam diye düşünürken, Sedat mutfağa girip çıktığında elindeki rakı bardağıydı valla. Tabii Selma indi bu sefer merdivenlerden, suratı sirke satıyor. İçmesin de ne yapsın benim Sedat! Selma ile verandaya çıktık. Benim kan kardeş sessiz, ama patladı patlayacak! Fırsat vermeden ben çıkıştım ters manyel! "Selma biz seni buraya bostan korkuluğu mu diktik?" Selma şaşırdı tabii. *Devam Duygu!*

"Kızım, sen bu evin hanımı değil misin? Çakamadın mı ağızlarına iki tane? Bir de yukarı saklanmış," dedim alayla.

"Ne saklanacağım be! Karıkoca arasına girilmez bizde."

"Öldürsün yani Ali'm Aslı'yı! Ay bu Gül Abla'yı da geçti," dedim isyanla.

"Duygu bunlar boşanır, ben sana söyleyeyim. Düzelmezler valla!"

"Onlar daha karıkoca bile değil, ne boşanması!" dediğimde yüzü mora yakındı. *Hay çenem tutula!*

"Sen ne dedin?" dedi Selma yüzündeki şokla. Altın bulmuş gibiydi meraklı taze!

"Ne dedim?"

"Bunlar hiç mi?" deyip kaldı Selma. İnkâr etmenin bir anlamı yoktu.

"Yok olmamış, bizim oğlan körkütük âşık... Bu olaya el atmak lazım, ama sakın bildiğini söyleme kimseye! Var aklımda bir plan benim. Onları Dubai'ye göndereceğim," dediğimde Selma'nın yüzünde hain bir sırıtış belirdi. Selim bebek ağladığında hızla yanına gitti. Ben de salona geçip Sedat'ın karşısına dikildim. "Belim ağrıdı, az uzanacağım. Sen evde misin?" dedim hevesle.

"Gitsem ne yazar, sen yine beni yanında tutacak bir şey bulursun."

"Ya sen ne üçkâğıtçı oldun," dedim sırıtarak, ama beni kucağına alıp yukarı taşıması bir oldu. "Sedat gündüz gündüz bu ne rakısı ya! Kokuyor," dedim burnumu büzüştürerek.

"Kadıköy'deki eve geçelim, yoruldum valla," dedi bezmiş gibi.

"Olmaz. Alınır bizim ahali."

"Bezdim!" dedi. Odaya girdiğimizde ilk banyoya geçti. Dişlerini fırçaladığını duyabiliyordum. Yanıma gelip beni koynuna aldığında gözlerim kapanıyordu. Son bir haftadır bebek gerçekten beni zorlamaya başlamıştı. Uzanmak bana iyi geliyordu. Daha doğrusu uyumak...

Bekir candı, Ali kandı, Sedat aşktı...

Saat üç gibi Selma'nın telefonuyla gözlerimi açtım. Sedat'ın kömür karası gözleriyle uyanmak gerçekten harikaydı.

"Tamam geliyorum."

"Neler oluyor?" dedi Sedat kalkmama izin vermeden.

"Kızlarla kuaföre gidiyoruz akşam için."

"Canom, gitme sen!" dedi eziyet çeker gibi.

"Sedat ya!" dediğimde bana daha çok sarıldı ve telefonu çıkardı. "Ali, git bir bayan kuaförü bul, eve getir," deyip dinledi ve, "Ne için olacak, akşam için lan!" dedi ve tekrar dinledi.

"Başlatma abinden, gidiyoruz Ali! Sen de gel eve! Canını okuyacağım senin! O vazonun hesabını vereceksin," dedi ve kapattı. Bana bakıp, "Başka bir emrin var mı bebişim?" demesin mi?

"Pes valla!" dedim sinirle. Selma'nın cebini aradım ve kuaförün eve geleceğini söyledim. Bir sürü söylenip kapattı tabii. Benim devem sırıtıyor. "Ya gülme Sedat ya! Yarın beni kimse tutamaz evde! Zeynep'in oraya gideceğim. O kadar ortak oldum, göndermiyorsun."

"Canom bir doğur, bebeğimizi elimize alalım, gidersin, kaçmıyor ya!"

"Bebeğimiz di'mi?" dedim sırıtarak. Ya ben bu adama niye dayanamıyordum. Yelkenler hep fora!

Yanında iki elemanla gelen kuaförün sakinleşmesi için yarım saat şaklabanlık yaptık. Çünkü Ali'm adama ne yaptıysa eli ayağı titriyordu. Hazırlandık ettik derken saat altı olmuştu. Bekir ve Sedat yine jilet gibi giyinmiş, bizi bekliyorlardı. Tabii benim hamilelikle birlikte kabaran kıskançlık damarım evlere şenlikti.

Sedat'ı görünce yine cinler tepemdeydi. "Sana yakışıklı olma dedim," diye bir kükredim. Selma bile korktu.

Sedat'ın bana çektirdiklerini gün geliyor, ona satıyordum ya neyse!

"Duygu her zamanki halim," dedi suçlu suçlu.

"Yok biz gitmiyoruz," dediğimde Aslı haykırdı "Lütfen! Duygu ya! Abi sen de çıkar şu takımı!"

"Kızım manyaklaşmayın, donla mı geleyim? Sanki her gün kotla dolaşıyorum."

"Abi, biz çok yaşamayız, ben sana söyleyeyim. Bunlar bizim ömrümüzü yer bitirir," dedi Bekir.

"Öksüzüm yesin benim ömrümü be Bekir," dedi Sedat tüm duygularıyla. Sırıttım sevgiyle.

Bekir, "Sana iyi gelmedi bu bebek, iyice yumoş oldun," dediğinde Sedat elindeki araba anahtarını çoktan Bekir'e fırlatmıştı. "Sen kime yumoş diyorsun Allah'ın Lazı! Gece bez değiştirdiğini illa söyleteceksin bana!"

"Hadi, tepişmeyin, biri Ali'mi arasın, geç kalacağız," dedim.

Aslı'dan mutsuz bir serzeniş yükseldi. "Ali oraya gelecekmiş."

"İyi çıkalım, ancak gideriz," dedim. Sedat elini uzattı ve ben hızla yanına gittiğimde, "Yavaş be Cano!" dedi yüzünü buruşturarak. Parti Kalamış'taydı. Tabii biz onca yolu iki saatten artısı var, eksiği yok, ancak geldik. İçeri girdiğimizde saat dokuza geliyordu. Tabii iki deve ve arkamızdaki korumalar içeri girdiğimizde o kadar kişinin donduğuna yemin edebilirim. Mırıltıyla, "Korumalar dışarıda kalabilirdi," dedim. Gündüz olan olayın okula jet hızıyla yayıldığı insanların yüzlerinden belliydi.

"Gerek yok!" dedi Sedat. Bazen onu hiç tanıyamıyordum. Acaba üç dört tane Sedat olabilir miydi? Benim için Romeo'nun Kadir İnanır versiyonu olurken, düşmanları için Dexter, Hannibal olabiliyordu. Tabii son zamanlarda pamuk gibi bir baba olacağının sinyallerini de veriyordu, o ayrı! Bizim için ayrılan masada altı kişi daha oturuyordu. Masaya ilerlediğimizde Aslı, "Ali yok," diye kulağıma eğildiğinde Sedat duydu ve telefonu çıkardı. Bu arada içeri bizim korumalardan sekiz dokuz kişi girip etrafa yayıldı. Tabii bunu kim fark etti, herkes!

Sedat, "Ali'm neredesin?" dediğinde, "Arkandayım abi," diye buz gibi bir ses duyuldu.

Ali'm, Aslı'nın kıyafetini baştan aşağı süzdü. Bir şey demese bile gözlerinden her şey anlaşılıyordu. "Ali'm hoş geldin," dedim şirin şirin. Sonra beni süzdü. "Abi bunları böyle mi çıkardın dışarı? Giyinmeselerdi!" dediğinde "Güzel olmuşuz di'mi?" dedim aynı şirinlikte. "Sus, Ali sus!" dedi Bekir. Evdeki teraneyi bir bilse, Bekir, Selma'ya bağırır, Sedat bize! Kim yendi, tabii ki biz! Hoş, bana göre kıyafetlerimizde bir şey yoktu da işte bizim develer kıskanç. Biz yerimize geçerken Ali'm, Aslı'nın yanındaki sandalyeye oturdu. Yanımıza gelip giden tanışanların yanı sıra cesaret edemeyenler de vardı.

Neyse, ödül töreni için Aslı anons edildiğinde heyecanla kürsüye çıktı ve konuşmasını yapıp son olarak, "Aileme ve eşime bana verdikleri destek için çok teşekkür ederim," diyerek konuşmasını bitirdi. Masaya geldiğinde hepimiz onu tebrik ettik. Ali'm ayağa kalktığında gözleri birleşti. Yılın maçosu kızı alnından öptü. Masadaki herkes bizim üç deveyi isimlendirmeye çalışıyorlardı, ama yok yani! Ben bile yıllardır onlara bir sıfat bulamamışken yarım saattir gören kesimin isim yükleyememesi doğaldı. İri yapıları karizmalarıyla harmanlanıp karanlık taraflarıyla birleştiğinde, insanlar tabii ki ne düşüneceklerini şaşırıyorlardı. Yemek Ali'm dışında herkes için güzel geçmişti. Bir bardak şarap bile içtim sayılır. Sedat, "Canom yeter," diyerek yarım kalan bardağımı kafasına diktiğinde, sinir oldum, ama benim için korkuyordu devem işte. Aslı mutlu gibiydi ama Ali'min yüzüne bakmıyordu. Tabii Ali'mi söylemeye gerek yok, o zaten betonarme. Yemekten saat on bir gibi kalktık.

Sedat, "Kızlar siz Bekir'le eve," dediğinde bir şey sormadık. Ayrılırken, "Sabah sıcağını duyarak uyanabilecek miyim?" dedim.

"Ali'nin bir ifadesini alayım bakalım," dedi Sedat.

"Bekir de gelsin sizinle."

"Olmaz, sizi yalnız gönderemem."

"O zaman şöyle yapalım. Ben size güzel bir masa hazırlarım, ne dersin? Rakı da açarım. Biz yukarıda oluruz. Sen de sıkıştır Ali'mi, hem Bekir yardım eder. Zaten benim uykum var," dedim cazip bir şekilde. Gamzelerini göstermemek için elinden geleni yaptı tabii, ama gördüm. "İyi o zaman," dediğinde sırıtmamak için savaş veren bu sefer bendim. "Ali eve dönüyoruz," dedi Sedat. Ali'm elini uzattığında Aslı kuzu gibi elini tuttu. Arabaya bindiğimizde sanırım yine on arabaydık. Sedat'la arabada yalnız kalmam iyi olmuştu. "Ali'm ve Aslı daha birlikte olmamışlar," dedim pat diye. Sedat yeminle direksiyonu bırakıp bana baktı.

"Ne!" diye haykırdı resmen.

"Sedat yavaş! Bebek korkuyor ya!" dedim. Taktik sıkı bende!

"Bilmiyor muydun?" dedim mahsustan.

"Nereden bileyim Duygu, merak edip yatıp yatmadıklarını mı soracaktım?" dedi sinirle.

"Sedat her şeye bağırma ya," dedim, ama beni dinleyen kim?

"Aslı salağı ne bok yiyormuş bu zamana kadar da adamı kendinden uzak tutmuş?"

"Sedat düzgün konuşsana! Ayıp valla!"

"Kızım onlar evleneli altı aydan fazla oldu! Haklıyım, yani salak demekte! Şimdi mi aklına gelmiş sana söylemek?"

"O söylemedi ki!" dedim.

"Ali mi?" dedi Sedat ikinci şokla.

"Aman Ali'm için sorun mu? Etrafta karı kız çok."

"Duygu, ister inan ister inanma, Ali'm evlendiğinden beri duruldu."

"Hadi be!" dedim şaşkınca.

"Ben ne bir başka kadın gördüm ne de duydum."

"Sana hissettirmiyordur."

"Benden habersiz tuvalete gitmez o, baksana her gece evde."

"Evet, aslında doğru, sakın benim sana söylediğimi söyleme!"

"Zaten böyle bir şeyi biz, siz kadınlar gibi rahatlıkla konuşamayız."

"Hımm," dedim inanmamış gibi.

"Duygu o nasıl cevap öyle!" dediğinde sırıtıyordu.

"Öyle işte! Peki, söylerse ne yapacaksın?"

"Sanırım tecavüz etmesi için ikna edebilirim," dediğinde, "İyi fikir," dedim tabii anlamadan. Sonra ciyaklamam bir oldu. "Sedat düşüncesi bile kötü!"

"Kızım ne diyeyim, aralarında ne geçti, ne oldu bilmiyorum, bir anlatsın bakalım, neler söyleyecek, ona göre konuşuruz."

"Ay ben merak ederim şimdi ama ya!"

"Ölürsün meraktan sen şimdi," dedi gülerek.

"Bebiş valla huzursuz olur bütün gece," dediğimde, "Duygu bebeğimizi kullanıyorsun, ama yemezler," dedi Sedat sırıtarak. Neyse eve geldik ettik. Aslı ve Selma bana kıyamadılar ve masayı hazırlamakta yardım ediyorlardı. Bizim üç devenin ağzı kulaklarında, olur tabii, gecenin on ikisi üç kadın saçları başları yapılı üzerlerinde elbiseler, huriler gibi masa hazırlıyorlar. Bana da böyle masa hazırlansa ben de zevkten köşe olurdum. Selma tabii mutfakta canımı okudu. "Söz vermişmiş! Gidip dışarıda içselerdi! Giren çıkan hep bize!"

"Ya bıdı bıdı edecektin de niye yardım ediyorsun o zaman, git yat!" dedim en sonunda.

"Sana kıyamadım uyuz gebiş!" dedi sinirle. Aslı, zavallım, çıtı çıkmaz! Hiç ayarları yok bu hatunların baa! Aslı'nın eline ekmeği verip içeri gönderdim.

"Ben üçü bir olsun diye eve gelmelerini istedim. Sedat tek başına Ali'me bağırır çağırır, şimdi," dedim hızlıca.

"İyi etmişsin," dediğinde, ancak sustu benim Laz güzeli Selma! Neyse bizim develerin masalarını kurduk. Yalnız bırakıp hepimiz odalarımıza dağıldık. Aslı garip, ödülüne Ali'm yüzünden sevinemedi bile. Tam üzerimi çıkardım, duşa gireceğim, kapım tıkladı. Sutyen don ortada, umurumda mı? Hayır! "Gel," dedim usulca!

Aslı kapıdan kafayı uzattı. "Gel Aslı!" dedim usulca.

"Uykum kaçtı," dedi, yalana bak! Aşağıda ne olup bitiyor, onu merak ediyordu. Sırıttım. "Benim de aksine fil gibi uyuyasım var," dedim pisliğine. Hoş, her saatimi uyuyarak geçirebilirdim, ama gerek yoktu. Yani dayanabildiğim kadar uyanıktım işte! "Gideyim o zaman ben," dedi mutsuzca.

"Of Aslı ya! Şu Ali'me yaptığın cadılığın yüzde birini etrafa yapsan süper olacak," dedim alayla.

"Siz beni seviyorsunuz, size yapmam."

"Ali'm seni sevmiyor mu?" İyi yerden yakalamıştım.

"Hayır!"

"Kesin cevap verdiğine göre seni çok kırmış olmalı."

"Kırmak?" dedi alayla.

"Neden bana anlatmıyorsun?"

"Anlatacak bir şey yok ki? Aramızda aşamadığımız bir sürü duvar var ve o hiç çabalamıyor. Ben nereden tutsam kırılıyor, bırak konuşmayı, aynı ortamda nefes bile almamız imkânsız."

"O duvarlar zaman geçtikçe daha da kalınlaşacak."

"Daha ne olduğunu bilmeden böyle emin konuşman gerçekten komik."

"Sen de ne olduğunu bilmiyorsun."

"Evet, bilmiyorum."

"Sorun şu Aslı, sen Ali'me bir kadın gibi davranmıyorsun. O da sana bu yüzden kadın gibi davranamıyor."

"Anlamadım."

"Anlasan şaşardım zaten! Bak, kadınlar her zaman erkeklerden bedenen olmasa bile ruhen daha güçlüdür. Yüreklerine sığdırdığı hayatın her sorunuyla mücadele edebilirler. Sen bu gücünü fazla gösteriyorsun, hepsi bu! Ali'me ne seni kollaması ne seni sevmesi için fırsat veriyorsun."

"Ben bu yönden hiç düşünmemiştim."

"Eminim seni öpmesine bile izin vermedin," dedim, Allahım, cehennemde yanacağım.

"İzin vermiyorum, ama dinlemiyor ki!"

"İstemiyorsun yani!"

"Ben istiyorum, ama kızıyorum."

"İstediğine mi? Seni öpmesine mi?"

"Duygu kafamı karıştırıyorsun! Zaten okula takmış durumda, avukat olacakmışım, sonra burnum büyüyecekmiş, benimle bir dalga geçişi var sorma! Benim aklıma gelmeyecek şeyler. Böyle olunca sinirler tepeme toplanıyor."

"İşte, benim de anlatmaya çalıştığım bu, sen bu erkek hallerine devam edip Ali'me bütün gücünü gösterdiğin sürece aranızdaki duvarlar daha kalınlaşacak. Ali'm şu an hırsını böyle çıkarıyor."

"Yok artık!"

"Kaç ay oldu Aslı? Gir şu Ali'min koynuna, siz de rahatlayın, biz de…"

"Ay sen çok terbiyesizsin ya!"

"Evet öyleyim," dedim ve bana sarıldı. Aslı odasına geçtikten sonra saate baktığımda onunla iki saat kadar sohbet ettiğimizi fark ettim. Aşağı inebilirdim artık. Hem uzun zamandır üçünü bir arada yakalayamıyordum. Tamam Selma, Aslı hayatımıza girmişti ve mutluyduk, ama bazen eski hallerimizi özlüyordum. Tam merdivene adım attım Sedat'ın sesiyle durdum.

"Ben onu öksüzüm diye severken, aslında ben onun yetimi olmuşum haberim yok," dediğinde inmekten vazgeçtim. Yüzümde hüzün dolu gülümsemeyle onlara hissettirmeden merdivene oturup onları seyretmeye başladım. Ali'm, "Abi evlilik ne zaman?" diye sordu.

"Doğru kelimeleri birleştirdiğim zaman söyleyeceğim. Kabul ederse doğumdan sonra istiyorum," dediğinde sırıtıyordum. Demek bir evlilik teklifi alacaktım. İçim neden yine sıcacık oldu, biliyordum. Ondan hiç şüphe etmemiştim, ama işte, insanın bir tarafı ne olursa olsun acabanın soğukluğunu hissediyordu.

"Abi basit iki kelime, yok hatta bir kelime, evleniyoruz! Hem kabul etmeyip ne yapacak?" dedi Ali'm alayla.

"Duygu bu, belli mi olur? Kızar bir şeye valla sürüm sürüm süründürür," dedi Bekir ve kahkahayla gülmeye başladılar.

"Ali sen harbi öküzsün ha!" dedi Sedat.

"Abi ne diyeyim, Duygu'nun suçu, on yılda daha iyi yontabilirdi."

"Bak ya, yine benim hatun suçlu çıktı," dedi Sedat ve kahkahalar.

Bekir, "Abi Duygu hayatımıza iyi ki girmiş be!" dedi ve kadehleri havaya benim için kalktı ve tokuşturuldu. Üçü birden, "Duygu'ya" dediklerinde aşağı inmekten çoktan vazgeçmiştim. Yüzümde mutlu bir tebessüm, gözümde mutluluk gözyaşları, odama çıkıp kapıyı usulca kapattım ve bir kere daha Allah'a şükrettim. Bekir candı, Ali kandı, Sedat aşktı...

Ve Allah herkese böyle son versin...

Beş yıl sonra, Trabzon

"Yemeyecektin de bu mangalı, niye yaktırdın sabahın köründe be kadın!" Durmuş'un gür sesi evde yankılanıyordu. Karısı Füsun, sanki Durmuş ona bağırmamış gibi, "Durmuş bak, düzgün konuş, akşam nerede olduğunu Hacer Ana'ya söylerim," dedi.

"Uyyy karicum söylemessun sen! Anam kitir kitir keser, Dursun ilan benu da!" dedi Lazcasını kullanıp şirinlik yapacak deve! Füsun'a sarıldı. Şükür Hacer Ana kendine yaraşır bir gelin bulmuştu. Tamam beni, Selma'yı, Aslı'yı hiç ayırt etmiyordu, ama oğullarının iyi bir evlilik yapmasını canı gönülden dilediğini biliyorum. Allah'tan Durmuş, Kartal'ın okulundan tanıştığı ana sınıf öğretmeni Füsun'a âşık olmuştu. Füsun da onu sevmiş, arayı uzatmadan altı ay içinde evlenmişlerdi. Darısı Dursun'un başına demek şarttı.

O ara Dursun gözüme çarptı. Karadeniz'de gemileri batmış gibi verandada oturmuş, sigara içiyordu. Hacer Ana'yı halen ikna edip âşık olduğu Rus kızıyla evlenememişti. Hacer Ana'nın da zaten izin vereceği yoktu ya işte! Azimle uğraşıyordu.

Kartal ve Selim almışlar Defne'yi yanlarına, bir şeyler anlatıp duruyorlardı. Kartal, dayılarına benzemeyen yapısıyla sessiz, sakin, ağır abi havalarındaydı. Sanırım bu hâli bu zamana kadar adı bile geçmeyen babasına benziyordu. Onun konuşmalarını dinleyen hiç dokuz yaşında demezdi. Otur siyaset, futbol, ekonomi konuş; her şeyden bir haberi vardı. Defne, Kartal'ın gözünün içine bakıyor, Kartal konuşmasıyla kızımı tavlamış görünüyordu.

Defne beni gördüğünde gamzelerini ortaya çıkardı. *Şımarık ya!* Beş yaşına girmesine altı ay vardı ve çok bir marifetmiş gibi konuşurken aşkım deyip duruyordu. Hep Sedat'ın suçu! Sedat ona aşkım diyordu ya, Defne'nin gamzeleri daha bir belirginleşiyordu. *Yer annesi onun gamzelerini. Oy, babasının kara kızı!* Siyah saçları, kömür karası gözleriyle o gamzeleri ömre bedeldi! Bu yaşta çok dertliydi benim kızım. Daha şimdiden yuvadan ağlayarak, "Anne, beni bugün yıka, belki beyazlarım. Saçlarımı sarıya boyayalım. Neden ben karayım? Arkadaşım Dilara gibi sarı saç istiyorum," diye ağlayarak geliyordu. Bir bilse büyüdüğünde gamzeleriyle kaç kişiye kandırabileceğini, hiç ağlamayacağına eminim. Ben sakin sakin onu ikna etmeye çalışırken Sedat deliriyordu tabii. Kızına "karafatma" dediklerini ilk duyduğunda yuvanın altını üstüne getirmeyi düşündü. Sonra bütün velileri tehdit etmeyi, çocukları korkutmayı planladı durdu. Tabii fantezileri bitmek bilmedi. Gece uykuları kaçtı.

O ara Selim gözüme takıldı. Ailemizin yakışıklısı... Delidolu Selim, Bekir'in ağırlığını alacağına anasının çenesini, Ali'mle kala kala onun odunluğunu almıştı. Şimdiden evde hâkimiyeti kurmuş, ben ne dersem o havalarına bürünmüştü.

Alnına dökülmüş kumral saçları, yeşil gözleri öfkeliydi. Beş yaşındaki bir çocuğa karşı iri boyuyla Kartal'la yarışacak haldeydi. Bekir'le Selma karışımı güzel yüzü kıskançlıkla asılmıştı. Haklı çocuk! Defne'yi bu zamana kadar kimseyle paylaşmamıştı ve şimdi oyuna Kartal girmişti. Alışacak, ne yapsın! Bu bebelerin kavgaları bile güzeldi yani! Selim, "Defne sen erkeklerin işine karışma!" diye bilmiş bilmiş konuştuğunda benim cadım durur mu? Durmaz.

"Kartal bana da anlatıyor Selim! Hem sen niye bana bugün kötü davranıyorsun?"

"İkiniz de dinleyin işte," dedi Kartal bir abi gibi. Selim suratını asıp yanlarından ayrıldı. O ara Aslı elinde telefon verandaya çıktı. Yine o Ali'nin yanındaki kadınsı hareketlerinden yoksun, erkeksi sesiyle, "Bak bu iş için beni oraya getirmeyin. O adamı bacağından vurmuş olabilir, ama suçsuz diyorum. Ben onun avukatıyım ve ne dersem o! Söyle sen ona önceki dosyalara baksın, ben hiç dava kaybetmiş miyim? Hadi kapatıyorum. Oyalama beni," dedi ve dinledi sonra, "Lan kapat!" dediğinde telefonu fırlatsaydı daha iyiydi. Gözüme baktı, "Duygu! Sen burada mıydın?" dedi özür dileyen bir ses tonuyla.

"Ali'min yanında böyle konuşsan ya!" dedim alayla.

"Ay Duygu, yıllar önce bana verdiğin akla uyuyorum işte! Onun yanında çıt kırıldım. Âşık, bir o kadar kibarım," dedi kıkırdayarak.

"Aferin!" dedim ve karnını okşadım. "Az kaldı. Burada doğacak sanırım iki numara," dedi Aslı.

"İstemiyorsan döneriz. Nerede Oğuzalp?"

"Yok valla, burası bize iyi geldi Duygu! Ali'me baksana, Oğuz'u uyutacak kadar sakinleşti," dedi Aslı gözüme bakıp.

"Haksızlık etme Ali'me, çok duruldu."

"Tabii, tabii, ayılıktan maymunluğa terfi etti," dedi Aslı kıkırdayarak. O ara içerden Ali'min sesi duyuldu. "Aslı, Oğuzalp uyandı. Seni istiyor yakışıklım," dedi mutlu mesut! Ali'm oğlunu "yakışıklım" diye seviyordu. Valla haklıydı. Mavi gözlerini anasından, bakışlarındaki derinliği Ali'mden almış kereta! Yeminle üç yaşındaydı ama o bakışlarında ben bile eriyordum veledin! Allah'tan ondan önce doğmuşum, yoksa bana bir erkeğin peşinde nasıl koşulur, onu öğretirdi sıpa! İşi vardı bizim develerin! Benim kızların peşinde ne yapacaklarını düşüneceklerine ailenin erkeklerini nasıl dizginleyecekler onları düşünmeleri lazımdı da kafaları bu kadar basıyor işte! Gerçi Sedat hepsine yeterdi!

Yıllar geçiyor, devemin işleri gittikçe büyüyordu. Daha çok basının ilgi odağı olmalarının sebebi nur içinde yatsın Aslı'nın babası Arnavut Ethem'in onlara bıraktığı şöhrettendi. Ali'm şirketlerin başına geçtikten sonra basının ilgi merkezi olmuştu ve dolayısıyla Sedat ve Bekir de bir süre sonra ifşa oldu. Korkunun ecele faydası yok derler ya! Ben hep korktum, korkularıma Selma ve Aslı eşlik etti. Biz üç kadın çoluklu çocuklu develerimizi sabah dualarla gönderdik. Gece şükürlerle karşıladık, ama hiç belli etmedik, ta ki son olaylara kadar...

İstanbul bayağı karışmıştı. Bana kalsa Trabzon'a yerleşir, ömrümün sonuna kadar burada kalırdım, ama tabii bu isteğim imkânsızlar arasındaydı. Eninde sonunda İstanbul'a dönüp kaldığımız yerden devam edecektik. Trabzon bizim için kısa günün kârı olacaktı. Sedat, son çıkan olayların televizyonlara yansımasıyla bir ara bizi ülke dışına bile çıkarmayı düşünmüştü, ama bunu kimse kabul etmedi. O da bizi toparlayıp buraya getirdi. Şimdi her birimizin mutluluğu bulduğu yerdeyiz. Trabzon!

Hacer Ana, "Kızım, hadi kahvaltı hazır, nerdesiniz, toplayın eniklerinizi de yiyelim," dediğinde düşüncelerimden sıyrıldım. "Tamam anam!" dedim ve yanına geçtim. Yanaklarını parmaklarımda sıkıştırıp, "Günaydın annem!" dedim şirince. Kıkırdadı bir genç kız edasıyla. Hacer Ana yaşlanmasına yaşlanmıştı, ama halen dipçik gibiydi. Tamam itiraf ediyorum, ona bir şey olacak diye yüreğim ağzımda geziyorum. O yaşına rağmen pire gibi bir oraya bir buraya koşturuyor. Dur anam, etme anam dinlemiyor ya! O öksüzlerin, yani bizim hem anamız hem babamız oldu, haberi yok.

Ben Hacer Ana'yı sıkıştırırken Selma salonun kapısında göründü. "Duygu, Sedat seni çağırıyor, ben kahvaltıyla ilgilenirim," dedi Laz kızı. Hiç değişmedi bu Selma! Hatta çenesi yıllar geçtikçe daha çok açıldı. O çene yaptıkça, zavallı Bekir sustu! Sustu dedikse daha bir hayran hayran bakmaya başladı.

Selma bebek istemedi bir daha. Bekir de itiraz etmedi. Zaten istemeye fırsatları olmadı. Ben doğurdum, Aslı hamile kaldı. O doğurdu, ben hamile kaldım. Elimiz bebekten yana hiç boş kalmadı. Bir bilse Selma bir bebek daha istediğimi, beni kıtır kıtır kesecek.

Odaya girdiğimde Sedat kızımız kucağında, ayakta dolanıyordu.

"Uyandınız mı?" dedim sırıtarak.

"Uyutmadı ki velet," dedi ve usulca bebeği yatağına yatırdı.

"Beni çağırsaydın ya!"

"Kedi gibi miyavlıyor senin bu kızın, kıyamadım," dedi Sedat ve beni kollarına aldı.

"Hadi, sabah sporumuzu yapalım," dediğinde elleri kalçalarımdaydı.

"Ya olmaz, Hacer Ana..." dememe kalmadı dudaklarımı buldu. Nefesimi kestikten sonra durmadı Romeo!

"Sedat... yapma ayıp... herkes..." derken ona teslim olmuş, çoktan kotum ve iç çamaşırım üzerimden çıkmıştı. Sedat tadıma bakıyordu ve ben inlememek için yastıkla yüzümü kapatıyordum. Allahım, rezillik diz boyu, ama kimin umurunda. İlk günkü gibi kendimi ona vermek, her şekilde onu hissetmek, benim için paha biçilemezdi. "Ya Sedat, yeter çığlık atacağım ama," diye inlememek için direndim.

"Bebişim dur az tadına bakayım," derken gözleriyle buluştu gözlerim. Bunca seneye rağmen beni utandırmayı başarıyordu ya, pes! "Sedat yeter, gel hadi!" dedim istekle. "Bitirdin lan beni!" dedi ve dudaklarını yalayarak üzerime tırmandı. "Hadi, bebek yapalım," dedim sırıtarak. İçimi doldurduğunda "Duygum sakın hamile kalayım deme, bak valla kaçar giderim," dediğinde dudaklarına yapıştım, yoksa bebek korkusuna beni böyle bırakıp kalkacaktı. Dakikalar saatlere dönüşemeden Sedat beni elimden tutmuş, cennetin kıyısından gerçek hayata getirmekle meşguldü. Sertliğini seviyordum, onunla bütün olmak hayatımdaki en güzel şeydi.

Aslında ben sanırım manyaktım. Sedat'a rağmen üçüncü bebeğimizi istiyordum. Her şeyi bir kenara bırakın bir oğlum olsun, Sedat'ın bir oğlu olsun istiyordum. O her zamanki Sedat'tı beş sene önce Defne'ye hamileliğimde nasıl panikse Nehir'de de aynı cehennemi sadece bana değil ailemize yaşattı. Hiç unutulacak

günler değildi valla! Onun kabuk değiştirir gibi nasıl huy değiş-
tirdiğini anlata anlata bitiremem.

Hadi Defne doğdu büyüdü de kaşındım ben! Nehir'e hamile
kaldığımda ev halkı benimle iki gün konuşmadı. Kimin yüzün-
den? Sedat yüzünden! Ben hamileyken adamın çekilecek kahrı
yok, haklılar! Nehir'e hamile kaldım ya, Defne'den idmanlı, bırak
işe gitmeyi tuvalete bile onunla gidip geldim. Şimdi bakalım ev
halkı üçüncü bebeği duyunca ne diyecek! Napayım bir oğlum ol-
sun istiyorum. İlk devemi ikna etmem lazım. *Yok, yok, zor olacak,
ama olacak!* Devem valla dikkat ediyor hamile kalmayayım diye,
benden hızla kopup bir külçe gibi yatağa sırtını verdi. Sinirle,
"Sedat ya!" dedim nefes nefese.

"Ne Sedat! Sedat! Kendimi damızlık olarak görmeye başla-
dım. Nehir Hanım daha dokuz aylık ve sen bana bebek yapalım
diyorsun!"

"Bir oğlumuz olsa fena mı olur?" dedim göğsüne yatmış, onu
ikna etmeye çalışırken, aklımda ne Hacer Ana ne de kahvaltı var-
dı.

"Olmaz!"

"Kabul ediyorsun yani!" dediğimde heyecanla üzerine çık-
mıştım. Elleri belimin iki yanında beni sararken başparmağı bel
oyuntumu okşuyordu. Allahım, bir kere daha onun olabilirdim.

"Henüz erken be Duygum!"

"Yaşım geçiyor ama…"

"Oha! O zaman benim çoktan geçti."

"Otuz sekiz, tam kıvamında bebişim," dedim sırıtarak. Kasık-
larımda hissettiğim sertlikle, "Ayrıca hiç otuz sekiz gibi bir halin
yok," dedim ve kendimi ona yerleştirdiğimde, "Bak ya," dedi, ama
usulca kalçalarını kıpırdatmaya başladı. Tabii kükreyen Hacer
Ana'nın sesiyle Sedat'ın üzerinden bir kalkışım var, ödüm patla-
mıştı. Tabii Nehir Hanım da ağlamaya başladı. Apar topar giyinip
bebek kucağımda salona geçtiğimde benim büyük ailem yine hep
beraberdi. Bekir'in kucağında Defne, ona yemek yedirmeye uğra-

şırken, Selma çocukların tabağını doldurmakla meşgüldü. Ali'm, Aslı'nın karnını okşayarak, "Oğlumu iyi doyur kadın!" dediğinde Aslı kendini kaybetti. "Kız olursa yüzünü göremeyeceksin kutup ayısı! Var, işte bir oğlun, ben kız istiyorum," dedi sinirle. Durmuş, "Ha uşağum, sana kizinin fotografini yollaruk," dedi Laz şivesini kullanarak.

"Duygu ver bana Nehir'i, sen ye bir şeyler!" dedi Sedat, ama Mücella Abla, "Abi ver onu bana, ben ettim kahvaltı," dediğinde Nehir Hanım gülerek Mücella Abla'nın kucağına geçti.

"Daha acıkmadım," dedim ama nerede, Sedat bunu bekliyormuş.

"Çırpı gibi kaldın yine! Bir de bebek istiyorsun," dediğinde herkes dondu.

"Ne?" dedi Ali'm.

"Ali noldii rengün soldiii!" dedi Dursun.

"Yok artık!" dedi Bekir.

"Kızım sen kafayı mı yedin?" dedi Selma.

"Ay, keşke beraber hamile olsaydık," dedi Aslı.

"Uy bu sefer erkek olsin," dedi Durmuş.

"Kız beni bekle, beraber doğururuz," diyense Füsun'du.

"Aslı toparlan gidiyoruz. Abi çekilmez artık!" dedi Ali'm...

"Al benden de o kadar," diye destekledi Bekir.

"Kızım sen manyak mısın? Abi kusura bakma da hiç çekilmiyorsun!" dedi Selma.

"Vallahi bu sefer ben evde kalmam seninle," dedi Aslı.

"Abi olmadı, sen uzaklaş dokuz ay," dedi Ali'm.

"Ula Füsun, hamile misin da!" dedi Durmuş.

"Ah, ahhh, ben daha evlenemedim bile, ne çocuğu," diye hayıflandı Dursun.

"Yok anam, yok valla, ben yokum bu sefer! Duygu bak, hamile kalırsan sen İstanbul'a dön. Bu ne ya tavuk gibi!" diye söylendi Selma.

"Selma ne tavuğu!" diye sordu Bekir.

"Abi, tebrikler, aile yine panik oldu!" dedi Aslı.

"Lan ben ne yaptım! Bebek isteyen Duygu!" dedi Sedat.

En son noktayı koyan Hacer Ana, "Size ne oluyor? Susun bakayım!" dedi. Nokta.

Son söz benim tabii. "İstiyorum," dedim yüzüm asılmış, suçlu suçlu söylemiştim.

Sedat kıyamadı tabii. "Yaparız!" dedi, ama yüzü beş karış.

"Gerçekten mi?" dedim heyecanla.

Bizim aileden koro halinde, "Hayır!" diye ses yükseldi, ama ben almışım 'evet'i! Kim takar Yalova kaymakamını! Sedat, "Ama bu sefer de kız olursa, benden pes! Yeminle keserim," dedi sertçe.

"Tamam, söz valla, bu sefer kız olursa gerçekten bir daha istemeyeceğim. Bindiğim dalı kesmek istemiyorum bebişim," dediğinde gamzeler yine ortada. Herkes kahkahalarla gülmeye başladı. Kabullendiler çaresiz. Nasıl kabul etmesinler? Biz öksüzler dişimizle, tırnağımızla birbirimize tutunup kocaman, bol çocuklu bir aile olmuştuk.

Ben ailemize yeni katılmasını istediğim portakalda vitamin bebeğimin iznini koparırken, Defne gelip Sedat'ın kucağına çıkarak gamzelerini gösterdi. "Aşkım, yine mi kardeşim olacak?" dedi şirin şirin. Sedat ilk göz ağrısının boynuna yüzünü gömmeden önce, "Oy benim bal kızım! Evet, aşkım, küçük bir meleğimiz daha olacak," dedi ve benim masalım burada bitti. Mutlu, evli, bir sürü çocuklu...

Son

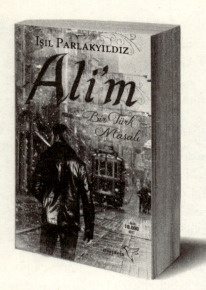

Ali'm

Hercai arzuların ebedi aşka
dönüştüğü Bir Türk Masalı daha.

KÖLE
Modern Çağ Masalı

Kudretli bir prensin,
bir köleye duyduğu tutku...

Bir kölenin efendisine olan aşkı...